学术教科书

The Fundamental Theory of Administrative Law

行政法原论

（第四版）

周佑勇 著

图书在版编目(CIP)数据

行政法原论 / 周佑勇著. -- 4 版. -- 北京：北京大学出版社, 2024.8. -- (学术教科书). -- ISBN 978-7-301-35344-8

I . D922.101

中国国家版本馆 CIP 数据核字第 2024EE3065 号

书　　　名	行政法原论（第四版）
	XINGZHENGFA YUANLUN（DI-SI BAN）
著作责任者	周佑勇　著
责任编辑	徐　音
标准书号	ISBN 978-7-301-35344-8
出版发行	北京大学出版社
地　　　址	北京市海淀区成府路 205 号　100871
网　　　址	http://www.pup.cn　新浪微博：@北京大学出版社
电子邮箱	zpup@pup.cn
电　　　话	邮购部 010-62752015　发行部 010-62750672
	编辑部 021-62071998
印刷者	北京圣夫亚美印刷有限公司
经销者	新华书店
	720 毫米×1020 毫米　16 开本　33.25 印张　619 千字
	2000 年 6 月第 1 版　2005 年 8 月第 2 版
	2018 年 3 月第 3 版
	2024 年 8 月第 4 版　2024 年 9 月第 2 次印刷
定　　　价	98.00 元

未经许可，不得以任何方式复制或抄袭本书之部分或全部内容。
版权所有，侵权必究
举报电话：010-62752024　电子邮箱：fd@pup.cn
图书如有印装质量问题，请与出版部联系，电话：010-62756370

作者简介

周佑勇，1970年生，法学博士、教授，全国人大社会建设委员会专职委员。曾任武汉大学法学院教授（2002）、博士生导师（2003）。自2006年起历任东南大学法学院院长、社会科学处处长，东南大学党委常委、副校长，教育部学位管理与研究生教育司副司长（挂职）；自2019年起先后任中央党校（国家行政学院）政治和法律教研部主任、研究生院院长；2023年当选第十四届全国人大代表，社会建设委员会委员。兼任中国人大制度理论研究会秘书长、最高人民法院咨询委员，曾兼任中国法学会第七届理事会理事、中国法学会立法学研究会副会长、中国法学会行政法学研究会副会长等。入选教育部新世纪优秀人才、百千万人才工程、享受国务院政府特殊津贴专家、第六届全国十大杰出青年法学家、教育部"长江学者奖励计划"特聘教授、全国文化名家暨"四个一批"人才、国家"万人计划"哲学社会科学领军人才。

主要研究领域为行政法、宪法及法理学。主持承担国家社科基金4项（其中重大2项）、国家科技重点研发计划及其他重要科研项目30余项。在《中国社会科学》《法学研究》《中国法学》等刊物发表论文300余篇，著有《行政不作为判解》《行政法原论》《行政法基本原则研究》《行政裁量治理研究：一种功能主义的立场》《行政裁量基准研究》，合著《行政规范研究》《行政刑法的一般理论》《现代城市交通发展的制度平台与法律保障机制研究》《智能时代的法律变革》《中国式民主及其法治保障》等著作30余部。曾获首届钱端升法学成果奖，第九届霍英东青年教师奖，第五届、第八届全国高校人文社科优秀成果奖二等奖和一等奖，江苏省第十一届、第十三届哲学社会科学优秀成果奖二等奖和一等奖，第三届全国法学教材与科研成果奖二等奖，第二届全国优秀应用法学论文成果奖，入选国家哲学社会科学成果文库。

第四版说明

法与时转则治,治与世宜则有功。本书第三版自2018年3月出版,转眼已过6年。这6年间,时代在进步、社会在变化,我国行政法亦在顺应不断变化的现实中得以不断发展,尤其是一部部新法的出台或修订、修正,极大地推动了我国行政法律体系的不断成熟和完善,我国行政法学研究也随之不断走向深入。为更好地反映这些新的发展变化,本书有必要作出再次修订,出版第四版。

本书第三版出版以来,我国《公务员法》《行政处罚法》《行政复议法》这三部行政法领域的重要法律,分别于2018年12月、2021年1月和2023年9月作了大幅度修订,且为各自实施以来的首次"大修",极大优化、完善了我国行政法律制度。本书此次修订的首要任务,就是对书中涉及这三部新修法律的相关内容作出全面修改完善。其次是,书中相关内容还涉及大量其他新制定或修订、修正出台的法律法规,也需作出相应修改。比如,2018年《电力法》《公共图书馆法》《残疾人保障法》《社会保险法》,2019年《行政许可法》《城乡规划法》《土地管理法》《药品管理法》《森林法》《政府信息公开条例》,2020年《长江保护法》《人民武装警察法》《国防法》,2021年《个人信息保护法》《家庭教育促进法》《海警法》《海关法》《审计法》《兵役法》《安全生产法》《道路交通安全法》《科学技术进步法》,2022年《黄河保护法》《反垄断法》《体育法》《地方各级人民代表大会和地方各级人民政府组织法》,2023年《立法法》《无障碍环境建设法》《对外关系法》《反间谍法》《海洋环境保护法》《粮食安全保障法》《慈善法》,2024年《国务院组织法》《保守国家秘密法》《关税法》《学位法》,等等。

除上述立法外,2018年通过的《宪法修正案》和《监察法》、2020年制定的《公职人员政务处分法》、2021年制定的《监察官法》,以及2022年印发的《信访工作条例》等,乃至2020年中华人民共和国成立以来第一部以"法典"命名的重要法律——《民法典》的编纂完成,亦对我国行政法治实践和行政法学研究产生了重大而深远的影响。还有就是,这期间中央连续印发了《法治中国建设规划(2020—2025年)》《法治社会建设实施纲要(2020—2025年)》《法治政府建设实施纲要(2021—2025年)》这三个重要的纲领性文件,以及新时代背景下,历经2018年和2023年两轮重要的党和国家机构改革,中央和地方各级各类组织机构和管理体制实现了系统性、整体性重构。这些堪称划时代的历史性变革和重大发展，都给我国行政法治实践带来深刻变化，也为行政法学理论研究注入新的课题。对此，本书必须作出深刻回应、深入分析和相应修订完善。此外，最高人民法院通过制定司法解释、发布指导性案例等方式，仍在一如既往地推动我国行政法的创新发展。除2018年《关于适用〈中华人民共和国行政诉讼法〉的解释》之外，近年来最高人民法院又新制定了《关于审理行政协议案件若干问题的规定》(2019)、《关于审理国家赔偿案件确定精神损害赔偿责任适用法律若干问题的解释》(2021)、《关于审理行政赔偿案件若干问题的规定》(2022)等多个司法解释文件。本书亦需将其融入相关内容的修订之中。

还需说明的是，这期间在我自己的学术研究方面，除完成了所著《行政法基本原则研究》和《行政裁量治理研究：一种功能主义的立场》这两本书的修订再版之外，我还针对行政法的法典化、行政法学术体系的构造、推进依法行政与法治中国建设等问题展开了一些研究和思考。据此，对书中相关内容作了重新改写或充实更新。此外，体例上也稍微作了些调整，将第三章中的"具体行政行为"分为两节，除专节系统论述行政许可、行政处罚和行政强制这三类已经统一立法的重要行政行为外，增设专节对行政征收、行政奖励、行政给付、行政裁决和行政协议这五种尚未统一立法的常见行政行为类型加以适当展开论述。同时，还对全书的文字表述作了进一步订正，补充了一些最新资料。

本书2000年初版至今已二十余载，如今第四版付梓之际，最需要表达并铭记于心的唯有感谢与感恩之情。衷心感谢一直关注和关爱本书的各位读者，真诚感恩长期关怀和关心我本人的各位前辈、同仁和亲友。限于个人学识水平，书中肯定仍有不少错漏和谬误之处，还望进一步得到各位批评指正。

周佑勇

2024年6月于北京

第三版说明

在法学体系中,行政法虽是一个独立的部门法,但却没有统一的法典而又非常庞大。因此,研究行政法,必须将行政法的基本理念、基本原理、法律规范和法律实务这四个层次的知识统一起来,既要注重对行政法现象的学理表述与对行政法规范的解释,亦需对行政法观念进行深层次的理性思辨,深刻地研究行政法基本理念所支持的理论。只有这样,才能促使行政法学这门相对年轻的法学学科不断趋于成熟。本书名曰《行政法原论》,所追求的初衷原本如此,奈何力有不逮且限于篇幅,所能提供的至多只是有关行政法学的总体框架、基本思维模式和基本知识的初步表述。

本书的勾画和撰写始于20世纪末,初版印于2000年6月。其时,由于我的知识积累还十分不够,致使书的体系与内容很不成熟。时代在进步,行政法在发展,行政法学的研究也随之迅速崛起。为了能够及时反映行政法治发展的最新变化和行政法学研究的最新动态,我决定采取经常修订的方式,对本书加以不断完善。这或许是在当前所处社会变革年代不断实现自我超越的一种最佳选择。于是,本书于2002年8月出版了初版的修订版,2005年8月正式出版了第二版。第二版除纠正了书中不少错漏之处外,较为全面地吸收了2003年出台的《行政许可法》、2005年出台的《公务员法》等新法的内容,并从理论上进一步完善了行政法学的体系构造,修订、补充了大量新的内容。时光荏苒,如今又已时易十载有余,我国行政法治实践进一步取得了重大的发展,特别是2011年出台的《行政强制法》与之前出台的《行政处罚法》《行政许可法》并称为我国行政行为领域重要的"立法三部曲",共同组成了我国行政法体系的三部支架性法律,标志着我国行政法体系更加完善。2014年新修《行政诉讼法》的出台,旨在适应当下全面深化改革和全面依法治国的新要求,深入推进依法行政与保证公正司法,更是具有划时代意义的重大贡献。2018年2月,最高人民法院又新公布了《关于适用〈中华人民共和国行政诉讼法〉的解释》。同时,我国行政法学理论研究也取得了许多新的进展,尤其是围绕法治政府建设、行政执法体制改革、国家监察体制改革、行政程序法治化、行政裁量治理等重大法治实践问题展开了深入研究。无论是法治实践的进步,还是理论上取得的最新成果,都有必要加以进一步梳理和吸纳,尽可能反映在本书的知识体系之中。

知识在于积累,学术在于沉淀。本书的写作和一次次的修订,也是对我学术工作的不断总结和反思。我在2005年完成并出版了本书的第二版以及《行政法基本原则研究》(武汉大学出版社2005年版)一书之后,便将主要的精力放在了对"裁量"问题的研究上。实际上,"裁量"问题是"原则"问题在法治实践中的深化和展开。近十多年来,我主要围绕这个问题发表了一系列论文,并先后出版了《行政裁量治理研究:一种功能主义的立场》(法律出版社2008年版)和《行政裁量基准研究》(中国人民大学出版社2015年版)两本专著。这两本书主要以一种功能主义的新视角,初步构建了行政裁量的法治化治理框架及其运行规则体系,并在这一理论框架下,从中国本土的裁量基准实践出发,进一步提炼、深化裁量权治理的中国本土元素,以探求切合中国特色的裁量权治理方案。在这期间,我还撰写了一些行政法学领域其他方面的论文,并主编了两本教材,即《行政法学》(精编法学教材,武汉大学出版社2009年版)和《行政法专论》(法学研究生用书,中国人民大学出版社2010年版)。这两本书就行政法的有关问题作了进一步的梳理与探讨,其中前者作为一本"精编教材",基本上可以看作本书第二版的浓缩版和修订版。所有这些新的研究和思考,亦需融入本书的修改之中。

当然,此次本书的再版仍然只能看作对我学术研究的又一次阶段性小结。学无止境,文无尽美。书中肯定还有大量错漏之处,真诚欢迎学界前辈、同仁不吝赐教,亦望读者诸君批评指正。需要说明的是,本书初版和第二版均由中国方正出版社出版,此次第三版改由北京大学出版社出版,特别要感谢徐音编辑为本书付出的辛勤劳动。本书从初版至今已近二十年,其间得到了很多人士不同方式的关心和支持,恕不一一提及,唯心铭记并致以至诚谢意。

特此为记。

周佑勇
2018年2月于南京

目录

第一章 行政法本论/001

第一节 行政法概述 /001
一、行政法的含义 /001
二、行政法的渊源 /009
三、行政法的特点 /014
四、行政法的效力 /017
五、行政法的历史/020

第二节 行政法律关系/029
一、行政法律关系的概念/029
二、行政法律关系的要素/036
三、行政法律关系的分类/046
四、行政法律关系的特征 /052
五、行政法律关系的变动/056

第三节 行政法基本原则/061
一、行政法基本原则概述/061
二、行政法基本原则体系/071
三、依法行政原则与行政裁量/084

第四节 行政法理论基础/093
一、行政法理论基础诸说/093
二、行政法理论基础述评/108
三、行政法理论基础与行政法学体系/112

第二章 行政主体论/122

第一节 行政主体之一般原理/122
一、行政主体的概念/122
二、行政主体的类型/126

三、行政主体的地位/139

第二节　行政组织法/147
　　一、行政组织与行政组织法/147
　　二、行政机关组织法/149
　　三、行政机关编制法/154

第三节　公务员法/159
　　一、公务员与公务员法/159
　　二、公务员的条件、义务与权利/163
　　三、公务员的职位分类/165
　　四、公务员的管理机制/173

第四节　公物法/187
　　一、公物的概念与种类/187
　　二、公物的设置与管理/189
　　三、公物的使用/195

第三章　行政行为论/203

第一节　行政行为之一般原理/203
　　一、行政行为的概念/203
　　二、行政行为的分类/216
　　三、行政行为的内容、形式与程序/232
　　四、行政行为的效力/242

第二节　抽象行政行为/255
　　一、行政立法/256
　　二、行政法规/271
　　三、行政规章/276
　　四、行政规范/282

第三节　具体行政行为（一）/305
　　一、行政许可/306
　　二、行政处罚/331
　　三、行政强制/356

第四节　具体行政行为（二）/375
　　一、行政征收/375
　　二、行政奖励/378
　　三、行政给付/381
　　四、行政裁决/382

五、行政协议/387

　第五节　行政相关行为/392

　　一、行政监督/392

　　二、行政规划/402

　　三、行政指导/410

第四章　行政救济论/420

　第一节　行政救济之一般原理/420

　　一、行政救济的界定/420

　　二、行政救济的途径/423

　　三、行政救济的方式/430

　第二节　行政复议救济/435

　　一、行政复议的概念/435

　　二、行政复议的原则/437

　　三、行政复议的范围/440

　　四、行政复议管辖与参加人/448

　　五、行政复议的程序/451

　第三节　行政诉讼救济/464

　　一、行政诉讼的概念/465

　　二、行政诉讼的立法宗旨与原则/467

　　三、行政诉讼的范围与管辖/470

　　四、行政诉讼参加人/474

　　五、行政诉讼的程序/478

　第四节　行政赔偿救济/487

　　一、行政赔偿概述/488

　　二、行政赔偿的范围/494

　　三、行政赔偿的方式/496

　　四、行政赔偿当事人/501

　　五、行政赔偿的程序/504

主要参考文献/515

第一章 行政法本论

行政法学作为一门系统、独立的法学分支学科,有着自身特殊的研究对象,即"行政法"这一特定的社会现象及其规律。它对行政法的研究主要包括两个方面:一是行政法的基本理论;二是各种具体的行政法制度与行政法实践。行政法本论是有关行政法的基本概念、法律关系、基本原则和理论基础等的一般性的基本理论问题。这些问题既是从各种具体的行政法制度与行政法实践中抽象出来的一般结论,也对后者具有普遍的指导意义,是我们认识、研究和发展整个行政法学的基础和前提。

第一节 行政法概述

一、行政法的含义

"行政法"这一概念是行政法学首要的基本范畴,也是行政法学研究的逻辑起点。关于行政法的含义,目前在行政法学界,可谓众说纷纭,界说不一。[①] 在此,拟初步对行政法作如下界定:所谓行政法,是指规定公共行政管理活动,调整行政关系的法律规范(包括规则和原则)的总称。这是从行政法规定的内容即"公共行政"、调整对象即"行政关系"及其内在构成要素即"行政法规范"这三个方面予以界定的。

(一)公共行政

从行政法规定的内容来看,行政法是规定公共行政管理活动的法,简言之,就是关于行政的法。那么,何谓"行政"呢? 只有进一步分析行政的内涵与外延,才能把握行政法的内容和体系。

1. 行政的含义

"行政"一词,英文为"administration",源自拉丁文"*administrare*",通常被

---

① 这主要是由于学者们所持的行政法理念不同所造成的,参见本章第四节。

译为管理、经营、支配、实施、施行等。① 按照这种解释，行政的范围十分广泛，从总体上讲，有"私行政"(private administration)与"公行政"(public administration)之分。"私行政"即一般意义上的行政，是指一般社会组织对其内部事务的组织和管理。这类行政并不属于行政法规定的内容。行政法意义上的行政仅指"公行政"，又称"公共行政"。关于什么是"公共行政"或行政法意义上的行政，国内外学者尚未形成统一的见解，其中最具代表性的观点有下面几种：

第一种是"国家意志执行说"。这种观点源于美国行政学家F.J.古德诺的政治、行政二元说。他认为，政治是国家意志的表达，而行政则是国家意志的执行，两者构成一个国家两种最基本的功能。② 该说显然过于绝对化，因为在行政的内部，行政决策、行政立法也是意志的表达。

第二种是"除外说(排除说、扣除说、蒸馏说)"。这种观点认为，行政是指除立法、司法以外的一类国家职能，或者说，除立法、司法之外的所有国家作用，就是国家的行政。③ 德国行政法鼻祖奥托·迈耶(Otto Mayer)就曾经指出，行政的概念只能否定地加以确定，即"行政是除立法和司法之外的国家活动"④。该说虽然试图将行政与立法、司法区分开来，但并未揭示行政本身的特征；同时，随着现代行政的扩展，国家行政机关也包含部分立法、司法职能。

第三种是"国家事务管理说"。这种观点认为，行政即管理，国家行政就是对国家事务的管理。该说主要源于马克思的观点。马克思在《评"普鲁士人"的"普鲁士国王和社会改革"》一文中指出："所有的国家都在行政机关无意地或有意地办事不力这一点上寻找原因，于是它们就把行政措施看做改正国家缺点的手段。为什么呢？就因为行政是国家的组织活动。"⑤ 马克思关于"行政是国家的组织活动"的界定被我国许多学者视为"行政"的经典定义。显然，马克思的这种界定揭示了行政的一个重要特点，即行政是一种组织和管理活动。但是，马克思在这里并非意在给行政下一个精确的定义，更无意从本质上将行政与立法、司法区别开来。因此，完全套用马克思的这种界定，并不能全面地揭示"行政"的准确含义。

以上观点，见仁见智，各有所长，又各有所短。笔者认为，行政法意义上的

---

① 参见薛波主编：《元照英美法词典》，法律出版社2003年版，第34页；陆谷孙主编：《英汉大词典》(第2版)，上海译文出版社2007年版，第24页。
② 参见〔美〕弗兰克·J.古德诺：《政治与行政》，王元、杨百朋译，华夏出版社1987年版，第12—13页。
③ 参见张载宇：《行政法要论》，汉林出版社1977年版，第3页。
④ 〔德〕奥托·迈耶：《德国行政法》，刘飞译，商务印书馆2021年版，第8页。
⑤ 《马克思恩格斯全集》第1卷，人民出版社1958年版，第479页。

公共行政或行政,是指国家行政主体对公共事务的组织和管理活动。它具有如下特定含义：

(1) 它针对的对象是公共事务,即国家和社会的事务,而非一般社会组织的内部事务。后者即"私行政",一般带有私利性质,其管理活动的目的通常是追求本单位内部的团体利益。公共行政则总是着眼于整个社会,遍及于整个国家,影响于全体公众,其活动总是以追求公共利益为目的,具有鲜明的公共性质,如社会治安、公共秩序、环境保护、国家教育、税务征收等。

(2) 它的实施主体是国家行政主体。对公共事务的组织和管理活动包括立法、司法和行政三种,只有国家行政主体对公共事务的组织和管理活动才属于国家行政活动。这里的行政主体包括国家行政机关和法律、法规、规章授权的其他社会组织。在传统意义上,公共行政仅局限于"国家行政",即国家行政机关对公共事务的组织和管理活动。但是,在现代社会,越来越多的公共管理职能通过各种各样的形式被转移给非国家行政机关的其他社会组织。这些组织经法律、法规、规章授权,也具有公共行政的职能,成为行政法意义上的行政主体。因此,公共行政不仅包括国家行政,而且包括非国家行政的"社会公行政",即法律、法规、规章授权的其他社会组织对公共事务的组织和管理活动。

(3) 它运用的手段是"组织和管理"。公共行政并不包括行政主体的所有活动,它仅限于行政主体对公共事务的组织和管理活动,如行政处罚、强制、许可、征收、命令、批准、指导等。行政主体的非组织和管理活动,如借用、租赁、买卖等,则不属于公共行政。

2. 行政的本质

行政是国家行政主体对公共事务的组织和管理活动,这只是其表层含义。仅有这种表层含义,尽管在一定程度上可以将公共行政与私行政区别开来,但是难以真正将行政与立法、司法区别开来。从这种表层含义来看,行政与立法、司法都是针对公共事务而履行相关国家职能的活动,它们之间的区别只限于其主体不同这种形式上的差异。因此,还必须从本质上揭示行政的含义。

关于行政的本质,可以结合一个判例加以揭示。1957 年,英国贵族法官丹宁受理了一起案件,其基本案情是：当一个卖鱼的人和一个卖报的人在街头为了摆摊而争夺场所时,地方法官(属行政官员)把摆摊地判给了卖鱼的人。卖报的人不服,提起诉讼。法官经审理,判决地方法官的裁决无效。[①] 本案中,公共场所既不属于卖鱼的人所有,也不属于卖报的人所有,而是一种公共利益,其代

---

① 参见〔英〕丹宁勋爵：《法律的训诫》,杨百揆等译,法律出版社 1999 年版,第 136 页。

表者是行政主体即地方法官。但是,无论是卖鱼的人还是卖报的人,或是其他的任何公众,都有权按该公共场所的本来功能加以利用或享受。这就需要行政职能的存在,即由作为公共利益代表者的地方法官按公共场所的本来功能加以维护,并按其功能分配给公众享受。这就是行政的本质——对公共利益的维护和分配。地方法官把摆摊地判给了卖鱼的人,这种裁判就是一种对公共利益的分配;卖报的人不服地方法官对公共利益的分配,就构成了公共利益与个人利益的冲突,构成了行政案件;法官对案件的审判就是解决公共利益与个人利益之间的纠纷,属于一种行政诉讼。此外,本案中的公共场所原本可能属于某个私人所有,因国家的征用才变为一种公共利益。这种征用公共场所的行为,其实质是对公共利益的集合,也属于一种行政活动。可见,从本质上看,行政是一种对公共利益的集合、维护和分配活动。①

(1) 对公共利益的集合。公共利益是相对于个人利益而言的,是从后者的相同部分中分离和集合而成的,类似于数学中公因式的提取:$ab+ac+ad+ae+af+\cdots=a(b+c+d+e+f+\cdots)$。这种对公共利益的集合行为成为行政的首要任务,否则就不会有公共利益的存在。集合利益的手段包括行政征收、征用、征购、征调等。

(2) 对公共利益的维护。公共利益一经由个人利益集合而成,就成为形式上或实质上的全体社会成员的共同利益,因而需要得到维护,而不容个别利益主体的侵犯。行政主体作为公共利益代表者,维护公共利益也就成为其重要任务。维护公共利益的手段主要有行政处罚、强制等负担行政行为。

(3) 对公共利益的分配。代表公共利益的行政主体只是一种抽象的人格主体,并不是真正享受利益的主体,也不可能去享受和消化该利益,因而最终仍然要把公共利益分配给个别的利益主体即社会成员去享受。这种利益的分配类似于数学中乘法对加法的分配律。分配公共利益的手段主要有行政许可、奖励、救助等授益行政行为。

3. 行政的特征

行政作为"行政主体集合、维护和分配公共利益的活动"这一本质,揭示出其与立法和司法这两种国家职能不同的如下特征:

(1) 行政是一种持续不断的规则执行活动。这使行政与立法区别开来。立法实质上是立法机关制定法律、确定利益规则的一种国家职能。由于这些利益规则具有持续的法律效力,可以在短期内制定,因此"立法机关既不是经常有

---

① 参见叶必丰:《行政法的人文精神》,北京大学出版社 2005 年版,第 107 页。

工作可做，就没有必要经常存在"①。这就决定了立法机关履行其职能往往采取的是会议制，即以定期开会的方式履行其职能，而不必每天制定规则，闭会期间可视为立法活动的中断。因此，立法属于一种定期性的规则制定活动。但是，"由于那些一时和在短期内制定的法律，具有经常持续的效力，并且需要经常加以执行和注意，因此就需要有一个经常存在的权力，负责执行被制定和继续有效的法律"②。这种"经常存在的权力"即行政权。行政作为对公共利益的集合、维护和分配活动，必须持续发挥作用，以确保立法机关制定的规则能够持续不断地得以执行。

（2）行政是一种积极主动的利益形成作用。这使行政与司法区别开来。相对于立法而言，行政和司法都是国家意志的执行，都是适用法律的活动。然而，司法是为解决纠纷而设置的，它实质上是司法机关裁判纠纷、处理利益冲突的一种国家职能。③ 这就决定了司法机关只能以被动的方式，即按照"不告不理"的原则启动其职能的履行。如果社会上并未发生利益冲突的各种案件，或这些案件并未告到司法机关，则司法机关不能主动发挥作用。由于人们对处理利益冲突的核心要求是公正，因此司法所追求的核心价值目标是裁判公正。这也就决定了司法权必须应当事人的请求而启动，即司法具有被动性，旨在防止司法人员单方面接触、先入为主，从根本上保证司法公正。然而，行政是以利益形成为内容的，它对公共利益的集合、维护和分配活动往往并不取决于行政相对人的请求或同意，而是取决于是否存在利益形成之必要。这就决定了行政机关必须积极、主动地集合、维护和分配公共利益。否则，公共利益就会被漠视、侵犯而无法得到有效的利用和发展，个别的利益主体也会由于无法分享公共利益而受到损害。

当然，随着社会的发展，国家的行政职能大为扩展，现代行政也包含一部分制定规则和裁判纠纷的活动。但是，这类行政立法和行政司法并非行政机关固有的职能，必须得到立法机关的授权。同时，相对于国家立法机关的立法活动而言，行政立法处于从属地位，是一种准立法活动，其目的仍然是执行立法的意志。相对于国家司法机关的司法活动而言，除法律规定之外，行政机关并无最终裁决权，即对行政机关裁决纠纷的活动不服时，当事人还可以诉之于法院，而法院的司法裁决才是最后的结局，具有终局性。

---

① 〔英〕洛克：《政府论》，瞿菊农、叶启芳译，商务印书馆2022年版，第233页。
② 同上。
③ 这里的"司法机关"，按照国际通行的做法，仅指法院。公安机关、检察院对案件进行的侦查、提起公诉等活动，实质上是代表国家积极主动进行的一种行政性质的活动。

4. 行政的构成

一项公共行政活动,至少要包括以下三个方面的构成要素:一是代表公共利益、实施行政活动的主体,此即"行政主体";二是行政主体的组织和管理活动,或者说对公共利益的集合、维护和分配活动,此即"行政行为";三是对行政行为造成的损害予以补救,以保证行政行为能够真正符合公共利益,此即"行政救济"。由此,"行政主体""行政行为""行政救济"构成行政法的三大基本内容,它们与行政法基本理论一起构成行政法学总论部分的框架体系。

当然,由于行政活动较复杂,我们往往还要设分论研究每类具体行政活动的法律规范,如公安行政法、民政行政法、教育行政法、科技行政法、文化行政法、卫生行政法、海关行政法、司法行政法、税务行政法、市场监管行政法、军事行政法等。

(二) 行政关系

法律是社会关系的"调整器",每一个部门法都有其特定的调整对象,部门法之间区分的最主要依据就在于调整对象的特殊性。行政法作为独立的部门法,也有其特殊的调整对象,这就是行政关系。

所谓行政关系,就是行政主体在实施行政管理活动的过程中所发生的各种社会关系。当然,这也只是行政关系的表层含义。从实质来看,它是行政主体在集合、维护和分配公共利益的过程中与代表个人利益的相对一方当事人之间所发生的一种公共利益与个人利益之间的关系。调整这种利益关系的法律规范都属于行政法的范畴。

从调整对象上分析行政法的含义,可以使行政法与其他部门法区别开来。因为部门法之间最主要的区别在于,它们调整的社会关系不同。社会关系实质上是一种利益关系,而利益关系具有质和量的规定性,在质上包括三种,即公共利益与公共利益之间的关系、公共利益与个人利益之间的关系以及个人利益与个人利益之间的关系;在量上又可分为三个层次,从而决定一国部门法的划分,其中第一层次的利益关系由一般社会规范调整,第二层次的三类利益关系分别由宪法、行政法和民法调整,第三层次的利益关系都由刑法调整。[①] 行政诉讼法、民事诉讼法和刑事诉讼法分别是行政法、民法和刑法之延伸。可见,行政法在一国法律体系中,是一个独立的基本部门法,从而确定了行政法在整个法律体系中的地位。

---

① 参见叶必丰:《论部门法的划分》,载《法学评论》1996年第3期。

同时,划分法律为各自独立的部门乃是法律实践的显著特点。这是因为,"审判意见通常始于把手头的案件划归某一法律部门"①。因此,从调整对象的特殊性上将行政法与其他部门法区别开来,也是法律实践的需要。例如,在河南省夏邑县人民检察院诉商丘市烟草专卖局一案中,就明确提出了这一问题。该案的大体经过是这样的:1998年6月3日上午,检察院一辆查扣了赃物2080担烟叶的卡车被专卖局以无准运证为由暂扣,双方为此发生争执。检察院认为,本案涉及的烟叶是刑事司法机关依法扣押在运的赃物,不受《烟草专卖法》的调整,专卖局的行为是行政权对司法权的非法干涉。专卖局则认为,检察院运输烟叶是无证运输,且不属于《烟草专卖法》及其实施细则规定的例外范围,必须依法扣押。法院认为,对行政机关的行政强制措施不服的,属于《行政诉讼法》的受案范围,应当受理此案。②显然,在本案中,检察院作为一种司法机关,依据《刑事诉讼法》的规定扣押赃物,应当被认定为一种司法行为。检察院与烟草专卖局之间形成的关系是一种司法权与行政权之间的关系,属于公共利益与公共利益之间的关系。调整这种关系的法只能是宪法,由此引起的纠纷只能是宪法纠纷,须通过宪法途径,即通过宪法实施机制予以解决。然而,在本案中,当事人对纠纷的解决选择了行政诉讼,法院也受理了此案。这说明,宪法的实施还存在着功能上的障碍,通过行政诉讼的途径解决纠纷只是于法无据的权宜之计。当然,这也可以被认为是一种有益的大胆探索。如果通过这种探索和实践,能够发展起一种宪法诉讼的制度,那也未必不是一件值得庆幸的事。

(三) 行政法规范

在日常生活中,尽管人们天天都在与行政法打交道,但是不少人认为我国没有行政法,理由是我国没有行政法典,而宪法典、民法典和刑法典却都已被制定出来。显然,这种认识把行政法内在的构成要素与其外在的表现形式相混淆了。因此,有必要进一步从行政法的构成要素上了解行政法的含义。

从构成要素来看,作为部门法的行政法并不是指某一个法律文件,更不能等同于行政法典,而是各种行政法规范的总称。所谓行政法规范,是指调整行政关系的一类法律规范。正如法律规范是构成法律的"细胞"一样,行政法规范是构成行政法的"细胞",行政法就是由无数个行政法规范所构成的集合体。行政法规范可通过多种形式表现出来,既可以法典形式,也可以分散的各种法律、法规和规章等形式表现出来。我国虽然没有一部行政基本法之类的法典,但是

---

① 〔美〕德沃金:《法律帝国》,李常青译,中国大百科全书出版社1996年版,第224页。
② 参见郭术兵:《两"法"相争,难煞法官》,载《杭州日报(西湖周末版)》1998年10月30日。

行政法早已存在,因为行政法规范早已被制定出来,只不过它们分散在各种单行法律、法规、规章等之中。从这个意义来看,行政法就是由分散于宪法典、法律、法规、规章等众多法律文件中的行政法规范所构成的一个集合体。①

在法理学上,对于"法律规范"一词,有狭义和广义两种不同的理解。有学者主张狭义的观点,认为"法律规范"即"法律规则"。② 有学者则主张从广义上理解,认为"法律规范"是"法律规则""法律原则""法律概念"等的概称。③ 笔者认为,上述两种观点的关键区别实际上在于,是否将"法律原则"引入法律或法律规范的构成要素。将法律或法律规范仅仅等同于法律规则,这是一种典型的"规则中心主义"的法律构成要素理论(又称"法律模式理论")。近现代以来,法律模式理论经历了由哈特的"规则中心主义"向德沃金、庞德的"原则中心主义"这样一个不断演进的过程,从而将法律原则引入法律体系之中,使之成为法的基本构成要素之一,并由此带来了法律体系或法律模式理论的根本性变革。④ 一方面,法律原则是弥补成文规则之不足的需要。"成文规则在内容上的具体性和特定性以及在结构上的相对封闭性决定了其在事项上的狭窄性和在适用上的僵硬性,而原则在内容上的模糊性和在结构上的相对开放性以及在事项上的广延性恰恰可以弥补规则的以上不足。"⑤当规则无法应对社会生活的挑战时,"隐居幕后的法律原则便走到了前台"⑥,它为司法活动的创造性与能动性提供了依据。另一方面,这种司法能动性又应当是以法律原则作支撑的,而非完全凭借主观意志断案,更不是司法专横。也就是说,法律原则意味着承认司法活动的创造性与能动性,意味着承认法官的自由裁量权,从而克服法律规则僵化性的缺陷,同时也为法官合理行使自由裁量权提供了标准,"可以帮助法院得出一个合理的判决而不至于走向个人专断"⑦。总之,将原则引入法律体系中,既是为补成文规则之不足的需要,也是为限缩自由裁量权的需要;既为司法能动性提供了依据,也为司法能动性界定了合理的范围。

可见,我们对"法律规范"及"行政法规范"都应当从广义上理解,既包括法律规则,也包括法律原则,它们都是行政法内在的构成要素。其中,法律规则是

---

① 这里的"宪法典、法律、法规、规章等众多法律文件",是行政法规范的具体表现形式即行政法的渊源,将在下文论述。
② 参见孙国华、朱景文主编:《法理学》,中国人民大学出版社2021年版,第97页。
③ 参见李龙主编:《法理学》,武汉大学出版社1996年版,第70页。
④ 参见周佑勇:《行政法基本原则研究》(第2版),法律出版社2019年版,第243页以下。
⑤ 李可:《原则和规则的若干问题》,载《法学研究》2001年第5期。
⑥ 董灵:《公序良俗原则与法制现代化》,载《法律科学》1994年第5期。
⑦ 周汉华:《现实主义法律运动与中国法制变革》,山东人民出版社2002年版,第223页。

指那些具体规定法律权利、法律义务和法律后果,具有严密逻辑结构的行为准则;法律原则是指那些可以作为法律规则的基础或本源的综合性、稳定性的原理和准则。①

二、行政法的渊源

如上所述,行政法是由分散于宪法典、法律、法规、规章等众多法律文件中的行政法规范所组成的。这些具体表现行政法规范的形式即行政法的渊源。"渊源"一词,在汉语中的本义是来源、本源。"法的渊源"或"法律渊源"概念在我国法理学中,一般限于法的效力渊源,且仅是就形式意义而言的。它是指"一定的国家机关依照法定职权和程序制定或认可的具有不同法律效力和地位的法的不同表现形式"②。按照这种理解,法的渊源主要限于制定法和习惯法。但是,事实上,在法律实践中起到法律渊源作用的远不止这些,比如法理、惯例和判例等。所以,我们应当从更加广义的角度理解法律渊源,它既包括通常意义上的制定或认可的法,也包括那些对行政和行政审判具有重大影响的法理、惯例和判例等。前者即"正式渊源",是指"那些可以从体现为权威性法律文件的明确文本形式中得到的渊源";后者即"非正式渊源",是指"那些具有法律意义的资料和值得考虑的材料,而这些资料和值得考虑的材料尚未在正式法律文件中得到权威性的或至少是明文的阐述与体现"③。

(一)正式渊源

我国行政法的正式渊源主要包括宪法典、法律、行政法规、地方性法规、行政规章等。此外,还包括党内法规、国际条约、法律解释等。

1. 宪法典

作为法律渊源的宪法典与作为部门法的宪法是不同的。宪法典即《中华人民共和国宪法》,是国家的根本大法。它规定国家和社会的基本制度、公民的基本权利和义务以及国家机构的设置及职权等根本性内容,具有最高法律地位和法律效力。宪法典是包括行政法在内的所有部门法的根本渊源。宪法典中调整行政关系的法律规范,如有关国家行政机关的职权及活动原则,有关公民申诉权、控告权、检举权和赔偿权的规范等,都是行政法的直接渊源。此外,所有

---

① 参见张文显:《二十世纪西方法哲学思潮研究》,法律出版社2006年版,第329—330页。
② 李龙主编:《法理学》,武汉大学出版社1996年版,第314页。
③ 〔美〕E.博登海默:《法理学:法律哲学与法律方法》,邓正来译,中国政法大学出版社2017年版,第431页。

重要行政法律的制定都要以宪法典为依据。

2. 法律

法律有广义和狭义之分。广义上的法律是指所有的规范性法律文件。这里仅指狭义上的法律，即最高国家权力机关制定的规范性文件，包括全国人民代表大会制定的基本法律和全国人民代表大会常务委员会制定的其他法律。法律的效力低于宪法，而高于行政法规、地方性法规和规章。法律也是各个部门法的法源，其中规定行政管理活动、调整行政关系的法律规范属于我国行政法的法源。如全国人民代表大会制定的《行政处罚法》、全国人民代表大会常务委员会制定的《治安管理处罚法》《税收征收管理法》等，都属于行政法的法源。

3. 行政法规

行政法规特指国务院制定的规范性法律文件，其效力低于宪法和法律，高于地方性法规和规章。行政法规是我国行政法最主要的法源，而且大多数行政法规也属于行政法的范畴。但是，也有少量调整民事关系的规范属于民法的范畴。所以，不能把行政法规等同于行政法，也不能等同于行政法规范。

4. 地方性法规、自治条例和单行条例

地方性法规是指特定的地方国家权力机关制定的规范性法律文件。根据《立法法》的规定，这些特定的地方国家权力机关包括省、自治区、直辖市和设区的市、自治州的人民代表大会及其常务委员会。自治条例和单行条例，是指民族自治地方即自治区、自治州和自治县的人民代表大会依照当地民族的政治、经济和文化的特点，依法制定的规范性法律文件。地方性法规的效力低于宪法、法律和行政法规，不仅不能与之相抵触，而且仅在本行政区域内有效。设区的市的人民代表大会及其常务委员会原则上只能对城乡建设与管理、生态文明建设、历史文化保护、基层治理等方面的事项制定地方性法规。其中，规定行政管理活动、调整行政关系的法律规范属于行政法的法源。

5. 行政规章和行政规范

行政规章分为中央行政规章和地方性行政规章两类。中央行政规章，又称"部门规章"，是指国务院各部委、中国人民银行、审计署和具有行政管理职能的直属机构以及法律规定的机构制定的规章。地方性行政规章，又称"地方政府规章"，是指省、自治区、直辖市和设区的市、自治州的人民政府制定的规章。行政规章的效力低于行政法规，地方性规章的效力还低于地方性法规。在我国，法律、法规与行政规章都属于法的范畴，是最主要的法律渊源。行政规范则是指除行政法规和规章之外，各级行政机关制定的其他规范性文件，不属于法的范畴。但是，行政规范作为由行政机关代表国家所制定的一种社会规范，一经制定和公布就具有相应的法律效力,因此也是行政法的重要渊源。不过,根据我国《行政诉讼法》的规定,行政规范并不当然对法院具有拘束力,只有经审查认为合法有效的规范性文件才能作为人民法院审理行政案件的依据。

6. 党内规范性文件

党内规范性文件是指党的组织机构制定发布的或者党政机关联合发布的具有普遍约束力的规范性文件,包括党内法规及其他规范性文件。根据《中国共产党党内法规制定条例》①的规定,党内法规的名称为党章、准则、条例、规定、办法、规则、细则。党内法规之外的其他规范性文件,原则上则需使用其他名称,如意见、决议、决定、通知、纪要等。② 作为执政党的中国共产党制定的党内规范性文件既是依规治党的重要依据,也是依法治国的有力保障,是我国法治体系的重要组成部分。2018年2月28日中国共产党第十九届中央委员会第三次全体会议通过的《中共中央关于深化党和国家机构改革的决定》提出,统筹设置党政机构,实行合并设立或合署办公,由此党内规范性文件亦就成为这些机构行使职权、履行职责的重要依据。③ 尤其是,《中国共产党党内法规制定条例》第13条第2款规定:"制定党内法规涉及政府职权范围事项的,可以由党政机关联合制定。"2012年中共中央办公厅、国务院办公厅印发的《党政机关公文处理工作条例》第17条第1款规定,"同级党政机关、党政机关与其他同级机关必要时可以联合行文。"据此,党政机关可以联合发布党内法规及其他规范性文件。党政联合发文具有规范党的执政活动和约束政府职权的双重效力,体现了党规与国法的双重属性。④ 例如,2015年3月,中共中央办公厅、国务院办公厅印发的《关于推行地方各级政府工作部门权力清单制度的指导意见》,要求将地方各级政府工作部门行使的各项行政职权及其依据、行使主体、运行流程、对应的责任等,以清单形式明确列示出来,向社会公布,接受社会监督;2019年2月,中共中央办公厅、国务院办公厅印发的《地方党政领导干部食品安全责任制规定》,要求建立食品安全属地管理工作责任制,保障人民群众食品安全;2019年6月,中共中央办公厅、国务院办公厅印发的《中央生态环境保护督察工作规定》,提出设立生态环境保护专职督察机构,要求国务院办公厅、司法部、生态环

---

① 2012年5月26日中共中央批准并发布;2019年8月30日中共中央政治局会议修订,自2019年9月3日起施行。

② 参见宋功德:《党规之治:党内法规一般原理》,法律出版社2021年版,第362页。

③ 参见姜明安主编:《行政法与行政诉讼法》(第7版),北京大学出版社、高等教育出版社2019年版,第59页。

④ 参见周佑勇:《党政联合发文备案审查的法治监督逻辑与机制完善》,载《中国法律评论》2023年第1期。

境部等部门承担生态环境保护督察职责。此外,在党的组织机构单独发布的党内规范性文件中,也存在着大量有关党对政府工作的领导、组织建设和监督保障的内容,同样对政府行为发挥着重要的约束作用。比如,2019 年 3 月,中共中央办公厅印发的《公务员职务与职级并行规定》;2019 年 4 月,中共中央办公厅印发的《党政领导干部考核工作条例》;2021 年 1 月,中共中央印发的《法治中国建设规划(2020—2025 年)》等。

7. 国际条约

我国参加和批准的国际条约或与其他国家签订的协定,如果其内容涉及国内行政管理,则同样是我国行政法的渊源,但是声明保留的条款除外。例如,我国 2001 年 11 月 10 日签署的《中华人民共和国加入世界贸易组织议定书》主要规范的就是政府的贸易政策或行政活动,其内容涉及大量有关行政许可的法律规则,可以说世界贸易组织规则主要是行政法规则。再如,2008 年 6 月 26 日第十一届全国人民代表大会常务委员会第三次会议批准的《残疾人权利公约》[①],与《残疾人保障法》[②]一起,为促进我国政府采取相关行政措施保障残疾人合法权益提供了重要法律依据。这些条约或协定都调整着一定领域的行政关系,对我国各级行政机关、公民、法人和其他组织都具有行政法的效力,从而成为我国行政法的渊源之一。

8. 法律解释

法律解释有正式的法律解释与非正式的法律解释之分。正式的法律解释是指"有权的国家机关对法律意义的阐明"[③],其中凡涉及对行政法规范的解释,也是行政法的正式渊源之一。按照 1981 年 6 月 10 日第五届全国人民代表大会常务委员会第十九次会议通过的《关于加强法律解释工作的决议》的规定,法律解释具体包括下列四种:立法解释,即全国人民代表大会常务委员会对法律条文本身所作的解释;司法解释,即最高人民法院和最高人民检察院对司法工作中具体应用法律的问题所作的解释;行政解释,即国务院及其主管部门对非司法工作中的法律、法规的应用问题所作的解释;地方解释,即有关地方权力机关对地方性法规条文所作的解释;有关地方人民政府对地方性法规、规章如

---

① 《残疾人权利公约》于 2006 年 12 月 13 日由第 61 届联合国大会通过;自 2008 年 5 月 3 日起正式生效,是国际社会在 21 世纪通过的第一个综合性人权公约,规定了各缔约国应采取一切适当的立法、行政和其他措施保障残疾人应享有的各项权利。

② 1990 年 12 月 28 日第七届全国人民代表大会常务委员会第十七次会议通过;2008 年 4 月 24 日第十一届全国人民代表大会常务委员会第二次会议修订,自 2008 年 7 月 1 日起施行;2018 年 10 月 26 日第十三届全国人民代表大会常务委员会第六次会议修正。

③ 陈金钊:《法律解释的哲理》,山东人民出版社 1999 年版,第 43 页。

何具体应用所作的解释。

(二) 非正式渊源

我国行政法的渊源不仅限于正式渊源,还应当包括法理、惯例和判例等非正式渊源,后者"在行政法律体系中的比重越来越大,对行政管理和行政权行使的指导意义亦越来越深刻"①。在法制尚不发达时,行政民主化还未被普遍接受,行政人员多依传统习俗而行,多以习惯法为主要法源。在行政法进一步发展,行政的法律化和民主化提高以后,单一的习惯法已难以适应行政管理的态势,而不得不以制定法为主要的行政法渊源。在现代国家,国家的任务繁重,机械的制定法又不足以适应需要,而不得不辅以法理、惯例和判例等为补充。正如我国台湾地区学者张载宇所言:"就法治思想言,现代法律制度之法源,以制定法、习惯法与条理为主。其演进过程,系由习惯而制定法,由制定法而条理。"②他所指的"条理"显然是成文法渊源之外的渊源范畴。就我国的情况而言,随着经济体制的转轨和政府职能的转变,行政体制、行政管理和行政权力运用都需要新的观念指导。单一的制定法不能完全承担约束、指导、监督行政权的任务,亦不得不辅之以法理、惯例和判例等行政法渊源。再从行政法源在法律适用中的意义角度考察,"法律渊源涉及的并非普通公民的行为受什么样的规则管辖,而是法院在解决具体纠纷时应该适用哪些法律的问题"③。这就是说,"法律渊源"一词其实更重要的是对于法律适用的意义。其意义在于:"第一,对法官理解、分析制定法并进行推论提供的参考依据和思维指引;第二,通过法律推论实现对制定法局限性的弥补作用;第三,通过推论为判决结论提供正当理由。"④所以,法律渊源的"法律效力"问题不能离开法律推论而孤立地、单纯地予以说明。从这个角度而言,法理、惯例和判例等无疑也应当被列入行政法渊源之中。

1. 法理和惯例

法理通常指"事物的当然之理"或"法之一般原理",⑤实际上就是法的基本精神或基本理念,如正义标准、诚信原则等。经常为西方国家法院司法审查所引用的自然公正原则、合理原则、比例原则、信赖保护原则等,均源于法理,并通

---

① 关保英:《市场经济与行政法学新视野论丛》,法律出版社1996年版,第23页。
② 张载宇:《行政法要论》,汉林出版社1977年版,第39页。
③ 〔美〕格伦顿等:《比较法律传统》,米健等译,中国政法大学出版社1993年版,第154页。
④ 孙笑侠:《法律对行政的控制——现代行政法的法理解释》,山东人民出版社1999年版,第95页以下。
⑤ 参见孙国华、朱景文主编:《法理学》(第5版),中国人民大学出版社2021年版,第112页。

过学说予以确定。例如,信赖保护原则是"德国联邦行政法院根据法律安定性原则和民法的诚信原则推论而确立的"①。当然,这些原则在为法院适用后,即转换成判例法规范。惯例或习惯经过有权的国家机关以一定方式认可后便可上升为法,也具有法律效力。行政惯例或习惯在相对固定后,往往也以判例法或成文法的形式存在。例如,在19世纪的法国,公产不能转让曾为行政惯例,后为判例取代。② 法理和惯例在我国作为行政法的渊源,虽然有一个逐步确立的过程,但是它们实际上"在推论中被运用来论证正当理由,在我国并不缺乏实例,只是被我们所疏忽罢了"③。人民法院在对行政行为进行司法审查时,也有从法理和惯例中引申出行政法原则的实例,例如法院在"田永诉北京科技大学案"的司法推理过程中即运用了"程序正当原则"等。④

2. 判例

判例是指"可作为先例据以决案的法院判决"⑤。由于判例对于法院以后审理类似案件具有普遍约束力,因而成为法的一种渊源。在以判例法为主要法源的英美法系国家,行政法原则主要通过法官的判例予以确立。在大陆法系国家,虽以成文法为主要法源,但在行政法中法院的判例起着主要作用。尤其在法国,"行政法的重要原则,几乎全由行政法院的判例产生"⑥。在我国,也应当充分运用判例确认法律原则,从而形成行政法渊源之功效。目前,我国正在推进的案例指导制度,事实上已经在发挥这方面的作用。

三、行政法的特点

(一) 形式上的特点

相对于其他部门法而言,行政法在形式上具有如下特点:

1. 难以制定统一的法典

在国内法中,行政法虽是一个独立的基本部门法,但很难制定出一个如同刑法典、民法典那样的统一法典。早在20世纪初,德国的威敦比克邦曾试图制定一部包括实体法和程序法规则的行政法典。该法典从1925年起草,1931年完成,到1936年通过,共用了11年时间,后因希特勒上台而未付诸实施。⑦ 早

---

① 朱林:《德国行政行为撤销的理论及其立法评介》,载《法律科学》1993年第3期。
② 参见王名扬:《法国行政法》,中国政法大学出版社1988年版,第322页。
③ 孙笑侠:《法律对行政的控制——现代行政法的法理解释》,山东人民出版社1999年版,第114页。
④ 参见《中华人民共和国最高人民法院公报》1999年第4期。
⑤ 《中国大百科全书·法学》,中国大百科全书出版社1984年版,第449页。
⑥ 王名扬:《法国行政法》,中国政法大学出版社1988年版,第21页。
⑦ 参见应松年、朱维究编著:《行政法学总论》,工人出版社1985年版,第49页。

期虽有不少学者提倡行政法的法典化,但大多数国家还是放弃了这一努力,只制定了行政程序法,①如德国 1976 年《联邦行政程序法》、日本 1993 年《行政程序法》等。到目前为止,世界上也只有少数国家制定了统一的行政法典,如荷兰 1994 年《行政法通则》、法国 2015 年《公众与行政机关关系法典》、蒙古 2015 年《一般行政法》和韩国 2021 年《行政基本法》。即便如此,这些"法典"的出台并非轻而易举,且其内容也并未完全法典化。其中,荷兰《行政法通则》在立法技术上采取了分阶段立法模式,即它并不是一次性制定出来的,而是分阶段首先规定最需要解决的问题,然后不断加入新的内容,至今仍处在未完成状态。②法国《公众与行政机关关系法典》虽然冠以"法典"之名,但其核心内容仍以程序规范为主,大量实体领域的行政法规范被排除在外。蒙古《一般行政法》虽然包含了较多的实体性规则,但是条文并不多,许多领域如行政处罚法、公民申诉处理法、行政案件诉讼法等并未直接进入法典。韩国的《行政基本法》与其《行政程序法》③相并存,其内容仅有 40 条,亦未完成法典化的全部使命。

关于行政法之所以难以制定一部内容完整的统一法典,我国台湾地区学者林纪东认为有以下三个原因:第一,行政法的调整范围广泛。行政法不仅要规范行政组织,而且要规范行政作用。自 20 世纪初以来,随着国家对社会干预的加强,行政组织不断增多,行政作用的范围日益扩大,行政法的调整范围也日益扩大。第二,行政法规范的性质繁杂。如果范围广泛而性质相同,那么仍然可以制定统一的法典。然而,各种行政法规范的性质极为不同。例如,警察行政法规范与教育行政法规范、行政征收规范与行政给付规范等,各有不同的目标,少有共同的基础。第三,行政法规范的变化频繁。如果行政法规范仅仅是性质不同,那么仍然有可能作分门别类的规定,制定统一的法典。无奈行政法规,又是反映社会现象最快、变迁频繁的法规,制定为统一的法典,乃倍加困难。④

然而,法典是法律的最高形式,法典化是法治文明发展的象征,也是部门法

---

① 参见史尚宽:《论行政法典之编订》,载《宪法论丛》,荣泰印书馆 1973 年版,第 106 页以下。
② 荷兰《行政法通则》有四个部分,其中第一、二部分在 1994 年 1 月 1 日生效,主要涉及行政法上的主要概念界定、行政决定一般程序、行政诉讼程序、行政异议程序;第三部分于 1998 年 1 月 1 日生效,涉及行政补助和行政执法等规定;第四部分于 2009 年 7 月 1 日生效,规定了行政申诉、创设权力、授权、委托等内容。之后还不断有新增的部分,最近一次纳入新的内容是在 2013 年经由议会通过,于 2018 年 1 月 1 日生效。参见〔荷兰〕Rob Widdershoven、夏雨:《荷兰〈行政法通则〉访谈》,载姜明安主编:《行政法论丛》(第 20 卷),法律出版社 2017 年版,第 377 页。
③ 韩国《行政基本法》于 2021 年 3 月 23 日制定并施行;韩国《行政程序法》于 1996 年制定,2019 年 12 月 10 日修订,并于 2020 年 6 月 11 日实施。
④ 林纪东:《行政法之法典立法问题》,载张剑寒等:《现代行政法基本论》,汉林出版社 1985 年版,第 273 页。

体系成熟的重要标志,因而推动行政法的法典化一直是我国几代行政法学者追求的立法梦想。早在1986年前后,我国行政立法研究组就曾设想过起草一部行政法典,并形成了包括"行政主体""行政行为""行政法制监督""行政救济"的内容庞大的研究稿。① 但是,由于历史条件的局限而未能实现这一法典化目标,后来只是起草制定了《行政诉讼法》。近年来,由于新中国成立以来第一部以"法典"命名的《民法典》于2020年编纂完成,为其他领域立法法典化提供了成功的范例,也为行政法典的编纂提供了可资借鉴的宝贵经验,因此学界重新思考行政法法典化问题,并就法典化的模式、路径、体例结构等提出了若干不同的主张。譬如,有的提出可以采取先制定行政法总则再编纂行政法典的"两步走"方案,②有的则提出应当直接编纂统一的行政法通则或行政基本法典或基本行政法典,③还有的主张暂不编纂行政实体法典而编纂行政程序法典或编纂基于程序主义的行政法典,④等等。这些不同的主张表明,推动行政法法典化仍旧是一项十分复杂而艰巨的任务。

2. 形式广泛且数量众多

行政法难以制定一部统一法典的结果之一是,行政法的表现形式即法源多种多样。在西方国家,无论是大陆法系国家还是英美法系国家,行政法的法源除了制定法以外,还有判例和行政惯例。⑤如前所述,在我国,行政法的法源不仅有宪法典、法律、行政法规、地方性法规、行政规章,以及国际条约和法律解释等,而且法理、惯例和判例等非正式渊源在行政法律体系中的比重也越来越大。所以,在行政法领域,只能制定众多的单行法,其数量超过所有其他部门法之和。

(二) 内容上的特点

相对于其他部门法而言,行政法在内容上具有如下特点:

1. 实体法规范富于变动性

"当法律尽可能精确和稳定时,它就能最好地为社会服务"⑥,因此任何法

---

① 参见《行政立法研究资料》1986年第9、10、11、12、13期。
② 参见应松年:《关于行政法总则的期望与构想》,载《行政法学研究》2021年第1期。
③ 参见马怀德:《中国行政法典的时代需求与制度供给》,载《中外法学》2022年第4期;周佑勇:《中国行政基本法典的精神气质》,载《政法论坛》2022年第3期;杨伟东:《基本行政法典的确立、定位与架构》,载《法学研究》2021年第6期。
④ 参见姜明安:《关于编纂我国行政程序法典的构想》,载《广东社会科学》2021年第4期;王万华:《我国行政法法典编纂的程序主义进路选择》,载《中国法学》2021年第4期。
⑤ 参见〔美〕伯纳德·施瓦茨:《行政法》,徐炳译,群众出版社1986年版,第612页以下;〔日〕盐野宏:《行政法》,杨建顺译,法律出版社1999年版,第44页;〔德〕哈特穆特·毛雷尔:《行政法学总论》,高家伟译,法律出版社2000年版,第62页以下;王名扬:《法国行政法》,中国政法大学出版社1988年版,第16页。
⑥ 〔美〕德沃金:《法律帝国》,李常青译,中国大百科全书出版社1996年版,第325页。

律都必须强调其内容的稳定性。行政法也不例外。但是,由于社会经济经常处于不断变动之中,具体的行政关系也不可能一成不变,作为调整行政关系的行政法,就需要经常进行立、改、废,以适应现实的需要。同时,行政法领域中涉及的专业技术性较强,裁量范围也十分广泛。因此,行政法的稳定性相对来说没有其他部门法强,尤其是其实体法规范具有明显的易变性。当然,这种变动性不应是朝令夕改,而应具有相对稳定性;否则,法的权威就难以得到确立,相对人也将无所适从。

2. 实体法与程序法并存

传统法的分类上,将法分为实体法和程序法,而程序法为诉讼活动所专有,又称为"诉讼法"。例如,民法与民事诉讼法、刑法与刑事诉讼法都是实体法和程序法分开,可分别制定,各成体系,乃至各成部门法。但是,在行政法领域中,程序法不仅限于行政诉讼法,还包括行政程序法,即行政主体实施行政行为的程序法规则,成为行政法特有的一类行为规范。在非诉状态下的民事关系中,遵循行为人"意思自治"原则,并无必要制定当事人的行为程序法。但是,在行政关系中,由于行政主体的特殊地位,国家需要以程序有效控制其权力的正当行使,因此规定了一定的行为程序。由于这类程序性规范比较统一且稳定,世界上许多国家都制定了统一的行政程序法典。但是,这些程序法典中并非只是单一规定程序,往往也需要规定一些实体规范。在我国《行政处罚法》《行政许可法》《行政强制法》等行政法律中,均有大量的实体性和程序性规范。可见,在行政法领域,实体法规范和程序法规范并不像民法与民事诉讼法、刑法与刑事诉讼法那样作严格区分,而通常是交织在一起,共存于一个法律文件之中。这也是行政法不同于民法、刑法等其他部门法的一个重要特点。

四、行政法的效力

法的效力有广义和狭义两种解释。广义上的法的效力,泛指法的约束力和强制力及其范围;狭义上的法的效力,则仅指法的效力范围或适用范围,即法对什么人、在什么地方和什么时间适用。[①] 这里主要研究狭义上的行政法效力,即它的适用范围或效力范围,包括空间效力、时间效力和对人的效力。

(一)行政法的空间效力

行政法的空间效力,是指行政法在空间上的效力,即关于行政法在哪些地

---

① 参见李龙主编:《法理学》,武汉大学出版社1996年版,第358页;张文显主编:《法理学》(第5版),高等教育出版社2018年版,第93页。

域范围内及其上空具有法律约束力的问题。就中央的行政管理法规(包括行政法律、行政法规和部门行政规章)而言,一般在我国全部领域内都具有法律效力。这里的"领域",包括我国的领陆、领海和领空,以及延伸意义上的领域(如我国的驻外使馆、领海和领空以外的船舶和飞机)。我国《治安管理处罚法》[①]第4条规定:"在中华人民共和国领域内发生的违反治安管理行为,除法律有特别规定的外,适用本法。在中华人民共和国船舶和航空器内发生的违反治安管理行为,除法律有特别规定的外,适用本法。"但是,有的中央行政管理法规明文规定只适用于特定的领域。例如,《长江保护法》[②]《黄河保护法》[③]《青藏高原生态保护法》[④]等法律都将其适用范围限定为特定领域。国务院制定的《汶川地震灾后恢复重建条例》[⑤]这一行政法规,仅适用于汶川地震灾区;《太湖流域管理条例》[⑥]仅适用于太湖流域的相关行政区域。

就地方的行政管理法规(包括地方性法规和地方政府规章)而言,只能在本行政区域内生效,在其他区域不具有法律效力。例如,《湖北省人口与计划生育条例》[⑦]《江苏省人口与计划生育条例》[⑧]分别只能在湖北省、江苏省的行政区域范围内有效,而不能适用于其他行政区域。但是,实践中经常会出现同一个法律事实跨几个行政区域的现象。那么,对于这种跨行政区域的法律事实,就必须适用对所跨区域都具有空间效力的上位法,而不能仅仅适用其中某个区域的地方性行政管理法规。比如,一对夫妻分居于湖北省和江苏省两地,则其双方

---

① 2005年8月28日第十届全国人民代表大会常务委员会第十七次会议通过,自2006年3月1日起施行;2012年10月26日第十一届全国人民代表大会常务委员会第二十九次会议修正。

② 2020年12月26日第十三届全国人民代表大会常务委员会第二十四次会议通过,自2021年3月1日起施行。该法第2条第2款规定:"本法所称长江流域,是指由长江干流、支流和湖泊形成的集水区域所涉及的青海省、四川省、西藏自治区、云南省、重庆市、湖北省、湖南省、江西省、安徽省、江苏省、上海市,以及甘肃省、陕西省、河南省、贵州省、广西壮族自治区、广东省、浙江省、福建省的相关县级行政区域。"

③ 2022年10月30日第十三届全国人民代表大会常务委员会第三十七次会议通过,自2023年4月1日起施行。该法第2条第2款规定:"本法所称黄河流域,是指黄河干流、支流和湖泊的集水区域所涉及的青海省、四川省、甘肃省、宁夏回族自治区、内蒙古自治区、山西省、陕西省、河南省、山东省的相关县级行政区域。"

④ 2023年4月26日第十四届全国人民代表大会常务委员会第二次会议通过,自2023年9月1日起施行。该法第2条第2款规定:"本法所称青藏高原,是指西藏自治区、青海省的全部行政区域和新疆维吾尔自治区、四川省、甘肃省、云南省的相关县级行政区域。"

⑤ 2008年6月8日国务院令第526号公布,自2008年6月8日起施行。

⑥ 2011年9月7日国务院令第604号公布,自2011年11月1日起施行。

⑦ 2002年12月1日湖北省第九届人民代表大会常务委员会第三十七次会议通过,2022年5月26日湖北省第十三届人民代表大会常务委员会第三十一次会议第七次修正。

⑧ 2002年10月23日江苏省第九届人民代表大会常务委员会第三十二次会议通过,2021年9月29日江苏省第十三届人民代表大会常务委员会第二十五次会议第四次修正。

的共同生育行为就不能单纯依据各自省份的人口与计划生育条例,尤其在两地的规定不一致的情况下,就需寻找上位法的依据。《人口与计划生育法》[①]第18条第4款规定,"夫妻双方户籍所在地的省、自治区、直辖市之间关于再生育子女的规定不一致的,按照有利于当事人的原则适用。"总之,在我国,由于具有立法权的地方行政区域众多,各个地方性法规和规章之间的规定不一致的现象大量存在。在欠缺上位法规定的情况下,就需要合理解决区域法之间的规定不一致或冲突问题,否则就有可能导致适用法律的错误。

（二）行政法的时间效力

行政法的时间效力,是指行政法在什么样的时间范围内有效,即从何时生效、至何时失效的问题,以及行政法是否具有溯及既往的效力问题。行政法的生效时间,一般都由相应的行政管理法规作出明确规定。对于行政法的失效时间,视不同的情况而定,有的因撤销而失效,有的因废止而失效,有的因修改而失效,还有的因所定期限届满、调整对象消灭而自行失效等。

就行政法的溯及力而言,应当坚持"法不溯及既往"原则,即新法不能对其生效施行前已经发生的行为或事实溯及适用。我国《立法法》[②]第104条规定:"法律、行政法规、地方性法规、自治条例和单行条例、规章不溯及既往,但为了更好地保护公民、法人和其他组织的权利和利益而作的特别规定除外。"据此,我国法律以不溯及既往为原则,只有在更有利于公民、法人和其他组织的权益保护时才承认其溯及力。这体现在行政法领域,其具体适用规则主要有两种情况:一是从旧兼从轻。譬如《行政处罚法》[③]第37条明确规定:"实施行政处罚,适用违法行为发生时的法律、法规、规章的规定。但是,作出行政处罚决定时,法律、法规、规章已被修改或者废止,且新的规定处罚较轻或者不认为是违法的,适用新的规定。"二是实体从旧、程序从新。2004年最高人民法院公布的《关于审理行政案件适用法律规范问题的座谈会纪要》规定:"行政相对人的行为发生在新法施行以前,具体行政行为作出在新法施行以后,人民法院审查具体行政行为的合法性时,实体问题适用旧法规定,程序问题适用新法规定,但下列情形除外:（一）法律、法规或规章另有规定的;（二）适用新法对保护行政相

---

① 2001年12月29日第九届全国人民代表大会常务委员会第二十五次会议通过,自2002年9月1日起施行;2021年8月20日第十三届全国人民代表大会常务委员会第三十次会议第二次修正。

② 2000年3月15日第九届全国人民代表大会第三次会议通过,自2000年7月1日起施行;2023年3月13日第十四届全国人民代表大会第一次会议第二次修正。

③ 1996年3月17日第八届全国人民代表大会第四次会议通过;2021年1月22日第十三届全国人民代表大会常务委员会第二十五次会议修订,自2021年7月15日起施行。

对人的合法权益更为有利的;(三)按照具体行政行为的性质应当适用新法的实体规定的。"可见,如果法律规范没有明确规定溯及问题,法院在审理行政行为合法性时,对于实体性法律规范和程序性法律规范的法律溯及问题,原则上应采取不同的态度,即实体性法律规范不溯及既往,而程序性法律规范溯及既往。

(三)行政法对人的效力

这里的"人"即行政法律关系的当事人,包括行政主体、行政相对人和行政第三人。行政法对行政主体、行政相对人和行政第三人都具有法律效力,三者都应当受到行政法的约束,严格遵守行政法规范的规定,而不得与之相违背,否则都应当承担相应的法律责任。

值得注意的是,每个行政法规范对所约束的行政主体都有范围上的限制,而并非完全相同。例如,《中国人民银行法》[①]所限定的行政主体是中国人民银行,相对人是从事金融业务的公民、法人或其他组织。《证券法》[②]所限定的行政主体是国务院证券监督管理机构,相对人是从事证券交易事务的公民、法人或其他组织。尽管《中国人民银行法》对国务院证券监督管理机构也具有法律效力,却是将其作为相对人而发生的法律效力,而不是将其作为行政主体。因此,作为相对人的国务院证券监督管理机构不能适用《中国人民银行法》作出行政行为。当然,国务院证券监督管理机构在作为行政主体适用《证券法》实施行政行为时,也并不是完全不能适用《证券法》以外的法律规范。但是,它适用其他行政法规范必须具备两个条件,即在《证券法》中存在着某项准用性法律规范,并且对特定的法律事实具有事务管辖权。比如根据《证券法》第120条第3款规定的"证券公司经营证券资产管理业务的,应当符合《中华人民共和国证券投资基金法》等法律、行政法规的规定",国务院证券监督管理机构行使监管职权时,还可以适用《证券投资基金法》[③]。

五、行政法的历史

行政法与其他法律制度一样,都是历史的产物。但是,行政法的产生与发

---

① 1995年3月18日第八届全国人民代表大会第三次会议通过,自1995年3月18日起施行;2003年12月27日第十届全国人民代表大会常务委员会第六次会议修正。

② 1998年12月29日第九届全国人民代表大会常务委员会第六次会议通过;2019年12月28日第十三届全国人民代表大会常务委员会第十五次会议第二次修订,自2020年3月1日起施行。

③ 2003年10月28日第十届全国人民代表大会常务委员会第五次会议通过;2012年12月28日第十一届全国人民代表大会常务委员会第三十次会议修订,自2013年6月1日起施行;2015年4月24日第十二届全国人民代表大会常务委员会第十四次会议修正。

展独具特色,历史造就了行政法原理及行政法独有的品质。为了加深对行政法特征及其发展规律的认识,有必要从历史的角度对行政法的产生与发展过程加以考察和分析。

(一)外国行政法的产生与发展

现代意义的行政法最早产生于西方国家,是西方资产阶级革命的产物。在资产阶级革命前的封建专制体制下,封建领主、专制君主集诸权于一身,可以不受法律制约而侵害私人的财产和自由,其行动不可能依据法律,因而也就根本不存在产生行政法的余地。在17、18世纪推翻专制统治的资产阶级革命时期,"法治国"思想伴随着"天赋人权"观念而产生。它认为国家的权力应受到个人先天权利的限制,要确立一种符合理性、保障人类利益的社会秩序,政府必须受到法的约束。即政府不是在法律之上而是在法律之下行使权力,它不能拥有任何专断的权力,其一切行为必须有法律依据。正是在这种法治观念的支配下,现代意义上的行政法才得以产生与发展。

在西方各国行政法的发展过程中,逐渐形成了以法德为代表的大陆法系行政法和以英美为代表的普通法系行政法两种模式。

法国素有"行政法母国"之誉,它最先从理念上承认行政法是一个独立的部门法。法国也是欧洲大陆法系国家中的典型代表,其行政法的产生有着特殊的历史背景。概言之,法国资产阶级革命为法国行政法的产生提供了政治、经济、思想准备,大革命时期建立起来的独立行政法院制度直接标志着法国行政法的产生。大革命时期,法国人的一个共同信念是:最高法院代表旧制度,大革命的目标之一就是要取消司法权对行政权的干预。至今仍然有效的1790年8月16—24日的法令宣布:"司法机构应当同行政职能相分离,法官不得以任何方式干预行政人员的活动,违者以渎职论处。""这项规定意味着一个终点,但它却恰恰是法国行政法的起点的标志。"①自此以后,法国行政法院从最初的保留审判权到后来的委托审判权,直至1889年通过"卡多案件"正式取消部长法官制,经历了漫长的发展过程,才逐渐同实际的行政相分离。这个分离的过程是行政法院的独立性逐步增强的过程,也是法国行政法逐步形成和发展的过程。同时,法国还在明确划分公私法的基础上,把行政法列为公法体系,与规范一般私人相互关系的私法体系区别开来。关于行政法的诉讼由行政法院管辖,而关于私法关系的诉讼则由普通法院管辖。独立的行政法院制度是法国行政法的显

---

① 〔法〕勒内·达维:《英国法和法国法:一种实质性比较》,潘华仿等译,清华大学出版社2002年版,第115页。

著特点。此外,法国本是一个成文法国家,法院判案原则上以成文法为根据,但是在行政法中起主要作用的却是判例,一些重要的行政法原则都是由判例产生的,成文法仅仅起补充作用。这也是法国行政法的主要特点之一。

德国与法国并称现代大陆法系的"两大脊梁"。法国虽是现代行政法的发源地,但在大陆法系中其民法的贡献最大。在公法学,特别是行政法学领域,后来居上的德国也成为现代世界行政法体系中一股不可忽视的力量。①尤其是德国行政法的基本原则,被誉为"欧洲行政法之灵感与源泉",对各国行政法发展的影响极大,以至于欧洲法院直接采用了一些德国行政法的原则。对德国行政法及其基本原则产生最重要影响的因素是其"法治国"思想。德国不仅是"法治国"或"法治"思想与制度的发源地,而且"法治国"(Rechtsstaat)一词也为德国人所创造。② 但是,"法治国"思想与制度在德国经历了一个曲折的过程——发端于18世纪末的"实质上的自由法治国"思想在19世纪专制时代创立并走向极端形式化,直到20世纪40年代中期,波恩政权才使之复生和"全面开场",即恢复"实质法治国"并走向"公正法治国"。③ 与"法治国"思想的发展变迁相应,德国行政法也在法治主义由机械走向机动,行政权由消极走向积极的历史背景下逐步发展并完善。特别是德国行政法学经过两百多年的历史演进,其具有经典意义的"无法律即无行政"的依法行政原则发生了重大变化,在实践中逐渐形成了诸如比例原则、信赖保护原则等经验法则,从而不必将依法行政原则绑死在僵硬的法条上,改以较具弹性、宏观的"法"拘束行政权。由此,昔日依法行政的理念与时俱进,由形式意义的依法行政遁入实质意义的依法行政。④

英国是普通法系的典型国家。与大陆法系"公法模式"的行政法相比,英国没有划分公私法的传统,政府和公民之间的关系与公民个人之间的关系,原则上受同一法律——"普通法"的调整和同一法院——"普通法院"的管辖。虽然现代意义的行政法理念与制度在英国开始于17世纪下半叶,但是长期以来,其外在形式一直主要采用过去普通法的一套规则和形式。⑤ 普通法传统中的"法

---

① 参见陈新民:《德国公法学基础理论》(增订新版·上卷),法律出版社2010年版,第163页。
② 所谓"法治国",即指国家依法而治,已成为现代法学界的共同语言。究其源头,首次使用"法治国"一词的乃是18世纪德国哲学家普拉西杜斯,见于其1798年出版的《国家学文献》一书。参见陈新民:《德国公法学基础理论》(增订新版·上卷),法律出版社2010年版,第164页。
③ 参见郑永流:《德国"法治国"思想和制度的起源与变迁》,载夏勇编:《公法》(第2卷),法律出版社2000年版,第38页以下。
④ 参见城仲模:《"法律保留"之现代意涵》,载《月旦法学杂志》2003年第98期。
⑤ 参见姜明安主编:《外国行政法教程》,法律出版社1993年版,第144页。

的统治"(rule of law)原理、"自然正义原则"(the doctrine of natural justice)等对英国行政法一直起着支配的作用。直到19世纪后期,英国行政法才有了突破性发展。这一时期,科技、经济的高度发展带来了两个显著变化:一是委任立法的大量出现。为应付工业经济发展所引起的社会问题,需要制定大量法律。议会由于时间、技术等方面的原因,不能满足这一需要,不得不授权行政机关制定具体的规则,以补充地方立法之不足。二是行政裁判所迅速发展。行政裁判所出现于20世纪初。由于政府对社会经济生活的干预加强,行政纠纷增多,行政裁判所的数目也随之增加。行政裁判所的主要职能是,行使部分司法权,受理行政机关和公民之间以及公民之间的争端。由于上述变化,英国的司法审查制度得到充实和加强,行政法得到进一步发展。

美国法的基础是英国普通法,两国同属普通法系国家,其行政法理论和制度有诸多相似之处。尤其是在自由资本主义时期,两国行政法几乎完全一致。直到19世纪末,为了解决工业迅速发展而引起的一系列社会经济问题,美国建立了独立管制机构(independent regulation agency),标志着美国行政法开始形成自己的特色。[①] 1946年,根据美国宪法的"正当法律程序"条款而制定的《联邦行政程序法》,从行政程序和司法程序上对庞大的行政权加以控制,从而开创了美国行政法的新纪元,为其进一步发展奠定了法律基础。此后,美国国会又相继制定了《情报自由法》《隐私权法》《阳光下的政府法》等,而且各个州也制定了州行政程序法,标志着美国行政法进入一个新阶段。

从上述发展历史可以看出,西方两大法系的行政法存在着多方面的区别:第一,在法律体系上,大陆法系有严格的公法和私法之分,行政法属于公法,而且有一套专门的行政法规则,构成一个独立的法律体系,其内容广泛,既包括行政组织法和行政活动法,也包括对行政权力监督的法;而在英美法系,公法、私法之间没有严格的区分,行政法不构成一个独立的法律体系,其内容以控制行政权力为核心,侧重于司法审查和行政程序。第二,在司法体制上,大陆法系国家在普通法院之外设有独立的、自成体系的专门行政法院,审理行政案件,且行政法院与普通法院并列,互不从属,如发生管辖冲突,交由权限冲突法院裁决;而在英美法系国家,不存在独立的行政法院,所有的案件都由普通法院管辖。第三,在法律适用上,大陆法系国家以适用行政法规则为原则,以适用一般法律规则为补充和例外;而英美法系国家则以适用普通法为原则,以适用专门的行

---

① 参见王名扬:《美国行政法》(上),中国法制出版社1995年版,第48页以下。

政法规则为补充。①

(二)我国行政法的产生与发展

新中国的行政法萌芽于20世纪50年代,而真正受到人们重视并形成体系、走向成熟则是在80年代以后。1982年,我国制定了现行《宪法》,它不仅规定了国家行政机关在国家机构中的地位、作用和职权,而且规定了行政活动的基本原则与公民广泛的自由和权利,还规定了作为行政法渊源的法律、法规、规章的性质和效力等诸多行政法基本内容和原则。同年制定的《民事诉讼法(试行)》首次明确规定"行政案件由人民法院受理",这标志着我国行政诉讼制度的建立,为行政法的进一步发展奠定了重要的基础。但是,这种"民、行不分"或者说民事、行政"合于一法"的诉讼体制,意味着行政法附属于民事法之中,没有真正成为一个独立的法律部门。同时,由于没有独立的行政法规范体系作为支撑,导致行政法学也缺乏学科根基,因此在20世纪80年代形成初期,我国行政法学虽然名义上有"行政法"学科,但事实上却构建在"管理论"的基础之上,沦为行政(管理)学的附属学科。

自20世纪80年代末期开始,以1989年《行政诉讼法》的出台为起点,我国行政法正式开启了独立发展之路。1989年制定的《行政诉讼法》②,具有重大里程碑意义,堪称当代中国行政法的奠基之作。该法不仅在我国确立了一种崭新的行政诉讼制度,创设了一套独立于民事诉讼的裁判行政争议的法规范体系,而且在我国首次对政府提出了"依法行使行政职权"即依法行政的要求,③而依法行政首先必须具有可依之"法",由此催生了其他行政法规范的相继制定,推动了我国行政法自主而快速的发展。为与《行政诉讼法》相衔接,国务院于1990年专门制定了《行政复议条例》④,建立起行政系统内部监督救济体制。此

---

① 参见张树义主编:《行政法学》,中国政法大学出版社1995年版,第40页。
② 1989年4月4日第七届全国人民代表大会第二次会议通过,自1990年10月1日起施行;2017年6月27日第十二届全国人民代表大会常务委员会第二十八次会议第二次修正。
③ 1989年《行政诉讼法》第1条有关"依法行使行政职权"的表述,事实上即为依法行政的立法表达,而该法确立的行政行为合法性审查标准,更是依法行政基本要求的具体展开。基于此,1991年最高人民法院工作报告最早正式提出了"依法行政"一词。参见任建新1991年4月3日在第七届全国人民代表大会第四次会议上所作最高人民法院工作报告,载《中华人民共和国最高人民法院公报》1991年第2期。
④ 1990年12月24日国务院令第70号公布,1994年10月9日国务院令第166号修订,1999年10月1日废止。

后，我国又相继制定了《信访条例》①《行政监察法》②等，拓宽了监督范围和途径。1995年《国家赔偿法》③的出台，标志着国家法律责任体系的进一步完善。1996年颁布的《行政处罚法》，从规范行政权力及程序的角度揭开了行政程序立法的新篇章，为行政机关依法行政提供了重要法律依据。1999年制定的《行政复议法》④，进一步完善了行政监督与救济制度。由此，我国行政法制度逐步建立健全，并拉开了全面推进依法行政、建设法治政府这一进程的序幕。

进入21世纪后，我国行政法进入全面发展时期。1999年《宪法修正案》将"实行依法治国，建设社会主义法治国家"作为治国的基本方略，明确载入《宪法》之中。这标志着我国治国方略的重大转变，意味着我国进入一个崭新的法治时代。从法治的基本原理上讲，依法治国的核心是依法行政，建设法治国家的关键在于建设法治政府。按照法治政府的要求，现代政府应当是有限的政府，透明、廉洁的政府，高效、服务的政府，诚信、负责的政府。为了适应全面推进依法治国、建设法治国家的进程，必须全面推进依法行政、建设法治政府。为此，2003年制定了《行政许可法》⑤。该法的一系列规定全面体现了一个现代法治政府的基本要求，为我国建设现代法治政府勾画了一个美好的蓝图，成为我国政府走向法治政府的一个重要里程碑。2005年制定的《公务员法》⑥，是新中国成立以来首部干部人事管理的综合法律，标志着干部人事管理被纳入科学化、法制化轨道。2011年制定的《行政强制法》⑦，则是继《行政诉讼法》《国家赔偿法》《行政处罚法》《行政复议法》《行政许可法》之后又一部规范政府共同行为的重要法律。这六部法律基本形成了有中国特色的行政法规范体系（简称为行

---

① 1995年10月28日国务院令第185号公布；2005年1月5日国务院重新制定并通过，2005年1月10日国务院令第431号公布。由于2022年1月24日经中共中央政治局会议审议批准，2022年2月25日由中共中央、国务院发布了《信访工作条例》，2022年3月29日《国务院关于修改和废止部分行政法规的决定》（国务院令第752号）已决定废止了《信访条例》，自2022年5月1日起施行。

② 1997年5月9日第八届全国人民代表大会常务委员会第二十五次会议通过，2010年6月25日第十一届全国人民代表大会常务委员会第十五次会议修正。2018年3月20日《监察法》已由第十三届全国人民代表大会第一次会议通过，自公布之日起施行，《行政监察法》同时废止。

③ 1994年5月12日第八届全国人民代表大会常务委员会第七次会议通过，自1995年1月1日起施行；2012年10月26日第十一届全国人民代表大会常务委员会第二十九次会议第二次修正。

④ 1999年4月29日第九届全国人民代表大会常务委员会第九次会议通过；2023年9月1日第十四届全国人民代表大会常务委员会第五次会议修订，自2024年1月1日起施行。

⑤ 2003年8月27日第十届全国人民代表大会常务委员会第四次会议通过，自2004年7月1日起施行；2019年4月23日第十三届全国人民代表大会常务委员会第十次会议修正。

⑥ 2005年4月27日第十届全国人民代表大会常务委员会第十五次会议通过；2018年12月29日第十三届全国人民代表大会常务委员会第七次会议修订，自2019年6月1日起施行。

⑦ 2011年6月30日第十一届全国人民代表大会常务委员会第二十一次会议通过，自2012年1月1日起施行。

政"六法"体系),较为全面地构建了依法行政的制度基础。由此,包括行政组织法、行政行为法和行政救济法在内的中国行政法制度体系,得以逐步形成。[1] 在此基础上,为进一步形成完善的行政法律体系,全国人大常务委员会2021年度立法工作计划明确提出:"研究启动环境法典、教育法典、行政基本法典等条件成熟的行政立法领域的法典编纂工作。"[2]这标志着,中国行政基本法典的编纂已提上日程。行政基本法典是推动中国行政法法典化的根基,承载着典范性、通则性、良善性和民族性的精神气质。[3] 推动行政法法典化,编纂一部具有中国特色、体现时代特点、反映人民意愿、发挥世界影响的行政法基本法典,对于统一中国行政法体系、彰显中国行政法精神、加快法治政府建设、推动世界法治文明进步都将具有重大而深远的意义。

除国家立法层面外,还有几股重要力量在共同推动着我国行政法的发展:

第一,国务院层面。伴随着1989年《行政诉讼法》的实施,1993年政府工作报告中首次明确提出,"各级政府都要依法行政,严格依法办事"[4]。自此之后,历年政府工作报告都明确要求"依法行政"。1999年11月,为了贯彻落实依法治国基本方略,国务院发布了首个《关于全面推进依法行政的决定》[5]。2004年3月,国务院再次印发《全面推进依法行政实施纲要》[6],首次明确提出了今后十年全面推进依法行政、建设法治政府的目标和基本要求。其后,国务院又于2008年发布了《关于加强市县政府依法行政的决定》[7],2010年发布了《关于加强法治政府建设的意见》[8]。在此基础上,中共中央、国务院于2015年印发了《法治政府建设实施纲要(2015—2020年)》,2021年再次印发了《法治政府建设实施纲要(2021—2025年)》。这些重要纲领性文件都是旨在深入推进依法行政、加快法治政府建设,为全面建设职能科学、权责法定、执法严明、公开公正、智能高效、廉洁诚信、人民满意的法治政府勾勒了蓝图,明确了具体行动方案。自2004年《全面推进依法行政实施纲要》实施以来,国务院及其各部门

---

[1] 参见周佑勇:《中国行政法学学术体系的构造》,载《中国社会科学》2022年第5期。
[2] 《全国人大常委会2021年度立法工作计划》,载《中华人民共和国全国人民代表大会常务委员会公报》2021年第4期。
[3] 参见周佑勇:《中国行政基本法典的精神气质》,载《政法论坛》2022年第3期。
[4] 李鹏1993年3月15日在第八届全国人民代表大会第一次会议上所作政府工作报告,载《中华人民共和国国务院公报》1993年第4期。
[5] 国发〔1999〕23号。
[6] 国发〔2004〕10号。
[7] 国发〔2008〕17号。
[8] 国发〔2010〕33号。

还制定了一系列行政法规和部门规章,特别是先后出台了《政府信息公开条例》(2007)、《关于实行党政领导干部问责的暂行规定》(2009),并用《城市生活无着的流浪乞讨人员救助管理办法》(2003)取代了《城市流浪乞讨人员收容遣送办法》(1982),用《国有土地上房屋征收与补偿条例》(2011)代替了饱受争议的《城市房屋拆迁管理条例》(2001)等,从制度建设上极大地推进了我国行政法的发展。

第二,地方立法。除了为实施中央层面的立法而制定了大量实施性的具体规定之外,地方层面还进行了一系列先于中央而卓有成效的推进依法行政的制度创新。例如,在行政程序立法方面,以2008年首个地方层面的统一行政程序立法《湖南省行政程序规定》①的出台为起点,各地纷纷出台了以"行政程序"命名的地方政府规章或规范性文件,直接推动了统一的地方行政程序立法。② 又如,在规范行政裁量方面,各地纷纷制定了统一规范行政裁量权的办法,并创造性地建立了裁量权基准制度。在吸收各地行政裁量权基准制定经验的基础上,2022年国务院办公厅印发了《关于进一步规范行政裁量权基准制定和管理工作的意见》③,这一重要纲领性文件为进一步推进行政裁量权基准的法治化提供了有力的制度保障。④

第三,司法实践。自《行政诉讼法》颁行之后,来自最高人民法院的司法解释、指导性案例制度和司法实践的"法官造法",始终是推动我国行政法发展的一股重要力量。结合行政审判工作实际,最高人民法院先后发布了《关于贯彻执行〈中华人民共和国行政诉讼法〉若干问题的意见(试行)》⑤、《关于执行〈中华人民共和国行政诉讼法〉若干问题的解释》⑥、《关于适用〈中华人

---

① 2008年4月17日湖南省人民政府令第222号公布,2022年10月8日湖南省人民政府令第310号第二次修改。
② 其中,地方政府规章有《山东省行政程序规定》(2011)、《汕头市行政程序规定》(2011年制定,2021年第二次修正)、《西安市行政程序规定》(2013)、《海口市行政程序规定》(2013年制定、2019年修正)、《江苏省行政程序规定》(2015)、《宁夏回族自治区行政程序规定》(2015)、《兰州市行政程序规定》(2015)、《浙江省行政程序办法》(2016)、《蚌埠市行政程序规定》(2017)等。规范性文件有《凉山州行政程序规定》(2009年试行、2013年正式发布)、《永平县行政程序暂行办法》(2010)、《酒泉市行政程序规定(试行)》(2012)、《邢台市行政程序规定》(2013)、《海北藏族自治州行政程序规定》(2012)等。在此推动下,有地方进一步制定了地方性法规,如《江苏省行政程序条例》(2022年7月29日江苏省第十三届人民代表大会常务委员会第三十一次会议通过,自2022年11月1日起施行)。
③ 国办发〔2022〕27号。
④ 参见周佑勇:《新时代推进行政裁量权基准制度建设的纲领性文件》,载《中国司法》2022年第8期。
⑤ 法〔1991〕19号。
⑥ 法释〔2000〕8号。

民共和国行政诉讼法〉若干问题的解释》①和《关于适用〈中华人民共和国行政诉讼法〉的解释》②等系统性司法解释,极大地推动了行政诉讼制度的完善,乃至整个行政法律制度的创新发展。为进一步统一法律适用标准,指导法院审判工作,最高人民法院自 2011 年 12 月 20 日开始发布指导性案例,截至 2023 年 12 月 7 日共计发布了 39 批 224 例,其中行政类(含国家赔偿类)指导性案例 35 例,这些指导性案例亦发挥着规则创设的判例化或制度化的重要功能。③ 此外,在司法实践中,我国法院在大量的个案中,也在创造性地运用法律原则判案,从而确立了一系列依法行政的基本原则和制度。如田永案、刘燕文案、张成银案、于艳茹案等,创造性地运用了正当程序原则和制度等,④为推动我国行政法的发展做出了巨大贡献。所有这些都预示着我国未来行政法进一步发展的方向。

总之,我国行政法的起步与发展根植于改革开放,根植于国家经济、社会制度的深刻变革。改革开放唤醒了人们对民主与法治的向往,为行政法的发展提供了社会意识基础。尤其是,伴随着社会主义市场经济体制的改革转型,无论是政府与市场之间的关系,还是政府与个人之间的关系都发生了深刻变化,政府职能得以不断调整,传统单一的以命令服从为核心的政府与个人关系得以不断改变,不仅"个人从国家的隶属关系中解放出来,单位人转化成社会人,个人的独立地位得到肯定,自由空间得到扩展"⑤,由此需要得到法律的确认和保护,而且政府权力也需得到法律的重新界定和规制。这一切都深深地影响着我国行政法的发展历程,成为行政法发展最直接的动力。可以预见,随着社会主义市场经济体制的建立健全、民主政治以及全面依法治国的不断推进,我国的行政法将逐步成熟与完善。

---

① 法释〔2015〕9 号。
② 法释〔2018〕1 号。
③ 参见周佑勇:《行政裁量治理研究:一种功能主义的立场》(第 2 版),法律出版社 2023 年版,第 257 页。
④ 参见何海波:《实质法治:寻求行政判决的合法性》(第 2 版),法律出版社 2020 年版,第 96 页以下;周佑勇:《司法判决对正当程序原则的发展》,载《中国法学》2019 年第 3 期。
⑤ 薛刚凌等:《改革开放 40 年法律制度变迁:行政法卷》,厦门大学出版社 2019 年版,第 13 页。

第二节 行政法律关系

法律是社会关系的"调整器"。不同的部门法调整着不同的社会关系,社会关系受一定的法律调整之后,必然形成相应的不同法律关系。行政法律关系便是其中的一种。研究行政法律关系,不仅可以进一步揭示行政法不同于其他部门法的本质属性,还可以帮助我们认识和分析各种行政法现象。尤其是在实践中,我们可以借助于行政法律关系理论,从纷繁复杂的法律纠纷中厘清不同属性的权利义务关系,从而对一个案件特别是复杂的疑难案件予以准确定性,正确适用法律,并对案件作出恰当的处理。因此,研究行政法律关系,无论在理论上还是实践中,都具有重要的方法论意义。

一、行政法律关系的概念

(一)行政法律关系的界定

行政法律关系作为行政法学的一个基本问题,历来为我国行政法学者所重视。但是,对这一问题的认识,理论界一直存在分歧。早在1983年由王珉灿主编的第一本高校试用教材《行政法概要》中,就提出了"行政法律关系"这一概念。书中指出:"行政法调整的对象,是国家行政机关在行政活动过程中所发生的各种社会关系,这种社会关系称为行政法上的法律关系,也称行政法律关系。"[①]这种将"行政法律关系"简单地等同于"行政法调整的社会关系"或"行政法的调整对象"的观点,显然是不适当的。其后,随着行政法学研究的深入,这种观点逐渐受到了行政法学界较为一致的否定。尽管如此,在理论上,究竟应该怎样界定行政法律关系的内涵和外延,仍旧角度有别,范围不一。

1. 关于界定的角度

从对行政法律关系界定的不同角度来看,理论上主要存在以下几种学说或观点:

(1)法律规范调整说。该说主要从行政法律关系区别于行政法调整的社

---

① 王珉灿主编:《行政法概要》,法律出版社1983年版,第2—3页。

会关系的角度,认为行政法调整的社会关系即行政关系,是一种事实关系而非法律关系,只有这种关系被行政法律规范调整时,才能成为行政法律关系。① 这种观点试图将行政法律关系与行政法调整的社会关系区别开来,具有一定的进步性,但是并没有从根本上揭示行政法律关系的本质内容和具体范围,因而难以真正将两者区别开来。

(2) 权利义务关系说。该说主要从行政法律关系所具有的内容的角度,认为行政法律关系作为一种以权利义务为内容的法律关系,其本质内核就是一种权利义务关系。② 这种观点尽管从根本上揭示了行政法律关系作为一种法律关系所具有的权利义务这一本质内核,但是如果将行政法律关系仅仅理解为一种权利义务关系,则不仅无法使其与其他性质的法律关系区别开来,反而可能将其他性质的法律关系误作为行政法律关系。

(3) 行政过程形成说。该说主要从行政法律关系形成阶段的角度,认为行政法律关系形成于行政管理主体行使行政职权进行行政管理的过程中,是国家行政机关在行政管理过程中形成的各种关系。③ 这种观点强调行政法律关系运用的特定范围,有利于明确地将行政法律关系与其他法律关系区别开来。但是,这种观点往往忽视了行政法律关系必须以行政法律规范的调整为前提,容易混淆行政法律关系与作为行政法调整对象的行政关系之间的区别。

2. 关于界定的范围

尽管行政法律关系与作为行政法调整对象的社会关系是有区别的,但是行政法律关系毕竟是行政法规范调整这类特定社会关系的结果,后者的范围直接决定着前者的范围。关于两者的范围界定问题,理论界一直存在着较大的分歧。概言之,主要有以下几种学说和观点:

(1) 行政管理关系说。该说以"行政管理过程"或"实施国家行政权"为基点,界定行政法律关系的范围,认为作为行政法调整对象的这类特定社会关系"是国家行政机关在行政管理活动过程中所产生的社会关系,这类社会关系的总和称为行政关系",并据此认为行政法律关系"是行政法所规定的,在行政机

---

① 参见姜明安:《行政法学》,山西人民出版社1985年版,第21页;于安主编:《中国行政法与行政诉讼法》,陕西人民教育出版社1991年版,第19页;张尚鹭主编:《行政法学》,北京大学出版社1991年版,第18页;陈安明、沙奇志:《中国行政法学》,中国法制出版社1992年版,第29页。

② 参见张尚鹭编著:《行政法教程》,中央广播电视大学出版社1988年版,第3页;黄子毅、陈德仲主编:《行政法学基础教程》,中共中央党校出版社1992年版,第22页;皮纯协、张成福主编:《行政法学》,中国人民大学出版社2002年版,第6页。

③ 参见许崇德、皮纯协主编:《新中国行政法学研究综述(1949—1990)》,法律出版社1991年版,第54页。

关管理活动过程中各方当事人之间的权利义务关系"。① 这种观点将行政法律关系仅仅理解为一种行政管理的法律关系,是对行政法律关系范围最狭义的理解,也是早期我国行政法学界大多数学者所持有的一种观点。

(2) 行政与监督行政关系说。该说以"行政权的实施与监督"为基点,界定行政法律关系的范围,将作为行政法调整对象的这类特定社会关系概括为两类,即行政关系和监督行政关系,认为"行政法,既调整行政关系,又调整监督行政关系,是调整这两类关系的法律规范和原则的总称"。其中,"行政关系,经法律的调整,具有权利义务的内容,即上升为行政法律关系"。监督行政关系受行政法的调整后形成的法律关系则称为"监督行政法律关系"。② 这种观点相对于"行政管理关系说"而言,使行政法上的法律关系的范围得以扩大,内容更加丰富。但是,它在使用的术语上对"行政法律关系"仅仅作狭义的理解,显然无法用以概称由行政法调整后形成的全部法律关系。

(3) 行政权力创设或配置、行使与监督行政关系说。该说以"行政权力的创设或配置、行使与监督"为基点,界定行政法律关系的范围,将作为行政法调整对象的这类特定社会关系概括为三类,即"行政权力的创设、行使以及对其监督过程中发生的各种社会关系",并将这些社会关系统称为"行政关系",认为行政法对这类行政关系予以调整而形成的权利义务关系就是"行政法律关系"。③ 还有一些学者持类似观点。④ 这种观点相对于上述"行政与监督行政关系说"而言,又有了更大的涵盖量,即它还涉及由行政权力创设或配置而形成的关系。

可见,由于学者们对行政法所调整的特定社会关系的理解不一致,因而对行政法将这类特定社会关系予以调整后所形成的特定法律关系即行政法律关系的范围之界定也不同。其主要的分歧在于,行政法所调整的特定社会关系是否包括"行政权力配置关系"和"监督行政关系"。笔者认为,在行政权力的创设或配置过程中所形成的国家权力机关与行政主体之间的关系,实际上是一种立法权与行政权之间的关系,即公共利益与公共利益之间的关系。从本质上说,这种关系应当由宪法来调整,所形成的法律关系属于宪法关系。在有关国家机关对行政权力的行使进行监督时所形成的"监督行政关系"中,有部分关系如国

---

① 参见侯洵直等编著:《中国行政法》,河南人民出版社1987年版,第5—6页。
② 参见罗豪才主编:《行政法学》(修订本),中国政法大学出版社1996年版,第9、17页。
③ 参见王连昌主编:《行政法学》(修订版),中国政法大学出版社1997年版,第3、26页。
④ 参见袁曙宏、方世荣、黎军:《行政法律关系研究》,中国法制出版社1999年版,第7页;方世荣主编:《行政法与行政诉讼法学》,中国政法大学出版社2003年版,第19页;王成栋:《行政法律关系基本理论问题研究》,载《政法论坛》2001年第6期。

家权力机关与行政主体之间形成的监督与被监督的关系也应当由宪法来调整。还有部分关系是因行政权力行使而引起的救济关系,如行政复议关系、行政诉讼关系等,可以视为因行政权力行使而产生的行政关系在行政救济领域的延伸。因此,这类关系应当由行政法来调整,所形成的法律关系属于行政法律关系。

3. 关于本书的界定

从以上的分析可以看出,对作为行政法调整对象的特定社会关系,既不能将其限定在过于狭窄的范围内,也不宜作过度宽泛的理解,它应当是因行政权力行使而产生或引发的各种社会关系。这类社会关系经行政法调整所形成的权利义务关系便是行政法律关系。具体而言,所谓行政法律关系,是指行政法规范在对行政权力行使中产生或引发的各种社会关系加以调整之后所形成的一种行政法上的权利义务关系。这一概念具体包括如下三个方面的含义:

(1) 行政法律关系本源于行政权力行使中产生或引发的各种社会关系。任何法律关系都本源于实际存在的社会关系,一定的实际社会关系是一定的法律关系之原初属性。不同的法律关系的本源或原初属性是不同的,它决定着法律关系的性质和类别。行政法律关系作为一类特殊的法律关系,本源于行政权力行使中产生或引发的各种社会关系。国家在行使行政权力、实现行政职能中必然产生大量的社会关系,这些关系就是原初的行政法律关系。由于这些社会关系都是因行政权力行使而产生或引发的,因此离开行政权力及其行使,就不可能构成作为行政法律关系之原初属性的社会关系,从而也就不会有行政法律关系的存在。正是作为行政法律关系之原初属性的这类特殊社会关系决定着行政法律关系的存在,以及不同于其他法律关系的特殊性质。

当然,行政权力的行使既可本身直接产生或形成某种社会关系,也可因其行使而引发某种社会关系,它们都能构成作为行政法律关系之原初属性的社会关系而形成行政法律关系,前者如行政处罚法律关系,后者如行政诉讼法律关系。行政诉讼法律关系实际上是行政法律关系在行政诉讼法领域的一种延伸,但是其实质还是包含于行政法律关系中。

(2) 行政法律关系形成于行政法规范对上述社会关系的调整。行政权力行使中所产生的各种社会关系作为行政法律关系的原型,并不是行政法律关系本身,而只是一种客观存在的事实关系,即仅具有"物质社会关系"的属性。这些事实关系只有在受到行政法规范调整之后,通过国家的、当事人的意识和意志,才能形成或上升为行政法律关系。因此,行政法律关系又增加了一层"思想意志关系"的属性,即具有意志性。行政法律关系与作为其原初属性的实际社会关系是不同的,不能将两者相混同。

通常,法律规范对社会关系的调整方式有认可和设定两种。认可是对社会生活中已自然形成的一些社会关系以立法加以确认,使其法律化,或者说以法的强制力使其固定化,该类社会关系的形成早于法律关系的形成;设定则是对应当发生、期待发生的社会关系以立法事先作出明确的规定,该类社会关系与相应的法律关系同时形成。

在行政法律关系的形成过程中,同样存在这两种法律调整方式。但是,作为行政法规范调整对象或行政法律关系原型的社会关系是基于行政权力及其行使而产生的,这就决定了其调整方式具有特殊性。根据现代行政法治原则,任何行政权力都应来源于国家法律,应由法律对其行使加以预先规定。因此,行政法规范从一开始就应对行政权力行使中的各种关系加以调整即设定,这些关系从一开始就应是行政法律关系。未经行政法规范设定,不得实施行政权力,不应在实际生活中发生相应的社会关系。因此,行政权力行使中产生的各种关系都应是受行政法规范调整的关系,都应是与行政法律关系同时形成的。当然,这只是从行政法治所要求的一种应然状态的角度考虑的。实际上,行政领域中存在着大量的这类关系,并非法律关系,需要法律予以认可,从而使其形成行政法律关系。随着现代行政的发展,民主与法治的进步,越来越多原来不受行政法规范调整的这类关系将逐步被纳入行政法规范调整的范围。

(3) 行政法律关系是一种行政法上的权利义务关系。行政权力行使中所产生的各种社会关系受到行政法规范调整之后,便形成行政法律关系。但是,在行政法规范对这些关系作出调整之前,它们作为一种事实存在,处于不规范、不统一、不稳定的自发状态。一旦行政法规范对这些关系作出规定和调整之后,关系的双方当事人便有了明确的权利和义务。因此,行政法律关系是一种肯定、明确的权利义务关系。同时,由于行政法律关系是受到行政法规范调整后所形成的权利义务关系,而行政法规范所规定的只能是行政权利和行政义务,因而行政法律关系只能是一种行政法上的权利义务关系。

此外,行政法规范对行政权利和行政义务的规定只是创制了一种抽象的行为模式,仅有这种抽象的行为模式或权利义务的规定尚未完成行政法规范"调整"的任务,即并未形成一种行政法律关系。只有当这种抽象的行为模式在出现了一定的法律事实之时具体化为特定主体之间的权利和义务,才能形成行政法律关系。因此,行政法律关系还应当是一种具体的、实实在在的权利义务关系。或者说,只有权利义务主体均为特定的,这种权利义务关系才能是行政法律关系。例如,行政机关制定规范性文件的行为,其结果只是产生相应的行为规范,只有出现相应的法律事实而在特定主体之间形成的一种具体权利义务关系才是行政法律关系。

(二)行政法律关系与行政关系的区别

行政关系是行政法所调整的对象,而行政法律关系是行政法对行政关系调整的结果,两者具有十分密切的联系,同时又是两个不同的概念和现象。一般认为,两者之间的区别主要表现在它们的性质、范围等方面。

1. 关于性质的区别

从性质来看,一般认为,"行政法律关系属于思想社会关系,体现了国家的意志,而行政关系不属于思想社会关系"[①]。这一论点的提出主要是基于列宁关于社会关系的分类。列宁根据马克思、恩格斯关于经济基础和上层建筑、社会存在和社会意识的基本思想,把社会关系分成物质关系和思想关系,并指出,"思想的社会关系"即"通过人们的意识而形成的社会关系",它"不过是物质的社会关系的上层建筑,而物质的社会关系是不以人的意志和意识为转移而形成的,是人维持生存的活动的(结果)形式"[②]。但是,这里需要指出的是,列宁当时将社会关系作"物质关系和思想关系"的划分,只是为了说明经济基础和上层建筑的关系,回答这两类社会关系中何者为第一性,何者是社会形态的本质的问题,而并没有明确地将法律关系归结为"思想社会关系"的范畴。尽管任何法律关系都是法律规范在现实社会生活中的实现形式,如同法律规范一样具有国家意志性,但是"绝不意味着否定法律关系具有不以人们的意志为转移的客观基础,否定其存在的客观性"[③]。同时,尽管行政关系是一种客观存在的事实关系,但是任何社会关系总是人与人之间的关系,不可能不体现人的意志,因而也绝不能否定行政关系具有意志性。可见,列宁所讲的"思想社会关系"与社会关系的思想性或意志性、"物质社会关系"与社会关系的物质性或客观性并不能相等同。所以,我们不能机械地套用列宁关于社会关系的划分,简单地用以解释法律关系的性质,否则就会得出自相矛盾的结论。

事实上,"各种物质关系不会因为有了法律的外壳而失去其原来的性质,变成为上层建筑的思想社会关系……法律关系是社会关系中由法律确认和调整的各个部分综合体,其中不仅有属于思想社会关系领域的部分,而且有物质社

[①] 胡建淼:《行政法学》,法律出版社1998年版,第27页。
[②] 《列宁全集》第1卷,人民出版社2017年版,第109、121页。
[③] 王勇飞、张贵成主编:《中国法理学研究综述与评价》,中国政法大学出版社1992年版,第515页。

会关系的部分。"①因此,法律关系究竟仅属于"思想社会关系",还是同时具有"物质社会关系"的属性,不能由它自身来决定,而要由它所表现的社会关系的性质来决定。这对于我们正确认识行政法律关系的性质是很有价值的。也就是说,我们不能简单地将行政法律关系一律归结为"思想社会关系"的范畴,它应当是一种体现人的意志的客观的社会关系,既具有意志性,也具有客观性。就它与行政关系的区别而言,行政法律关系只不过是因受到行政法规范调整而增加了一层"思想意志关系"的属性,即具有国家意志性,它是社会内容与法的形式、主观(意志性)与客观(物质性)的统一。同时,行政法律关系所体现的国家意志与它所反映的个人意志也是统一的。换言之,尽管任何一个具体的行政法律关系参加者都具有一定的自由范围,要体现个人的意志,但是这种个人意志必须受到法律规范的制约,符合国家的意志,其行使权利与履行义务的活动必须是按照法律的规定所进行的有目的、有意识的活动。

2. 关于范围的区别

一般认为,行政法律关系与行政关系在内容和范围上基本一致,但是行政法并不对所有行政关系作出规定或调整,而只调整其主要部分。例如,对行政管理中经常进行的行政指导(如指导科学种田等)、行政建议(如建议不要吸烟,提倡优生优育等)、行政咨询等活动,行政法一般并不加以强行性的规定或调整。就其与行政相对人的关系而言,也不具有行政法律关系的性质。② 因此,"行政法律关系的范围比行政关系小,但内容层次较高"③。的确,从实然的角度来看,由于各种复杂的原因,在实际生活中还存在着大量尚未被行政法规范调整的行政关系。但是,如果从应然的角度来看,如前所述,根据现代行政法治原则,任何行政权力都应来源于国家法律,应由法律对其行使加以预先规定。因此,行政权力行使中产生的各种行政关系都应是受行政法规范调整而形成的行政法律关系。

以发展的眼光审视,随着现代行政的发展,民主与法治的进步,即使是原来不受行政法规范调整的部分行政关系,也必将会越来越多地被逐步纳入行政法规范调整的范围,从而成为行政法律关系。我国学界普遍认为,在现代行政管理过程中,行政指导、行政建议、行政咨询等非权力行政行为与行政相对人之间并不构成权利义务关系。但是,行政主体实施行政指导、行政建议、行政咨询等

---

① 张志铭:《中国社会主义法律关系新探》,载《中国法学》1988年第5期。
② 参见张尚鷟主编:《走出低谷的中国行政法学——中国行政法学综述与评价》,中国政法大学出版社1991年版,第22页。
③ 胡建淼:《行政法学》,法律出版社1998年版,第27页。

行为是现代社会政治、经济、文化发展对行政提出的必然要求,是法律赋予行政机关的职责,因此必须坚持依法行政原则。尤其是,现代行政是责任行政,无责任即无行政,无救济即无权利。行政指导、行政建议、行政咨询等非权力行政行为也不例外。以行政指导为例,"如果行政指导行为本身违法、违反政策或不当",则实施该行政指导的行政主体应当承担相应的法律责任;[1]行政相对人也可以向其提出承担行政指导行为错误的法律责任请求,如相对人对行政主体作出的承担法律责任的决定不服,可再依法申请行政复议或提起行政诉讼。[2] 可见,随着现代行政与法制的发展,无论行政指导、行政建议、行政咨询等非权力行政行为本身还是由此所引起的各种社会关系,都应当予以法律化与制度化,从而形成相应的行政法律关系。事实上,在运用行政指导方式管理国家经济活动非常成功的日本,1993年《行政程序法》对行政指导的定义、原则、方式等内容都作了明确的规定,从而使行政指导得以科学化、规范化和制度化。理论上,日本学者也认为,行政指导、行政建议、行政咨询等非权力行政行为与现代社会的国民及居民的各种权利自由及要求都有着密切的关系,不能因其是非权力行政行为而放松或放弃法的统制。他们因此将行政法律关系分为权力关系和非权力关系,其中有关权力行政的法律关系是权力关系,有关非权力行政的法律关系是非权力关系。[3]

二、行政法律关系的要素

与其他法律关系一样,行政法律关系也是由主体、客体和内容三个方面的要素所构成的。

(一)行政法律关系的主体

主体是法律关系的根本要素。通常,人们把法律关系的主体解释为法律关系的参加者,即"法律关系中权利的享受者和义务的承担者,或享有权利并承担义务的人或组织"[4]。行政法律关系的主体,是指行政法律关系中享受权利并承担义务的人或组织。凡依法具体享有行政法上的权利,承担行政法上的义务的一切当事人,皆为行政法律关系的主体。关于行政法律关系的主体,理论上

---

[1] 参见莫于川等:《柔性行政方式类型化与法治化研究》,法律出版社2020年版,第22页。
[2] 参见姜明安主编:《行政法与行政诉讼法》(第7版),北京大学出版社、高等教育出版社2019年版,第309页。
[3] 参见〔日〕室井力主编:《日本现代行政法》,吴微译,中国政法大学出版社1995年版,第34页;〔日〕和田英夫:《现代行政法》,倪健民、潘世圣译,中国广播电视出版社1993年版,第53页。
[4] 张文显:《法学基本范畴研究》,中国政法大学出版社1993年版,第169页。

一般采取列举的方式,具体包括以下几类:国家;国家行政机关及其机构;其他国家机关及其机构;经法定程序授权或委托行使行政职能的其他组织或公民个人;企业、事业单位、社会团体或其他组织;公民;在我国境内的外国组织、外国人和无国籍人。[①] 这种列举的方式比较明确具体,但是只列举了行政法律关系主体的数目,未对各主体的资格和地位加以区分,因而列举虽众,却未必全面。例如,同一行政机关,在行政法律关系中却有不同的身份和属性,在行使行政权,管理行政事务时,是行政主体;而以被管理者的身份出现时,则是行政相对人。所以,为了确定上述不同主体在行政法上的主体资格,可以根据其在行政法律关系中的地位,划分为三大类:行政主体、行政相对人和行政第三人。

1. 行政主体

行政主体,是指具有行政权能,并能以自己的名义运用行政权力,独立承担相应法律责任的社会组织。在我国,具有行政主体资格的社会组织包括国家行政机关和法律、法规、规章授权的组织。其中,国家行政机关是最普遍、最重要的一种行政主体,但是并非唯一的行政主体。国家行政机关以外的其他社会组织在得到法律、法规、规章授权的情况下,也能成为行政主体。同时,国家行政机关并不始终是行政主体,它只有在行使行政权,管理行政事务时才是行政主体;当以被管理者的身份出现时,它是行政相对人。正是由于这种原因,行政法学才使用了"行政主体"这一概念:一方面,用以全面概括行政机关和被授权的组织这两类行政主体;另一方面,用以确定行政机关在行政法上的主体资格,以进一步确定行政行为的效力和行政复议被申请人、行政诉讼被告及行政赔偿义务机关的资格。

在我国,公务员是代表行政主体执行公务的内部工作人员,与行政主体具有不可分割的联系。但是,公务员并不能以自己的名义,而只能以所在行政主体的名义实施行政行为,也不独立承担由此所产生的法律效果,而是由其所在行政主体承担法律效果。因此,公务员并不是行政主体,而是行政主体的一个构成部分,隶属于行政主体。此外,在行政活动中,国家行政机关有时会把其拥有的某项行政管理权依法委托给某个社会组织去行使。但是,受委托组织只能以委托行政机关的名义实施行政权,由此所产生的法律效果自然归属于原委托行政机关。因此,受委托组织也不具有独立的主体资格,不是行政主体。

2. 行政相对人

行政相对人,是指行政法律关系中处于被管理地位的一方当事人,即与行

---

① 参见杨海坤主编:《跨入21世纪的中国行政法学》,中国人事出版社2000年版,第148页。

政主体相对应的，受行政权力作用或行政行为约束的另一方主体。行政相对人包括内部行政相对人和外部行政相对人。内部行政相对人，是指与行政主体具有隶属关系，代表行政主体执行公务的公务员。外部行政相对人，是指与行政主体具有一般行政管理关系而不具有隶属关系的自然人（公民）、法人和其他组织。

自然人，是指基于自然规律出生和生存的人，包括公民、外国人和无国籍人。其中，具有一国国籍的自然人即该国的公民，在广义上通常也涵盖外国人和无国籍人，即与自然人的意义相同。公民是最主要、最经常也是最广泛的行政相对人，但是要成为法定的行政相对人亦应具备一定的资格，即法定的权利能力和行为能力。权利能力，是指依法享有权利和承担义务的资格。在一般的行政法律关系中，每个公民从出生至死亡，均具有权利能力。但是，在某些特定的行政法律关系中，公民的权利能力具有一些特殊要求。例如，作为税收法律关系主体的公民必须是达到纳税起点的公民。行为能力，是指能够以自己的行为行使权利和承担义务的资格。就一般情况而言，根据年龄、智力状况等因素，公民的行为能力包括完全行为能力、限制行为能力和无行为能力。根据我国《民法典》①的规定，18周岁以上的成年人，以及16周岁以上并以自己的劳动收入为主要生活来源的未成年人，是完全行为能力人；8周岁以上的未成年人和不能完全辨认自己行为的成年人，为限制行为能力人；不满8周岁的未成年人和8周岁以上不能辨认自己行为的未成年人以及成年人，都为无行为能力人。当然，在某些特定的行政法律关系中，公民的行为能力也具有一些特殊要求。例如，根据《兵役法》②的规定，年满18周岁的男性公民，应当被征集服现役；军士服现役的年龄不超过55周岁。根据《船员条例》③的规定，申请船员适任证书，应当年满18周岁（在船实习、见习人员年满16周岁）且初次申请不超过60周岁。根据《行政处罚法》的规定，不满14周岁的公民有违法行为的，不予处罚。

法人，是社会组织在法律上的拟制人格，是法律意义上的"人"，而非实实在在的生命体。根据我国《民法典》第57条的规定，法人是具有民事权利能力和民事行为能力，依法独立享有民事权利和承担民事义务的组织。法人的成立必

---

① 2020年5月28日第十三届全国人民代表大会第三次会议通过，自2021年1月1日起施行。
② 1984年5月31日第六届全国人民代表大会第二次会议通过；2021年8月20日第十三届全国人民代表大会常务委员会第三十次会议修订，自2021年10月1日起施行。
③ 2007年4月14日国务院令第494号公布；2023年7月20日国务院令第764号第七次修订，自2023年7月20日起施行。

须具备以下条件：(1)依法成立；(2)有自己的名称、组织机构、住所、财产或者经费；(3)符合法定的其他条件。法人可以分为：(1)营利法人，即以取得利润并分配给股东等出资人为目的成立的法人，包括有限责任公司、股份有限公司和其他企业法人等；(2)非营利法人，即为公益目的或者其他非营利目的成立，不向出资人、设立人或者会员分配所取得利润的法人，包括事业单位、社会团体、基金会、社会服务机构等；(3)特别法人，包括机关法人、农村集体经济组织法人、城镇农村的合作经济组织法人、基层群众性自治组织法人等。

其他社会组织，又称"非法人组织"，即不具备法人资格的社会组织。《民法典》第102条第1款规定："非法人组织是不具有法人资格，但是能够依法以自己的名义从事民事活动的组织。"第103条规定："非法人组织应当依照法律的规定登记。设立非法人组织，法律、行政法规规定须经有关机关批准的，依照其规定。"这表明，"其他社会组织"虽然不具有法人资格，但也需"依法成立"，即经依法登记或有关机关批准设立。只不过由于它们不能独立承担责任而被认为是非法人组织。根据《民法典》第102条第2款的规定，非法人组织包括个人独资企业、合伙企业、不具有法人资格的专业服务机构等。具体而言，根据最高人民法院《关于适用〈中华人民共和国民事诉讼法〉的解释》[①]第52条的规定，"其他组织"是指合法成立、有一定的组织机构和财产，但又不具备法人资格的组织，包括：(1)依法登记领取营业执照的个人独资企业；(2)依法登记领取营业执照的合伙企业；(3)依法登记领取我国营业执照的中外合作经营企业、外资企业；(4)依法成立的社会团体的分支机构、代表机构；(5)依法设立并领取营业执照的法人的分支机构；(6)依法设立并领取营业执照的商业银行、政策性银行和非银行金融机构的分支机构；(7)经依法登记领取营业执照的乡镇企业、街道企业；(8)其他符合本条规定条件的组织，如合伙型和个体型的民办非企业单位。可见，这些"其他组织"大体可以分为两种类型：一是独立性的非法人组织，包括个人独资企业、合伙企业、不具备法人资格的中外合资企业和外资企业、乡镇街道企业以及其他合伙型和个体型的民办非企业单位等；二是法人的分支机构，包括社会团体、企业法人和金融机构等法人的分支机构。

法人和其他社会组织成为法定的行政相对人，需根据有关法律法规的规定具有相应的权利能力和行为能力。法人和其他社会组织的权利能力和行为能力是一致的，都始于成立，终于解散。

---

① 2014年12月18日最高人民法院审判委员会第1636次会议通过；2022年3月22日最高人民法院审判委员会第1866次会议第二次修正，自2022年4月10日起施行。

3. 行政第三人

行政法律关系一般只有双方当事人，即以行政主体为一方当事人，以行政相对人为另一方当事人，有时还会存在第三人，即与行政行为仅具有间接利害关系的自然人（公民）、法人或者其他组织。在我国，有学者称之为"暗示相对人"[1]，也有学者称之为"受行政行为结果影响的相对人"[2]，都没有使这类主体从行政相对人的范畴中脱离出来而成为一个独立的概念。在德国、日本等国家，则将这类与行政行为有间接利害关系的自然人（公民）、法人或者其他组织称为"第三人"，或者称为"有利害关系者"。例如，1998年5月1日颁布的德国《联邦行政程序法》第13条第2款规定，"程序结果对第三人有影响的，应其请求亦应通知其为参与人"[3]；日本《行政程序法》规定，对于不利益处分的听证，听证主持人在认为必要时，"对当事人以外之人，依该不利益处分所依据之法令认为与该不利益处分有利害关系者，得要求其参加该听证程序或许可其参加该听证之相关程序"[4]。另外，在美国，将这类主体称为"间接利害关系人"。王名扬先生指出："在当代，美国行政法趋向于让更多的、实质利益受到行政行为不利影响的公众参与行政程序，有权参与行政裁决正式听证的人，不限于对行政决定具有直接利害关系的明显的当事人，也包括间接利害关系人。"[5]可见，在国外的立法实践中，已明确把这类主体从行政相对人的范畴中单列出来，使之成为一个独立的概念，法律上称之为"第三人""有利害关系者"或者"间接利害关系人"，这是十分可取和值得借鉴的。但是，究竟应称这类主体为"第三人"还是"利益关系者"，又或"间接利害关系人"呢？

笔者认为，"有利害关系者"的称谓不能体现这类主体的实质特征。因为行政相对人甚至行政主体都与行政行为有利害关系，"有利害关系者"不能用来特指这类主体。"间接利害关系人"虽体现了这类主体的实质特征，但又难以体现其形式特征，因此也不甚恰当。"第三人"的称谓则是比较合适的。一方面，它比较规范，在法学理论（特别是诉讼法学理论）研究中，已经被学者们普遍接受并广泛使用；另一方面，它能够体现这类主体的实质特征和形式特征，使其区别于行政相对人。另外，为了说明这是行政实体法上的一个概念，也为了使其区别于诉讼第三人，我们不妨称之为"行政法律关系第三人"，简称"行政第三人"。

---

[1] 邢鸿飞：《浅论行政相对人》，载《南京大学法律评论》1997年第1期。
[2] 方世荣：《论行政相对人》，中国政法大学出版社2000年版，第54页。
[3] 转引自〔德〕平特纳：《德国普通行政法》，朱林译，中国政法大学出版社1999年版，第219页。
[4] 应松年主编：《外国行政程序法汇编》，中国法制出版社1999年版，第446页。
[5] 王名扬：《美国行政法》（上），中国法制出版社1995年版，第425页。

具体而言,所谓行政第三人,是指与已作出的行政行为有间接利害关系的、受行政权间接作用或约束的、行政法律关系中潜在的或暗示的自然人(公民)、法人或者其他组织。①

行政第三人与行政相对人都受行政权作用或行政行为约束,而且两者都与行政主体形成行政法上的权利义务关系。但是,它们之间的区别也是显而易见的。从实质特征看,行政第三人与行政行为有间接的利害关系,即与行政行为的结果有利害关系,同时受行政权的间接作用或行政行为的间接约束;而行政相对人与行政行为有直接的利害关系,受行政权的直接作用或行政行为的直接约束。从形式特征看,行政第三人是潜在的或暗示的行政法律关系主体,不能从行政决定书上直接看出来;而行政相对人是明显的行政法律关系主体,从行政决定书上可直接找到。

区分行政第三人与行政相对人具有重要意义:首先,有利于查明行政行为的效力和后果。行政行为不仅直接约束以明示形态存在的行政相对人,而且可能间接约束受到其客观结果影响的、以暗示形态存在的行政第三人。其次,有利于明确规定作出违法行政行为的行政主体的法律责任。由于行政行为效力的广泛性,作出违法行政行为的行政主体不仅要对以明示形态存在的行政相对人承担法律责任,而且要对以暗示形态存在的行政第三人承担法律责任。最后,有利于在立法上规范各自的行为,在执法和司法上也能正确确认其行为是否符合法律要求,以便更好地保护其合法权益。

(二) 行政法律关系的客体

行政法律关系的客体,是指行政法主体的权利义务所指向的标的或对象,即联系主体之间权利义务的媒介。行政法律关系的客体是行政法律关系内容的表现形式,若缺乏,内容就无法体现,从而影响行政法律关系的成立。

在日本,"传统做法把行政体(行政法律关系主体)看成行政主体,其相对人即私人称为行政客体"②。在我国早期行政法学中,也有学者认为,"行政法的主体,最主要的是国家行政机关,公民是行政法的客体"③。这种"公民客体论"的观点主要受传统特别权力关系理论的影响,认为国家对作为其构成分子的人民,有无限制的命令强制权力,且在法律上具有特别的保护,而人民则应绝对服从国家,所以只有国家才是权利主体,而人民只能是纯粹的义务主体即权利客

---

① 参见周佑勇、何渊:《论行政第三人》,载《湘潭工学院学报(社会科学版)》2001年第2期。
② 〔日〕室井力主编:《日本现代行政法》,吴微译,中国政法大学出版社1995年版,第41页。
③ 应松年、朱维究主编:《行政法与行政诉讼法教程》,中国政法大学出版社1989年版,第17页。

体。显然,这种将权利主体与义务主体完全对立起来的观点是不正确的。在现代法治国家,任何国家权力的享有和行使都必须依法进行,国家行政机关仅在法律规定范围内行使一定的权利,且要负担法律规定的义务;人民亦不仅仅负担义务,也具有若干法定的权利,且其仅在法律规定范围内才负有服从国家行政机关命令强制的义务。质言之,国家行政机关与公民都是法律上的权利义务主体。正如我国台湾地区学者林纪东所言:"旧日学说……谓仅国家及公共团体,为行政法关系之主体,人民为行政法关系之客体,此种见解,殊属错误……在现代国家,国家公共团体及人民,均为法律上权利义务主体,而非国家及公共团体为其主体,人民为其客体,此应先予辨明者也。"[1]

由于法律主权理论的确立,故"公民客体论"的观点现已为行政法学者所放弃。但是,还有一部分人主张"主客体互换论",认为"在行政法当事人中,随着各种不同的行政法关系的产生,当事人地位的改变,一种行政法关系的主体,在另一种行政法关系中则变为客体"[2]。我国台湾地区亦有相当一部分学者认为,行政法律关系的当事人,可就其在法律关系上所处地位的不同,区分为主体和客体双方。其中,在法律关系上居于主动地位,依法行使权利支配相对当事人者,为行政法律关系的主体;反之,居于被动地位,受对方支配履行义务者,为行政法律关系的客体,亦称"受动主体"。但是,主体与客体的地位并非完全固定,可随法律关系内容的转变而异。[3]

笔者认为,"主客体互换论"实质上是"公民客体论"的转化形式,其根本缺陷除了表现为将权利主体与义务主体完全对立起来之外,还在于将行政法律关系的主体、客体要素与行政权力的主体、客体要素,尤其是将行政法律关系的客体与行政权力的客体相混淆。诚然,行政权力的要素包括行政权力的主体与客体,没有一定的客体,就不可能构成行政权力。行政权力的行使主体是行政主体,而行政权力的作用对象即行政相对人是行政权力的客体。但是,不能以此认为行政相对人就不是行政法律关系的主体,行政相对人与行政主体共同构成行政法律关系的主体,在行政法律关系中同样是权利义务的承受者,是独立的一方主体。上述观点之所以将行政相对人作为行政法律关系的客体,实际上是因为他们将行政权力的客体误解为行政法律关系的客体,进而将行政法律关系的当事人区分为主体和客体。例如,有学者认为:"行政法关系之客体,则指行

---

[1] 林纪东:《行政法》,三民书局1988年版,第103—104页。
[2] 应松年、朱维究主编:《行政法与行政诉讼法教程》,中国政法大学出版社1989年版,第17页。
[3] 参见管欧:《中国行政法总论》,蓝星打字排版有限公司1981年版,第79—80页;张家洋、陈志华:《行政法基本理论》,台湾空中大学发行所1993年版,第205页。

政法关系当事人之另一方,即主体之对造而言。"①

事实上,行政法律关系的客体与行政法律关系的主体一样,也是行政法律关系的独立构成要素之一。行政法律关系的客体作为行政法主体的权利义务所指向的标的或对象,通常又称为"权利客体",而任何权利都指向一定的利益。因此,其客体实质上就是一种利益。利益即能满足人们需要的客观事物,包括物质利益和精神利益两类。物质利益,是指能满足人们物质需要的实际存在的物体,如水、土地、大气、矿产、房屋等。精神利益,是指能满足人们精神需要的无形的客观事物,如人格、文艺创作成果和娱乐等。这些都可以成为行政法律关系的客体。

应当指出的是,目前多数人都将行为作为法律关系的客体,但是行为本身并不是利益,而只是利益的表现形式,如教育行为、服兵役行为和娱乐行为等,或实现利益的活动如科学研究和工程建设等。因此,行为本身并不是法律关系的客体,当然也不是行政法律关系的客体。

(三)行政法律关系的内容

行政法律关系的内容,是指行政法律关系的主体所享有的权利和承担的义务。行政主体和行政相对人都享有一定权利,承担一定义务。

1. 行政主体的权利和义务

行政主体的权利和义务,通常又称为"职权"和"职责"。行政主体的权利即职权主要有行政立法权、行政决定权、行政命令权、行政制裁权、行政强制权、行政司法权等。行政主体的义务即职责主要包括正确适用法律、依法行使职权、遵守法定程序等。②

2. 行政相对人的权利和义务

行政相对人的权利和义务③,即公民、法人或者其他组织在行政法上的权利和义务,与其在宪法和其他部门法上的权利和义务是不同的,却又与宪法上的基本权利和义务有着密切的联系。行政相对人的权利和义务规定在众多的具体行政法规范之中。就行政相对人的权利而言,可以说是宪法权利在行政法领域的具体化,且其内容随着宪制的发展经历了由程序权利向实体权利不断发展的过程。具体而言,行政相对人在行政法上的权利可概括为如下三个

---

① 张载宇:《行政法要论》,汉林出版社1977年版,第71页。
② 详见本书第二章第一节。
③ 这里仅仅指外部相对人的权利和义务,内部相对人即国家公务员的权利和义务详见本书第二章第三节。

方面：①

第一，行政参与权。行政参与权，是指行政相对人可以依照法律规定，通过各种途径参与国家行政管理活动的权利。具体包括：(1) 直接参与管理权，指符合公务员法定条件的公民通过合法途径，可以依法定程序直接加入国家行政管理的行列；(2) 了解权，指行政相对人可以在法律许可的范围内了解行政机关进行行政管理活动的依据、程序、内容、方法等；(3) 听证权，指具有利害关系的行政相对人参与行政程序，就相关问题发表意见、提供证据的权利，而行政机关负有听取意见、接纳证据的义务；(4) 行政监督权，指行政相对人有权对行政机关及其公务员的活动提出批评、建议、申诉、控告和检举的权利；(5) 行政协助权，指在法定条件下，行政相对人可以协助行政机关进行某些管理活动。

第二，行政受益权。行政受益权，是指行政相对人可以依据法律规定，从行政主体或通过行政主体的管理活动获得利益。具体包括：(1) 就业权，即公民获得工作的机会以及按工作付出的劳动数量和质量取得报酬的权利；(2) 享受抚恤金、社会保险待遇或者最低生活保障等社会保障和社会福利的权利；(3) 获得许可、奖励、减免税等其他利益的权利；(4) 接受义务教育的权利。

第三，行政保护权。行政保护权，是指当行政相对人的合法权益受到侵犯时，有权获得行政法上的保护。由于权利的侵犯通常来自两个方面，一是其他公民或组织的侵犯，二是行政主体的侵犯，因而行政保护权也包括两项内容：(1) 当行政相对人的人身权利、财产权利、受教育权利等合法权益受到其他公民或组织侵犯时，有权请求行政机关予以保护；(2) 当行政相对人的合法权益受到行政行为侵犯时，有权申请行政复议或提起行政诉讼，且在权益受到行政行为的侵害而造成损失时，有获得赔偿或补偿的权利。

总的来说，行政相对人的义务主要体现在以下三个方面：

第一，遵守行政法规范。行政相对人必须自觉遵守行政法规范的规定，否则要承担一定的不利后果甚至是法律责任。如《行政许可法》第 31 条规定，"申请人申请行政许可，应当如实向行政机关提交有关材料和反映真实情况，并对其申请材料实质内容的真实性负责。"第 78 条规定："行政许可申请人隐瞒有关情况或者提供虚假材料申请行政许可的，行政机关不予受理或者不予行政许可，并给予警告；行政许可申请属于直接关系公共安全、人身健康、生命财产安全事项的，申请人在一年内不得再次申请该行政许可。"

第二，服从行政管理。行政主体实施行政管理的行为，具有法定的拘束力

---

① 参见周佑勇：《公民行政法权利之宪政思考》，载《法制与社会发展》1998 年第 2 期。

和强制力,行政相对人必须予以服从,自觉履行决定,否则行政主体可以依法采取强制执行。如《行政处罚法》第 66 条规定:"行政处罚决定依法作出后,当事人应当在行政处罚决定书载明的期限内,予以履行。"第 72 条第 1 款规定:"当事人逾期不履行行政处罚决定的,作出行政处罚决定的行政机关可以采取下列措施:(一)到期不缴纳罚款的,每日按罚款数额的百分之三加处罚款,加处罚款的数额不得超出罚款的数额;(二)根据法律规定,将查封、扣押的财物拍卖、依法处理或者将冻结的存款、汇款划拨抵缴罚款;(三)根据法律规定,采取其他行政强制执行方式;(四)依照《中华人民共和国行政强制法》的规定申请人民法院强制执行。"

第三,协助执行公务。对行政主体执行公务的行为予以协助,既是行政相对人的权利,也是其义务。如《人民警察法》①第 34 条规定:"人民警察依法执行职务,公民和组织应当给予支持和协助……"《反间谍法》②第 8 条规定:"任何公民和组织都应当依法支持、协助反间谍工作,保守所知悉的国家秘密和反间谍工作秘密。"《传染病防治法》③第 31 条规定:"任何单位和个人发现传染病病人或者疑似传染病病人时,应当及时向附近的疾病预防控制机构或者医疗机构报告。"《防洪法》④第 6 条规定:"任何单位和个人都有保护防洪工程设施和依法参加防汛抗洪的义务。"

3. 行政第三人的权利和义务

由于行政第三人和行政相对人都是与行政主体相对应的"自然人(公民)、法人或者其他组织",因此两者在行政法上的权利义务基本上是一致的。只不过,某一特定行政行为中的第三人和相对人行使权利的目的往往相反。行政相对人行使权利是为了获得某种利益;而行政第三人行使权利则是为了否定行政相对人因行政主体的行政行为给其带来的利益,排除行政行为给自己带来的权益侵害,保护自身合法权益。如许可申请权的行使,行政相对人是为了获得行政主体的许可;而行政第三人则是为了否定行政相对人已获得或将要获得的行

---

① 1995 年 2 月 28 日第八届全国人民代表大会常务委员会第十二次会议通过,自 1995 年 2 月 28 日起施行;2012 年 10 月 26 日第十一届全国人民代表大会常务委员会第二十九次会议修正。
② 2014 年 11 月 1 日第十二届全国人民代表大会常务委员会第十一次会议通过;2023 年 4 月 26 日第十四届全国人民代表大会常务委员会第二次会议修订,自 2023 年 7 月 1 日起施行。
③ 1989 年 2 月 21 日第七届全国人民代表大会常务委员会第六次会议通过;2004 年 8 月 28 日第十届全国人民代表大会常务委员会第十一次会议修订,自 2004 年 12 月 1 日起施行;2013 年 6 月 29 日第十二届全国人民代表大会常务委员会第三次会议修正。
④ 1997 年 8 月 29 日第八届全国人民代表大会常务委员会第二十七次会议通过,自 1998 年 1 月 1 日起施行;2016 年 7 月 2 日第十二届全国人民代表大会常务委员会第二十一次会议第三次修正。

政许可,以保护其合法权益不受侵害。复效行政行为①对行政相对人具有授益性,对行政第三人具有损益性,这种牵连互反的复效性决定了两者行使权利目的的互反性。另外,两者在对某一特定行政行为进行权利救济时的身份牵连也是互反的。例如,在行政复议中,行政第三人和行政相对人中的一方为申请人时,另一方就只可能为第三人;在行政诉讼中,若一方为原告,则另一方就只可能为第三人。

三、行政法律关系的分类

分类是科学研究的基本方法之一。当我们所面对的事物纷繁杂乱时,常常借助于分类的方法加以认识、把握。行政法律关系就是这样一个领域。庞大复杂的行政管理系统中存在着各种类型的行政法律关系,而且随着经济和社会的发展,国家行政管理的范围越来越大,颁布的行政管理法规越来越多,由此而形成的行政法律关系也越来越广泛。面对复杂而广泛存在的行政法律关系,我们可以借助类型的划分对其作全面细致的分析。重要之处还在于,不同类型的行政法律关系,实际上还意味着遵循的规则有所不同,这也正是我们进行分类的意义之所在。根据不同的标准,可以对行政法律关系进行不同的分类。

(一) 内部行政法律关系与外部行政法律关系

根据行政权力的作用范围不同,可以将行政法律关系分为内部行政法律关系与外部行政法律关系。

1. 内部行政法律关系

内部行政法律关系,是指行政权力作用于行政系统之内而在行政主体与内部行政相对人之间形成的行政法律关系。一般认为,这种行政法律关系包括行政主体与所属公务员之间的法律关系和行政主体之间的法律关系两类。前者如职务升降、交流、奖惩、培训等人事管理关系,后者如上下级行政机关之间的领导与被领导关系、委托与被委托关系、监督与被监督关系等。但是,在行政主体之间的关系中,双方主体都是行政权力的享有者和行使者,都是公共利益的代表者,因而都是以行政主体而不是以行政相对人的身份参与法律关系的。在行政主体与公务员之间形成的法律关系中,公务员则是以与行政主体对应的行政相对人的身份参与的,在这种关系中不能以自己的名义行使国家行政权力,

---

① 复效行政行为,是指"使一方得到利益而使另一方遭到不利的行政行为",即这种行为既具有授益效力又具有侵益效力。参见江必新:《行政诉讼问题研究》,中国人民公安大学出版社 1989 年版,第 123 页。

而只能作为行政权力作用的对象存在。因此,笔者认为,内部行政法律关系应仅指行政主体与公务员之间形成的法律关系。

2. 外部行政法律关系

外部行政法律关系,是指行政权力作用于行政系统之外而在行政主体与外部相对人之间形成的行政法律关系。它具体包括行政机关或法律、法规、规章授权的组织与自然人(公民)、法人或者其他组织之间发生的行政法律关系。

内部行政法律关系与外部行政法律关系之间的区别是很明显的。内部行政法律关系反映的是国家的自身管理,主体双方都属于行政系统,且具有行政隶属关系;而外部行政法律关系体现的则是国家对社会的管理,主体双方中一方为行政主体,另一方为社会上的自然人(公民)、法人或者其他组织,双方之间并不具有行政隶属关系。同时,内外行政法律关系在发生纠纷时也有着不同的处理途径和方法。在内部行政法律关系中,行政主体拥有解决内部行政法律关系纠纷的排他性权力,即内部行政法律关系引起的纠纷一般由行政系统内部解决而不诉诸司法机关;而在外部行政法律关系中,不仅行政主体一方当事人依法拥有解决行政法律关系纠纷案件的裁判权力,而且行政相对人可以依法诉诸司法机关,以行政诉讼的方式予以处理。因此,正确地区分内外两种不同的行政法律关系,具有重要的意义。

(二) 行政实体法律关系与行政程序法律关系

根据行政权力受调整的行政法规范是实体法规范还是程序法规范,可以将行政法律关系分为行政实体法律关系与行政程序法律关系。

1. 行政实体法律关系

任何行政权力的行使既包括行政实体方面,也包括行政程序方面,是这两个方面的统一,因此既应受行政实体法规范的调整,又应受行政程序法规范的调整。因受行政实体法规范的调整而在行政主体与行政相对人之间所形成的实体上的权利义务关系,就是行政实体法律关系。这种行政法律关系实质上是一种决定主体之间具有本质属性的事实、状态和结果的权利义务关系。这种权利义务关系决定着主体的存在,是一种目的性或结果性权利义务关系。例如,国家税务机关与纳税人之间的征税权利和纳税义务关系,就是这种具有本质属性的行政实体法律关系。

2. 行政程序法律关系

行政权力的行使同时还要受到行政程序法规范的调整,由此而在行政主体与行政相对人之间形成的程序上的权利义务关系,就是行政程序法律关系。这种行政法律关系实质上是保障实体性权利义务关系得以形成和正常运行的权利义务关系,是一种手段性或过程性权利义务关系。例如,国家税务机关为了保障征税权的正常使用而具有调查权、执行权,纳税人则具有接受调查、提供证据的义务。同时,为了保证自己履行的是合法正当的纳税义务,纳税人有要求税务机关说明理由、举行听证活动的权利。

实际上,行政实体法律关系与行政程序法律关系是不可分的。行政法规范是行政实体法规范与行政程序法规范的综合,行政行为是实体行政与程序行政的统一,相应的,任何一种行政法律关系都是行政实体法律关系与行政程序法律关系的结合与统一。因此,两者的区分实际上只具有理论意义。

(三) 原生行政法律关系与派生行政法律关系

根据行政法律关系形成的原因不同,可以将行政法律关系分为原生行政法律关系与派生行政法律关系。

1. 原生行政法律关系

原生行政法律关系,是指因行政权力行使而直接形成的行政法律关系。这种行政法律关系是直接因行政主体行使行政权力而与行政相对人之间形成的一种法律关系,因而是一种最为典型、最为广泛的行政法律关系。在这种行政法律关系中,既有行政实体法律关系,又包含行政程序法律关系。当然,这种行政法律关系又可具体化为各种行政法律关系,如行政处罚法律关系、行政许可法律关系等。

2. 派生行政法律关系

派生行政法律关系,是指因行政权力行使而引发的行政法律关系。这种行政法律关系实际上是由原生行政法律关系派生出来的一种事后救济或保障性法律关系,主要包括行政复议法律关系与行政诉讼法律关系。

行政复议法律关系,是指上级行政主体对下级行政主体与行政相对人之间因行政权力行使所发生的行政争议予以处理而形成的行政法律关系。这种法律关系尽管是一种派生行政法律关系,且是一种三方性的法律关系,但是它所体现的仍然主要是行政权力行使关系,因而称其为"行政法律关系"一般是没有问题的。对于行政诉讼法律关系而言,它本身并不是行政权力行使关系,而是因行政权力行使所引发的司法关系,因而一般不将其归于行政法律关系之中。但是,笔者认为,行政诉讼关系是因行政相对人不服行政主体的行政行为并提起诉讼而发生的,与行政权力行使具有十分紧密的关联性,如果没有前面的行政权力行使的法律关系,是不可能有行政诉讼法律关系存在的。因此,行政诉讼法律关系实质上是对行政权力行使的事后救济关系,是行政法律关系在诉讼领域的延伸,本质上仍然是行政法律关系,只不过是派生行政法律关系而已。

(四)单一行政法律关系与复合行政法律关系

根据行政法律关系结构的状态不同,可以将行政法律关系分为单一行政法律关系与复合行政法律关系。[①] 单一行政法律关系结构简单,通常法律关系双方各为一个,权利义务仅为一对。例如,作为征税机关的行政主体行使征税权力,作为纳税人的行政相对人履行纳税义务等。复合行政法律关系结构复杂,也是我们应当关注的重点问题。复合行政法律关系中主要存在以下几种不同的复合关系:

1. 主体的复合

主体的复合,是指某一行政法律关系的主体双方中至少有一方是两个以上,即一方是两个以上或双方都是两个以上而形成的行政法律关系。例如,一行政主体对两个以上的公民的共有财产予以没收,或者两个行政主体共同对两个以上的公民的共有财产予以没收所引起的行政处罚法律关系。认识这种复合行政法律关系,便于了解双方多个主体之间的共同权利、义务或责任。

2. 内容的复合

内容的复合,是指同一主体双方之间的法律关系是多重行政法上权利义务的组合,即双方之间具有多重权利义务的状况。例如,公民出生这一法律事实,将使公民与行政主体之间同时形成多重行政法律关系,包括出生登记、户口登记以及人身权中的公民姓名权受保护的权利义务关系。认识这种复合行政法律关系,便于了解单个主体之间的多重复杂的权利、义务或责任。

3. 主体与内容的交叉复合

主体与内容的交叉复合,是指行政法律关系的主体双方中至少有一方是两个以上,即主体是复合的,且多个复合主体(非单一主体与单一主体)之间的行政法权利义务也是多重的。例如,公民甲(侵害人)实施了殴打公民乙(被侵害人)的治安违法行为,公民乙请求公安机关处理,公安机关对公民甲作出治安行政处罚,由此就形成主体与内容交叉复合的行政法律关系。其中,主体一方为公安机关,主体另一方是侵害人公民甲和被侵害人公民乙这种复合行政相对人。公安机关与他们同时形成的行政法律关系有两种,即与公民甲形成的是处罚与被处罚的权利义务关系,与公民乙形成的是保护与被保护的权利义务关

[①] 关于这种分类,参见袁曙宏、方世荣、黎军:《行政法律关系研究》,中国法制出版社1999年版,第44页。

系。认识这种复合行政法律关系，便于了解双方多个主体之间的多重权利、义务及责任。

（五）关于行政法上之特别权力关系

"特别权力关系"与"一般权力关系"相对应，系德、日传统学说上的一种重要的分类。一般权力关系，亦称"一般统治关系"或"概括的统治关系"，是指自然人以国民或居民的身份服从国家或公共团体的一般统治权，由此而形成的一种一般的或概括的统治关系。它是国家、地区或公共团体与一般人之间最基本、最普遍的行政法律关系。特别权力关系，亦称"特别服从关系""特别权义关系"或"特别法律关系"，是指国家非依据一般统治权，而系由于特别的法律原因所建立起来的一种特别权利义务关系。这种特别的法律原因主要有三种情形：一是由于法律的规定，如依《兵役法》形成的兵役关系、依《国家赔偿法》形成的国家与被追偿者之间的关系等；二是由于当事人意志的实现，如因当事人担任公职意志、考入学校意志等的实现而成立国家对于公务员、学生之特别权力关系；三是由于特定事实的发生，如对灾害采取紧急管制措施、对精神病人或酗酒者进行管束与治疗等。[①] 依学者间的通说，特别权力关系计有三种类型：一是公法上的勤务关系，如公务员、军人与国家间的关系；二是公法上的营造物利用关系，如学生与学校、受刑人与监狱间的关系；三是公法上的特别监督关系，具体包括国家对公共团体或自治团体、特许事业、受国家特别保护者以及受国家事务委任者进行特别监督而形成的关系。[②]

特别权力关系与一般权力关系的区别，不仅在于客观范围的不同，而且前者在内容上还具有如下法律特色：(1) 主体地位的严重不平等性，即在特别权力关系下，行政主体一方具有特殊的命令强制权力，相对人负有绝对服从的义务。(2) 义务范围的不确定性，即行政主体具有概括的支配权，相对人的义务事先无确定的分量。(3) 自订的特别规则，即在特别权力关系中，行政主体无须法律授权，可以基于自己的权力，自订特别的内部规则（如学校宿舍管理规则、校内刊物管理规则等），以约束义务人或限制相对人的基本权利，亦即在此

---

① 参见张载宇：《行政法要论》，汉林出版社1977年版，第76页；管欧：《中国行政法总论》，蓝星打字排版有限公司1981年版，第98页；苏嘉宏、洪荣彬：《行政法概要》，永然文化出版有限公司1999年版，第117页；张家洋、陈志华：《行政法基本理论》，台湾空中大学发行所1993年版，第270页。

② 参见林纪东：《行政法》，三民书局1988年版，第121—122页；陈敏：《行政法总论》，三民书局1999年版，第198页；苏嘉宏、洪荣彬：《行政法概要》，永然文化出版有限公司1999年版，第120页；张家洋、陈志华：《行政法基本理论》，台湾空中大学发行所1993年版，第269页；翁岳生：《行政法》（上册），中国法制出版社2009年版，第298—299页。

不适用依法行政或法律保留原则。(4)特殊的惩罚措施,即行政主体在特别权力关系范围内,可以在无个别或具体法律依据的情况下,对违反义务者加以惩罚。(5)救济手段之限制,即义务人不服行政主体的命令强制时,仅得利用行政系统内部救济手段,而不得以行政诉讼或司法审查等为救济手段,以避免司法权的介入。① 可见,特别权力关系之重心在于强调双方地位的不平等性,尤其是加强行政主体的优越地位,且以排除法律保留原则和司法救济手段为其基本特征。也就是说,在特别权力关系内,行政主体可以在一定范围内,要求相对人强制履行无定量的义务;可以在无法律授权的情况下,自订特别的内部规则,采取特殊的惩罚措施,限制相对人的基本权利,且不受司法审查。

然而,法律保留与司法审查乃立宪主义或法治原则基础之所在,这种起源于19世纪末德国君主立宪时代的传统理论在第二次世界大战后受到了现代法治国家的强烈批判。② 在当代,理论上普遍认为,传统的特别权力关系理论将公务员和军人之勤务关系,学生与学校、人犯与监狱等营造物利用关系定位为"力"的关系,而非"法"的关系,排除法律保留原则的适用,忽视人民的基本权利,有违法治国家原则,因而应检讨其内涵及时代意义,重新予以定位,并修正其概念,改称为"特别法律关系"。③ 从目前的理论和实务来看,不论是否涉及"基础关系"或"管理关系"事项,凡涉及人权之"重要事项",均应当完全适用法律保留原则及司法救济程序,以示尊重基本人权制度,并且使法治国家原则不致因特别权力关系而形成"法治国之漏洞"。④

在我国,行政法学并没有明确采纳特别权力关系的理论。但是,这并不是说在现实中属于特别权力关系的事项,都可以适用法律保留原则及提起诉讼救济。事实上,由于我国一直未足够重视法律保留原则,加上未能建立有效的违宪审查制度以纠正法律法规的违宪问题,所以法律规定和实际运作存在着与特别权力关系理论相似之处。例如,根据我国《公务员法》《行政复议法》《行政诉讼法》等的规定,公务员对行政机关作出的行政处分或者其他人事处理决定不服的,只能寻求内部解决,而不能通过行政复议和行政诉讼获得救济。在军事

---

① 参见〔日〕室井力主编:《日本现代行政法》,吴微译,中国政法大学出版社1995年版,第39—40页;张载宇:《行政法要论》,汉林出版社1977年版,第79页;陈敏:《行政法总论》,三民书局1999年版,第198页;苏嘉宏、洪荣彬《行政法概要》,永然文化出版有限公司1999年版,第119页;张家洋、陈志华:《行政法基本理论》,台湾空中大学发行所1993年版,第268页。
② 参见翁岳生:《行政法与现代法治国家》,三民书局2015年版,第126—127页;吴庚:《行政法之理论与实用》,三民书局2006年版,第236页。
③ 参见陈敏:《行政法总论》,三民书局1999年版,第203页;〔德〕平特纳:《德国普通行政法》,朱林译,中国政法大学出版社1999年版,第87页。
④ 参见陈新民:《中国行政法学原理》,中国政法大学出版社2002年版,第55页。

管理和军人权益保障方面,受《现役军官法》①《军人地位和权益保障法》②调整,军人认为自己的合法权益受损,不服军队作出的相关处理时,不能提起行政诉讼。在监狱管理关系上,我国普遍将其作为刑事法律关系加以对待,也不允许提起行政诉讼。在公立学校与学生之间的关系上,近年来,司法实务中受理了一些学生起诉高等学校评定与颁发学位行为的行政案件,③但基本上存在于招生管理、学籍管理与学位管理过程之中,多因程序性问题引起。笔者认为,既然传统的特别权力关系理论已经被世界诸多国家修正,甚至逐步取消,我国也应当顺应此潮流,将涉及公务员、军人、服刑人员、公立学校学生等特定身份主体基本权益之争议纳入行政诉讼的受案范围之内。

四、行政法律关系的特征

行政法律关系在主体与内容上具有一系列不同于其他类型法律关系的特征。了解这些特征,对于正确认识行政法律关系的本质,乃至行政法不同于其他部门法的质的规定性,具有重要意义。

(一)主体的恒定性及其资格的限制性

行政法律关系总是基于行政权力的行使而形成的,没有行政权力的存在及其行使,也就无所谓行政法律关系。只有行政主体即国家行政机关和法律、法规、规章授权的组织才能代表国家行使行政权力。因此,行政法主体双方中必有一方是行政主体。同时,在行政法主体双方中,作为行政权力行使者的行政主体与作为行政权力作用对象的行政相对人之间是不能相互转化或互换位置的。行政法主体双方都不能由另一方当事人替代。在行政诉讼法律关系中,原告只能是行政相对人,被告只能是行政主体,两者身份不能互换。可见,行政法主体双方各自的地位和法律角色都是确定或恒定的。

同时,在行政法律关系中,无论是行政主体还是行政相对人,其资格的取得都要受到一定条件的限制。就行政主体而言,只有行政机关和法律、法规、规章

---

① 1988年9月5日第七届全国人民代表大会常务委员会第三次会议通过,自1989年1月1日起施行;2000年12月28日第九届全国人民代表大会常务委员会第十九次会议第二次修正。
② 2021年6月10日第十三届全国人民代表大会常务委员会第二十九次会议通过,自2021年8月1日起施行。
③ 例如,田永诉北京科技大学案(详见《中华人民共和国最高人民法院公报》1999年第4期);刘燕文诉北京大学案[详见杨建顺:《行政诉讼与司法能动性——刘燕文诉北京大学(学位评定委员会)案的启示》,载《法学前沿》(第4辑),法律出版社2001年版];黄渊虎诉武汉大学案(详见张倩:《学生告母校引出的法律思考》,载《北京青年报》2001年3月20日第18版);于艳茹诉北京大学案(详见王庆环:《北大败诉给高校带来什么启示》,载《光明日报》2017年8月5日第6版)。

授权的组织才能取得作为行政主体的资格,其他任何组织或个人都不能构成行政主体。同时,行政机关和法律、法规、规章授权的组织也并非可以成为任何一种行政法律关系的行政主体,它们还必须受法律授权范围的限制。比如,市场监管行政机关只能成为市场监管行政法律关系的行政主体,而不能成为公安行政法律关系的行政主体。对于行政相对人来说,虽然不需要受像行政主体那样的资格和条件的限制,但是在一些特定行政法律关系中必须具有特定的权利能力和行为能力。例如,公民要取得公务员的资格,成为内部行政相对人,根据《公务员法》第13条的规定,必须具有中华人民共和国国籍、年满18周岁、拥护宪法、拥护中国共产党领导和社会主义制度、具有良好的政治素质和道德品行、具有正常履行职责的身体条件和心理素质以及具有符合职位要求的文化程度和工作能力等条件。

(二)主体法律地位的不对等性

关于行政法律关系中双方当事人的法律地位问题,一直是我国行政法学界存在争议的问题。早期许多行政法学者主张行政法律关系主体双方的地位具有不平等性,其中行使行政权的行政主体始终处于主导地位。[①] 随着行政法学研究的发展,目前我国大多数学者不再用"不平等性"来表述行政法律关系主体双方的地位,而是用"不对等性"或"单方面性"来表述。但是,主张这种"不对等性"或"单方面性"观点的学者多数还是认为这种"不对等性"即行政主体在行政法律关系中处于主导地位,或取决于其单方面意思表示,行政相对人则处于从属或服从地位。[②] 显然,这种"不对等性"或"单方面性"的观点与主张"不平等性"的观点并没有实质上的区别,只是换了一种表述而已。

笔者认为,行政法律关系主体地位的"不对等性"既不能简单地解释为行政主体的命令和行政相对人的服从,或解释为行政主体的主导、支配地位和行政相对人的被动、被支配地位,也不能简单地理解为行政主体一方只行使权利,而

---

① 参见皮纯协主编:《中国行政法教程》,中国政法大学出版社1988年版,第25页;姜明安:《行政法与行政诉讼》,中国卓越出版公司1990年版,第45页;于安主编:《中国行政法与行政诉讼法》,陕西人民教育出版社1991年版,第20页;陈安明、沙奇志:《中国行政法学》,中国法制出版社1992年版,第29页;赵华强主编:《行政法原理》,华东理工大学出版社1996年版,第39页;杨海坤主编:《行政法与行政诉讼法》,法律出版社1992年版,第17页。

② 参见许崇德、皮纯协主编:《新中国行政法学研究综述(1949—1990)》,法律出版社1991年版,第59页;张尚鷟主编:《行政法学》,北京大学出版社1991年版,第25页;罗豪才主编:《行政法学》(修订本),中国政法大学出版社1996年版,第15—16页;王连昌主编:《行政法学》,四川人民出版社1990年版,第27页;任中杰主编:《行政法与行政诉讼法学》,中国政法大学出版社1997年版,第31页;应松年主编:《行政法学新论》,中国方正出版社1998年版,第72页;皮纯协、张成福主编:《行政法学》,中国人民大学出版社2002年版,第7页。

作为另一方当事人的行政相对人只履行义务这种权利义务不对应的情况。一方面,在现代民主法治国家,行政法律关系的这种"不对等性"是建立在民主制基础上,规范在法制框架之下,以双方都是平等的人格主体以及双方对法律的平等遵守和适用为前提的。另一方面,行政法律关系主体双方互有权利义务,不允许存在一方只行使权利而另一方只履行义务的情况。只不过,主体双方虽对应地相互既享有权利又履行义务,但各自权利义务的质量却不对等。[①] 其具体表现为:(1)主体双方各自权利义务的性质不完全相同。行政主体行使的是国家行政职权,履行的是行政职责;而行政相对人行使和履行的是普通的权利和义务。(2)主体双方各自权利义务的数量不能相等,且一方所具有的权利义务是另一方不可能具有的。例如,在行政法律关系中,行政主体一方所具有的强制权、处罚权是作为另一方的行政相对人所不具有的,而行政相对人一方有权对行政主体一方提起行政复议或行政诉讼。这种"不对等性"的存在,主要是因为在行政法律关系中,行政主体作为公共利益的代表,以国家的名义参与法律关系,且其活动是为了实现公共利益,所以法律往往要赋予行政主体与行政相对人不同性质和数量的权利义务。同时,由于在行政法律关系中,行政主体居于优势地位,而行政相对人属于弱者,因而为了保证双方的真正平等,法律在分配或确定行政主体的权力时,也应为其设定与权力相称的义务(且这种义务更多地表现为程序上的义务);为了保护处于弱者地位的行政相对人,法律应赋予其更多的且为行政主体所不具有的权利,其中主要是程序上的权利和救济权利。

可见,行政法律关系中的这种"不对等性",实际上是为了实现双方在法律上的实质平等而对双方权利义务进行的不对等分配,是一种"平等下的不对等"。这正是行政法律关系与民事法律关系的重大区别之所在。在民事法律关系中,各方民事主体的权利义务在性质上是一样的,且一方所具有的各种权利和义务,另一方同样具有。因此,民事法律关系只能是对等的,即一种"平等下的对等"。当然,现代行政是民主行政、服务行政、合作行政,同时,社会关系的多样化也要求政府在行政管理中,必须采取多样性的方式。这种"平等下的不对等"仅仅适用于一般的行政法律关系,在现代行政与契约精神相结合的要求下,因行政契约、指导、服务、合作等而形成的行政法律关系将越来越多地体现出一种"平等下的对等"。

---

① 参见罗豪才、方世荣:《论发展变化中的中国行政法律关系》,载《法学评论》1998 年第 4 期;袁曙宏、方世荣、黎军:《行政法律关系研究》,中国法制出版社 1999 年版,第 21 页。

(三)内容的法定性及其处分的有限性

行政法律关系内容即行政法上的权利义务,是基于行政权力的行使而形成的。根据权力法定原则,这种权利义务往往由行政法规范预先加以规定,主体之间既不能相互约定也不能自由选择其权利义务,即内容的法定性。例如,在税收法律关系中,纳税人应纳的税种、税率以及税收机关均由有关税法事先确定,纳税人不能自由选择税收机关,所付税种、税率也不能与税收机关协商,双方只能依法办事。又如,公民申请许可证时,只能接受法定条件并向法定的主管机关申请,而主管机关也只能严格按照法定条件审查批准。这明显区别于民事法律关系内容的任意性,即双方当事人在不违背国家强制法规定的前提下可以自由约定其权利义务。

同时,根据权利义务的基本属性,义务是必须履行的,而权利往往是可以自由处分的。但是,在行政法上,由于权利的法定性,决定了权利的处分是非常有限的。就行政主体而言,其行政法上的权利即行政职权,不仅表现为一种法律上的支配力量,而且包含法律上的职责,是权利义务、职权职责的统一体。例如,征税既是税务部门的职权,也是其法定义务;维护治安既是公安机关的职权,也是其法定义务。由于义务是必须履行的,因此行政主体既不能抛弃也不能转让其职权,除非在法律法规明确规定可以授权或委托的情况下,才能实行职权的转移,否则构成不履行法定职责,属于违法失职。例如,《行政处罚法》第83条规定:"行政机关对应当予以制止和处罚的违法行为不予制止、处罚,致使公民、法人或者其他组织的合法权益、公共利益和社会秩序遭受损害的,对直接负责的主管人员和其他直接责任人员依法给予处分;情节严重构成犯罪的,依法追究其刑事责任。"就相对人而言,有些权利,如宪法规定的劳动权和受教育权,也是其义务,不能抛弃或转让。相对人的多数权利并不含有义务,因而可以抛弃,但是不能转让。例如,《行政许可法》第9条规定:"依法取得的行政许可,除法律、法规规定依照法定条件和程序可以转让的外,不得转让。"第80条规定,被许可人"涂改、倒卖、出租、出借行政许可证件,或者以其他形式非法转让行政许可的","行政机关应当依法给予行政处罚;构成犯罪的,依法追究刑事责任"。

总之,行政法律关系主体一般不得处分其权利,只有行政相对人能依法抛弃某些权利,但是不能转让,否则就要承担相应的法律后果。这明显不同于民事法律关系内容处分的自由性。在民法上,权利义务界限往往十分清楚,义务应履行,而权利一般可放弃,自由处分。

(四)纠纷的不可调解性及其处理的行政性

行政法律关系内容处分的有限性这一特点,进一步决定了行政法律关系引起的权利义务纠纷即行政纠纷在处理上的特殊性,具体表现为行政纠纷的不可调解性。《行政诉讼法》规定行政案件不适用调解原则正是取决于这一点。此外,行政纠纷的处理还具有行政性,即往往要由行政主体按照行政程序予以先行解决,因为行政主体作为纠纷的一方当事人,具有解决纠纷的权力。行政纠纷的处理一般要遵循"穷尽行政救济原则"[1],如果当事人未穷尽可得的行政救济,则不能提起行政诉讼。但是,在民事法律关系中,双方当事人,无论哪一方都无权单方面处理纠纷,在不能协商解决的情况下,只能求助于第三方予以解决,或仲裁、调解、或诉讼。

当然,随着现代法治从形式主义法治走向实质主义法治,行政机关被赋予越来越广泛的行政裁量权,以充分发挥行政权的能动性、创造性和形成性。行政裁量的广泛存在意味着行政机关拥有一定权力处分的自治空间,从而为行政纠纷采取调解或和解的方式提供了基础。对此,《行政复议法》第5条第1款规定:"行政复议机关办理行政复议案件,可以进行调解。"《行政诉讼法》第60条第1款规定:"人民法院审理行政案件,不适用调解。但是,行政赔偿、补偿以及行政机关行使法律、法规规定的自由裁量权的案件可以调解。"同时,行政纠纷通过行政程序予以先行裁决往往也不再具有最终裁决性,除非法律有明确的规定。根据《行政诉讼法》第13条第4项的规定,人民法院不受理公民、法人或者其他组织对"法律规定由行政机关最终裁决的行政行为"提起的诉讼。这里所说的"法律",仅指全国人民代表大会及其常务委员会制定的规范性文件。如果法规或者规章规定行政机关可以对某些事项作出最终裁决,而公民、法人或者其他组织不服行政机关依据这些法规或者规章作出的裁决,依法向人民法院起诉的,人民法院应予受理。

五、行政法律关系的变动

行政法律关系不是静止不变的,它本身就是一个动态的过程,有其产生、变更和消灭的过程,此即行政法律关系的变动,又称"运动"或"运行"。

(一)行政法律关系变动的条件

行政法律关系的变动必须具备一定的条件,其中最主要的条件:一是行政

---

[1] 〔美〕理查德·J.皮尔斯:《行政法》(第5版·第2卷),苏苗罕译,中国人民大学出版社2016年版,第933页。

法规范的存在(或规定),二是行政法律事实的出现。

如前所述,行政法律关系是由行政法规范调整和规定而形成的,没有行政法规范的存在,就没有相应的行政法律关系。所以,行政法规范是行政法律关系形成的法律根据和前提条件。例如,由于《税收征收管理法》等税收行政法规范的存在,才有可能产生税收行政法律关系;如果没有《社会团体登记管理条例》[①]的规定,便不会有社团登记法律关系的产生。但是,行政法规范所规定的只是一般的、普遍性的或抽象的权利义务模式,并不是现实的、具体的行政法律关系,它只为该行政法律关系的产生、变更和消灭提供了可能。只有当相应的法律事实出现时,这种可能性才能转变为现实性,使一般的、抽象的权利义务模式变成现实的、具体的行政法律关系,即特定当事人之间的权利义务关系才会随之发生、变更和消灭。例如,法律规定有关行政部门有权命令拆除违章建筑。这是一种带有普遍性的规定,所设定的只是抽象的行为模式。只有当某一组织或个人实施了搭建违章建筑的行为,且行政机关对该当事人发出了要求其拆除违章建筑的命令时,一般的、抽象的权利义务模式才变成现实的、具体的行政法律关系,即引起具体行政法律关系的产生。一旦该当事人服从行政机关的命令,拆除了违章建筑,这个具体的法律关系也随之消灭。若被命令的当事人不执行拆除令,有关行政部门即可派人执行,并由此收取执行费,此为行政法律关系的变更。总之,只有在行政法规范存在的前提下,出现了相应的法律事实,才能导致行政法律关系的产生、变更和消灭。所以,行政法规范的存在是行政法律关系形成的法律依据和前提条件,法律事实的出现是行政法律关系变动的直接原因、具体条件和事实根据。

(二) 行政法律事实

行政法律事实,是指行政法规范所规定的,能够引起行政法律关系产生、变更和消灭的具体事实根据。一般来说,行政法规范在逻辑结构上由"适用条件""行为模式"和"法律后果"三部分组成。行政法律事实实际上是行政法规范结构中的"适用条件"部分,因而它必须符合"适用条件"中规定的情况,才能引起行政法律关系的产生、变更和消灭。例如,《道路交通安全法》[②]第 19 条第 1、2 款规定:"驾驶机动车,应当依法取得机动车驾驶证。申请机动车驾驶证,应当

[①] 1998 年 10 月 25 日国务院令第 250 号公布;2016 年 2 月 6 日国务院令第 666 号修订,自 2016 年 2 月 6 日起施行。

[②] 2003 年 10 月 28 日第十届全国人民代表大会常务委员会第五次会议通过,自 2004 年 5 月 1 日起施行;2021 年 4 月 29 日第十三届全国人民代表大会常务委员会第二十八次会议第三次修正。

符合国务院公安部门规定的驾驶许可条件;经考试合格后,由公安机关交通管理部门发给相应类别的机动车驾驶证。"该条中,申请人"符合国务院公安部门规定的驾驶许可条件"和"考试合格",都是该规范结构中的"适用条件"部分。当"适用条件"中规定的情况即法律事实出现时,就能引起机动车驾驶许可法律关系的产生。

根据法律事实是否以主体的意志为转移,通常将其分为法律事件和法律行为两类。法律事件,是指不以主体的意志为转移的客观事件,如自然灾害、意外事故、人的出生或死亡等。法律行为,是指主体有意志的活动。它可以是行政主体的行为,如行政征收、行政强制等;也可以是相对人的行为,如搭建违章建筑等。但是,相对人的行为往往要和行政主体的行为一起,才能引起具体法律关系的变动,仅有相对人的行为不能直接引起法律关系的变动。例如,在违章建筑的处理中,相对人搭建违章建筑的行为要和行政机关的拆除命令行为一起,才能引起相应的法律关系的产生。又如,相对人向行政机关提出申请、申诉、检举、控告等行为,必须有行政主体的受理等行为,才能成立相应的行政法律关系。当然,虽然缺乏行政主体的行为不能引起作为的法律关系,但是可以引起一种不作为的法律关系。相对人的行为往往会引起行政主体的一种作为义务,如果行政主体不作出相应行为,即属于一种不作为,仍在行政主体与相对人或国家之间形成一种行政法上的权利义务关系即行政法律关系。此外,法律行为可以是作为,如滥伐林木,也可以是不作为,如逃避服兵役;可以是合法行为,也可以是违法行为,如打架斗殴就是违法行为,也会引起行政法律关系,即治安处罚法律关系的产生。

(三) 行政法律关系的变动形式

行政法律关系的运动或变动有产生、变更和消灭三种形式。

1. 行政法律关系的产生

行政法律关系的产生,是指行政主体和行政相对人之间实际形成特定的权利义务关系。它是使行政法规范中规定的一般的权利义务模式转变为现实的由特定行政法主体享有的权利和承担的义务。所以,行政法律关系的产生从另一角度看,也是行政法律关系预定模式被适用的结果。例如,《户口登记条例》[①]第7条第1款规定,婴儿出生后一个月以内,由户主、亲属、抚养人或者邻居向婴儿常住地户口登记机关申报出生登记。这只是一种行政法律关系的预

[①] 1958年1月9日全国人民代表大会常务委员会第九十一次会议通过,自1958年1月9日起施行。

定模式。当某一婴儿出生时,便产生了户口登记机关和该婴儿的户主、亲属、抚养人或者邻居间的行政法律关系,形成双方之间的具体权利义务关系。

这里需要注意的是,行政法律关系的产生必须是原来没有的,是因上述法律事实而产生的行政法律关系。如果原来就是一种行政法上的权利义务关系,因某种因素而变成行政法上另一种形态的权利义务关系,则不是行政法律关系的发生,而是行政法律关系的变更。

2. 行政法律关系的变更

行政法律关系的变更,是指行政法律关系在其存续期间,因一定原因而发生部分变化的情况。其一,它必须是在行政法律关系存续期间发生的变化,即法律关系发生以后、消灭之前。如果行政法律关系尚未产生,或已经消灭,均不存在变更的问题。其二,这种变化只是行政法律关系的部分要素发生改变。如果一种行政法律关系的主体、客体及内容都有改变,则表明该行政法律关系已不复存在,而形成了另一种新的行政法律关系。这是一种行政法律关系的消灭和另一种行政法律关系的产生,并非行政法律关系在原有基础上的变更。具体而言,行政法律关系的变更可以是如下三种情况:

(1) 主体变更。主体是行政法律关系的构成要素之一,主体的变更会导致原有法律关系的消灭,新的法律关系发生,即行政法律关系的继受发生或移转。因此,一般而言,行政法律关系主体以不得移转为原则。比如,行政参与权不得由他人行使。但是,在例外情况下,主体变更并不影响与原行政法律关系的同一性。因此,凡属不影响与原行政法律关系保持同一性的主体变更,均为行政法律关系的变更。例如,原行政法律关系中的行政主体与另一个行政主体发生合并或自己发生分立,合并后的一个行政主体或分立后的多个行政主体继续行使或履行原行政法律关系中的权利义务。又如,行政法律关系中的一个行政主体被撤销,而由另一个行政主体接替其行使或履行权利义务。就行政相对人的变更而言,一般只发生在以金钱给付或财产价格为主要性质的行政法律关系中,如纳税义务可因继承而移转。

(2) 客体变更。这是指客体发生了不影响与原行政法律关系保持同一性的某种变化。它通常只能是客体具有可替代性的变化,即一种客体可以取代另一种客体。如果客体不具有可替代性,则不能发生变化。例如,与特定人的人身密不可分的著作权、发明权、继承权等精神利益,不能由他人的他物替代,不能发生改变。能发生变更的客体一般是与特定人的人身没有联系的物质利益。例如,在行政罚款法律关系中,客体是被罚的款项,在受罚人没有现存的款项时,可以一定数额和价值的实物代替,由行政主体将实物变卖后充作罚款。此时,客体已由罚款改变为实物。

(3) 内容变更。内容即行政法上的权利义务。内容的变更一般只限于内容指向对象的数量和行为的变更。前者如基本建设项目投资数额的增减、税收数额的增减等。后者如某公民有拆除违章建筑的义务,该公民不履行此项义务,主管行政机关采用代执行的强制措施,代为拆除,由义务人给付拆除费用,即该种行政法律关系的变更。这种变更中,双方主体不变,拆除义务的本质不变,仅是改变了履行义务的方式。

3. 行政法律关系的消灭

行政法律关系的消灭,是指原有行政法律关系因一定原因而不复存在,本质上表现为原有行政法律关系主体之间权利义务的终结。它主要有如下三个方面的表现:

(1) 主体消灭而使行政法律关系归于消灭。这主要是指原主体消灭,没有或者不能有承接主体,而使权利义务随之消灭的情况。如果原主体消灭,有新的主体承接原主体的权利义务,则为行政法律关系的变更。例如,某公务员死亡、被开除、被辞退或辞职,其身份上的权利不能为他人所承接,他与国家之间的行政职务关系就归于消灭。又如,受行政拘留的公民死亡,其他任何人都不能承接该公民受拘留的义务,此时双方的权利义务亦随主体消灭而归于消灭。

(2) 设定权利义务的法律规范或行政行为消灭而使行政法律关系归于消灭。设定权利义务的法律规范被修改或废止,必然会导致相应的行政法律关系的消灭。设定权利义务的行政行为消灭,即权利已实现,义务已履行,或行政行为被撤销、废止等,同样会引起行政法律关系的消灭。例如,被处以罚款的公民按规定缴纳罚款后,原处罚关系消灭;某公安局对某人的罚款处罚被上级公安机关裁定撤销,也使处罚关系消灭。

(3) 客体消灭而使行政法律关系归于消灭。例如,某房管部门管段的房屋被火灾烧毁,再管理这些房屋而构成的行政法律关系就不可能存在。当然,客体的消灭不一定必然导致行政法律关系的消灭。如果原客体消灭后,能以其他客体代替原客体,则原权利义务仍然可以实现而并没有消灭,行政法律关系只是有了一定的变更。

第三节 行政法基本原则

法律原则作为"法律的基础性真理或原理"[①],是法的基本构成要素,也是行政法学研究的基础性问题。研究行政法基本原则,旨在从根本上揭示行政法的基本价值和客观规律,为行政法规范的制定和实施提供基础性的原理、准则和基本精神。由于行政法没有形成统一法典,行政法基本原则无法如同刑法、民法、诉讼法那样,通过法典的形式加以明确、统一的规定,它只能分散地体现在众多的行政法规范、行政法实践或司法判例之中,其形成只能来自理论的归纳、总结和加工。因此,对行政法基本原则的研究具有更加特殊的意义。

一、行政法基本原则概述

(一)行政法基本原则之争论

由于行政法基本原则主要依赖于学者们的概括、总结,而不同学者研究的角度和方法不同,必然导致其所概括的行政法基本原则的差异,因此对什么是行政法基本原则以及行政法基本原则有哪些,一直存在着很大的争论。在我国,从总体上讲,学者们对行政法基本原则的认识先后存在两种不同的观点,即早期之"行政管理原则论"和晚近之"行政法治原则论"。

1. 早期之"行政管理原则论"

该论认为,行政法基本原则就是国家进行各方面行政管理时所必须遵守的基本准则。这种观点对行政法基本原则的理解,主要受苏联行政法学的影响。[②] 在苏联行政法教科书中,一般不提行政法基本原则,而只强调国家管理或国家行政管理的"指导思想和基本原则",把行政法基本原则与之等同。例如,苏联学者 B.M.马诺辛等在其所著的《苏维埃行政法》一书中,只论述了"苏维埃国家管理的基本原则",而没有提及苏维埃行政法基本原则,并认为"苏维

---

① *Black's Law Dictionary*, West Publishing Co., 1983, p.1074.
② 参见许崇德、皮纯协主编:《新中国行政法学研究综述(1949—1990)》,法律出版社1991年版,第100页。

埃国家管理的基本原则"有：苏维埃国家管理的人民性、民主集中制、民族平等、社会主义法制及其他管理原则。① 又如，瓦西林科夫在其主编的《苏维埃行政法总论》中，仅仅论述了"苏维埃国家管理的基本原则"，并认为"苏维埃国家管理的基本原则"有两类：第一，苏维埃国家管理的社会和政治原则，包括共产党的领导、民主集中制、社会主义联邦制、社会主义计划性、吸收群众参加管理、社会主义法制等原则；第二，苏维埃国家管理的组织原则，包括划分和确定管理职能与权限的原则、机关和工作人员的责任制原则、管理的部门制和区域制相结合的原则、以直线制为主导的直线制和职能制相结合的原则、以合议制为主导的合议制和议长制相结合的原则。②

受苏联影响，早期我国多数行政法学者也持这种观点。王珉灿主编的我国第一本高校法学试用教材《行政法概要》，就把行政法基本原则称为"国家行政管理的指导思想和基本原则"，并认为这些原则具体包括："在党的统一领导下实行党政分工和党企分工"的原则、"广泛吸收人民群众参加国家行政管理"的原则、"贯彻民主集中制"的原则、"实行精简"的原则、"坚持各民族一律平等"的原则、"按照客观规律办事，实行有效的行政管理"的原则和"维护社会主义法制的统一和尊严，坚持依法办事"的原则。③ 张尚鷟在其编著的《行政法教程》中亦认为，"我国国家行政管理的指导思想和基本原则"有："在党的统一领导下，实行党政分工，实行政企职责分开""按照客观规律办事，实施有效的行政管理""简政、便民"和"依法办事"四个原则。④ 也有学者认为，我国行政法基本原则包括：国家行政机关统一行使国家行政权的原则，依法行政的原则，统一领导、分级管理的原则，人民群众广泛参加国家管理的原则，行政管理活动中的民族平等原则，行政首长负责制原则，因地制宜的原则，提高行政效率的原则，以及国家计划管理的原则。⑤

这种观点把行政法的基本原则等同于或事实上等同于"国家行政管理的指导思想和基本原则"，主要是基于这样一种认识：行政法是有关行政管理的法，这种对行政法的认识在行政法学上被称为"管理论"，苏联、东欧学者和我国早期的行政法学者多持该论。⑥ 根据该论，行政管理基本原则与行政法基本原则

---

① 参见〔苏联〕B.M.马诺辛等：《苏维埃行政法》，黄道秀译，群众出版社1983年版，第17页以下。
② 参见〔苏联〕瓦西林科夫主编：《苏维埃行政法总论》，姜明安、武树臣译，北京大学出版社1985年版，第45页以下。
③ 参见王珉灿主编：《行政法概要》，法律出版社1983年版，第43页以下。
④ 参见张尚鷟编著：《行政法教程》，中央广播电视大学出版社1988年版，第46页以下。
⑤ 参见侯洵直等编著：《中国行政法》，河南人民出版社1987年版，第43页以下。
⑥ 参见本章第四节。

是同一的。显然,这种将行政法基本原则与行政管理基本原则混同起来的做法,是不科学的,基本上反映了 20 世纪 80 年代我国行政法学初创时期的实际情况,故可称其为早期之"行政管理原则论"。

2. 晚近之"行政法治原则论"

该论认为,行政法基本原则是现代法治国家政府行使权力时所普遍奉行的基本法律准则。这种观点主要受欧美行政法学的影响。无论欧陆国家还是英美国家,其行政法基本原则都有着各自鲜明的个性特色,如法国的行政法治原则与均衡原则,德国的依法行政原则、比例原则与信赖保护原则,英国的越权无效原则、合理原则与自然公正原则,美国的正当程序原则与行政公开原则。同时,它们也有着某些深层次的共性特征,即其形成与法治国思想同源,深刻地体现了民主法治国家的精神和观念。法治原则不仅孕育了行政法基本原则,而且推动了行政法基本原则的逐步发展与完善,始终是行政法基本原则形成过程中至关重要的因素。从总体上可以说,欧美各国行政法基本原则就是"行政法治原则"。[1]

在我国,自 1985 年龚祥瑞先生出版《比较宪法与行政法》以来,行政法学界关于行政法基本原则的观点逐渐接受了欧美行政法学的看法。龚先生以英国行政法为背景,认为行政法基本原则包括:行政法治原则(狭义)、议会主权原则、政府守法原则和越权无效原则。[2]受此影响,罗豪才先生在其主编的《行政法论》中指出,"行政法的基本原则,是指贯彻于行政法中,指导行政法的制定和实现的基本准则",具体包括法治原则(又包括合法性原则、合理性原则和应急性原则)、民主与效率相协调原则。[3] 之后,罗豪才先生在其主编的我国第二本高校统编教材《行政法学》中,直接将行政法基本原则概括为行政法治原则,并将其具体分解为行政合法性原则和行政合理性原则。[4]自此,我国行政法著作几乎都采用此说。这期间,尽管有的学者认为除了行政合法性原则和行政合理性原则之外还有责任行政原则,[5]或者行政公开原则和行政效率原则[6]等,但是

---

[1] 参见周佑勇:《西方两大法系行政法基本原则之比较》,载《环球法律评论》2002 年冬季号。
[2] 参见龚祥瑞:《比较宪法与行政法》,法律出版社 1985 年版,第 319 页以下。
[3] 参见罗豪才主编:《行政法论》,光明日报出版社 1988 年版,第 25 页以下。
[4] 参见罗豪才主编:《行政法学》(修订本),中国政法大学出版社 1996 年版,第 50 页以下。
[5] 参见张树义主编:《行政法学新论》,时事出版社 1991 年版,第 48 页以下;杨解君、孙学玉:《依法行政论纲》,中共中央党校出版社 1998 年版,第 36 页;陈端洪:《中国行政法》,法律出版社 1998 年版,第 47 页。
[6] 参见杨海坤:《中国行政法基本理论》,南京大学出版社 1992 年版,第 149 页以下;姜明安主编:《行政法学》,法律出版社 1998 年版,第 9 页以下;姜明安主编:《行政法与行政诉讼法》,北京大学出版社、高等教育出版社 1999 年版,第 51 页以下。

基本上仍然围绕着行政合法性原则和行政合理性原则展开。可以说，在20世纪90年代，我国行政法学界比较一致地将行政法基本原则集中于行政合法性原则和行政合理性原则。

到了90年代末，这种状态开始有所改变，主张将行政合法性原则与行政合理性原则作为行政法基本原则的观点受到了许多学者的质疑和批评。例如，有学者指出，行政合法性原则实际上反映了任何法治国家对国家机关行为的基本要求，与法治原则同义或近义。所以，要求行政活动合法对行政法并无特殊意义，而是法治建设的基本要求，并且极易使人们将行政合法性原则与法治原则混为一谈。[①] 就行政合理性原则而言，有学者认为，人们对这一原则既难以把握，又难以指导实践，它实际上是用虚幻的理念来制约纷繁复杂的行政自由裁量行为的现实，缺乏构成行政法基本原则的条件。[②] 还有学者指出，合法性问题是任何一个法律部门都追求的价值取向，合理性问题甚至都不只是法律部门所追求的价值取向，"它或许是全人类全社会都要追求的价值取向"。因此，行政合法性原则和行政合理性原则缺乏作为行政法原则的内在规定性，甚至作为一项法律原则都令人怀疑。[③]

正是基于上述对行政合法性原则与行政合理性原则的质疑与批评，自20世纪90年代末以来，许多学者纷纷提出对我国行政法基本原则予以重新确立。例如，有学者主张行政法基本原则只有一项，就是依法行政原则。[④] 有学者则主张有三项原则，即自由、权利保障原则，依法行政原则和行政效益原则。[⑤] 也有学者认为行政法基本原则是有限权力原则、正当程序原则和责任行政原则。[⑥] 还有学者主张行政法基本原则是行政权限法定原则、行政程序优先原则、行政责任与行政救济相统一原则。[⑦] 另有学者借鉴德国的经验，将行政法基本原则总括为行政法治原则，具体包括依法行政原则（法律优越与法律保留）、信赖保护原则和比例原则。[⑧] 所有这些对行政法基本原则的认识虽在内

---

① 参见孙笑侠：《法律对行政的控制——现代行政法的法理解释》，山东人民出版社1999年版，第179页。
② 参见姬亚平：《行政合法性、合理性原则质疑》，载《行政法学研究》1998年第3期；黄贤宏、吴建依：《关于行政法基本原则的再思考》，载《法学研究》1999年第6期。
③ 参见熊文钊：《现代行政法原理》，法律出版社2000年版，第61页。
④ 参见应松年主编：《行政法学新论》，中国方正出版社1998年版，第42页。
⑤ 参见薛刚凌：《行政法基本原则研究》，载《行政法学研究》1999年第1期。
⑥ 参见孙笑侠：《法律对行政的控制——现代行政法的法理解释》，山东人民出版社1999年版，第180页以下。
⑦ 参见黄贤宏、吴建依：《关于行政法基本原则的再思考》，载《法学研究》1999年第6期。
⑧ 参见马怀德主编：《行政法与行政诉讼法》（第5版），中国法制出版社2015年版，第25页。

容上有若干区别,但总体上都是将其集中定位于"行政法治原则"或"依法行政原则",构成了晚近我国行政法学的主流观点。目前,行政法学界大致沿袭了这种观点。例如,新近出版的两本统编教材①中,一本教材将行政法基本原则概括为依法行政原则、行政合理性原则、程序正当原则、诚信原则、高效便民原则、监督和救济原则;另一本教材将行政法基本原则概括为实体性原则(包括依法行政、尊重和保障人权、越权无效、信赖保护和比例原则)和程序性原则(包括正当法律程序、行政公开、行政公正和行政公平原则)。

(二)行政法基本原则的确立

从早期之"行政管理原则论"到晚近之"行政法治原则论",我国学者关于行政法基本原则的认识已逐步成熟和发展。然而,基于上述行政法基本原则学术史的分析,也从另一个侧面反映出,我国行政法学者对行政法基本原则的构建尚未在逻辑起点和逻辑结构上达成共识。而没有逻辑起点的依托,行政法基本原则将是无源之水、无本之木;没有逻辑结构的规范,行政法基本原则必然是信手拈来,可多可少的遣词造句。② 对此,关键是要对何谓"行政法基本原则"及其确立标准作出科学界定。

笔者认为,所谓行政法基本原则,是指其效力贯穿于全部行政法规范之中,能够集中体现行政法的根本价值和主要矛盾,对行政法规范的制定与实施具有普遍指导意义的基础性或本源性的法律准则。这一定义反映了作为行政法基本原则所必须具有的法律性、特殊性和基本性等特征或标准。所谓法律性,即行政法基本原则作为"法"的原则,必须是一种法律准则。所谓基本性,即行政法基本原则作为法的"基本原则",又是一种基本的法律准则,是行政法领域中最高层次的、比较抽象的行为准则,构成其他行为准则基础性或本源性的依据。所谓特殊性,即行政法基本原则作为"行政法"的基本原则,还是体现在行政法规范而不是其他法律规范中的基本准则,是为行政法所特有的基本原则,而不是与其他部门法共有的一般原则。

然而,作为行政法基本原则所必须具有的法律性、特殊性和基本性等特征或标准只是确定一项原则的形式根据。那么,确定一项原则的内在根据或逻辑起点究竟是什么呢?这个问题在我国行政法学中并没有引起充分重视。笔者认为,根据上述关于行政法基本原则的界定,行政法基本原则作为一种法的"基

---

① 应松年主编:《行政法与行政诉讼法学》,高等教育出版社2018年版;姜明安主编:《行政法与行政诉讼法》(第7版),北京大学出版社、高等教育出版社2019年版。
② 参见章剑生:《现代行政法基本理论》(第2版·上卷),法律出版社2014年版,第91页。

本"原则,主要来源于它是行政法根本价值的体现;作为行政法的"特殊"原则,则主要来源于它是行政法基本矛盾的反映。所以,确立行政法基本原则,应当以行政法的根本价值和基本矛盾为内在根据或逻辑起点,并据此展开逻辑结构分析。

1. 根本价值——法的正义价值

在法理上,相对于法的具体原则而言,法的基本原则"是体现法的根本价值的原则,是整个法律活动的指导思想和出发点,构成法律体系或法律部门的神经中枢"[①]。行政法基本原则作为行政法这一部门法的"基本"原则,作为各种行政法规范的本源性的依据,同样源于它是体现行政法的根本价值的原则。

那么,行政法的根本价值是什么呢?笔者认为,法律有其共同的价值追求,行政法乃法律之一种,现代法律的基本价值也就提示了行政法的价值。现代法律追求的基本价值是自由、平等、公平、公正、正义、秩序、效益等。行政法也不例外。虽然行政法有其特定的规范对象和制度内容,但是行政法的价值追求并没有特殊性。行政法同样要保障公民的基本自由和权益,维护平等,追求正义,确保行政秩序的稳定。[②] 在各种法的价值中,正义是"一个能综合、包容和指导、调整其他价值目标的最高的全局性的价值目标"[③],而不是一个与其他价值目标相并列的一般性的价值目标。首先,就正义与秩序的关系而言,"法律旨在创设一种正义的秩序(just social order)"[④],只有符合正义的良法,才能创造出一种合理的秩序,为社会秩序提供长久的安宁与和平。其次,正义本身就意味着平等、公平、公正,而只有平等的自由才是合理的,没有平等,就不可能有真正的自由。最后,正所谓"迟到的正义非正义",正义必然要包含效益;同时,讲求效益也要体现公平,如果片面追求效益,最终必然会导致各种利益关系的严重失衡,难以保持发展的可持续性。可见,正义的内涵极其丰富,与法律的其他价值形态相互协调、紧密相连,又是整个价值体系的核心与灵魂。[⑤] 行政法基本原则作为法律价值的载体,其承载的根本价值就是法的正义价值。

按照当代"正义理论集大成者"罗尔斯的观点,法的正义包括形式正义、实质正义和程序正义。形式正义即作为规则的正义,强调规则至上,主要是一种"服从的正义",要求法律必须得到绝对服从、被严格遵守。实质正义即作为良

---

① 沈宗灵主编:《法理学》(第2版),高等教育出版社2004年版,第47页。
② 参见薛刚凌:《行政法基本原则研究》,载《行政法学研究》1999年第1期。
③ 严存生:《论法与正义》,陕西人民出版社1997年版,第12页。
④ 〔美〕E.博登海默:《法理学:法律哲学与法律方法》,邓正来译,中国政法大学出版社2017年版,第332页。
⑤ 参见周佑勇:《推进国家治理现代化的法治逻辑》,载《法商研究》2020年第4期。

法的正义,强调所服从的法律必须是制定良好的法律即"良法",①它主要是一种"分配的正义",要求在法的内容上必须公平分配社会的权利和义务、合理分配社会的各种利益,尽力谋求各种利益关系之间的协调均衡。程序正义则是一种"看得见的正义",是指法律制定和实施的过程必须体现正义,"以便它无论是什么结果都是正义的"②。实质正义(实体正义)和形式正义主要是"结果价值",是评价行为结果的价值标准;程序正义本质上是一种"过程价值",是评价程序本身正义与否的价值标准。③ 行政法基本原则作为法律正义价值的载体,应当承载、协调各项正义价值要素,并将这些法的正义价值融入行政法律制度之中。

2. 基本矛盾——行政与法的对立统一

行政法基本原则是行政法所特有的基本原则,这种"特殊性"显然应当源自于行政法的特殊本质。行政法的特殊本质又是由行政法的主要矛盾所规定的。这是因为,每一物质的运动形式所具有的特殊的本质,为它自己的特殊的矛盾所规定。"这种特殊的矛盾,就构成一事物区别于他事物的特殊的本质。这就是世界上诸种事物所以有千差万别的内在的原因,或者叫做根据。"④在整个事物矛盾系统中,又有基本矛盾和非基本矛盾之分。基本矛盾也叫"根本矛盾"或"主要矛盾",是"贯穿于事物发展过程的始终并规定事物及其过程本质的矛盾"⑤。"它的存在和发展规定或影响着其他矛盾的存在和发展。"⑥行政法的基本矛盾同样规定着行政法区别于其他部门法之特殊的本质属性,影响着行政法其他方面和环节的存在和发展。所以,行政法基本原则应当是反映和处理行政法基本矛盾的原则。那么,行政法的基本矛盾又是什么呢?笔者认为,行政法的基本矛盾是行政与法的对立统一。

行政与法的关系问题,是行政法所要解决的核心问题,也是各国行政法关注的焦点。"从本质上说,行政法乃是行政(权)与法(治)的对立统一,各种有关行政法的态度和理论学说——有些针锋相对——实质上就是对这对矛盾的不同观念。"⑦也就是说,行政与法的关系可以通过各种不同的观点加以讨论。但

---

① 参见〔古希腊〕亚里士多德:《政治学》,吴寿彭译,商务印书馆1965年版,第199页。
② 〔美〕约翰·罗尔斯:《正义论》,何怀宏等译,中国社会科学出版社1988年版,第80—81页。
③ 参见肖建国:《程序公正的理念及其实现》,载《法学研究》1999年第3期。
④ 《毛泽东选集》第1卷,人民出版社1991年版,第308—309页。
⑤ 李秀林等主编:《辩证唯物主义和历史唯物主义原理》(第3版),中国人民大学出版社1990年版,第163页。
⑥ 《毛泽东选集》第1卷,人民出版社1991年版,第320页。
⑦ 陈端洪:《中国行政法》,法律出版社1998年版,第33页。

是，无论是英美法系国家的法治观念还是大陆法系国家的依法行政观念，都旨在确定和有效处理两者之间的关系。正如日本学者藤田宙靖所言："这是近代公法学和近代行政法学上最为关心的问题之一。"[①]作为行政法这一部门法所特有的基本原则，行政法基本原则主要应该集中反映现代民主法治国家之行政与法之间的对立统一关系。

那么，行政与法之间究竟是一种什么样的关系呢？在奉行法治主义的近现代国家，法律被视为人民公意的表达，根据主权在民原则，行政机关的权力来自人民，其管理活动必须服从人民的意志即法律。所以，行政与法之间应当是行政依附于法的关系，不是行政决定法，而应当是法决定行政。正是法与行政之间的这种主从关系得到了明确，才标志着有了严格意义上的行政法。法与行政的这种关系内在地统一于行政法这一共同体之中。

法对行政的决定作用，主要表现为法对行政的规制作用，或者说，行政应当服从于法，受制于法。但是，我们也应当看到，在行政与法的关系中，不能完全忽视行政裁量的作用。如果用法律对行政进行过于严格、广泛的限制，很可能使行政陷于瘫痪的状况，有时一些对社会有益的、积极的行政措施很可能为法律所禁止。[②]这就是说，我们在强调对行政实行严格的法律限制的同时，也应当注意为这种限制寻找到一个合适的度，即在法律的范围内应当容许有适度的行政裁量权。但是，我们在强调对裁量权的需要的同时，也应当警惕行政裁量权的危险或危害。[③]为使法治在社会中得到维护，行政裁量权必须受到"合理的限制"。然而，究竟在何处划定行政裁量权与法律限制之间的界限，或者说究竟如何使行政机关在被赋予适度裁量权的同时又受到有效的法律限制，显然不能用一个简单的公式加以确定，而必须考量现代法治的实质内涵与行政法的根本价值。在现代法治国家，民主、法治、人权等成为行政法的基本精神，法律本身必须具有实质的正当性，即具有实质正义和程序正义，行政活动必须体现现代民主法治国家的要求。因此，划定"行政与法的关系"必然要注入现代民主、法治的基本精神，体现行政法的根本价值取向。这不仅要求行政活动严格符合法律的规定，体现法的形式正义，还要求行政活动具有实质的正当性，体现法的实质正义和程序正义。

可见，从总体上讲，现代法治国家之"行政与法的关系"应当是行政受到法的控制。这反映在行政法基本原则上，即要求行政法实行行政法治原则。行政

---

① 〔日〕藤田宙靖：《行政与法》，李贵连、宋坚雷译，载《中外法学》1996年第3期。
② 参见李传敢、田瑶：《依法行政的理性探索》，对外经济贸易大学出版社1998年版，第45页。
③ See Kenneth Culp Davis, *Discretionary Justice*, University of Illinois Press, 1971, p.25.

法治原则即行政必须受到法的控制,是现代法治国家之"行政与法的关系"的集中反映,是行政法总的基本原则。而以行政法应承载的法正义价值及其所要解决的"行政与法的关系"这一对基本矛盾问题为逻辑起点,根据上述三种具体的"行政与法的关系"以及将法的正义区分为形式正义、实质正义和程序正义这一逻辑结构分析的展开,行政法基本原则具体又应当确定为三项:一是行政法定原则,要求行政必须符合法的形式正义;二是行政均衡原则,要求行政必须体现法的实质正义;三是行政正当原则,要求行政必须体现法的程序正义。① 其中,行政法定原则包括职权法定、法律优先、法律保留,行政均衡原则包括平等、比例、诚信,行政正当原则包括避免偏私、参与、公开等。这些细分的下位原则从根本上集中反映了行政法治的根本价值,有机协调了行政与法的关系,从而形成了一整套系统化的原则体系。②

(三)行政法基本原则的功能

我们已经看到,行政法基本原则承载着行政法的根本价值、理念和精神,是贯穿于整个行政法规范和行政法制度始终的基础性原理。因此,它不仅对行政法规范具有特殊的法律整合功能,更具有作为行政行为的基本准则以及司法上的可适用性的重要功能。

1. 法律整合功能

在国内法中,行政法虽是一个独立的基本部门法,但广泛、复杂而多变的行政法规范又使得其难以用统一法典的形式来表现,而只能分散于众多的单行法之中。这就需要发挥行政法基本原则的作用。行政法基本原则存在于成千上万的行政法规范之中,同时又是这些行政法规范共同体现出来的基础性原理、准则和基本精神。正是这些基本原则,才使得行政法规范在多样性中贯穿着统一性,在纷繁复杂中形成有机的整体,即对行政法规范的有序化具有特殊的法律整合功能。首先,相对于具体的行政法规范而言,行政法基本原则更具概括性和抽象性,是行政法在变化中保持相对稳定的因素,因而能够保证行政法的稳定性和连续性。其次,行政法基本原则作为"规则之衡平器"③,凭借其所承载的法律根本价值和法的精神实质,能够有效协调、消解规则之间的冲突,从而保证各种纷繁复杂的行政法规范协调一致,增强行政法制的统一。最后,行政法基本原则蕴涵着行政法的价值合理性,能够优化行政法规范价值的合理性,

---

① 参见周佑勇:《行政法基本原则的反思与重构》,载《中国法学》2003年第4期。
② 参见周佑勇:《中国行政法学学术体系的构造》,载《中国社会科学》2022年第5期。
③ 李可:《原则与规则的若干问题》,载《法学研究》2001年第5期。

促使其内容的良性化,从而保障各种纷繁复杂的行政法规范符合"良法"的标准,构建起系统完备的良法体系,并对行政法规范的良性运作与良性发展起着导向作用,可以有效防止行政法规范在实施过程中可能出现的不公正现象,促使其朝着良法善治的方向不断发展。总之,行政法基本原则乃为整合行政法规范之特殊需要,对行政法规范具有重要的稳定、协调和优化价值。①

2. 行为准则功能

行政法基本原则作为一种法律原则,是经国家制定或认可的,具有普遍法律效力的行为准则。它作为行政法的原则,主要是针对行政权的,旨在回答行政主体运用行政权实施行政行为所应当遵循的法律准则,即解决行政行为的法律效力问题。虽然行政主体实施行政行为必须优先适用具体的、可操作性的规则,但是法律原则作为法律的基础性真理或原理,为法律规则提供基础性或本原的综合性规则或原理。行政法的具体规则,都应当是行政法基本原则的体现,行政机关依据具体的行政法规则实施行政行为,其实就是行政法基本原则在背后发挥行为准则功能的体现。因此,行政主体实施行政行为必须严格遵循行政法基本原则,违反行政法基本原则的行政行为同样构成一种违法行政行为,必须承担相应的法律责任。同时,由于行政法基本原则是行政法领域中最高层次的、比较抽象的行为准则,是构成行政法规范的基础性或本源性的依据,因此当具体的行政法规范对有关问题缺乏规定时,行政主体应自觉以作为行政法规范本源的基本原则为自己的行为准则。在这种情况下,行政法基本原则更加直接地体现出作为行政行为准则的功能。

3. 司法适用功能

既然行政法基本原则与具体的法律规范一样具有法律效力,那么它不仅是行政行为所应当遵循的基本准则,也是法院对行政行为进行司法审查所应当遵循的基本准则。当某一行政行为被诉诸法院后,法院可以也应当适用行政法基本原则作为对该行政行为进行合法性审查的依据。更为重要的是,在司法适用上,行政法基本原则还具有修正严格规则主义,克服成文法规则之局限性的特殊功能。虽然对于法官而言,"穷尽规则"以及"禁止向一般条款逃逸"②是司法审判中应恪守的基本义务,然而,"法条有尽,事情无穷",立法机关"为每一种详细的事态制定精确的法规是不可能的"③,所以其制定的成文法规则不可避免

---

① 参见周佑勇:《行政法基本原则研究》(第2版),法律出版社2019年版,第5页以下。
② 周永坤:《法理学》(第4版),法律出版社2016年版,第165页。
③ 〔美〕罗·庞德:《通过法律的社会控制·法律的任务》,沈宗灵、董世忠译,商务印书馆1984年版,第97页以下。

地具有一定局限性。而"一般法律原则在内涵上的开放性(或者模糊性),必然赋予运用者广泛的价值判断空间"①。当司法者"适用法律"而制定法条文不明确、有漏洞或者拘泥于制定法字面含义,将导致不能容忍的明显不公时,"隐居幕后"的法律原则便走到了台前,为司法者进行创造性和能动性的司法活动提供依据。当法律规则含混不清或模棱两可时,法官可以根据原则作出适当解释;在可适用的规则之间发生冲突时,法官可以根据原则加以协调统一;即使是在没有现成规则可以适用的情况下,法官也可以借助于法律原则,以便从中推导出判决的根据,"这是现代法的一项重要技术"②。所有这些都充分展示了适用法律原则的巨大价值。法律原则既可以作为法官进行法律解释的基准,亦乃实现法律漏洞填补之工具。③ 大量的实例表明,我国法院已经在运用法律原则进行判案。譬如,通过从"田永案""张成银案"到"于艳茹案"等典型个案裁判的观察,可以看到近三十年来,通过一次次司法判决的重大推动,行政法基本原则在我国司法实践中得以制度化的不断发展。④

二、行政法基本原则体系

如前所述,行政法基本原则包括行政法定、行政均衡和行政正当三大原则。接下来,必须对这三项基本原则的具体内容和要求展开进一步具体的分层研究,使其在"类型化"的基础上进一步"具体化",从而形成一整套行政法基本原则体系,以便为行政行为与司法审查提供具有可操作性的基本法律准则。

(一) 行政法定原则

行政法定原则,相当于德国行政法上的"依法行政原则"和我国行政法上的"行政合法性原则"。如同刑法中"罪刑法定"涵盖了刑罚权这一国家公权法定之要义一样,"行政法定"这一概念涵盖了行政权这一国家公权法定之要义,它们共同构成了"国家公权法定"这一公法的根本原则。⑤ 所谓行政法定,即"法无明文规定不得任意行政",具体包括职权法定原则、法律优先原则、法律保留原则等内容。

---

① 陈爱娥:《"法律原则"作为行政法的法源》,载《宪法体制与法治行政》,三民书局1998年版。
② 张文显:《规则·原则·概念——论法的模式》,载《现代法学》1989年第3期。
③ 参见周佑勇:《行政基本原则研究》(第2版),法律出版社2019年版,第248页以下。
④ 参见周佑勇:《司法判决对正当程序原则的发展》,载《中国法学》2019年第3期。
⑤ 目前在我国行政法学上,"行政法定"这个表述已经被越来越多的学者所采用,参见胡建森:《行政法学》(第5版),法律出版社2023年版,第31页;杨登峰:《行政法基本原则及其适用研究》,北京大学出版社2022年版,第1页;章志远:《行政法总论》(第2版),北京大学出版社2022年版,第147页。

1. 职权法定原则

在现代法治社会,行政权力与公民权利的运行规则有着明显的区别。对于公民而言,凡法律没有明文禁止的,即意味着有权行使。换言之,只有当法律明文禁止时,公民才不得为之;凡无法律明文禁止的,公民有权为之,其活动无须法律的明文授权。但是,对行政机关而言,只有法律明文规定或授权的才得为之,严格遵循"法定职责必须为,法无授权不可为"。因此,行政主体必须在法律规定的职权范围内活动,非经法律授权不得行使某项职权,尤其是在涉及剥夺公民权利、科以公民义务的时候,必须有法律的明确授权。所谓职权法定,就是指任何行政职权的来源与作用都必须具有明确的法定依据,越权无效,要受到法律追究,承担法律责任。它具体包括以下三层含义:

第一,行政职权来源于法。一切行政行为皆以行政职权为基础,无职权即无行政。然而,行政职权必须合法产生,行政主体的行政职权或由法律、法规、规章设定,或由有权机关依法授予,否则权力来源就没有法律依据。没有法律依据的行政权从根本上说是一种非法的权力。这是对权力来源的要求,构成职权法定原则的基础。

第二,行政职权受制于法。"无法律即无行政",行政权的特性决定了必须以法律设定行政权的行使界限,即行政权限。行政主体只有在法定的权限范围内行使其行政职权才是合法的。同时,法律给行政职权设置的限制,不仅包括实体上的权限范围(行政权限),还在程序上为行政主体规定了行使职权的方式和过程(行政程序)。行政主体行使行政职权不仅要依据法定的权限,还要依据法定的程序,即既要遵循实体法的规定,也要遵循程序法的规定。这是对权力行使的要求,构成职权法定原则的核心。

第三,越权无效,并应承担法律责任。行政职权来源于法,受制于法,否则即为违法的权力,构成一种越权行为。职权法定原则还要求行政主体不得越权,否则不具有法律效力。"这是因为,法律效力必须法律授予,如不在法律授权范围内,它就在法律上站不住脚。"① 因此,法院及其他有权国家机关可以撤销越权行为或者宣布越权行为无效,并依法追究有关责任主体的法律责任。这是对权力行使后果的要求,构成职权法定原则的保障。如果违法的权力不需要承担法律责任,那么权力来源于法律、权力应受法律限制将毫无意义。

2. 法律优先原则

"法律优先"一词最早由德国行政法学鼻祖奥托·迈耶提出。他认为,法律

---

① 〔英〕威廉·韦德:《行政法》,徐炳等译,中国大百科全书出版社 1997 年版,第 44 页。

是国家意志依法最强烈的表现形式,"以法律形式出现的国家意志依法优先于所有其他形式表达的国家意志;法律只能以法律形式才能废止,而法律却能废止所有与之相冲突的意志表达,或使之根本不起作用。这就是我们所说的法律优先。"[1]所谓法律优先原则,是指凡是法律已有规定的,必须严格依据法律的规定,不得与之相抵触。从广义上讲,行政法中的法律优先原则即法律优先于行政,要求一切行政行为都要严格依据法律的规定,符合法定的权限和程序,而不得违反法律的规定。考虑到前述职权法定原则已经涵盖了该层含义,只是尚未揭示作为行政行为依据的法律与行政立法所立之"法"的关系,因此这里仅将法律优先原则限定在处理法律与行政立法之间的关系上,即法律优先于行政立法,具有对行政法规和规章的优越地位,其实质强调的是法律的位阶体系。

在现代社会,任何一个国家的法律整体都构成一个"法律塔",法律与法律之间存在地位的差别,一部法律的地位越高,其位阶越高。在多层次立法的情况下,上位阶立法高于下位阶立法,下位阶立法必须符合上位阶立法,且不得与之相抵触。

具体体现在行政法体系中,法律优先原则主要包括以下内容:一是行政法规、规章不得与宪法、法律相抵触;二是规章不得与行政法规相抵触,其中地方政府规章不得与地方性法规相抵触;三是在法律调整的空白地带,若有法律明确授权行政机关制定行政法规、规章,则行政法规、规章不得与宪法相抵触;四是在法律尚无规定,经授权,行政法规、规章作了规定时,一旦法律就此作出规定,则法律优先,行政法规、规章必须服从于法律,不得与之相抵触。

3. 法律保留原则

与法律优先原则一样,法律保留原则亦由奥托·迈耶首创。其基本含义是:凡是专属于立法者规范的特定事项,非经法律授权不得为之。该原则体现在行政法领域,主要是指凡是专属法律规定的行政事项,只能由法律规定,但是在法律有明确授权的情况下,行政机关可以依法作出规定。法律保留原则严格区分国家立法权与行政立法权,是法治在行政立法领域的当然要求,其根本目的在于保证国家立法的至上性。同时,该原则划定了立法机关与行政机关在创制规范方面的权限秩序。对法律保留范围内的事项,行政机关非经授权不得自行创制规则,这保障了法律规范位阶的有序性,防止了行政立法权的自我膨胀,有利于公民权益的保护。

在行政法学上,对于法律保留的范围,存在不同的学说。一是侵害保留说。

---

[1] 〔德〕奥托·迈耶:《德国行政法》,刘飞译,商务印书馆2021年版,第71页。

按照该说,对人民之自由、财产权的剥夺以及义务之负担,都应当由法律明确加以规定。① 二是全部保留说。按照该说,法律保留原则应适用于行政法的所有领域,不管是负担行政还是给付行政,无论是外部行政还是内部行政,都应当受法律约束。三是重要保留说。按照该说,凡是公民重要的权利义务,都应当由法律加以规定;凡涉及相对人重要的、基本的权利义务的行政作用,都应当有明确具体的法律依据。

在我国,根据宪法的规定,法律保留的范围主要涉及国家基本制度、国家机构组织和职权,有关选举权和被选举权、人身自由、纳税、服兵役等公民基本权利和义务,以及战争与和平、对外缔结条约等其他重要问题。我国《立法法》以宪法为基础,作了进一步的具体规定。该法第11条规定:"下列事项只能制定法律:(一)国家主权的事项;(二)各级人民代表大会、人民政府、监察委员会、人民法院和人民检察院的产生、组织和职权;(三)民族区域自治制度、特别行政区制度、基层群众自治制度;(四)犯罪和刑罚;(五)对公民政治权利的剥夺、限制人身自由的强制措施和处罚;(六)税种的设立、税率的确定和税收征收管理等税收基本制度;(七)对非国有财产的征收、征用;(八)民事基本制度;(九)基本经济制度以及财政、海关、金融和外贸的基本制度;(十)诉讼制度和仲裁基本制度;(十一)必须由全国人民代表大会及其常务委员会制定法律的其他事项。"上述规定表明,我国法律保留的范围不限于自由和财产方面的内容,还包括基层群众自治制度、金融和外贸等方面的基本制度,以及全国人大及其常委会认为必须制定为法律的内容。不过,我国法律保留的范围也不是全部保留,并非所有的内容都要制定为法律。例如,给付行政、行政指导就并未受法律保留原则的支配。但是,凡行政主体对限制或剥夺公民自由和财产及重要权利的行政作用,都应受法律的约束,都应有具体明确的法律依据,否则就属于违法行政。由此看来,我国法律保留的范围所采用的是重要保留说。同时,根据《立法法》第12条的规定,"有关犯罪和刑罚、对公民政治权利的剥夺和限制人身自由的强制措施和处罚、司法制度等事项"属于法律绝对保留的事项,全国人大及其常委会不得进行授权。此外,法律保留原则在《行政诉讼法》《国家赔偿法》《行政处罚法》等法律中也有相应的规定。②

---

① 参见〔德〕奥托·迈耶:《德国行政法》,刘飞译,商务印书馆2021年版,第74页;翁岳生编:《行政法》(上册),中国法制出版社2009年版,第193页。

② 例如,《行政诉讼法》第13条第4项关于法院不受理的行政案件的规定;《国家赔偿法》第5条第3项、第19条第6项关于国家不承担赔偿责任的范围的规定;《行政处罚法》第10条第2款关于限制人身自由的行政处罚设定权的规定。

(二) 行政均衡原则

行政均衡原则,是在行政法定原则的基础之上对行政实体内容的进一步要求。它要求行政主体在选择作何种内容的行政行为时权衡各种利益关系,以实现其实体内容的"均衡合理",体现法的实质正义。具体而言,所谓行政均衡,是指行政主体在实施行政裁量时全面权衡各种利益关系以作出最佳的选择判断。它全面涵盖均衡各种利益关系的准则,可具体导出平等对待、行政比例和信赖保护三项子原则。其中,平等对待原则是均衡不同个人利益之间关系的准则,行政比例原则和信赖保护原则是均衡公共利益与个人利益之间关系的准则。①

1. 平等对待原则

平等对待原则,是作为宪法原则的平等原则在行政法中的具体化。平等,就其字面含义加以理解,"身为人之价值与地位皆无差等、无特殊之谓"②。我国《宪法》第 33 条明确规定公民在法律面前一律平等。因此,平等原则系宪法位阶的法律原则,可拘束行政、立法和司法。作为拘束行政的基本准则,平等原则在行政法中具体化为平等对待原则,是行政主体针对多个相对人实施行政行为时应遵循的原则,具体包括禁止恣意原则和行政自我拘束原则。

第一,禁止恣意原则。所谓"禁止恣意",是指行政机关的任何措施都必须有其合理的、充分的实质理由,与其所要处理的事实状态之间保持适度的关系。禁止恣意原则不仅禁止故意的恣意行为,而且禁止任何客观上违反宪法基本精神以及事物的本质之行为。凡是欠缺合理的、充分的实质理由,或者说未依照"事物的本质"及"实质正义"所为之行为皆为"恣意"。这里,"事物的本质"是"一种有意义的,且在某种方面,已具备规律性的生活关系,也就是社会上一种已经存在之事实及存在之秩序"③。据此,禁止恣意原则并不是要求一种机械的、不容有差别待遇的平等,而是容许透过客观的衡量合理地加以区别。至于是否或在何种程度上容许对于特定情事秩序加以区别,应当依现存事物范围的本质而定,即与"事物的本质"相符。例如,参政权之行使虽因需有成熟的判断经验,故设有年龄限制,但以外观之美丑作为决定公务员录取之标准者,则不合乎事项本质必要性之要求。此外,即使依"事物的本质"须有差别对待之必要,

---

① 参见周佑勇:《行政裁量的均衡原则》,载《法学研究》2004 年第 4 期。
② 邱基峻、邱铭堂:《论行政法上之平等原则》,载城仲模主编:《行政法之一般法律原则》(二),三民书局 1997 年版。
③ 陈新民:《德国公法学基础理论》(增订新版·下卷),法律出版社 2010 年版,第 392 页。

也不可以"过度"或"过早"地予以差别对待。超过合理程度的差别对待,亦构成"恣意"。例如,在公务员招考中以身高不够限制报名资格,即构成平等原则所不容许的差别对待情形。①

第二,行政自我拘束原则。该原则系指行政机关在作出行政决定时,若无正当理由,应受行政惯例或行政先例的拘束,对于相同或同一性质的事件作出相同的处理。这里的"行政惯例"或"行政先例",是指"关于行政上同一或具有同一性的事项,经过长期的、一般的、继续的或反复的施行,则即可认为已成为行政上措施的通例"②。因此,必须至少有两个以上的相同案件存在,才可形成行政惯例或行政先例,此时也才可适用行政拘束原则。行政拘束原则的实质就在于,要求行政机关对先后发生的同类案件中的多个相对人必须予以平等对待。它要求行政机关在后案中,必须受其在前案中所作出决定的拘束,对有关行政相对人作出与之相同的决定。后案中的相对人亦可依此提出平等权之请求,而由行政机关作出相同的处理。当然,作为行政自我拘束之依据的行政惯例或行政先例本身必须合法,违法的行政先例不能构成平等原则的基础。这是因为,"不法的平等"是被排除的,当法的拘束与平等处理问题之间有冲突时,应以法的拘束为优先;否则,行政机关便可有意或无意地透过违法的行政先例而排斥或变更法的适用。就相对人的请求权而言,亦不可要求行政机关援引不法的先例而给予平等的待遇。例如,公民不能以公安部门未取缔他人违规而主张自己遭取缔为违法的决定。③

2. 行政比例原则

比例原则作为一个具有宪法位阶的法律原则,滥觞于19世纪德国警察国家时期,渊源于"法治国家理念及基本人权之本质",通过联邦宪法法院的判决逐步成为限制行政权的有效手段。④ 行政比例原则是作为宪法位阶的比例原则在行政法中的具体化。它要求行政主体在限制个人利益的手段与实现公共利益的目的之间进行权衡,以选择一种既为实现公共利益所绝对必要,也对相对人利益限制或损害最小的手段,且不得与要达成行政目的所获得的利益明显失衡。具体包括必要性原则和合比例性原则两个部分。

第一,必要性原则,又称"最少侵害原则""不可替代性原则"或"最温和方式

---

① 参见周佑勇:《行政法基本原则研究》(第2版),法律出版社2019年版,第187—189页。
② 林国彬:《论行政自我拘束原则》,载城仲模主编:《行政法之一般法律原则》(一),三民书局1994年版。
③ 参见陈新民:《中国行政法学原理》,中国政法大学出版社2002年版,第41页。
④ 参见城仲模主编:《行政法之一般法律原则》(一),三民书局1994年版,第121、154页。

原则",是指行政权的行使应尽可能使相对人的损害保持在最小的范围内。也就是说,行政机关在面对多种适合达成行政目的的手段时,应选择对相对人利益限制或损害最小的手段,或者说有利于最大程度保护相对人权益的措施。①该原则的基本要求在于使用"最温和手段",即对相对人利益限制或损害最小的手段。对相对人利益限制或损害最小,从另一方面来看,也就意味着采取的手段是为实现公共利益所绝对必要的。所以,必要性原则所指的"必要性"是指"绝对必要性"(absolutely necessary),即对目的的实现来说,所采取的手段是绝对必要的,除此之外,别无他法。例如,对于某违法的企业,行政机关可依法给予罚款、吊销执照或者责令停产停业的处罚。如果只需对企业处以罚款即可达到制裁和防止其违法的效果,则行政机关不得施以其他影响更大的行政处罚措施。该原则意在防止行政机关在作出决定时"小题大做",正如德国学者弗莱纳所比喻的那样,"不可用大炮打麻雀"(只用鸟枪即可)——若换成中国俗语,类似"杀鸡焉用牛刀"——表明了最严厉的手段唯有在已成为最后手段时,方可行之。② 可见,必要性原则要求行政主体在依法限制相对人的合法权益、设定相对人的义务时,应当全面考虑各种因素,对各种利益进行权衡,尽量使相对人所受的损失保持在最小范围内和最低程度上。

第二,合比例性原则,又称"相称性原则",是指行政主体对相对人合法权益的干预不得超过所追求的行政目的的价值,两者之间必须合比例或相称。一项行政措施虽为达到行政目的所必要,但如果其实施会给人民带来超过行政目的的侵害,那么该项行政权力的行使就违反了合比例性原则。也就是说,行政主体在行使某项行政权力前,必须将其对行政相对人所可能造成的损害与达成行政目的所可能获得的利益进行权衡,只有在后者重于前者时才能采取;反之,则不能采取。这可比喻成"杀鸡取卵",形容一个行为(杀鸡,剥夺鸡的生命)和所追求的代价(一个鸡卵)之间不成比例、失去均衡的关系。有德国学者对该原则做过形象的比喻:"警察为了驱逐樱桃树上的小鸟,虽无鸟枪,但也不可用大炮打小鸟。"还有学者曾以"以炮击雀"之名言,解释必要性原则和合比例性原则之间的差异:用大炮打麻雀,是违反必要性原则,因为只需使用鸟枪即可;而不论击中与否,炮声都会惊吓邻居,则是违反合比例性原则。③可见,合比例性原则

---

① 《国家安全法》(2015年7月1日第十二届全国人民代表大会常务委员会第十五次会议通过,自2015年7月1日起施行)第66条规定:"履行国家安全危机管控职责的有关机关依法采取处置国家安全危机的管控措施,应当与国家安全危机可能造成的危害的性质、程度和范围相适应;有多种措施可供选择的,应当选择有利于最大程度保护公民、组织权益的措施。"
② 参见陈新民:《德国公法学基础理论》(增订新版·上卷),法律出版社2010年版,第417页。
③ 同上书,第418页。

要求对相对人所造成的损害要与所追求的公共利益成比例,不得过度牺牲个人权益,而应当以公共利益的实际需要为限度,①其实质是要以最小的成本取得最大的收益,做到损益相称。②

3. 信赖保护原则

信赖保护原则,是诚信原则在行政法中的运用。诚信原则即诚实信用原则,其基本含义是:行使权利、履行义务,应依诚实及信用之方法。诚信不仅是私法的要求,也是公法的精神。诚信原则在行政法中的运用十分广泛,而最能够直接体现诚信原则的是信赖保护原则。所谓信赖保护原则,是指当行政相对人对行政行为形成值得保护的信赖时,行政主体不得随意撤销或者废止该行为,否则必须合理补偿行政相对人信赖该行为有效存续而获得的利益。信赖保护原则的适用必须具备如下条件:

第一,存在信赖基础。即行政行为生效,且此生效事实被相对人获知。相对人如不知有该行政行为的存在,即无信赖可言;若无信赖感,也就无从适用信赖保护原则。对此,我国《行政许可法》第8条明确规定,"行政机关不得擅自改变已经生效的行政许可"。这里的"已经生效的行政许可",既包括合法的行政许可,也包括违法的行政许可。无论对合法的行政许可的变更或者撤回,还是对违法的行政许可的撤销,都要受信赖保护原则的限制。但是,如果行政许可正在审查过程中,尚未生效,那么就不存在是否要改变行政许可的问题,而只存在是否准予许可的问题。

第二,具备信赖行为。信赖行为亦称"信赖表现",是指相对人基于对行政行为的信赖而采取的具体行为。信赖保护原则的适用,必须是在行政相对人已采取信赖行为,且信赖行为具有不可逆转性的情况下。其主要表现为:行政行为赋予行政相对人的是某种物质利益,而相对人对该物质利益进行了处分,如对作为物质利益载体的特定物、不可分物等进行了处分;或行政行为赋予行政相对人的是某种资格,而行政相对人依此资格实施了某种行为。③

第三,信赖值得保护。即值得保护的信赖须是"正当的信赖"。所谓"正当的信赖",是指"人民对国家之行为或法律状态深信不疑,且对信赖基础之成立为善意并无过失;若信赖之成立系可归责于人民之事由所致,信赖即非正常,而

---

① 《国家安全法》第83条规定:"在国家安全工作中,需要采取限制公民权利和自由的特别措施时,应当依法进行,并以维护国家安全的实际需要为限度。"
② 参见刘权:《比例原则》,清华大学出版社2022年版,第160页以下。
③ 参见李春燕:《行政信赖保护原则研究》,载《行政法学研究》2001年第3期。

不值得保护。"[①]对违法的授益性行政行为而言,判断行政相对人的实际信赖是否值得保护,关键是考察该受益人对行政行为的违法性有无可归责性,以及有无利用该违法性的不良企图。对此,我国《行政许可法》第69条第2款规定:"被许可人以欺骗、贿赂等不正当手段取得行政许可的,应当予以撤销。"也就是说,在这种情况下,被许可人获得的利益不是基于对行政机关的信任,因而不受法律的保护。对合法的授益性行政行为而言,判断行政相对人的信赖是否值得保护,关键是考查废止行为是否具有可预测性;若具有可预测性,则该信赖不值得保护。对此,《行政许可法》第8条第2款明确规定了相对人不可预测的两种情形:一是行政许可所依据的法律、法规、规章修改或者废止;二是准予行政许可所依据的客观情况发生重大变化。这两种情形都超出了行政相对人的预测能力,若变更或者撤回,则应保护行政相对人的合理信赖。

在具备上述条件的情况下,对信赖保护原则的适用,还必须在相对人的信赖利益与否定原行政行为所欲维护的公共利益之间进行一种客观的对比或权衡。一般认为,行政主体在对这两种利益进行权衡时,应当考虑如下因素:撤销对受益人的影响;不撤销对公众和第三人的影响;行政行为的种类及成立方式(经由较正式行政程序所为的行政行为,受益人对其信赖的程度更大);行政行为违法性的严重程度;行政行为作出后存在的时间长短。行政机关知道具体行政行为违法之日起2年内或者具体行政行为作出之日起5年内,不得撤销。[②]但是,具体行政行为的作出是出于胁迫、欺骗或者贿赂的,行政机关在上述期限过后仍然可以撤销。[③]通过对信赖利益与撤销或者废止之公共利益间的权衡,在前者显然大于后者时,不得撤销或者废止原行政行为,即维持原行政行为的效力;在相反的情形下,行政主体虽可撤销或者废止原行政行为,但必须给予相对人合理的信赖赔偿或补偿。至于信赖赔偿或补偿的范围,应由信赖利益受损害的程度决定。

(三) 行政正当原则

如果说行政均衡原则是对行政实体内容的要求,那么行政正当原则是对行政程序提出的进一步要求。该原则源自于英国的自然公正原则和美国的正当法律程序原则,其基本含义在于行政权力运行必须符合最低限度的程序公正标准,以实现行政程序自身独立于实体结果的正义价值,具体包括避免偏私、行政

---

① 城仲模主编:《行政法之一般法律原则》(二),三民书局1997年版,第241页。
② 参见我国台湾地区1999年"行政程序法"第121条。
③ 参见德国1997年《联邦行政程序法》第48条第4款。

参与、行政公开和行政效能四项内容。行政正当原则直接体现了现代法治国家对行政权力公正行使的最低限度也是最基本的要求,从根本上承载了现代行政程序的基本价值追求——程序正义,是确保程序正义观念在行政行为中得以实现的重要保障。这说明,行政正当原则在内容上具有"根本"属性,从而也构成一项重要的行政法基本原则。①

1. 避免偏私原则

避免偏私原则,是指行政主体在行政程序运行过程中,应在参与者之间保持一种超然和不偏不倚的态度和地位,不得受各种利益或偏私的影响。避免偏私原则是程序中立性这一最低限度的程序正义要求在行政程序中的具体体现,它要求:第一,没有利益牵连。即行政主体及其行政人员和行政人员的亲属,与所作的行政行为没有个人利益上的联系。这里的"个人利益",通常是指财产利益或金钱利益,又不仅限于此,还包括其他足以影响行政决定的非财产因素,如感情利益和精神利益。第二,没有个人偏见。个人偏见不同于个人利益,主要指个人情感受到某种预设的观点或偏好的支配,"构成个人偏见的要件是不正当地偏向一方或对另一方怀有敌意"②。没有个人偏见规则要求行政主体给予当事人同等机会,不偏袒任何一方当事人,不带任何偏见。

在行政程序中贯彻避免偏私原则,不仅要求行政主体在实施行政行为时实际上没有偏私存在,而且在外观上也不能让人有理由怀疑可能有偏私存在。这就需要一系列制度加以保证,主要包括回避制度、禁止单方面接触制度、职能分离制度等。

2. 行政参与原则

行政参与原则,是指受行政权力运行结果影响的利害关系人有权参与行政权力的运行过程,表达自己的意见,并对行政权力运行结果的形成发挥有效作用。该原则具体包括公平听证原则和公众参与原则两项内容。所谓公平听证,是程序参与性的核心要求,又称狭义上的"程序正当原则",即在作出不利于他人的决定时应当及时告知、说明理由,并允许对方有效参与过程之中,充分听取对方的意见、陈述和申辩。行政主体在作出对相对人不利的决定时,必须听取当事人的意见,不能片面认定事实,剥夺其辩护的权利。这是保证相对人有效参与行政程序的前提条件。如果相对人在行政程序中始终保持沉默,没有机会阐明自己的观点,那么,这种参与就是无意义的。所以,英国的自然公正原则和

---

① 参见周佑勇:《行政法的正当程序原则》,载《中国社会科学》2004年第4期。
② 〔美〕伯纳德·施瓦茨:《行政法》,徐炳译,群众出版社1986年版,第283页。

美国的正当法律程序原则都将"公平听证"作为其主要内容。①

除公平听证外,行政参与原则还要求行政机关实施行政行为必须通过各种形式广泛征求、听取公众的意见和建议,并与公众展开充分的信息交流与沟通,积极发动公众共同参与公共治理的作用。对此,可以称为"公众参与原则"。在现代社会,公民、法人和其他组织有权依法参与行政管理,提出行政管理的意见和建议。行政机关应当为公民、法人和其他组织参与行政管理提供必要的条件,采纳其合法、合理的意见和建议。

目前,世界上许多国家和地区的行政程序法中明确规定了行政参与原则。例如,葡萄牙《行政程序法》第8条明确规定:"公共行政当局的机关,在形成与私人有关的决定时,尤其应借本法典所规定的有关听证,确保私人以及以维护自身利益为宗旨团体的参与。"美国《联邦行政程序法》更是从行政法规的制定到行政裁决的作出均赋予相对人广泛的参与权。尽管我国目前尚未制定统一的行政程序法典,还缺乏行政参与的统一的法律根据,但是在某些单行法中已作了规定。例如,《行政处罚法》关于听证程序的规定已经开了我国行政程序立法中相对人参与的先河。《价格法》《立法法》《行政许可法》中关于举行听证会的规定,又使参与原则的范围和内容进一步扩大了。

3. 行政公开原则

行政公开原则,是指行政主体在行使行政权力的过程中,应当依法将行政权力运行的依据、过程和结果向行政相对人和社会公众公开,以使其知悉并有效参与和监督行政权力的运行。行政公开是现代民主政治的题中应有之义,其目的在于满足公民的知情权,实现公民对行政的参与和监督,以达到强化民主政治、防止行政腐败之功效。如果说参与原则是让相对人实现"为"的权利,那么公开原则是满足相对人"知"的权利。"知"是"为"的前提,"为"是"知"的目的,两者具有紧密联系。

按照现代民主与法治的基本要求,行政公开化的内容应当是全方位的,不仅行政权力的整个运行过程要公开(行政行为公开),而且行政权力行使主体自身的有关情况也要公开(行政主体公开)。行政主体的公开,其内容包括:行政主体的基本情况(法定名称和法定代表人姓名、办公地点、联系方法)、机构设置、人员编制、职责权限和财政收支状况,以及公职人员的录用、考核、奖惩、任免及其财产和品德状况、廉洁自律情况等。就行政权力的整个运行过程而言,

---

① 参见周佑勇:《西方两大法系行政法基本原则之比较》,载《环球法律评论》2002年冬季号。

公开的内容包括事先公开职权依据、事中公开决定过程和事后公开决定结论。① 事先公开职权依据,是指行政主体应当将行使行政权的依据如法律、法规、规章、规范性文件等,在没有实施行政权或者作出最终行政决定之前,向相对人或社会公众公开,使之知晓。事中公开决定过程,是指行政主体应当将行政决定形成过程的有关事项向相对人和社会公众公开,包括公开举行听证、会议的公开等。事后公开决定结论,是指行政主体作出影响相对人合法权益的行政决定之后,应当及时将行政决定的内容以法定形式向相对人公开,在必要的情况下,还应当将具有重大的、涉及社会公共利益内容的行政决定结论向社会公众公开。尽管行政公开的内容十分广泛,但是涉及国家秘密或个人隐私、商业秘密的内容,不得任意公开。在行政公开过程中,行政机关还负有保障个人信息安全的义务,防止个人信息泄露、篡改、丢失。根据《个人信息保护法》②第34条和第35条的规定,国家机关为履行法定职责处理个人信息,应当依照法律、行政法规规定的权限和程序进行,并履行告知义务。

行政主体的公开,根据公开的对象不同,一般采取不同的方式。对社会公众的公开,主要有会议旁听、媒体报道、刊载、查阅、公榜、电子政务、新闻发布会等方式。对特定相对人的公开,主要方式有:第一,阅览卷宗,是指允许当事人在具体行政程序中抄写、阅览或复印与其有直接关系的程序进行情况的资料。阅览卷宗权是实现当事人参与行政程序、实际影响行政决定形成的前提条件。第二,表明身份,是指行政主体的执法人员在实施可能影响行政相对人合法权益的行政行为之前,应当通过行政相对人可以理解的方式,向其表明执法身份。第三,告知或送达。告知主要指行政主体作出影响行政相对人合法权益的行为前,应事先告知该行为的时间、地点、主要过程以及相对人在程序上享有何种权利。送达是将处理结果告知或交付当事人的程序。送达的方式包括直接送达、邮寄送达、留置送达、公告送达等。第四,说明理由。对于有些行政行为,行政主体不但要把结论告知当事人,而且应当说明作出该行为的事实根据、法律依据、裁量依据或其他理由,相对人对此也可以提出咨询。

4. 行政效能原则

行政效能原则,是指行政机关实施行政行为,应当坚持高效便民,遵守法定时限,减少行政成本,增大行政效益,并充分应用现代信息技术,为公民、法人和

---

① 参见章剑生:《论行政程序法上的行政公开原则》,载《浙江大学学报(人文社会科学版)》2000年第6期。

② 2021年8月20日第十三届全国人民代表大会常务委员会第三十次会议通过,自2021年11月1日起施行。

其他组织提供优质服务。正所谓"迟到的正义非正义",效能或效益也是正义的一部分,延迟诉讼与积案实际上等于拒绝审判,①"正义的第二种意义,简单地说来,就是效益"②。尤其对于行政法而言,"行政法固然应具有保障人民权利的功能,但行政效率与效能的提高,亦不容忽视"③。现代法治政府不仅是有限政府,还应当是有效政府、服务型政府。服务是政府的本质要求,效率是行政权的生命。我们不能容忍一个只是合法,但在程序上低效率的政府,"提供高效便民的服务是法治政府建设的基本要求"④。因此,除了以上三项具体原则之外,行政正当原则还应当包括行政效能原则。效能原则与比例原则不同,比例原则仅追求的是手段与目的之间的关系均衡,而效能原则追求的则是效益的最大化,要求行政机关选择最具效能的行政手段。与行政正当原则中其他三项原则相比较,无论是避免偏私,还是行政参与、行政公开原则,其实都是对效能的牺牲,但却是最低限度的程序正当要求,因此效能原则只能是作为行政正当原则的一种补充。

行政效能能否成为行政法的基本原则,在学界一直存在争议。从20世纪80年代行政法学开始复苏时,行政效能曾被当作行政法基本原则的一项重要内容,⑤但到了90年代初,随着1989年《行政诉讼法》的颁布,行政法学开始追求学科自身独立性,行政效能原则被当作行政管理的原则而被排除在了行政法基本原则的范畴之外。时至今日,在学者的著述中,行政法基本原则的体系里都很难有行政效能的一席之地。不过,近年来,也有部分学者赞成将行政效能原则纳入到行政法基本原则的体系之内。⑥ 对此,笔者认为,不能因为行政学关注行政效能,行政法学就放弃对其关注,立法就不能将其纳入规范之中。况且,行政效能的内容,在制定法上也有规范基础,比如《宪法》第27条第1款规定,"一切国家机关实行精简的原则……不断提高工作质量和工作效率";《公务员法》第14条规定,"公务员应当履行下列义务:……(四)忠于职守,勤勉尽责,服从和执行上级依法作出的决定和命令,按照规定的权限和程序履行职责,

---

① 参见〔日〕谷口安平:《程序的正义与诉讼》,王亚新、刘荣军译,中国政法大学出版社2002年版,第52页。
② 〔美〕理查德·A.波斯纳:《法律的经济分析》(上),蒋兆康译,中国大百科全书出版社1997年版,第31页。
③ 翁岳生编:《行政法》(上册),中国法制出版社2009年版,第39页。
④ 马怀德主编:《行政法前沿问题研究》,中国政法大学出版社2018年版,前言第9页。
⑤ 参见王珉灿主编:《行政法概要》,法律出版社1983年版,第52—53页。
⑥ 参见沈岿:《行政理论基础:传统与革新》,清华大学出版社2022年版,第166页;朱新力、唐明良等:《行政法基础理论改革的基本图谱:"合法性"与"最佳性"二维结构的展开路径》,法律出版社2013年,第42页;李洪雷:《行政法释义学:行政法学理的更新》,中国人民大学出版社2014年,第108页。

努力提高工作质量和效率；……"《行政许可法》第 6 条规定："实施行政许可,应当遵循便民的原则,提高办事效率,提供优质服务。"《行政复议法》第 3 条第 2 款规定："行政复议机关履行行政复议职责,应当遵循合法、公正、公开、高效、便民、为民的原则……"因此,将行政效能原则确立为我国行政法的基本原则,不仅具有正当性基础,是正义不可或缺的内容反映,且能够更好回应服务行政、给付行政的时代要求,同时也是对宪法规范的贯彻,以及对各种法律中相关原则和要求的一种提炼和总结。同时,还有利于适应国家治理现代化,推进服务型政府建设,提升政府治理能力,体现我国行政法的特色优势。① 在司法审查实践方面,我国法院已经广泛将效率原则用来考量和确定程序上的拖延履行法定职责、违法超期决定、正当程序争议、工伤认定申请时效的起算时间等,并以其为据作出裁判的结论,由此展示了效能原则对行政行为效力的影响,尤其是在对违反正当程序的行政行为的效力认定上。②

三、依法行政原则与行政裁量

从总体上讲,行政法基本原则即"行政法治原则",或称"依法行政原则",它要求所有的行政活动都必须受到严格的法律约束。然而,行政的生命在于裁量,"如果政府不能行使裁量权的权力,那么政府就将无法运作"③。行政机关通过裁量的授权也可以获得独立自主的活动空间,从而导致法律约束的"松动",因此"法律对行政的约束可能像所说的那样严格,也可能松动"④。行政机关一旦享有不受法律约束的裁量空间,就有可能背离法治的轨道。这样,如何通过依法行政原则实现对行政裁量问题的有效规范和法律约束,就成为行政法所必须面对和解决的一个核心问题。

（一）何谓"行政裁量"

从性质上讲,行政裁量是指法律赋予行政机关根据具体情况自行判断而作出处理决定的权力。这里需要厘清两个问题：

1. 是否存在"自由"裁量权

目前,我国学界很多学者称裁量为"自由裁量"或"自由裁量权"。笔者认为,这种提法是值得商榷的。根据一般的法治原理,"自由"只能是针对公民权

---

① 参见周佑勇：《行政法总则中基本原则体系的立法构建》,载《行政法学研究》2021 年第 1 期。
② 参见沈岿：《行政法理论基础：传统与革新》,清华大学出版社 2022 年版,第 174—179 页。
③ 〔美〕理查德·J. 皮尔斯：《行政法》(第 5 版·第 3 卷),苏苗罕译,中国人民大学出版社 2016 年版,第 1197 页。
④ 〔德〕哈特穆特·毛雷尔：《行政法学总论》,高家伟译,法律出版社 2000 年版,第 124 页。

利而言的,"法无禁止即自由";对国家公权力而言,则是"法无授权皆禁止"。尽管裁量权的存在意味着可以获得一定自主判断选择的权力,但是这种判断选择并非任意,也必须被严格限制在法律授权的范围之内,并符合授权的目的,而并非行政机关的"自由或任意",没有所谓的"自由"裁量权。

事实上,裁量权是伴随着行政权与立法权的分权或分工而存在的。按照分权理论,权力机关行使立法权,行政机关行使执法权,审判机关行使司法权。正如孟德斯鸠所言:"当立法权和行政权集中在同一个人或同一个机关之手,自由便不复存在了。"①因此,制定法律的权力和执行法律的权力,必须分别由权力机关和行政机关行使。但是,立法机关制定的法律具有概括性、抽象性的特点,不可能针对每一种现实情况都给出具体而唯一的处理结果,只能够留待行政机关去权衡、抉择,并作出最终决定。其目的在于,使行政机关在行政权的行使过程中,能够根据个案的具体情况作出最佳的选择决定,以实现个案的正义,并发挥行政的能动性。因此,只要存在着行政权与立法权的分权或分工,行政裁量权的存在就是必然的,且存在于一切行政权领域之中。

2. 裁量"一元论"与裁量"二元论"

在德、日行政法上,对于行政裁量的范围界定,历来存在着是否区分要件裁量与效果裁量的"一元论"与"二元论"之争。②"二元论"主张将法律要件与法律效果加以区分,裁量仅限于其中的效果裁量,而并不包括要件裁量;"一元论"则主张不应当将两者加以区分,无论是法律要件的认定还是法律效果的选择,都存在着裁量。对此,可以从法律规范的构成与法律适用的过程角度加以具体分析。

从构成上看,一项完整的法律规范必须具有两个方面的内容:一是法律要件,二是法律效果。一旦法律要件具备,就产生相应的法律效果,典型的样式就是"如果—那么"的公式。相对于制定法律规范的立法活动而言,行政活动与司法活动一样,都是将纸上的法律规范运用到具体个案中的法律适用活动,其过程依次包括如图1.1所示的几个阶段:

(1) 调查和认定案件事实:发生了什么事实?存在哪些证据?

(2) 确定和解释法律要件的内容:法律要件具体包括哪些内容?

(3) 涵摄:案件事实是否与法定的事实要件相符?

---

① 〔法〕孟德斯鸠:《论法的精神》(上册),张雁深译,商务印书馆1963年版,第156页。

② 参见〔日〕盐野宏:《行政法总论》,杨建顺译,北京大学出版社2008年版,第81页以下;〔日〕盐野宏:《行政法》,杨建顺译,法律出版社1999年版,第90页以下;〔日〕室井力主编:《日本现代行政法》,吴微译,中国政法大学出版社1995年版,第90页。

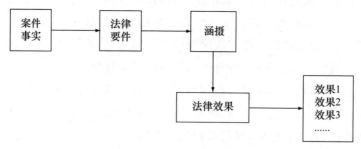

图1.1 法律规范适用过程

(4) 确定法律效果:如何处理?(内含两个环节:是否处理? 如何处理?)

在这里,毫无疑问,行政机关在法律效果处理的两个环节都具有裁量权,一个是决定裁量(决定是否作为),另一个是选择裁量(在作为的情况下,进一步选择何种效果)。按照"一元论"的观点,除了这种效果裁量之外,法律要件的认定存在判断的余地即要件裁量,也应当将之统一纳入裁量的范畴。"二元论"则认为,应当将裁量问题与法律问题区分开来,裁量仅限于效果裁量,并不包括法律要件的认定,后者只涉及其中"不确定法律概念"的解释,如同其他的法律解释一样,归属于法律问题,不属于裁量问题。

这事实上涉及究竟是否将"不确定法律概念"的解释纳入行政裁量的范畴。裁量和不确定的法律概念虽然都赋予行政机关判断选择的余地,但是它们之间存在较大的差别。其一,性质不同。"不确定法律概念"的解释即阐明其意义,本质上属于一种主观的认知问题,而非主观的意志问题,不允许掺杂解释者的主观意志,且原则上只有一种正确的答案;而行政裁量则是行政机关基于主观意志的作用而作出的判断选择,允许存在多种选择结果。其二,司法审查的密度不同。既然"不确定法律概念"的解释属于法律问题,那么作为法律专家的法官应具有完全的司法审查权;而对于裁量问题,则需要由作为技术专家的行政机关自己说了算,法院只能适用有限审查标准。[①]

3. 行政裁量的界定

通过以上分析可知,行政裁量主要应当被定位为一种效果裁量,并不包括要件裁量。后者可以留给"不确定法律概念"及法律解释理论去解决,以避免裁

[①] 参见〔德〕平特纳:《德国普通行政法》,朱林译,中国政法大学出版社1999年版,第65页;翁岳生:《论"不确定法律概念"与行政裁量之关系》,载翁岳生:《行政法与现代法治国家》,三民书局2015年版,第79页;刘鑫桢:《论裁量处分与不确定法律概念》,五南书出版公司2005年版,第90页;高家伟:《论德国行政法的基本观念》,载《比较法研究》1997年第3期。

量问题的泛化。但是,任何裁量决定都必然会涉及对各种事实情节的综合考量,其实是一个复杂的利益衡量过程。裁量者的目光要在事实与效果之间来回穿梭。尽管我们将法律要件中对"不确定法律概念"的解释排除在裁量范畴之外,但是对于法定事实之外影响法律效果选择的其他事实情节的判断补充,毕竟为法律效果的选择提供了前提和基础,因此也应当包含在裁量的范畴之中。由此,可以得出这样一个公式:裁量=情节补充+效果选择。所谓行政裁量,就是行政机关在法律适用过程中,基于对法律要件中的事实情节的判断补充而对其产生的法律效果作出的自主选择处理决定。这里的效果裁量,包括决定裁量和选择裁量两个环节,具体又有如下四个方面的表现形式:(1) 行为方式裁量,即是否决定采取处理措施;(2) 行为内容裁量,即决定采取何种处理措施;(3) 行为程序裁量,即决定怎样采取处理措施;(4) 行为时间裁量,即决定何时采取处理措施。

以上两个环节共四个方面的裁量过程,实际上是行政机关实施行政行为的整个过程。可以说,行政机关实施行政行为的过程就是行政裁量的过程。这说明,行政裁量权广泛存在于行政权的行使过程之中,是政府实现行政的能动性和个案正义所必不可少的一种工具和手段。可以说,没有无裁量的行政,只是裁量空间的大小不同而已。

(二) 依法行政与行政裁量之规范

在当代,行政裁量的广泛存在已成为一个不争的事实,"对于各级政府的所有行政机关来说,裁量权都是不可或缺的"①。同时,它作为行政能动性的体现和实现个案正义所必需的一种政府工具,也为现代法治所不可缺少,国家因其存在的合理性内核而必须加以肯定和承认。然而,"每一种被推崇的裁量都有危险的事实相随"②,裁量权由于较少受到像"形式法治"那样严格的"法的约束",因此又最容易被滥用。这种滥用同样广泛存在于行政权的行使过程之中,既包括逾越裁量权的情形,也包括裁量怠慢或不作为、内容不合理、程序或时间不当等滥用裁量权的情形。因此,如何将裁量权控制在适度范围内,保证必要的裁量权而又不至于偏离依法行政的轨道,就成为依法行政所必须面对和解决的一大难题,甚至可以称之为"行政法领域的哥德巴赫猜想"。对此,世界各国想了很多对策,包括加强立法控制、行政控制和严格的司法审查等,力图将裁量

---

① 〔美〕理查德·J.皮尔斯:《行政法》(第5版·第3卷),苏苗罕译,中国人民大学出版社2016年版,第1197页。
② Kenneth Culp Davis, *Discretionary Justice*, University of Illinois Press, 1971, p.25.

权这一"洪水猛兽"困住,但是实际效果并不理想,反而压制了裁量权固有的能动性。

面对"魔幻"般的裁量问题,近年来,我国行政法学界的研究也在不断加强,学者们纷纷提出了各种致力于破解"如何有效规范裁量权"这一行政法难题的理论方案。但是,纵观现有文献,多数学者提出的理论框架仍旧局限于传统"规范主义的控权模式",在宏观上都逃脱不了立法、行政和司法"三重控制"的传统固有模型。当然,学者们在主导模式的选择上都有所侧重。例如,有的侧重于以立法为主导的规则控制模式,有的侧重于以行政为主导的程序控制模式,还有的侧重于以司法为主导的审查控制模式。毋庸置疑,无论选择哪种模式,对于行政裁量的控制而言都是有意义的。但是,我们所面对的裁量问题又是如此的复杂、广泛而又令人揣摩不定,并非一个简单的控制问题。要想从根本上彻底解决裁量权的滥用问题,就必须超越这种单纯的裁量权控制,去思考一个更加宏大的问题,那就是行政裁量的治理理论。①

对此,笔者提出一种"以原则为取向的功能主义建构模式",即通过行政裁量系统内部各种功能要素的自我合理建构以及法律原则之内部约束,以在保障裁量权正当行使的同时,激发其内在的能动性与自我调节功能。具体而言,功能主义建构模式的要求是,在法定、均衡和正当等行政法原则的统制之下,通过裁量基准、利益衡量、意志沟通和司法审查等功能因素的有效发挥,达到对行政裁量运行系统的最佳建构,由此形成一种新的治理框架和运行规则体系。这具体包括四个法治化治理环节,即"作为自制规范的裁量基准""实体上的利益衡量""过程中的利益沟通""对裁量的司法制衡"。对此,笔者所著《行政裁量治理研究:一种功能主义的立场》和《行政裁量基准研究》②两书已作详细论述,在此只作简要概括。

1. 作为自制规范的裁量基准

必要的裁量可以保持行政的能动性,最大限度地实现个案正义。但是,当裁量太宽或过度时,公正也可能被专断和不平等侵害。我们所要做的并不是反对那些与政府承担的工作相当的裁量权,而是要剔除那些不必要的裁量权。在限定过度的裁量权方面,通过行政机关制定具体化的行政规则即裁量基准,是一种非常有效的办法。它不仅可以弥补基于模糊的立法授权而导致裁量权过宽,限缩行政裁量权行使的空间,而且作为沟通普遍性法律与个案裁量之间的

---

① 参见周佑勇:《行政裁量的治理》,载《法学研究》2007 年第 2 期。
② 参见周佑勇:《行政裁量治理研究:一种功能主义的立场》(第 2 版),法律出版社 2023 年版;周佑勇:《行政裁量基准研究》,中国人民大学出版社 2015 年版。

一个桥梁,比立法授权更贴近社会生活和事实真相,更切合行政裁量的实际需要。更为重要的是,"裁量虽是在追求个案正义,但如遇相同或相似个案,如作出差异性过大的裁量决定,不仅违反宪法平等原则,亦与个案正义所追求的内容不相符合,因此行政机关为避免此不当情况出现,基本上会经由行政内部制定具有行政规则性质之裁量基准来作为所属公务员与下级机构为裁量权行使的标准。"[1]可见,通过规则性裁量基准,还可以防止行政裁量中可能出现的"同案异判"和违反平等对待而对个案实质正义造成的损害,有效地实现行政机关的自我约束。正因如此,在西方,理论上已逐步冲破"禁止授予立法权原理"的禁区,使行政机关事实上拥有广泛的立法性裁量权。实践中,各国行政规则的数量也与日俱增,并获得了不同程度的司法尊重。[2] 在我国,由于并不存在西方分权理论和禁止授予立法权问题的障碍,甚至宪法直接授予政府立法权,所以从中央到地方,各级各类行政机关都有权制定不同效力层级的规则性裁量基准。

所谓裁量基准,是指行政机关根据授权法的意旨,对法定授权范围内的裁量权予以情节的细化和效果的格化,事先以规则的形式设定的一种具体化的判断选择标准。其目的在于,通过对裁量权的正当行使,形成一种法定的自我约束。裁量基准具体有三个方面的法律特征:一是形式上的"规则性",二是技术上的"裁量性",三是功能上的"自制性"。也就是说,裁量基准以规则的形式表现出来,这种规则在技术上又不同于立法性规则。裁量基准使用的技术是"情节的细化"与"效果的格化",即根据作为利益载体的情节之轻重,选择不同的法律效果,实质上就是一个利益衡量的过程,与个案裁量中的利益衡量并没有实质区别。因此,我们可以称之为不同于立法性规则和解释性规则的"裁量性行政规则"。从表面上看,行政机关设定裁量基准只是为裁量权的行使提供一种具体的判断标准。但是,如果欠缺这种标准,就可能导致裁量权的滥用或不当。因此,设定裁量基准的内在目的在于保证裁量权的正当行使,或者说通过对裁量权的正当行使形成一种自我约束,而非纯粹为了"通过'规则细化'甚至'量化'的方式而压缩甚至消灭自由裁量"[3]。后者体现的仍然是一种外部控权的逻辑,属于一种纯粹"规则化"的立法控制。裁量基准在控权逻辑上体现的则是

---

[1] 陈慈阳:《行政裁量及不确定法律概念——以两者概念内容之差异与区分必要性问题为研究对象》,载台湾行政法学会主编:《行政法争议问题研究》(上),五南图书出版公司2001年版。

[2] See Foster H. Sherwood, Judicial Control of Administrative Discretion 1932-1952, *The Western Political Quarterly*, 1953, 6(4), p.750.

[3] 王锡锌:《自由裁量权基准:技术的创新还是误用》,载《法学研究》2008年第5期。

行政机关内在的自我控权即"行政自制"。可见,裁量基准作为一种特殊的"规则之治",兼具"行政自制"和"规则之治"的双重品质,在性质上应当定位为一种"裁量性的行政自制规范",是行政机关对裁量权的行使进行自我约束、自我规制的一种重要的制度创新。

然而,严格规则之下无裁量。裁量基准作为一种规则化的行政自制,力图用普遍的规则统一裁量的标准,仍然存在着"过度"规则化而无法实现个案裁量的正义之可能性和局限性。同时,过分依赖行政自制亦可能导致一种新的"行政专制"。对此,一方面,必须将裁量基准限制于行政法定原则之内,以协调这种行政自制与依法行政之间可能发生的冲突,并防止出现新的"行政专断"。根据法律保留和法律优先原则的要求,凡属法律保留范围内的事项,行政机关非经法律的明确授权不得自创规则;而凡是在法律已有规定的情况下,行政机关制定的规则必须与之相一致。只有这样,通过裁量基准这种自制性行政规则限缩行政裁量的空间才具有合法性。另一方面,为了避免裁量基准的"过度"规则化,裁量基准的设定必须严格依据授权法的意旨,以法律原则为取向,受到来自法律原则的约束。尤其是裁量基准的制定作为一个利益衡量的过程,必须严格遵循比例、平等对待、信赖保护等利益衡量的一般原则。只有这样,才能从根本上克服裁量基准自身固有的局限性,有效发挥其作为自制性规范对行政裁量的自我约束和自我规制之功能。

2. 实体上的利益衡量

为防止行政机关在其裁量的判断选择中存在偏见,"行政官员必须广泛考虑各种各样相关的利益,这些利益会因为可能的不同政策选择而受到不同的影响"[①]。同时,现代行政既有公权力行政与私经济行政(国库行政)之分,还有干预行政、给付行政和计划行政等。[②]多元化的行政必然体现多元化的利益及利益关系,行政决定的作出必然会成为一个逐案权衡各种利益关系的过程。因此,在现代社会,行政裁量涉及各种不同利益的博弈、协调和权衡,其实质是一种利益衡量的过程。通过利益衡量对行政裁量进行建构,是为了实现其实体内容的"均衡合理",体现个案实质主义。也就是说,在此倡导的是一种均衡性的利益衡量理论,需要遵循行政均衡原则。

根据行政均衡原则的要求,行政机关在权衡各种利益时,应当综合衡量各种利益因素,充分协调各种利益关系,使之有机地统一起来,在尽可能的范围内

---

① 〔美〕理查德·B.斯图尔特:《美国行政法的重构》,沈岿译,商务印书馆2021年版,第23、138页。
② 参见吴庚:《行政法之理论与实用》,三民书局2006年版,第10页以下。

保护各种合法利益。如前所述,行政均衡原则全面涵盖了均衡各种利益关系的准则,具体包括平等对待、禁止过度和信赖保护等原则。根据这些原则的要求,行政机关在个案裁量中,对裁量过程所涉及的事实情节、法律规范、行政惯例、公共政策等各种可能影响利益均衡和结果选择的事实和法律因素,应当予以全面考虑和权衡,并使之有机地联系在一起,从而达到实体内容上的最佳效果和最适当的建构。

3. 过程中的意志沟通

利益均衡需要通过利益沟通的过程实现。沟通是协调利益关系、统一不同利益、保护各种合法利益以达到利益均衡的有效途径。在行政裁量中引入利益沟通机制,对于解决行政裁量滥用带来的公正与效率的矛盾问题,减轻由此对社会秩序造成的危害,实现行政的民主化,促使形式法治走向实质法治等,都具有重要的价值。因此,为实现对行政裁量的法治化治理,除在行政均衡原则的指导下,通过各种利益衡量的方法实现对行政裁量的实体建构外,还必须在行政正当原则的统领下,通过构建各种利益沟通方式,实现对行政裁量的过程建构。

通过利益沟通对行政裁量过程予以建构,一方面必须遵循行政正当原则。如前所述,行政正当原则作为行政权力运行必须符合的最低限度的程序公正标准,具体包括避免偏私、行政参与和行政公开三项内容。参与、听证和公开是行政正当原则的基本要求,也是目前行政裁量过程建构中主要的利益沟通方式。比如,行政公开就是这样一种沟通机制,它通过政府的开诚布公与行政的持久开放,公众对政府信息的了解与对行政活动的参与,以及双方积极的协商、交流与对话,使双方对事实与法律的认识得以交融,使相对人能够更加有效地表达自己的愿望和要求,使行政机关有可能采纳和吸收相对人的意志,从而有利于实现相互间的信任,增进相互间的合作,并达成利益均衡的决定。同时,"公开是专横独断的天敌,也是反抗不公正的自然盟友"①,将行使行政裁量权的依据、标准、条件、决策过程和选择结果予以公开,已成为世界各国行政程序法典中较具普遍性的内容。另一方面,沟通作为一种民主的机制,意味着公民有序的政治参与。在行政裁量权的运行过程中,也是如此。只有受行政裁量权运行结果影响的利害关系人有权参与行政裁量权的运行过程,表达自己的意见,才能对行政裁量权运行结果的形成发挥有效的沟通作用。作为"参与"之核心要求的行政听证,通过行政主体与相对人之间的质证和辩论,使双方对事实的认

---

① Kenneth Culp Davis, *Discretionary Justice*, University of Illinois Press, 1971, p. 97.

识得以交融,对法律的认识得以沟通,使相对人有机会表达自己的愿望和要求,使行政主体有可能采纳和吸收相对人的意志,从而有利于促进公共利益与个人利益关系的一致性。

除现有的参与、听证和公开等利益沟通方式之外,我们所倡导的还应当是一种新型的实质性利益沟通理论。这是因为,即使是将参与听证的权利扩大到所有的利害关系人,也未必能够真正实现行政过程的利益沟通价值。尽管现代行政法已将行政行为作为一个意志沟通的过程,而不再将其仅仅当作一个纯粹单方面性的最终决定,但是这种意志沟通仍旧被认为只是行政意志与相对人意志的相互融合,在法律上起支配力的只能是行政意志。[①] 显然,这样的意志沟通并不能发挥行政相对人对行政裁量过程的有效参与作用。在这个过程中,相对人的意志并不能对行政意志的形成起到制约的作用,相对人只是形式上的参与而已,最终还是行政机关说了算。一个实质性的利益沟通不仅要充分发挥相对人在事实认定和理由说明中的参与作用,还应当强调相对人对行政决定的作出具有实质意义上的影响。要达此目的,就必须在行政裁量的过程中进一步强化实质性利益沟通的方式,如行政契约、和解、磋商等交往协商方式。唯有如此,才能使行政裁量真正地从一个行政机关主导性的权力控制过程转变为一个交往协商式的利益沟通过程。

4. 对裁量的司法制衡

对于法治国家而言,法院是最终确定"法律是什么"的地方,司法审查是自由和正义的最后一道防线。重塑行政裁量的治理模式,并不意味着司法审查的退出。相反,对裁量的司法制衡,已成为现代法治的基本标志。但是,伴随着行政裁量治理模式的转型,司法制衡的策略不再仅仅是一种严格的法律控制,而应当秉承着一种"司法尊重与严格审查相并存"的司法态度,以在保证行政的必要灵活性的同时又能够有效制约可能出现的行政专断问题。司法制衡的路径也不再仅仅是追求一种单纯的"规则至上",而应当从规则主义走向功能主义,按照对裁量权的"原则之治"与"裁量基准之自制"的功能主义立场,通过对裁量基准的审查、法律原则的适用以及由此形成的判例制度,来寻求一种相对客观的审查标准,以更加有效地发挥司法对行政裁量的能动性制衡功能。[②]

[①] 参见叶必丰:《行政行为的效力研究》,中国人民大学出版社2002年版,第50页。
[②] 参见周佑勇:《行政裁量治理研究:一种功能主义的立场》(第2版),法律出版社2023年版,第225页以下。

第四节 行政法理论基础

任何一种理论体系都必须建构在一定的基础之上,否则就失去了其生存的"理"。那么,行政法理论体系应构筑在什么样的基础之上呢?此即所谓的"行政法理论基础"问题。围绕这一问题,中外行政法学者提出了若干不同的观点或学说,以下拟对这些观点或学说作些解析与整合定位。

一、行政法理论基础诸说

中外行政法学者在对行政法理论基础的认识上,观点颇多,分歧也较大。例如,在法国,先后存在"古典公共权力说""公务说""公共利益说""新公共权力说"等;在英美法系国家,行政法学界几乎都主张"行政法是控制政府权力的法",被称为"控权说";在苏联及我国行政法学初创时期,一些学者认为"行政法是国家管理法",被称为"管理说";在我国晚近以来,行政法学界更是学说纷呈,观点林立,先后有"人民服务论""人民政府论""控权论""平衡论""马克思主义公共权力论""新服务论""公共利益本位论"及其他若干观点和学说。这些观点和学说大体可归为五类,即"管理论""权力论""平衡论""服务论"和"公共利益本位论"。

(一)管理论

管理论是从苏联、东欧各国及我国早期的一些行政法学者提出的关于"行政法就是国家管理法"的定义和相关的理论体系中引申出来或进行抽象、概括而命名的,而并没有学者直接主张将该论作为行政法的理论基础。它具体表现在如下四个方面:

1. 行政法的调整对象

该论认为,行政法的调整对象是行政管理关系,即在国家行政管理中发生的各种社会关系。B.M.马诺辛等在《苏维埃行政法》一书中认为:"行政法作为一个概念范畴就是管理法(从拉丁文中'行政管理'一词翻译过来),更确切地说,就是国家管理法。"他们进一步认为,行政法的调整对象是"国家管理关系"①。彼·斯·罗马什金等认为:"作为行政法基础的社会关系是由于管理机关的管理活动即行政活动而产生的社会关系。"②瓦西林科夫也指出:"总的说来,苏维埃行政法可以认为是调整国家管理范围内的社会关系——苏维埃国家机关在组织与实施执行和指挥活动过程中发生的社会关系——的一个法律部门。"③

受苏联的影响,东欧各国及我国早期的一些行政法学者也持这种观点。例如,保加利亚学者斯泰诺夫和安格洛夫认为:"行政法调整的是发生在执行指挥活动范围内的社会关系。"④民主德国时期,有学者认为:"行政法是统一的社会主义法的一个部门,它的规范调整在国家机关对社会发展进行经常有效的管理的执行指挥活动过程中形成的社会关系。"⑤在我国,王珉灿主编的第一本行政法统编教材《行政法概要》指出,行政法调整的对象是"国家行政机关在行政活动过程中所发生的各种社会关系"⑥。张尚鷟亦认为,行政法的调整对象是"由于国家(政府)进行各方面行政管理活动所引起的各种社会关系"⑦。

2. 行政法的产生

该论认为,行政法不是产生于近代,而是随着国家的产生而产生的。"随着国家的出现,一开始就有许多国家行政事务要有一定的国家机关和国家工作人员来管理。……有国家,就必然有各个方面的国家行政管理活动。……有各个方面的国家行政管理活动,就必然逐渐形成一定的管理制度,统治阶级也就必然会采用法律手段来加强各个方面的国家行政管理活动,从而也就必然会制定颁布一些与此相适应的法律。因此,就这个意义来说,这类法律当时虽然不叫行政法,但实际上也就是现代意义的行政法。""这就是说,在封建社会,甚至在奴隶制国家中,都有行政法的,只不过当时是诸法一体的形式出现,民、刑、行政不分,行政法还没有形成一个独立的法律部门,名义上也不叫行政法罢了。"⑧

---

① 〔苏联〕B. M. 马诺辛等:《苏维埃行政法》,黄道秀译,群众出版社1983年版,第29页。
② 〔苏联〕彼·斯·罗马什金等主编:《国家和法的理论》,中国科学院法学研究所译,法律出版社1963年版,第516页。
③ 〔苏联〕瓦西林科夫主编:《苏维埃行政法总论》,姜明安、武树臣译,北京大学出版社1985年版,第1页。
④ 〔保加利亚〕斯泰诺夫、安格洛夫:《社会主义行政法的特征、渊源和范围》,姜明安译,载《国外法学》1982年第5期。
⑤ 转引自《德意志民主共和国的社会职能和对象》,寅生译,载《行政法研究资料》(下),中国政法大学1985年发行。
⑥ 王珉灿主编:《行政法概要》,法律出版社1983年版,第2页。
⑦ 张尚鷟编著:《行政法教程》,中央广播电视大学出版社1988年版,第3页。
⑧ 张尚鷟编著:《行政法基本知识讲话》,群众出版社1986年版,第121页。

3. 行政法的作用

该论认为,行政法的作用主要在于保障行政机关顺利、有效地实施行政管理,实现国家管理的目标和任务。例如,瓦西林科夫认为,苏维埃行政法是"保证国家管理机关社会作用的实现从而促进共产主义建设任务顺利解决的基本要素之一"[1]。持该论的多数学者认为,"现代行政法既是行政机关进行行政管理的法,又是管理行政机关的法"[2],或者说"既是管理者进行管理的法,又是管理管理者的法","是融管理管理者和管理者进行管理为一体之法"[3]。他们认为,行政法具有双重作用,既保障行政权的有效行使,又保障相对人的合法权益。这被称为"权力—权利均衡论",可以说是"平衡论"的萌芽。

4. 行政法的内容和体系

该论认为,既然行政法是规定行政管理的法,那么行政管理的内容就决定着行政法的内容。现代行政管理活动起码包含三个要素:一是管理的实施者,即国家行政机关及行政工作人员;二是管理者的管理活动,即国家行政机关及行政工作人员的行政管理行为;三是对国家行政机关及行政工作人员的行为实施必要的监督。相应的,行政法的内容包括行政组织法(行政机关组织法和行政工作人员法)、行政行为法(行政活动法)和行政监督法。[4]

这种观点曾长期在我国行政法学界占据主导地位。尤其是 20 世纪 80 年代和 90 年代初,几乎各种版本的行政法学教材和专著都采纳这种观点。

(二)权力论

该论主要是从行政权力的角度认识行政法的。根据对行政法功能的认识不同,该论又可分为保权论和控权论两种,前者以行政权力为本位,强调对行政权力的保障作用;后者则以公民权利为本位,强调对行政权力的控制。保权论主要包括法国学者的公共权力论和我国学者的马克思主义公共权力论。[5]

1. 法国学者的公共权力论

公共权力论是由法国学者率先提出的,后流行于大陆法系国家,成为大陆

---

[1] 〔苏联〕瓦西林科夫主编:《苏维埃行政法总论》,姜明安、武树臣译,北京大学出版社 1985 年版,第 10 页。

[2] 张尚鹫主编:《走出低谷的中国行政法学——中国行政法学综述与评价》,中国政法大学出版社 1991 年版,第 697 页。

[3] 支馥生主编:《行政法教程》,武汉大学出版社 1993 年版,第 18 页。

[4] 参见应松年、朱维究主编:《行政法与行政诉讼法教程》,中国政法大学出版社 1989 年版,第 14 页。

[5] 有学者将"管理论"归于"权力论"之中。参见叶必丰:《行政法的人文精神》,北京大学出版社 2005 年版,第 201 页。

法系国家行政法学的主流学说。根据对公共权力范围的解释不同,先后出现了"古典公共权力说"和"新公共权力说"两种学说。前一种学说流行于19世纪初期和中期的法国行政法学界,是当时行政法学的主流学说。后一种学说则是二战后随着行政活动的发展变化,部分法国行政法学者对"古典公共权力说"中公共权力的一种新解释。但是,无论在法国还是在其他国家,"新公共权力说"从未享受过"古典公共权力说"那样的殊荣,未能发展成为行政法学的主流学说,与之相应的还有"公务说""公共利益说"等多元学说,它们并存于目前的行政法学界。①

（1）"古典公共权力说"的提出及其基本观点。实际上,"公共权力说"在法国首先是作为一种基本观念被提出来的,目的是用来解决公法与私法的区分标准,从而确定行政法的调整范围或适用范围,并明确行政法院对案件的管辖权问题。为什么要解决这一问题呢？这是由法国行政法的特点所决定的。法国行政法的最大特点是,行政案件不由普通法院管辖,而由与普通法院相分立并自成体系的行政法院管辖。独立的行政法院制度是法国行政法的显著特点。这个制度的产生渊源于法国在旧制度下法院和行政机关之间的对立。大革命时期,法院经常阻挠行政当局的改革措施。大革命后,为了排除封建势力把持的法院对行政活动的干预,制宪会议采取措施,禁止法院以任何方式干预行政机关的活动,以维护代表资产阶级利益的行政权力。为了不让法院插手行政事务,法国建立了独立于普通法院之外的行政法院系统,采取司法二元制。同时,法国还在明确划分公私法的基础上,把行政法列为公法体系,与规范一般私人相互关系的私法体系区别开来。关于行政法的诉讼由行政法院管辖,而关于私法关系的诉讼则由普通法院管辖。

这样,就必然出现公法与私法的区分标准、行政法院与普通法院的管辖分工问题。尤为关键的是,行政机关的活动也有公权行为和私权行为之分,它们又受不同法律调整和不同法院支配。那么,行政机关的行为哪些属公法调整,哪些属私法调整？对此,法国没有一部法律作出明文规定。它们的区分标准是由行政法院和权限争议法庭在受理具体案件的判例中形成的,后来经某些学者在理论上加以系统化而成为一种学说。法国学者根据行政法院的判例,最初提出的学说即"公共权力说"——以公共权力作为适用行政法或区分公法与私法的标准。其主要的基本观点是：

第一,行政法是关于公共权力的法。该说首先将行政机关的活动划分为两

---

① 参见王名扬：《法国行政法》,中国政法大学出版社1988年版,第22页以下。

大类:一类是行使公共权力的行为,又称"权力行为";另一类为非行使公共权力的一般事务管理活动,又称"管理行为"。前者适用行政法(公法),受行政法院管辖;后者则适用私法,受普通法院管辖。也就是说,该说以公共权力作为行政法的适用范围。行使公共权力的组织为行政组织,行使公共权力的行为属行政活动,由行使公共权力引起的案件为行政案件,概由行政法院管辖。由此,法国行政法的体系主要包括行政组织、行政活动和行政法院三部分,其核心是公共权力(行政权力)的行使。

第二,公共权力是一种具有单方命令与禁止性质的行为。行政法是关于公共权力的法,公共权力的范围进一步决定着行政法的范围大小。"古典公共权力说"将公共权力界定为一种具有单向命令与禁止性质的行为,即以单方命令与禁止为特征。这样的行为才适用行政法。

(2)"新公共权力说"的出现及其基本观点。"古典公共权力说"与当时的法国是相适应的,或大致是符合当时法国的现实情况的。在当时的法国,国家的职能只限于国防、外交、警察、税收等,都是行使行政权力的行为,而不行使权力的行为主要是国有财产的管理。因此,行政机关的活动基本上都受行政法的支配。但是,到了19世纪后期,行政机关的活动逐渐扩张,其中有不少活动并不属于行使公共权力的行为,而是为了满足某些公共利益的需要提供服务的行为,如教育、卫生、交通、救济、公用事业等。这些活动以公共利益为目的,不同于私人行为,因此不受民法规则支配,而应适用行政法规则。传统的"公共权力说"将行政行为解释为一种纯粹的权力行为,范围太狭小,不能说明这种情况。19世纪70年代,公共权力标准被抛弃,代之而起的是"公务标准"。但是,到了20世纪20年代即第一次世界大战结束以后,又出现了一些新的情况,导致公务标准在很多情况下也不能说明行政法的适用范围。于是,有学者以"古典公共权力说"为基础,提出"新公共权力说"。

"新公共权力说"对公共权力的性质和范围作了扩充解释,认为公共权力不限于行使命令权的行为,而是包括行政机关不受私法支配的一切行为在内。这一意义上的公共权力大大广于"古典公共权力说"中公共权力的范围,也是该说与"古典公共权力说"的区别所在。但是,这种解释仍然受到了其他学者的批评。批评者认为,行政法不适用私法原则是行政法的表现,不是行政法的原因,有时这种表现不易判断。那么,究竟根据什么标准决定行政机关的活动不适用私法呢?"新公共权力说"没有说明这一问题,相反却用行政法来界定公共权力。

无论是"古典公共权力说"还是"新公共权力说",都是从保障行政权的有效行使角度出发,强调行政权的优越性和重要性,所以它们关于行政法作用的认识实质上就是一种保权法,即行政法的作用在于保障行政权的有效行使,并不强调对行政权的控制。

2. 我国学者的马克思主义公共权力论

我国有学者在法国公共权力论的基础上提出了马克思主义公共权力论,认为它是以马克思主义的国家权力学说为指导的。① 其主要观点是:

(1) 行政权力是一种公共权力。该论认为,按照马克思主义的国家权力学说,公共权力即国家权力是从人民大众中"分离"出来的权力,所以其本质是人民的、社会的权力,不是某种特权或私权。行使这些权力的机关和人员,不应是凌驾于社会和人民之上的官僚机构和官僚,而应是不谋私利、全心全意为人民服务的社会公仆。行政权力正是这样一种公共权力。

(2) 公共权力是行政法的基础。公共权力在本质上是一种人民的、社会的权力,在形式上又是凌驾于人民、社会之上的权力,这本身就是一种矛盾。公共权力的这种矛盾性要求由法律予以规范和调整,行政法正是适应这种需要而产生的。所以,公共权力是行政法的基础,是行政法的核心内容、调整对象,离开行政权或公共权力,就无从理解和说明什么是行政法、为什么需要行政法以及行政法的产生和发展规律。可以说,行政法就是关于公共权力的法。

(3) 公共权力也是行政法学的基础。行政法在本质上就是关于规范行政权行使的法,与之相应,行政法律体系也离不开行政权力的结构及其行使过程。行政权由行政权力主体、行政权力手段(行政行为)、行政权力作用的后果三大部分构成。与此相应的行政法律体系就是由关于行政主体的规范、关于行政行为及其方式和程序的规范、关于行政行为后果(即行政法制监督)的规范构成的。

如果说法国学者的公共权力论是从实践角度解决行政法的适用范围问题,那么我国学者提出的马克思主义公共权力论则是从理论上说明行政法的基础,两者的出发点是不同的。

3. 控权论

(1) 控权论的基本观点。该论是从一些英美行政法学者关于"行政法是控制政府权力的法"这一定义和相关理论体系中引申出来的。英国学者威廉·韦德指出:"行政法定义的第一个含义就是它是关于控制政府权力的法。"② 美国

---

① 参见武步云:《行政法的理论基础——公共权力论》,载《法律科学》1994 年第 3 期。
② 〔英〕威廉·韦德:《行政法》,徐炳等译,中国大百科全书出版社 1997 年版,第 6 页。

行政法学的鼻祖古德诺指出:"所谓行政法者,为法律之一部分而支配政府中一切行政官吏关系之法律也。"① 美国学者伯纳德·施瓦茨也指出:"行政法是管理政府行政活动的部门法。"② 总之,控权论的基本观点就是"行政法是控权法"。

在"行政法是控权法"这种基本观点的支配下,该论认为,行政法由下列三部分构成:第一,有关行政机关权力的法律,主要是关于行政机关可以被赋予什么权力以及这些权力有什么限度,主要涉及对行政机关立法权的授予——委任立法;第二,有关行使行政权力的法定要件的法律,主要是关于行政机关行使其权力应符合什么样的法定要件才是有效的,才不至于侵害相对人的合法权益,主要涉及行政机关行使行政权力必须遵从的方式、程序、规则——行政程序;第三,有关行政权力补救的法律,即行政权力的行使万一造成相对人的侵害,应给予何种救济——行政救济。美国主要强调对行政行为的司法审查,而英国不仅如此,还强调其他的救济手段,如行政裁判所、议会行政监察专员等。

由于理论指导不同,西方两大法系的行政法学体系也有很大区别:大陆法系的国家行政法学体系主要包括"行政组织"和"行政活动"两部分,"重实体轻程序";而英美法系的行政法学中几乎不讨论这两个问题,认为行政组织问题应属宪法和政治学研究的范畴,而行政活动即对行政事务的管理是行政学研究的对象,不属于行政法学研究的范畴。行政法学主要讨论的问题是如何控制行政权力以保护相对人的合法权益不受行政机关侵害,包括委任立法、行政程序、行政救济(主要是司法审查),"重程序轻实体"。

(2)控权论的社会背景。正如法国学者的公共权力论是适应当时形势而形成的一样,控权论的产生和存在也具有相应的社会背景。我们知道,法国资产阶级革命和英国资产阶级革命存在着很大区别。法国资产阶级革命是一次非常彻底的革命,完全推翻了封建势力把持的行政权力。英国资产阶级革命则是以资产阶级与封建贵族相妥协而告终的,是一次不彻底的革命,仍然保留着国王的特权,这种权力被称为"行政权力"。为了防止封建复辟或重新走向专制,国王的行政权力必须受到法律的拘束。在此背景下,行政法成为控制行政权力的工具而产生。同时,代表资产阶级利益的议会和法院在革命中是结成联盟的,所以在革命胜利后采取的仍然是"司法一元制",由普通法院管辖行政案件,以进一步控制行政权力。这样,就无须像大陆法系国家那样要寻求两套法

---

① 〔美〕古德诺:《比较行政法》,白作霖译,中国政法大学出版社2006年版,第5页。
② 〔美〕伯纳德·施瓦茨:《行政法》,徐炳译,群众出版社1986年版,第1页。

院管辖的划分标准,而只需解决如何控权的问题。也就是说,行政法的主要问题不是明确公私法的划分标准,而是如何控权。由此,控权论就成为英美法系国家行政法学研究的重心。

(3) 控权论在我国。控权论被某些学者认为是我国行政法的理论基础。例如,张尚鹫认为:"行政法从性质上是对行政活动加以规范,对行政权力进行控制的法。"① 王连昌指出:"对于行政法来说,核心不在于对行政权的保障,而在于,行政权依照法律规范的要求去行使,监督控制行政权是否依法行使是行政法的主要功能。"② 持控权论者的理由主要有以下三个方面:③

第一,从产生过程看,行政法是在资产阶级革命后,随着民主法制的兴起而产生的,而民主法制不同于专制、人治的地方就在于迫使掌握权力者服从法律,这就决定了行政法对行政权力的控权性质。

第二,从性质上看,行政权力是一种强制他人服从的力量,具有实现自己意志的全部手段,根本无须法律保障。需要法律保障的不是行政权力,而是可能受到行政权力侵害的他人利益。行政法存在的原因就在于,行政权力的存在及其运行有可能损害他人利益,需要行政法加以控制,以防止掌权者以权谋私,滥用职权。所以,行政权力的性质决定了行政法是对其加以控制的法。

第三,就控权论本身而言,"控权,并非是资产阶级的专利,它是人类思想文化的结晶"。对西方控权论,应作合理的借鉴。尤其是当前我国社会主义市场经济需要科学的"控权理论",它有利于市场经济发展。④

(三) 平衡论

平衡论作为行政法的理论基础,是由以罗豪才为代表的我国部分行政法学者提出的。这种观点是作为管理论(保权论)和控权论的对立面而提出的,认为管理论过分强调行政特权与行政效率,忽视公民权利的救济和保护,贫于对行政权力滥用的监控,不能适应现代民主社会的需要;控权论则从一个极端走向另一个极端,片面突出对行政权力的控制和对公民个人利益的保护,忽视了对行政权有效行使的保障和行政效率的提高,也不符合现代社会要求积极行政的

---

① 张尚鹫主编:《走出低谷的中国行政法学——中国行政法学综述与评价》,中国政法大学出版社1991年版,第695页。
② 王连昌主编:《行政法学》(修订版),中国政法大学出版社1997年版,第13页。
③ 参见张尚鹫主编:《走出低谷的中国行政法学——中国行政法学综述与评价》,中国政法大学出版社1991年版,第696页以下。
④ 有学者专门撰文论述了市场经济与控权理论的关系,并提出所谓"新控权论"。参见程干远、李载华:《市场经济和行政法学"控权理论"的思考》,载《学海》1994年第5期。

第一章　行政法本论

客观现实。平衡论的提出正是基于对这两种片面观点的批判,也是基于对这两种观点的融合,其最基本的观点就是"行政权与公民权在总体上是平衡的",既不能过分强调"保权",而忽视对行政权的控制以保护公民权益,也不能过分强调"控权",而忽视对行政权运行的合法保障。平衡论的主要观点为:①

1. 行政法史是一部平衡史

平衡论立论的基础是对行政法史的考证,认为古代行政法本质上是"管理法",置行政机关于相对人之上,行专制而无民主,强调行政权而漠视相对人的权利。近代行政法不论是否贴有"控权"的标签,从总体上说都是"控权法",以保护公民权利为重心,以防止行政专横为目的,以牺牲效率为代价换取民主。现代行政法既不是管理法,也不是控权法,而是保护行政权与公民权处于平衡状态的平衡法。所以,"行政法的发展过程就是行政机关与相对一方的权利义务从不平衡到平衡的过程"②。

2. 行政法的本质是平衡法

通过对行政法史的考证,平衡论者提出了"现代行政法的本质是平衡法"的理论,其基本含义是:"在行政机关与相对一方权利义务的关系中,权利义务在总体上应当是平衡的。"③该论认为,平衡是现代行政法的本质或基本精神,其理由主要有两点:

第一,这是由行政法调整对象的特殊性决定的。该论认为,行政法的调整对象是行政关系和监督行政关系。行政关系又包括行政实体关系和行政程序关系。行政关系和监督行政关系经行政法调整之后形成的法律关系即行政法关系,包括三种法律关系:行政法律关系、行政程序法律关系、监督行政法律关系。这三种法律关系在现象上是不对等、不平衡的,分别表现为三种态势,即行政实体关系的不平衡、行政程序关系的不平衡、监督行政关系的不平衡。在前一种关系中,行政主体处于优势地位,相对人则处于服从的不利地位,属于一个纯粹的命令服从关系。在后两种关系中,相对一方处于优势地位,行政主体则处于被动地位,处于受控制的地位:在行政程序关系中,受程序的控制,相对人以其程序权利与行政主体相抗衡;在监督行政关系中,主要受司法审查的控制,相对人享有主动的控诉权,且通过司法予以保护。因此,后两种关系与第一种关系恰好形成倒置,通过这种倒置,行政主体与相对人各自的优势相抵消,从而

---

① 这些观点集中参见罗豪才主编的《现代行政法的平衡理论》(北京大学出版社1997年版)。
② 罗豪才、袁曙宏、李文栋:《现代行政法的理论基础——论行政机关与相对一方的权利义务平衡》,载《中国法学》1993年第1期。
③ 同上。

使两者的权利义务在总体上达到平衡状态。这种从不平衡到平衡的过程即"总体平衡"正是行政法的实质,是平衡论的核心观点。

第二,这是行政法双层作用或"二元价值取向"的内在要求。该论认为,行政法具有"保权"与"控权"的双重作用,既要保护行政权的合法行使,又要控制行政权,不使其超越法定的范围。因此,"保权"和"控权"都是行政法治的内在要求,统一于行政法治的基础之上。这也说明了行政法的平衡精神。

基于上述认识,该论认为,行政法的概念应界定为:调整行政关系和基于此而产生的监督关系的原则和法律规则的体系。

3. 行政法制建设和行政法学研究应以平衡论为指导

该论认为,控权论在现代社会已失去其指导意义,行政法制建设应以平衡论为指导,否则就不可能沿着正确的轨道发展。立法、执法和诉讼是行政法制的三个环节:立法中,行政机关与公民处于平等地位;执法中,行政机关处于主导地位;诉讼中,公民处于主导地位。

该论还认为,行政法学研究也以平衡论为基础。不仅行政法学的基本范畴,如行政法的概念、行政行为、行政程序、行政违法、行政责任等应按平衡论加以界定,而且行政法学体系也应按平衡论加以构筑,这样的行政法学体系既应包括对行政行为的研究,也应包括对行政行为进行监督的研究。

(四)服务论

服务论也是行政法学上较有影响的一种理论,其基本观点是强调政府对公民提供服务的义务。但是,由于各国的社会历史背景不同以及社会的发展变化,还由于不同学者理解上的差异,各方对服务论的解释并不完全相同。因此,服务论又有不同的流派,影响较大的是西方学者主张的公务论和福利论以及我国部分学者主张的福利服务论和人民服务论。

1. 公务论

公务论流行于19世纪末及后来的法国,是法国学者最先提出的,其目的和公共权力论一样,是用以解决公法和私法的划分标准问题,从而明确行政法院的受案范围,即确定行政法的适用范围问题。如前所述,在19世纪末,资本主义已从自由发展阶段进入垄断发展阶段,随着国家干预的增多,行政职能涉及社会经济等各个方面,行政机关的活动大大超越了行使公共权力的范围,从而使公共权力论受到了质疑。此时,公务论应运而生,取而代之,成为法国行政法学的理论基础或基本观念。①

"公务"观念最早由法国权限争议法庭在1873年2月8日的布朗戈(Blanco)案件的判决中提出。也就是说,该案的判决中首次以"公务"作为行政法院管辖权的标准(或适用行政法的标准)。此后,行政法院在一系列的判例中发展了公务标准。波尔多大学教授狄骥在判例的基础上,根据社会连带关系理论建立了公务说,以阐明行政法的基础。他认为,一切人类社会的基本事实是:人们相互间具有连带关系,在这种关系中,人只有共同服务和相互合作的义务,而没有任何权力可言。这就是狄骥所代表的社会连带关系理论的基本观点。根据这个理论,他进一步提出了公务学说。他认为,国家与公民之间也具有连带关系,在这种关系中,代表国家的行政主体不具有公共权力而只有义务,即满足全体或大多数公民利益需求的义务,或为全体或大多数公民提供服务或合作的义务,这就是"公务"。因此,国家与公民之间就是一种公务关系,即公务与合作、服务与配合的义务关系,而不是一种权力关系或权利义务关系。这种公务关系是行政法的基础,凡是行政机关的公务行为即为公共利益提供服务的行为,受行政法的约束,引起的纠纷由行政法院管辖;行政机关的非公务行为受民法的约束,引起的纠纷由普通法院管辖。

公务学说是垄断资本主义的产物,迎合了资本主义垄断时期国家愈益干预社会生活和个人生活的需要,在二战前的法国和大陆法系国家行政法学界具有主导地位。但是,二战后,随着"福利国家"等现象的出现,公务论已不能全面界定行政法的外延,其统治地位发生了动摇,取而代之的是多元标准说。当然,在这些多元学说中,公务论虽受到许多非难,但迄今为止仍是法国自公共权力论以来行政法学的主流学说,并且影响到后来的福利论。

2. 福利论

随着二战的爆发和战后对战争创伤的整治,以及战后资本主义经济的高速发展,国家行政职能进一步扩大,在西方国家出现了福利论。该论源于一战后,流行于二战后的西方各国。

福利论与公务论一样,强调政府对人民的服务或义务。该论认为,政府的行政职能不是一种权利,而是一种为人民提供"福利"的服务或职责。因此,行政行为的单方性应逐渐弱化,积极行政将日益代替消极行政,授益行政将日益超过负担行政,行政手段日益多样化或非权力化。

然而,福利论与公务论又略有不同。公务论认为,政府与公民的关系是一

---

① 参见王名扬:《法国行政法》,中国政法大学出版社1988年版,第23页。

种服务与配合的双方义务关系，双方都只有义务，而没有权利；福利论则认为，政府的义务构成公民的权利，行政机关几乎只有义务、职责或责任，即不断为公民谋取"福利"的义务，而公民几乎只有权利，即充分享受"福利"的权利。也就是说，行政机关与公民的关系是一种服务与享受、义务与权利的关系，是一种行政机关单方面履行义务、公民单方面享受权利的关系。这一关系决定着行政法的发展和性质，也决定着行政职能不断扩大的必然性和必要性。

3. 福利服务论

福利论影响到了我国法学界，却是以"新服务论"的面貌出现的，其基本观点与前述公务论和福利论实际上并无很大区别，只是改头换面而已。但是，该论与纯粹的人民服务论不同，故称为"福利服务论"。其基本观点是：(1) 现代行政法的主要内容是服务与授益，即将促进公共利益，增进社会福利，永无止境地提高人民精神、文化及物质生活作为行政法的主要内容，包括供给行政、社会行政和助长行政等方面的立法，并强调行政的积极性，加重行政的民主色彩，广泛采用非权力方法；①(2) 现代行政法学的重心是服务行政，偏重于行政救济，注重对行政法实在性的探索。

从上述两点可以看出，现代行政法实质上是服务行政法，现代行政法学的理论基础应是服务论。其基本含义是："为了使政府能更有效地为全体人民和整个社会提供最好的服务和最大的福利，法律授予其各种必要的职权，使其能够凭借该职权积极处理行政事务；但行政职权的行使不得超越法律授权的范围，更不得对人民的自由和权利造成侵害。也就是说，服务论以法律授予政府行政职权为条件，要求政府扮演'服务者的角色，独立创新，服务于民，造福于社会'。所以，人民的利益和社会的福利是行政活动的出发点和归宿点。"②

4. 人民服务论

与福利服务论不同，人民服务论是以我国政府即人民政府和"为人民服务"为逻辑起点展开论证的。

"人民服务论"是 20 世纪 80 年代初期我国最早就"行政法理论基础"这个命题展开论述的。该论认为，行政法是规范行政机关及其行为的法，而社会主义国家行政机关是国家权力机关(人大及其常委会)的执行机关，国家权力机关又是人民行使权力的机关，国家的一切权力来源于人民、属于人民。所以，国家行政机关实际上是执行人民的意志，这也是其唯一职责，除了"为人民服务"之

---

① 陈泉生：《论现代行政法学的理论基础》，载《法制与社会发展》1995 年第 5 期。
② 同上。

外，没有任何权力；如果说有权力或管理权，那也只能是为人民服务的权力。国家行政机关的工作人员是人民的公仆。因此，国家行政机关与人民之间的关系是一种提供服务与接受服务的关系。"为人民服务"应该是我国行政法的理论基础，它"应该是制定和执行行政管理法规的出发点和落脚点，任何行政管理法规都不应该违背人民的利益；某一种行政管理法规执行得如何，归根到底要看为人民服务的实际效果"①。

5. 人民政府论

该论在我国也是较早作为行政法理论基础而提出来的，且与"人民服务论"在本质上一脉相承，两者都认为行政法的理论基础就是要处理好政府和人民之间的关系。只不过，"人民服务论"主要侧重于政府的宗旨是"为人民服务"，而"人民政府论"则强调政府的性质是人民的政府。

从政府与人民之间的关系出发，"人民政府论"围绕"政府由人民产生""政府由人民控制""政府为人民服务""政府对人民负责"和"政府与公民之间的关系逐步实现平等化"这五个方面的原理加以展开，并认为它们有机联系地构成了我国行政法理论基础。② 该论的倡导者后又进一步将其概括为"政府法治论"。③

（五）公共利益本位论

该论从利益关系分析的角度出发，认为法的基础是利益关系，行政法的基础是一定层次的公共利益与个人利益之间的关系，行政法的理论基础是公共利益本位论。④

1. 法的基础是利益关系

该论认为，按照历史唯物主义观点，法的基础是社会关系，即人与人之间的必然联系。社会关系实质上是一种利益关系，其主体是人。利益是人们发生联系的出发点和归宿，只能存在于社会关系中，社会关系是分析利益的"钥匙"。所以，利益关系与社会关系是同一意义的概念，社会关系实质上就是一种利益关系。这种利益关系不仅决定着法的产生和发展，而且决定着法的本质和特

---

① 应松年、朱维究、方彦：《行政法学理论基础问题初探》，载《中国政法大学学报》1983年第4期。
② 参见杨海坤：《论我国行政法学的理论基础》，载《北京社会科学》1989年第1期；杨海坤：《中国行政法基本理论》，南京大学出版社1992年版，第33页以下。
③ 参见杨海坤：《我国行政法学的理论基础——政府法治论》，载罗豪才主编：《现代行政法的平衡理论》，北京大学出版社1997年版。
④ 参见叶必丰：《论行政法的基础——对行政法的法哲学思考》，载罗豪才主编：《现代行政法的平衡理论》，北京大学出版社1997年版；叶必丰：《行政法的人文精神》，北京大学出版社2005年版，第18页以下。

点;而法对利益关系又具有重大的反作用,并以保护其赖以存在的物质利益关系为最终目的。所以,利益关系决定着法,是法的基础(其中,利益冲突关系是法的必要基础,使法有必要存在,利益一致关系是法的可能基础,使法有可能得以产生);同时,利益关系又受到法的反作用即调整,是法的调整对象。

2. 行政法的基础是一定层次的公共利益与个人利益之间的关系

利益在质上可分为两种,即公共利益与个人利益。公共利益是由社会总代表所代表的,凌驾于社会之上,形式上或实质上的全体或大多数社会成员的共同利益。个人利益是单个社会成员所具有的各种利益,包括自身的特殊利益和所分享的公共利益。这样,利益关系在质上也就可以分为公共利益与公共利益、个人利益与个人利益、公共利益与个人利益三种。同时,利益又有量上的区别(即利益的轻重、大小或多少的差异),利益关系在量上又可分为三个层次。一定层次上的特定性质的利益关系决定着一国所有部门法的划分,也成为不同部门法的基础和调整对象。其中,第二层次上的公共利益与公共利益之间的关系、个人利益与个人利益之间的关系、公共利益与个人利益之间的关系,分别构成宪法、民法、行政法的基础和调整对象;第三层次上的这三种不同性质的利益关系则共同构成刑法的基础和调整对象。

从以上分析可以看出,行政法的基础是一定层次的公共利益与个人利益之间的关系,是一种对立统一的矛盾关系,或者说是一种对立统一的矛盾体。在这一矛盾体中,公共利益是矛盾的主要方面,居于支配地位;个人利益是矛盾的次要方面,居于受支配地位。因此,公共利益与个人利益之间的关系实际上又是以公共利益为本位(或矛盾的主要方面)的利益关系。

第一,公共利益与个人利益之间的关系是一种对立统一的关系。它们之间的统一性表现在三个方面:首先,它们是相互依赖的。没有个人利益就没有公共利益,没有公共利益就没有个人利益。其次,它们是相互转化的。公共利益作为一种社会成员的共同利益,是从个人利益中分离出来而成为一种独立利益的,类似于代数中公因式的提取,因而公共利益是从个人利益转化而来的;同时,作为公共利益主体的社会总代表,只是抽象的人格主体,并不能真正消化公共利益,最终仍需将其分配给社会成员享受,类似于代数中乘法对加法的分配律,因而公共利益最终仍将还原或转化为个人利益。最后,它们是相互包含的。个人利益包括社会成员应享有、已享有、正享有或将享有的那份公共利益,公共利益实质上或形式上就是各社会成员相同或共同的个人利益。它们之间的对立性(或斗争性)表现为,两者是相互离异、分化和制约的。公共利益追求社会公正,即从个人利益中分离、独立出公共利益,并对公共利益进行重新分配,从而使社会成员在利益的占有上趋于公平。个人利益则要求免受限制和干扰(反对分离和独立),实现分配公正,即公平地提取和分配利益。尤其是个人所追求的仅仅是自己的特殊利益,总认为与他人共同的利益是"异己的",因而予以反对,于是与公共利益形成冲突和对立。

第二,公共利益与个人利益之间的关系又是以公共利益为本位的利益关系。当然,公共利益与个人利益之间的关系以公共利益为本位,并不是说只存在公共利益而没有个人利益。这仅仅是指公共利益优于个人利益,在个人利益与公共利益相冲突时,前者应服从后者。

3. 行政法的理论基础是公共利益本位论

如上所述,行政法的基础是一定层次的公共利益与个人利益之间的关系,而这种关系是一种对立统一的关系,且是一种以公共利益为本位的利益关系。这种揭示行政法基础的理论被称为"公共利益本位论"。行政法的理论基础也正是公共利益本位论。同时,公共利益本位论还以行政法的基础界定了行政法的适用范围,揭示了行政法的本质和功能等。具体来说:

第一,公共利益本位论界定了行政法的适用范围。行政法的基础是一定层次的公共利益与个人利益之间的关系,凡是以这一利益关系为基础或调整对象的法律规范,都属于行政法的范畴。这既使之成为一个独立的部门法,又使之与其他部门法合理地划分开来;既揭示了行政法的内涵,也界定了行政法的外延。

第二,公共利益本位论揭示了行政法的本质和功能。作为行政法基础的公共利益与个人利益之间的关系是一种以公共利益为本位的利益关系,这决定了行政法在本质上是以公共利益为本位的法。这一本质特点集中表现在以下三个方面:首先,代表公共利益的行政主体在地位和权利上优于个人利益的主体即相对人,行政法上的权利具有法定性和受处分的有限性。其次,行政主体的意思表示具有决定意义(即单方面性),且具有先定力、公定力、确定力、拘束力和执行力;而相对人的意思表示不具有独立的行政法意义,只有在与行政主体的意思表示结合时才具有行政法意义。最后,行政救济的特殊性,即行政救济的实质并不在于保护公民的合法权益,而是审查行政主体的意思表示是否真正体现了公共利益。只要行政主体能证实其意思表示真正体现了公共利益,就应认定其没有侵犯相对人的个人利益。所以,行政救济的立足点只能是公共利益,或者说其标准只能是公共利益。行政法的基础是以公共利益为本位的利益关系,这种利益关系也决定了行政法的功能是以公共利益为本位的功能,即以维护公共利益为首要功能,兼顾对个人利益的保护。

第三，公共利益本位论是研究行政法的基础理论。行政法学体系及其基本范畴和原理，都应建立在这一理论之上。就行政法学体系而言，公共利益对个人利益而言的主导地位理论，使行政法学只研究行政主体、行政行为和行政救济，而不介绍或只附带介绍相对人的主体资格和意思表示。

二、行政法理论基础述评

（一）诸说之主要分歧

以上关于行政法理论基础的各种观点和学说能否成立，能否作为行政法的理论基础？它们之间的根本分歧究竟何在？笔者认为，以上各种观点和学说的主要分歧在于：

第一，层面不同。管理论可以说只停留在表面的现象或较肤浅的水准上，给人一种行政法就是管理技术之法，就是行政管理学之附属学科的感觉，没有真正揭示法学的特色。因为管理只是一个事实问题，并不是一个法律问题，管理需要权力是任何国家和法律都不能否认的，所以并不是行政法所要解决的问题。行政法所要解决的是由于享有权力、运用权力所带来的法律问题。权力论透过管理事实抓住了管理的权力属性，所以比管理论前进了一步。权力所指向的是一种利益，利益是权力的客观基础，因而利益论又比权力论更进了一步。

第二，角度不同。尽管它们都宣称是从"行政法的本质"上认识行政法的理论基础的，但是它们的角度各异，有的是"行政法的作用或功能"，如管理论、控权论、平衡论等；有的是"行政法的适用范围"，如法国学者的公共权力论等；有的是"行政法的根本宗旨"，如我国学者的福利服务论、人民服务论、人民政府论等；还有的则是"行政权力的性质"，如我国学者的马克思主义公共权力论等。

无论是层面还是角度的不同，都表明这些观点和学说的根本分歧实际上在于它们对于行政法的理论基础这一范畴本身的含义认识不一致。因此，在对它们作出评述之前，首先必须弄清楚什么是行政法的理论基础，即行政法的理论基础这一范畴本身的概念和含义，然后以此为参考点或参照系，对它们重新进行整合，并予以合理的定位。

（二）行政法理论基础范畴的界定

笔者认为，科学界定"行政法的理论基础"这一范畴，可从解决下列问题入手：

1. 行政法的"理论基础"与"基础理论"范畴

行政法的"理论基础"与"基础理论"是两个既有联系又相区别的范畴。然而,理论界常常把它们混在一起,而没有很好地分析它们之间的界限。可以说,这正是上述诸说形成分歧的症结之所在。

笔者认为,行政法的"理论基础"虽属于行政法的"基础理论"之一,但又不能简单地与之相等同。从系统论的视角来看,整个行政法的理论体系可被看作一个大的"理论系统",由若干处于不同地位的"理论元素"所构成。其中,处于基础或基本地位的理论就是行政法的"基础理论"(或称"基本理论")。在这个作为"基础理论"的子系统中,又可进一步分为不同层次的理论,其中属于第一层次的基础理论即最基本的理论(或称"普遍性的基础理论")就是行政法的"理论基础"范畴。

所以,"基础理论"有多个,除了最基本或普遍性的基础理论即行政法的"理论基础"之外,还有反映行政法的产生和发展、本质和特征、内容和形式、地位和功能、目标和宗旨等方面的"一般性的基础理论"。但是,行政法的最基础理论或理论基础只有一个,否则就无所谓"最基础"的理论;同时,其他的基础理论都是建构在这一理论基础之上的,以这一理论基础为基点和归宿,整个行政法学理论体系的"大厦"也应是建构在这一理论基础之上的,否则也不能称之为"最基本"的理论。

总之,行政法的"理论基础"应是行政法最基本的理论或普遍性的基础理论,而不能与行政法的"基础理论"相混同。

2. 作为行政法的理论基础所应具备的条件

相对于行政法的一般性基础理论而言,究竟什么样的理论才是最基本的理论或普遍性的基础理论？或者说,作为行政法的理论基础应具备什么样的条件？笔者认为,它至少应具备以下三个条件:

(1) 从理论的深度来看,它必须能够深刻地揭示行政法赖以存在的基础。按照历史唯物主义观点,社会存在决定社会意识,物质基础决定上层建筑。行政法的理论基础作为一种理论,属于意识形态的范畴,归根结底是由行政法赖以存在的客观基础所决定的。同时,行政法作为一种上层建筑,也是由其赖以存在的客观基础所决定的。因此,作为行政法的理论基础,它必须是能够深刻地揭示这种客观基础的理论。也就是说,只能从"行政法的基础"的角度认识行政法的理论基础,而无法从行政法现象本身或行政法某个一般性理论的角度去寻找其"基础"问题。

(2) 从理论的广度来看,它必须能够全面地阐释各种行政法的现象。研究"行政法的理论基础"的主要目的就在于,全面、合理地解释各种行政法的现象,为行政法现象的解释提供科学的理论依据。因此,作为行政法的理论基础,它除了要能够揭示行政法的基础之外,还应该能够以行政法的基础解释行政法现象,包括行政法的产生和发展、内容和形式、地位和功能等现象。如果不能或不能全面解释行政法现象,就不能成为行政法的理论基础。

(3)从理论的高度来看,它必须能够站在一定的高度指导行政法学研究和行政法治建设。其一,作为行政法的理论基础,也应该是行政法学理论的基础,它必须能够指导行政法学的研究,尤其是行政法学体系的合理建构。即哪些内容属于行政法学的研究范围,行政法学不应研究哪些或应重点研究哪些内容等,都能通过这一理论基础得以合理说明,从而使行政法学体系不至于过小或过少,也不至于过多或过杂。其二,作为行政法的理论基础,它还必须能够作为行政法治建设的指导,为行政立法、执法和诉讼活动提供正确指导,使行政法治建设沿着正确轨道前进,从而促进我国行政法治建设的发展。

至此,我们可以给"行政法的理论基础"范畴作一科学的界定:能够揭示行政法所赖以存在的基础,并用以全面解释各种行政法现象以及指导行政法学研究和行政法治建设的最基本理论。

(三)行政法理论基础的定位

根据作为行政法的理论基础所应具备的条件,笔者认为,行政法的理论基础应当是公共利益本位论,而不是其他学说。

1. 行政法的理论基础应当是公共利益本位论

首先,该论科学地揭示了行政法的基础。如前所述,作为行政法的理论基础,必须能够深刻地揭示行政法赖以存在的客观基础。那么,行政法赖以存在的客观基础即"行政法的基础"又是什么呢?历史唯物主义认为,"法的关系正像国家的形式一样,既不能从它们本身来理解,也不能从所谓人类精神的一般发展来理解,相反,它们根源于物质的生活关系"[①]。按照这一观点,法的基础只能是一定的社会关系,其实质是一定的利益关系。公共利益本位论正是从利益关系分析的角度出发,认为法的基础是一定的利益关系,行政法的基础是一定层次的公共利益与个人利益之间的关系。

其次,该论能够全面而合理地解释行政法诸现象。如前所述,该论从行政法的基础是一定层次的公共利益与个人利益之间的关系角度出发,科学地解释了行政法的内涵和外延、本质和特点等基本现象,为解释行政法现象提供了科学的依据。

---

① 《马克思恩格斯选集》第2卷,人民出版社2012年版,第2页。

最后,该论能够合理地确定行政法学体系。公共利益相对个人利益而言的主导地位的理论决定了行政法学除了研究行政法的基础理论之外,应以公共利益为主线,主要研究行政主体、行政行为和行政救济三大基本内容,而不介绍或只附带介绍相对人的主体资格和意思表示。行政主体,即公共利益的代表者,包括代表公共利益并对公共利益进行维护和分配的行政机关及其他组织;行政行为,即行政主体维护和分配公共利益的活动;行政救济,即审查行政主体的活动是否真正符合公共利益,并予以相应补救的制度。可见,以公共利益本位论为理论基础,构建行政法学体系,能够比较合理地解决行政法学的研究范围问题,既不遗漏,又突出重点。

此外,公共利益本位论能够正确指导行政法治建设。该论在解决公共利益与个人利益的关系问题上,强调两者既对立又统一,在发生冲突时"以公共利益为本位而告终"。这表现在处理"公平与效率"的关系问题上,就是行政法所要遵循的特有的"效率优先,兼顾公平"原则,从而为行政法制实践中合理处理"公平与效率"的关系问题提供了基本的指导思想。同时,公共利益本位论强调现代行政法不仅是以公共利益为本位的法,更是以追求真正的公共利益为规则的法,"为此行政权限规则、程序规则和审查规则成了行政法不可缺少的重要组成部分"①。其中,权限规则和程序规则是预防规则,即防止行政主体所作的意思表示违反公共利益的规则;审查规则是一种补救规则,即对行政主体违反公共利益的表意行为予以纠正的规则,从而将行政主体的表意行为限制在真正的公共利益即法律的范畴之内。所有这些,正是实现"依法行政"这一行政法治建设目标的关键之所在。

总之,公共利益本位论既科学地揭示了行政法赖以存在的客观基础及其内在矛盾运动,又以此为逻辑起点,科学地揭示了行政法的内涵和外延、本质和功能等问题;既为行政法诸现象的阐释奠定了科学的理论基础,又为指导行政法学研究和行政法治建设提供了正确的理论根据,因而能够且应当作为行政法的理论基础。

2. 行政法的理论基础不是其他学说

既然行政法的理论基础应当是公共利益本位论,那么该论之外关于同一论题的其他主张和观点就不能成立;同时,将它们作为行政法理论基础也存在着明显的不足和缺陷,难以满足作为行政法的理论基础所应具备的条件。

---

① 叶必丰:《论行政法的基础——对行政法的法哲学思考》,载罗豪才主编:《现代行政法的平衡理论》,北京大学出版社1997年版。

第一，它们只解释了行政法某一个方面的特征或现象，而无法从总体上全面回答行政法的各种特征和现象。例如，控权论、管理论、平衡论和服务论都只是说明了行政法的作用或功能是什么。法国学者的公共权力论和公务论则旨在解决"行政法调整的范围是什么"的问题。我国学者主张的马克思主义公共权力论也只是说明了行政权力的性质，而人民服务论、政府法治论等只是说明了人民政府的性质。笔者认为，作为行政法的理论基础不应该是仅仅用来解答行政法的作用、范围或某一行政法现象的理论，而应该是整个行政法理论体系的基础，能够用以解释行政法学理论的各个方面的特征或所具有的各种现象。上述学说都只是反映了行政法的某一个侧面，并非行政法的全貌，因而无论其是否科学，都不能作为行政法的理论基础，否则就有以偏概全之嫌。

第二，它们只指出了行政法本身所具有的某种特征或现象，而未能从根本上深刻地揭示行政法赖以存在的客观基础。也就是说，它们并没有找到这些特征或现象的基础，以这些特征或现象说明和解释行政法，不过是以行政法解释行政法而已。同时，它们将行政法本身的某种特征或现象认定为行政法的客观基础，这与历史唯物主义的基本原理也是不相符的，因而又是不科学的。

三、行政法理论基础与行政法学体系

成熟的理论体系是一门学科成熟的基本标志。只有植根于行政法的理论基础，才能构筑起一种科学合理的行政法学体系，并不断走向成熟。

（一）行政法学体系的范畴

行政法学体系包括行政法学的理论体系、学科体系、教材体系等范畴。所谓行政法学的理论体系，是指行政法学作为一门独立法学分支学科所特有的理论研究框架及其内在逻辑关系。它既包含形式上的研究构架，也包括内容上的逻辑联系，是对本学科研究的一个综合反映。

行政法学的学科体系，是指行政法学作为一门学科所包含的各研究分支及其有机联系而形成的一个学科群体系。理论体系主要以研究对象为标准进行学科划分。一般认为，行政法学是研究行政法现象及其内在规律的法学学科。学科体系是在此基础上进一步作出的分支学科划分，各分支学科的研究对象相同，只是研究角度、研究领域不同而已。从研究角度而言，对行政法的研究包括本体研究、比较研究、历史研究、社会学研究、交叉研究等，由此形成本体行政

学、比较行政法学、行政法史学、行政法社会学、行政刑法学[①]等;从研究领域而言,还包括公安、财税、市场监管、文教、科技等各个行政领域的研究,由此形成各个部门行政法学或行政法学各论。所有这些研究分支的有机联系体,构成了整个行政法学的学科体系。

行政法学的理论体系主要界定在"本体行政法学"的层面,是行政法学学科体系的主体部分。本体行政法学通常以教义学为主,又可称为"行政法教义学",即通过对法律要件与法律效果的逻辑推理解释现行法规范。其首要的任务是,以规范为中心,借助法律概念的逻辑分析,并运用于司法裁判,以此建构完善的学科体系。[②] 从理论上讲,任何一个部门法学都可以分为法哲学、法原理学、法规范学和法实用学四个层次。就行政法学而言,同样应当包括这四个层次的研究。行政法教义学则主要是针对后两个层次的研究,即行政法规范学和行政法实用学,主要基于法的适用目的而对现实行政法规范予以解释和体系化,旨在直接指导人们的实践活动和实际行动,是一种解释性、实践性的学科。除行政法教义学外,行政法学还应当包括行政法哲学和行政法原理学两个层次的研究,可以统称为"理论行政法学"或"行政法理学"。其中,行政法原理学主要是以对行政法现象的学理描述为使命,即对行政法及行政法现象进行一般原理层面的直观描述及观念化反映,是一门描述性、知识性的学科。行政法哲学则是对行政法理论的再抽象和再概括,即对行政法之一般问题及行政法现象的哲理思辨,是一门思辨性、智慧性的学科。

所谓行政法学的教材体系,通常是按照本科生所需要的知识层次设计的行政法学体系。针对不同层次的对象,往往需要按照知识的不同层次要求实施教学。就行政法学而言,对本科生的教学,应注重对行政法一般原理层面的直观描述和规范层面的实用性解释,向学生提供一个行政法的总体框架和基本思维模式,要求学生了解和掌握行政法是什么、怎样适用;而对研究生的教学,则应在此基础之上进一步要求学生了解和掌握行政法为什么是这样的、应该是怎样的,侧重于行政法的价值性认识与观念化养成,注重学生对行政法原理之原理、制度之精神、思维之方法的深刻感悟与体念。当然,这只是相对而言的,无论对本科生还是研究生的教学,都应当融应用性、知识性和思想性于一体,尽可能最

[①] 行政刑法学作为一门横跨行政法学和刑法学这两个部门法学的交叉学科,系专门用以研究行政法与刑法之间的交叉、互动与协调关系。参见刘艳红、周佑勇:《行政刑法的一般理论》(第2版),北京大学出版社2020年版。

[②] 参见高秦伟:《反思行政法学的教义立场与方法论学说——阅读〈德国公法史(1800—1914):国家法学说和行政学〉之后》,载《政法论坛》2008年第2期。

大限度地满足学生对本学科专业知识不同层次的要求。因此,行政法学的教材体系尽管通常主要是按照本科生所需要的知识层次设计的,但是就其内容而言,既要以行政法教义学的体系为主要内容,也要兼顾一定的行政法理学及其他方面的学科体系;既要严谨、统一并涵盖尽可能多的知识点,也不能过于庞杂。

(二) 行政法理论基础与行政法学体系之关系

如前所述,行政法的理论基础,是指能够深刻揭示行政法赖以存在的基础并用以全面阐释各种行政法基本现象(包括内涵和外延、性质和特征、内容和形式、地位和功能、产生和发展等)的最基本理论。它实际上旨在从法哲学的高度,科学地回答行政法是什么以及它是怎样的,即对行政法的本源、本质及基本现象的一种哲学分析。因此,对行政法理论基础问题的深入研究属于行政法哲学的范畴,是行政法学体系之精髓与基石。整个行政法学的理论体系都应构筑在行政法的理论基础之上,否则就失去了其生存的"理"。

当然,行政法哲学不仅要从法哲学的高度阐明行政法是什么以及它是怎样的,还要进一步解决行政法应当是什么以及它应该怎样的哲学问题。前者属于一种科学性认识,形成"本体论";后者则属于一种价值性认识,是我们根据行政法的理论基础,对行政法所作的一种价值选择和价值判断,从而构成一种"价值论",其主要内容在于揭示行政法的人文精神或基本观念。此外,行政法哲学还应当包括方法论和实践论。恩格斯在《德法年鉴》中指出,"方法就是新的观点体系的灵魂"[①]。同时,任何一种科学的理论,只有运用于实践,才能有生命力。因此,行政法哲学还应当是一个研究行政法学方法论的理论体系,而且必须对行政法实践进行哲学分析和总结,从而为人们从事行政法实践活动提供世界观和方法论的指引和依据,增强人们从事行政法实践活动的自觉性和理论成分。据此,行政法哲学应当包括本体论、价值论、方法论和实践论四个部分。[②]

可见,行政法的理论基础是行政法哲学的最核心部分,但是并非其全部。尤其是"行政法的理论基础,是我们提出行政法基本观念的科学依据和理论前提。行政法的基本观念,则是我们根据行政法的理论基础,对行政法所作的一种价值选择和价值判断"[③]。笔者认为,前述平衡论、权力论、服务论等学说,虽

[①] 转引自〔俄〕普列汉诺夫:《马克思主义的基本问题》,张仲实译,人民出版社1957年版,第222页。

[②] 参见周佑勇:《关于行政法的哲学思考》,载《现代法学》2000年第3期。

[③] 叶必丰:《行政法的人文精神》,北京大学出版社2005年版,第18页。

然作为行政法理论基础尚缺乏科学性,但是仍然有其合理的因素,其所蕴含的利益均衡、控权与保权、服务与合作、信任与沟通等思想和理念,均属于行政法的基本观念,可以用作行政法某一层面的理论概括,以使它们在行政法学的理论体系中都能够得到合理的定位,从而充分发挥各自应有的理论价值和实际功效,真正地推动行政法学的发展。行政法哲学乃至行政法理学,其首要任务应当是以行政法理论基础为中心,并据此对各种行政法现象进行法理分析,深切关注这些行政法的基本观念,进而更加充分地完善自己的理论体系。

(三)行政法理学"统一论"之提倡

基于以上分析,笔者认为,不能以任何单一的、绝对的"学说"解释行政法,行政法的基础、目标、功能、宗旨等分别需要相应层面的理论加以解释,这样才能建构起一套完整的行政法理学体系,真正走向行政法哲学。这可称为行政法理学"统一论"或"综合论";就其内容而言,则可称为"以公共利益本位为取向的利益均衡论"。具体而言,除作为行政法理论基础的公共利益本位论外,以此为依据,可以对平衡论、权力论、服务论等学说之合理因素加以吸收,分别作出理论定位。

1."平衡":行政法目标层面的理论概括

有关行政法目标的理论虽然并非行政法的理论基础,但是直接决定着行政法的发展方向和历史使命,显然又是非常重要的。对此,持平衡论者认为:"平衡是行政法继续发展的动力和目标。"[①]换言之,行政法的目标就是平衡,即促使行政主体与相对人的权利义务处于平衡状态,实现公共利益与个人利益的和谐一致。笔者认为,这一观点是可以成立的,也正是平衡论之合理、可取之处。这是因为,行政法的目标是由其基础决定的。依公共利益本位论,行政法的基础是一定层次的公共利益与个人利益的关系,这决定了行政法应为这种利益关系服务,即一方面要维护和促进这种利益关系的一致性;另一方面要化解和协调这种利益关系的对立和冲突,促使其和谐一致。只有这样,它们才能够不断地发展,以实现行政法的正义价值。可见,行政法所追求的价值目标永远是不断地促使公共利益与个人利益趋于和谐一致,实现两者的平衡。这正是由行政法赖以存在的基础所决定的。因此,可将平衡论定位为一种目标论,即平衡论可用作行政法目标层面的理论概括,充分吸收该理论所蕴含的"平衡"或"利益均衡",作为一种重要的行政法基本观念或人文精神。

---

① 陶鹏:《简析现代行政法的理论基础》,载罗豪才主编:《现代行政法的平衡理论》,北京大学出版社1997年版。

2. "保权"与"控权":行政法功能层面的理论概括

所谓行政法的功能,是指为满足实现行政法的目标之需求所应当发挥的作用。行政法应发挥什么样的功能,以实现平衡公共利益与个人利益关系的目标? 在权力论中,无论保权论还是控权论,都从行政权力的角度认识行政法的功能,这就为正确认识行政法的功能找到了合理的支撑点。因为不论是权力还是权利,都指向一定的利益,是"对利益所享有的资格"①。作为国家权力之一种的行政权是代表并为维护和分配公共利益而设置的。同时,行政主体也只有在维护和分配公共利益,即行政权的运作过程中,才能与相对人发生权利义务关系,实现公共利益与个人利益的和谐一致。因此,要正确认识行政法的功能,就必须从行政权的角度出发,以行政权的运作为支点。行政权的运作既可能实现行政法的目标,即实现公共利益与个人利益的和谐一致,也可能与之相违背。前者需要发挥行政法维护行政权运作的功能即"保权",后者则需要发挥行政法控制行政权力的功能即"控权",从而最终实现行政法所要追求的公共利益与个人利益的和谐一致。可见,保权论与控权论在具体认识行政法的功能时分别包含着"保权"与"控权"的思想和观念,因而可定位为行政法的一种功能论,即"保权"与"控权"可用作行政法功能层面的理论概括。但是,保权论与控权论在认识行政法功能时又分别走向了两个极端,而且没有揭示作为功能的"保权"与"控权"同行政法的目标及行政法的基础之间的关系,因而仅有部分真理性。所以,它们只能结合起来,共同作为行政法功能层面的理论概括。

3. "服务与合作":行政法宗旨层面的理论概括

公共利益与个人利益之间的关系发生于行政权力的运行过程中,具体又是通过行政主体与行政相对人之间的交互行为关系而最终形成的。也就是说,利益关系具体呈现的是一种行为关系。有什么样的利益关系,就有什么样的行为关系。利益关系的冲突性反映在行为关系上,必然是一种"命令与服从"的斗争或对抗关系。利益关系的一致性具体反映在行为关系上,则是一种"服务与合作"的互相信任关系。既然现代行政法的目标是实现公共利益与个人利益关系的一致性,那么行政主体与行政相对人之间的行为关系应当是一种"服务与合作"的互相信任关系。也就是说,在行为关系上,行政主体选择的应当是一种服务行为,而非绝对的命令或强制;相对人选择的应当是一种配合与参与,而不是纯粹的服从或屈从。这正是现代行政法所倡导的一种人文精神和根本宗旨之

---

① 〔英〕A. J. M. 米尔恩:《人的权利与人的多样性——人权哲学》,夏勇、张志铭译,中国大百科全书出版社 1995 年版,第 123 页。

所在。从这一前提出发,行政主体及其工作人员不能以维护公共利益为名,损害个人利益或谋取私利;即使是真正的服务行政、公正的服务行为,也应具有民主性、公正性、准确性和可接受性,以维持相对人对行政主体的信任。同样,相对人也应保持对行政主体的信任;即使对违法或不当的行政行为,也无权否定其先定力和公定力,而只能通过法定机构予以补救。行政主体和相对人中的任何一方,都不能破坏这种信任关系。只有政府信任公众,才能发展民主,为公众提供优良服务;也只有政府取得公众信任,才能获得公众的长久支持和积极合作。

"合作是一个过程"[①],信任有赖于沟通。政府与公众间必须通过各种形式的沟通机制,才能取得协调一致,彼此信任,从而增进相互间的尊重与合作,避免相互间的误会与摩擦。行政公开就是这样一种沟通机制,它通过政府的开诚布公与行政的持久开放,公众对政府信息的了解与对行政活动的参与,以及双方积极的协商、交流与对话,使双方对事实与法律的认识得以交融,使相对人能够更加有效地表达自己的愿望和要求,使行政机关有可能采纳和吸收相对人的意志,从而有利于实现相互间的信任,并增进相互间的合作。可以说,行政的公开化就是在政府与公众或相对人之间架起一座相互沟通的桥梁。这既是民主的象征,也是法治的途径。

此外,在现代社会,"服务"也意味着政府的职能需要从传统管制型走向服务型;而"合作"也意味着通过私人的合作,充分参与承担部分行政任务,意味着传统单纯的国家行政需要逐步走向由私人参与的公共行政。也就是说,在现代社会,"服务与合作"的理念进一步体现的是一种多元共治的"治理"理念,更加强调的是主体的多元性与合作性而非政府的单向性与强制性,以及治理方式的服务性而非管理性。这无疑更加契合现代法治的精神。因此,从一元单向管理向多元交互共治的结构性变化,意味着在国家治理、社会治理和政府治理中需要更加注重发挥法治的重要作用。唯有法治,方能进一步从治理走向"善治"。

(四)行政法学理论体系的构建

建立在行政法理论基础之上的行政法学理论体系,除了需要构筑完善的行政法理学体系外,还需要构建一套科学合理的行政法教义学体系。从整个法学学科体系来看,行政法学之所以能够作为一门独立的法学学科而存在,正是有赖于可对行政法规范的解释与适用从理论上加以体系化研究的行政法教义学,

---

① 〔美〕罗·庞德:《通过法律的社会控制·法律的任务》,沈宗灵、董世忠译,商务印书馆1984年版,第67页。

否则其独立存在的正当性就可能受到质疑。正是在这个意义上,可以说,行政法教义学构成了行政法学的核心部分,狭义上的行政法学就是行政法教义学。① 因此,本体行政法学通常以教义学为主,狭义上的行政法学理论体系往往就是指行政法教义学体系。这里,我们主要讨论的也是法教义学层面的行政法学理论体系。

1. 目前存在的主要争议与问题

如前所述,法教义学主要以规范为中心,因此行政法学理论体系的构建往往与一国的法律制度和法律体系紧密相关。由于各国法律制度与法律体系不同,其行政法学体系也有很大差异。在大陆法系国家,其行政法学体系以行政组织法、行政行为法与行政救济法为主要研究内容;而在英美法系国家,则以委任立法、行政程序与司法审查为主要内容。目前,对我国行政法学到底应以哪些内容和结构组成其学科体系,行政法学界并没有完全达成共识,其中存在较大争议的问题主要有如下几个:

第一,单线型体系与双线型体系的问题。前者主要从行政主体这一单线出发,围绕行政主体、行政行为与行政救济构建体系;后者则主要从行政法律关系的双方主体即行政主体和相对人双线出发,除了涵盖单线型体系的内容之外,还要研究相对人、相对人的法律行为、相对人的法律责任等。② 从行政法律关系的视角来看,行政法律关系主体的恒定性及其地位的不对等性,决定了行政法学主要应当以行政主体为主线展开研究,即对行政主体的研究具有主导性,而对相对人的研究则具有附带性。一方面,从根本上讲,单线型结构以行政主体为起点的研究,可以达到双线型结构下同步推进行政主体和相对人研究的最终效果,亦即公共利益和社会福祉;另一方面,单线型结构并不局限于仅仅关注行政主体,行政主体只是研究的出发点,也需延伸到对相对人问题的研究,以增强对相对人的主体性及其权益保障的关切。

第二,如何把握与宪法学的边界问题。传统上认为,行政法是宪法的具体化,或动态的宪法。③ 这实际上将两者的研究对象相混同。在部门法的划分上,行政法学研究的是公与私之间的关系,而宪法则研究公与公的关系。但是,如何看待行政组织法、监督行政等问题,这些内容是否应当被纳入行政法学体系,依旧存在争议。美国哈佛大学法学院教授布鲁斯·维曼所言值得我们重视:"行政部门之间的外部划分是一个宪法问题,行政机关的内部划分是一个行

---

① 参见李洪雷:《行政法释义学:行政法学理的更新》,中国人民大学出版社2014年版,第2页。
② 参见胡建淼:《行政法学》(第5版),法律出版社2023年版,第31页。
③ 例如,龚祥瑞教授在《比较宪法与行政法》(法律出版社1985年版)一书的"出版说明"中写道:"从其基本内容看,在一定意义上可以说,行政法是宪法的一部分,即是宪法的动态部分。"

政法问题。"①后者实际上涉及内部行政法的问题,应当被纳入行政法学体系。

第三,方法论上的问题。完善的方法论是一门学科体系成熟的标志。多元的研究方法才能推进学科研究内容的深入与体系的完备。大陆法系国家的传统方法论为"行政行为形式论",行政法学明显呈现出概念法学、形式法学的倾向。在理论构造上,奥托·迈耶通过"形式论"这种严谨的方法论,以"行政行为"概念为基轴,成功地建构起行政法学的基本逻辑体系,不仅"完成了从'国家学'向'法学'方式研究的转变"②,也使行政法学以其法学方法的严谨性,取得了与民法学相并列的独立学科的地位,进而形成了大陆法系行政法学的基本框架,即"法律保留—行政处分—行政救济"。总的来讲,目前德国多数学者仍以传统行政行为形式论为行政法学体系构建的核心方法论。受此影响,我国多数行政法学体系也以行政行为形式论展开行政法学的研究。

然而,随着现代行政呈现出积极行政的发展趋势,且专业技术性、实质法治的要求越来越强,这种传统方法论日益暴露出其自身存在的不足。具体而言,这种传统方法论仅研究局部而不考量整体,仅研究单一行为而非复数行为,仅研究法效果而不关注行政过程,呈现出静态性而非动态性。相反,现代行政则要求方法论关注整体、复数行为、行政过程。在一个民主、多元与现代的社会中,行政发生了巨大的变化,这必然要求我们进一步更新方法论。对此,许多学者提出了新的方法论,如行政过程论(强调对行政行为的动态过程及政策性进行考察)、行政法律关系论(强调行政行为之外多样化的行为方式、法律关系的多元化,以及从整体角度考察复数行政行为)、政府规制论(关注政策的作用,而非单纯法律规制的效果)等。③

2. 构建行政法学理论体系的基本思路及其创新路径

现代社会经济的发展对行政法学提出了更高的要求,使得传统方法论的局限性日益明显,必须以多元的方法论不断完善行政法学体系。就其基本思路而言,一是仍需以传统的法规范与法解释的方法论为核心,因为这个任务在我国行政法学中尚未完全成熟。同时,必须兼顾其他多元的方法论,包括行政过程论、行政法律关系论、政府规制论等,以及关注现实生活的法实证、法政策与法功能等方法,以进一步推动行政法学体系更加具有包容性,并走向精细化。二是仍需以行政权的运用为基点,展开行政法学体系的构建,因为这始终是行政法学所要解决的核心问题。但是,必须打破形式论的传统研究方法,从过程论

---

① Bruce Wyman, *The Principles of the Administrative Law Governing the Relations of Public Officers*, Keefe-Davidson Co., 1903, p.4.
② 〔德〕平特纳:《德国普通行政法》,朱林译,中国政法大学出版社1999年版,第6页。
③ 参见周佑勇主编:《行政法专论》,中国人民大学出版社2010年版,第59页以下。

的角度,将行政权运用过程中出现的所有行政法现象都纳入行政法研究视野。

据此,笔者认为,目前我国行政法学体系仍然应当坚持"行政主体—行政行为—行政救济"三位一体的整体框架,并在此基础上进一步加以补充与完善。①

首先,在行政主体体系中,应当完备对行政组织法等内部行政法的研究。行政活动是一个复杂的系统,外部的行政活动要求有一定组织机构,不能不受内部组织关系的支配,因此行政法学不能忽视对行政组织问题的研究,②应当将行政组织及其职能设置、机构编制、公物手段、内部规范、裁量基准、数字政府、监督问责等内容纳入体系中。同时,立足我国国家治理现代化和党政机构改革实践,亦需以政法法学等方法着力于行政组织法的制度建构和学术创新,将行政机关、公法人、独立机构、承担公务的私人和私法形式的公务组织等多元法律形态的公务主体纳入体系中。

其次,关于行政行为体系,应当从多元方法论的角度加以补充完备。随着现代行政呈现出积极行政的发展趋势,专业技术性、实质法治的要求越来越强,其必然要求进一步更新传统"行政行为形式论"的研究方法,更加强调以法教义学的系统思维考察复数行政行为,从法社会学的过程论角度关注行政行为的动态过程及法政策性考量。据此,行政指导、行政监督、行政规划、行政决策以及行政调查等行政事实行为虽不产生独立的法效果,但置于行政过程中仍具有法律意义。同时,相对人的行为也对行政权的过程产生具有法律意义的影响,都应纳入行政行为体系中加以深化研究。

最后,行政救济体系应当被看作一个系统,深度研究行政内救济体系和行政外救济体系之间及体系内部的独立性和衔接性。例如,信访在我国是一项特殊的制度存在,它与行政复议、行政诉讼相互之间的关系尚需清晰界分。再如,关于实质性解决行政争议,不仅是行政诉讼制度设计的核心要义和制度创新的基本方向,③也是行政复议发挥化解行政争议主渠道作用的根本目的,都需在各自体系中展开个性化研究。

实践是理论创新的源泉。推动中国行政法学理论体系的创新,既需要从法理思维层面系统性地对行政法理念、制度、规则和方法展开体系化构造,更应当将目光投向我国行政法生成的本土行政法治实践。回溯1989年《行政诉讼法》颁行三十多年来中国行政法治实践,无论行政执法还是司法审判实践,都在立足本土法治资源和挖掘中国法治元素方面积累了宝贵经验。譬如,在执法实践中,近年来全国各地行政机关纷纷推出的各种裁量基准,就是一种"自下而上"

---

① 参见周佑勇:《中国行政法学学术体系的构造》,载《中国社会科学》2022年第5期。
② 参见王名扬:《美国行政法》(上),中国法制出版社1995年版,第69页。
③ 参见江必新:《论行政争议的实质性解决》,载《人民司法》2012年第19期。

源自中国基层社会治理中的典型经验和实践创造。在司法实践中,针对"滥用职权""显示公正"等不确定性审查标准,我国法院通过个案中的"法官造法",综合运用多种法学方法论不断创造性地适用法律原则判案,以此确立了一系列具有中国特质的依法行政原则和制度,极大推动我国行政实定法体系和行政法学理论体系的发展。因此,我们应当继续坚持以中国问题为导向,多元方法论并举,通过执法司法实践创新,不断形塑我国行政法学的自身特质。

当然,在此基础上,还必须将立足本土实践与汲取域外经验相结合。纵观学术史,我国行政法学演绎至今,已经形成了一个基本格局——以大陆法传统为骨架、注入英美法元素,并不断走向本土化。[①] 不可否认,法律移植、法治经验及理论方法的借鉴在一国法治建设初步发展之时在所难免,但是,也不能采取机械的"拿来主义",而是要立足中国实际,把民族语言与时代精神有机结合起来。[②] 特别是在法治建设和法学研究渐次进入成熟期之后,应当打造具有中国元素、中国智慧和中国经验的基本范畴和话语表达,致力于构建中国自主的行政法知识体系。

[①] 参见余凌云:《行政法讲义》(第3版),清华大学出版社2019年版,第53页。
[②] 参见李龙:《论当代中国法学学术话语体系的构建》,载《法律科学》2012年第3期。

第二章 行政主体论

行政主体理论是行政法学首先要研究的一个基本内容,其目的主要在于解决行政组织在行政法上的主体资格和法律地位问题。行政组织要取得行政主体资格,有赖于行政组织法对行政组织的职权、职责及其活动原则作出规定。没有行政组织法的规定,某一行政组织要么不能成立,要么因没有某项职权而不能成为适格的行政主体。因此,对行政组织法的研究属于行政主体理论研究中不可或缺的组成部分。同时,行政主体还需要利用人的手段即公务人员和物的手段即各种公物以达到行政目标。因此,还必须对公务员法和公物法加以研究。本章首先分析行政主体之一般原理,然后分别阐释行政组织法、公务员法和公物法的有关内容。

第一节 行政主体之一般原理

一、行政主体的概念

(一)行政主体的含义和资格

所谓行政主体,是指具有行政权能,能以自己的名义运用行政权力,独立承担相应法律责任的社会组织。从这一定义可以看出,一个社会组织要取得行政主体资格,必须具备如下条件:

1. 行政权能

一个社会组织要成为行政主体,首先必须具有行政权能,即权力(利)能力或资格。它要说明的是权力(利)的性质,如是国家权力还是公民权利,是行政权力还是立法权或司法权。行政权能就是依法被确定享有行政权力的能力或资格。所谓行政权力,是指国家所赋予的,运用国家强制力对公共利益进行集合、维护和分配的权力。这种权力不同于立法权、司法权和军事权,后三者虽都具有国家强制力,但立法权是针对各类事务制定和发布法律的权力,司法权是对各类案件进行裁决的权力,军事权是一种防止和应对外来侵略的权力。行政权力也不同于公民、法人和其他社会组织的权利,后者是要求他人作为和不作为的权利,这种权利不具有直接的国家强制力,在受到损害时一般需要通过国家机关加以救济。

只有具有行政权能的社会组织,才能成为行政主体。尽管一个社会组织具有某种权能,如民事权利能力,但是如果它不具有行政权力能力或资格,就不能取得相应的行政权力,也就不可能成为行政主体。在我国,行政机关一经合法成立便具有行政权能,取得行政主体资格。非行政机关的其他社会组织则必须经法律、法规或规章的明确授权才具有行政权能,取得行政主体资格。当然,行政权能可以由法律规范赋予行政机关和社会组织,也可以由行政主体分解、确定给行政机构和公务员,至于是否都能够成为行政主体,还有赖于其他资格要件。所以,仅仅具有行政权能并不就是行政主体。

2. 自己的名义

所谓"自己的名义",是指行为主体能够独立自主地表达自己的意志,并按自己的意志对外实施特定行为。判断某一组织是否具有行政主体资格,不仅要看其是否具有行政权能,而且要看其是否具备以自己的名义对外行使行政权力的能力或资格。否则,即使具有一定的行政权能,行使一定的行政权力,也只能是一定主体的代表及其意志的具体表达者,而并非行政主体。行政机关内部的行政机构大多属于这样的组织。尽管它们都经行政机关内部的再分配而具有一定的行政权能,可以具体行使行政权力,实施行政行为,但是只能代表其所在的行政机关并以其所在行政机关的名义实施行政行为,而不能以自己的名义实施行政行为,因而不具备独立的行为能力,不是行政主体。例如,公安局内设的治安处(或科)虽可以(或有权)具体实施治安处罚行为,但处罚决定书必须以公安局的名义作出,而不能以治安处(或科)的名义作出。因此,治安处(或科)不是行政主体,其所在的公安局才具有行政主体资格。受委托组织只能以委托的行政机关的名义实施行政行为,而不能以自己的名义实施行政行为,因而它也只是行为主体,而不是行政主体。

可见,在这里,我们必须将行政主体与行为主体区分开来。行政主体主要是从法律角度进行定义的,即享有法律上所承认的主体资格的组织;而行为主体则主要是从实际行为的角度进行定义的,即具体作出某一行政行为的组织,在法律上不一定具有主体资格。两者在某些情况下是一致的,如行政机关和被授权的组织在作出行政行为时,行政主体与行为主体是合一的;而在另一些情况下,两者则出现分离现象,前述行政机构和受委托组织就属于这种情况。

3. 责任能力

一个社会组织要取得行政主体资格,还必须有能力独立承担实施行政行为所产生的法律责任,即具有责任能力,否则也不能成为行政主体。能独立承担法律责任,实际上是能以自己的名义实施行政行为的必然结果。如果一个组织能以自己的名义实施行政行为,也就意味着该组织能独立地承担这种行政行为的法律后果。但是,如果一个组织不具有责任能力,则不能以自己的名义实施行政行为,否则就是该行为主体不适格,由此导致该行为违法或者可能根本就不是一种行政行为。因此,责任能力也是构成行政主体的资格之一。

一个具有责任能力的行政主体,还能够独立作为行政复议、行政诉讼和国家赔偿的主体,即能够成为行政复议的被申请人、行政诉讼的被告和行政赔偿中的赔偿义务机关,并独立承担复议、诉讼和赔偿的后果。从这一角度来看,行政机关的一些内部机构及受委托组织也因不能独立承担相应的法律责任而不能成为行政主体。

(二) 行政主体与相关概念辨析

行政主体与一些相关概念既有联系又有区别。因此,在明确了行政主体的内涵之后,还必须了解行政主体与这些概念的区别,以进一步明确行政主体的外延。

1. 行政主体与行政法主体

两者虽只有一字之差,但不能等同。行政法主体即行政法律关系主体,是行政法律关系中权利的享有者和义务的承担者,包括行政主体和行政相对人双方当事人,有时还有行政第三人。因此,行政主体只是行政法主体的一种,即行政法律关系中的一方当事人。行政主体必定是行政法主体,而行政法主体不一定是行政主体,因为它还包括行政相对人。

2. 行政主体与行政机关

行政机关是最普遍、最重要的一种行政主体,与行政主体具有密切的联系。但是,我们亦不能将两者等同起来。

第一,行政机关并非唯一的行政主体。行政主体除了行政机关之外,还包括被授权组织。也就是说,行政机关以外的其他组织在得到法律、法规、规章授权的情况下,也能成为行政主体。所以,行政主体的范围要大于行政机关的范围。

第二,行政机关并不始终是行政主体。行政机关只有在行使行政权,管理行政事务时才是行政主体,而在其他场合并不是行政主体。当行政机关以被管理者的身份出现时,是行政相对人。例如,向规划局申请建筑办公大楼时,市场监管局是相对人。当行政机关从事民事活动时,其身份是"机关法人",即民事主体。例如,某税务机关为建筑办公大楼与建筑公司签订建筑承包合同时,该税务机关即为民事主体。

正是由于上述原因,行政法学才使用了"行政主体"这一学理概念,一方面,用以全面概括行政机关和被授权组织这两类行政主体;另一方面,用以确定行政机关在行政法上的主体资格,以进一步确定行政行为的效力和行政复议被申请人、行政诉讼被告、行政赔偿义务机关的资格。也正因学理上以"行政主体"替代"行政机关",才有效解决了上述问题。因此,行政主体作为一个学理概念,也逐渐被写入我国立法,成为一个法律概念。2014年修正的《行政诉讼法》第75条规定:"行政行为有实施主体不具有行政主体资格或者没有依据等重大且明显违法情形,原告申请确认行政行为无效的,人民法院判决确认无效。"这是第一次在法律层面使用了"行政主体资格"的法律概念,其后2021年修订的《行政处罚法》和2023年修订的《行政复议法》也作了相应的规定,①由此也将其明确作为判断行政行为无效的一个法定标准。

3. 行政主体与公务人员

公务人员是代表行政主体执行公务的内部工作人员。行政主体与公务人员之间既具有不可分割的联系,又是性质各异的两个概念。

第一,行政主体与公务人员之间具有不可分割的联系。一方面,行政主体作为一种组织,是一种抽象的法律人格,并不能自行实施具体的行政活动,而需要其内部组成分子即公务人员实施。行政主体的行政活动归根结底都是由成千上万的公务人员代表行政主体具体实施的,因此离不开公务人员;否则,行政主体将成为一个毫无意义的、空洞的躯体、外壳。可以说,行政主体是由一个个公务人员组成的集合概念。另一方面,公务人员也不能离开行政主体而独立存在。离开行政主体,公务人员将成为一个普通的公民,是不能以公务人员的身份代表行政主体,从事任何公务行为的,否则就要承担相应的法律责任。

第二,行政主体与公务人员是性质各异的两个概念。也就是说,公务人员并不是行政主体,两者不能相等同。尽管行政主体的行政活动是由公务人员具体实施的,但是并不能以自己的名义,而只能以所在行政主体的名义实施;公务人员也并不承担实施行政行为所产生的法律效果,而是由其所在行政主体承担

---

① 《行政处罚法》第38条第1款规定:"行政处罚没有依据或者实施主体不具有行政主体资格的,行政处罚无效。"《行政复议法》第67条规定:"行政行为有实施主体不具有行政主体资格或者没有依据等重大且明显违法情形,申请人申请确认行政行为无效的,行政复议机关确认该行政行为无效。"

法律效果。因此,公务人员并不是行政主体,而是行政主体的一个构成部分,隶属于行政主体。同时,在行政主体作为国家的组成部分,与公务人员的关系上,公务人员是行政相对人即内部相对人,也不是行政主体。

二、行政主体的类型

根据不同的标准,可以对行政主体作不同的分类。

第一,按照行政主体的职权范围不同,可以分为中央行政主体和地方行政主体。凡是职权范围及于全国的行政主体,称为"中央行政主体",如国务院及其职能部门。凡是职权范围只及于某一地区的行政主体,称为"地方行政主体",如地方各级人民政府及其职能部门。

第二,根据行政主体实施行政权针对的对象不同,可以分为地域行政主体和公务行政主体。凡对管辖区域范围内的一切人和事全面实施行政权的行政主体,称为"地域行政主体",如国务院和地方各级人民政府。凡只能针对某项行政事务实施行政权的行政主体,称为"公务行政主体",如国务院的各部委和地方人民政府的各职能部门。

第三,根据行政主体实施行政权的范围不同,可以分为内部行政主体和外部行政主体。凡依法对行政组织系统内部实施管理或领导的行政主体是内部行政主体,其对象是行政机关、行政机构和公务人员。凡依法对社会公共事务实施管理的行政主体是外部行政主体,其对象是公民、法人和其他组织。大多数行政机关都属于外部行政主体。根据"交叉无效原则",除具有双重身份者外,内部行政主体不得行使外部行政职权,外部行政主体不得行使内部行政职权。

第四,根据行政职权的获取方式不同,可以分为职权行政主体和授权行政主体。凡行政职权随组织的成立而自然取得,无须经其他组织授予的行政主体,称为"职权行政主体"。凡行政职权并不因组织的成立而获得,而来自有权机关授予的行政主体,称为"授权行政主体",包括法律、法规、规章授权的各种其他组织。职权行政主体和授权行政主体是行政主体的基本类型。

(一)职权行政主体

从总体上说,职权行政主体包括各级各类国家行政机关,自组织依法成立时即自然取得行政主体资格。但是,我国行政机关的体制是一个纵横交错、关系复杂、布局有致的完整系统。纵向的有从中央到地方各级行政机关,如国务院、省(自治区、直辖市)、设区的市(自治州)、县(自治县、不设区的市、市辖区)、乡(民族乡、镇)的行政机关;横向的有各级政府职能部门,如公安部门、市场监管部门、财政部门等。此外,还有各个处于平行关系的机关、机构等。这些行政机关或机构中,到底哪些具有行政主体资格?这要依据宪法典、组织法及有关法律的规定,以行政主体理论为基础加以确定。从行政法角度来看,属于职权行政主体的行政机关包括如下几种:

1. 中央行政机关

中央行政机关,是指活动范围及管辖事项涉及全国的行政机关,它领导全国和各地方的行政工作,是一国行政体系的核心。它包括:

(1)国务院。国务院,即中央人民政府,是最高国家权力机关的执行机关,也是最高国家行政机关,设有国务院组成部门、直属机构、办事机构和直属事业单位。国务院依法享有领导和管理全国性行政事务的职权,可以制定行政法规、采取行政措施、发布决定和命令,因此具有行政主体资格。其法定代表人是总理。

根据《宪法》第86条的规定,国务院由总理、副总理若干人、国务委员若干人、各部部长、各委员会主任、审计长和秘书长组成。国务院总理由国家主席提名,经全国人大以全体代表的过半数通过决定,由国家主席任命,每届任期五年,连续任职不得超过两届。国务院其他成员由总理提名,经全国人大以全体代表的过半数通过决定,由国家主席任命。国务院实行总理负责制,总理领导国务院的工作,副总理和国务委员协助总理工作。国务院工作中的重大问题,必须经国务院常务会议或全体会议讨论决定。国务院常务会议由总理、副总理、国务委员、秘书长参加,全体会议由国务院全体成员参加,由总理召集和主持常务会议和全体会议。

(2)国务院组成部门。国务院组成部门即国务院职能机关,包括国务院各部、委员会、审计署和中国人民银行。它们依宪法典和组织法的规定,对于某一方面或某一类行政事务享有全国范围的管理权限,是行政主体。法定代表人分别称为"部长""委员会主任""审计长"和"行长"。一般来讲,各部管理比较专门的行政业务,如外交部、国防部、教育部、公安部、司法部等;而委员会管辖的行政业务则相对带有综合性,如国家发展和改革委员会、国家民族事务委员会、国家卫生健康委员会等。①

---

① 根据2023年3月16日发布的国发〔2023〕5号《国务院关于机构设置的通知》,国务院组成部门有26个:外交部、国防部、国家发展和改革委员会、教育部、科学技术部、工业和信息化部、国家民族事务委员会、公安部、国家安全部、民政部、司法部、财政部、人力资源和社会保障部、自然资源部、生态环境部、住房和城乡建设部、交通运输部、水利部、农业农村部、商务部、文化和旅游部、国家卫生健康委员会、退役军人事务部、应急管理部、中国人民银行、审计署。

（3）国务院直属机构。根据宪法典和组织法的规定，国务院可按照工作需要和精简原则设立直属机构，主管某项专门业务，直接隶属于国务院。我国当前的国务院直属机构主要有海关总署、国家税务总局、国家市场监督管理总局、国家金融监督管理总局、中国证券监督管理委员会、国家广播电视总局、国家体育总局、国家信访局、国家统计局、国家知识产权局、国家国际发展合作署、国家医疗保障局、国务院参事室、国家机关事务管理局等。除此之外，与直属机构性质类似的还有国务院直属特设机构，即国有资产监督管理委员会。在直属机构中，国务院参事室、国家机关事务管理局一般不对外行使职权，通常不具有外部行政主体资格。其他直属机构都可以自己的名义对外行使职权，具有外部行政主体资格。

国务院直属机构不同于国务院办事机构。国务院办事机构是总理的附属机构，协助总理办理专门事项，原则上属内部机构，不具有行政主体资格，如国务院研究室、国务院侨务办公室、国务院港澳事务办公室、国务院新闻办公室等。此外，国务院还设有若干直属事业单位，如新华通讯社、中国科学院、中国社会科学院、中国工程院、国务院发展研究中心、中央广播电视总台、中国气象局、国家行政学院①等。这些事业单位不具有行政职权，不具有行政主体资格。但是，部分事业单位经授权也可以取得行政主体资格，行使某一方面的行政管理职权。

（4）国务院部委管理的国家局。这是国务院因行政管理的需要，依法设立的由相应部委管理的国家行政机关。例如，国家发展和改革委员会管理的国家粮食和物资储备局、国家能源局、国家数据局，工业和信息化部管理的国家国防科技工业局、国家烟草专卖局，公安部管理的国家移民管理局，自然资源部管理的国家林业和草原局，交通运输部管理的国家铁路局、中国民用航空局和国家邮政局，文化和旅游部管理的国家文物局，国家卫生健康委员会管理的国家中医药管理局、国家疾病预防控制局，应急管理部管理的国家矿山安全监察局、国家消防救援局，中国人民银行管理的国家外汇管理局，国家市场监督管理总局管理的国家药品监督管理局等。② 它们能以自己的名义独立地行使有关法律赋予的行政权，是行政主体。部委管理的国家局不同于部委下设的司，司属于部委的内设机构，不能以自己的名义对外行使职权，不具有行政主体资格。

此外，中国人民武装警察部队海警总队即中国海警局，是唯一由部队管理

---

① 国家行政学院与中央党校，一个机构两块牌子，作为党中央直属事业单位。
② 参见 2023 年 3 月 16 日发布的国发〔2023〕6 号《国务院关于部委管理的国家局设置的通知》。

的国家局,依法独立履行海上维权执法职责,行使相关职权,也是行政主体。对此,《海警法》[①]第 2 条规定:"人民武装警察部队海警部队即海警机构,统一履行海上维权执法职责。海警机构包括中国海警局及其海区分局和直属局、省级海警局、市级海警局、海警工作站。"《海洋环境保护法》[②]第 4 条第 6 款规定:"海警机构在职责范围内对海洋工程建设项目、海洋倾倒废弃物对海洋环境污染损害、自然保护地海岸线向海一侧保护利用等活动进行监督检查,查处违法行为,按照规定权限参与海洋环境污染事故的应急处置和调查处理。"

2. 地方行政机关

地方行政机关,是指活动范围及管辖事项仅限于国家一定地域范围内的行政机关。在我国,地方行政机关包括以下几种:

(1) 地方各级人民政府。地方各级人民政府是地方各级国家权力机关的执行机关,负责组织和管理本行政区域内的一切行政事务。我国的地方人民政府分为省(自治区、直辖市)、市(自治州)、县(自治县、市辖区及不设区的市)、乡(民族乡、镇)四级。地方各级人民政府都能够以自己的名义在宪法典和组织法所赋予的职权范围内,管理本地方的行政事务,并能够独立承担责任。因此,各级人民政府都是行政主体。

(2) 地方各级人民政府的职能部门。依照宪法和组织法的规定,地方各级人民政府除乡(镇)外,根据工作需要,设立若干的职能部门,承担某一方面事务的组织与管理,如厅、局、委员会等。地方人民政府的职能部门能够以自己的名义行使宪法和组织法所规定的行政职权,具有行政主体资格。

(3) 地方人民政府的派出机关。派出机关是县级以上地方人民政府因工作需要,经有权机关批准而在一定区域内设立的,承担该区域内各项行政事务的国家行政机关。派出机关目前主要有三类:省、自治区人民政府经国务院批准而设立的行政公署;县、自治县人民政府经省、自治区、直辖市人民政府批准而设立的区公所;市辖区、不设区的市的人民政府,经上一级人民政府批准而设立的街道办事处。派出机关虽不是一级人民政府,但依法行使一定区域内所有行政事务的组织和管理权,并能以自己的名义作出行政行为和对行为后果承担法律责任,因而都是行政主体。同时,行政公署的职能机关也是行政主体,而区公所和街道办事处内设的办事机构则不能成为行政主体。

---

① 2021 年 1 月 22 日第十三届全国人民代表大会常务委员会第二十五次会议通过,自 2021 年 2 月 1 日起施行。

② 1982 年 8 月 23 日第五届全国人民代表大会常务委员会第二十四次会议通过;2023 年 10 月 24 日第十四届全国人民代表大会常务委员会第六次会议第二次修订,自 2024 年 1 月 1 日起施行。

此外，目前县级以上地方各级人民政府在经济技术开发区还设有开发区管理委员会，对开发区实行统一领导和管理，其审批程序分别按照行政公署、区公所和街道办事处的审批程序办理。其中，省、自治区、直辖市人民政府经国务院批准设立的开发区管理委员会，也应当界定为政府的派出机关。但是，对于未经国务院批准的开发区管理委员会，在法律上不应作为派出机关对待，不属于职权行政主体；对有地方性法规为依据的开发区管理委员会，可以作为授权行政主体对待。经授权，开发区设置的某些行政机构也可以作为授权行政主体。譬如，《安全生产法》①第 9 条第 2 款规定："乡镇人民政府和街道办事处，以及开发区、工业园区、港区、风景区等应当明确负责安全生产监督管理的有关工作机构及其职责，加强安全生产监管力量建设，按照职责对本行政区域或者管理区域内生产经营单位安全生产状况进行监督检查，协助人民政府有关部门或者按照授权依法履行安全生产监督管理职责。"据此，开发区、工业园区、港区、风景区等功能区负责安全监管职责的有关工作机构，经授权可以成为行政主体。

（二）授权行政主体

一般而言，行政职权应由行政机关承担并实施，国家的行政职能总是与行政机关相联系。但是，由于社会的发展和需要，现代公共行政事务不断地扩展和增加，许多涉及社会性和专业性的行政事务，如市容环境卫生、食品卫生监督、物价检查、医疗事故鉴定等，都需要社会组织参与和解决，如果仅仅靠行政机关，未必能够取得良好的社会效果。同时，将日益增多的行政事务分出一部分，由其他组织承担，实现部分行政事务的民营化、社会化，有利于减轻行政机关的负担，提高效率和节省费用，还有利于调节政府与民众之间的关系，减少官民矛盾和冲突。正因如此，自 20 世纪 70 年代以来，介于政府组织与其他社会组织之间的"第三种组织"大量出现，使得行政主体日益多样化。这表明，现代行政的目的不再仅仅是单纯的"管理行政"，而是最优地实现公共利益；非政府的社会组织、地方团体等（称为"第三种组织"）在参与公共事务的治理和公共服务等方面的作用日益突出，成为实现公共利益不可或缺的重要力量。这说明，公共管理和公共服务不再单纯由政府包揽，只要能够最优地实现公共目标，具有公益性、非营利性的"第三种组织"也应该通过法定渠道进入公共管理领域，成为与行政机关相对应的另一类行政主体即授权行政主体。也就是说，行政法规范需要把某些行政职权授予某些社会组织行使。这些社会组织由此也就成

---

① 2002 年 6 月 29 日第九届全国人民代表大会常务委员会第二十八次会议通过，自 2002 年 11 月 1 日起施行；2021 年 6 月 10 日第十三届全国人民代表大会常务委员会第二十九次会议第三次修正。

为被授权组织而取得行政主体资格,成为授权行政主体。

1. 授权行政主体资格的取得

授权行政主体资格的取得必须具备如下条件:

(1) 授权的对象必须是具有管理公共事务职能的社会组织。其一,授权的对象必须是社会组织,而不能是个体。根据有关规定,某些个体也可以实施某些行政管理行为。例如,根据 1989 年《铁路运输安全保护条例》[①]第 10 条规定,为保证运输安全,铁路车站和列车工作人员可以对旅客携带或托运物品实行检查。但是,他们并没有承担行政责任的能力,只是代表所在组织实施行为。《铁路法》[②]第 3 条第 2 款规定:"国家铁路运输企业行使法律、行政法规授予的行政管理职能。"因此,被授予行政权的是"国家铁路运输企业",而不是"铁路车站和列车工作人员"。其二,被授权的社会组织必须是具有管理公共事务职能的社会组织。《行政处罚法》第 19 条规定:"法律、法规授权的具有管理公共事务职能的组织可以在法定授权范围内实施行政处罚。"《行政许可法》第 23 条规定:"法律、法规授权的具有管理公共事务职能的组织,在法定授权范围内,以自己的名义实施行政许可。被授权的组织适用本法有关行政机关的规定。"

(2) 授权的依据必须是行政法规范的明确规定。无论是《行政处罚法》第 19 条还是《行政许可法》第 23 条,均强调授权的依据必须是"法律、法规"。1989 年《行政诉讼法》第 25 条第 4 款也规定,"由法律、法规授权的组织所作的具体行政行为,该组织是被告。"但是,2014 年《行政诉讼法》第 2 条规定:"公民、法人或者其他组织认为行政机关和行政机关工作人员的行政行为侵犯其合法权益,有权依照本法向人民法院提起诉讼。前款所称行政行为,包括法律、法规、规章授权的组织作出的行政行为。"相应的,2023 年修订的《行政复议法》第 2 条亦规定:"公民、法人或者其他组织认为行政机关的行政行为侵犯其合法权益,向行政复议机关提出行政复议申请,行政复议机关办理行政复议案件,适用本法。前款所称行政行为,包括法律、法规、规章授权的组织的行政行为。"由此将"法律、法规"授权的组织扩展到包括"规章"授权的组织。这主要是考虑到,

---

① 1989 年 8 月 15 日国务院令第 39 号公布;2004 年 12 月 22 日国务院重新制定并通过,2004 年 12 月 27 日国务院令第 430 号公布,自 2005 年 4 月 1 日起施行。2013 年 8 月 17 日国务院令第 639 号公布《铁路安全管理条例》,自 2014 年 1 月 1 日起施行,《铁路运输安全保护条例》同时废止。《铁路安全管理条例》第 65 条规定:"铁路运输企业应当依照法律、行政法规和国务院铁路行业监督管理部门的规定,对旅客及其随身携带、托运的行李物品进行安全检查。从事安全检查的工作人员应当佩戴安全检查标志,依法履行安全检查职责,并有权拒绝不接受安全检查的旅客进站乘车和托运行李物品。"

② 1990 年 9 月 7 日第七届全国人民代表大会常务委员会第十五次会议通过,自 1991 年 5 月 1 日起施行;2015 年 4 月 24 日第十二届全国人民代表大会常务委员会第十四次会议第二次修正。

随着政府职能转变的深入推进，越来越多的公共管理和服务职能经授权由非行政机关的社会组织承担。这些组织经规章授权作出的行政行为，也应当具有可诉性。如果仅限于"法律、法规"授权的组织，无法及时回应时代发展和实践需求。为此，《行政诉讼法》和《行政复议法》都明确将"规章"授权的组织作出的行政行为纳入受案范围。据此，"规章"作出的授权规定也可以作为授权依据。

（3）授权的形式必须是行政法规范的直接授权。所谓直接授权，是指由法律、法规、规章的制定机关或具有法规和规章制定权的行政机关作为授权机关，而不是由其他行政机关作为授权机关，再通过该行政机关进行间接授权，否则只能认定为委托。例如，《邮政法实施细则》[①]第3条第1款规定："市、县邮电局（含邮政局，下同）是全民所有制的经营邮政业务的公用企业（以下简称邮政企业），经邮电管理局授权，管理该地区的邮政工作。"这里的"经邮电管理局授权"，也只能认定为委托。此外，在没有法律、法规或者规章明确授权的情况下，行政机关将法律、法规或者规章赋予自己的行政权授予其他组织行使的，都应当认定为委托，而不应当认定为行政授权。对此，最高人民法院《关于适用〈中华人民共和国行政诉讼法〉的解释》[②]第20条第3款规定："没有法律、法规或者规章规定，行政机关授权其内设机构、派出机构或者其他组织行使行政职权的，属于行政诉讼法第二十六条规定的委托。当事人不服提起诉讼的，应当以该行政机关为被告。"

（4）授权的内容必须符合法定的权限要求。行政权的授出实际上是行政职权配置的转移。根据职权法定原则，行政职权不可随意转让或者任意处置，因此任何授权都必须严格符合法定的条件。例如，《行政处罚法》第18条第3款规定，限制人身自由的行政处罚权只能由公安机关和法律规定的其他机关行使。这表明，除了法律之外，任何其他法规、规章都不能将限制人身自由的行政处罚权授予公安机关和法律规定的其他机关以外的其他机关或组织行使。

2. 授权行政主体的范围

依照有关法律、法规、规章的规定，具备授权行政主体资格的社会组织主要有以下几类：

（1）行政机构。行政机构是国家行政机关因行政管理的需要而设置的，具体处理和承办各项行政事务的组织，包括内部机构、派出机构和临时机构三种类型。行政机构隶属于行政机关，不具有独立的编制和经费预算，一般不具有

[①] 1990年11月12日国务院令第65号公布，自1990年11月12日起施行。
[②] 2017年11月13日最高人民法院审判委员会第1726次会议通过，法释〔2018〕1号公布，自2018年2月8日起施行。

行政主体资格,只能以所在的行政机关的名义对外实施行政职权。但是,行政机构在得到法律、法规、规章授权的情况下,可以成为授权行政主体。

第一,内部机构。行政机关的某些内部机构在得到法律、法规、规章授权的情况下,可以成为行政主体。例如,《商标法》①第2条规定:"国务院工商行政管理部门商标局主管全国商标注册和管理的工作。国务院工商行政管理部门设立商标评审委员会,负责处理商标争议事宜。"根据该规定,《商标法》授予国家工商行政管理总局(现为国家市场监督管理总局)内设的商标局和商标评审委员会以行政主体资格。目前,在我国,还有各级交通运输部门内设的航政机构和公路管理机构,县级以上地方人民政府公安机关内设的交警大队和车管所,以及各级人民政府消防救援机构等,都已被有关法律、法规、规章授予行政主体资格。根据《消防法》②第4条的规定,县级以上地方人民政府应急管理部门对本行政区域内的消防工作实施监督管理,并由本级人民政府消防救援机构负责实施。

第二,派出机构。它是指政府职能部门根据工作的需要而在一定区域设置的,代表该职能部门管理某项行政事务的派出工作机构。例如,审计署驻各地办事处,还有公安派出所、税务所、市场监管所、财政所等。从机构性质和法律地位上讲,派出机构与职能部门所设的内部机构处于相同的地位,其本身并无行政法上的主体资格。但是,经过法律、法规、规章的授权,派出机构就获得了行政主体资格。其中,有以概括式进行授权的。如《税收征收管理法》③第2条和第14条对税务所进行了概括式授权,使其取得行政主体资格。法律、法规对派出机构,也有以列举方式具体授权的。例如,《治安管理处罚法》第91条规定,警告、500元以下的罚款可以由公安派出所决定。这就是以列举式直接授予特定范围处罚权,赋予公安派出所行政主体资格。无论以何种方式进行,只要某派出机构获得法律、法规、规章授权,该派出机构便获得行政主体资格,在授权范围内成为行政主体。当然,并不是说授权范围之外的职权,派出机构一律不能行使。只要是所在机关的职权,派出机构都可以行使,但是不能以行政

---

① 1982年8月23日第五届全国人民代表大会常务委员会第二十四次会议通过,自1983年3月1日起施行;2019年4月23日第十三届全国人民代表大会常务委员会第十次会议第四次修正。
② 1998年4月29日第九届全国人民代表大会常务委员会第二次会议通过,2008年10月28日第十一届全国人民代表大会常务委员会第五次会议修订,自2009年5月1日起施行;2021年4月29日第十三届全国人民代表大会常务委员会第二十八次会议第二次修正。
③ 1992年9月4日第七届全国人民代表大会常务委员会第二十七次会议通过,2001年4月28日第九届全国人民代表大会常务委员会第二十一次会议修订,自2001年5月1日起施行;2015年4月24日第十二届全国人民代表大会常务委员会第十四次会议第三次修正。

主体的身份出现,即不能以自己的名义行使,而应以所在机关的名义行使,所在行政机关是行政主体。

在我国,派出机构与派出机关虽都属于行政机关的派设性组织,但两者有着严格的区别。首先,它们的设立机关是不同的。派出机关是由各级人民政府设置的;派出机构则是由各级人民政府的职能部门设置的,如县级公安局设置的公安派出所、县级市场监管局设置的市场监管所、县级税务局设置的税务所、县级司法局设置的司法所、县级水利局设置的水利所等。其次,它们的职能范围是不同的。派出机关的职能是多方面的或综合性的,相当于一级政府;派出机构则只限于管理某项专门的行政事务。最后,它们的主体资格是不同的。派出机关在法律上能以自己的名义行使行政权,是职权行政主体,且是地域行政主体;派出机构则只能成为授权行政主体,且只能是公务性行政主体。

第三,临时机构。它是指国家行政机关设立的,协助其处理某项临时性行政工作的组织。我国的临时机构有很多,如国务院就设有或曾经设有全国绿化委员会、国家防汛抗旱总指挥部、国家森林防火指挥部、全国爱国卫生运动委员会、中央职称改革工作领导小组等;地方行政机关设置的临时机构更多,如有些地方人民政府临时设立的市容整顿办公室、"五讲四美三热爱"办公室、扶贫帮困指导委员会等。临时机构虽不具有行政主体资格,但经行政法规范的授权,也可成为行政主体。例如,中央职称改革工作领导小组和省、自治区、直辖市人民政府设置的职称改革工作领导小组,就曾由行政法规范授权而成为行政主体。从理论上讲,由于这些临时机构只是为了完成某项特殊性或临时性任务而设立的跨部门协调机构,缺乏固定的编制和人员,也缺乏相应的物质条件,因此一般不宜授予行政主体资格。

(2)企业单位。企业是从事生产经营活动,以营利为目的的单位。一般而言,企业在民事法律关系中以法人的身份出现,在行政法律关系中则只能以相对人的身份出现。但是,在特定情况下,经法律、法规、规章的授权,企业单位在行政法律关系中也可以成为行使某项行政职权的行政主体。目前,下列几类企业可以成为被授权的对象:

第一,公用企业。在我国,邮电、铁路运输以及供水、供电、供气、供热等公用企业单位,在行政法规范授权的情况下可成为授权行政主体。例如,《铁路法》第3条第2款规定:"国家铁路运输企业行使法律、行政法规授予的行政管理职能。"

第二,专业公司。它又称"行政性公司",是指以公司的构成要件成立的,主要从事经济活动,同时又承担某一方面行政职能的组织。也就是说,它是挂着公司的牌子,实际上仍然全部或部分行使行政管理职能的政企合一的组织。专业公司通常是由原专业性较强的行政部门改建而成的,如原煤炭部改建成为中国统配煤矿总公司,还有中国船舶工业集团公司、中国石油化工集团公司等全国性的总公司,它们是政府职能转换和机构改革的特殊产物。这些专业性总公司往往成为被授权的对象,经授权而成为行政主体。例如,《国有企业财产监督管理条例》第14条规定:"国务院授权的全国性总公司对其所属企业履行下列监督职责:(一)对企业财产的保值增值状况实施监督;(二)依照法定条件和程序,决定或者批准厂长(经理)的任免(聘任、解聘)和奖惩;(三)商有关部门提出监事会的人员组成;(四)向企业派出监事会。"

(3)事业单位。根据《事业单位登记管理暂行条例》第2条的规定,事业单位是国家为了社会公益目的,由国家机关举办或者其他组织利用国有资产举办的,从事教育、科技、文化、卫生等活动的社会服务组织。事业单位从事某种专业性活动,不以营利为目的,其经费来源于国家拨款。事业单位与企业的区别在于:企业是生产经营性的,而事业单位是非生产经营性的;企业一般从事经营活动,而事业单位不实行独立经营核算,开支由国家统一拨给。事业单位依据法律、法规、规章的授权,可以成为行政主体。国家行政机关设置的直属机构如商标局等,一般都是事业单位。除此之外,下列两类事业单位往往成为被授权的对象:

第一,教学科研单位。《学位法》[①]第5条规定:"经审批取得相应学科、专业学位授予资格的高等学校、科学研究机构为学位授予单位,其授予学位的学科、专业为学位授予点。学位授予单位可以依照本法规定授予相应学位。"这就授予高校学位授予权。上述法律中的授权并不是授予所有的高等学校或科学研究机构,只有经过省级学位委员会或国务院学位委员会审批取得相应学位授予资格的高等学校和科学研究机构才能够颁发学位。又如,根据《高等学校教师职务试行条例》[②]第15条的规定,高等学校教师职务评审委员会对助教、讲师任职资格具有审定权,其第5款规定:"部分高等学校教师职务评审委员会,经国家教育委员会会同省、自治区、直辖市、主管部委批准,有权审定副教授任职资格,或者有权审定副教授、教授任职资格。审定的教授报国家教委备案。"这也是行政授权。

第二,技术单位。有些从事某种专门技术检验或鉴定的事业单位,如计量

---

① 2024年4月26日第十四届全国人民代表大会常务委员会第九次会议通过,自2025年1月1日起施行。

② 1986年3月3日中央职称改革工作领导小组职改字〔1986〕第11号发布。

检定机构、卫生防疫机构、食品卫生检验单位等,经行政法规范的授权,亦可成为行政主体。例如,《计量法》①第 20 条第 1 款规定:"县级以上人民政府计量行政部门可以根据需要设置计量检定机构,或者授权其他单位的计量检定机构,执行强行检定和其他检定、测试任务。"根据《公共场所卫生管理条例》②第三章"卫生监督"、第四章"罚则"中有关规定,卫生防疫机构(站)被授予进行公共场所卫生监督工作的职权和资格。《动物防疫法》③第 48 条第 1 款规定:"动物卫生监督机构依照本法和国务院农业农村主管部门的规定对动物、动物产品实施检疫。"《体育法》④第 57 条第 1 款规定:"国家设立反兴奋剂机构。反兴奋剂机构及其检查人员依照法定程序开展检查,有关单位和人员应当予以配合,任何单位和个人不得干涉。"

(4) 社会团体。它是指社会成员本着自愿的原则,根据团体章程而依法组成的集合,主要包括:人民群众团体,如工会、共青团、妇联、侨联等;社会公益团体,如残疾人基金会、红十字会、消费者协会、注册会计师协会、律师协会、体育协会等;文艺工作团体,如文学艺术界联合会等;学术研究团体,如法学会等;宗教团体,如佛教协会、伊斯兰教协会、天主教爱国会等。其中,被授权的对象多为公益性的社会团体。例如,《消费者权益保护法》⑤第 37 条授予消费者协会对商品和服务进行监督、检查,受理消费者的投诉,并对投诉事项进行调查、调解等职权。根据《注册会计师法》⑥的规定,注册会计师协会是由注册会计师组成的社会团体,具体负责组织实施注册会计师全国统一考试,拟订注册会计师执业准则、规则,受理注册会计师的注册、撤销并收回注册会计师证书,以及对注册会计师的任职资格和执业情况进行年度检查等。根据《律师法》⑦的规定,律师协会是社会团体法人,具有保障律师依法执业、制定行业规范和惩戒规则、

---

① 1985 年 9 月 6 日第六届全国人民代表大会常务委员会第十二次会议通过,自 1986 年 7 月 1 日起施行;2018 年 10 月 26 日第十三届全国人民代表大会常务委员会第六次会议第五次修正。
② 1987 年 4 月 1 日国务院令第 24 号公布,2019 年 4 月 23 日国务院令第 714 号第二次修订。
③ 1997 年 7 月 3 日第八届全国人民代表大会常务委员会第二十六次会议通过;2021 年 1 月 22 日第十三届全国人民代表大会常务委员会第二十五次会议第二次修订,自 2021 年 5 月 1 日起施行。
④ 1995 年 8 月 29 日第八届全国人民代表大会常务委员会第十五次会议通过;2022 年 6 月 24 日第十三届全国人民代表大会常务委员会第三十五次会议修订,自 2023 年 1 月 1 日起施行。
⑤ 1993 年 10 月 31 日第八届全国人民代表大会常务委员会第四次会议通过,自 1994 年 1 月 1 日起施行;2013 年 10 月 25 日第十二届全国人民代表大会常务委员会第五次会议第二次修正。
⑥ 1993 年 10 月 31 日第八届全国人民代表大会常务委员会第四次会议通过,自 1994 年 1 月 1 日起施行;2014 年 8 月 31 日第十二届全国人民代表大会常务委员会第十次会议修正。
⑦ 1996 年 5 月 15 日第八届全国人民代表大会常务委员会第十九次会议通过;2007 年 10 月 28 日第十届全国人民代表大会常务委员会第三十次会议修订,自 2008 年 6 月 1 日起施行;2017 年 9 月 1 日第十二届全国人民代表大会常务委员会第二十九次会议第三次修正。

对律师的执业活动进行考核、组织管理申请律师执业人员的实习活动并对实习人员进行考核、对律师及律师事务所实施奖励和惩戒、调解律师执业活动中发生的纠纷等职责。根据《体育法》的规定,体育协会是依法登记的体育社会组织,也具有授权行政主体资格。该法第45条第2款规定:"运动员可以参加单项体育协会的注册,并按照有关规定进行交流。"第65条规定:"全国性单项体育协会是依法登记的体育社会组织……负责相应项目的普及与提高,制定相应项目技术规范、竞赛规则、团体标准,规范体育赛事活动。"第112条规定,"运动员、教练员、裁判员违反本法规定,有违反体育道德和体育赛事规则,弄虚作假、营私舞弊等行为的,由体育组织按照有关规定给予处理"。第117条规定:"运动员违规使用兴奋剂的,由有关体育社会组织、运动员管理单位、体育赛事活动组织者作出取消参赛资格、取消比赛成绩或者禁赛等处理。"根据该法的授权,作为社团法人的各类全国性单项体育协会,如中国足球协会、中国篮球协会等,均具有运动员注册管理、各类体育竞赛管理以及对违法违规运动员作出处理等职权,因此具备行政主体资格,可以成为行政复议的被申请人和行政诉讼的被告。

(5)其他组织。除上述社会组织之外,其他的组织,包括群众性自治组织,如居委会、村委会,以及其他国家机关的内部组织等经授权,也可从事一定的行政职能活动,成为行政主体。例如,《村民委员会组织法》[①]规定,村委会有权管理本村的公共事务和公益事业,管理本村属于村农民集体所有的土地和其他财产。《城市居民委员会组织法》[②]规定,居委会有权办理本居住地区居民的公共事务和公益事业、调解民间纠纷等。《土地管理法》[③]第11条规定,农民集体所有的土地依法属于村农民集体所有的,由村集体经济组织或者村民委员会经营、管理。据此,村委会、居委会依据法律、法规、规章的授权履行行政管理职责,具有行政主体资格,能够成为行政诉讼的被告;但当接受上级行政机关委托作出行为时,则不具有行政主体的资格,不能成为行政诉讼的被告。[④] 又如,

---

[①] 1998年11月4日第九届全国人民代表大会常务委员会第五次会议通过;2010年10月28日第十一届全国人民代表大会常务委员会第十七次会议修订,自2010年10月28日起施行;2018年12月29日第十三届全国人民代表大会常务委员会第七次会议修正。

[②] 1989年12月26日第七届全国人民代表大会常务委员会第十一次会议通过,自1990年1月1日起施行;2018年12月29日第十三届全国人民代表大会常务委员会第七次会议修正。

[③] 1986年6月25日第六届全国人民代表大会常务委员会第十六次会议通过;1998年8月29日第九届全国人民代表大会常务委员会第四次会议修订,自1999年1月1日起施行;2019年8月26日第十三届全国人民代表大会常务委员会第十二次会议第三次修正。

[④] 参见最高人民法院《关于适用〈中华人民共和国行政诉讼法〉的解释》第24条。

《国防计量监督管理条例》①第5条规定,国防科工委计量管理机构,对中国人民解放军和国防科技工业系统国防计量工作实施统一监督管理。据此,该组织也成了行政主体。

(三)关于受委托组织

受委托组织是基于行政委托而行使行政权的社会组织。在行政活动中,行政机关会将其拥有的某项行政管理权委托给某个社会组织去行使。但是,受委托组织与被授权组织在行政法上的主体地位是完全不同的,不能将它们相混淆。

第一,两者的权力来源不同。受委托组织与被授权组织都有一定的行政权力,但是权力来源不同。前者的权力来源于行政机关的委托,后者的权力直接来源于法律、法规、规章的明文授权规定。

第二,两者的权力性质不同。受委托组织基于委托而取得的行政权是不能独立行使的,它必须以委托的行政机关的名义行使;而被授权组织所获得的权力却可以独立行使,能够以自己的名义行使所拥有的管理职权。

第三,两者的法律地位不同。由于权力性质不同,受委托组织只能以委托机关的名义实施行政权,由此所产生的法律效果自然归委托机关;而被授权组织能够以自己的名义独立行使行政权力,由此产生的法律效果则归属于自己。因此,受委托组织不具有独立的主体资格,不是行政主体,其行为的真正主体是委托行政机关;而被授权组织在法律上则具有独立的地位,属于行政主体。正是由于两者的法律地位不同,所以它们在行政诉讼和行政复议中的地位也不同。被授权组织属于行政主体,可直接当行政诉讼的被告或行政复议的被申请人;而受委托组织则不具有此种资格,如果当事人对受委托组织实施的行政行为不服,由委托机关作为被告或被申请人,承担其行为的法律后果。

当然,国家行政权力具有不可随意转让或者任意处置性,因此行政机关在进行行政委托时必须遵循一定的规则。这些规则包括:第一,委托必须有法定依据,即行政机关只有在法律、法规或者规章规定可以委托的条件下才能委托。没有法定委托依据,行政机关只能作临时性委托,即一次性执行完毕的行政委托。第二,委托必须在法定权限内,即行政机关只能在自己的职权范围内进行委托,超越权限的委托当然无效。第三,必须履行书面委托手续。在书面委托手续中,应明确委托的范围、权限、期限及相应的要求。第四,必须对受委托组

---

① 1990年4月5日国务院、中央军事委员会令第54号发布,自1990年4月5日起施行。

织的行为加强监督。这是委托机关的职责,决不允许一托了事,撒手不管。

受委托组织虽不具有行政主体资格,但代表委托的行政机关行使一定的行政权力,因此也必须符合法定的条件,如该组织是依法成立的、具有法人资格等。同时,在具体实施行政行为时,受委托组织也要遵循一定的规则,包括:第一,必须以委托机关的名义实施行政行为。第二,必须在委托范围内实施行政行为。如果不以委托机关的名义,或超越委托范围而实施行政行为,由此产生的法律后果,不由委托的行政机关承担,而应由受委托组织自行负责。第三,不得再委托其他任何组织或者个人实施行政行为。由于行政权力不具有双重转让性,受托人不应具有自行再转让委托的权力,因而受委托组织不得将委托事项再行委托。

三、行政主体的地位

行政主体的地位,即行政主体的法律地位,是行政主体的权力、义务及其综合体现。行政主体的权力具体表现为行政职权,行政主体的义务具体表现为行政职责。因此,研究行政主体的法律地位,是通过研究行政职权、行政职责及相关的行政权限具体展开的。

(一)行政职权

1. 行政职权的含义与特征

只有具有行政权能的社会组织,才能成为行政主体。一个具有行政权能的社会组织在取得行政主体资格后,也就取得了相应的行政权力。但是,行政权力的内容广泛而复杂,不同的行政主体享有的行政权力是不同的。行政权力在经法律赋予某一特定的行政主体之后,即转化为具体的行政职权。因此,可以说,行政职权就是行政权力的具体配置和转化形式。行政职权作为行政权力具体的法律表现形式,除了具有权力的一般属性如强制性、命令性、执行性等外,还具有以下特征:

(1)公益性。即行政职权的设定与行使不是以行政主体自身的利益为目的,而是以国家和社会的公共利益为目的,如治安管理权、环境保护权、食品卫生监督检查权、商标审批权等。法律上许多权利的享有和行使,都以权利主体自身的利益为主要目的,如公民依法享有的财产权、法人依法享有的经营自主权等。行政职权的公益性,强调行政职权的行使只能是为了公共利益,而不能是为了部门利益、单位利益甚至个人私益。

(2)优益性。这是由行政职权的公益性决定的。为了有效地维护公共利益，法律往往要赋予行政主体有效行使行政职权的保障条件，包括职务上的优先权力和物质上的受益权力。行政主体在行使职权时依法享有的优先权和受益权，往往被统称为"行政优益权"。

行政优先权，是指法律为保障行政主体有效地行使行政职权而赋予行政主体许多职务上的优先条件，即行政职权与其他社会组织及公民个人的权利在同一领域或范围相遇时，具有优先行使与实现的效力。它的内容主要包括先行处置权和社会协助权两个方面。所谓先行处置权，是指行政主体在紧急条件下，可不受程序规定的制约，先行处置，如先行扣留、即时强制等。所谓社会协助权，是指行政主体从事紧急公务时，依法有权获得有关组织和个人的协助。这是一种具有强制性的协助，违反者须承担法律责任。所以，它不同于一般的公务协助。例如，《警车管理规定》[①]第18条规定："警车执行紧急任务使用警用标志灯具、警报器时，享有优先通行权；警车及其护卫的车队，在确保安全的原则下，可以不受行驶路线、行驶方向、行驶速度和交通信号灯、交通标志标线的限制。遇使用警用标志灯具、警报器的警车及其护卫的车队，其他车辆和人员应当立即避让；交通警察在保证交通安全的前提下，应当提供优先通行的便利。"《人民警察法》第13条规定："公安机关的人民警察因履行职责的紧急需要，经出示相应证件，可以优先乘坐公共交通工具，遇交通阻碍时，优先通行。公安机关因侦查犯罪的需要，必要时，按照国家有关规定，可以优先使用机关、团体、企业事业组织和个人的交通工具、通信工具、场地和建筑物，用后应当及时归还，并支付适当费用；造成损失的，应当赔偿。"《人民武装警察法》[②]第24条规定："人民武装警察因执行任务的紧急需要，经出示人民武装警察证件，可以优先乘坐公共交通工具；遇交通阻碍时，优先通行。"第25条规定："人民武装警察因执行任务的需要，在紧急情况下，经现场指挥员出示人民武装警察证件，可以优先使用或者依法征用个人和组织的设备、设施、场地、建筑物、交通工具以及其他物资、器材，任务完成后应当及时归还或者恢复原状，并按照国家有关规定支付费用；造成损失的，按照国家有关规定给予补偿。"又如，《反间谍法》第42条规定："国家安全机关工作人员因执行紧急任务需要，经出示工作证件，享有优先乘坐公共交通工具、优先通行等通行便利。"第44条规定："国家安全机关因反间谍工作需要，根据国家有关规定，可以优先使用或者依法征用国家机

---

① 1995年6月29日公安部令第27号发布，2006年11月8日公安部重新制定并通过，2006年11月29日公安部令第89号发布。

② 2009年8月27日第十一届全国人民代表大会常务委员会第十次会议通过；2020年6月20日第十三届全国人民代表大会常务委员会第十九次会议修订，自2020年6月21日起施行。

关、人民团体、企业事业组织和其他社会组织以及个人的交通工具、通信工具、场地和建筑物等，必要时可以设置相关工作场所和设施设备，任务完成后应当及时归还或者恢复原状，并依照规定支付相应费用；造成损失的，应当给予补偿。"

行政受益权，是指国家为保证行政主体有效行使行政职权而向其提供的各种物质保障条件。与优先权不同，受益权仅体现与国家的关系，而不体现与相对方的关系，其内容具体表现为国家向行政主体提供行政经费、办公条件、交通工具等。受益权和优先权共同构成行政优益权的内容，是行政职权优益性的体现，但是其本身并不是行政职权的一种，而只是行政职权有效行使的保障条件。我们不能将优益权等同于行政职权，它们之间的区别在于：行政职权具有不可自由处分性，不能被行政主体抛弃；而行政主体可以不使用行政优益权。当然，行政主体同样不得滥用行政优益权，使用行政优益权必须具备两个条件：一是只能用于执行公务，而不得用于谋取个人私利；二是只能用于执行紧急公务。

(3) 支配性。这主要体现为行政职权对行政相对人的可支配性。也就是说，行政职权一经行使，即使违法或不当，也被推定为有效，在没有被国家有权机关撤销之前，相对人必须遵守执行。行政职权的支配性是保障行政秩序的稳定性和连续性的需要。例如，《行政处罚法》第73条第1款规定："当事人对行政处罚决定不服，申请行政复议或提起行政诉讼的，行政处罚不停止执行，法律另有规定的除外。"《行政复议法》和《行政诉讼法》中也有类似的规定。

(4) 不可自由处分性。行政职权不仅表现为法律上的支配力量，而且还包含法律上的职责，是权力和职责的统一体。作为法定职责的要求就是，行政主体不得自由处分行政职权，必须依法行使。不可自由处分性主要表现在两个方面：第一，不得随意转移。一定的行政职权必须由法律规定的相应行政主体行使，未经法律许可，不得随意转移。法律上对行政授权和行政委托的规定就反映了这种要求。授权和委托实际上是职权的转移，必须严格符合法定的条件。第二，不得随意放弃或抛弃。行政职权的行使过程也意味着行政职责的履行过程，放弃职权就意味着不履行职责，属于违法失职。例如，《行政处罚法》第83条规定："行政机关对应当予以制止和处罚的违法行为不予制止、处罚，致使公民、法人或者其他组织的合法权益、公共利益和社会秩序遭受损害的，对直接负责的主管人员和其他直接责任人员依法给予处分；情节严重构成犯罪的，依法追究刑事责任。"

2. 行政职权的内容

行政职权的具体内容因行政主体的不同而异。不同行政主体所享有的行

政职权多少不等,内容有别。例如,行政处罚权只限于特定行政主体享有。总体而言,行政职权大致包括下列内容:

(1) 规范制定权,是行政机关在法律规定的范围内可以制定行政法规、规章及其他规范性文件的权力。其中,有权制定行政法规、规章的只能是特定的行政机关。行政机关的规范制定权是一种准立法权,必须严格依据法律,其内容不能与宪法、法律相抵触。

(2) 行政决定权,是行政主体就某一行政管理事项作出相关处理的决定权力。行政主体行使行政决定权的目的是,为相对人设立、变更或消灭某种权利义务。行政决定权包括行政许可权、行政处分权、行政处罚权、行政奖励权、行政命令权等。

(3) 行政监督检查权,是行政主体为保证行政管理目标的实现而对行政相对人遵守法律、法规和履行义务的情况进行监督检查的权力。例如,交通运输安全、食品卫生、环境污染状况的检查权等。行政监督检查的形式多种多样,主要有现场检查、审查、统计、审计、查验、要求相对人提供报告和报表等。行政监督检查权既是一种独立的权力,也是实现规范制定权、行政决定权的重要保障。

(4) 行政司法权,是行政主体裁决争议、处理纠纷的权力。法律赋予部分行政主体行政司法权,以裁决和处理行政争议以及与其管理有关的民事纠纷,如商标、专利、交通事故、劳动、自然资源权属等方面的争议和纠纷。行政司法权包括行政复议权、行政裁决权、行政调解权、行政仲裁权、行政申诉处理权等。

(二) 行政职责

行政职责,是指行政主体在行使行政职权时必须承担的法定义务。它与行政职权是一对"孪生兄弟"。行政职责随行政职权的产生、变更或消灭而发生相应变化,与行政职权密不可分。同时,行政职权与行政职责通常是统一的,从一个角度看是职权,从另一角度看是职责,两者的大小一致。当然,两者针对的对象不同,内容也是有区别的。例如,《大气污染防治法》[①]第29条规定:"生态环境主管部门及其环境执法机构和其他负有大气环境保护监督管理职责的部门,有权通过现场检查监测、自动监测、遥感监测、远红外摄像等方式,对排放大气污染物的企业事业单位和其他生产经营者进行监督检查。被检查者应当如实反映情况,提供必要的资料。实施检查的部门、机构及其工作人员应当为被检

---

① 1987年9月5日第六届全国人民代表大会常务委员会第二十二次会议通过;2015年8月29日第十二届全国人民代表大会常务委员会第十六次会议第二次修订,自2016年1月1日起施行;2018年10月26日第十三届全国人民代表大会常务委员会第六次会议第二次修正。

查者保守商业秘密。"这里规定的是生态环境主管部门和其他监督管理部门的排污检查权。这种职权主要是针对被检查的排污单位而言的,对于国家来说,又是职责,即依法检查的义务;对与之有利害关系的第三者而言,也是职责,如对受到排污侵害的受害人予以保护的义务。正因如此,大多数情况下,法律、法规只规定行政职权,或者只规定行政职责。此时,就应当注意,职权中包含着职责,职责中也包含着职权。

总体而言,行政职责的核心是依法行政,其内容主要有:依法履行职务,不失职;严守法定权限,不超越职权;符合法定目的,不滥用职权;遵循法定程序,避免程序违法。就行政职责的具体内容而言,亦因行政主体的不同而各异。其来源主要包括:(1) 法律规范明确规定的职责。例如,根据《税收征收管理法》的规定,税务机关及其工作人员负有依法对应纳税的公民、法人和其他组织收税的义务。(2) 行政行为设定的职责。这里的"行政行为",既包括制定规范性文件的抽象行政行为,也包括作出行政处理决定的具体行政行为;既包括上级行政主体作出的行政行为,也包括行政主体自身作出的行政行为;既包括单方行政行为,也包括双方行政行为(行政合同)等。这些行政行为都可以为行政主体及其工作人员设定某种具体的职责。(3) 先行行为引起的后续职责。例如,公安机关因其先前扣押某公民的车辆而引起的对所扣车辆负有保管和不作他用的义务。这里的"先行行为",既可能是行政行为,也可能是事实行为。此外,行政职责还来源于行政惯例、已生效的法律文书等。

行政职责不同于行政责任。法律语境下的"责任"通常有三种含义:一是表示"义务",指行为主体所负有并应当履行的义务;二是"归责",指行为主体的过错与应受谴责性;三是"后果",指行为主体违反或不履行某项义务所应承担的否定性后果或不利后果。[①] 行政责任也称"行政法律责任",属于法律责任的一种,通常表示上述第三种含义,是指行政法主体违反行政法规范或者不履行行政法义务所应承担的否定性法律后果,其责任主体包括行政主体、行政相对人和行政第三人。据此,行政主体违法行使职权,不履行或拖延履行职责,都构成违法行为,必须承担相应的行政责任。

(三) 行政权限

行政权限,是指法律规定的行政主体行使职权所不能逾越的范围和界限。换言之,行政权限就是行政职权的限度。行政主体超越该"限度"行使职权,便

---

① 参见冯军:《刑事责任论》(修订本),社会科学文献出版社 2017 年版,第 13 页。

构成行政越权,所作行为违法。由此可见,行政权限虽不构成反映行政主体法律地位的内容,但作为行政职权的界限,直接关系到行政行为的合法性。同时,遵守法定权限也是行政职责的重要内容。

1. 行政权限的划分

行政权限可分为纵横两大类,即纵向的行政权限和横向的行政权限。纵向的行政权限即级别管辖权;而横向的权限则是无隶属关系的行政主体之间的行政权限分工,具体又可分为事务管辖权和地域管辖权两种。

(1) 级别管辖权,是指有隶属关系的上下级行政主体在处理某一行政事务上的权限划分(或分工)。例如,《土地管理法》第46条第1、2款规定:"征收下列土地的,由国务院批准:(一)永久基本农田;(二)永久基本农田以外的耕地超过三十五公顷的;(三)其他土地超过七十公顷的。征收前款规定以外的土地的,由省、自治区、直辖市人民政府批准。"这便是对级别管辖权的规定。级别管辖权分别由法律、法规、规章及规范性文件确定。对级别管辖权的确定,一般依据相对人的法律地位或级别、对公共利益的影响程度、对相对人权利义务的影响程度、标的物的价值、涉外因素等标准。[①] 例如,《治安管理处罚法》第91条规定:"治安管理处罚由县级以上人民政府公安机关决定;其中警告、五百元以下的罚款可以由公安派出所决定。"该条规定中的级别管辖权就是按照对相对人权利义务的影响程度确定的。根据《药品管理法》[②]第41条和第51条的规定,从事药品生产活动和药品批发活动,须经所在地省、自治区、直辖市人民政府药品监督管理部门批准;从事药品零售活动,须经所在地县级以上地方药品监督管理部门批准。这里是根据对公共利益的影响程度确定级别管辖权的。又如,根据《文物保护法》[③]第3条和第13条的规定,古文化遗址、古墓葬、古建筑、石窟寺、石刻、壁画、近代现代重要史迹和代表性建筑等不可移动文物,根据它们的历史、艺术、科学价值,可以分别由国务院核定为全国重点文物保护单位,由省、自治区、直辖市人民政府核定为省级文物保护单位,由设区的市、自治州和县级人民政府核定为市、县级文物保护单位。这里是根据标的物价值确定级别管辖权的。

(2) 事务管辖权,是指管理不同事务的行政主体之间的权限划分。例如,

---

① 参见叶必丰:《行政法学》(修订版),武汉大学出版社2003年版,第145—147页。
② 1984年9月20日第六届全国人民代表大会常务委员会第七次会议通过;2019年8月26日第十三届全国人民代表大会常务委员会第十二次会议第二次修订,自2019年12月1日起施行。
③ 1982年11月19日第五届全国人民代表大会常务委员会第二十五次会议通过;2002年10月28日第九届全国人民代表大会常务委员会第三十次会议修订,自2002年10月28日起施行;2017年11月4日第十二届全国人民代表大会常务委员会第三十次会议第五次修正。

市场监管机关与公安机关之间的权限划分。事务管辖权一般都由法律、法规、规章等予以规定,不同行政主体主管不同的行政事务。在我国,还普遍存在着同一领域有多个行政主体的现象。例如,在海洋执法领域,渔业主管部门、海上交通主管部门、生态环境主管部门等都有自己专属的执法权限,一个执法主体不得超越事务管辖权去行使其他事务主管部门的权限。又如,在公安行政执法领域,不同的公安行政主体都有自己的专属管辖权。对此,根据《公安机关办理行政案件程序规定》[①]第16条的规定,铁路公安机关管辖列车上、火车站工作区域内,铁路系统的机关、厂、段、所、队等单位内发生的行政案件,以及在铁路线上放置障碍物或者损毁、移动铁路设施等可能影响铁路运输安全、盗窃铁路设施的行政案件。对倒卖、伪造、变造火车票案件,由最初受理的铁路或者地方公安机关管辖。必要时,可以移送主要违法行为发生地的铁路或者地方公安机关管辖。交通公安机关管辖港航管理机构管理的轮船上、港口、码头工作区域内和港航系统的机关、厂、所、队等单位内发生的行政案件。民航公安机关管辖民航管理机构管理的机场工作区域以及民航系统的机关、厂、所、队等单位内和民航飞机上发生的行政案件。国有林区的森林公安机关管辖林区内发生的行政案件。海关缉私机构管辖阻碍海关缉私警察依法执行职务的治安案件。

（3）地域管辖权,是指同级的行政主体之间在管辖的地域范围上的权限划分。如果一个行政主体超越自己管辖的地域范围而到其他行政主体管辖的地域范围去执法,则属于超越地域管辖权的违法行政。在我国,确定地域管辖权时,主要依据不动产所在地、相对人所在地、相对人行为地等标准。例如,《行政处罚法》第22条规定,行政处罚应由违法行为发生地的行政机关实施。但是,各种法律、行政法规、部门规章往往作出不同的规定,有的按行为地,有的按相对人所在地等,确定地域管辖权。例如,《公安机关办理行政案件程序规定》第10条第1款规定:"行政案件由违法行为地的公安机关管辖。由违法行为人居住地公安机关管辖更为适宜的,可以由违法行为人居住地公安机关管辖,但是涉及卖淫、嫖娼、赌博、毒品的案件除外。"

2. 行政权限的裁定

由于现实状况的复杂性以及法律、法规、规章等的规定可能不够明确或不一致等因素,行政权限的确定可能发生纠纷和争议。在行政权限发生纠纷或不明时,就需要通过一定的机制予以裁定。行政权限的裁定,是指经有关行政主

---

① 2003年8月26日公安部令第68号发布;2012年12月3日公安部修订,2012年12月19日公安部令第125号发布,自2013年1月1日起施行;2020年8月6日公安部令第160号第三次修正。

体的裁定,确定行政主体的权限。它主要有如下三种情况:

(1)移送管辖权,是指无管辖权的行政主体把已受理的事务移送给有管辖权的行政主体管辖,从而确定由后者行使管辖权。

(2)指定管辖权,是指当管辖权发生争议时,由上级行政主体以决定的方式指定争议双方中的一方行政主体行使管辖权。例如,《公安机关办理行政案件程序规定》第15条第1款规定:"对管辖权发生争议的,报请共同的上级公安机关指定管辖。"

值得注意的是,指定管辖与行政委托在实践中容易相混同,需要加以识别。所谓行政委托,是指行政主体依法将自己的全部或部分职权,委托给符合法定条件的其他行政主体、组织或个人行使的法律行为。笔者认为,应以如下几个标准识别行政委托与指定管辖:

第一,以两个行政主体之间是否有合意为标准。行政指定管辖依据的是一种层级指挥权,上级行政主体指定下级行政主体管辖某项事务,不必征得下级行政主体同意,下级行政主体必须接受。行政委托则是一种双方合意行为,必须经双方同意才能成立。

第二,以上级行政主体是否转让了"职权的行使权"为标准。在行政指定管辖发生的情况下,下级行政主体对某项事务本身具有管辖权,只是因为与同级行政主体发生了管辖权争议而由上级行政主体指定。例如,某学校对学生滥收费用,在审计机关和教育行政机关等都不愿管辖或都主张管辖时,由共同的上级行政主体指定管辖。行政委托的发生则没有此项前提,而是为了更好地行使职权,且委托人委托的是自己的职权,导致了"职权的行使权"的转移。受指定管辖主体本身拥有此种职权,或是通过指定取得另一同级行政主体的职权,而非上级行政主体的职权。因此,区分行政委托与指定管辖的一个关键是,以上级行政主体是否将自己的"职权的行使权"转移给下级行政主体为标准。如果发生了上级行政主体"职权的行使权"的转移,则应认定为行政委托;反之,则应认定为行政指定管辖。

第三,以上级行政主体施行行为的方式为标准。行政委托是一种双方合意行为,双方对委托的范围、时限等都应有约定,且大多采用的是"委托函"的形式;而指定管辖依据的是层级指挥权,无须下级行政主体同意,因而大多采用的是"决定""命令"的形式。

(3)移转管辖权,是指由上级行政主体决定或同意,把管辖权由下级行政主体移送给上级行政主体,或由上级行政主体移送给下级行政主体。这里需要注意的是,移转管辖权实际上也是一种职权的转移问题,严格说来,与职权法定原则不相符合,因此必须具有明确的法律依据。例如,《林业行政处罚程序规定》①第 10 条规定:"上一级林业行政主管部门在必要的时候可以处理下一级林业行政主管部门管辖的林业行政处罚,也可以把自己管辖的林业行政处罚交由下一级林业行政主管部门处理;下一级林业行政主管部门认为重大、复杂的林业行政处罚需要由上一级林业行政主管部门处理的,可以报请上一级林业行政主管部门决定。"《劳动保障监察条例》②第 13 条第 2 款规定,"上级劳动保障行政部门根据工作需要,可以调查处理下级劳动保障行政部门管辖的案件。"

第二节 行政组织法

一、行政组织与行政组织法

(一) 行政组织

组织,是指由相互联系和作用的部分所构成的具有系统功能的有机整体。日本行政学专家冈部史郎指出:"组织就是复数以上的人或集团,通过上、下或并列的秩序,确定其地位和作用,形成作为整体的具有协作关系的形态。"③

组织通常可划分为自然组织和社会组织两大类。社会组织又可划分为国家组织、政党组织和其他社会组织。国家组织又可划分为国家行政组织和其他国家组织。其中,所谓国家行政组织,是指依法设立并行使行政职权的国家组织。一般认为,行政组织就是指国家行政组织,包括行政机关和行政机构。

就广义而言,除了国家行政组织之外,其他社会组织在得到法律、法规、规章授权或行政机关委托的情况下,也享有并行使一定的行政职权。此时,其他社会组织通常也被认为是一种行政法意义上的行政组织。因此,从广义上讲,无论其原始的组织性质如何(国家组织或其他社会组织),只要依法获得并行使行政职权,就都是行政组织。尤其在当代社会,大量的中介机构(也称为"第三部门")、公益事业法人以及公营企业法人经过法律授权,开始越来越多地参与

---

① 1996 年 9 月 27 日林业部令第 8 号发布,自 1996 年 10 月 1 日起施行。
② 2004 年 11 月 1 日国务院令第 423 号公布,自 2004 年 12 月 1 日起施行。
③ 转引自邹钧主编:《日本行政管理概论》,吉林人民出版社 1986 年版,第 65 页。

到行政活动之中,成为协助行政机关达成行政公益目的的有力补充。由此,现代行政组织的形态呈现多样性的特点。在这些行政组织中,行政机关无疑是最典型和最重要的行政组织,也是行政组织法规范的重点。

(二)行政组织法

行政组织法,简而言之,就是规范行政组织的法。无论何种行政活动,都是由权力、人力、物力三大要素集合而成的。行政组织作为担负着广泛行政服务职能的特殊社会组织,必然也是以法定的行政权力之获取、合理的人力资源之配备、充足的财政物资之保障为前提条件的。因此,行政组织所涉及的调整内容不可或缺地包含上述三个部分,即"机关内部抽象之组成方式,具体之人员进用与人事调配,以及机关所有或持有之公物之管理与运用"[①]。其中,规范行政组织的组成方式及其权力创设的法即行政机关组织法,规范人员招录管理的法即公务员法,规范利用和管理公共财产的法即公物法。此外,还包括规范行政组织之规模与人员之配备的法即行政机关编制法。可见,行政组织法的内容应当由行政机关组织法、行政机关编制法、公务员法以及公物法四个部分共同组成,由此构成一个最为广义且最为完整的行政组织法律体系。

行政组织法作为规范行政权的设定及承担者——行政组织的一类法律规范,对于加强行政组织的整体法律控制,推进行政组织的法治化进程,促进行政机关依法行政,以及适应行政改革的需要,无不具有极其重大的意义。因此,行政组织法不仅是行政法的重要组成部分,也应当为行政法学体系所包容,成为行政法学研究的基本内容之一。值得指出的是,在我国早期的行政法学研究中,行政组织法曾占有重要的地位,许多教科书都以很大的篇幅论述行政组织法问题。然而,自 1989 年《行政诉讼法》出台以后,基于解决行政诉讼被告问题的现实需要,学界从对行政组织法的研究转向了行政主体理论,以确定行政主体资格作为适格被告。许多学者认为,传统的行政组织法理论往往侧重于从组织学、管理学的角度研究行政组织或行政机关的内部构成机制和行政效率问题,并没有从法学的角度充分回答行政组织或行政机关在法律上的主体资格和法律地位,行政法学对行政组织的研究应从主体地位上展开,着重解决行政组织是否具有行政主体资格问题,从而进一步解决行政诉讼被告资格问题。正是在这种认识之下,行政主体理论备受人们的青睐和推崇。可以说,我国行政主体理论发端于行政诉讼司法实践中认定适格被告的现实需要,并在此基础上发

[①] 张永明:《行政法》,三民书局 2001 年版,第 116 页。

展起来。

笔者认为,行政主体理论固然有其存在的价值,但是无法代替对行政组织法的研究。尽管行政组织法理论与行政主体理论都以行政机关及其他法律、法规、规章授权的组织为研究对象,但是两者在研究的层次上存在本质区别。行政组织法理论主要是从内部行政关系的角度规范行政主体组织形态上的法定性,行政主体理论则主要是从外部法律关系的角度探讨行政组织权力运行状态上的法定性。只有具备合法的法律地位,掌控法定的行政权力,配备足够的人力,并拥有充足物质和经费支持的行政组织,才有能力参与到外部行政法律关系之中,并承担起维护公共利益,为公民提供公共服务的职责。可见,行政主体理论是对行政组织的动态研究,强调行政组织的"外功";行政组织法理论则是静态的研究,强调行政组织的"内功"。两种理论具有互补性,忽视其中任何一种理论的研究都是片面的、不恰当的。

二、行政机关组织法

(一)行政机关组织法的概念

行政机关组织法是行政组织法之一种,是指规定行政机关的性质和地位、设置和权限、相互关系、基本工作制度和法律责任的法律规范的总称。它的核心内容是关于行政机关设置及其权限的规定。在立法上,行政机关组织法通常还包含有关行政机构设置和人员定编等的规定,即行政机关编制法的内容。

从表现形式来看,行政机关组织法是一类法律规范的总称,具体包括:第一,宪法中关于行政机关设置及其职权职责的规定。例如,我国《宪法》第三章第三节关于国务院的规定,第五节关于地方人民政府的规定,以及第六节关于民族自治地方人民政府的规定等,都属于行政机关组织法规范。第二,专门的行政机关组织法。我国这方面的法律、法规较多,有《国务院组织法》[1]《地方各级人民代表大会和地方各级人民政府组织法》[2](以下简称《地方组织法》)和《民族区域自治法》[3]等。此外,国务院的许多部委和直属机构,以及省、市、县、乡镇等也制定了专门的组织通则或简则。第三,部门行政法律、法规中关于行

---

[1] 1982年12月10日第五届全国人民代表大会第五次会议通过;2024年3月11日第十四届全国人民代表大会常务委员会第二次会议修订,自2024年3月11日起施行。

[2] 1979年7月1日第五届全国人民代表大会第二次会议通过,自1980年1月1日起施行;2022年3月11日第十三届全国人民代表大会第五次会议第六次修正。

[3] 1984年5月31日第六届全国人民代表大会第二次会议通过,自1984年10月1日起施行;2001年2月28日第九届全国人民代表大会常务委员会第二十次会议修正。

政机关设置及其职权职责的规定。这类条款几乎在每一个部门行政法律文件中都有。例如,《海关法》①第3条规定,"国务院设立海关总署,统一管理全国海关。国家在对外开放的口岸和海关监管业务集中的地点设立海关。"第6条规定:"海关可以行使下列权力……"又如,《国境卫生检疫法》②第2条第2款规定:"在中华人民共和国对外开放的口岸(以下简称口岸),海关依照本法规定履行检疫查验、传染病监测、卫生监督和应急处置等国境卫生检疫职责。"此外,行政机关组织法还包括一些有关机构改革的规范性文件,如全国人大通过的关于国务院机构改革的决定、国务院定期调整的"三定"方案等。"三定"方案在内容上规范的是行政机关一个改革时区内的机构设置和职能,在一个改革时区向后发生功效,具有规范性文件的特点,具有行政机关内部组织法的某些特性,在条件成熟时再上升为法律。③

(二) 行政机关组织法的基本内容

健全的立法须有完备的内容,内容的完备与否直接影响到法之功能的有效发挥。从我国现行有效的《国务院组织法》和《地方组织法》的规定来看,行政机关组织法主要涉及行政机关的组成、设置、性质、隶属关系、职责权限、任职期限、工作原则以及副职设置等内容。这些规定固然对行政机关的规制起到了一定作用,但是有很大的局限性。从应然状态看,行政机关组织法应包括以下基本内容:

1. 行政机关的性质与地位

性质与地位,是指行政机关在整个国家机构或整个行政组织系统中所具有的最基本的性质和职权职责。例如,我国《宪法》第85条规定:"中华人民共和国国务院,即中央人民政府,是最高国家权力机关的执行机关,是最高国家行政机关。"这一条界定了国务院的性质——最高国家权力机关的执行机关,以及国务院的地位——最高国家行政机关。又如,《民族区域自治法》第15条规定了民族自治地方的人民政府的特有性质——民族自治地方的自治机关,以及地位——对本级人民代表大会和上一级国家行政机关负责并报告工作。各民族自治地方的人民政府都是国务院统一领导下的国家行政机关。

---

① 1987年1月22日第六届全国人民代表大会常务委员会第十九次会议通过,自1987年7月1日起施行;2021年4月29日第十三届全国人民代表大会常务委员会第二十八次会议第六次修正。

② 1986年12月2日第六届全国人民代表大会常务委员会第十八次会议通过;2024年6月28日第十四届全国人民代表大会常务委员会第十次会议修订,自2025年1月1日起施行。

③ 参见薛刚凌等:《改革开放40年法律制度变迁:行政法卷》,厦门大学出版社2019年版,第56页。

2. 行政机关的设置与权限

行政机关的设置与权限是行政机关组织法的核心内容，应予以明确规定。由于设置的行政机关的多少直接决定着公民负担的大小以及公民活动受限制的程度，因此只能依法进行。行政机关的权限即行政机关职权的界限，包括行政机关的职权大小、限制性条款等，也必须明确地规定在组织法中。只有这样，才能划清各机关之间权力的界限，防止越权和滥用职权，并减少由于权限交叉而造成的纠纷，提高管理效率。

行政机关的设置还是一个程序问题。行政机关组织法除了要规定行政机关的设置标准和规模之外，还应对行政机关的设置程序作出规定，以避免行政机关设置过程中的随意性和人为因素的干预，确保行政机关设置的科学性。所谓行政机关的设置程序，是指行政机关设立、撤销或合并的程序。根据《国务院组织法》和《国务院行政机构设置和编制管理条例》①的规定，国务院组成部门的设置，由国务院总理提请全国人民代表大会决定，在全国人民代表大会闭会期间，提请全国人民代表大会常务委员会决定；国务院直属机构、办事机构，部委管理的国家局，以及国务院议事协调机构的设置，由国务院决定；国务院各部门内部司局级机关的设置，由国务院决定。根据《地方组织法》和《地方各级人民政府机构设置和编制管理条例》②的规定，地方各级人民政府工作部门的设立、撤销、合并或者变更规格、名称，须经上一级人民政府机构编制管理机关审核后，报上一级人民政府批准。其中，县级以上地方各级人民政府行政机构的设立、撤销或者合并，还应当依法报本级人民代表大会常务委员会备案。

值得关注的是，目前，从中央到地方大量存在着各种议事协调机构，如全国爱国卫生运动委员会、全国绿化委员会、国务院学位委员会、国家防汛抗旱总指挥部、国务院妇女儿童工作委员会、全国拥军优属拥政爱民工作领导小组、国务院残疾人工作委员会、国务院扶贫开发领导小组、国家减灾委员会、国家禁毒委员会、国务院抗震救灾指挥部、国家森林防火指挥部、国务院反垄断委员会等。这种机构是为了完成某项特殊性或临时性任务而设立的跨部门的协调机构，不属于行政机关，也不享有独立的行政权力，但是对于协调各相关行政机关统一行使行政权具有重要作用。目前存在的问题是，议事协调机构过多过滥，而且渐有越俎代庖、独揽行政权的趋势。如何对议事协调机构进行法律治理，也是行政机关组织法需明确的重要问题之一。根据《地方各级人民政府机构设置和

---

① 1997年8月3日国务院令第227号公布，自1997年8月3日起施行。
② 2007年2月24日国务院令第486号公布，自2007年5月1日起施行。

编制管理条例》第11条和第12条的规定,地方各级人民政府设立议事协调机构,应当严格控制;可以交由现有机构承担职能的或者由现有机构进行协调可以解决问题的,不另设立议事协调机构。为办理一定时期内某项特定工作设立的议事协调机构,应当明确规定其撤销的条件和期限。县级以上地方各级人民政府的议事协调机构不单独设立办事机构,具体工作由有关的行政机构承担。

3. 行政机关之间的关系

行政机关之间的关系实际上涉及的是行政权力在不同行政机关之间的分配和划分,主要应由行政机关组织法予以调整和规范。行政机关之间的关系可分为纵横两大类型的关系。

(1) 纵向关系。行政机关之间的纵向关系,是指在行政组织系统中基于隶属性所形成的上下级行政机关之间的关系。这种关系又可分为两种:一种是领导关系,即上下级行政机关之间的命令与服从关系。在领导关系中,上级行政机关享有命令、指挥和监督等权力,有权对下级机关违法或不当的决定等行为予以改变或撤销。下级行政机关负有服从、执行上级行政机关决定、命令的义务,不得违背或拒绝,否则就要承担一定的法律后果。领导关系具体包括垂直领导关系和双重领导关系两种类型。垂直领导关系中的行政机关,一般只直接接受某个上级行政机关的领导,如地方海关只接受海关总署领导。双重领导关系中的行政机关则要同时接受两个上级行政机关的直接领导,如地方各级公安机关既要接受上级公安机关的领导,又要接受本级人民政府的领导。另一种是指导关系,即上下级行政机关之间的一种行业或业务上的指导与监督关系。在指导关系中,上级主管部门享有业务上的指导权和监督权,但是没有对下级行政机关的直接命令、指挥权。上下级行政机关之间究竟应实行垂直领导关系、双重领导关系还是指导关系,应根据其性质及职权要求等确定,并由行政机关组织法加以规定。

(2) 横向关系。行政机关之间的横向关系,是指无隶属关系的行政机关之间的关系。两个行政机关,不管是否处于同一等级,只要无隶属关系,概属横向关系。这种关系又有三种情况:第一种是权限划分关系,如人民政府各部门之间的权限划分。这类权限划分的结果是各种行政管辖权。行政组织法也针对行政机关之间的职权划分争议提供了各种解决途径,以防止权力重叠或者相互推诿。例如,根据《地方各级人民政府机构设置和编制管理条例》第10条的规定,地方各级人民政府的行政机构之间对职责划分有异议的,应当主动协商解决。协商一致的,报本级人民政府机构编制管理机关备案;协商不一致的,应当提请本级人民政府机构编制管理机关提出协调意见,由机构编制管理机关报本级人民政府决定。第二种是公务协助关系,又称"职务上的协助",是指对于某一事务无管辖权的行政机关,基于有管辖权的行政机关的请求,依法运用职权予以协助。这种公务协助关系在我国的行政组织法中并不少见。例如,《海关法》第12条第2款规定,海关执行职务受到暴力抗拒时,执行有关任务的公安机关和人民武装警察部队应当予以协助。第三种是监督制约关系,如审计部门、财政部门与其他行政机关之间的监督与制约关系。《审计法》[①]第2条规定:"国家实行审计监督制度。坚持中国共产党对审计工作的领导,构建集中统一、全面覆盖、权威高效的审计监督体系。国务院和县级以上地方人民政府设立审计机关。国务院各部门和地方各级人民政府及其各部门的财政收支,国有的金融机构和企业事业组织的财务收支,以及其他依照本法规定应当接受审计的财政收支、财务收支,依照本法规定接受审计监督。审计机关对前款所列财政收支或者财务收支的真实、合法和效益,依法进行审计监督。"《预算法》[②]第88条规定:"各级政府财政部门负责监督本级各部门及其所属各单位预算管理有关工作,并向本级政府和上一级政府财政部门报告预算执行情况。"第89条第1款规定:"县级以上政府审计部门依法对预算执行、决算实行审计监督。"

4. 基本工作制度与法律责任

基本工作制度,是指行政机关办理业务、开展内部活动的主要工作原则、方式和方法,如民主集中制、首长负责制和会议制度等。这些基本工作制度与行政机关的结构形式、层级关系乃至国家性质都密切相关,应将其明确地规定在行政机关组织法中。就首长负责制而言,《国务院组织法》第5条规定,"国务院实行总理负责制。总理领导国务院的工作。副总理、国务委员协助总理工作"。《地方组织法》第77条规定:"地方各级人民政府分别实行省长、自治区主席、市长、州长、县长、区长、乡长、镇长负责制。省长、自治区主席、市长、州长、县长、区长、乡长、镇长分别主持地方各级人民政府的工作。"就会议制度而言,《国务院组织法》第7条规定:"国务院实行国务院全体会议和国务院常务会议制度。国务院全体会议由国务院全体成员组成。国务院常务会议由总理、副总理、国务委员、秘书长组成。总理召集和主持国务院全体会议和国务院常务会议。国务院工作中的重大问题,必须经国务院常务会议或者国务院全体会议讨论决定。"《地方组织法》第78条规定:"县级以上的地方各级人民政府会议分为全体

---

① 1994年8月31日第八届全国人民代表大会常务委员会第九次会议通过,自1995年1月1日起施行;2021年10月23日第十三届全国人民代表大会常务委员会第三十一次会议第二次修正。

② 1994年3月22日第八届全国人民代表大会第二次会议通过,自1995年1月1日起施行;2018年12月29日第十三届全国人民代表大会常务委员会第七次会议第二次修正。

会议和常务会议。全体会议由本级人民政府全体成员组成。省、自治区、直辖市、自治州、设区的市的人民政府常务会议，分别由省长、副省长，自治区主席、副主席，市长、副市长，州长、副州长和秘书长组成。县、自治县、不设区的市、市辖区的人民政府常务会议，分别由县长、副县长，市长、副市长，区长、副区长组成。省长、自治区主席、市长、州长、县长、区长召集和主持本级人民政府全体会议和常务会议。政府工作中的重大问题，须经政府常务会议或者全体会议讨论决定。"

法律责任，是指违反行政机关组织法的规定，有关责任人员和机关、机构应承担的法律后果。根据《国务院行政机构设置和编制管理条例》和《地方各级人民政府机构设置和编制管理条例》的相关规定，如在行政组织法实施过程中存在擅自设立、撤销、合并行政机构或者变更规格、名称，擅自改变行政机构职责，或者违反规定审批机构或编制等情形，除责令整改外，情节严重的，对直接负责的主管人员和其他直接责任人员，依法给予处分；构成犯罪的，追究刑事责任。值得关注的是，上述法律责任是在国务院行政法规中得以明确的，而在我国现行的国务院及地方人民政府组织法中，却没有规定相应的法律责任，这不能不说是一个缺陷。从立法技术上看，如果一个法律规范没有法律责任，那么这个法律规范就是不科学的，至少是不完整的，不仅难以贯彻实施，而且削弱了其应有的威慑作用。因此，行政机关组织法中关于法律责任的规定亟待完善。

除上述内容外，行政机关组织法还需要规定其他一些事项，如本法的立法依据、生效要件等；同时，对于行政机关的编制管理也应作必要的原则性规定。

三、行政机关编制法

（一）行政机关编制法的概念

1. 编制

编制，是指一个法定社会组织内部的机构设置、人员配备及与之相适应的经费核定问题的总称。任何一个法定社会组织的设立，除了要有明确的职责权限外，还必须在其内部设置一定的机构、配备一定的人员并具有一定的活动经费。如果说一个组织的职责权限是它的"软件"，那么其内部的机构设置、人员配备及经费预算等编制问题可以说是它的"硬件"。因此，编制及编制管理对于一个组织的设立与管理来说意义重大。

"编制"一词在我国的使用较为广泛，根据组织的性质及经费来源的不同，可以将编制分为三大类：

(1) 行政编制。凡是使用行政经费,且经费随着人员的增加而增加的编制,统称为"行政编制"。国家对行政编制实行统一管理。目前,我国行政编制实行的是"大一统"体制,即国家机关、各党派和人民团体均实行行政编制管理。这种编制管理体制显然不符合行政编制的内在特有规律,是不科学的。笔者认为,应将党派和人民团体的编制事务从行政编制中分离出来,按其章程自行管理,而将行政编制仅限于国家机关编制。这样,有利于国家编制管理机关集中力量管理好国家机关编制。按照国家机关的性质不同,国家机关编制又可分为权力机关编制、司法机关编制和行政机关编制等。不同国家机关的编制也应按不同的规律予以管理。

(2) 事业编制。凡属于事业组织的,实行事业编制。与行政编制不同,事业编制的经费从事业经费中支出。事业经费由国家统筹安排,每年度一次性拨给,由事业单位自主使用,所属人员和机构的增加并不带来拨款的增加,不足部分由其自主解决。正因如此,事业单位一般能够自觉地控制机构和人员规模,事业编制在管理上也就不如行政编制那样严格。

(3) 企业编制。凡属于企业组织的,实行企业编制。由于企业实行自负盈亏,企业编制的开支由企业自行承担,纳入成本。关于企业编制的管理,根据企业法的规定,由企业决定机构设置及其人员编制,因此不由国家统一管理。国家对企业编制不实行直接管理,而只在宏观上予以调控和指导。

2. 行政机关编制

行政机关编制是国家机关编制的重要组成部分,是指国家行政机关内部机构的设置、人员的配备及与之相适应的行政经费核定问题的总称。必须指出的是,在实践中,对行政机关编制的理解比较狭窄。例如,根据《国务院行政机构设置和编制管理条例》的规定,行政机关编制仅包括行政机关的人员编制,而不涉及行政机关内部的机构设置(机构规模与比例)。为确保行政机关内部机构设置、人员配备的科学化,宜从广义上把握行政机关编制的含义。

行政机关编制与其他的编制不同,直接涉及行政机关的整体规模及其工作效率,关系到国家行政职能是否能够得以充分实现以及工作人员的积极性能否得到最大限度的发挥,并与行政相对人的利益直接有关,具有独特的意义,因而应由有关的编制法律、法规予以专门的规范和控制。

3. 行政机关编制法

行政机关编制法,是指有关行政机关编制及其管理方面的法律规范的总称。目前,我国尚无专门的行政机关编制基本法,有关行政机关编制及其管理方面的法律规范分散于宪法典、组织法及其他法律、法规之中。从理论上讲,行政机关编制法与行政机关组织法、公务员法之间具有紧密联系,在整个行政组织法中具有重要的地位。其中,行政机关组织法(定职能等)是行政机关编制法(定机构、定人员等)的前提;行政机关编制法则是行政机关组织法的延伸,同时又是公务员法的基础。可见,行政机关编制法与行政机关组织法、公务员法有着天然的、密不可分的联系,并起着中介和桥梁的作用。不仅如此,行政机关组织法对于有效地控制行政机关编制,保障行政机关编制管理的科学化,提高行政效率等,都具有重要的作用。

(1) 控制行政机关编制。行政机关编制与企业编制之间有一个根本性的区别,就是企业编制有一种自律机制,即具有自我调节和控制的功能。产生这种自律机制的主要原因在于,企业组织作为一个完全独立自主、自负盈亏的经济实体,能否存在与发展取决于其生产和经营是否有经济效益。要通过生产、经营获取经济效益,投入必须小于产出,而投入的大小与组织的机构及人员的规模、结构相关。编制过大,机构林立,人浮于事,必然使投入增加,产出相应减少,从而直接影响经济效益。因此,为了自身的存在与发展,企业组织必然会对其编制加以自我调节和控制,使之始终保持生产和经营所必需的最低限度。行政机关则不同,由国家财政拨款,机构多,人员多,财政拨款相应也多。因此,行政机关在编制方面没有自律机制,而需要通过他律,用外在调节和控制的手段予以规范。行政机关编制法正是以其特有的规范性、具体性、明确性和约束性,起到有效地调控行政机关编制的作用。

(2) 保障行政机关编制管理的科学化。行政机关编制的管理在国家行政管理中占有相当重要的地位,其是否科学合理直接影响到行政组织的整体结构及功能的发挥,并对行政效率和国家财政负担产生重大的影响。因此,加强行政机关的编制管理,实现行政机关编制的科学管理,做到机构的合理设置和人员的科学确定,对于防止机构和人员的膨胀,克服官僚主义,节约行政经费和财政支出,提高行政效率,有着直接的、重要的意义。行政机关编制的管理需要科学化,更需要法制化,这就是行政机关编制法。行政机关编制法可以在科学论证的基础上,以立法的方式具体规定行政机构的设置、人员的编制以及编制管理的权限和程序等,用法律手段控制机构设置和人员编制,防止机构和人员的盲目膨胀,以保障行政机关编制管理的科学化,并排除人为的非理性因素的干预。

(3) 提高行政效率。行政机关编制法将行政组织的整体规模控制在适度的范围内,使行政机关、机构的整体设置符合管理的规律,这无疑会使行政机构整体发挥最大的效能。

(二) 行政机关编制法的主要内容

由于我国尚未制定统一的行政机关编制法,因此很难对其内容作确切的界定。从应然状态看,完备的行政机关编制法主要应包括下列事项:

1. 行政机关内部机构的设置

机构是职能的载体,有机构而没有合理的职能,机构就失去意义;有职能而没有机构,职能就无法实现。同时,职能转变后,机构如果不作相应的"关、停、并、转","职能转变"也有可能成为一句空话。行政机关的职能定位与职能转变是由行政机关组织法进行规定的,而机构的设置则由行政机关编制法进行规定。

机构的设置涉及的内容较多,包括规模、级别及其审批程序等。由于行政事务十分复杂,各行政机关内部机构的设置不可能一致,但是设定基本标准是可行的。总的来说,职能越强,担负的事务越多,规模越大,所需要的权威越高,应当被赋予的级别也就越高。机构的设置还必须遵循严格的审批程序。审批程序取决于编制管理体制,如果实行以行业领导为主、地方领导为辅的双重领导体制,那么被管理机关的申请经同级编制管理机关批准后,应依次交所属人民政府和上级编制管理机关逐一审批。审批的主要事项:一是是否有必要设立该行政机构,这取决于行政事务的需要;二是申请的规模和级别与实际应有的规模和级别是否一致。

2. 人员配备与经费核定

在合理设置机构的基础上,必须配备职务人员,并核定与之相适应的行政经费。这项工作是十分复杂的,但是由行政机关编制法对其基本标准和总的管理原则作出规定是必要的,也是可行的。

行政机关编制法所规范的人员配备管理与公务员法不同,主要涉及的是人员的数额、职位和各类人员的结构、比例等。在完成这些人员编制任务之后,以此为依据进行的人员管理,才是公务员法调整的范围。例如,我国《公务员法》第 27 条和第 43 条规定,录用、任职必须在规定的编制限额内进行。编制限额即人员定额,人员定额的多少取决于行政事务的多少,两者成正比。行政机关的职能确定后,即可按照职位分类的程序和标准,核定该行政机关所需的职位数量和结构。每个职位设公务员一人,一般不得兼职。因此,人员定额与职位定额的数量大致相同。

人员结构包括副职设置(正副职比例)、职级结构和职种结构。副职的设置有数额的限制。例如,《国务院组织法》第 12 条第 1 款规定:"国务院组成部门设部长（主任、行长、审计长）一人，副部长（副主任、副行长、副审计长）二至四人；委员会可以设委员五至十人。"目前，对于地方各级人民政府职能部门的副职领导人的设置，尚未有法律的明确规定，一般由领导控制幅度。职级结构，是指相同职级之内因工作难易、繁简程度和资历不同而形成的级别高低结构，如二级科员分27—19级。职种，是指因工作性质不同而分成的职位种类，如行政执法类、专门技术类和综合管理类等；职种结构，是指不同工作类别公务员的数量比例。正确核定人员结构，有助于公务员之间取长补短，形成良好的工作关系。

行政机关从事行政管理活动还必须有一定的经费来源，即纳入国家预算。预算手段不仅要以科学定编为基础，还必须建立在法治基础之上。也就是说，编制法还要对行政经费的核定分配和使用予以规范。行政经费管理涉及的环节较多。一般而言，编制管理机关负责行政经费的初步核算，确定行政经费数额并制订分配方案；财政部门负责将已核算的行政经费编于预算，并根据权力机关审定的预算方案发放行政经费；审计部门着重于监督行政经费使用的合法性和效益；人事部门负责工资级别的确定和发放。相对而言，编制管理机关的经费管理活动较为综合、全面，是其他几个环节的基础和依据。

3. 行政编制管理机关及其权限

行政编制是一项权威性、技术性、经济性和法律性都很强的工作，必须设立专门的机关，配备受过专职训练的人员，才能顺利完成编制管理任务。在组织形式上，中央一级设独立的国家行政编制管理委员会，县级以上的地方人民政府也应设置独立的编制管理机关。在领导体制上，地方各级编制管理机关应同时受上级编制管理机关的领导。

行政编制管理机关的权限主要有三项：一是宏观管理权，即中央编制管理委员会有权研究行政编制管理的方针、政策，起草法规，制定规章，拟定行政机构改革的总体方案、实施细则等。二是具体执法权，即负责行政机关编制法的实施和管理的常规性工作，如对机构变动、人员增减的审查等。三是监督检查权。这也是一项重要职权，一切违反编制规定的行为，编制管理机关都有权进行调查并作出相应的处理。

4. 违反行政编制管理的法律责任

行政机关编制法应明确规定违反行政编制管理的法律责任，否则将缺乏权威性和强制性，不利于编制管理的规范化、法制化，不利于有效控制行政编制。根据工作责任制原则，违反编制法的直接责任人员，依其情节轻重，应承担相应的行政责任。同时，未经法定程序设定的机构应一律无效，超编录用的人员也应一律退回。

法律责任确定后,原则上由原处理机关负责监督执行。编制管理机关和被管理机关都是国家行政机关。当被管理机关拒不执行处理决定时,不能适用有关自然人的强制执行措施。此时,处理机关可以采取下列执行措施:一是以编制管理建议书的形式向被管理机关的上级机关或人事部门提出建议,由后者负责监督处理决定的执行并处分责任人员;二是从拒不执行之日起,扣除法定编制以外的行政经费,迫使被处理机关守法;三是向监察机关或司法机关移送有关材料,建议追究有关人员的法律责任。

第三节 公务员法

一、公务员与公务员法

（一）公务员

"公务员"一词最初译自英文"civil servant",其原意是"文职人员"或"文职公仆"。在西方,公务员一般是指通过非选举程序而被任命从事政府工作的国家工作人员。然而,由于各国法律文化及历史发展阶段的不同,公务员的具体含义、范围及类型的划分存在着一定的差异,大致可以分为三种情况:[①]一是以英国为代表的小范围公务员。即公务员仅指国家政府系统中非经选举产生和非政治任命的事务官,不包括由选举或政治任命产生的内阁成员及各部政务次官等政务官。二是以美国为代表的中范围公务员。即国家行政机关中的所有公职人员,包括政务官与事务官,统称为"公务员"。但是,适用于国家公务员法规的只有事务官。三是以法国为代表的大范围公务员。即从中央到地方政府机关的公职人员、国会除议员以外的工作人员、审判官、检察官、国有企业事业单位的工作人员,统称为"公务员"。但是,适用于国家公务员法规的,只是国家公务员中的"一般职"公务员,即政府系统中非选举产生和非政治任命的工作人员。

在我国,根据1993年国务院颁布的《国家公务员暂行条例》的规定,公务员

---

① 参见宋世明:《中国公务员法立法之路》,国家行政学院出版社2004年版,第479页以下。

是指各级行政机关中,依法代表行政机关,从事行政公务,除工勤人员以外的工作人员。2005年通过的《公务员法》调整了公务员的范围。根据《公务员法》的规定,公务员是指依法履行公职、纳入国家行政编制、由国家财政负担工资福利的工作人员。据此,我国的公务员不仅包括各级各类国家机关工作人员,还包括中国共产党和各民主党派机关、政协机关的工作人员。其中,国家机关工作人员不仅限于行政机关工作人员,还包括人大机关、监察机关、审判机关和检察机关的工作人员。此外,《公务员法》第112条规定:"法律、法规授权的具有公共事务管理职能的事业单位中除工勤人员以外的工作人员,经批准参照本法进行管理。"

《公务员法》确定上述公务员的范围,主要考虑了以下两个方面的因素:第一,我国政治体制的基本特点。中国共产党领导的多党合作和政治协商制度是我国宪法确立的一项基本政治制度。其中,中国共产党是执政党,各民主党派是参政党,中国人民政治协商会议是具有广泛代表性的统一战线组织。它们与各级人大、政府、监察委员会、法院、检察院等国家机关都是我国政治制度中不可缺少的主体,各自都在不同程度上履行着公共职责,参与公共管理活动。这是我国政治体制的基本特点,也是确立我国公务员范围的基本依据。第二,我国干部人事管理的现实情况。在西方,多数国家强调文官管理是一个独立的管理系统,不受政党干预,与党派脱钩,党派不得直接管理文官。但是,在我国,公务员制度是党的干部制度的组成部分,党管干部是干部人事管理制度的一个重要原则。为了坚持党对机关干部队伍的统一领导,我国干部人事管理按机关、企业、事业三大块分类管理。① 其中,各类党政机关的干部队伍被视为一个统一的整体,统一使用国家核定的行政编制,统一从国家行政费用中支付薪酬,国家对其实行统一的人事管理。这是我国干部人事管理制度的最大特色,也是确定公务员范围的制度基础。

(二)公务员法

公务员法有广义和狭义两种解释。狭义的公务员法,特指具有专门、完整法律形式的公务员法典;广义的公务员法,则是指有关国家公务员管理活动的法律规范的总称。除了统一的公务员法典外,凡是宪法典、组织法及其他法律、

---

① 这种大块分类管理在我国经历了一个发展的过程。中华人民共和国成立后很长一段时间,将党政机关、企事业单位工作人员都作为"国家干部"进行管理。改革开放以来,我国积极推行以分类管理为重要内容的人事制度改革,对过去"大一统"的"国家干部"进行合理分解,将党政机关干部与国有企业事业单位的干部区分开来,党政机关实行公务员制度,国有企业单位实行劳动合同制,事业单位实行聘任制和岗位管理制度。

法规和规章中关于公务员管理的规定，都属于广义的公务员法的范畴。在这一意义上，除《公务员法》外，《监察官法》《法官法》《检察官法》等都属于我国公务员法的范围。

世界上已有不少国家制定了统一的国家公务员法典，如美国于1883年制定了《联邦文官法》（又称《彭德尔顿法》），瑞士于1927年制定了《联邦公务员章程法》，法国于1946年制定了《公务员总章程》（1959年修订），日本于1947年制定了《国家公务员法》，联邦德国于1953年制定了《联邦官员法》，波兰于1982年制定了《国家工作人员法》等。

在我国，国务院于1993年制定了《国家公务员暂行条例》，国家人事部自1994年起陆续制定了一系列与《国家公务员暂行条例》配套实施的各种规章，包括《国家公务员职位分类工作实施办法》（1994年1月10日发布）、《国家公务员考核暂行规定》（1994年3月8日发布）、《国家公务员录用暂行规定》（1994年6月7日发布）、《国家公务员职务任免暂行规定》（1995年3月31日发布）、《国家公务员奖励暂行规定》（1995年7月3日发布）、《国家公务员辞职辞退暂行规定》（1995年7月18日发布）、《国家公务员职务升降暂行规定》（1996年1月29日发布）、《国家公务员任职回避和公务回避暂行办法》（1996年5月27日发布）、《国家公务员培训暂行规定》（1996年6月5日发布）、《国家公务员职位轮换（轮岗）暂行办法》（1996年7月31日发布）等。在此基础上，2005年4月27日，第十届全国人民代表大会常务委员会第十五次会议通过了《公务员法》，自2006年1月1日起施行。① 这是我国第一部统一的公务员法典，其制定颁布是我国民主法制建设的一件大事，是干部人事管理科学化、法制化的里程碑。2018年12月29日第十三届全国人民代表大会常务委员会第七次会议对《公务员法》作了较为全面的修订，自2019年6月1日起施行。

与《国家公务员暂行条例》相比，《公务员法》有了较大的发展。其一，调整了公务员的范围。《国家公务员暂行条例》规定的公务员范围，仅限于国家行政机关中除工勤人员以外的工作人员。《公务员法》在这方面进行了调整，将公务员的范围扩大到各级各类国家机关以及中国共产党和各民主党派机关、政协机关的工作人员。其二，创新了公务员的分类制度。《国家公务员暂行条例》所确立的职务分类制度，将公务员职务分为领导职务与非领导职务，实际上是一种

---

① 2017年9月1日第十二届全国人民代表大会常务委员会第二十九次会议修正，自2018年1月1日起施行。此次修改，主要是为了完善法律职业准入制度，将"国家统一司法考试"修改为"国家统一法律职业资格考试"，并将需要通过该考试的人员扩大到行政机关中初次从事行政处罚决定审核、行政复议、行政裁决、法律顾问的公务员。

简单的职务分类。因为领导职务意味着"当官",其吸引力远远大于非领导职务,所以很多人追求领导职务,而"官位"毕竟为数不多,其结果是"千军万马挤官道"。这仍然是一种"官本位"的制度设计思路,难以吸引优秀人才进入公务员队伍。《公务员法》针对公务员管理中遇到的突出问题,重新设计了"职位分类制度",规定按照公务员职位的性质、特点和管理需要,划分为综合管理类、专业技术类和行政执法类等类别,并且规定根据实际需要,在条件成熟的时候建立新的职位类别。其三,进一步完善了其他系列公务员管理机制。《公务员法》将《国家公务员暂行条例》实施十多年后进一步推行干部人事管理制度改革中的一些新经验吸收进来,包括竞争上岗、公开选拔、职位聘任以及领导干部任职公示制、任职试用期制等。其中,尤其值得一提的是建立了职位聘任制。《国家公务员暂行条例》虽规定部分职务实行聘任制,但十多年来一直没有推行。《公务员法》则设专章对聘任公务员的范围、管理方式等作出明确的规定,并专门建立了人事争议仲裁制度,如果出现争议,聘任制公务员可以向人事争议仲裁委员会申请仲裁。

《公务员法》第 3 条规定:"公务员的义务、权利和管理,适用本法。法律对公务员中的领导成员的产生、任免、监督以及监察官、法官、检察官等的义务、权利和管理另有规定的,从其规定。"这表明,从性质上看,《公务员法》是一部一般的人事管理法。

第一,《公务员法》是规范公务员管理的一般法律,在我国公务员管理法规体系中居于母法的地位。因此,凡是有关公务员的义务、权利和管理等共性的事项,都应当适用《公务员法》的有关规定。关于公务员中的领导成员的产生、任免、监督等,《地方组织法》等法律另有规定;关于监察官、法官、检察官等的义务、权利和管理等,《监察官法》①《法官法》②《检察官法》③等法律根据监察、司法职务的特点,也作了特殊的具体规定。这些规定相对于《公务员法》而言,都属于特别法的规定。根据特别法优于一般法的原则,其他法律对公务员中的领导成员的产生、任免、监督以及监察官、法官、检察官等的义务、权利和管理另有规定的,从其规定。对此,《公务员法》第 3 条第 2 款规定:"法律对公务员中领导成员的产生、任免、监督以及监察官、法官、检察官等的义务、权利和管理另有规

---

① 2021 年 8 月 20 日第十三届全国人民代表大会常务委员会第三十次会议通过,自 2022 年 1 月 1 日起施行。

② 1995 年 2 月 28 日第八届全国人民代表大会常务委员会第十二次会议通过;2019 年 4 月 23 日第十三届全国人民代表大会常务委员会第十次会议修订,自 2019 年 10 月 1 日起施行。

③ 同上。

定的,从其规定。"

第二,《公务员法》是一部人事管理法,属于组织法的范畴。《公务员法》并不涉及机关职能和工作方式,后者属于行为法、救济法等规定的范畴。就司法机关而言,其职能和工作方式主要由各类诉讼法加以规定,因此将法官、检察官纳入公务员范围,统一适用《公务员法》有关人事管理的规定,并不妨碍法官、检察官依法独立公正行使职权。

二、公务员的条件、义务与权利

公务员是执行国家公务的人员,只有符合法定条件的公民才能取得公务员的身份或者资格。同时,公务员这种特殊的身份及其职务上的特殊要求,使得其具有不同于普通公民的职务上的特殊义务和权利。这是促使公务员依法执行国家公务,更有效履行国家公职的基本保障。因此,《公务员法》对公务员的条件及其职务上的义务、权利作了明确规定。

(一)公务员的条件

所谓条件,是指取得公务员的身份或者资格所应当具备的最基本的法定要求。根据《公务员法》第13条的规定,公务员应当具备下列条件:第一,国籍条件。担任公务员是一种公权利,只有一国的公民才能够享有该项权利。我国《宪法》第33条第1款规定:"凡具有中华人民共和国国籍的人都是中华人民共和国公民。"因此,作为中华人民共和国公务员,必须具有中华人民共和国国籍。这是公务员应当具备的首要条件。第二,年龄条件。即公务员必须年满18周岁,这是针对公务员职业的特殊需要而作出的一种年龄限制。第三,政治要求。即公务员必须拥护中华人民共和国宪法,拥护中国共产党领导和社会主义制度。公务员拥护宪法还具有更深的含义,即忠于宪法。第四,素质要求。即公务员应当具有良好的政治素质和道德品行。第五,身体条件。公务员的身体健康状况必须能够保证其正常履行职责,即公务员应当具有正常履行职责的身体条件和心理素质。值得注意的是,由于不同的工作和职位对身体条件有不同的要求,因此不能对公务员提出超出职位所要求的身体条件,更不能简单地以身体条件不符合要求而对公务员的录用、选拔、任用等进行不合理的限制。第六,文化程度和工作能力的要求。公务员所从事的职位应当与其学历、知识结构、业务能力、实际工作水平相适应,满足所从事工作的需要,即公务员应当具有符合职位要求的文化程度和工作能力。但是,需要注意的是,不同的行业对公务员的工作能力有不同的要求,不同的职位对公务员的文化程度也有不同的要求。

此外,还需要具备法律规定的其他条件。这主要是针对一些特别法中对于特殊行业公务员规定的具体要求。例如,根据《法官法》和《检察官法》的规定,担任法官、检察官必须具备"普通高等学校法学类本科学历并获得学士及以上学位;或者普通高等学校非法学类本科及以上学历并获得法律硕士、法学硕士及以上学位;或者普通高等学校非法学类本科及以上学历,获得其他相应学位,并具有法律专业知识","从事法律工作满五年。其中获得法律硕士、法学硕士学位,或者获得法学博士学位的,从事法律工作的年限可以分别放宽至四年、三年","通过国家统一法律职业资格考试取得法律职业资格"等特殊条件。根据《监察官法》的规定,担任监察官应当具备"高等学校本科及以上学历","熟悉法律、法规、政策,具有履行监督、调查、处置等职责的专业知识和能力"等特殊条件。

(二)公务员的义务

根据《公务员法》第14条的规定,公务员应当履行下列义务:第一,守法的义务,即公务员必须忠于宪法,模范遵守、自觉维护宪法和法律,自觉接受中国共产党领导;第二,维护国家利益的义务,即公务员必须忠于国家,随时注意维护国家的安全、荣誉和利益;第三,为人民服务的义务,即公务员要忠于人民,全心全意为人民服务,接受人民监督;第四,忠于职守的义务,即公务员在从事公务的过程中,要忠于职守,勤勉尽责,服从和执行上级依法作出的决定和命令,按照规定的权限和程序履行职责,努力提高工作质量和效率;第五,保守秘密的义务,即公务员必须随时注意保守国家秘密和工作秘密,防止泄密;第六,带头践行社会主义核心价值观,坚守法治,遵守纪律,恪守职业道德,模范遵守社会公德、家庭美德;第七,清正廉洁,公道正派;第八,法律规定的其他义务。

(三)公务员的权利

根据《公务员法》第15条的规定,公务员享有下列权利:第一,职责保障权,即获得履行职责应当具有的工作条件,包括各种办公条件、医疗卫生条件等;第二,身份保障权,即作为公务员的身份和职务应受到法律保障,非因法定事由,非经法定程序,不被免职、降职、辞退或者处分;第三,经济保障权,即公务员有权获得工资报酬和享受福利、保险待遇;第四,参加培训权,即公务员有权参加政治理论、业务知识及其他方面的培训,以保障其自身的发展;第五,批评建议权,即公务员有权对机关工作和领导人员提出批评和建议,任何人都不得予以压制,更不得乘机或变相打击报复,否则必须追究打击报复者的法律责任;第六,申诉控告权,即公务员对涉及其本人的人事处理决定,如处分的决定,被降薪、降职或被辞退的决定等,可以向有关部门提出申诉和控告;第七,申请辞职权,即公务员的职业选择权,是指公务员如因主观或客观原因不愿意继续担任公职,有权辞去公职,但应遵守相关规定;第八,法律规定的其他权利,主要指人身自由权、平等权、政治权利、退休退职权、休息权等。

三、公务员的职位分类

人事分类是人事管理的基础和前提。人事分类是否科学、合理,直接影响人事管理的有效性和科学性。综观世界各国的人事分类制度,大体可分为品位分类和职位分类两种。前者是以人为对象进行的分类,其主要依据是公务员个人所具备的条件(如资历、学历等)和身份(如官职地位的高低、所得薪俸的多少);后者则以职位为对象,其分类的主要依据是职位的工作性质、难易程度、责任大小和所需的资格条件。这两种分类制度互有长短,都是在特定的历史条件下和不同的社会环境中产生和发展起来的。事实上,这两种分类制度也在相互汲取对方的优点和长处。强调结构简化,注重人事结合,已成为世界各国人事分类制度的共同发展趋势。

根据我国《公务员法》的规定,国家实行公务员的职位分类制度。我国的职位分类制度,是在吸收国外科学的人事管理经验的基础上,根据我国国情确立的具有中国特色的人事分类制度。其主要内容包括:

(一)划分职位类别

所谓职位,是指组织分配给每一个工作人员的具有职务和责任内容的工作岗位。它以"事"(即工作性质、难易程度、责任大小和所需的资格条件)为中心而设置,可供不同的人在不同的时间内担任而不随人带走。职位分类的最基本要求是根据职位的性质和特点划分职位的类别,然后在此基础上设置各种职务序列和等级序列。因此,划分类别是职位分类工作的基础和前提。

在我国,《国家公务员暂行条例》虽规定实行职位分类制度,但主要是强调各机关要在确定职能、机构、编制的基础上,进行具体职位设置,并未从总体上对职位进行归类划分。这就使得职务与级别的设置难以满足不同职位的性质和特点的需求。该条例虽将公务员分为领导职务和非领导职务,但实际上并不是以职位类别区分为前提,而是以公务员是否承担领导职务为标准进行的分类。这种没有职位区分的单一化的职务分类,使得所有的公务员都只能适应一套职务序列,实行一种管理办法。它带来的突出问题是,晋升渠道单一,无法为公务员提供多样化的职业发展阶梯,尤其是为基层公务员提供的职务晋升台阶太少,提供的职业发展空间太小。同时,这种单一化的职务设置,不利于专业人才的成长,尤其是难以充分发挥专业技术人员的积极性。为了克服这种职位设置单一化的不足,建立符合各类公务员成长规律的多样化的职务序列,《公务员法》按照公务员职位的性质、特点和管理需要,将公务员职位划分为综合管理类、专业技术类和行政执法类等类别,并规定根据不同的职位类别设置其职务序列,从而对公务员的职务与级别进行了重新设计。

1. 综合管理类职位

这是指机关中履行综合公共管理职责,负责机关内部日常工作等的职位。该职位的适用范围最广泛,人数最多。

2. 专业技术类职位

专业技术类公务员是指机关中专门从事专业技术工作,具有专业知识、专业技能,为机关履行职责提供技术支持和保障的公务员,其职责具有强技术性、低替代性。该职位具有三个显著特点:[1]一是纯技术性,即只对专业技术本身负责,不直接参与公共管理;二是低替代性,即该职位由于需要特殊的专业技术知识水平,因而一般不能为其他职位所代替;三是技术权威性,即该类公务员提供的技术结论不受行政领导的干预,不因行政领导意志的改变而受影响,也不直接决定行政领导的决策,而只为其提供参考和支持。根据上述特点,专业技术类职位主要体现为行业特有专业岗位和一些社会通用性专业的技术岗位,前者如公安部门的法医、海关部门的商品归类人员、卫生系统的疾病控制专家等,后者如工程技术岗位、化验技术岗位、翻译技术岗位等。专业技术类公务员职位根据工作性质、专业特点和管理需要,一般在市地级以上机关以专业技术工作为主要职责的内设机构或者岗位设置。部分县(市、区、旗)专门从事专业技术工作公务员较多的机关,经批准也可以设置专业技术类公务员职位。县级以上机关还可以设置专业技术类公务员特设职位引进高层次人才。

《公务员法》设置专业技术类职位,一方面是为了适应现代社会政府职能日益专业化发展的需要,为各级行政领导的决策提供专业技术支持和保障,增强行政决策的科学性;另一方面是为了满足对不同类别公务员进行科学管理的要求,为从事专业技术工作的公务员提供职业发展阶梯,吸引和稳定机关不可缺少的专业技术人才,激励他们立足本职岗位,成为本职工作的专家。

---

[1] 参见宋世明:《中国公务员法立法之路》,国家行政学院出版社2004年版,第296页以下。

3. 行政执法类职位

行政执法类公务员,是指依照法律、法规对行政相对人直接履行行政许可、行政处罚、行政强制、行政征收、行政收费、行政检查等执法职责的公务员,其职责具有执行性、强制性。与其他职位类别相比,行政执法类职位主要适用于那些直接履行具体执行职能的基层行政机关,且只有对法律的执行权,而无解释权。设置行政执法类职位,主要是为了加强和完善对基层公务员队伍的管理,为基层执法部门公务员提供更加广阔的职业发展空间,更好地激励一线执法公务员做好本职工作,从而真正优化一线公务员的人才结构,提高执法专业水平,落实执法责任制,促进依法行政。这就要求,行政执法类公务员应当按照规定的权限和程序认真履行职责,坚持依法行政、依法办事,做到严格规范公正文明执法,提高执法执行力和公信力,保障和促进社会公平正义,维护人民合法权益。行政执法类公务员职位根据工作性质、执法职能和管理需要,一般在以行政执法工作为主要职责的市地级以下机关或者内设机构设置。根据行政执法机构设置实际,省级、副省级城市机关也可以设置行政执法类公务员职位。

除以上三种职位类别外,考虑到行政管理事务的复杂性和多样性,《公务员法》第16条还规定,"根据本法,对于具有职位特殊性,需要单独管理的,可以增设其他职位类别。"同时,以上职位类别只是从总体上、宏观上对整个公务员的职位进行的分类。具体落实到每个机关,则进一步涉及机关具体职位设置的问题,这是公务员职位分类的微观基础。具体职位设置是否科学、合理,直接关系到整个职位分类制度功能的发挥。对此,《公务员法》第20条规定:"各机关依照确定的职能、规格、编制限额、职数以及结构比例,设置本机关公务员的具体职位,并确定各职位的工作职责和任职资格条件。"这表明,各机关设置具体职位,应当以"确定的职能、规格、编制限额、职数以及结构比例"为依据,并且应当编制职位说明书,以规范性文件的形式确定每个具体职位的工作职责和任职资格条件,作为公务员分类管理的依据。

(二)设置职务、职级序列

职务,是指一定职位上的职衔和责任。职务与职位之间既有区别又有紧密联系:职位用于行政组织,即国家设置在行政组织中的位置;职务用于人员,即处于职种位置上的人。可以说,两者是对同一客体的两种不同角度的表述。例如,"市长"这一国家公职,既指市政府内的一个职位,又是某一公务员担任的职务。职位是职务的前提和基础,没有一定的职位,就谈不上担任相应的职务。

但是,在职位设置后,必须确定相应的职务。不同的职位类别,必然产生不同的职务序列,需要设置不同的职务序列和职务层次与之相对应,从而为公务员提供多样化的职业发展阶梯。

在我国,《国家公务员暂行条例》根据公务员是否承担领导职责,将公务员的职务分为领导职务和非领导职务。领导职务承担领导职责;而非领导职务不负有领导职责,承担岗位职责。《公务员法》在延续这一职务分类的基础上,根据职位类别的特点,分别设置了多样化的非领导职务序列,即除综合管理类非领导职务外,还在非领导职务中设置了专业技术职务、行政执法职务、法官和检察官职务等。2018年修订的《公务员法》进一步改革职务序列制度,规定国家实行公务员职务与职级并行制度,根据公务员职位类别和职责设置公务员领导职务、职级序列。

1. 领导职务序列

根据《公务员法》的规定,公务员领导职务根据宪法、有关法律和机构规格设置。领导职务分为十个职务层次,分别是:国家级正职、国家级副职、省部级正职、省部级副职、厅局级正职、厅局级副职、县处级正职、县处级副职、乡科级正职、乡科级副职。这些领导职务层次适用于所有类别的公务员。也就是说,无论综合管理类公务员还是专业技术类和行政执法类公务员,都有机会承担领导职务。

在领导职务的具体设置上,由于各类公务员范围广泛、情况复杂,需要根据宪法、有关法律以及机构规格来确定。例如,根据《宪法》和《地方组织法》的规定,各级政府、监察委员会、法院、检察院等机关组成人员的领导职务是:国家主席、副主席;国务院总理、副总理、国务委员、各部部长、各委员会主任、审计长、秘书长;中央军事委员会主席、副主席;国家监察委员会主任、副主任、委员;最高人民法院院长、副院长、审判员、审判委员会委员、军事法院院长;最高人民检察院检察长、副检察长、检察员、检察委员会委员、军事检察院检察长;省长和副省长、自治区主席和副主席、市长和副市长、州长和副州长、县长和副县长、区长和副区长、乡长和副乡长、镇长和副镇长;本级人民政府秘书长、厅长、局长、委员会主任、科长;地方各级监察委员会主任、副主任、委员;地方各级人民法院院长、副院长、审判委员会委员、庭长、副庭长和审判员;地方各级人民检察院检察长、副检察长、检察委员会委员、检察员等。

2. 职级序列

根据《公务员法》的规定,公务员职级的层次在厅局级以下设置。具体到综合管理类的公务员职级序列,共分为12个层次,分别是:一级巡视员、二级巡视员、一级调研员、二级调研员、三级调研员、四级调研员、一级主任科员、二级主任科员、三级主任科员、四级主任科员、一级科员、二级科员。根据《公务员职务与职级并行规定》①的规定，厅局级以下领导职务对应的综合管理类公务员最低职级是：厅局级正职：一级巡视员；厅局级副职：二级巡视员；县处级正职：二级调研员；县处级副职：四级调研员；乡科级正职：二级主任科员；乡科级副职：四级主任科员。

综合管理类以外其他职位类别公务员的职级序列，由国家另行规定。根据《专业技术类公务员管理规定》②的规定，专业技术类公务员职级序列分为11个层次。通用职级名称由高至低依次为：一级总监、二级总监、一级高级主管、二级高级主管、三级高级主管、四级高级主管、一级主管、二级主管、三级主管、四级主管、专业技术员。根据《行政执法类公务员管理规定》③的规定，行政执法类公务员职级序列分为11个层次。通用职级名称由高至低依次为：督办、一级高级主办、二级高级主办、三级高级主办、四级高级主办、一级主办、二级主办、三级主办、四级主办、一级行政执法员、二级行政执法员。综合管理类公务员职级与专业技术类、行政执法类公务员职级的对应关系是：一级巡视员：一级总监；二级巡视员：二级总监、督办；一级调研员：一级高级主管、一级高级主办；二级调研员：二级高级主管、二级高级主办；三级调研员：三级高级主管、三级高级主办；四级调研员：四级高级主管、四级高级主办；一级主任科员：一级主管、一级主办；二级主任科员：二级主管、二级主办；三级主任科员：三级主管、三级主办；四级主任科员：四级主管、四级主办；一级科员：专业技术员、一级行政执法员；二级科员：二级行政执法员。

此外，根据《公务员法》的规定，根据工作需要和领导职务与职级的对应关系，公务员担任的领导职务和职级可以互相转任、兼任；符合规定资格条件的，可以晋升领导职务或者职级。

（三）确定级别

在职位分类的基础上对公务员进行分级，这是我国公务员制度的一个特色，既借鉴了国外职位分类和品位分类的经验，又继承了我国行政级别制度的传统。根据《公务员法》的规定，公务员的领导职务、职级应当对应相应的级别。

---

① 2019年3月19日中共中央办公厅印发，自2019年6月1日起施行。
② 2016年7月8日中共中央批准，2016年7月8日中共中央办公厅、国务院办公厅发布；2023年9月1日中共中央修订，2023年9月1日中共中央办公厅发布，自2023年9月1日起施行。
③ 同上。

公务员的级别是确定公务员工资及其他待遇的依据,同时"公务员在同一职务上,可以按照国家规定晋升级别"。因此,级别也是公务员职业发展的重要台阶。即除了职务、职级晋升之外,级别晋升也是公务员职业发展的一条重要渠道。这一制度设计使公务员在不晋升职务的情况下也可以晋升级别,并通过晋升级别改善和提高待遇,从而为公务员创立了职务、职级晋升与级别晋升渠道的"双梯制",进一步为公务员提供多样化的职业发展阶梯。这也正是《公务员法》中规定级别设置的基本目的。

1. 领导职务、职级与级别的对应关系

为了实现级别设置的目的,首先必须明确公务员领导职务、职级与级别的对应关系。根据《国家公务员暂行条例》的规定,国家公务员的级别分为15级,分别与公务员的12个职务等次相对应。这一级别设置存在的主要问题是,级别设置过少,职务对应的级别段过于狭窄,使得职务与级别的联系过于紧密,难以发挥级别设置的应有功能。关于如何重新设计领导职务、职级与级别的对应关系,《公务员法》未作具体规定,而是由国家另行规定。根据《公务员职务、职级与级别管理办法》①的规定,公务员级别由低至高依次为二十七级至一级。公务员领导职务层次与级别的对应关系是:国家级正职:一级;国家级副职:四级至二级;省部级正职:八级至四级;省部级副职:十级至六级;厅局级正职:十三级至八级;厅局级副职:十五级至十级;县处级正职:十八级至十二级;县处级副职:二十级至十四级;乡科级正职:二十二级至十六级;乡科级副职:二十四级至十七级。副部级机关内设机构、副省级城市机关的司局级正职对应十五级至十级;司局级副职对应十七级至十一级。根据《公务员职务与职级并行规定》的规定,综合管理类公务员职级对应的级别是:一级巡视员:十三级至八级;二级巡视员:十五级至十级;一级调研员:十七级至十一级;二级调研员:十八级至十二级;三级调研员:十九级至十三级;四级调研员:二十级至十四级;一级主任科员:二十一级至十五级;二级主任科员:二十二级至十六级;三级主任科员:二十三级至十七级;四级主任科员:二十四级至十八级;一级科员:二十六级至十八级;二级科员:二十七级至十九级。此外,《专业技术类公务员管理规定》和《行政执法类公务员管理规定》分别对专业技术类、行政执法类公务员职级与级别的对应关系作出了明确规定。如表2.1所示:

---

① 2019年12月23日中共中央组织部制定,自2020年3月3日起施行。

表 2.1　公务员职务、职级、级别对应表

公务员领导职务层次（10个层次）	综合管理类公务员职级（12个层次）	行政执法类公务员职级（11个层次）	专业技术类公务员职级（11个层次）	公务员级别（27个级别）
国家级正职				一级
国家级副职				四级至二级
省部级正职				八级至四级
省部级副职				十级至六级
厅局级正职	一级巡视员		一级总监	十三级至八级
厅局级副职	二级巡视员	督办	二级总监	十五级至十级
县处级正职	一级调研员	一级高级主办	一级高级总管	十七级至十一级
县处级正职	二级调研员	二级高级主办	二级高级主管	十八级至十二级
县处级副职	三级调研员	三级高级主办	三级高级主管	十九级至十三级
县处级副职	四级调研员	四级高级主办	四级高级主管	二十级至十四级
乡科级正职	一级主任科员	一级主办	一级主管	二十一级至十五级
乡科级正职	二级主任科员	二级主办	二级主管	二十二级至十六级
乡科级副职	三级主任科员	三级主办	三级主管	二十三级至十七级
乡科级副职	四级主任科员	四级主办	四级主管	二十四级至十八级（其中"乡科级副职"对应二十四级至十七级）
	一级科员	一级行政执法员	专业技术员	二十六级至十八级
	二级科员	二级行政执法员		二十七级至十九级

2. 级别确定的依据

《公务员法》规定，公务员的级别根据所任领导职务、职级及其德才表现、工作实绩和资历确定。公务员在同一领导职务、职级上，可以按照国家规定晋升级别。其中，职务与工作实绩属于职位因素，德才表现与资历属于品位因素。可见，级别是职位要素和品位要素的统一，是"体现职务、能力、业绩、资历的综合标志"①。其中，职务包括领导职务与职级，也包括级别所对应的不同职务层次；能力即德才表现；业绩即工作实绩，主要是考核等次的高低；资历主要是工作年限。公务员级别的确定必须综合考虑这些因素。此外，所在职位的责任大小、工作难易程度，对级别的确定也有一定的影响。对于某些在特殊岗位上任职的公务员，可以比同等条件下在同一职位上任职的公务员高一级。

3. 特定公务员的级别

人民警察以及海关、驻外外交机构公务员等也属于我国公务员的组成部

---

① 宋世明：《中国公务员法立法之路》，国家行政学院出版社2004年版，第354页。

分,但是其工作性质、所承担的职责又具有不同于一般公务员的特殊性。《公务员法》第 22 条规定:"国家根据人民警察、消防救援人员以及海关、驻外外交机构等公务员的工作特点,设置与其领导职务、职级相对应的衔级。"目前,人民警察、海关工作人员的职务和衔级问题在《人民警察警衔条例》[①]《海关关衔条例》[②]等法律中已有规定,驻外外交机构公务员的衔级问题则尚无专门的立法。《宪法》第 67 条规定,全国人民代表大会常务委员会"规定军人和外交人员的衔级制度和其他专门衔级制度"。

《人民警察警衔条例》第 7 条规定:"人民警察警衔设下列五等十三级:(一)总警监、副总警监;(二)警监:一级、二级、三级;(三)警督:一级、二级、三级;(四)警司:一级、二级、三级;(五)警员:一级、二级。担任专业技术职务的人民警察的警衔,在警衔前冠以'专业技术'。"第 8 条规定:"担任行政职务的人民警察实行下列职务等级编制警衔:(一)部级正职:总警监;(二)部级副职:副总警监;(三)厅(局)级正职:一级警监至二级警监;(四)厅(局)级副职:二级警监至三级警监;(五)处(局)级正职:三级警监至二级警督;(六)处(局)级副职:一级警督至三级警督;(七)科(局)级正职:一级警督至一级警司;(八)科(局)级副职:二级警督至二级警司;(九)科员(警长)职:三级警督至三级警司;(十)办事员(警员)职:一级警司至二级警员。"第 9 条规定:"担任专业技术职务的人民警察实行下列职务等级编制警衔:(一)高级专业技术职务:一级警监至二级警督;(二)中级专业技术职务:一级警督至二级警司;(三)初级专业技术职务:三级警督至一级警员。"

《海关关衔条例》第 7 条规定:"海关关衔设下列五等十三级:(一)海关总监、海关副总监;(二)关务监督:一级、二级、三级;(三)关务督察:一级、二级、三级;(四)关务督办:一级、二级、三级;(五)关务员:一级、二级。"第 8 条规定:"海关工作人员实行下列职务等级编制关衔:(一)署级正职:海关总监;(二)署级副职:海关副总监;(三)局级正职:一级关务监督至二级关务监督;(四)局级副职:二级关务监督至三级关务监督;(五)处级正职:三级关务监督至二级关务督察;(六)处级副职:一级关务督察至三级关务督察;(七)科级正职:二级关务督察至二级关务督办;(八)科级副职:三级关务督察至三级关务督办;(九)科员职:一级关务督办至一级关务员;(十)办事员职:二级关务督

[①] 1992 年 7 月 1 日第七届全国人民代表大会常务委员会第二十六次会议通过,自 1992 年 7 月 1 日起施行;2009 年 8 月 27 日第十一届全国人民代表大会常务委员会第十次会议修正。

[②] 2003 年 2 月 28 日第九届全国人民代表大会常务委员会第三十二次会议通过,自 2003 年 2 月 28 日起施行。

办至二级关务员。"

四、公务员的管理机制

为了切实保证公务员具有良好的素质,并激发其工作的积极性和创造性,促使其更好地履行职责,必须从微观上建立健全一整套有关公务员的管理机制,包括公务员的更新机制、激励机制和监督机制。对此,《公务员法》作了明确规定,从而确立了我国公务员的管理机制。

(一)公务员的更新机制

我国公务员的更新机制包括录用、任免、培训和交流、辞职辞退和退休等管理环节,其目的在于严格进入关口、畅通出离关口和疏通内部交流,从而形成良好的"新陈代谢",塑造一支高素质的公务员队伍。

1. 公务员的录用

公务员的录用,是指依法定程序和方法,将符合一定条件的人员吸收为公务员,担任某种职务的制度。录用的适用对象仅限于初进机关、担任一级主任科员以下及其他相当职级层次的公务员,其他公务员则不采取录用的办法。录用采取的办法是"公开考试、严格考察、平等竞争、择优录取"。同时,也要体现民族政策,即民族自治地方录用公务员时,依照法律和有关规定对少数民族报考者予以适当照顾。公务员录用的主管机关包括:一是中央公务员主管部门,负责组织中央机关及其直属机构公务员的录用;二是省级公务员主管部门,负责组织地方各级机关公务员的录用;三是经省级公务员主管部门授权的设区的市级公务员主管部门,必要时负责组织地方各级机关公务员的录用。报考公务员应当符合两方面的条件:一是《公务员法》第13条规定的公务员的基本条件,这是所有公务员都必须具备的基本条件;二是省级以上公务员主管部门规定的拟任职位所要求的资格条件。同时,《公务员法》第25条第2款规定:"国家对行政机关中初次从事行政处罚决定审核、行政复议、行政裁决、法律顾问的公务员实行统一法律职业资格考试制度,由国务院司法行政部门商有关部门组织实施。"此外,下列人员不得录用为公务员:(1)曾因犯罪受过刑事处罚的;(2)被开除中国共产党党籍的;(3)曾被开除公职的;(4)被依法列为失信联合惩戒对象的;(5)有法律规定不得录用为公务员的其他情形的。

录用公务员必须在规定的编制限额内,并有相应的职位空缺。录用公务员必须遵循以下法定程序:第一,发布招考公告。招考公告应当载明招考的职位、名额、报考资格条件、报考需要提交的申请材料以及其他报考须知事项。招录机关应当采取措施,便利公民报考。第二,资格审查。招录机关根据报考资格条件对报考申请进行审查。报考者提交的申请材料应当真实、准确。第三,公开考试。公务员录用考试采取笔试和面试的方式进行,考试内容根据公务员应当具备的基本能力和不同职位类别分别设置。第四,考察和体检。招录机关根据考试成绩确定考察人选,并对其进行报考资格复审、考察和体检。考察的主要内容包括政治素质、道德素质、工作能力、工作表现和实绩以及是否回避等。体检主要是检查报考者是否符合报考职位所要求的身体条件。体检的项目和标准根据职位要求确定。具体办法由中央公务员主管部门会同国务院卫生健康行政部门规定。第五,公示和审批。招录机关根据考试成绩、考察情况和体检结果,提出拟录用人员名单,并予以公示。公示期不少于5个工作日。公示期满,中央一级招录机关将拟录用人员名单报中央公务员主管部门备案;地方各级招录机关将拟录用人员名单报省级或者设区的市级公务员主管部门审批。第六,录用后的试用期。新录用的公务员试用期为一年。试用期满合格的,予以任职;不合格的,取消录用。此外,《公务员法》第33条还规定,录用特殊职位的公务员,经省级以上公务员主管部门批准,可以简化程序或者采用其他测评办法。

2. 公务员的任免

公务员的任免,是指依法定程序,任命或者免除公务员担任某一职务,包括任职和免职两个方面。公务员的任免,是公务员管理制度中的基础性环节。公务员的录用、升降、交流、退休等许多环节都要通过职务任免实现。建立规范化、制度化的公务员任免制度,对于合理地使用公务员、提高公务员的素质、优化公务员队伍等都具有十分重要的意义。

《公务员法》第40条第1款规定:"公务员领导职务实行选任制、委任制和聘任制。公务员职级实行委任制和聘任制。"所谓选任制,是指通过民主选举的方式任用公务员。例如,我国各级人民政府的组成人员就是通过各级人大及其常委会选举产生或者决定任命的。选任制公务员在选举结果生效时即任当选职务;任期届满不再连任,或者任期内辞职、被罢免、被撤职的,其所任职务即终止。所谓委任制,是指由任免机关确定任用人选,并直接按法定程序以任命方式指定其担任一定职务的任用制度。委任制公务员遇有试用期满考核合格、职务发生变化、不再担任公务员职务以及其他情形需要任免职务的,应当按照管理权限和规定的程序任免其职务。具体而言,凡有下列情形之一的,应对委任制公务员予以任职:(1)新录用人员试用期满合格的;(2)从其他机关及企业、事业单位调入的;(3)转换职位任职的;(4)晋升或者降低职务的;(5)其他原职务发生变化的。凡有下列情况之一的,应免除委任制公务员的职务:(1)转换职位任职的;(2)晋升或者降低职务的;(3)离职学习期限超过一年的;(4)因健康原因不能坚持正常工作一年以上的;(5)退休的;(6)因其他原因职务发生变化的。

除选任制和委任制外,还有一种公务员的任职方式即聘任制,是指用人单位采取招聘方式确定任用人选,并通过合同形式聘用其在一定任期内担任某一职务的任用制度。与选任制、委任制相比,聘任制具有引入市场机制、开放灵活的特点。一方面,实行职位聘任制,可以满足机关对较高层次专业技术人才的需要,降低机关用人成本,扩大用人渠道,有利于机关更好地进行国家事务管理。另一方面,把聘任制作为公务员任用的补充形式,可以拓宽选人、用人渠道,改善公务员队伍结构,增强公务员队伍的生机和活力,提高公务员队伍的整体素质。在我国,《国家公务员暂行条例》虽然也规定部分职务实行聘任制,但是一直没有推行。《公务员法》专门设置了"职位聘任"一章,进一步健全完善了职位聘任制度。

根据《公务员法》的规定,我国聘任制的范围主要适用于下列两种职位:一是专业性较强的职位,如金融、财会、法律、信息技术等方面的职位;二是辅助性职位,如普通文秘、书记员、资料管理、文件分发、数据录入等方面的职位。同时,要严格控制聘任制范围,聘任制岗位必须经省级以上公务员主管部门批准;涉及国家秘密的,不实行聘任制。《公务员法》规定,机关聘任公务员可以采用下列两种方式:一是公开招聘,即参照公务员考试录用的程序进行公开招聘;二是直接选聘,即直接从符合条件的人员中选聘公务员。无论哪种方式,机关聘任公务员都应当在规定的编制限额和工资经费限额内进行。聘任制的核心是根据聘任合同对公务员进行管理。对此,《公务员法》第102条规定:"机关聘任公务员,应当按照平等自愿、协商一致的原则,签订书面的聘任合同,确定机关与所聘公务员双方的权利、义务。聘任合同经双方协商一致可以变更或者解除。聘任合同的签订、变更或者解除,应当报同级公务员主管部门备案。"这样,就明确了聘任制公务员与机关之间基于聘任合同而建立的权利义务关系。同时,《公务员法》第103条规定:"聘任合同应当具备合同期限,职位及其职责要求,工资、福利、保险待遇,违约责任等条款。聘任合同期限为一年至五年。聘任合同可以约定试用期,试用期为一个月至十二个月。聘任制公务员实行协议工资制,具体办法由中央公务员主管部门规定。"此外,《公务员法》规定了人事争议仲裁制度,适用于聘任制公务员与机关之间因履行聘任合同发生争议的处理。这种因履行聘任合同而产生的争议,先由一个中立的人事争议仲裁机构进行调解和裁决;当事人对裁决不服的,可以向人民法院提起诉讼。这是对聘任制公务员的救济途径和责任追究机制的完善,也是聘任制顺利实行的重要保障。

与《国家公务员暂行条例》相比,《公务员法》关于职务任免的制度设计有两大变化:一是领导成员实行任期制,规定"领导成员职务按照国家规定实行任期制";二是对公务员的兼职情形作了严格的规范,规定"公务员因工作需要在机关外兼职,应当经有关机关批准,并不得领取兼职报酬"。

3. 公务员的培训和交流

公务员的培训,是指机关根据形势和任务的需要,对公务员进行有组织、有计划的教育培养和训练。培训属于公务员的素质更新,对于提高公务员的素质和能力,尤其是促进公务员的知识技能以及与社会发展的同步化,从根本上改变公务员队伍的素质结构,具有十分重要的意义。根据《公务员法》的规定,机关根据公务员工作职责的要求和提高公务员素质的需要,对公务员进行分级分类培训。国家建立专门的公务员培训机构。机关根据需要也可以委托其他培训机构承担公务员培训任务。《公务员法》明确规定了四种具体的培训:一是初任培训,即对新录用人员在试用期内进行的培训,其目的在于使新录用人员加强了解公务员管理制度,懂得行政工作的一般常识,了解行将从事的工作内容、特点、职权、责任、纪律和考核标准等,基本掌握工作的操作技能。二是任职培训,即对晋升领导职务的公务员在任职前或者任职后一年内进行的培训,这是为拟任新的领导职务的公务员进行所需的政策水平、组织领导能力和专业知识方面的培训。三是专门业务培训,即对从事专项工作的公务员进行的培训。四是在职培训,即对全体公务员进行提高政治素质和工作能力、更新知识的培训。其中,对担任专业技术职务的公务员,应当按照专业技术人员继续教育的要求,进行专业技术培训。这种培训具有全员性的特点,培训情况要记入本人档案。此外,国家有计划地加强对优秀年轻公务员的培训。公务员的培训实行登记管理,培训情况、学习成绩是公务员考核的内容和任职、晋升的重要依据之一。

公务员的交流,是指根据工作需要或者公务员本人的愿望,变换其工作岗位的制度。交流是整个公务员系统不可缺少的协调机制,对于促进机关内部人才的合理配置,提高公务员队伍的整体素质和综合能力,保证公务员制度的正常运转,都具有重要意义;同时,也有助于加强廉政建设,克服官僚主义,防止久居一位而形成的各种关系网和特权思想。《公务员法》第69条第1、2款规定:"国家实行公务员交流制度。公务员可以在公务员和参照本法管理的工作人员队伍内部交流,也可以与国有企业和不参照本法管理的事业单位中从事公务的人员交流。"可见,公务员的交流既可以是内部交流,也可以是外部交流。但是,外部交流的对象仅限于"国有企业和不参照本法管理的事业单位中从事公务的人员",总体上还是属于公务人员内部交流,不包括与非公务人员之间的交流。交流的方式包括以下两种:一是调任,是指机关以外的人员调入机关任职,或者公务员调出机关任职。国有企业、高等院校和科研院所以及其他不参照《公务员法》管理的事业单位中从事公务的人员可以调入机关担任领导职务或者四级调研员以上及其他相当层次的职级。调任机关应当根据《公务员法》规定的公务员基本条件和拟任职位所要求的资格条件,对调任人选进行严格考察,并按照管理权限审批,必要时可以对调任人选进行考试。二是转任,是指公务员因工作需要或者其他正当理由,在机关内部进行的平级调动。公务员在不同职位之间转任应当具备拟任职位所要求的资格条件,在规定的编制限额和职数内进行。对省部级正职以下的领导成员,应当有计划、有重点地实行跨地区、跨部门转任。对担任机关内设机构领导职务和工作性质特殊的公务员,应当有计划地在本机关内转任。此外,《公务员法》规定,根据工作需要,机关可以采取挂职方式选派公务员承担重大工程、重大项目、重点任务或者其他专项工作。公务员在挂职期间,不改变与原机关的人事关系。

4. 辞职辞退和退休

公务员的辞职,是指公务员担任现职后因某种理由或意愿而需要依法辞去所任职务,经所在机关同意后解除其职务的制度。公务员的辞退,是指机关根据法定理由单方面解除公务员职务的制度。辞职主要是公务员的权利,而辞退则是机关的权力。建立公务员的辞职辞退制度,不仅有利于保障公务员择业和机关择人,也有利于保障人员的合理流动,优化公务员素质,促进机关的廉政勤政。

公务员的辞职包括辞去公职和辞去领导职务,前者依法解除与所在机关的全部职务关系,丧失公务员的身份;后者只是不再担任所任领导职务,不丧失公务员的身份,可按规定另行任职。根据《公务员法》的规定,公务员辞去公职,应当向任免机关提出书面申请。任免机关应当自接到申请之日起30日内予以审批,其中对领导成员辞去公职的申请,应当自接到申请之日起90日内予以审批。公务员有下列情形之一的,不得辞去公职:(1)未满国家规定的最低服务年限的;(2)在涉及国家秘密等特殊职位任职或者离开上述职位不满国家规定的脱密期限的;(3)重要公务尚未处理完毕,且须由本人继续处理的;(4)正在接受审计、纪律审查、监察调查,或者涉嫌犯罪,司法程序尚未终结的;(5)法律、行政法规规定的其他不得辞去公职的情形。公务员辞去领导职务具体包括四种形式:一是因公辞职,即担任领导职务的公务员,因工作变动依照法律规定需要辞去现任职务的,应当履行辞职手续;二是自愿辞职,即担任领导职务的公务员,因个人或者其他原因,可以自愿提出辞去领导职务;三是引咎辞职,即领导成员因工作严重失误、失职造成重大损失或者恶劣社会影响的,或者对重大事故负有领导责任的,应当引咎辞去领导职务;四是责令辞职,即领导成员应当引咎辞职或者因其他原因不再适合担任现任领导职务,本人不提出辞职的,应当责令其辞去领导职务。因公辞职和自愿辞职适用于所有担任领导职务的公务员;引咎辞职和责令辞职仅适用于公务员中的领导成员,实际上属于领导成员应当承担的政治责任。

关于公务员的辞退,《公务员法》规定,公务员有下列情形之一的,予以辞退:(1) 在年度考核中,连续两年被确定为不称职的;(2) 不胜任现职工作,又不接受其他安排的;(3) 因所在机关调整、撤销、合并或者缩减编制员额需要调整工作,本人拒绝合理安排的;(4) 不履行公务员义务,不遵守法律和公务员纪律,经教育仍无转变,不适合继续在机关工作,又不宜给予开除处分的;(5) 旷工或者因公外出、请假期满无正当理由逾期不归连续超过15天,或者一年内累计超过30天的。同时,对有下列情形之一的公务员,不得辞退:(1) 因公致残,被确认丧失或者部分丧失工作能力的;(2) 患病或者负伤,在规定的医疗期内的;(3) 女性公务员在孕期、产假、哺乳期内的;(4) 法律、行政法规规定的其他不得辞退的情形。辞退公务员,必须按照管理权限决定。辞退决定应当以书面形式通知被辞退的公务员,并应当告知辞退依据和理由。被辞退的公务员,可以领取辞退费或者根据国家有关规定享受失业保险。

公务员的退休,是指公务员达到一定的年龄、工作年限或者丧失工作能力而按照国家规定办理手续,退出工作岗位,并享受一定数额的养老保险金。退休的方式分为自愿退休和强制退休两种。强制退休,也称"法定退休",是指公务员达到国家规定的退休年龄或者完全丧失工作能力而被要求退休。自愿退休,则是指公务员在达到一定年龄或者工作年限后,可以自愿申请提前退休。《公务员法》规定,公务员符合下列条件之一的,本人自愿提出申请,经任免机关批准,可以提前退休:(1) 工作年限满30年的;(2) 距国家规定的退休年龄不足5年,且工作年限满20年的;(3) 符合国家规定的可以提前退休的其他情形的。根据有关规定,强制退休的年龄一般为:男性年满60周岁,女性年满55周岁。公务员退休后,享受国家规定的养老金和其他待遇,国家为其生活和健康提供必要的服务和帮助,鼓励发挥个人专长,参与社会发展。

此外,《公务员法》还对公务员辞去公职或者退休即离职后的从业行为作了严格限制。公务员在职期间掌握一定的公权力,对隶属的单位具有一定的影响。这种权力的惯性和影响力一经形成就具有相对的稳定性和渗透性,即便在公务员本人离开机关后的一段时间内仍具有不可低估的影响作用。为了加强廉政建设,防止"期权腐败"(即把权力当期货进行交易的"权力期权化"现象),不仅要对公务员在职期间的行为加以严格约束,而且要对公务员离职后的行为作出一定的限制。为此,《公务员法》第107条第1款规定:"公务员辞去公职或者退休的,原系领导成员、县处级以上领导职务的公务员在离职三年内,其他公务员在离职两年内,不得到与原工作业务直接相关的企业或者其他营利性组织任职,不得从事与原工作业务直接相关的营利性活动。"当然,上述规定不是说公务员辞职或者退休后不可以从事其他职业或者社会活动。公务员离职后,可以从事学术研究活动,或者在非营利性组织中从事公益活动,或者在与原工作业务并非直接相关的领域内从业。经过两到三年的"冷却期"后,法律对公务员从业的领域与方式即不再有所限制。2017年4月28日,中共中央组织部、人力资源和社会保障部、国家工商行政管理总局、国家公务员局四部门联合发布《关于规范公务员辞去公职后从业行为的意见》,对公务员请辞时如实报告与承诺规则、辞去公职后违规从业行为认定与惩戒机制、辞去公职后从业备案和监督检查制度、提倡合法就业和创业的导向机制等内容进一步细化,增强了辞去公职人员监督和管理制度的操作性。

(二)公务员的激励机制

我国公务员的激励机制主要包括考核、职务职级升降、奖励和工资福利保险等管理环节,其目的在于激发公务员的内部工作动力,并保障公务员安全、良好的正常生活。

1. 公务员的考核

公务员的考核,是指对公务员履行职责的情况作出的考察和评定。考核的结果是调整公务员职务、级别、工资以及公务员奖励、培训、辞退的主要依据。建立富有激励作用的、科学合理的公务员考核制度,有利于对公务员的工作表现作出客观公正的评价;有利于发现优秀人才,合理使用公务员;有利于鼓励先进、鞭策后进,增强公务员的工作责任心;有利于公务员管理的各个环节有机结合,发挥综合效应。为此,《公务员法》对考核的内容、方法、程序和结果等作了明确规定。

根据《公务员法》的规定,公务员的考核内容包括德、能、勤、绩、廉五个方面,重点考核政治素质和工作实绩。考德,主要是考察公务员的政治、思想和道德品质;考能,主要是考察公务员的业务知识和工作能力,包括基本能力和应用能力,基本能力是指所在单位要求的文化知识、专业技能及身体条件等基本素质方面的能力,应用能力是指解决问题的能力、创造能力、组织能力、对外交往和对内协调能力等;考勤,主要是考察公务员的工作态度和勤奋敬业表现;考绩,主要是考察公务员工作的数量、质量、效益和贡献,尤其是考察其创造性劳动的含量,以及所实现的工作效率和效益如何;考廉,主要是考察公务员是否"清正廉洁,公道正派",有无贪污受贿等腐败行为。公务员的考核方法分为平时考核、专项考核和定期考核,定期考核以平时考核、专项考核为基础。对非领导成员公务员的定期考核采取年度考核的方式,先由个人按照职位职责和有关要求进行总结,主管领导在听取群众意见后,提出考核等次建议,由本机关负责人或者授权的考核委员会确定考核等次。对领导成员的定期考核,由主管机关按照有关规定办理。定期考核的结果分为优秀、称职、基本称职和不称职四个等次,应当以书面形式通知公务员本人。

不同的考核结果应有不同的后果和待遇。根据《公务员考核规定》[①],公务员年度考核确定为优秀等次的,按照下列规定办理:(1)当年给予嘉奖,在本机关范围内通报表扬;晋升上一职级所要求的任职年限缩短半年;(2)连续三年确定为优秀等次的,记三等功;晋升职务职级时,在同等条件下优先考虑。公务员年度考核确定为称职以上等次的,按照下列规定办理:(1)累计两年确定为称职以上等次的,在所定级别对应工资标准内晋升一个工资档次;(2)累计五年确定为称职以上等次的,在所任职务职级对应级别范围内晋升一个级别;(3)本考核年度计算为晋升职务职级的任职年限,同时符合规定的其他任职资格条件的,具有晋升职务职级的资格;(4)享受年度考核奖金。公务员年度考核确定为基本称职等次的,按照下列规定办理:(1)对其进行诫勉,责令作出书面检查,限期改进;(2)本考核年度不计算为按年度考核结果晋升级别和级别工资档次的考核年限;(3)本考核年度不计算为晋升职务职级的任职年限,下一年内不得晋升职务职级;(4)不享受年度考核奖金;(5)连续两年确定为基本称职等次的,予以组织调整或者组织处理。公务员年度考核确定为不称职等次的,按照下列规定办理:(1)本考核年度不计算为晋升职务职级的任职年限,降低一个职务或者职级层次任职;(2)本考核年度不计算为按年度考核结果晋升级别和级别工资档次的考核年限;(3)不享受年度考核奖金;(4)连续两年确

---

① 2006年12月26日中共中央组织部部务会会议审议批准,2007年1月4日中共中央组织部、人事部发布;2020年12月8日中共中央组织部部务会会议修订,2020年12月28日中共中央组织部发布,自2020年12月28日起施行。

定为不称职等次的,予以辞退。参加年度考核不确定等次的,按照下列规定办理:(1) 本考核年度不计算为按年度考核结果晋升级别和级别工资档次的考核年限;(2) 不享受年度考核奖金;(3) 本考核年度不计算为晋升职务职级的任职年限;连续两年不确定等次的,视情况调整工作岗位。

2. 公务员的职务、职级升降

公务员的职务、职级升降包括职务、职级的晋升和降职两个方面。晋升,即公务员由原来的较低领导职务、职级调升至另一个较高领导职务、职级。一般而言,被晋升的公务员,其职责相应增加,其职权随之扩大,其待遇有所提高。降职与晋升相对应,是指公务员从原来的较高领导职务、职级调至另一个较低领导职务、职级。公务员的职务、职级升降,对于保证公务员队伍充满活力,激励公务员奋发进取具有重要意义。

根据《公务员法》的规定,公务员晋升职务、职级,应当具备拟任职务、职级所要求的思想政治素质、工作能力、文化程度和任职经历等方面的条件和资格。公务员应当逐级晋升领导职务。特别优秀的或者工作特殊需要的,可以按照规定破格或者越一级晋升。公务员晋升领导职务,按照下列程序办理:(1) 动议;(2) 民主推荐;(3) 确定考察对象,组织考察;(4) 按照管理权限讨论决定;(5) 按照规定履行任职手续。公务员职级应当逐级晋升,根据个人德才表现、工作实绩和任职资历,参考民主推荐或者民主测评结果确定人选,经公示后,按照管理权限审批。

与《国家公务员暂行条例》相比,《公务员法》关于职务晋升的制度设计创设了一些新的制度:一是任职前公示制度和任职试用期制度,规定"公务员晋升领导职务的,应当按照有关规定实行任职前公示制度和任职试用期制度";二是竞争上岗和公开选拔制度,规定"厅局级正职以下领导职务出现空缺且本机关没有合适人选的,可以通过适当方式面向社会选拔任职人选"。

《公务员法》还规定公务员的职务、职级实行能上能下。对不适宜或者不胜任现任职务、职级的,应当进行调整。公务员在年度考核中被确定为不称职的,按照规定程序降低一个职务或者职级层次任职。

3. 公务员的奖励

公务员的奖励,是指因公务员有突出表现或有特殊贡献而给予其一定的物质或精神利益以示鼓励的制度。其目的是调动公务员的积极性和创造性,鼓励和引导公务员忠于职守,廉洁从政。《公务员法》规定,对工作表现突出,有显著成绩和贡献,或者有其他突出事迹的公务员或者公务员集体,给予奖励。其中,公务员集体的奖励适用于按照编制序列设置的机构或者为完成专项任务组成的工作集体。公务员或者公务员集体有下列情形之一的,给予奖励:(1)忠于职守,积极工作,勇于担当,工作实绩显著的;(2)遵守纪律,廉洁奉公,作风正派,办事公道,模范作用突出的;(3)在工作中有发明创造或者提出合理化建议,取得显著经济效益或者社会效益的;(4)为增进民族团结、维护社会稳定做出突出贡献的;(5)爱护公共财产,节约国家资财有突出成绩的;(6)防止或者消除事故有功,使国家和人民群众利益免受或者减少损失的;(7)在抢险、救灾等特定环境中做出贡献的;(8)同违法违纪行为作斗争有功绩的;(9)在对外交往中为国家争得荣誉和利益的;(10)有其他突出功绩的。

对公务员予以奖励,是一种富有激励作用的机制,应当坚持定期奖励与及时奖励相结合、精神奖励与物质奖励相结合的原则。精神奖励,主要是为了满足公务员的精神需要,增强工作的光荣感和责任感;物质奖励,则是满足公务员的物质需要。两者各有特点,不可偏废。仅强调物质奖励,容易进入"金钱万能"的死胡同;光是进行精神奖励,又会使激励成为无本之木。所以,要把两者有机结合起来。同时,还要强调以精神激励为主的原则,以促使公务员达到更高的精神境界。相应的,对公务员的奖励方式也分为两种:一是精神奖励,包括嘉奖、记功(三等功、二等功、一等功)和授予荣誉称号;二是物质奖励,即对受奖励的公务员或者公务员集体予以表彰,并给予一次性奖金或者其他待遇。此外,按照国家规定,可以向参与特定时期、特定领域重大工作的公务员颁发纪念证书或者纪念章。但是,公务员或者公务员集体有下列情形之一的,撤销奖励:(1)弄虚作假,骗取奖励的;(2)申报奖励时隐瞒严重错误或者严重违反规定程序的;(3)有严重违纪违法等行为,影响称号声誉的;(4)有法律、法规规定应当撤销奖励的其他情形的。

4. 公务员的工资福利保险

公务员的工资福利保险与公务员管理制度中的许多环节,如录用、考核、奖惩、晋升、辞职辞退、退休等紧密相关。合理的工资福利保险制度,有利于稳定公务员队伍,激励公务员产生内在动力,调动公务员的工作积极性,也有利于促进公务员管理的廉洁和高效。

根据《公务员法》的规定,公务员实行国家统一规定的工资制度,贯彻按劳分配的原则,体现工作职责、工作能力、工作实绩、资历等因素,保持不同职务、职级、级别之间的合理工资差距。国家建立公务员工资的正常增长机制。公务员工资包括基本工资、津贴、补贴和奖金。公务员按照国家规定享受地区附加津贴、艰苦边远地区津贴、岗位津贴等津贴。公务员按照国家规定享受住房、医疗等补贴、补助。公务员在定期考核中被确定为优秀、称职的,按照国家规定享受年终奖金。公务员工资应当按时足额发放。《公务员法》第81条规定:"公务员的工资水平应当与国民经济发展相协调、与社会进步相适应。国家实行工资调查制度,定期进行公务员和企业相当人员工资水平的调查比较,并将工资调查比较结果作为调整公务员工资水平的依据。"通过工资水平的调查,把调查结果作为调整公务员工资的一个重要依据,这是借鉴国际惯例的做法,也是规范我国工资管理制度的重要举措。

除工资外,公务员还依法享受福利待遇和保险。一方面,国家根据经济社会发展水平提高公务员的福利待遇。公务员实行国家规定的工时制度,按照国家规定享受休假。公务员在法定工作日之外加班的,应当给予相应的补休,不能补休的按照国家规定给予补助。另一方面,公务员依法参加社会保险,按照国家规定享受保险待遇。公务员因公牺牲或者病故的,其亲属享受国家规定的抚恤和优待。此外,为了保障公务员工资福利保险制度的贯彻执行,《公务员法》规定,任何机关不得违反国家规定自行更改公务员工资、福利、保险政策,擅自提高或者降低公务员的工资、福利、保险待遇。任何机关不得扣减或者拖欠公务员的工资。公务员工资、福利、保险、退休金以及录用、培训、奖励、辞退等所需经费,应当列入财政预算,予以保障。

(三) 公务员的监督机制

公务员的监督机制,旨在通过对公务员行为的监督,促使公务员依法执行国家公务,更加有效地履行国家公职,防止公务员违法违纪行为的发生,维护机关的形象和声誉。我国公务员的监督机制实际上渗透在公务员管理的各个环节。除此之外,《公务员法》还专门规范了回避、惩戒、申诉控告等几个直接体现监督机制的管理环节。

1. 公务员的回避

公务员的回避,是指通过对公务员所任职务、任职地区和执行公务等方面作出的限制性规定,以减少人为因素对公务活动产生的不良影响,保证公务员公正廉洁地执行公务。公务员的回避包括任职回避、地区回避和公务回避,三者有机结合,构成完备的回避制度。

第一,任职回避,又称"职务回避",是指公务员之间因存在某种特定关系而不得在同一机关担任某种特定职务的制度。这种特定关系包括:夫妻关系、直系血亲关系、三代以内旁系血亲关系以及近姻亲关系。具备这些关系的人员不得担任的特定职务包括:(1)在同一机关担任双方直接隶属于同一领导人员的职务;(2)在同一机关有直接上下级领导关系的职务;(3)在其中一方担任领导职务的机关从事组织、人事、纪检、监察、审计和财务工作。同时,公务员不得在其配偶、子女及其配偶经营的企业、营利性组织的行业监管或者主管部门担任领导成员。因地域或者工作性质特殊,需要变通执行任职回避的,由省级以上公务员主管部门规定。

第二,地区回避,又称"地域回避",是指担任一定层次领导职务的公务员不得在自己的原籍及其他不宜任职的地区,担任一定级别的职务。适用地区回避的人员包括担任乡级机关、县级机关、设区的市级机关及其有关部门主要领导职务的公务员。

第三,公务回避,是指公务员在执行公务时,因与所处理的事务有利害关系,可能影响公正处理公务而依法终止其执行该项公务的制度。《公务员法》第76条规定,公务员执行公务时,有下列情形之一的,应当回避:(1)涉及本人利害关系的;(2)涉及与本人有亲属关系人员的利害关系的;(3)其他可能影响公正执行公务的。这里的"亲属关系"包括:夫妻关系、直系血亲关系、三代以内旁系血亲关系以及近姻亲关系。

根据回避程序不同,公务员回避包括三种类型:一是自行回避,即公务员有应当回避情形的,本人应当申请回避;二是申请回避,即利害关系人有权申请公务员回避,其他人员可以向机关提供公务员需要回避的情况;三是责令回避,即机关根据公务员本人或者利害关系人的申请,经审查后作出是否回避的决定,也可以不经申请直接作出回避决定。

2. 公务员的日常监督与惩戒

对公务员的思想政治、履行职责、作风表现、遵纪守法等情况应当加强监督,开展勤政廉政教育,建立日常管理监督制度。对公务员监督发现问题的,应当区分不同情况,予以谈话提醒、批评教育、责令检查、诫勉、组织调整、处分。对公务员涉嫌职务违法和职务犯罪的,应当依法移送监察机关处理。公务员应当自觉接受监督,按照规定请示报告工作、报告个人有关事项。

公务员的惩戒,是指因公务员有过错,发生违法违纪行为而给予其处分。除处分之外,公务员以公民身份实施的个人行为违反有关行政法律规范时,应给予行政处罚;公务员实施违法违纪行为,情节严重,构成犯罪的,还应追究其刑事责任。《公务员法》主要针对违纪处分作了规定。该法第59条规定,公务员应当遵纪守法,不得有下列行为:(1)散布有损宪法权威、中国共产党和国家声誉的言论,组织或者参加旨在反对宪法、中国共产党领导和国家的集会、游行、示威等活动;(2)组织或者参加非法组织,组织或者参加罢工;(3)挑拨、破坏民族关系,参加民族分裂活动或者组织、利用宗教活动破坏民族团结和社会稳定;(4) 不担当,不作为,玩忽职守,贻误工作;(5) 拒绝执行上级依法作出的决定和命令;(6) 对批评、申诉、控告、检举进行压制或者打击报复;(7) 弄虚作假,误导、欺骗领导和公众;(8) 贪污贿赂,利用职务之便为自己或者他人谋取私利;(9) 违反财经纪律,浪费国家资财;(10) 滥用职权,侵害公民、法人或者其他组织的合法权益;(11) 泄露国家秘密或者工作秘密;(12) 在对外交往中损害国家荣誉和利益;(13) 参与或者支持色情、吸毒、赌博、迷信等活动;(14) 违反职业道德、社会公德和家庭美德;(15) 违反有关规定参与禁止的网络传播行为或者网络活动;(16) 违反有关规定从事或者参与营利性活动,在企业或者其他营利性组织中兼任职务;(17) 旷工或者因公外出、请假期满无正当理由逾期不归;(18) 违纪违法的其他行为。关于公务员应该如何对待上级的错误决定问题,《公务员法》第60条规定:"公务员执行公务时,认为上级的决定或者命令有错误的,可以向上级提出改正或者撤销该决定或者命令的意见;上级不改变该决定或者命令,或者要求立即执行的,公务员应当执行该决定或者命令,执行的后果由上级负责,公务员不承担责任;但是,公务员执行明显违法的决定或者命令的,应当依法承担相应的责任。"

公务员因违法违纪应当承担纪律责任的,依法给予处分或者由监察机关依法给予政务处分;违纪违法行为情节轻微,经批评教育后改正的,可以免予处分。对同一违纪违法行为,监察机关已经作出政务处分决定的,公务员所在机关不再给予处分。

处分分为:警告、记过、记大过、降级、撤职、开除。对公务员的处分,应当事实清楚、证据确凿、定性准确、处理恰当、程序合法、手续完备。公务员违纪的,应当由处分决定机关决定对公务员违纪的情况进行调查,并将调查认定的事实及拟给予处分的依据告知公务员本人。公务员有权进行陈述和申辩,处分决定机关不得因公务员申辩而加重处分。处分决定机关认为对公务员应当给予处分的,应当在规定的期限内,按照管理权限和规定的程序作出处分决定。处分决定应当以书面形式通知公务员本人。公务员在受处分期间不得晋升职务、职级和级别,其中受记过、记大过、降级、撤职处分的,不得晋升工资档次。受处分的期间为:警告,6个月;记过,12个月;记大过,18个月;降级、撤职,24个月。受撤职处分的,按照规定降低级别。公务员受开除以外的处分,在受处分期间有悔改表现,并且没有再发生违纪行为的,处分期满后自动解除。解除处分后,晋升工资档次、级别和职务、职级不再受原处分的影响。但是,解除降级、撤职处分的,不视为恢复原级别、原职务、原职级。

3. 公务员的申诉控告

公务员的申诉,是指公务员对机关作出的涉及本人权益的人事处理决定不服,依法要求法定机关重新处理的活动。公务员的控告,是指公务员认为机关及其领导人员侵犯本人合法权益,依法向上级机关或有关的专门机关提出指控的活动。申诉和控告既是对机关及其工作人员违法失职行为的有效监督机制,也是权利救济制度,即通过纠正、制止或者惩戒这些违法违纪行为,保障与救济公务员的权利。

根据《公务员法》的规定,公务员申诉的范围包括:(1)处分;(2)辞退或者取消录用;(3)降职;(4)定期考核定为不称职;(5)免职;(6)申请辞职、提前退休未予批准;(7)未按规定确定或者扣减工资、福利、保险待遇;(8)法律、法规规定可以申诉的其他情形。公务员申诉的程序是:公务员对本人申诉范围内的人事处理不服的,可以自接到该人事处理之日起 30 日内向原处理机关申请复核;对复核结果不服的,可以自接到复核决定之日起 15 日内,按照规定向同级公务员主管部门或者作出该人事处理的机关的上一级机关提出申诉。对省级以下的机关作出的申诉处理决定不服的,可以向作出处理决定的上一级机关提出再申诉。受理公务员申诉的机关应当组成公务员申诉公正委员会,负责受理和审理公务员的申诉案件。公务员对监察机关作出的涉及本人的处理决定不服向监察机关申请复审、复核的,按照有关规定办理。原处理机关应当自接到复核申请书后的 30 日内作出复核决定,并以书面形式告知申请人。受理公务员申诉的机关应当自受理之日起 60 日内作出处理决定;案情复杂的,可以适当延长,但是延长时间不得超过 30 日。复核、申诉期间不停止人事处理的执行。公务员不因申请复核、提出申诉而被加重处理。公务员申诉的受理机关审查认定人事处理有错误的,原处理机关应当及时予以纠正。

公务员提出申诉控告后,经受理调查,确认有关机关人事处理确属错误,对公务员造成名誉损害的,应当赔礼道歉、恢复名誉、消除影响;造成经济损失的,应当依法给予赔偿。对于机关及其领导人员侵犯公务员合法权益的情况,有关部门应当进行调查,追究相关责任人的法律责任。但是,公务员提出申诉、控告,应当尊重事实,不得捏造事实,诬告、陷害他人,否则也要追究其法律责任。

第四节 公 物 法

一、公物的概念与种类

公物,就其字面含义而言,乃是公众共同所有(享有)之财产或物品。公物法,是以探讨公物及其相关制度为对象的法律规范的总称。在当代社会,随着行政权运用范围的不断扩大和政府行政职能的不断丰富,公物法的兴起和发展代表了行政法基本理念从规制行政向给付行政的转变。日本学者盐野宏指出:"在实现行政目的时,物的手段之存在是不可欠缺的。"[①]在我国,亦有学者认为:"行政机关实施行政活动,离不开物的手段。"[②]公物法在协调和保护国家公共资源,促进和改善公共行政服务,保障和提高公民生存和发展的基本权利等方面,均起着不可替代的重要作用。公物法由此成为行政组织法乃至整个行政法制度中不可或缺的一环。

(一) 公物的概念

行政法中的公物,通常又称"公产",[③]是指为满足公用目的需要,依据公法规则确立的,供公众使用或受益的财产。作为一种财产,公物与公有财产、公用设施、国家所有权等概念不同,具备以下特征:

1. 公物必须满足公用目的需要

这是公物之所以存在的法律动因,它贯穿并指导着公物从设置、管理到最终利用的全过程。公物多种多样,涉及公物支配、管理、使用的主体并不统一,使用公物的方式也极为丰富。公共利益是所有行政活动的理由和界限所在,也

[①] 〔日〕盐野宏:《行政组织法》,杨建顺译,北京大学出版社2008年版,第235页。

[②] 张尚鷟:《走出低谷的中国行政法学——中国行政法学综述与评价》,中国政法大学出版社1991年版,第711页。

[③] "公物"概念源于德国行政法,后为日本行政法所沿用。在法国,通常将公物称为"公产"。早在1833年,法国学者V.普鲁东就在其《公产论》中论述了公产与私产的区分。参见王名扬:《法国行政法》,中国政法大学出版社1988年版,第303页。

是行政机关追求的大众福祉与私人追求的同大众福祉有关的利益的区别所在。① 因此,唯有以公共利益为理论支撑的公用目的,从公用性的角度,才能将公物所涉及的物的形态、人的作用、权利与权力的关系统一起来,进而实现公物所背负的国家给付的重任。基于此,"即使行政主体对物曾经具有某种权利根据,只要该物没有提供于公共之用,那就不是公物"②。

2. 公物必须根据公法规则确立

在我国,国家所有权几乎覆盖了公物的全部。但是,这并不能说明公物与其他国家财产之间的界限。行政主体在将物提供于公用时,需要有权力依据,即拥有对该物的支配权。③ 对公物的支配权是一种区别于国家所有权的特殊权力,也与国有企业所拥有的对国有资产的占有权存在本质差异:后者是一种私法上的物权;而前者属于公权力的范畴,来源于公法规则。因此,处于公权力支配之下的财产应当接受公法规则的调整。从另一个角度而言,目前社会中还存在着大量私人拥有的提供给公众使用的财产,如私人基金会、私人博物馆、私营公路等。显然,仅仅依靠个人诚信是不足以支撑公物的存在与延续性的,因为私人可以随时撤销所有物上的公用功能。唯有使私人所有的公物通过公法规则得到确认,进而接受公法规则的调整,才能保障公物公用目的的实现。

3. 公物必须供公众使用或受益

这是从公民对公物享有用益权角度而言的。公物用益权,是指公众使用公物或因公物而受益的权利。将公众的用益权列为公物构成的要素之一,不仅可以说明公民对国家所享有的公物上的主观公权利,④而且可以此作为评判公物价值是否得以最终实现的唯一标准。公物的设置要么为公众所直接使用,要么公众可因此而受益。尤其是对于行政机关的公务用公物而言,这种评价标准相比行政机关所谓的"公务需要"更为实际。

4. 公物必须是有公用价值的财产

公物必须以一定的财产形态出现,或者处于一定的所有权管领之下,这是行政公物与其他公共财产和私人财产所具有的同种属性。强调行政法上公物的价值要素,其主要目的在于确保公物的公用目的,重视公物所应当具有的可

---

① 参见〔德〕汉斯·J.沃尔夫等:《行政法》(第2卷),高家伟译,商务印书馆2002年版,第323—324页。
② 〔日〕盐野宏:《行政组织法》,杨建顺译,北京大学出版社2008年版,第244页。
③ 同上。
④ 主观公权利学说是行政法学理论的一次重大突破,从公民的角度来看,是指公法赋予个人为实现其权益而要求国家为或者不为特定行为的权能。参见〔德〕哈特穆特·毛雷尔:《行政法学总论》,高家伟译,法律出版社2000年版,第152页。

被支配和利用的财产价值。换言之,无公用价值的财产虽仍然可能是国家财产或私人财产,但已不再属于公物范畴。例如,已被废弃的公共桥梁,受地震影响已成为危房不能继续居住的公租房小区等,就不能再被视为公物,当然也就不能形成公物的给付。

(二) 公物的种类

对公物进行分类研究,有助于我们把握每一种公物所具有的不同法律特征。公物分类可依据的标准有很多,彼此之间也可能存在交叉。

1. 自然公物与人造公物

这是根据公物形成的不同途径进行的分类。自然公物,一般是指天然形成的以其自然状态即可供公用的公物,包括土地、森林、水源、草原、沙漠等。人造公物,是指以人工方式创造的公物,包括国家大剧院、公共广场、机关办公楼等。自然公物可因人力的介入而丧失或部分丧失其自然公物的身份。例如,在土地上修建公路,则土地的自然形态被公路覆盖。又如,在江河上设置各种水利工程或航道设施,则河流的一部分转变为人造公物。

2. 公务用公物与公共用公物

这是根据公物直接使用人的不同进行的分类,也是关系到公物利用方式的重要分类。公务用公物,是指以公务为目的,由行政主体直接使用的公物,如政府的办公大楼、公务用车、警械、制服等。公共用公物,是指直接设置供公众使用的公物,如公路、桥梁、廉租房等。当然,公务用公物与公共用公物的界限同样不是一目了然的。一般认为,公民也可以有限制地使用公务用公物,如到行政机关大楼办理行政手续,使用行政机关提供的办公用品等。

3. 国有公物与私有公物

这是根据公物的所有权不同进行的分类。国有公物,是指所有权归国家所有的公物。私有公物,是指所有权归私人所有,由行政主体支配的公物。国有公物在被废止之后,应当收归财政公产。私有公物在被依法废止或者公用关系消失之后,则应当归还给原所有权人,也可以被国家征收。私人投资经营的高速公路到达一定年限被政府回购就是此例。

二、公物的设置与管理

公物的设置,即公物的设立、流转和废止,是公物制度的重要内容之一。它决定了某种财产在行政法上的公物属性取得、变更和终止,是公法规则下的公权力对公物支配性的突出体现。公物的管理,则是指公物管理者在公物存续期间,为保障其公用价值的持续实现而采取的各种管理措施。公物负有行政给付的公共使命,但是无论自然公物还是人造公物,在大多数情况下,都需要通过管理者的各种管理行为,加强其行政给付目的的实现,或者排除妨碍公物使用的各种行为。因此,法律赋予公物管理者公法上的特别权利,以维护公物的正常运作。①

(一) 公物的设置

1. 公物的设立

公物的设立,即公物设置的开始,是指使财产具备行政法公物的法律属性,从而供公众使用或受益的重要公物法制度。公物的设立是公物得以存在并获得法律认可的必经环节,也是探讨公物管理和利用的前提性要件。只有通过公法主体的意思表示,对外宣示公物存在,才能赋予某项财产法律上的公物属性,进而明确公物的公用目的和适用范围。公众也只有通过这种意思表示,才能获得对公物进行使用或由此受益的权利。

公物的设立一般有三种方式:其一,通过规范性法律文件直接设立。例如,制定针对特定公共设施的管理规则。由于这种设立方式的程序较为复杂,因而在实践中运用较少。其二,通过具体行政行为的方式设立。这种设立方式,既可以通过明示的具体行政行为实现,如采取公告、通知的方式宣告某公众场所的开放,也可以通过默示的具体行政行为方式实现,如举行桥梁或火车站的建成剪彩仪式等。其三,通过事实行为的方式设立。这种设立方式一般通过公众事实上的使用得以实现,如公路建成后行人、车辆直接进入即表示设立完成。

根据公物种类的不同,公物的设立也存在一定区别。首先,对于自然公物而言,一般采取事实行为的方式设立,②而无须通过具体或抽象行政行为予以认可。但是,如果对自然公物的使用可能破坏自然公物之原始状态,或者影响到其他使用人的权利,则需遵循法律的特别规定。例如,公众可以到湖泊中游泳,但是不得随意向湖泊中倾倒垃圾或造成其他污染。其次,对于公务用公物

---

① 公物的管理主体通常由公物的种类决定。其中,自然公物和大部分的人造公物由各单行法规定的专门行政机关负责管理,如林业局对森林的管理;也可能存在多个机关共同管理的情况,如对水资源有管理权的部门包括水务局、航道局、生态环境局等。公共设施一般由设置公共设施的行政机关管理。公务用公物一般由占有和使用公物的行政机关管理。对于上述负有管理权的行政机关,可以将非权力性的管理事项委托给专业公司完成,如对公路、办公大楼的清扫。公营造物一般由公营造物组织自己进行管理。

② 有日本学者则认为自然公物无须设置即可归于公物。这种观点虽从公民原生权利的角度出发,但可能导致救济上的困难。参见〔日〕盐野宏:《行政组织法》,杨建顺译,北京大学出版社2008年版,第252页。

而言,一般需要通过法定的登记手续方可获得公物的法律属性,如机关购买的电脑、车辆等。但是,对于临时使用的公务用公物,如警察在追捕逃犯时临时征用的私人车辆,则只需以其实际使用宣告设立完成。当然,这种临时性的设立在公务完成之后即视为公物的废止,应当将之及时归还所有权人。最后,对于公共设施和公营造物而言,上述三种方式均可适用。

随着当代行政法的发展,国家承担公物给付的范围不断扩大,程度也日趋加深。但是,随之而来的是政府负担的不断加重,仅仅依靠政府本身设立公物已不再能完全满足社会发展的需求。在此情形下,通过政府采购与公私合作的方式设立公物已是大势所趋。其中,公私合作设立公物(BOT)更是被看成国家负担机制向市场的部分回归。所谓公物 BOT 制度,是指政府授予民间投资者特许经营权,由民间负责募集资金进行建设(主要为不动产),在公物设立完成之后,在特许经营期限内,向公物利用人收取一定的费用,以收回投资和获取一定的利润回报。在设立与管理公物的过程中,由政府给予一定的协助及优惠条件,民间机构(BOT 项目公司)在规定的营运期届满后,将该公物的所有权无偿转移给政府。随着我国 BOT 的实际运用,目前还出现了如 BOO、BLT、ROT 等一系列具有新的合作内涵的公私合作设立公物的推衍形态。[①]

2. 公物的流转

公物的流转,即公物设置的转换或变更,是指在公物设立之后的存续期间内,对公物的管理权主体、公物的使用目的以及公物的使用人范围进行变更的法律制度。在公物设置时,上述内容通常已经被明确宣告。因此,出于对公物公信力的维护以及对公众用益权的保护,一般不允许对上述内容进行变更。但是,也存在例外。例如,当县级公路已经不能满足公路运输的需要时,有必要将其升级为国道或者高速公路。又如,当某自然状态下的湿地已经处于生态失衡状态而影响国家保护物种生存繁殖时,有必要将其变更为自然保护区,由专门组织进行管理。

公物的流转一般需满足以下条件:其一,需有严格的法律依据。例如,公民私人所有的不可移动文物建筑不能被随意转让、抵押或改变用途。[②] 其二,应当合理权衡流转前后公共利益与公众用益权之间的关系,不得为追求公物的公共目的而过度损害公众的使用权。尤其是在将公共用公物变更为公务用公物

---

① 参见肖泽晟:《国家财产、公物与公营造物》,载应松年主编:《当代中国行政法》(第 2 卷),人民出版社 2017 年版。

② 我国《文物保护法》第 25 条规定:"非国有不可移动文物不得转让、抵押给外国人。非国有不可移动文物转让、抵押或者改变用途的,应当根据其级别报相应的文物行政部门备案。"

时,需对公众可能丧失的使用权利益作慎重考量。例如,为建设市政府大楼而拆毁公众经常使用的公共体育馆和广场。其三,应当严格遵循法定的程序。公物的流转虽属于行政给付方式的内容变更,但由于涉及对公民信赖利益的影响,因此需要广泛听取公众的意见,并且应当采取严谨的专家论证机制,强调公物流转程序的透明性。

3. 公物的废止

公物的废止,是指使公物丧失其具有的公物属性,并使其公共或公务使用效力终止的法律行为。公物的废止与公物的设置一样,是一种法律行为,只是具有与公物的设置相反的法律效果。① 在法律没有特别规定时,公物的废止可以由设置公物的行政主体作出决定。至于废止的方式,根据情况可以采取明示的具体行政行为,如通过公示的方式宣告公共码头的终止使用或者封闭某一条年久失修而无使用价值的铁路;也可以采取默示的行政行为,如引导公众到新的办公大楼办理行政事务,由此表示原办公大楼已不再使用;还可以采取事实行为的方式废止公物,如修建更方便的公共设施,使公众无须再使用之前的公共设施。不过,事实行为的方式可能由于被废止的公物失去管理而导致偶然进入的公众受到利益侵害。所以,公物管理者应当采取相应的防范措施。但是,公物的暂停使用不能被认为是公物的废止,而通常是由于客观原因导致公众用益权的临时中止。

公物的废止主要包括以下两种情况:其一,自然废止,即公物供公共使用的价值已经消灭,从而引发公物法律属性的自然消失,无须公物设置机关作出废止的意思表示。自然废止可能是公物由于物质形态的消灭而被废止,如发放给灾区的救灾粮由于灾民的食用而被消耗,或者公共图书馆因为台风而倒塌;也可能是公物的物质形态尚存,但已失去可使用的价值,如公务机关报废的车辆、被消耗的办公用品。其二,法定废止,是指公物仍然具有可使用的价值,但出于公共利益的需要,由公物设置机关作出废止的行政决定,从而使其丧失公物法律属性。这种废止由于涉及公共给付的取消,因此需有相应的法律依据并经过严格的法律程序。

除事实上的消灭之外,公物废止的后果还包括归还和国库收回两种情况。归还,专指私人所有权状态下的公物,如被公务机关临时征用的车辆、船舶,在被征用时属于公法支配下的公物;当不再具有公务使用的必要时,则应当立即返还给原所有人。这种情况还包括由行政主体管领的私人物品,如侦破盗窃集

---

① 参见〔日〕盐野宏:《行政组织法》,杨建顺译,北京大学出版社 2008 年版,第 253 页。

团案件后,应当将追回的被盗赃物在完成证据采集工作后返还给原所有人。国库收回,即将原来设定为公共使用的公物恢复为国家所有的财政公产,如清理回收闲置的公务用房。

(二) 公物的管理

公物的管理主要涉及公物的养护制度、家主权制度和治安权制度。

1. 公物的养护制度

公物的养护,是指公物管理者从物质形态方面保障公物的存在,使其处于能够满足公共使用需要的状态。它主要是为避免公物管理机关可能存在的疏忽而进行的保护。公物被设置后,通常处于两种状态:一种为消耗性的状态,如国家拨付的扶贫经费或专项助学资金。此时强调的是对这种状态下公物的妥善保管与合理支出,以避免其价值受到不必要的消耗。对这种公物的养护,通常处于静态中,以不作为的方式(不得违法挪用)实现。另一种为持续性的状态,如自然公物、公共设施、公务用公物、公营造物均属此类。所谓的"持续性"是相对的,并非意味着公物不受消耗,如公立医院中的医疗设备、城市中的道路、政府机关的车辆都经受着由自然力或人为因素造成的价值削减。对这种状态下公物的养护,强调的是保持其正常使用状态,故而通常以作为的方式进行养护,如对破损路灯的维修和更新、对公共汽车的养护、对路边行道树木的补栽等。严格而言,从公权力行使的角度来看,养护公物本身被视为非权力行为的一种,属于事实行为。① 公物管理者对公物必须尽充分的维护与注意义务。如果对公物不注意养护而导致使用人或者第三人的损害,则可以认定构成公物养护不作为违法,公物管理者需要承担公法上的赔偿责任和行政责任。同时,对于公物的养护一般被列入政府财政预算,这不仅为公物的养护提供了财政保障,也为监督机关以财政监督的方式判别公物管理者养护职责的履行与否提供了途径。此外,公物管理者的养护行为通常直接与其提供公共服务的质量联系在一起,成为衡量相关行政给付成效的重要指标。

2. 公物的家主权制度

行政法领域的"家主权"概念,来自德语中的"Verwaltungsrechtliches hausrecht"一词,在公物管理关系中,它主要是指公物主管机关为维护公物之正常利用,对不符合资格的使用人所得拒绝之权能。② 家主权作为公物管理者所特有的权力之一,可以用来排除可能对公物本身造成损害或者对公物管理权

---

① 参见〔日〕盐野宏:《行政组织法》,杨建顺译,北京大学出版社 2008 年版,第 262 页。
② 参见林腾鹞:《行政法总论》,三民书局 1999 年版,第 276—277 页。

带来不利影响的使用人。例如,我国《公路法》①第 50 条第 1 款规定,"超过公路、公路桥梁、公路隧道或者汽车渡船的限载、限高、限宽、限长标准的车辆,不得在有限定标准的公路、公路桥梁上或者公路隧道内行驶,不得使用汽车渡船。"对这种不符合资格的使用人的拒绝,一方面是出于保护公物安全性的考虑,另一方面是为了维护其他有权使用人对公物正常使用的权利。家主权在公物管理权中属于一种原生的权力,既可以来源于法律,也可以来源于行政机关制定的行政规则,还可以来源于非行政机关的公物管理者如公营造物组织的内部规则。在后两种情况下,家主权通常被认为是一种公物管理者的自力救济,包含公共安全等公共利益。②

3. 公物的治安权制度

公物的治安权又称"公物的警察权",是针对合乎利用资格的人不合乎利用方法的使用所规定的干预权能。③ 例如,我国《公共图书馆法》④第 44 条第 2 款规定:"对破坏公共图书馆文献信息、设施设备,或者扰乱公共图书馆秩序的,公共图书馆工作人员有权予以劝阻、制止;经劝阻、制止无效的,公共图书馆可以停止为其提供服务。"治安权与家主权的最大区别在于:其一,两者针对的对象不同。家主权针对的是不具备使用资格的相对人,这类相对人尚未实施公物的利用行为。治安权针对的则是具有使用资格的相对人,并且是对其已经实施的公物利用行为进行干预。其二,两者的权能属性不同。治安权直接来源于行政权,属于行政权中规制权的一种,通过这种权力,公物管理者可以对公物使用人进行处罚和强制,如对污染水源的当事人进行罚款,或者对损坏公共设施的人责令其修复或赔偿。家主权则是一种原生权力,来源于财产所有权支配人对第三人恶意影响的本能对抗,它只能排斥而不能规制使用人的行为,除非在法律授权或者是由行政机关直接实施时才属于行政权。例如,禁止市民在公共场所进行可能造成严重噪声影响的广场舞或者卡拉 OK 活动。

维持公物使用关系中公物价值形态的完整性并实现公物最大利用价值,是公物治安权的最大特点。这种完整性包括保护使用关系中公物的物质完整和不被损害并避免被恶意侵占。通过治安权,公物管理者可以制定公物管理规

---

① 1997 年 7 月 3 日第八届全国人民代表大会常务委员会第二十六次会议通过,自 1998 年 1 月 1 日起施行;2017 年 11 月 4 日第十二届全国人民代表大会常务委员会第三十次会议第五次修正。
② 参见〔日〕盐野宏:《行政组织法》,杨建顺译,北京大学出版社 2008 年版,第 263 页。
③ 参见林腾鹞:《行政法总论》,三民书局 1999 年版,第 276—277 页。
④ 2017 年 11 月 4 日第十二届全国人民代表大会常务委员会第三十次会议通过,自 2018 年 1 月 1 日起施行;2018 年 10 月 26 日第十三届全国人民代表大会常务委员会第六次会议修正。

则,对违反条例的人予以处罚,从而显示公物和行政主体的私产(财政公产)以及私人财产不同的特殊地位。[①] 值得注意的是,公物治安权的目的是保持公物的物质形态的完整性,因此它与公物不可分离,具有财产权性质。一般治安警察权的目的则是维持社会秩序的安定,不具有财产权性质,因而可以同时保护公物或者私有财产。在某些情况下,如在高速公路管理过程中,一般治安警察权与公物治安权是可以并存的。此外,治安权往往涉及对使用人私权益的处分,因此必须严格遵循行政法定原则的要求,即便是公物管理者制定的公物管理规则,也不得超越法律保留之范畴。在法定的治安权范围之外,如出现对公物的不当使用或不利影响,则应当寻求一般治安警察权的干预。

三、公物的使用

公物的使用,是指公众行使其对公物所享有的利用与受益权利的活动。上述公物的设置与管理制度,都是从公物组织的角度出发,而公物的使用制度则是从作为最终获取公物利用价值的相对人角度而言的。从行政给付目的性来看,公物的使用制度无疑是整个公物制度的核心,它保障了人们对行政给付"分享权"的实现,也体现了公物之所以存在的最终价值。

(一)公物使用的实现方式与原则

公物的使用有着不同的实现方式。按照满足公物用益性实现的权利内容,公物的使用可以分为直接使用与受益性使用。具体到公物的种类上,前者的对象一般是公共用公物,后者的对象一般是公务用公物。按照公众同时使用公物的相对人数量,公物的使用可以分为集体的共同使用与个别的独占使用。前者的用益权主体具有非限定性,如公众都享有在公路上行走的权利;后者是特定用益权主体对某一部分公物的独占使用,如街道上的报刊亭。按照使用人是否依照公物本来目的使用,公物的使用可以分为自由使用、临时独占使用与特许独占使用。自由使用是无须许可而直接依照公物设置目的的一般使用;临时独占使用是临时超越公物设置目的而得到许可的使用,如在广场上举办音乐会;特别独占使用是一种持续性超越公物设置目的的独占使用,由于具有排除其他人使用的延续性,因而需经法律的特别许可。此外,公物使用的实现方式还可以分为强制使用与自愿使用、一次性使用与持续性使用、有偿使用与免费使用等。需要注意的是,公物使用制度并非"铁板一块",其不同实现方式之间并无

[①] 参见王名扬:《法国行政法》,中国政法大学出版社 1988 年版,第 337 页。

绝对的界限,而是可以相互结合。例如,对城市道路停车位的独占使用同时属于自由使用。

一般认为,在使用公物的过程中,应当遵循如下三个原则:

第一,遵从公物公共目的和公物管理规则的原则。这一原则是公物的用益权人与管理者都必须遵守的。对于使用人而言,必须遵从公物设置时所明确的公共使用目的,不得任意排斥其他使用人的用益权,并且应当服从公物管理者根据其管理规则所作出的正当命令。对于公物管理者而言,不仅需保障公物使用的合目的性,而且在行使管理权的过程中,不得肆意妨碍使用人对公物的合理与正常使用,更不得任意拒绝符合资格的使用人的正当要求。

第二,公物使用的不稳定性原则。此处的"不稳定性",是公物的用益权相对于公物管理者的公权力而言的。正是由于公权力行为所具有的公定力,因此公物管理者可以单方面取消和改变公物的公用目的。但是,使用人认为自己受到上述公物权力行为的侵害时,可以寻求行政救济而要求得到补偿。

第三,公物的最佳使用原则。公物是一种公共财产,发挥公物的最大效用是公物管理者的法定职责。在满足公众对公物公共给付需要的同时,公物管理者可以在不影响公物目的的范围内,利用公物获得合理的经济效益,以扩大公物的公用程度。例如,公共图书馆在不影响读者使用的情况下,可以开设咖啡厅、复印室等辅助性服务设施,并以获得的收益丰富图书馆的藏书。

(二) 公务用公物的使用

公务用公物是以直接供行政机关完成公务而使用的财产。从公务用公物的原始来源来看,公众才是公务用公物的供给者。因此,行政机关对公务用公物的使用也是为了实现公众的受益权,公众理应享受到行政机关所提供的公共服务。无论是政府修建的办公大楼,还是政府所拥有的公务车辆、设备以及其他办公用具,公众是否受益都应当是评价公务用公物价值实现的唯一标准。购买超标公车、修建豪华大楼、购买并不需要的昂贵设备等公物行为,都是对公众受益权的侵犯。

公务用公物从其物质形态来看,可以划分为纯公务用物和可供公用之公务用物。对前者的使用是以排除行政机关内部人员以外的其他人为必要条件的,如警车、警具、枪械和制服等;后者并不当然排除公众的使用,但一般也以公务目的为限,如办公大楼及其内部设施等。

一般认为,公务用公物可以由管理有关公务的行政机关使用;但并不排除在一定条件下可以被私人或受特许人使用。① 具体而言，这分为三种情况：第一，行政机关使用。行政机关及其工作人员对公务用公物的使用是最普遍的情况。公营造物组织对属于自己支配的公物以公务的目的使用也可以看作行政机关使用的扩展。值得注意的是，行政机关使用公务用公物，一般由法律文件或行政机关的内部规则所制约，因而属于内部行政关系的范畴。特定的公务员并不能因为没有发放给其所需的公务用品而主张诉讼救济。第二，公务受委托人使用。行政公务除了由行政机关执行外，还可以由受委托人执行。此时，行政机关一般允许受委托人使用公务用公物。这种使用与公共用公物的特许使用并不一样，要求委托人的使用必须与公务用公物所要达到的公务目的相符合。同时，公务受委托人还负有修缮公物与归还公物的义务。第三，私人使用。私人使用一般存在两种情况：一种情况是基于私法而产生的使用关系。例如，行政机关将办公大楼的楼顶提供给广告公司树立广告牌。这种使用属于公务用公物的目的外使用。另一种情况是基于公法而产生的使用关系。例如，公众为了办理公共事务而进入行政机关的办公场所，使用行政机关的桌椅等。这种使用属于公法性质上的使用。可见，除了上述纯公务用物之外，行政机关允许公众使用公务用公物从实质上看是履行行政服务的职能。公众所利用的，不是公务用公物本身，而是享受了行政机关基于公物资源所提供的服务。

（三）公共用公物的使用

1. 自由使用

自由使用又称"一般使用"或"共同使用"，是指一般公众不需要对公物享有任何特殊的权利即可直接使用公物。例如，我国《公共图书馆法》第33条第1款规定："公共图书馆应当按照平等、开放、共享的要求向社会公众提供服务。"除法律有特别规定外，自由使用依照社会的一般观念或者习惯进行，因而是公物使用中最常见的一种。例如，在城市道路上开车，在露天广场上散步等。行政主体一般不得对潜在的自由使用权人采取选择或禁止措施。

关于自由使用的法律性质，涉及公众能否在此种使用受到阻碍时寻求法定救济的问题。学界存在两种相对立的看法：②一种为反射利益说。该说认为，公物自由使用只是公物设立的反射利益，并非赋予使用人一种权利，使用人只是在不相妨碍的情况下，可以平等地自由使用公物以增进其生活便利而已。因

---

① 参见王名扬：《法国行政法》，中国政法大学出版社1988年版，第341页。
② 参见李惠宗：《公物法》，载翁岳生编：《行政法》（上册），中国法制出版社2009年版，第448—451页。

此,自由使用不能对抗公产管理机关或第三人。另一种为权利说。该说认为,使用人不只是行政的客体,而是行政的参与者,应当将自由使用设定为使用人的法律权利,在其受到侵害时应当获得救济。目前,有四种理论基础支持这种学说:自由权理论、平等权理论、诉讼利益扩大理论以及公共信托说。但是,大部分学者认为,这四种理论均存在偏颇之处。[①] 目前,较为一致的观点认为,自由使用权属于公法的性质,至于是否构成主观公权利不能一概而论。在德国,学者们普遍认为一般使用权是一种不完全的主观公权利。[②] 判断自由使用的法律性质可以公物与公民自由使用之间的依赖程度为标准,以是否构成依赖性判断自由使用权存在与否,进而对其进行保护和救济。

自由使用传统上受到三项原则的支配,即自由使用、免费使用和平等使用。随着时代的变迁,上述三项原则受到越来越多的限制。首先,对于自由使用原则而言,公物设置时的公用目的性已不再如早期那样宽泛,而是更为细致明确,相关公物使用的规则也日趋完善。例如,城市中的公路只能用于车辆一般通行,而不得在公路上举行车辆竞速赛,否则视为违反公路公用目的。

其次,对于免费使用原则而言,对全部公物的自由使用都不收取费用显然目前很难达到。因此,采取以免费为原则、收费为例外的理念是对免费原则的必要补充。当然,对公物自由使用的收费应当被控制在法定范围和必要的程度之内。譬如,《公共文化体育设施条例》[③]第 20 条规定:"公共文化体育设施管理单位提供服务可以适当收取费用,收费项目和标准应当经县级以上人民政府有关部门批准。"《公路法》第 58 条规定:"国家允许依法设立收费公路,同时对收费公路的数量进行控制。除本法第五十九条规定可以收取车辆通行费的公路外,禁止任何公路收取车辆通行费。"第 59 条规定:"符合国务院交通主管部门规定的技术等级和规模的下列公路,可以依法收取车辆通行费:(一)由县级以上地方人民政府交通主管部门利用贷款或者向企业、个人集资建成的公路;(二)由国内外经济组织依法受让前项收费公路收费权的公路;(三)由国内外经济组织依法投资建成的公路。"

最后,就平等使用原则而言,不应当是不分情况的绝对平等,这种形式上的平等将导致实质上的不平等,而应当是区别具体情况的实质平等。譬如,在公物的设置和使用上,都要考虑残疾人、老年人等特殊群体的保护,为其提供便利

---

① 参见朱维究、王成栋主编:《一般行政法原理》,高等教育出版社 2005 年版,第 256—259 页。
② 参见〔德〕汉斯·J.沃尔夫等:《行政法》(第 2 卷),高家伟译,商务印书馆 2002 年版,第 496 页。
③ 2003 年 6 月 26 日国务院令第 382 号公布,自 2003 年 8 月 1 日起施行。

和优惠。对此,《无障碍环境建设法》①第 2 条规定:"国家采取措施推进无障碍环境建设,为残疾人、老年人自主安全地通行道路、出入建筑物以及使用其附属设施、搭乘公共交通运输工具,获取、使用和交流信息,获得社会服务等提供便利。残疾人、老年人之外的其他人有无障碍需求的,可以享受无障碍环境便利。"《残疾人保障法》第 50 条第 1 款规定,"县级以上人民政府对残疾人搭乘公共交通工具,应当根据实际情况给予便利和优惠。"据此,各地一般都规定了残疾人享受公交免费政策。

2. 临时许可使用

临时许可使用又称"临时特别使用",是指公物使用人经过法定许可程序后,享有的对公物超出自由使用程度的临时使用权。由于这种使用已经影响到他人对公物的自由使用权,因此从维护其他使用人自由使用的平等原则出发,公物管理者必须"事先设定行为禁止,基于申请予以许可而解除该禁止的制度之下的使用"②。例如,在公路上设置卖报纸的摊位、举办马拉松比赛等。

根据许可人的不同,临时许可使用可以分为基于公物管理者许可的使用和基于一般治安警察权许可的使用。前者可以采取正式许可的方式,如批准某公司在公园里举办大型车展;也可以采取非正式许可的方式,如公众买票进入大剧院或公共体育场。后者一般以明示的方式作出许可,如交管部门许可马拉松比赛组织者的申请,颁发临时占道许可证等。

一般认为,临时许可使用并不是形成性行为,即并未对相对人设置权利。它只是对不符合条件的使用人限制其权利的行使,对符合条件的使用人解除禁止或者限制,其实质是对自由使用附条件的超越性使用。因此,它并不适用自由使用的三项原则:其一,不适用自由使用原则。许可机关所许可的事项通常是预先设定的,其范围、程度、方式、时间都不得超过许可的内容,并且许可机关可以根据公物使用过程中的具体情形随时终止临时使用。其二,不适用免费原则。由于临时许可使用必然影响到其他公众的自由使用权,如在广场上举办大型商业演出会影响到其他公民对广场的使用,因此应当通过收费的方式限制临时许可使用的数量。但是,这种收费应当与临时许可使用行为对他人可能造成的影响程度相一致,不能借助不合理收费而过度限制使用人的权利。例外的情况是,出于公益性而对公物的临时使用,应当以免费为原则,如慈善义演、无偿

---

① 2023 年 6 月 28 日第十四届全国人民代表大会常务委员会第三次会议通过,自 2023 年 9 月 1 日起施行。

② 〔日〕盐野宏:《行政组织法》,杨建顺译,北京大学出版社 2008 年版,第 264 页。

献血等。其三,不适用平等使用原则。公物管理者可以根据公物使用的现状对申请人进行挑选,在同等条件下,得遵循平等对待原则。

3. 特别许可使用

特别许可使用又称"特别独占使用"或"继续特别使用",是指公物管理者在特定的公物上,通过特别许可为使用人单独设立的得以排除他人使用的特殊使用权。德国学者将处于这种使用权之下的公物称为"特别用物"。[1] 在法国行政法中,特别独占使用,是指公物设定的目的虽是供公众直接共同使用,但例外地设定独占使用,使用人根据行政主体所给予的权利,单独占用公产的一部分。[2]在日本行政法中,学者们也明确了特许使用的排他性利用性质,同时又指出由于使用权的客体是公共用公物,故其排他性是有限的。[3]

特别许可使用与自由使用相比具有显著的不同,前者具有排他性的独占特征,而后者具有共用性。因此,特别许可使用也不适用自由使用的三项原则。此外,特别许可使用权是一种依法取得的权利,这与自由使用权的权属模糊性相比更容易获得救济。特别许可使用与临时许可使用的区别也很明显:一方面,前者是持续性的使用,而后者是临时使用;另一方面,前者具有对其他使用人的使用权的排他性,而后者只是可能影响他人的自由使用。具体而言,根据权利取得方式的不同,可以将特别许可使用分为以下两种:

第一,单方行政行为特别许可使用。特别许可使用权的来源是行政主体单方面作出的许可行为。这种特别许可的单方面性决定了许可主体可以根据公共利益的考虑,随时废除这种许可。同时,除非在许可文书中载明或者由法律明文规定,许可机关的废除许可决定不需要事先通知。但是,当这种对许可的废除作为一种制裁措施时,必须给予使用权人陈述和申辩的权利。可见,单方行政行为特别许可使用并不稳定,而且随着社会的发展,撤销许可的理由日趋丰富。例如,目前在很多城市,存在着大量的企业专用铁路。许可机关可以某企业设置的专用铁路年久失修且妨碍道路交通为由,撤销之前作出的允许铺设铁路的许可,并要求该企业拆除铁路。当然,除了许可机关撤销许可外,还存在着其他导致这种特别许可使用权终止的情形。例如,许可期满未能延展、许可决定附款中的解除条件实现、使用人放弃许可权等。值得注意的是,无论何种情形造成此种特别许可使用权终止,原使用人都有义务拆除相关建筑或设施,

---

[1] 参见李惠宗:《公物法》,载翁岳生编:《行政法》(上册),中国法制出版社2009年版,第442页。
[2] 参见王名扬:《法国行政法》,中国政法大学出版社1988年版,第345页。
[3] 参见〔日〕盐野宏:《行政组织法》,杨建顺译,北京大学出版社2008年版,第265页。

恢复公物的原状。当然,如果行政主体不要求拆除,这些建筑或设施就成为公物的附属物,从而也具备公物的属性。

第二,通过行政合同方式形成的特别许可使用。这包括两种形式,一种是公务特许合同,另一种是作为公务特许合同补充的独占特许合同。"公务特许"一词来源于法国行政法,是指行政主体和其他私法主体签订合同,由后者以自己的经费和责任管理某种公务并自负盈亏。值得注意的是,公务特许行为尽管采取合同形式,实质上却是一种半合同半法规性质的混合行为,是一种性质特殊的行政合同。① 这是由于通过公务特许合同,行政机关将自己所管理的公物托付给私法组织管理,既是对后者使用公物的特别许可,又将公物所负载的公共给付职责转由后者承担。因此,需要通过合同规范使用人的公物职责。在我国,也存在着类似情况。例如,《公路法》第 61 条规定了国道收费权的转让制度,并需要签订第 65 条所规定的转让收费权合同。

公物的独占特许合同,是指行政主体与私人签订的,由私人例外地单独占用公物一部分的合同。② 这种合同经常作为公务特许合同的补充,有时也可以独立存在。订立独占特许合同的当事人一般是作为公物使用人的自然人,合同目的是对公物的排他独占使用,而非实现公务。在我国,这种特许使用权的取得方式主要体现为公民有偿获得国有土地使用权等情形。

4. 公物的其他使用方式

除上述三种最基本的公物使用方式之外,还存在许多值得研究的使用方式。例如,法国行政法中的普通独占许可制度。③ 这种公物使用方式也称"正常独占使用",相对于特别独占使用的不同之处在于,后者所使用的公物,其正常使用方式是公众共同使用,独占使用是例外;而前者则以公众对公物的独占使用为正常方式,将普通独占许可使用的公物的设置目的视为独占使用,如公墓的墓地、公共市场的摊位等。这种独占制度以有偿的独占使用与使用的正常性为其原则,其中后一原则是指行政主体只能规定独占使用的条件,拒绝或终止不符合条件的使用人的使用权,而不能任意拒绝或终止符合条件的使用人的正常使用。这种制度对于我国目前正在建立的廉租房制度和正处于日趋混乱状态之中的城市公墓管理制度都具有指导意义。又如,日本行政法中的目的外

---

① 参见王名扬:《法国行政法》,中国政法大学出版社 1988 年版,第 516 页。
② 参见朱维究、王成栋主编:《一般行政法原理》,高等教育出版社 2005 年版,第 269 页。
③ 参见王名扬:《法国行政法》,中国政法大学出版社 1988 年版,第 352 页。

使用。[①] 这种使用方式是指在不妨害公共使用目的的前提下,公物管理者可以与第三人设定私法上的使用关系,许可后者对公物进行使用或者获取收益。例如,在机关建筑中开设私营的食堂或小卖部,在各种不动产公物之上设置广告牌等。一般认为,这种使用是被允许的,且这种使用许可所构建的使用关系应当受到私法调整。但是,也应当对这种目的外使用进行必要的限制,防止公物组织利用公物资源获取非正当的利益或者妨碍公物的正常使用功能。

---

① 参见〔日〕盐野宏:《行政组织法》,杨建顺译,北京大学出版社2008年版,第269页。

第三章　行政行为论

　　行政行为是行政法学所要研究的第二大基本内容,也是整个行政法学的核心内容。行政法学的另外两大基本内容即行政主体和行政救济,所要解决的实质问题就是行政行为的主体资格和法律补救。行政法学所讨论的一些基础理论问题,如行政法的原则、渊源和效力等,其目的也是解决行政行为在实施中所应遵循的基本准则和法律适用问题。同时,行政行为理论也是行政法律制度的基础。在我国,行政处罚制度、行政许可制度、行政复议制度、行政诉讼制度和行政赔偿制度等具体法律制度的设计,都是在行政行为理论的指导下,以行政行为理论为基础建立起来的。可见,行政行为理论目前在我国行政法学理论和行政法律制度中都占有相当重要的地位。当然,行政行为理论涉及的问题较多,既包括行政行为的概念、分类、内容、形式、程序及效力等一般原理问题,也包括抽象行政行为、具体行政行为及行政相关行为中的具体制度问题。

第一节　行政行为之一般原理

一、行政行为的概念

（一）行政行为的理论界定

　　"行政行为"(administrative act)这一术语,最早并非立法者使用的法律术语,而是学者们讨论行政法时所运用的学理概念。其渊源可追溯至法国行政法学之"Acte Administratif",经由德国学者继受,称其为"Verwaltungsakt",日本学者将其翻译为"行政行为",我国台湾地区学者基本上予以承袭。但是,英国、美国等普通法系国家,对于行政行为并没有一个清晰明确的理论上的概念,在一般的教科书中也找不到行政行为的定义。在法国、德国、日本等国家,行政行为概念的内涵与外延也并非一成不变,而是不断改进和发展的。"行政行为"一词,在我国最早出现于1983年王珉灿主编的《行政法概要》中,①此后绝大多数行政法学著作沿用了这一概念。1989年《行政诉讼法》首次使用"具体行政行为"一词,2014年《行政诉讼法》进一步将其变更为"行政行为",使得"行政行为"完成了从学术概念到法律概念身份的转型。但是,对行政行为概念的界定,理论上一直存在着不同的学说。

1. 行为主体说

该说认为,行政行为是行政机关对外实施的一切行为。也就是说,行为主体是行政机关的行为都属于行政行为,而行为主体是立法机关和司法机关的行为则被排除在行政行为之外。按照该说,行政行为的范围十分宽泛,既包括行政机关运用行政权力所作的法律行为和事实行为,也包括行政机关没有运用行政权力所作的私法行为。该说主要存在于行政法学的初创时期,目前已经没有多少支持者了。但是,也有学者仍然认为,在现代行政法上,行政机关对外实施的行为可以统一称为"行政行为",即使是行政机关基于私法规范作出的行为也不例外。② 还有学者认为,把统一的行政机关分裂为两种不同性质的公法主体和私法主体,存在着诸多缺陷,行政机关的私法行为应作为行政私法行为被纳入行政行为范畴,并由行政法来规范。③

2. 行政作用说

该说认为,行政行为即"行政作用",是行政机关一切运用行政权力的作用或实施行政管理的活动。按照该说,与行政权有关的一切行为都是行政行为,包括行政机关运用行政权力所作的法律行为和事实行为,而不包括行政机关没有运用行政权力所作的私法行为。王珉灿在《行政法概要》中,就是在"行政权作用"的意义上使用"行政行为"概念,认为"行政行为是国家行政机关实施行政管理活动的总称"④。其后,我国学者逐渐放弃了该种学说,多采用"公法行为说"。不过,最近有学者倡导应当恢复该种学说。例如,叶必丰教授认为,"行政行为即行政作用,泛指行政主体一切运用行政权力,实现行政目的的活动",据此将行政行为总体上分为行政法律行为和行政事实行为,将其中的行政法律行为分为单方行政行为和双方行政行为,将单方行政行为又进一步分为抽象行政行为和具体行政行为,并将其中的具体行政行为改称为"行政决定",由此构成

---

① 参见王珉灿主编:《行政法概要》,法律出版社1983年版,第97页。
② 参见章剑生:《现代行政法基本理论》(第2版·上卷),法律出版社2014年版,第247页。
③ 参见许宗力:《法与国家权力》,月旦出版社1993年版,第13页以下。
④ 王珉灿主编:《行政法概要》,法律出版社1983年版,第97页。

整个行政行为的体系。①

3. 公法行为说

该说认为,行政行为是行政机关运用行政权力所作的,发生公法效果的行为。例如,我国台湾地区学者张载宇认为:"行政行为,通常指行政机关之公法上行为而言,即行政机关基于行政职权所为,发生公法上效果之行为。"②也就是说,该说将行政行为等同于行政法律行为,而将行政事实行为排除在行政行为之外,并认为行政行为在外延上既包括抽象行政行为,也包括具体行政行为。抽象行政行为是为不特定行政相对人设定行政法上权利义务的行为,而具体行政行为是为特定行政相对人设定行政法上权利义务的行为。该说是法国行政法学界的通说,③也一直是我国行政法学界的主流学说。④

4. 行政处分说

该说主要是德、日采用的学说,认为行政行为即"行政处分",是行政机关运用行政权力,对特定的外部相对人单方面作出的,具有直接法律效果的行为。奥托·迈耶最早提出"行政行为"这一概念时就是在此意义上使用的,即认为行政行为是行政机关运用公共权力,对具体行政事务适用法律、作出决定的单方行为。⑤ 也就是说,该说进一步将行政行为的外延限定为具体行政行为,而不包括抽象行政行为,且将具体行政行为进一步限定为外部的单方行政行为,而将内部行政行为及行政契约等双方行政行为也排除在行政行为范畴之外。⑥

值得注意的是,该说所使用的"行政行为(行政处分)"一词,是对"行政作用"实行类型化处理的结果,即先将"行政作用"分为事实行为和法律行为(公法行为),然后将行政行为(行政处分)作为公法行为之下位概念,与法规命令(抽象行为)、行政契约(双方行为)处于同一位阶。这其中,实际上,行政作用为最广义的行政行为,公法行为为广义行政行为,行政处分为最狭义的行政行为。⑦

---

① 参见叶必丰:《行政法与行政诉讼法》(第3版),高等教育出版社2015年版,第73页。
② 张载宇:《行政法要论》,汉林出版社1977年版,第303页。
③ 参见王名扬:《法国行政法》,中国政法大学出版社1988年版,第132页。
④ 参见罗豪才主编:《行政法学》(修订本),北京大学出版社1996年版,第105页;应松年主编:《行政法与行政诉讼法学》,法律出版社2005年版,第114页;姜明安:《行政法》(第5版),北京大学出版社2022年版,第270页。
⑤ 参见翁岳生:《行政法与现代法治国家》,三民书局2015年版,第3页。
⑥ 参见〔德〕哈特穆特·毛雷尔:《行政法学总论》,高家伟译,法律出版社2000年版,第182页;〔德〕汉斯·J.沃尔夫等:《行政法》(第2卷),高家伟译,商务印书馆2002年版,第16页;〔日〕南博方:《日本行政法》,杨建顺、周作彩译,中国人民大学出版社1988年版,第33页;〔日〕盐野宏:《行政法总论》,杨建顺译,北京大学出版社2008年版,第70页;〔日〕市桥克哉等:《日本现行行政法》,田林等译,法律出版社2017年版,第112页。
⑦ 参见张家洋:《行政法》,三民书局2002年版,第406页。

在我国,由于"行政处分"特指对公务员违法违纪行为的惩戒,在用语上已经特定化,因此不能在名称上将行政行为称为"行政处分"。但是,从内涵和外延来看,受德、日的影响,我国也有学者认为:"行政行为,是指行政主体依法行使国家行政权,针对具体事项或事实,对外部采取的能产生直接法律效果,使具体事实规则化的行为。"① 还有学者主张保留德、日传统纯粹的行政行为概念,认为:"行政行为不仅是一个学术术语,也是一个法律概念,是指行政主体在职权行使过程中所作的能够引起行政法律效果的单方意思表示行为。"②

上述四种学说中,公法行为说是目前我国行政法学界的通说。在此,笔者基本上采用此说,认为行政行为是享有行政权能的组织(行政主体)运用行政权力作出的能够产生法律效果的行为。

(二) 行政行为的成立要件

行政行为的成立要件,是指决定一行为成立行政行为所必须具备的条件,它是从性质上识别行政行为与其他行为或非行政行为的标准。根据上述行政行为的界定,行政行为的成立应包括主体、权力、内容和形式四个方面的构成要件。

1. 主体要件——行政权能的存在

任何行为都来自某个主体,因此主体要件是第一个不可缺少的资格要件。行政行为的主体必须是享有行政权能的组织,非享有行政权能的组织所作的行为不能被认定为行政行为。所谓行政权能,是指法律所赋予的享有某种行政权力的资格或能力。只有具备行政权能的组织或个人才能行使行政权力、实施行政行为,因此行为主体是否具有行政权能,是决定一行为是否为行政行为的主体要件或资格要件。

值得注意的是,行政权能不同于行政主体。行政主体必须具有行政权能,而行政权能可以由法律赋予行政主体,也可以由行政主体分解、确定给行政机构和公务员。如果具备行政权能的行政机构和公务员并不具备行政主体的其他资格(包括以自己的名义和责任能力),就不是行政主体,而其所作的行为仍然可能是一个行政行为,只不过是一种违法行政行为或代表其所在行政主体实施的行政行为。这样的行政行为,基于信赖利益的保护,可以视为或推定为所在行政主体的行为,由所在行政主体对其负责,从而确定其法律上的主体及责任的承担者。对此,最高人民法院《关于适用〈中华人民共和国行政诉讼法〉的

---

① 杨建顺:《关于行政行为理论与问题的研究》,载《行政法学研究》1995 年第 3 期。
② 余凌云:《行政法讲义》(第 3 版),清华大学出版社 2019 年版,第 238 页。

解释》第20条第1款规定:"行政机关组建并赋予行政管理职能但不具有独立承担法律责任能力的机构,以自己的名义作出行政行为,当事人不服提起诉讼的,应当以组建该机构的行政机关为被告。"在此,行政机关的内部机构虽然不是行政主体,却被推定为具有行政权能,其行为可以视为所在行政机关的行政行为。可见,对"行政权能"的认定,包括法定和推定两种类型。前者即作为行政主体的行政机关和被授权组织具有法定的行政权能;后者则是将行政机关和被授权组织内部的机构及其工作人员推定为具有行政权能,将其行为推定为所在行政主体的行为。

我国《行政诉讼法》第2条规定:"公民、法人或者其他组织认为行政机关和行政机关工作人员的行政行为侵犯其合法权益,有权依照本法向人民法院提起诉讼。前款所称行政行为,包括法律、法规、规章授权的组织作出的行政行为。"第26条第5款规定:"行政机关委托的组织所作的行政行为,委托的行政机关是被告。"据此,实施行政行为的主体除行政机关和法律、法规、规章授权的组织外,还包括行政机关工作人员以及行政机关委托的组织及其工作人员。后者虽不是行政主体,但却具有行政权能,有行政权能的存在,其作出的行为就可能是行政行为。因此,作为行政行为成立的主体要件,只能表述为"行政权能的存在",而不能表述为"实施行为的主体是行政主体";否则,在理论上就会存在循环论证的逻辑错误,在实践中也会把行政主体资格不适格但可能属于行政行为范畴的行为排除在行政行为之外。[①]

2. 权力要件——行政权力的运用

行政行为必须是享有行政权能的组织实际运用行政权力所作的行为,无行政权力的存在和运用就无行政行为。行政行为是行政权力的具体运用方式和方法。这些方式和方法可能是多种多样的,如许可、处罚、强制、征收、奖励等,但是它们并不是行政行为的本质内容,行政权力的运用才是其核心。行政权力的实际运用可以称为行政行为成立的权力要件。凡是享有行政权能并实际运用行政权力所作的行为才是行政行为;而没有运用行政权力所作的行为,即使实施者是享有行政权能的组织,也不是行政行为。例如,行政机关以机关法人的身份购买办公设备和建造办公楼的行为,就不是行政行为。

所谓行政权力的运用,既包括行政职权的行使,也包括行政职责的履行;既包括行政权力的积极运用,也包括行政权力的消极放弃即不作为。非运用行政权力的行为可能是民事行为或个人行为、组织的内部行为等,而不属于行政行

[①] 参见叶必丰:《行政行为原理》,商务印书馆2019年版,第168页。

为。此外,还应当排除运用司法权力的行为。例如,公安机关的刑事侦查行为不属于行政行为。

3. 内容要件——法律效果的存在

行政行为还是一种法律行为,即具有法律效果的行为。所谓法律效果,是指主体旨在设定、变更、消灭或确认某种权利义务关系的内在意思。行政行为作为行政主体的一种意思表示,只有当这种意思表示具备设定、变更或消灭某种权利义务关系的内容时,才具有法律意义。如果一个行为没有设定、变更或消灭某种权利义务关系,或者尚未形成或完成对某种权利义务关系的设定、变更或消灭,则该行为不具有法律意义,不是法律行为。总之,只有具有法律效果的行为才是法律行为,才能成为行政行为。如果一个行为并不能够产生这种法律效果,即使是享有行政权能的组织运用行政权力所作的行为,如行政事实行为,也不是行政行为。法律效果的存在可以视为行政行为成立的法律要件或内容要件。

这种法律效果可能是行政法上的效果,也可能是其他法律效果,且往往两者密不可分。例如,行政主体对公民之间某种民事权益纠纷所作的行政裁决行为,除了产生行政主体与公民之间决定与服从的权利义务法律效果外,还进一步产生公民相互之间实现民事权利义务的法律效果。这种法律效果既可指直接法律效果,也可指间接法律效果。直接法律效果是对某种权利义务关系的设定、变更或消灭,如行政处罚、行政许可等行为直接产生权利义务关系,自然属于行政行为。间接法律效果是对某种权利义务关系的确认或证明。确认或证明某种权利义务关系,使其从不稳定或不明确状态趋于稳定或明确,虽不直接产生法律效果,却间接影响相对人的权利义务。在法国行政法上,行政确认和行政证明被认为是一种具有法律意义的行为即行政行为。[①] 但是,在日本行政法上,行政确认和行政证明并不是一种典型意义上的法律效果,法律效果仅限于对权利义务关系的设定、变更或消灭,因而行政确认和行政证明是介于行政行为与事实行为之间的一种准行政行为。[②]

4. 形式要件——表示行为的存在

法律效果必须表示于外部,才构成一种法律行为。所谓表示行为,是指行为的主体将其旨在产生一定法律效果的内在意思以一定方式表现于外部,并足以为外界所客观理解的行为。行政行为作为一种法律行为,是行政主体的一种

---

① 参见王名扬:《法国行政法》,中国政法大学出版社1988年版,第148页。
② 参见〔日〕室井力主编:《日本现代行政法》,吴微译,中国政法大学出版社1995年版,第84页。

意思表示。行政主体只有将自己的意志通过语言、文字、行动、符号（如交通标志）、信号（如交通红绿灯）等行为形式表示出来，并告知行政相对人，才能成为一个行政行为。如果行政主体的意志还没有表现出来，或者还没有告知行政相对人，就无法为外界所识别，应视为行政行为不存在或不成立。表示行为的存在可以视为行政行为成立的形式要件。

一般来说，表示行为至少应包括以下两个条件：其一，表示行为是有意志的自主行为。行政主体作为抽象的人格主体，需要相应的公务人员表示其意志。公务人员只有在精神正常时才能代表所在行政主体作意思表示，并且应经行政主体首长的确认。其二，表示行为的外部表现必须足以为外界所客观识别。也就是说，从外在的行为足以推知内在的意志。因此，未表现内在意志或者无法为外界所客观理解的行为不属于表示行为，不承认行政主体所预想的意思表示。这一点在法学上被称为意思表示的决定性环节。

总之，行政行为的成立必须同时具备上述要件，或者说，只有同时符合上述要件的行为才是行政行为。

（三）行政行为的相关界限

在了解行政行为的内涵的基础之上，为了进一步界定行政行为的外延，有必要将其与相关的行为区别开来。

1. 行政行为与假行政行为

（1）假行政行为的含义。假行政行为在行政法学上又称"假象行政行为"或"行政行为的不存在"，是指不具备行政行为的成立要件，但具有行政行为的某些类似特征的非行政行为。[①] 它有下列两大特征：

第一，不具备行政行为的成立要件。假行政行为不是行政行为，即非行政行为。要区分行政行为与非行政行为，就要看该行为是否具备行政行为的成立要件。具备行政行为的成立要件的行为属于行政行为，否则就是非行政行为。行政行为的成立要件不同于行政行为的合法要件。具备行政行为的成立要件而不具备行政行为的合法要件的行为虽属于违法行政行为，但仍然是行政行为。因此，假行政行为与违法行政行为是不能相等同的。

第二，具有行政行为的某些类似特征。一般来说，行政行为与非行政行为之间的界限是清楚的，本不属于行政法学的研究对象。但是，有些非行政行为具有行政行为的某些类似特征或假象，如一家企业给一位职工开出的行政罚款

---

① 参见叶必丰：《假行政行为》，载《判例与研究》1998年第4期。

单等。这样,就容易将假行政行为误认为行政行为。因此,有必要将假行政行为纳入行政法学研究的范围。

(2) 假行政行为的形态。既然判断行政行为与假行政行为的标准是行政行为的成立要件,那么根据行政行为的四个成立要件,假行政行为的形态具体包括以下四种:

第一,不具备行政权能的行为。也就是说,一些不具备行政权能或行政主体资格的组织或个人实施了本该由行政主体实施的或类似于行政行为的行为。这种行为由于不具备行政行为的主体要件,因此不是行政行为,而是假行政行为。例如,一家公司对行人吐痰行为给予"行政罚款",一家学校"吊销"或"扣留"在其门口所设摊位的营业执照等。另外,假冒行政主体或行政公务人员所作的行为也属于此类假行政行为。

第二,没有运用行政权的行为。行政权的享有者即行政机关和其他社会组织都具有多重身份。行政主体没有运用行政权,而是基于其他权利所作的行为如民事行为,不是行政行为。这种权利和行政权统一于同一机关和组织所作的行为,如行政机关因建造办公楼所作的征地、拆迁行为,在主体上具有行政行为的假象,是一种假行政行为。

第三,不存在行政法律效果的行为。拥有行政权的行政主体运用行政权所作的行为,如果没有设定、变更或消灭相对人的权利义务,也不是行政行为。例如,行政主体运用行政权所作的事实行为。

第四,不存在表示行为的主观意志。行政主体只有将自己的意志通过语言、文字、行动或符号等表示出来,并且使相对人知悉,才能构成一个行政行为。如果行政主体的意志还没有表现出来,或者还没有告知相对人,就应视为行政行为不存在。①

(3) 假行政行为的性质与救济。假行政行为具体属于何种性质的行为,有赖于具体分析。一般而言,假行政行为有属于以下四种行为的可能性:一是民事行为,既包括合法的民事行为,如行政机关借用车辆的行为;也包括违法的民事侵权行为,如公司没收职工的自行车。二是事实行为,也有合法与违法之分,后者如行政人员殴打他人致伤。三是违反行政管理秩序的行为,如假冒行为。四是犯罪行为,即上述违法的假行政行为构成犯罪的行为,如乡镇领导非法拘禁他人构成犯罪的。

---

① 参见张载宇:《行政法要论》,汉林出版社 1977 年版,第 354 页;胡建淼主编:《行政法教程》,法律出版社 1996 年版,第 210 页。

对于合法的假行政行为,只存在行为性质的认定问题,而不存在侵害排除或法律救济的问题。对于违法的假行政行为,则存在一个对其造成的侵害予以排除即法律救济的问题,但是不同于对行政行为的救济。对于民事侵权行为,适用民法和民事诉讼法救济;对于违法的事实行为,适用国家赔偿救济;对于违反行政管理秩序的行为,适用行政处罚;对于犯罪行为,适用刑法和刑事诉讼法救济。研究假行政行为的意义也在于此,即通过正确认定行为的性质,从而准确适用法律,采取正确的救济途径。

2. 行政行为与行政事实行为

"事实行为"本是民法学上的一个学理概念,用以与表意行为或法律行为相对称。这一概念被引入行政法学领域之后,通常用以与行政行为相对应。但是,对于什么是行政事实行为,它与行政行为如何区分,在行政法学上存在着争论。

一般认为,行政事实行为,是指行政主体运用行政职权作出的,不具有法律效果的行为。也就是说,它在主体和权力属性上与行政行为是相同的,两者的区分标准在于是否具有法律效果。这里的关键是如何理解"法律效果"。有人认为,凡不能产生法律效果的行为就是行政事实行为。也有人指出,有的行政事实行为也能产生法律效果,如警察在对公民执行行政拘留时施以殴打行为,该行为将导致国家赔偿责任的产生。事实上,这将法律效果理解成了法律后果。法律后果强调的是法律责任的承担,而法律效果强调的是设定、变更或消灭某种权利义务关系,既包括主观上是否以设定、变更或消灭相对人权利义务为目的,又包括客观上能否为相对人设定、变更或消灭一定的权利义务。因此,行政行为与行政事实行为的区分应包括客观和主观两个方面的标准。

第一,主观标准。即是否以产生一定的法律效果为目的,或者说是否以设定、变更或消灭相对人权利义务为目的。凡是以法律效果即设定、变更或消灭相对人权利义务为目的的,就是行政行为,否则就是行政事实行为。

第二,客观标准。即是否能够产生法律效果,或者说能否为相对人设定、变更或消灭一定的权利义务。凡是能够产生法律效果即能够为相对人设定、变更或消灭一定的权利义务的,就是行政行为,否则就是行政事实行为。

那么,哪些行为属于行政事实行为?从对行政法有意义的角度看,应主要是指那些与行政行为相关的行为或称"职务相关行为",包括辅助行为、阶段行为和衍生行为等。辅助行为,主要是资料性或技术性行为,如在许可、登记行为中的资料检查、立档备案行为等。阶段行为,即构成行政行为的某个特定阶段的事实行为,如对扣押物品的保管。衍生行为,主要是指公务员在执行公务过程中,基于临时需要或滥用职权而作出的事实行为,一般表现为对人身或财产的强制,如警察在讯问违法行为人时对被讯问人施以殴打等。

在行政诉讼中,法院对行政行为的审查包括对事实行为的审查。同时,确认事实行为是否违法也是认定侵权赔偿责任的前提。因此,研究事实行为具有重要的诉讼价值。

3. 行政行为与个人行为

这里的"个人行为",是指公务员以普通公民或自然人的身份实施的与其职务无关的行为。公务员既可以公务人员的身份代表行政主体实施行政行为即行政公务行为,也可以一个普通公民的身份实施个人行为。但是,公务员在实施这两种行为时,是不能混用其身份的。如果以公务人员的身份对待私事,实施行政行为,就属于滥用职权;如果以公民的身份对待公务,实施个人行为,则属于玩忽职守或渎职。因此,在行政法学上,有必要科学地区分行政行为与公务员的个人行为,客观地确认行政行为或行政公务行为。同时,两者的区分对正确确定行为后果的归属也具有重要意义。公务员的公务行为的后果归属于行政主体,而其个人行为的后果则归属于本人。因此,两者的区分直接关系到由谁来承担相应行为的法律后果,包括国家赔偿责任的问题。

那么,究竟应如何区分这两种行为?对此,理论上和实践中的分歧都很大。一般认为,应该综合或选择考虑行为的时间和空间、名义、目的、职责等标准或要素。

(1) 时间和空间。根据时间和空间标准,公务人员的行为发生在上班时间和工作地点的,被认为是公务行为,反之则被视为个人行为。但是,时间标准无法回答上班时从事私人行为和下班后出于职业道德进行实质公务行为的情况;① 空间标准也无法解决一定地域内行为人既可进行公务行为也可进行私人行为的难题。可见,行为的时间和空间并不是决定行为性质的必要或充分条件。

(2) 名义。按照名义要素,公务人员的行为是以其所属的行政主体之名义作出的,视为公务行为;以个人名义作出的,则视为个人行为。但是,国家公务人员有可能以行政主体的名义实施个人行为,按照这个标准,就会把这种个人行为也划入公务行为之中。

(3) 目的。按照目的或意志要素,出于私人目的的行为属于个人行为,出

---

① 例如,《人民警察法》第19条规定:"人民警察在非工作时间,遇有其职责范围内的紧急情况,应当履行职责。"

于公务目的的行为则属于公务行为;反映个人意志的行为属于个人行为,反映行政主体意志的行为则属于公务行为。这个要素考虑了一个人的行为是受主观思想支配的,故以此为标准可以避免公务人员假冒行政主体的名义进行谋求私人利益的表面公务行为。但是,目的本身需从行为结果推导这一特性,决定了这种标准很难操作。此外,这种标准也无法解释国家公务人员运用职权谋取私人利益这一滥用职权的违法行为也属于公务行为的情况。也就是说,这种标准将滥用职权行为排除在了公务行为之外。

（4）职责。按照职责要素,公务人员的行为属于其职责范围内的行为,被认为是公务行为;而不属于职责范围内的行为,被认为是个人行为。但是,不属于职责范围内的行为可能是超越职权的违法公务行为。因此,职责只是合法公务行为与不合法公务行为的一个识别要素,实际上并没有直接揭示公务行为的性质,无法解释越权公务行为的情况。

从以上的分析可以看出,时间和空间、名义、目的、职责等都无法单独构成行政公务行为的必要或充分条件,如果将它们全部作为标准,又必然会出现相互矛盾而导致无法得出最后结论的情形。因此,笔者认为,这些标准并不能完全将行政行为与个人行为区分开来,最根本的标准有两个:一是程序标准,二是实体标准。这是因为,任何行政行为都是两方面的统一:一方面是其实体内容,另一方面是其程序形式,两者缺一不可。行政公务行为作为一种行政行为,应该同时具备这两方面的要求,否则就不是公务行为。行政行为与个人行为的区分也应该包括这两方面的标准。

（1）程序标准。现代各国行政程序法对公务人员进行公务行为的基本程序要求是表明身份,这既是保障相对人合法权益的需要,也是确保公务人员忠于职守的需要。在有些没有行政程序成文法的国家,这种程序规则已被确认为基本的公正原则。表明身份,是指公务人员在进行公务行为时,向相对人明确声明或通过行为动作和公务标志说明其具有某种行政职权并已开始行使职权的行为。没有这种身份的表明,便无法达到行为的公务性质,除非立法作了例外的规定(如秘密侦查公务行为不允许表明身份后再作出行为)。因此,公务人员必须在程序上表明自己作为行政主体代表的身份,才属于公务行为,否则就是个人行为。

表明身份有明示和暗示两种具体方式。明示表明通常以口头和书面两种形式进行。这种身份表明一般应公布被代表行政主体的名称。暗示表明通常由行为动作与公务标志结合而成。这种身份表明必须足以达到使相对人相信其代表某行政主体进行管理行为的效果。所谓公务标志,是指为使社会识别而用于表明具备某种公务身份或用于公务的器具的外形标记,如公安人员的制服、警车、电警棍、"执勤"袖套、手枪等。

(2) 实体标准。国家公务人员的公务行为实质上是所在行政主体的具体行政行为,其本质属性在于运用国家行政权力处理事务。公民的个人行为是不可能具有这一属性的。因此,只有职权才是行政公务行为实体要件的唯一内容,而不是以主观目的为内容。一个人没有职权肯定不可能实施公务行为,那么有职权的公务人员在表明身份以后作出的行为是否一定就是公务行为?这需要进一步分析职权运用的情况。

职权的运用包括两种情况:一种情况是公务人员运用其职务上的职权,这是最常见的职权运用。无论该职权的运用是为了公共利益还是私人利益,都属于公务行为,只不过后者是一种滥用职权的违法公务行为。另一种情况是公务人员运用其职务以外的职权,即越权行为。这种行为是否也属于公务行为?在"国家不能为非"的时代,这是不被认定为公务行为的。但是在当今,各国普遍把公务人员表明身份后的越权行为归为公务行为,并允许相对人对其提起行政诉讼。

笔者认为,将一切越权行为都视为公务行为也不尽合理。国家公务人员运用行政主体委托的职权所实施的行为当然应归属于代表其所在行政主体的行政行为。但是,国家公务人员行使其所在行政主体根本未委托且是该行政主体完全不具有的"职权"所实施的行为,若也被认为是公务行为,即属于行政主体的行政行为,尤其是将该行为引起的不利后果全部归属于行政主体,则对行政主体而言极不公平,行政主体实不应代其受过。因此,我们不能将一切越权行为都认定为行政公务行为。当越权超过一定限度时,该行为就变成个人行为。或者说,越权超过一定"度"后,该行为就丧失了公务行为的成分。这个"度"就是行为与职权的牵连程度,当一行为在地域管辖权、事务管辖权、级别管辖权等方面全部逾越时,该行为即丧失了公务行为的性质。此时,表明身份已经失去其重要性。尽管不表明身份肯定导致行为的非公务性,但是表明身份并不等于公务人员的行为即公务行为。例如,某一出差在外县的税务人员在声明代表国家后,对该县一违章建筑作出罚款 2000 元的处罚。这种行为已不具有任何公务行为的成分,所以属于个人行为,而不是公务行为。

4. 行政行为与国家行为

国家行为不能从字面上理解。如果仅从形式上理解,认为国家行为就是由国家机关作出的行为,那么国家行为理应包括国家立法行为、司法行为和行政行为等。但是,行政法学上论及的国家行为,特指有关国家机关以国家的名义运用国家主权实施的行为，又称"统治行为""政治行为"或"政府行为"。①

国家行为包括对内和对外两种，具体包括国防行为（主要指宣战、应战、发布动员令、宣布战争状态、调动军队、设立军事禁区等行为）、军事行为（与国防行为既有联系又有区别，是指国防层次以下具体的备战、战斗和应战等行为）和外交行为（主要指与外国建交、断交以及签订条约、公约或协定等行为）、紧急行为（如宣布进入紧急状态、实施戒严、防洪救灾等）及其他重大国家公益行为。

国家行为的主体包括国家元首、最高国家权力机关、中央军事委员会，也包括国务院、外交部等国家行政机关。譬如，根据《宪法》第89条第9、10项的规定，国务院的职权包括管理对外事务、同外国缔结条约和协定、领导和管理国防建设事业。《国防法》②第14条亦规定，国务院领导和管理国防建设事业。《对外关系法》③第12条规定："国务院管理对外事务，同外国缔结条约和协定，行使宪法和法律规定的对外关系职权。"第14条第1款规定，"中华人民共和国外交部依法办理外交事务，承办党和国家领导人同外国领导人的外交往来事务。"第16条第2款规定："省、自治区、直辖市人民政府依职权处理本行政区域的对外交流合作事务。"《戒严法》④第3条第2款规定："省、自治区、直辖市的范围内部分地区的戒严，由国务院决定，国务院总理发布戒严令。"

国家行政机关实施的国家行为是否属于行政行为？有人认为，就其行为的特征而言，符合行政行为的成立要件，属于行政行为。但是，一般认为，这不属于行政行为的范畴，理由是：这种行为所产生的责任是政治责任，通常由最高国家权力机关通过质询、弹劾、罢免等方式，解决这种行为的得失及其责任问题，所以属于宪法规范的范围，而不属于行政法调整。由于国家行为所引起的是政治责任且由最高国家权力机关予以追究，通常并不涉及某个人的利益，而是涉及重大国家利益，具有很强的政治性，因此享受司法豁免，不受法院管辖。我国行政诉讼法也将国家行为排除在司法审查之外。

---

① "政府行为"一词的使用较混乱。有的著作中将行政行为称为"政府行为"，这种提法在日常用语中并无不可，但是严格说来，容易引起歧义。因为从直观意义上理解，政府行为似乎指一级政府所作的行为，而不包括其下属部门所作的行为，内涵较窄；同时，行政行为已经约定俗成，有着特定的含义，所以不能将其称为"政府行为"。比较合理的用法是，将政府行为限定为国家行为加以使用。
② 1997年3月14日第八届全国人民代表大会第五次会议通过；2020年12月26日第十三届全国人民代表大会常务委员会第二十四次会议修订，自2021年1月1日起施行。
③ 2023年6月28日第十四届全国人民代表大会常务委员会第三次会议通过，自2023年7月1日起施行。
④ 1996年3月1日第八届全国人民代表大会常务委员会第十八次会议通过，自1996年3月1日起施行。

二、行政行为的分类

分类技术是构建知识和理论体系的基本方法之一。不同的社会领域中,所采用的分类技术不尽相同,这主要取决于分类所追求的目的。法律上的分类技术更加注重与权利义务以及法律责任的关系。"将大量彼此不同,而且本身极度复杂的生活事件,以明了的方式予以归类,用清晰易辨的要素加以描述,并赋予其中法律意义上相同者同样的法律效果,此正是法律的任务所在。"①行政行为的分类,历来是行政行为研究中的一个重要领域,它不仅有利于行政行为的深入分析,也是依法行政实践的现实需要。学者们按照不同的标准对行政行为作了各种分类,多达二十余种。② 这里,拟就实践中应用较广泛且实用价值较大的几种基本的行政行为分类作些研究。

(一) 抽象行政行为与具体行政行为

抽象行政行为与具体行政行为是行政法学中对行政行为的一种最基本的分类,也是应用价值较大的一种分类。从行政救济的法律实践来看,并非所有的行政行为都属于行政复议和行政诉讼的受案范围。无论是 1989 年《行政诉讼法》,还是 1999 年《行政复议法》,都明确将其受案范围限定为"具体行政行为"。尽管 2014 年修正的《行政诉讼法》和 2023 年修订的《行政复议法》均已将"具体行政行为"修改为"行政行为",但是"关于抽象行政行为不可诉的规定没有任何修改"③。因为,根据 2014 年《行政诉讼法》第 13 条的规定,法院不受理对"行政法规、规章或者行政机关制定、发布的具有普遍约束力的决定、命令"提起的行政诉讼;2023 年《行政复议法》第 12 条亦作出同样的规定,将"行政法规、规章或者行政机关制定、发布的具有普遍约束力的决定、命令等规范性文件"排除在行政复议范围之外。虽然这也意味着在立法者看来,"抽象行政行为"已经不再是"行政行为",④但是从学理上我们仍需将这类行为概括为"抽象行政行为"这一特殊概念而与"具体行政行为"加以类型化研究,并在实践中指导行政诉讼和行政复议受案范围的准确把握。因此,区分抽象行政行为与具体行政行为仍然具有十分重要的理论和实践意义。

---

① 〔德〕卡尔·拉伦茨:《法学方法论》,陈爱娥译,商务印书馆 2003 年版,第 319 页。
② 参见许崇德、皮纯协主编:《新中国行政法学研究综述(1949—1990)》,法律出版社 1991 年版,第 190 页以下。
③ 何海波:《行政诉讼法》(第 3 版),法律出版社 2022 年版,第 152 页。
④ 参见姜明安:《比较行政法》,法律出版社 2023 年版,第 7 页。

1. 抽象行政行为与具体行政行为的一般区别

（1）行为的对象不同。抽象行政行为针对的是不特定的对象，包括不特定的人和事。具体行政行为则是针对特定的对象，包括特定的人和事。例如，市政府发布一决定，凡是进入市高速公路的机动车辆，都要交纳一定的费用。这一决定中的缴费虽是特定的事项，但相对人即驶入该市高速公路的机动车辆及其司机却是不特定的，因而这一决定是抽象行政行为；而当市政府的决定发布后，行政机关对某一驶入该市高速公路的机动车辆进行收费，这一收费行为就是针对特定的人而为的具体行政行为。

（2）行为的效力不同。抽象行政行为的效力及于以后发生的事件，且可以反复适用；而具体行政行为则只对以往的或已发生的事件发生法律效力，且只能一次性适用。如前例中，市政府发布决定后，行政机关可以在以后任何时间反复适用这一决定，对驶入该市高速公路的机动车辆进行收费。所以，市政府发布决定的行为是抽象行政行为。行政机关对某一特定的机动车辆进行收费的行为是基于已经发生的该车辆驶入市高速公路这一事件，且对其只能收费一次，所以这一行为是具体行政行为。

（3）行为的功能不同。抽象行政行为是设置行政法律关系模式的行为，其内在功能是抽象出一般的行为规则模式，这种行为规则对行政相对人权利义务的影响仅是可能性而尚未发生实际后果。具体行政行为则是实现行政法律关系模式的行为，其内在功能是将人们的行为规则模式在现实生活中加以具体适用，并直接导致具体行政法律关系实际地产生、变更和消灭，使行政相对人的权利义务受到直接、现实的影响。例如，某县行政机关发出通告：因县城某主干道需进行道路修建工程，交通拥挤，在一个月内，全县机动车需按车辆牌号隔日行驶，单日单号数车行驶，双日双号数车行驶。这个通告的功能就在于为全县机动车辆的行驶设置一个规则模式，它只设定了却尚未实现相对人的义务，因而是抽象行政行为。如果通告发出之后，行政机关在路口设岗禁止有关车辆通行或对未遵守通告者予以处置，则是以具体行政行为实现通告所设定的义务。此时，通告所设置的一般行为规则就变成现实的、具体的行政法律关系，这正是具体行政行为的功能。

当然，抽象行政行为所设置的一般行为规则模式也可以通过行政相对人的相应法律行为予以直接实现，此时就无须具体行政行为的存在。如上例中，如果有关车辆驾驶员看见通告后主动掉头，未进入禁行路段，则是行政相对人以自己予以遵守的法律行为实现了通告规定的义务。此外，如果既无具体行政行为的存在，也无行政相对人的自身法律行为发挥作用，那么抽象行政行为所设定的行为规则就不能得以实现。在上例中,如果通告发出之后行政机关并未采取具体行动,行政相对人未遵守通告时行政机关也未予以追究,则只有抽象行政行为存在,由此导致的行政法律关系因不具备条件而未实际地产生、变更或消灭。①

可见,具体行政行为一般在抽象行政行为之后实施,抽象行政行为是具体行政行为实施的根据和法律前提,实施具体行政行为是为了使抽象行政行为得到实现。这既体现了两者的区别,也是它们的内在联系之所在。

2. 抽象行政行为与以行政规范形式出现的具体行政行为

行政规范,是指行政主体在行政立法所立之法以外建立的普遍性规则。②一般来说,只有抽象行政行为才会以行政规范的形式出现。但是,在实践中,有的具体行政行为是以行政规范的形式出现的,或者说一个以行政规范形式出现的行为,其内容却是具体行政行为的内容或包括具体行政行为的内容,既设定了不特定相对人的权利义务,又设定了特定相对人的权利义务。此时,我们必须正确识别其行为的性质。例如,卫生部、公安部、农牧渔业部、国家医药管理局和国家工商行政管理局1984年发布的《关于进一步加强对"安钠咖"管理的通知》③,规定了不特定相对人的权利义务,是一个行政规范。但是,它又规定了特定相对人的权利义务,即规定"安钠咖"只能由北京、上海和兰州的三家制药厂生产。笔者认为,在内容上,应当将该通知视为两个行为,即抽象行政行为与具体行政行为,并分别对待。当一个具有行政规范形式的行为完全是具体行政行为的内容,即设定特定相对人的权利义务时,应当将该行为认定为具体行政行为。例如,《湖北省物价局关于〈爱情婚姻家庭〉等杂志定价的批复》④,以规范性文件的形式出现,规定的仅仅是《爱情婚姻家庭》等四家杂志的定价问题,应当被认定为一种具体行政行为。又如,《武汉市土地管理局公告》第2001001号⑤,全文如下:"根据武政地字〔2000〕013号,从2000年12月22日起,收回武汉黄鹤楼集团股份有限公司位于武昌区夏家村,占地面积有2708.28㎡(以实测面积为准)的国有土地使用权,注销武房地籍昌字第05-1789号《武汉市国有土地使用权证》,并注销土地登记。限武汉黄鹤楼集团股份有限公司自本公告之日起7日内,持上述土地证书原件到我局地籍处办理国有土地使用权注销登

---

① 参见方世荣:《论具体行政行为》,武汉大学出版社1996年版,第97页。
② 参见本章第二节。
③ 卫药字〔84〕第8号。
④ 鄂价农轻函字〔1999〕148号。
⑤ 载《长江日报》2001年2月17日。

记手续。逾期不办理的,原土地证书无效,一切后果由该单位承担。"这一行为的名称是"公告",表面上看似乎是行政规范,实际上却是针对特定相对人即黄鹤楼集团股份有限公司的具体行政行为。这类具体行政行为由于是以规范性文件的形式出现的,因此极易与抽象行政行为相混同,需要认真认定。

值得注意的是,行政机关经常用行政规范这种抽象行政行为的形式作出具体行政行为,以规避行政复议和行政诉讼。此时,更应当从行为的内容上认定其是否为具体行政行为。例如,枫林镇花木园艺场诉枫林镇人民政府案①中,法院在对所诉对象——枫林镇人民政府发布的枫政发〔1990〕第32号《关于园林绿化工程管理体制规定》(以下简称"第32号文件")的定性问题上,曾产生两种意见:一种意见认为,镇政府发布第32号文件的行为属于抽象行政行为,不属于《行政诉讼法》规定的法院的受案范围,法院不应受理;另一种意见认为,镇政府发布第32号文件是具体行政行为,法院应当受理。从表面上看,第32号文件所针对的不是某一个公民个人或某一个企业组织,而是对全镇的园艺场、工程队起普遍的制约作用,其发布似乎属于抽象行政行为。但是,仔细分析后会发现,第32号文件并不具有普遍约束力,它所针对的对象是特定的,即全镇12个经营绿化的园艺场、工程队,其发布是具体行政行为,法院应当受理该案。

总之,我们在认定和判断行政行为的性质时,不能只看形式,更重要的是要看行为的内容。

3. 抽象行政行为与针对特定事项的具体行政行为

在实践中,行为对象的特定与不特定有时难以确定,因而在认定抽象行政行为和具体行政行为时就有一定的困难。这种情况主要发生在行为针对特定事项的时候,相对人往往不止一个。这种行为在德国《联邦行政程序法》中被称为"一般命令"。"如同行政行为一样,一般命令也是行政机关针对特定事件采取的对外产生法律效果的主权措施。一般命令的特殊性在于处理行为收件人",即"针对的不是特定的一个人,而是一个特定的或者可以确定的人群。关键在于:处理行为作出时,收件人的范围是客观确定的和可以个别化的——不同于法律规范,适用于尚未确定的人群"②。抽象行政行为与这种针对特定事项的具体行政行为往往容易相混淆。

(1) 针对群体的行为。当行为所针对的是数个或众多的对象时,要认定该行为是抽象行政行为还是具体行政行为就比较困难。要对它们加以区分和认

---

① 案情详见姜明安主编:《行政诉讼案例评析》,中国民主法制出版社1993年版,第18页以下。
② 〔德〕哈特穆特·毛雷尔:《行政法学总论》,高家伟译,法律出版社2000年版,第196—197页。

定,关键应看行为对象的数量在该行为作出时是否可以统计和确定。如果行为对象的数量在该行为作出时可以统计和确定,那么该行为就是具体行政行为;反之,就是抽象行政行为。例如,某市为了改造旧城,需拆除某条街道两旁的建筑。市政府颁布通告,要求该地段的 100 户居民在限期内搬迁。又如,市政府发布一个决定,要求市内所有居民一次性缴纳 50 元的城市建设费。在这两例中,相对人在该行为作出时是可以统计和确定的。在前例中,相对人是 100 户居民。在后例中,由于费用是一次性的,并不针对该行为作出后的市民,因而相对人可确定为现有的全市居民。因此,这两例中的行为都是具体行政行为,而不是行政规范。又如,湖北省卫生厅《关于医疗单位配制制剂审批问题的有关规定》[1],要求全省所有医疗单位在配制制剂前必须报经卫生行政主管部门批准。在该例中,需要报经卫生行政主管部门批准的医疗单位,不仅仅是该行为作出前的医疗单位,而且还包括该行为作出后配制制剂的医疗单位或新成立的医疗单位,后者是无法统计和确定的。因此,湖北省卫生厅制定《关于医疗单位配制制剂审批问题的有关规定》的行为是抽象行政行为,而不是具体行政行为。

(2) 使用规则。这"是指普遍的确定物的使用的行政行为"[2],也就是具体行政行为。这种行政行为在作出时,所针对的相对人虽是不确定的,但可以根据一般特征确定相对人即使用人。例如,国家铁路局作出春运期间对部分火车票票价予以上浮的决定。该决定是针对将要到来的春运,为控制春运旅客流量而作出的,哪些人员能成为该行为的相对人在该决定作出之前是不确定的。但是,当某人购票乘车这一法律事实出现时,他就成了该决定的特定相对人的。因此,该决定是一个具体行政行为。如果按前述标准确定,则会把该决定认定为抽象行政行为,从而使公民丧失行政复议申请权和行政诉权。与针对群体的行为不同,该行为设置的是物的使用规则,只有通过物的使用,人的行为才能实现。一旦使用人使用,就是特定相对人,应当认定该行为为具体行政行为。针对不特定群体的行为,则只有通过行政机关的具体行为才能得以实施。

(3) 针对物的行为。这"是指确定物的公法性质的行政行为。它针对的不是一个人,而是一个特定的物;调整的不是个人的权利义务,而是物的法律状态。人们也许要说,这种处理行为的收件人是物。物法上的处理行为归根结底还是要对人产生效果,因为它是人的权利义务的关联点,因此至少间接适用于人"[3]。也就是说,针对特定物的行为是具体行政行为,而不是行政规范。例如,

---

[1] 鄂卫药字〔85〕第 234 号。
[2] 〔德〕哈特穆特·毛雷尔:《行政法学总论》,高家伟译,法律出版社 2000 年版,第 198 页。
[3] 同上书,第 197 页。

有关行政主体发布一个决定:不得破坏名木古树。这一行为所针对的并非特定物,不是具体行政行为,而是行政规范。但是,如果有关行政主体在一棵树上固定写有"名木古树"的标志牌,即确定该树为名木古树的行为,则是针对特定物的行为,是具体行政行为,而不是行政规范。又如,位于某县某村的"清太子陵",据考证系清皇室一位刚出生即死去的男婴的坟墓。在当时尚未按《文物保护法》规定的程序确定该陵墓为文物保护遗址的情况下,少数村民强拆砖木石料。为及时制止强拆事件,乡政府作出保护决定并予以公告。这一公告就是针对特定物而相对人为一群体的具体行政行为,不是针对《文物保护法》进行解释而形成的解释性行政规范,也不是其他性质的行政规范。

(4) 交通信号。根据我国《道路交通安全法》第25条和第26条的规定,交通信号包括交通信号灯、交通标志、交通标线和交通警察的指挥。交通信号灯由红灯、绿灯、黄灯组成。红灯表示禁止通行,绿灯表示准许通行,黄灯表示警示。"警察(位于十字路口)指挥交通的手势和自动或者手动的红绿灯设施属于一般命令形式的行政行为,这一点已经没有什么争议,因为它们针对的是每一个现场交通参与人的交通行为。"①也就是说,交通信号虽然针对的对象是不确定的,但是它对每一个现场交通参与人的权利义务产生具体、现实的影响,因而应当属于具体行政行为。例如,红灯表示禁止通行,属于科以义务的具体行政行为,相对人违反该义务将承担不利的法律后果。

(二) 羁束行政行为与裁量行政行为

以行政行为受行政法规范的拘束程度为标准,可将行政行为分为羁束行政行为与裁量行政行为。羁束行政行为,是指行政主体只能根据行政法规范的严格规定实施,而不能灵活处理的行政行为。其特点是,行政主体只能严格按照法律的规定作出行政行为,而不能参与自己的主观意志。例如,税务机关只能严格按照税法规定的各种税率进行征税,不存在裁量的余地,这种征税行为就属于羁束行政行为。

裁量行政行为,又称"行政裁量"。"行政裁量"一词源自德、日行政法学,其基本含义是:行政主体处理同一事实要件时,可以根据具体情况选择不同的处理方式。② 它具体表现为两种情况:一是行政主体决定是否采取某个法定措施,此谓"决定裁量";二是在各种不同的法定措施中,行政主体根据案件的具体

---

① 〔德〕哈特穆特·毛雷尔:《行政法学总论》,高家伟译,法律出版社2000年版,第199页。
② 同上书,第124页。

情况选择哪一个,此谓"选择裁量"。① 行政裁量权是由立法机关赋予的。从立法技术来看,有的法律条文暗示行政主体可以裁量,有的则明确规定行政主体"可以""有权""能够"采取某种措施;在有些情况下,行政裁量也可以从实施管理活动的总体环境中产生。例如,《道路交通安全法》第24条第1款规定:"公安机关交通管理部门对机动车驾驶人违反道路交通安全法律、法规的行为,除依法给予行政处罚外,实行累积记分制度。公安机关交通管理部门对累积记分达到规定分值的机动车驾驶人,扣留机动车驾驶证,对其进行道路交通安全法律、法规教育,重新考试;考试合格的,发还其机动车驾驶证。"但是,实际情况是,公安部门不可能传唤每一个违反交通法规的当事人参加培训,而只能选择其中的一部分,行政机关客观上可以裁量由谁参加交通培训。

羁束行政行为与裁量行政行为的分类,对于分析和认定行政行为的合法性和合理性具有一定意义。在法律适用上,羁束行政行为只存在合法性问题,而裁量行政行为不仅存在合法性问题,而且存在合理性问题。这进一步影响到人民法院司法审查的标准问题,由于羁束行政行为只涉及合法性问题,因而全部构成人民法院司法审查的对象;而对于裁量行政行为,如果不超越法定权限(构成合法性审查)或显失公正(构成有限的合理性审查),人民法院不予受理。

当然,关于羁束行政行为与裁量行政行为的分类只是相对而言的。如果从行政权的视角来看,任何行政行为都是一种行政权力的运用,而权力意味着作出选择的可能性,有权力的运用即有主体意志的作用空间,也就有裁量的存在,因而所有行政行为都是裁量行政行为。如果从行政过程的视角来看,羁束性行为只是在某些方面为法律所明确规定,其整个行为过程中仍然包含大量的裁量性因素。因此,我们不能机械地区分羁束行政行为与裁量行政行为,而应将行政裁量看作从羁束(强约束)到裁量(弱约束)的不同限制程度的谱系。

(三) 依职权行政行为与应申请行政行为

以行政行为是否可由行政主体主动实施为标准,可将行政行为分为依职权行政行为与应申请行政行为。依职权行政行为,又称"主动行政行为"或"积极行政行为",是指行政主体根据其职权而无须相对人的申请就能主动实施的行政行为。例如,税务征收、行政处罚等。大部分行政行为属于此类行政行为。应申请行政行为,又称"被动行政行为"或"消极行政行为",是指行政主体应当在相对人提出申请后实施而不能主动采取的行政行为。例如,注册登记、行政

---

① 参见〔德〕哈特穆特·毛雷尔:《行政法学总论》,高家伟译,法律出版社2000年版,第125页。

许可等。

依职权行政行为与应申请行政行为的分类,有利于分析行政行为的实施条件和认定相应的法律责任。对依职权行政行为,只要某种法定事实发生便可实施,而不需要相对人的申请这一条件。同时,只要某种法定事实发生,行政主体就应当实施,否则要承担相应的法律责任,而不依相对人是否提出申请决定相应的法律责任。对于应申请行政行为,只有具备相对人的申请这一条件才能实施,否则行政主体不得主动为之。同时,相对人是否提出申请直接决定着行政主体是否需要承担相应的法律责任。如果相对人因未及时提出申请而丧失相应的权利,则不由行政主体承担法律责任;而如果相对人没有提出申请,行政主体却主动作出相应的行为,则属违法,由行政主体承担相应的法律责任。可见,依职权行政行为与应申请行政行为之间的基本区别在于相对人是否提出申请。

值得注意的是,相对人的申请应当是一种法律规范规定的申请即法定的申请,而非相对人实际上提出的申请。也就是说,"应当以法律规范是否明确规定必须以申请为行政行为的实施条件为标准,来区分依职权行政行为与应申请行政行为"[①]。相对人的申请必须是法定的申请这种要求已经为部分国家的立法所明确。例如,日本 1993 年《行政程序法》第 2 条第 3 项明确要求,"申请"是基于法律上的规定而向行政机关提出的请求。正是因为相对人的申请是一种法定的申请,所以是否需要相对人的申请,直接决定着行政主体实施依职权行政行为与应申请行政行为这两类行政行为的不同标准及其法律责任的分担。如果仅仅是从事实上分析和认定行政主体是否应当接受相对人的申请并作出行政行为,则这种分类并没有太大的意义。

相对人的申请作为一种法定的申请,也不同于告发或举报。后者只是一种对不涉及自己权利义务事件的揭发和通知行为,仅仅是对行政的一种参与,其作用在于使行政主体知晓情况,以便履行相应职责,并不是一种法定的申请。行政主体基于举报作出的行政行为并不是应申请行政行为,而是依职权行政行为。

还应当指出的是,相对人的申请尽管也是一种意思表示,但是最终决定权在行政主体手中,因而应申请行政行为属于一种单方行政行为,不同于行政合同这种双方行政行为。同时,应申请行政行为不仅具有行政相对人的意思表示,有时还需要行政相对人缴纳一定费用,此时也不应与民事法律行为相混淆。

(四)作为行政行为与不作为行政行为

根据行政行为的存在方式,可将行政行为分为作为行政行为与不作为行政

---

① 叶必丰:《应申请行政行为判解》,武汉大学出版社 2000 年版,第 69 页。

行为(或称"行政作为与行政不作为")。从一般意义上讲,行政作为,是指行政主体以作为的方式实施的行为;行政不作为,是指行政主体以不作为的方式实施的行为。那么,从严格意义上讲,作为与不作为的区分标准又是什么?这需要作进一步深层次的研究。

1. 作为与不作为区分的一般标准

行政作为与行政不作为是一对组合范畴,渊源于法理学对法律行为进行作为与不作为的界分,"行政"是对"作为""不作为"的名定。因此,研究行政作为与行政不作为的区别,首先必须弄清法理学上作为与不作为区分的一般标准。

按照通常的理解,作为就是行为人积极地有所为(即"动"),"表现为作出一定动作或动作系列";不作为就是行为人消极地有所不为(即"静"),"通常表现为不作出一定动作或动作系列",即以行为人的态度为标准加以区分。① 笔者认为,评价行为是作为还是不作为,仅有这一标准是不够的,因为"动"与"静"(或行为人到底是积极地为还是消极地不为)总是相对的,行为人的态度只是两者相区别的外在表现。同时,还应以行为的实质内涵——法律义务的不同加以区分。法律义务按其内容的不同,可分为积极义务和消极义务,或作为和不作为两种义务。积极义务,是指必须作出一定行为的义务;消极义务,是指不作出某种行为的义务。② "作为"所针对的法律义务既可以是积极义务,也可以是消极义务;而"不作为"则只能是就积极义务而言的。这是因为,作为和不作为首先都是作为一种"行为"而存在的,必须具有行为性。所谓行为,是指"受思想支配而表现出来的活动"③,它"必须包括着表现于外并对客体产生影响的动作"④。"作为"就其本身而言,已表现为作出一定动作或动作系列,是行为人以积极的、直接对客体发生作用的方式进行的活动,因而只要行为人"作为",即可认定"行为"的形成或存在。所以,无论是针对积极义务还是消极义务,"作为"本身已作为一种"行为"而存在,没有"行为存在与否"的问题。它只有"行为合法与否"的性质评价问题,如果是积极义务,即有义务作而作,就是合法的;如果是消极义务,即有义务不作而作,则是不合法的。

"不作为"则不同,其本身并无明确的外在积极动作,不具有行为的"有形性"或者"有体性"。因此,从存在论的角度而言,它本不是"行为"。不作为之所以被看作法律上的"行为",只不过是被法律拟制的结果。这就要求不作为必须

---

① 参见张文显:《法学基本范畴研究》,中国政法大学出版社1993年版,第152页。
② 参见沈宗灵主编:《法学基础理论》,北京大学出版社1988年版,第414页。
③ 《现代汉语词典》(第7版),商务印书馆2016年版,第1466页。
④ 张文显:《法学基本范畴研究》,中国政法大学出版社1993年版,第141页。

具有"行为"的法规范性,符合法律规范的特殊要求——在其背后存在着"被期待的行为(作为)"。即只有法律规范要求行为人为一定的行为,而行为人违反了这种命令性规范,偏偏不去为,才会被法律拟制为一种"不作为行为"而存在。可见,不作为并不能从自然存在论的角度,而应从法律规范论或价值论的角度,即以法律规范所规定的内容为依据加以认定,具有法律评价的意义。所以,不作为只能针对积极义务而存在,如果是消极义务而有所不为,则不能被视为一种"行为"而存在。这是因为,其一,无论从自然存在论还是价值论的角度,都无法认定它是一种"行为",不具有法律评价的意义。其二,法律行为作为一种法律事实,是能够引起具体法律关系产生、变更和消灭的行为,即"具有法律意义或能够引起法律效果的行为"①。只负有消极义务的人有所不为,如不得侵犯他人人身权利和财产权利的义务是一种消极义务,只要负有该义务的人不实施侵犯他人人身权利和财产权的行为,就"不会形成特定主体之间具体的法律上的权利义务关系"②。也就是说,这种"不为"不能引起具体法律关系的产生、变更或消灭,不具有法律意义。因此,它并不是一种法律事实,不能将其视为一种法律上的行为,法律规范对其也无调整和规制的必要。其三,如果将这种"不为一定行为"的状态也视为一种"行为"而存在,则"行为"的范围未免太广泛、太抽象乃至太模糊,使人无法捉摸,难以认定,也无任何法律上行为的研究价值。

由此可见,区分作为与不作为的标准,一方面是行为人的态度或外在表现——"为"与"不为",也就是"积极"与"消极",另一方面是行为的实质内涵——法律义务的不同。法律要求行为人有所为而行为人有所为,或者法律要求行为人有所不为而行为人有所为,都构成作为。只有法律要求行为人有所为而行为人有所不为的,才构成不作为。如果只负有消极义务的人有所不为,那么这种"不为"不是一种法律上的行为,而只是一种遵守禁令的客观事实。

2. 行政作为与行政不作为的区别

行政作为与行政不作为的区别,除了应根据作为与不作为区分的一般标准外,还有其特殊要求,情形也更复杂一些。

行政法与其他部门法显著不同的地方在于,行政程序与行政实体并重,行政程序法已成为行政法中日益重要的组成部分。由此,任何行政行为都是两方面的统一:一方面是其实体内容,另一方面是其程序形式。③ 行政主体在行政行为的实体内容上可能会表现为"为"与"不为",如予以处罚或不予处罚,予以

---

① 张文显:《法学基本范畴研究》,中国政法大学出版社1993年版,第131页。
② 卢云主编:《法学基础理论》,中国政法大学出版社1994年版,第417页。
③ 参见罗豪才主编:《行政法学》(修订本),中国政法大学出版社1996年版,第264页。

颁发许可证或不予颁发许可证。行政主体在行政程序上也可能会表现为"为"与"不为",如行政许可机关对相对人提出颁发许可证的申请作出明确的答复,并对予以受理的申请作出明确的决定,这就是程序上的"为";而行政许可机关对相对人提出颁发许可证的申请不予理睬,或虽已受理,但不予审查,更谈不上决定,或虽已受理、审查,但拖延不作出决定等,都是程序上的"不为"。

行政实体内容是通过行政程序实现的。如果行政主体在程序上是消极地"不为",那么在实体内容上肯定就是什么也没做,因而它只能是一种行政不作为。但是,如果行政主体在程序上是积极地"为",那么它反映的实体内容可能是"为",也可能是"不为"。前者如,行政许可机关对相对人的申请进行审查后,认为申请符合法定条件而作出颁发许可证的决定,这无疑是一种行政作为。后者如,行政许可机关对相对人的申请进行审查后,认为申请不符合法定条件而作出不予颁发许可证的决定。那么,行政许可机关的这种"拒绝行为"是作为还是不作为?对此,有一种观点认为,这应该是一种行政不作为。例如,有的学者认为行政不作为应包括"内容上的不为","拒绝的言行是一种方式上有所'为',但其反映的内容则是'不为',实质上仍是不作为"[1]。不过,目前我国很多学者将不作为界定为"行政机关不履行法定职责行为"[2],认为拒绝行为在实体上可能是不真正依法履行法定职责,因此把它视为不作为的一种。

但是,也有学者持相反的意见,认为拒绝行为在内容上虽是"不为",而且在实体上也有可能是不真正依法履行法定职责,但就行为形式而言,却是一种积极的作为,应该是一种行政作为,而不是行政不作为。因为"绝大多数行政机关在拒绝颁发许可证或营业执照前都要对相对人的申请进行一定的审查,考察其是否符合法定条件,有的还对作出的拒绝颁发行为明确说明理由或发出书面通知,所以对不作为从行为形式角度来确定才更科学和合理"[3]。

笔者基本上倾向于赞同后一种意见,认为作为与不作为的界分是就行为的方式而言的,主要应从行为的外在表现形式和存在状态的角度予以认定,作为表现为作出一定动作或动作系列,不作为则表现为不作出一定的动作或动作系列。就行政行为而言,行政主体在程序方面的一系列行为是其外在表现形式和存在状态。"拒绝行为"在程序上已表现出积极的作为行为状态,因而仍应是一种行政作为。所以,行政作为与不作为的区分,应从行政程序方面予以认定,只

---

[1] 陈小君、方世荣:《具体行政行为几个疑难问题的识别研析》,载《中国法学》1996年第1期。
[2] 黄曙海主编:《行政诉讼法100问》,法律出版社1989年版,第79页。
[3] 吴偕林:《关于不作为行政行为与不作为行政案件范围的思考》,载《行政法学研究》1995年第1期。

要行政主体作出一系列实质性程序行为,即表现出积极的作为行为状态,无论该行为在实体内容上反映的是"为"或"不为",都应该是行政作为;反之,就是行政不作为。

实际上,行政主体在程序上"为"而在实体内容上"不为",如对相对人的申请予以明示拒绝,是行政主体依法享有的处置权的组成部分,属于履行法定职责的行为,不存在再履行某项特定职责的问题,只存在正确履行或者错误履行职责的问题。① 根据我国《行政诉讼法》的有关规定,对于这种行政行为,"应按积极行为是否合法的五项标准对其进行合法性审查,也就是看主要证据是否充分;适用法律、法规是否正确;是否违反法定程序;是否滥用职权;是否超越职权"②。在此基础上,法院要裁判的是维持还是撤销被告的拒绝行为,要不要判决被告重新作出具体行政行为,"而不能把它当作消极行政行为,按消极行政行为是否合法的标准进行审查"③;否则,法院很可能以不履行法定职责为由判决行政主体在一定期限内履行,这样就会造成被告处于两难境地。可见,将"拒绝行为"当作行政主体作为的行政行为,即积极的行政行为,与我国《行政诉讼法》的规定相一致,也有利于法院正确行使司法审查权。这也表明,从行政程序方面认定行政作为与行政不作为,能够使它们具有共同的特性,遵循共同的特殊规律,并适用统一的司法审查标准,从而使这种分类研究更加有益。如果从实体内容方面认定行政作为与行政不作为,虽然也有其共同的特性,但是至少不能适用统一的司法审查标准,或者给司法审查带来难题。

从上文的分析可以看出,行政主体在程序上是积极的"为"时,无论其反映的实体内容是"为"或"不为",都是行政作为;而只有行政主体在程序上是消极的"不为"时,才是一种行政不作为。当然,这只是区分行政作为与行政不作为的一方面,另一方面仍然要以行政主体负有的法定义务为标准。只有行政主体负有作为的法定义务④而在程序上是消极的"不为"时,才构成行政不作为。如果行政主体负有的是不作为义务,即法律要求行政主体不实施一定的行为,而行政主体连在程序上都表现为"不为"的状态,那么它就根本不是一种行政行为。但是,对于行政作为,由于其在程序上已表现出积极的"为",本身已属于一种行政行为,因而行政主体无论负有作为或不作为义务,都不影响它的存在。

---

① 参见张尚鹫主编:《走出低谷的中国行政法学——中国行政法学综述与评价》,中国政法大学出版社1991年版,第547页。
② 林莉红:《行政诉讼法概论》,武汉大学出版社1992年版,第67页。
③ 同上书,第68页。
④ 这包括实体上和程序上的作为义务。如果行政主体负有程序上的作为义务,如答复、受理、决定等,即使实体上是不作为义务,也可构成行政不作为。

只不过,由于行政作为在实体内容上存在"为"与"不为"两种情况,因而行政作为有合法与违法之分。如果行政主体负有作为义务而在实体上有所为,或者负有不作为义务而在实体上有所不为,只要程序上的"为"是合法的,就都是合法的;如果行政主体负有作为义务而在实体上有所不为,或者负有不作为义务而在实体上有所为,则都是违法的。行政不作为是程序上消极的"不为"导致实体上或程序上的作为义务得不到履行,因而它只能是违法的。

综上所述,行政作为是行政主体在程序上积极有所为的行为。也就是说,只要行政主体及其工作人员有了肯定或否定的明确意思表示,或者实施了一定的动作行为,即可认定行政作为的形成。行政不作为,则是指行政主体负有某种作为的法定义务,并且具有作为的可能性,而在程序上逾期有所不为的行为。① 它的形成或构成必须具备以下特殊条件:

(1) 作为义务的存在。也就是说,行政不作为的构成必须以行政主体及其工作人员负有行政法上的作为义务为前提条件,无作为义务的存在则无行政不作为。同时,这种义务必须是一种法定的行政作为义务,且必须是一种现实的、特定的行政作为义务。其一,它必须是一种现实的作为义务。现实的作为义务与抽象的作为义务相对应,而抽象的作为义务是"法律规范层面上的作为义务"②。比如,全国人民代表大会常务委员会《关于严惩拐卖、绑架妇女、儿童的犯罪分子的决定》第 5 条规定,各级人民政府对被拐卖、绑架的妇女、儿童负有解救职责,解救工作由公安机关会同有关部门负责执行。这里,公安机关负有的解救被拐卖、绑架妇女、儿童的义务就是一种抽象的行政作为义务。现实的作为义务则是具体条件已经产生,行政主体必须立即履行的作为义务。例如,甲在其女被拐卖至某乡为乙妻后,向某县公安局求救,该县公安局即负有因当事人处在人身危害之中而必须立即采取营救措施的义务,这种义务就是现实的作为义务。这种区别告诉我们,现实的作为义务都附有一定的条件,在认定行政不作为时,必须把特定的作为义务与一定的条件联系在一起考虑。如果具体条件不成立,现实的作为义务就不会产生。其二,它必须是一种特定的作为义务。特定的作为义务与一般的作为义务相对应,而一般的作为义务是行政主体针对社会和国家而非特定个体所必须承担的作为义务,是根据行政主体总的任务和职权予以确定的。例如,根据宪法和有关法律的规定,行政机关负有执行人民及其代表机关意志的义务,为人民服务的义务,不断提高与最大限度地满

---

① 参见周佑勇:《行政不作为判解》,武汉大学出版社 2000 年版,第 18 页。
② 朱新力:《论行政不作为违法》,载《法学研究》1998 年第 2 期。

足人民的物质与文化生活需求的义务,保卫国家与保护人民的义务等。特定的作为义务则是法律、法规、规章等规范性文件及其他行政处理决定针对具体场合所设定的作为义务。行政主体对于这种义务的不履行,将直接导致特定的行政相对人的合法权益受到损害。

值得注意的是,这种作为的法定义务既可来源于法律、法规对行政主体职责的规定,也可来源于法律、法规对行政主体职权的规定,且具体可以依申请和职权而发生。这是因为,行政职权和职责都是法律赋予行政主体维护和分配公共利益的必要手段,行政职责必须得以履行,职权必须得以行使,它们都包含着行政主体必须为一定行为或不为一定行为的义务。行政主体不履行法定义务,不仅应包括不履行法定职责,还应包括不行使职权在内。[①] 因此,在以行政主体法定义务为标准评价行政行为的方式时,不能仅仅注重该义务来源于法律、法规对行政主体职责的规定,而忽略它也可来源于法律、法规对其职权的规定。尽管职权和职责通常是统一的,可以不划分开来,但是它们毕竟是两个不同的概念,分别针对不同的对象而言,"各具独立性,各自独立存在,并非一回事"[②]。同时,大多数情况下,法律、法规对行政职权规定得多,而对行政职责规定得少,如果忽视行政职权中包含的法定义务,也就难以全面评价行政行为的方式。例如,有人将行政不作为界定为"行政主体依行政相对人的合法申请,应当履行也有可能履行相应的法定职责,但却不履行或者拖延履行的行为形式"[③]。这一概念就忽视了行政主体的"法定职权"。这是其一。其二,来源于行政职权和行政职责之中的法定义务,也包含着积极义务和消极义务或作为和不作为两种义务,而不能仅仅强调前一种义务。例如,法律禁止行政机关干预企业经营自主权,就是对行政机关不作为义务的规定。对该义务的履行,即对禁令的遵守,可以通过"不为一定行为"的方式实现,而对该义务的不履行恰恰表现为积极地干预企业经营自主权,是一种违法的作为行为。因此,将不作为界定为行政主体不履行法定义务的行为是明显错误的;同时,将作为界定为行政主体对法定义务的积极履行也是不准确的,因为对不作为的义务的履行可以表现为"不作一定行为"的状态。其三,行政主体的法定义务并非一定要基于相对人的合法申请而产生,对于依职权所作的行为,只要法定的事实发生,行政主体就具有相应的作为义务。例如,一旦违反治安管理规定的行为发生,有关公安机关就应予以相应的处理或处罚,否则也可构成不作为。

---

① 参见王名扬:《英国行政法》,中国政法大学出版社1987年版,第170页。
② 方世荣:《再论具体行政行为的几个基本理论问题》,载《法商研究》1994年第6期。
③ 罗豪才主编:《中国司法审查制度》,北京大学出版社1993年版,第168页。

(2) 作为的可能性。构成行政不作为,不仅行政主体须负有作为义务,而且还须有履行该义务的可能性,即具有履行该义务之作为的主观意志能力。从行为法学上看,"行为的意志因素,是法律所确认的重要因素"①。任何法律行为都是主体的意志行为,是主体的自我意识、自我控制的行为,"无意志无意识的行为(纯粹的无意行为),不能成为法律行为"②。同理,行政不作为也必须在行政主体的主观意志能力范围内,才能予以法律上的评价和确认。因此,只有行政主体具有履行作为义务之主观意志能力,才可构成行政不作为。由于不可抗力等非主观意志能够左右的因素造成作为可能性之欠缺的,就不能成立行政不作为。

那么,如何认定主观意志能力?笔者认为,可以是否存在不可抗力之非主观意志因素的阻却为标准,不可抗力范围之外即为主观意志的范围。所谓不可抗力,是指不能预见、不能避免、不能克服的客观情况,包括自然灾害和意外事件。前者如行政机关具有法定义务及时发给公民抚恤金,却因突发的洪水致使交通中断,使其无法履行这一义务。后者如一位正在值勤的民警由于心脏病突发而无法履行职责。这些都不构成行政不作为。因此,只有行政主体及其工作人员在当时情况下具有作为的可能性,由于主观意志范围内的原因(故意或过失)而没有作为的,才能构成行政不作为;否则,就是行政不能作为。行政不能作为,是指"行政主体在行使职权或履行职责的过程中,因意志外客观因素的限制,使行为过程未能推进到法定过程终端的行为"③。行政不能行为虽也属于行政主体没有履行法定作为义务的行为,但它是因意志外客观因素的限制而无法履行法定作为义务,因此显然是应当免除或暂时免除行政主体履行法定义务的。也就是说,行政不能行为应属于免责行为,而不能成立行政不作为。

(3) 程序上有所不为。其一,行政不作为具体表现为行政主体及其工作人员在程序上有所不为。程序上的不为既包括没有作出任何明确的意思表示,如行政许可机关对相对人提出颁发许可证的申请不予理睬;也包括没有完成一系列的程序行为,尤其是具有实质性的最后行为,如行政许可机关对相对人提出颁发许可证的申请虽已受理,但不予审查,更谈不上决定,或虽已受理、审查,但拖延而不作出决定等。只有行政主体及其工作人员具有程序上不为的事实,才能认定为行政不作为。如果在程序上已经积极作出或完成一系列的动作,如对相对人的申请,已经依法给予答复或作出相应的决定,无论其内容是肯定的或

---

① 谢邦宇等:《行为法学》,法律出版社1993年版,第111页。
② 张文显:《法学基本范畴研究》,中国政法大学出版社1993年版,第134页。
③ 周涛:《对行政不能行为的几点思考》,载《人民司法》1998年第1期。

否定的,都是一种行政作为。其二,行政主体及其工作人员在程序上的不为已经超过一定的时限。如果时限尚未届满,应视为行政主体还没有作为,也不构成行政不作为。一定的时限应当是法律、法规规定的时限,或者是根据实际情况确定的合理时限。①

鉴于行政不作为在期限认定上的重要性和复杂性,2014年修正的《行政诉讼法》第47条规定:"公民、法人或者其他组织申请行政机关履行保护人身权、财产权等合法权益的法定职责,行政机关在接到申请之日起两个月内不履行的,公民、法人或者其他组织可以向人民法院提起诉讼。法律、法规对行政机关履行职责的期限另有规定的,从其规定。公民、法人或者其他组织在紧急情况下请求行政机关履行保护其人身权、财产权等合法权益的法定职责,行政机关不履行的,提起诉讼不受前款规定期限的限制。"这一规定对于认定可诉性的行政不作为案件中的期限具有重要的指导意义。根据该规定,可诉性的行政不作为之期限认定包括三种情况:一般期限、法定期限和紧急期限。一般期限为两个月。法定期限即法律、法规、规章和行政规范规定的期限。其中,应当优先考虑法律、法规规定的期限,在法律、法规没有规定的情况下,以规章规定的期限作为认定标准。在法律、法规、规章都未明确规定的情况下,如果行政规范有规定,按行政规范认定。此外,对于公民、法人或者其他组织在紧急情况下请求行政机关履行保护其人身权、财产权的法定职责,行政机关的履行期限不受限制,实行紧急期限。例如,原告在举报他人赌博后身份暴露,并受到参赌者的恐吓和威胁,他请求被告某区公安分局保护。被告未及时采取有效保护措施,致使原告受到参赌者的报复,因而被告构成行政不作为。

这里需要指出的是,除法定期限外,还可由行政机关和相对人双方约定期限。例如,根据WTO《装运前检验协定》的规定,用户成员方政府应确保装运前检验机构在检验货物过程中避免发生不合理的延误。同时,用户成员方政府应保证装运前检验机构在与出口商"商定的检验日期"内进行检验。这一日期非经出口商和装运前检验机构双方同意重新安排,不得改变。装运前检验机构除由于出口商方面的原因或不可抗力而无法在这一日期内进行检验外,不得超期检验。根据该规定,相对人可以与行政机关商定检验期限。同时,法定期限不仅限于国内法明确规定的期间,WTO协定一般对行政活动的期间有明确具体的规定。例如,《进口许可证程序协定》规定,对自动进口许可证的申请,只要

---

① 参见周佑勇:《论行政不作为》,载罗豪才主编:《行政法论丛》(第2卷),法律出版社1999年版,第260页。

申请合格,政府机关应从收到之日起10个工作日内予以批准。对非自动进口许可证的申请,如果按"先来先办"原则处理,则审批期限不应超过30天;同时处理所有申请,审批期限不应超过60天。在WTO协定中,类似的规定比比皆是。当然,WTO协定中并没有也不可能规定成员方政府机关实施行政行为的所有期间,大量的期间仍然需要由国内法加以规定。例如,《服务贸易总协定》规定,当某项服务需经政府机关许可时,政府机关应在合理的期间内将其决定通知申请人。至于期间为多长,协定没有明确规定,需要由国内法加以规定。但是,WTO协定对国内法就行政行为期间的规定又有原则性要求,即国内法规定期间,应遵循WTO协定所确定的合理期间原则。这就意味着,WTO协定虽允许国内法就期间作出规定,但国内法不能利用这一机会任意规定期间,不能把期间规定得过长,而应遵循WTO协定所确定的合理性原则。

三、行政行为的内容、形式与程序

任何行政行为都是内容、形式和程序的统一。行政行为的内容、形式和程序是行政行为基本理论研究中的重要问题,但是目前行政法学界对它们仅限于一般性的分析。笔者认为,可引入民法领域中用以研究民事法律行为的意思表示理论,从行政行为的意思表示理论出发,对这一问题进行分析。

(一) 行政行为的意思表示理论

"意思表示"一词本属民法学用以说明民事法律行为之构成要素的一个基本范畴。依民法学之通说,民事法律行为是"民事主体基于意思表示,旨在发生、变更或终止民事法律关系的行为"[1]。即民事法律行为"以意思表示为基本构成要素"[2]。

"行政行为"是行政法学上的一个概念。在我国和大陆法系国家,行政法是作为公法的一个重要法律部门而存在的,也是作为区别于私法或民法而存在的一个独立部门法。"行政行为"和"民事法律行为"分别为行政法和民法这两个不同的部门法所界定,因而是两个差异很大的概念。但是,从法理学来说,无论行政行为还是民事法律行为,都属于法律行为的范畴,只不过是法律行为这一法学基本范畴在不同法学部门的具体化而已。[3] 作为法律行为,它们又都是主

---

[1] 刘心稳主编:《中国民法学研究述评》,中国政法大学出版社1996年版,第114页。
[2] 万勇、李晓明:《民事行为论》,中国人民公安大学出版社1995年版,第61页。
[3] 参见张文显:《法学基本范畴研究》,中国政法大学出版社1993年版,第127页。

体的一种意思表示,是沟通"主观权利"和"客观法"之间的桥梁。① 因此,行政法学界也需要引入意思表示理论,分析行政行为的内容和形式,以推动行政行为基本理论研究的深入发展。

按照民法理论中的一般认识,所谓意思表示,就是行为人把其内心旨在发生一定效果的意思以一定的方式对外表示出来的行为。② 因此,意思表示本身又由内在意思与外在表示两个要素所构成,前者指明"意思表示的内容",后者则指明"意思表示的外部表现",两者缺一不可。③

行政行为作为行政主体的一种意思表示,也包含着内在意思与外在表示两个必备的构成要素。内在意思主要是行政行为所内含的目的意思要素,④指明行政行为的具体内容。外在表示即行政主体将其内在意思以一定方式表现于外部,并足以为外界所客观识别的行为要素,指明行政行为的形式和程序。所谓形式,是指行政主体将其内在意思表现于外部的客观载体。所谓程序,是指行政主体要有效地将其内在意思表现于外部所必须经过的过程、步骤和次序。因此,从意思表示理论上分析,行政行为实际上是内容、形式和程序的统一。

行政行为之意思表示作为公法之意思表示,具有不同于私法或民法领域意思表示的特性。在私法或民法领域,基于"意思自治"原则,除法律强制及禁止规定的事项外,民事主体能够自由决定其法律行为的目的和内容。因此,对当事人意思表示真实性的认定至为重要。在行政法领域,基于依法行政原则,行政行为的目的系由法律明确设定,行政主体的管辖及权限亦由法律授予。因此,行政行为并无自然之意思,其内在意思由法律赋予。"支配民法以及私法意思表示理论之私法自治原则,并不适用于公行政之行政法意思表示。"⑤基于上述原因,在民法领域,很少有法律规范规定严格的行为程序,往往只侧重于行为形式的规定。但是,在行政法领域,行政法律规范不仅注重对行为形式的规定,也注重为行政主体设置一套法定的行为程序,以保证行政主体所作意思表示的

---

① 参见〔法〕莱翁·狄骥:《宪法论》(第1卷),钱克新译,商务印书馆1962年版,第128页以下、第255页;韩忠谟等:《法律之演进与适用》,汉林出版社1977年版,第69页。

② 参见佟柔主编:《中国民法学·民法总则》,中国人民公安大学出版社1990年版,第218页;李由义主编:《民法学》,北京大学出版社1988年版,第376页。

③ 参见董安生:《民事法律行为——合同、遗嘱和婚姻行为的一般规则》,中国人民大学出版社1994年版,第223页。

④ 在民法理论中,内在意思要素还包括效果意思,即"意思表示人欲使其表示内容引起法律上效力的内在意思要素",而目的意思是"效果意思的基础,效果意思本身是不能脱离目的意思而独立存在的",因而意思表示的首要价值在于"目的意思事实之通知"。参见董安生:《民事法律行为——合同、遗嘱和婚姻行为的一般规则》,中国人民大学出版社1994年版,第226页。

⑤ 陈敏:《行政法总论》,三民书局1999年版,第721页。

法定性。

（二）行政行为的内容

根据上述意思表示理论，行政行为的内容即为行政行为所内含的目的意思。不同类别的行政行为，其内含的目的意思内容是不同的。但是，从总体上看，所有行政行为的目的意思内容都是旨在引起一定法律关系的产生、变更或消灭，进言之，也就是为了设定、变更或消灭一定的权利和义务。同时，这种目的意思内容都是针对相对人而言的，即为相对人设定、变更或消灭一定的权利和义务。所以，行政行为的内容具体包括以下几个方面：

1. 设定权利和义务

（1）设定权利，指行政行为的内容是赋予行政相对人某种以前所没有的法律上的权利和权能。既包括赋予相对人为或不为某种行为的权利，如批准行为；也包括赋予相对人为或不为某种行为的权能（能力或资格），如行政许可；还包括赋予相对人某种特殊的权利，如行政奖励、发放抚恤金或救济金等行为。无论权利还是权能，实皆为一种"利益"，所以学理上通常将以赋予相对人权利和权能为内容的行政行为统称为"授益行政行为"。

（2）设定义务，指行政行为的内容是行政主体使相对人承担某种义务，即要求相对人为一定行为或不为一定行为。其中，设定作为义务的行政行为通常称"命令"，如责令相对人拆除违法建筑物；设定不作为义务的行政作为通常称"禁令"，如禁止相对人排放污染物。与授益行政行为相对应，为行政相对人设定义务的行政行为通常被称为"侵益行政行为"或"负担行政行为"。

2. 变更权利和义务

变更权利和义务，指行政行为的内容是改变相对人原有的权利和义务，或使相对人原有的权利和义务发生变化。这主要包括三种情况：一是对相对人原有的权利和义务予以减少或缩小，如减税决定；二是对相对人原有的权利和义务予以扩大或增加，如扩大相对人的经营范围、增加纳税税种、税率等；三是对相对人原有的权利和义务予以恢复，如暂扣驾驶执照决定的撤销、减税决定的撤销等。

3. 消灭权利和义务

（1）消灭权利，指行政行为的内容是行政主体依法消灭相对人已有的某种权利和权能。既包括对权利的撤销，如商标专用权、专利权的撤销，也包括对权利的剥夺，如没收财物；既包括消灭权利，也包括消灭权能（能力或资格），如吊销许可证、执照等。消灭权利的行为与设定权利的行为相对，也是一种侵益行政行为或负担行为。

(2) 消灭义务，指行政行为的内容是消灭相对人已负有的作为义务或不作为义务。对作为义务的消灭，通常称为"免除"，如免税决定；对不作为义务的消灭，即对禁令的解除，亦称"许可"。因此，行政许可具有双重性质：从行政主体的角度看，它是一种赋权行为；而从行政相对人的角度看，它则是一种解禁行为。① 免除义务的行政行为也是一种授益行政行为。

此外，行政行为的内容还包括确认和证明权利义务。由于以确认和证明权利义务为内容的行政行为并没有创设新的权利义务，也没有变更或消灭权利义务，所以日本学者称之为"准法律行为的行政行为"，以与具有意思表示内容的"法律行为的行政行为"区分开来。② 笔者认为，确认和证明某种权利义务关系，使其从不稳定或不明确状态趋于稳定或明确，虽没有创设、变更或消灭权利义务，却间接影响相对人的权利义务。所以，行政确认和行政证明也应当是一种具有法律意义的行为即行政行为。

(三) 行政行为的形式

行政行为通过对外部的表示而成立。日本学者和田英夫指出："在内部，只有行政行为的意思决定，而在外观形态上，没有行政行为的外部表示，那么行政行为便不能成立。"③所以，有内容必有形式，一定的内容必须通过一定的形式表现出来。行政行为的形式是行政主体对外部表示其内在意思的客观载体，实际上就是外部表示行为的形式。不同的内容有不同的形式，归纳起来，包括明示和默示两种形式。

1. 明示形式

这是指行政主体以语言或文字等方法直接表示其内在意思的表意形式。明示具有表意直接、明确的特点，不易产生纠纷，具有广泛的适用性。它又可分为口头形式和书面形式两种。

(1) 口头形式，即行政主体借助于语言进行意思表示的形式，如口头宣布命令、电话发布通知等。这种形式的优点是简便、易行、直接、迅速；缺点是缺少文字依据，发生争议时不易处理。所以，它仅适用于比较简单的具体行政行为，抽象行政行为及内容复杂、后果重大的具体行政行为则不应采用。

---

① 参见张尚鷟主编：《走出低谷的中国行政法学——中国行政法学综述与评价》，中国政法大学出版社1991年版，第193页。
② 参见〔日〕室井力主编：《日本现代行政法》，吴微译，中国政法大学出版社1995年版，第84页；〔日〕和田英夫：《现代行政法》，倪健民、潘世圣译，中国广播电视出版社1993年版，第194页。
③ 〔日〕和田英夫：《现代行政法》，倪健民、潘世圣译，中国广播电视出版社1993年版，第194页。

(2) 书面形式,即行政主体借助于文字进行意思表示的形式。这是行政行为最大量、最普遍、最常见的形式。按照有关法律规范的要求,抽象行政行为和比较重大的具体行政行为都应采取书面形式,并且不同的行政行为依法定的要求,所采用的具体书面形式也是不同的。就行政立法行为而言,根据《行政法规制定程序条例》等有关行政法规范的规定,其形式主要有条例、规定、办法、细则和规则等。就制定行政规范的行为和具体行政行为而言,依《国家行政机关公文处理办法》等有关行政法规范的规定,其形式主要有命令(令)、决定、公告、通告、通知、通报、议案、报告、请示、批复、意见、函、会议纪要等。

值得注意的是,决定、通知等既可以用作行政规范的形式,也可以用作具体行政行为的形式。对它们在什么情况下用于行政规范或用于具体行政行为的形式,以及如何运用,应当有严格的界限和要求。但是,立法上对此尚未作出明确的规定,以至于实践中使用混乱,造成以行政规范的形式作出具体行政行为的现象。① 另外,由于决定和通知都可用于具体行政行为的形式,因而在使用时易于混淆。笔者认为,凡是只涉及相对人程序权利义务或仅为告知事项的,应当使用通知书;而直接处置相对人实体权利义务的,则应当使用决定书。目前,各高校在录取新生时普遍采用录取通知书的形式是不当的,因为其实质是赋予特定相对人高校入学资格这一实体权利,应当使用决定书。

2. 默示形式

这是指行政主体以使人推知的作为或不作为方式间接地表示其内在意思的表意形式。它又可分为作为的默示和不作为的默示两种。

(1) 作为的默示,又称"意思实现""行为默示"或"推定行为",是指行政主体通过某种作为(即为一定行为)或动作进行意思表示,而相对方根据该作为即可推定其内在意思的形式。最常见的是交通警察指挥交通的各种手势。

(2) 不作为的默示,也称"特定的沉默",是指行政主体通过不作为(即不为一定行为)或有特定意义的沉默进行意思表示,而相对方根据法律规范的明确规定或行政主体的预先承诺即可推定其内在意思的形式。作为意思表示的一种形式,不作为默示的采用须受到严格的限制。也就是说,只有在法律规范有明文规定或行政主体对相对人预先有承诺时,才能将行政主体的不作为或特定的沉默视为默示,而不能将行政主体的所有不作为或特定的沉默都推定为承诺的意思表示。例如,《集会游行示威法》②第 9 条第 1 款规定:"主管机关接到集

---

① 参见叶必丰、周佑勇:《行政规范研究》,法律出版社 2002 年版,第 134 页。
② 1989 年 10 月 31 日第七届全国人民代表大会常务委员会第十次会议通过,自 1989 年 10 月 31 日起施行;2009 年 8 月 27 日第十一届全国人民代表大会常务委员会第十次会议修正。

会、游行、示威申请书后,应当在申请举行日期的二日前,将许可或者不许可的决定书面通知其负责人。不许可的,应当说明理由。逾期不通知的,视为许可。"在这里,"逾期不通知"就是"许可"的一种默示形式。可见,不作为的默示实际上是法律对不作为的一种推知。

必须指出的是,不作为的默示与不作为本身是不能相等同的。不作为在自然存在论上仅为一种纯粹的"不作行为",不具有法律意义,不是一种法律上的"行为",也谈不上行为的形式问题,因而明显地不同于不作为的默示这种行为形式。但是,不作为在法律规范论上被看作法律上的一种"行为",具有法律意义。这样,这种不作为行为即行政不作为,在客观上就表现为行政主体及其工作人员未作依法应作之行为。例如,行政主体对相对人的违法行为不闻不问,对相对人要求保护人身权、财产权的申请或请求许可的申请不予答复等。有学者认为,这种意义上的不作为行为"都属于默示行为"①。笔者认为,行政不作为要基于法律对权利时效和作为义务的规定而成立,而默示行为的成立还得取决于法律对行政主体表示内容的推定,且往往以能发生有利于相对人的法律效果为原则。如前例中,法律将"逾期不通知"推定为"许可",就是将行政主体的意思表示内容推定为有利于相对人的"承诺"。这种经推定的承诺行为才构成默示行为,其内容是赋予申请人举行集会、游行、示威的权利,这与对申请人直接予以批准的行政作为行为的内容并无不同。此外,行政不作为因其客观上表现为行政主体未作依法应作之行为而只能是不合法的,经法律推定而成立的默示行为则是合法有效的,因而这种推定实际上是对行政不作为的不合法性的一种法律补救;否则,行政不作为仍旧处于不合法或无效的非表意状态而须承担其他法律责任或给予其他法律补救。②可见,默示行为是完全有别于行政不作为的,我们不能将两者相混同。③

(四) 行政行为的程序

行政行为的程序,通常简称为"行政程序",乃法律程序之一种。一般意义上,程序是指"事情进行的先后次序"④或"按时间先后或依次安排的工作步

---

① 叶必丰:《行政不作为略论》,载《法制与社会发展》1996年第5期。
② 在我国,对行政不作为之违法性的其他救济机制主要有行政复议和行政诉讼两种,救济方式包括宣告违法、责令履行和责令赔偿。参见周佑勇:《论行政不作为的救济和责任》,载《法商研究》1998年第4期。
③ 参见周佑勇:《论行政行为的内容和形式》,载《法商研究》1997年第4期。
④ 《现代汉语词典》(第7版),商务印书馆2016年版,第170页。

骤"①。程序是与"实体"相对应的一个专门的法律概念,指法律主体按照一定方式和步骤形成实体法律决定的过程,其普遍形态是:按照某种标准和条件整理争论点,公平地听取各方意见,在使当事人可以了解或认可的情况下作出决定。② 现代意义上的法律程序,应当包括宪法程序、行政程序和诉讼程序这几种主要类型。然而,长期以来,人们对法律程序的研究往往只集中于诉讼程序,甚至将程序法等同于"诉讼法"。③ 这种观念在现代社会显然已很不合时宜。在行政权力日益渗透到人们生活的每一个角落的当今社会,正当的行政程序已成为规范行政权力的正当行使所必不可少的重要法律规则。从立法上看,自从西班牙于1889年制定了世界上第一部行政程序法之后,尤其是20世纪以来,许多国家都制定了行政程序法典或行政程序性法律规范,普遍注重行政程序的作用,并日益成为人们关注的焦点。所谓程序,即操作过程。研究程序的目的在于,为人们的行为提供一套可供遵循的操作过程。行政程序作为一种法定程序,不仅为行政主体实施行政行为提供了一套操作过程,同时还提供了一种法定的程序规则。这种程序规则经国家认可之后,即上升为一种程序法规范。行政主体实施行政行为不仅要遵循实体法规范的规定,同时还要遵循程序法规范的规定;否则,同样属于违法行政行为,需要承担一定的法律责任。

1. 行政程序的概念

行政程序具有技术和价值层面的双重含义。

(1) 技术层面上的行政程序。在技术层面上,行政程序是指行政主体在实施行政行为的过程中,依法应当遵循的方式和步骤。所谓方式,是行为过程的空间表现形式,即构成行为过程的方法和形式。例如,作出一个行政决定,需要进行调查,听取当事人陈述,把决定告知当事人,说明理由等。这些活动就是行为过程中的一个个方式。整个行为过程就是由一个接一个的方式联结而成的。所谓步骤,是行为过程的时间表现形式,包括行为方式的先后顺序以及每种方式的时间限制。行为的各个方式按照一定的步骤串联起来,形成行为的全过程,也就构成了整个行政程序。

行政程序实质上就是行政行为空间和时间表现形式的有机结合,是作为过程的行政行为。任何行政行为都是两方面的统一:一方面是其实体内容,另一

---

① 夏征农主编:《辞海》(1999年版缩印本),上海辞书出版社2000年版,第2116页。
② 参见季卫东:《法治秩序的建构》,中国政法大学出版社1999年版,第12页。
③ 参见《法学词典》(增订版),上海辞书出版社1984年版,第914页;《中国大百科全书·法学》,中国大百科全书出版社1984年版,第80页;《牛津法律大辞典》,光明日报出版社1988年版,第725页。

第三章 行政行为论

方面是其程序形式。① 行政程序正是行政行为的程序形式,即行为的操作过程。正如任何事物的内容都离不开形式一样,任何行政行为都离不开行政程序。

行政程序还是一种法定程序。行政程序并非可有可无的,而是行政机关及其工作人员在实施行政行为过程中所必须遵循的法定程序,由行政法规范根据客观规律预先设置。行政主体违反这种程序而实施的行政行为是违法或无效的,并要承担由此产生的法律责任。行政程序直接关系到行政行为的合法性和有效性。也正因如此,我们才有必要去认识它、研究它,以实现法治。

(2) 价值层面上的行政程序。在价值层面上,行政程序不仅仅是实现行政实体或结果的技术性工具,还有着独立于实体而存在的内在价值。这种内在价值即程序自身的正当性,它在一定程度上主要取决于程序本身是否符合正义的要求,而并不取决于通过该程序所产生的实体结果如何。相反,程序的正义甚至决定着实体结果的正当性。程序自身所具有的这种独立价值,表明存在着一种程序本身的正义,而这种"程序的正义,意味着程序不是权力的附庸,而是制约专横权力的屏障"②。

程序自身的正当性对行政权力的正当行使提出了最基本的程序性要求。随着行政权力,尤其是行政裁量权在现代社会的不断扩张,肯定价值层面上的行政程序,即要求行政程序是一种正当性程序,对于规范行政权力的正当行使、保护公民权利无疑具有十分重要的现实意义。因此,我们不能仅仅从技术的角度理解行政程序的意义,正当的行政程序实质上是对个人自由提供的一种重要保障,是现代行政法治的核心要求。正如美国大法官威廉·道格拉斯所言:"《权利法案》的大多数规定都与程序条款有关,这一事实并不是无意义的。正是程序决定了法治与恣意的人治之间的基本差异。坚定地遵守严格的法律程序,是我们赖以实现人人在法律面前平等享有正义的主要保证。"③

在我国,传统的法学理论和实践重视法律实体结果的公正,认为法律程序只是一种附属于实体的工具,其目的在于保证实体正义的实现。这种程序工具主义观对程序内在独立价值的漠视,必然会导致"重实体轻程序"乃至"程序虚无主义",实体正确被奉为绝对优先的目标,而法律程序则沦为一种可有可无的

---

① 参见罗豪才主编:《行政法学》(修订本),中国政法大学出版社 1996 年版,第 264 页。
② 蒋秋明:《程序正义与法治》,载《学海》1998 年第 6 期。
③ Cited from Christopher Osakwe, The Bill of Rights for the Criminal Defendant in American Law: A Case Study of Judicial Law-Making in the United States, in J. A. Andrews(ed.), *Human Rights in Criminal Procedure: A Comparative Study*, Martinus Nijhoff Publishers, 1982, pp. 260-264.

形式或手段。针对实践中"重实体轻程序"的现象,20世纪90年代以来,我国行政程序的立法逐步得到重视。1989年颁布的《行政诉讼法》第54条就已经明确将具体行政行为是否符合法定程序作为衡量其是否合法的标准之一,违反法定程序的,将予以撤销。这大大提高了人们对行政程序的认识。同时,为了与《行政诉讼法》的规定相衔接,各级国家机关纷纷制定了大量有关行政程序的法律、法规和规章,从而极大地推动了我国行政程序立法。尤其是,1996年通过的《行政处罚法》可以说是我国行政程序立法方面一个重要的里程碑。这部法律从形式上第一次系统完整地规定了某一类行政行为的程序,使行政程序立法一改过去分散立法、重复立法的状况,在某种程度上走向统一。更具历史意义的是,《行政处罚法》和《行政许可法》还规定了有关行政处罚和行政许可的公开制度、听证制度、告知制度、说明理由制度、回避制度等体现行政程序正当的制度,规定了行政相对人的知情权、陈述意见权和申辩权等程序权利。这与过去的立法相比,显然是一个质的飞跃。目前,我国正致力于推进行政法的法典化,制定一部统一的行政基本法典或行政程序法典,力图更系统、更全面地确立一种现代化的正当行政程序制度。

2. 行政程序的基本原则

行政程序的基本原则,是指行政主体在实施行政行为的过程中,在程序上必须遵循的基本原则。正当的行政程序必须遵循以下基本原则:

(1) 公正原则。该原则要求行政主体在实施行政行为的过程中,必须在程序上平等对待各方当事人,排除各种可能造成不平等或者偏见的因素。程序公正是实现实体公正的保证,它不仅有助于实体公正的实现,而且可以使相对人确信行政行为是公正的,从而自觉履行行政行为所设定的义务,增强行政行为的可接受性。当然,这种"确信"不是靠行政主体的标榜,而是由一系列具体的程序规则体现的。这些程序包括调查程序、回避程序、合议程序等。

(2) 公开原则。该原则要求行政机关通过一定方式和途径,让相对人了解有关行政行为的情况,以提高相对人对行政行为的信任度,也有利于监督行政,克服官僚主义,促进清正廉洁。公开原则也有一系列程序规则保证其具体落实,包括表明身份程序、告知程序、说明理由等。

(3) 参与原则。该原则要求行政主体在实施行政行为的过程中,给予相对人发表意见的机会,并充分重视其意见。如果说公开原则是实现相对人对行政行为行使"知"的权利,那么参与原则是让相对人实现"为"的权利。参与原则主要体现在听证程序上。听证的实质就是听取相对人的意见。

(4) 效率原则。追求效率是行政的本质特性。效率原则要求行政主体实施行政行为应有时间上的限制,同时在程序上尽量简便易行,以提高行政效率。效率原则主要通过时效、简易程序等实现。

3. 行政程序的基本内容

行政程序是由一系列的方式和步骤构成的。这些方式和步骤,以及实现这些方式和步骤的规则,就是行政程序的内容。不同的行政行为所遵循的程序内容是不同的。例如,具体行政行为与抽象行政行为所遵循的具体程序内容并非完全一致。抽象行政行为的程序在后文将作具体分析,在这里,仅从总体上就具体行政行为程序的基本内容作些分析。具体行政行为中,常见的程序主要有:

(1) 表明身份。即行政人员在实施具体行政行为,尤其是行政执法时,应当向相对人出示证件,以证明自己享有从事该执法行为的合法资格和职权。建立表明身份制度,不仅是为了防止假冒、诈骗,还是防止执法人员超越职权、滥用职权的有效措施。从执法程序的时间顺序看,表明身份一般在执法程序之前。《行政处罚法》对表明身份程序作了明确规定。

(2) 立案或受理。立案,即案件的确立,主要适用于依职权的行政行为。例如,查处违法案件首先必须立案,以便于进一步调查取证。立案应当填写立案报告,由有关领导批准后,指定专门人员办理。受理,是指行政主体对相对人提出的某种请求明确地表示接受,一般适用于应申请的行政行为。如果行政主体对相对人的某项请求不予受理,则应通知请求人,并说明不予受理的理由,否则即构成不作为的违法。

(3) 调查取证。即行政主体在立案或受理之后,为查明事实而收集证据的过程。任何行政行为都必须建立在调查取证的基础上,严格遵循"先取证,后裁决"的程序规则,要以客观证据说明有关事实的真相,防止主观臆断。因此,行政主体在实施行政行为时,必须全面、客观、公正地调查、收集有关证据。调查取证的方法包括询问当事人和证人、提取物证和书证、进行现场勘验和鉴定等,必要时可以采取有关强制措施。任何证据材料获取的主体、程序和手段都必须合法,凡是来源和形式非法的证据材料都应予以排除,不得作为认定案件事实的依据,此谓"非法证据排除规则"。此外,行政机关据以定案的证据只能是记载于行政案卷之中并经当事人口头或书面质证的证据,凡未经记载和质证的证据不得作为定案依据,此谓"行政案卷排除规则"。

(4) 回避。即与相对人或者所处理的具体行政事务有利害关系的行政公务人员不应参与有关的行政行为,以防止出现偏私。法律上,一般允许相对人享有要求行政公务人员回避的权利。行政公务人员如因自身的原因可能影响行政行为的公正,应主动申请回避。

(5) 听证。即行政主体在实施行政行为的过程中,应当充分听取相对人的意见。尤其是在作出不利于相对人的处理决定时,应当充分听取相对人的陈述和申辩。公平听证是程序正当原则的核心要求。听证可分为正式听证和非正式听证。《行政处罚法》所规定的听证属于正式听证,具有比较严格的程序规则。非正式听证的规则相对比较灵活,形式因人而异、因事而异,只要达到实现行政正当性的目的即可。通常,听取当事人的意见可作为非正式听证。

(6) 告知。即行政主体在实施行政行为的过程中,应当将有关事项告知相对人。告知具体包括:第一,告知权利。即当行政主体在使当事人承担某种义务时,应当告知当事人在程序上享有何种权利。第二,说明理由。对于有些行政行为,行政主体不但要把结论告知当事人,而且应当说明作出该行为的事实根据、法律依据或其他理由,相对人对此也可以提出咨询。第三,送达。即将处理结果告知或交付当事人的程序。送达的方式包括直接送达、邮寄送达、留置送达、公告送达等。

(7) 时效。即行政行为经过法定期限而产生的一定法律后果。时效是效率原则的具体体现。为了保证行政活动的高效率,行政程序的各个环节都应当有时间上的限制,如果超过法定时限,就构成违法,要承担相应的法律后果。

四、行政行为的效力

效力不同于效果。效果,是指主体通过意志为行政相对人设定、变更或消灭的某种权利义务关系,以及期望获得的法律保护。效力则是对这种行为效果的一种客观上的法律保护。行政行为只有获得应有的法律保护,才能发生预期的法律效果,并在实际生活中发挥其应有的作用。可见,行政行为的效力,是指行政行为所具有的一种法律保护,表现为一种特定的法律约束力和强制力。效力是行政行为的生命,因而也成为行政行为研究中的一个重要问题。[①] 从某种意义上说,我们研究行政行为的目的就在于确认行政行为的效力,从而为行政主体提供行为准则,并为人民法院提供司法审查标准。

对行政行为效力的研究,主要涉及三个问题:行政行为的效力内容、行政行为的效力要件、行政行为的效力时间。

[①] 我国已有多部专门研究行政行为效力问题的著作,如叶必丰:《行政行为的效力研究》,中国人民大学出版社 2002 年版;章志远:《行政行为效力论》,中国人事出版社 2003 版;马生安:《行政行为效力理论重构》,法律出版社 2023 年版。

（一）行政行为的效力内容

关于行政行为究竟具有何种效力，在行政法学上有不同的观点。有学者认为，行政行为的效力包括确定力、拘束力和执行力三项。[①] 目前，多数学者则将行政行为的效力概括为四项，即公定力、确定力、拘束力和执行力。[②] 也有学者将其概括为公定力、拘束力、执行力、不可争力和不可变更力五项。[③] 其中，不可争力和不可变更力实际上是对确定力的分解，所以仍是四项效力。笔者认为，行政行为的效力在内容上应包括先定力、公定力、确定力、拘束力和执行力五项，它们既相互独立又相互依存，其中每一项效力都是后列效力的前提，也是前列效力的目的，共同组成行政行为效力的完整内容。

1. 先定力

先定力，是指行政行为的作出受行政主体单方面意志决定或支配的效力。它是行政主体意思表示过程中对于相对人而言的一种实在的法律效力，表现为行政行为的单方面性。首先，就对象而言，它是行政主体对于相对人而言的一种法律效力，是行政主体意志对相对人意志的一种支配力，而非针对行政主体和相对人双方发生的一种法律效力。其次，就时间而言，它发生在行政行为成立之前，是行政主体意思表示即行政行为作出过程中的一种法律效力，而非行政行为作出之后才发生的法律效力；是法律对形成最终行政决定或行政意志的一种保护，而非对已经形成的行政意志的法律保护。所以，它是其他所有效力的前提，正是由于这一效力在先，才会产生其他效力。再次，就内容而言，它表现为行政行为的单方面性，即行政主体单方面设定相对人权利义务的法律效力。最后，就性质而言，它是一种实在的法律效力。

行政行为先定力的理论依据是以公共利益为本位的公共利益与个人利益关系。在这种关系中，公共利益具有相对于个人利益的主导地位，当两者发生

[①] 参见张尚鷟主编：《走出低谷的中国行政法学——中国行政法学综述与评价》，中国政法大学出版社1991年版，第153页；许崇德、皮纯协主编：《新中国行政法学研究综述(1949—1990)》，法律出版社1991年版，第337页；杨海坤：《中国行政法基本理论》，南京大学出版社1992年版，第263页；王连昌主编：《行政法学》（修订版），中国政法大学出版社1997年版，第130—131页。

[②] 参见罗豪才主编：《行政学》（修订本），北京大学出版社1996年版，第112页；应松年主编：《行政法与行政诉讼法学》，高等教育出版社2018年版，第94页；姜明安主编：《行政法与行政诉讼法》（第7版），北京大学出版社、高等教育出版社2019年版，第198页；姜明安：《行政法》（第5版），北京大学出版社2022年版，第285页。

[③] 参见〔日〕南博方：《日本行政法》，杨建顺、周作彩译，中国人民大学出版社1988年版，第41页；〔日〕和田英夫：《现代行政法》，倪健民、潘世圣译，中国广播电视出版社1993年版，第197页；〔日〕室井力主编：《日本现代行政法》，吴微译，中国政法大学出版社1995年版，第93页；胡建淼主编：《行政法教程》，法律出版社1996年版，第98页。

冲突、矛盾时，个人利益应当服从公共利益。这种事实上的公共利益与个人利益关系反映在意志关系和行为关系上，就是法律确认行政意志可以支配个人意志，行政行为可以规范相对人的行为。

在近代，行政行为的先定力意味着行政行为具有纯粹的单方面性，意味着行政行为完全是行政主体的单方面意志。但是，现代行政法上的行政行为先定力意味着行政行为也可以是行政意志与相对人意志的相互融合，意味着行政行为也可以是在相对人意志参与下形成的。此时，行政行为体现了行政主体与相对人双方的意志。只不过，在行政行为的作出过程中，行政意志在法律上仍然能够支配相对人的意志，即能够同意、拒绝或变更相对人的意志，所以行政行为的先定力仍旧表现为行政意志对相对人意志的支配力。

研究行政行为的先定力，对于分析行政行为的过程性、正确解决法律责任的归属问题等具有重要意义。既然行政行为具有先定力，即行政意志在法律上能够支配相对人的意志，那么行政主体在作出行政行为的过程中，就应当依法审查相对人的行为。如果行政主体接受或采纳了有瑕疵的相对人意志，必然导致行政行为的违法性。对此，应当免除相对人的法律责任，而由行政主体承担相应的责任。当然，如果相对人的行为是一个欺诈行为或恶意串通行为，那么即使已为行政主体所接受，在宣告行政行为无效的同时，仍然应当追究相对人的责任。①

2. 公定力

公定力，是指行政行为一经作出，即对任何人都具有被推定为合法有效并获得社会尊重和信任的法律效力。首先，就时间而言，它发生在行政行为作出之后，而且一经作出即具有这种效力，是法律对已经形成的行政意志的一种保护。其次，就内容而言，它是一种"公认"的效力，是社会对行政行为的尊重和信任。再次，就对象而言，它是一种"对世"的法律效力，即对任何人都具有的法律效力，任何人对行政行为都必须予以尊重。不仅行政主体和相对人双方应予以尊重，而且其他行政主体、国家机关、社会组织和个人都有对行政行为表示尊重的义务。最后，就性质而言，它是一种被推定为合法有效的法律效力。也就是说，一方面，它具有被推定为合法有效的法律效力，相对人对此必须予以服从。即使相对人认为该行为是违法的或者不当的，也不能以此否认其效力或者加以抵制，而只能在事后通过申请行政复议或者提起行政诉讼等途径予以救济。另一方面，它又是法律对行政行为合法性的一种推定，是一种假设的法律效力。

---

① 参见叶必丰：《行政行为的效力研究》，中国人民大学出版社2002年版，第59页以下。

因此，它并不意味着行政行为绝对有效。但是，这必须经过国家有权机关依职权和法定程序进行审查认定。在没有被国家有权机关宣布为违法或无效之前，即使它是不符合法定条件的，也仍然是有效的，仍然对相对人和其他任何人都具有法律约束力，相对人必须予以服从，任何人都必须予以尊重。所以，这种假设实际上是对行政行为的一种法律保护。

法律之所以要对行政行为作上述假设或保护，是为了适应法律安定性的需要，即为了稳定已作的行政行为及其设定的权利义务关系，从而维护整个法律制度和法律秩序的稳定性。如果允许相对人任意否定行政行为的合法性，那么行政行为的先定力将不具有任何意义，任何权利义务关系都将无法得到建立和维持。如果允许任何国家机关、社会组织或个人任意否定行政行为及其设定的权利义务关系的合法性，那么稳定的制度和秩序将无从谈起。因此，行政行为尽管有合法和违法两种可能，但是我们对它只能作适法推定，而不能把它推定为违法行为或有瑕疵行为。作适法推定对行政行为的保护，类似于无罪推定对犯罪嫌疑人的保护，具有正当性。需要说明的是，行政行为的公定力不是对行政特权的一种维护，也不是一种行政豁免权，它只是强调在未经国家机关依法定程序认定为违法或者无效之前的一种法律状态。

关于公定力的界限，即是否所有的行政行为都具有公定力的问题，在理论上存在争议。多数学者持有限公定力说，认为行政行为一般具有公定力，但是有重大且明显瑕疵的无效行政行为除外。[①] 也有学者持完全公定力说，认为所有行政行为，不论存在什么样的瑕疵，在依法被消灭之前都具有公定力。[②] 笔者赞同完全公定力说，因为只有该说才能对公共利益及其代表者表示足够的信任和尊重。同时，无效行政行为尽管不应该具有法律效力，但是已经作为一个行政行为而存在，已经构成一个行政行为，因此它在依法被消灭之前同样具有公定力。

公定力不仅是行政行为的一个基本原理，而且具有重要的实际意义，支持着一系列法律规则，包括行政行为的其他效力规则、有关意思表示规则、行政救济规则以及有关民事纠纷和刑事案件的处理规则等。[③] 例如，公定力支持着"一事不再理"规则，即当一个行政主体对某一事务已予以处理时，在该处理行

[①] 参见〔日〕南博方：《日本行政法》，杨建顺、周作彩译，中国人民大学出版社1988年版，第41页；〔日〕杉村敏正：《论行政处分之公定力》，城仲模译，载城仲模：《行政法之基础理论》，三民书局1988年版，第181页；吴婧萍：《行政行为公定力研究》，载《行政法学研究》1997年第3期。

[②] 参见叶必丰：《论行政行为的公定力》，载《法学研究》1997年第5期。

[③] 参见叶必丰：《行政行为的效力研究》，中国人民大学出版社2002年版，第87页以下。

为被推翻以前,其他性质相同的行政主体对该同一事务不能再予以处理。又如,在处理经行政裁决的民事纠纷中,必须事先解决该行政裁决的合法性问题,不能置行政裁决的公定力于不顾而直接处理该民事纠纷。在处理专利无效的民事纠纷之前,也必须事先由专利行政部门解决当事人所持有的专利权证书即行政行为是否合法有效的问题。在刑事案件的处理中,也往往要受行政行为公定力原理的支配。例如,妨害公务罪的构成,要以公务行为的存在为前提。对未成立的假行政行为,公民可以无视它的存在,有权拒绝和抵抗。但是,对一个具有公定力的行政行为的抵抗,就可能构成妨害公务罪。

3. 确定力

确定力又称"不可改变力",是指行政行为一经作出,就具有不受任意改变(撤销、变更、废止等)的法律效力。既然行政行为具有公定力,即一经作出,就被推定为合法有效,那么非由国家有权机关经法定程序,就不得随意改变该行为。所以,行政行为的确定力是以其公定力为前提的,是公定力引申出来的一个重要效力。但是,它们又是相互独立的两种效力,不可等同。①

行政行为的确定力是一种对行政主体和行政相对人双方而言的法律效力,包括形式确定力和实质确定力两个方面。前者是行政行为对相对人而言的不可改变力,即相对人不得任意以诉讼或控告等方式要求改变已确定的行政行为,又称"不可争力";后者则是对行政主体而言的不可改变力,即行政主体也不得任意改变已确定的行政行为,又称"自缚力"或"一事不再理"②。当然,确定力是相对的,而不是绝对的。③ 就形式确定力而言,法律允许相对人在法定期限内请求有权机关予以审查,经审查确认行政行为是否合法有效,不合法的可以予以改变,合法的就予以维持。被确认为合法的行政行为具有最终确定力,相对人不得再提出任何争议。相对人即使要求改变,也不会得到复议机关或法院的受理。实质确定力也不是绝对的,如果行为确实违法或已不符合新的需要,行政主体就应按法定程序予以改变。但是,改变原行政行为必须符合法定的要求,并具有正当理由,符合信赖保护原则。

在诉讼法上,有一个与确定力相类似的概念,即司法判决的既判力。它是

---

① 有学者认为,行政行为的确定力也叫公定力或包含公定力。这显然是不科学的。参见王周户主编:《行政法学》,陕西人民教育出版社1992年版,第167页。

② "一事不再理"具有两方面的意思:一是实施行政行为的行政机关不能对已处理的事务再行处理,重复实施行政行为;二是当一个行政主体对某一事务已予以处理时,在该处理行为被推翻以前,其他性质相同的行政主体对该同一事务不能再予以处理。其中,前者是受确定力支配的规则,后者则是直接体现公定力的规则。

③ 参见叶必丰:《行政行为确定力研究》,载《中国法学》1996年第3期。

指法院判决确定后,该判决中对请求的判断就成为当事人之间法律关系的基准,同一事项如再度发生争执问题,不许当事人为与判决内容相矛盾的主张而争执其判断;法院亦不得作出与该判决的判断相矛盾、抵触的判断。司法判决的既判力有助于法的安定性与确定性,也可维持法律和平,是法治国家原则所导出的结果。① 最先提出行政行为确定力理论的,是奥地利学者伯纳兹克。他在1886年出版的《裁判与实体之确定力》一书中指出,确定力是司法裁判的特色。与司法裁判相类似的法之宣告行为即行政行为,除无效行为外,也具有确定力,即不得由行政主体撤销或撤回,客观环境的发展变化与确定力无关。②

4. 拘束力

拘束力,是指行政行为一经作出,就具有约束和限制行政主体和相对人行为的法律效力。它也是一种对行政主体与相对人同时具有双重拘束性的法律效力。对相对人的拘束力,即相对人的行为应符合行政行为的规定而不得予以违反;对行政主体的拘束力,即行政主体对自己作出的行政行为应予以严格遵循而不得超越于该行为之外,违反其行为的规定。这里须指出的是,拘束力是一种约束力、限制力,即要求遵守的法律效力。发生拘束力的是行政行为所设定的权利义务,而不是事实的认定、法律的适用或告知。这种权利义务本身又是作其他行为的一种规则,必须得到遵守。拘束力所直接指向的是行为,是对有关行为的一种强制规范。如果有关行为违反了这种规则,则行为人应承担相应的法律责任。

按照目前我国行政法学的通说,拘束力是行政行为之一独立效力内容。在日本,有学者对此持否定的观点。例如,日本行政法学家盐野宏认为,把拘束力作为行政行为的效力之一,就无法包括行政行为的公定力,而这种公定力是行政行为其他效力的前提或"担保力"。"在这种意义上,说拘束力,其自身不是具有多大意义的观念,也不是一般使用的观念。我认为这个观念是不必要的。"③ 我国台湾地区学者陈新民也表达了与盐野宏相类似的观点,他说:"行政处分的效力(Wirksamkeit)指行政处分在作成后,若非为无效的行政处分,即可产生拘束相对人、原作成机关,以及其他相关之人民与机关之效力。因此行政处分之效力,虽然学界曾有各种不同的区分,其实就是只有一种效力。因此行政处分之效力,虽然学界曾有各种不同的区分,其实就是只有一种效力——即拘束

---

① 参见陈清秀:《行政诉讼法》,翰芦图书出版有限公司2002年版,第496页。
② 参见叶必丰:《行政行为的效力研究》,中国人民大学出版社2002年版,第100页。
③ 〔日〕盐野宏:《行政法》,杨建顺译,法律出版社1999年版,第100页。

而已。"① 在他看来,既然所有的效力都统一于拘束力,那么就没有必要将其单列。受这种观点的影响,也有学者认为,拘束力已融入行政行为的其他效力中,不宜单列为行政行为的一种效力。② 笔者认为,拘束力作为行政行为之一独立效力内容,有着前述特定的内涵和外延,应当单列为行政行为的一种具体效力。

5. 执行力

执行力,是指行政行为一经作出,就具有要求行政主体与行政相对人对其内容予以完全实现的法律效力。这里的"内容",是指行政行为所设定的权利义务。其实现的方式有两种,即自行履行和强制实现。相应的,行政行为的执行力可以分为自行履行力和强制实现力。③ 执行力与其他法律效力一样,是存在于行政决定内部的一种法律效力,而不是根据这种执行力采取的表现于行政决定外部的执行行为或强制措施。

自行履行力,是指行政行为所具有的要求权利人及时行使权利,义务人主动、自愿履行义务的法律效力。在自行履行力存续期间,权利主体不能对义务主体进行强制,也不能要求双方主体以外的国家机关对义务主体进行强制。行政行为的内容能否得以实现,完全取决于双方主体的自由意愿。自行履行力作为一种法律效力,也是一种要求。它要求权利主体和义务主体能够进行协商和沟通,建立起相互信任的良好关系,及时行使权利,主动履行义务。如果义务主体不主动履行义务,就可能带来强制执行、处罚或诉讼;如果权利主体没有及时行使权利,却要求义务主体履行义务,那么也会带来不利后果,即权利的丧失。

强制实现力,是指行政行为所具有的强制义务人履行义务,保证权利人实现权利的法律效力。其本质特点是,以违反义务人意愿的形式实现行政行为的内容。当义务人是行政相对人时,强制实现力往往表现为通过对人身或财产的强制,如对人身的强行约束,对财物的扣押、冻结、查封等形式,迫使相对人履行义务。当义务人是行政主体时,强制实现力主要表现为来自复议和诉讼及有关监督的压力,从而迫使行政主体履行义务。从自行履行力阶段到强制实现力阶段的转变,是因为当事人对行政行为的内容未予执行、不愿执行,也不会再执行。同时,该行政行为的执行力仍然存在。

(二) 行政行为的效力要件

行政行为的效力要件,又称"有效要件",是指行政行为要合法有效成立所

---

① 陈新民:《行政法学总论》,三民书局2015年版,第321页。
② 参见章志远:《行政行为效力论》,中国人事出版社2003年版,第52页。
③ 参见叶必丰:《行政行为的效力研究》,中国人民大学出版社2002年版,第140页以下。

必须具备的条件。基于前述公定力原理,行政行为一经作出,就被推定为合法有效。但是,这只是一种推定,并非实质上合法有效。行政行为要想获得实质上的效力,真正稳定地产生法律效果,就必须符合一定的有效要件;否则,即使事实上已取得法律效力,终究也要被有权机关依法定程序予以撤销或变更,从而终止其效力。这种使行政行为真正获得实质上的法律效力的要件即行政行为的效力要件,是衡量行政行为是否合法有效成立的条件和标准。

这里值得注意的是,行政行为的有效要件与其成立要件、生效要件是不同的。首先,行政行为的有效要件与行政行为的成立要件是有区别的。行政行为的成立要件是要划分行政行为与非行政行为的界限,其着眼点在于决定某一行为是否为行政行为,这是一个法律属性判断问题;而行政行为的合法有效要件则是要划分合法与违法、有效与无效行政行为的界限,其着眼点在于决定某一行为是否符合法律的规定而发生应有的效力,这是一个法律价值判断问题。可见,两者分别是不同层次的要件,后者要以前者成立为前提。违法行政行为因违反法律规定而被认定无效,但是仍属行政行为,具有行政行为的特性。非行政行为因不是行政行为而始终无行政法上的效力,根本不具有行政行为的特性。因此,我们不能只从两者都不具有行政法效力这一角度看待它们的共性,认为没有区分两者的实际意义。实际上,通过各自的构成要件识别非行政行为与违法行政行为,有着完全不同的法律后果:对相对人来讲,能决定是否提起行政复议和行政诉讼;对行政复议机关和人民法院来讲,能决定是否予以受理并审理裁判;对行政主体来讲,能决定是否对此行为承担行政法律责任。毫无疑问,对两者进行分析并加以区分是十分必要和有益的。但是,目前行政法学界许多学者将行政行为的成立要件与行政行为的有效要件这两类不同层次的构成要件混为一谈,以至于形成行政行为就等于合法行政行为,违法行政行为就等于非行政行为的误解。这在理论上是不科学的,在实践中也是非常有害的。

其次,行政行为的成立要件与行政行为的生效要件是不同的。有学者将行政行为的成立与行政行为的生效相等同,认为行政行为一经成立就发生法律效力,由此将行政行为的成立要件与行政行为的生效要件相等同。这是不科学的。行政行为的生效与其成立之间具有紧密联系。同时,对于行政主体而言,行政行为的成立与行政行为的生效是完全一致的,即行政行为一旦作出,对行政主体就立即生效。但是,行政行为的成立只是为了确定行政行为在何种情况下已经完成,并不意味着行政行为一经成立,相对人就立即知晓。也就是说,行政行为的成立与相对人的知晓之间存在着时间上的间隔。因此,行政行为的生效因行政主体本身和相对人的不同而有所不同。对相对人而言,行政行为并非一经成立就生效,只有在为相对人所知晓时才开始生效,而这因行政行为的对象、环境及法律规定等因素的不同,在时间上具有一定的差异性。行政行为在生效时间上的差异涉及行政行为的生效规则,即行政行为何时开始生效的法定规律。可见,行政行为的生效在行政行为成立的基础之上,还须符合另外的特殊构成要件——相应的生效规则,而不能将行政行为的生效要件与行政行为的成立要件相等同。

最后,行政行为的生效要件与行政行为的有效要件也是有差异的。有学者将行政行为的有效直接等同于行政行为的生效,认为只有合法有效的行政行为才能发生法律效力,从而将行政行为的生效要件与行政行为的有效要件相混同。[①] 这也是欠妥的。基于行政行为的公定力,行政行为一经作出便生效,"即对任何人都具有被推定为合法、有效而予以尊重的法律效力"。也就是说,行政行为只要符合相应的生效要件,就能够发生并具有法律效力。即使它是不符合法律规定的,在未经有权机关依法定程序撤销之前,也仍然是有效的,仍然对任何人都具有法律效力,任何人都必须对其予以尊重和信任。因此,行政行为并非一定要在合法有效成立时才能够发生法律效力,行政行为的有效要件亦并非行政行为发生法律效力所必须具备的条件。但是,仅仅符合生效要件的行政行为所具有的法律效力又只是一种"推定"或"假定",是法律对行政行为合法性的推定,并非行政行为实质上合法有效,也有可能是不符合法律规定而本不应具有法律效力的,有权机关可依法定程序予以撤销或变更。那么,行政行为欲获得实质上的法律效力,真正稳定地产生法律效果,还要符合另外的某些特殊构成要件,这就是行政行为的有效要件。具备这类构成要件的行政行为并不会因行政复议和行政诉讼等被撤销或变更。因此,行政行为的生效要件与行政行为的有效要件有着很大的区别。尽管符合生效要件的行政行为也是有效力的,但是其"效力"只是一种推定或假定,只有符合有效要件的行政行为才能真正具有实质上的效力,因而两者之"效力"迥然有别。

基于上述分析,笔者以为,行政行为的构成要件应分为三个不同层次:一是行政行为的成立要件,这类要件使一行为成立为行政行为;二是行政行为的生效要件,这类要件使行政行为成立为能够发生法律效力的行政行为;三是行政行为的有效要件,这类要件使行政行为成立为合法的并能够真正产生实质上的法律效力的行政行为。这三类构成要件既具有紧密联系,同时各自又都有其独

[①] 实际上,这在我国行政法学界已成为较普遍的现象。参见罗豪才主编:《行政法学》(修订本),中国政法大学出版社1996年版,第138页;应松年主编:《行政法学新论》,中国方正出版社1998年版,第194页;胡建淼:《行政法学》(第5版),法律出版社2003年版,第268页。

立的、重要的理论与现实意义,既不能将它们混为一谈,也不能只着重于研究其中某一类构成要件,而忽视对其他构成要件的研究。

那么,行政行为的有效要件具体包括哪些？对此,笔者认为,行政行为的合法有效在行政行为成立、生效的基础上,包括主体、权限、内容、程序和形式五个方面的共同构成要件。

1. 主体要件

主体要件,是指作出行政行为的主体应具备行政主体资格。也就是说,只有具备法定资格的行政主体所作的行政行为才是合法行政行为。这里的"资格",是指能够以自己的名义实施行政行为,并能够独立承担相应的法律责任,即形式资格。至于行政权能资格即实质资格,则是行政行为的构成要件,而不是行政行为的合法要件。同时,实施行政行为的公务人员也应具有合法的身份。也就是说,代表行政主体实施行政行为的公务人员,必须是合法取得公务人员身份(包括通过授权或委托取得实施行政行为的资格)的人员。

2. 权限要件

权限要件,是指行政行为必须是属于行政主体法定权限范围内的行为。也就是说,行政主体必须在自己的事务管辖权、地域管辖权和级别管辖权的范围内实施行政行为,被授权组织必须在授权范围内、被委托组织必须在委托范围内行政行为;否则,就是一种越权行为,而不是合法有效的行为。

3. 内容要件

内容要件,是指行政行为的内容必须合法、适当、真实、明确。所谓内容要合法,即行政行为的作出必须具有法定的依据,且严格符合有关行政法规范的规定。所谓内容要适当,即行政行为的作出必须公正、合理,符合实际,不能畸轻畸重,尤其是行政裁量权的行使不能显失公正。所谓内容要真实,即行政行为必须基于行政主体的真实意思表示,亦即行政主体的外在表示行为要与其内在意志相一致,符合行政主体实施行政行为的本意。意思表示不真实的行政行为,如行政主体及其公务人员在受欺诈、胁迫等情况下采取的行为,或行政公务人员在受贿赂、精神错乱等情况下作出的行为,都是无效的。所谓内容要明确,即行政行为所表达的内容要清楚具体、充分确定,不能模棱两可,使相对人无所适从。内容不确定或不明确的行政行为,实际上只能是无法执行的行为,因而也就不能有效成立。

4. 程序要件

程序要件,是指行政行为的作出必须符合法定的程序。行政行为既要符合法律明确规定的程序,也要符合行政程序的基本原则和制度,如先取证后裁决的程序规则、回避制度、听证制度和说明理由制度等。违反法定程序或正当程序原则的行政行为,即使内容合法、正确,也构成行政行为无效。

5. 形式要件

形式要件,是指行政行为的作出必须具备法定的形式。尤其是对于要式行政行为,行政主体应严格按相应的法定形式实施,否则就不是合法、有效的行政行为。

同时具备上述构成要件的行政行为才是合法、有效的行政行为。这里需要指出的是,由于行政行为的合法与有效、违法与无效具有紧密联系,因此笼统称为"合法有效""违法无效"并无不当。但是,严格说来,行政行为的合法与有效、违法与无效是有区别的。行政行为的无效并不仅仅局限于违法,还可能由于其他原因而发生。同样的,行政行为违法并不必然无效。这是因为,行政行为的形式瑕疵以及主体上的瑕疵,尽管也是一种违法,却是可予以补正的,经补正后其效力并不受影响。只有当行政行为具有权限和内容上的违法以及严重的程序违法时,才不应发生法律效力。

(三) 行政行为的效力时间

行政行为的效力时间,是指行政行为在什么样的时间范围内,即从什么时间开始,到什么时间为止,具有法律效力的问题。行政行为的效力总是存在于特定时间内,因此行政行为的时间效力通常又被称为"行政行为的存续力"。"所谓行政处分的'存续力',指一个行政处分既经颁布之后产生了拘束力,依处分内容产生之效力——即'构成要件效力'在未经过有权机关撤销或者有其他理由影响其效力之前,即享有'存续效果'(Bestandswirkung)。易言之,如同人的生命是因人活着才存在(生命存续),所以行政处分的拘束力即是'存续力',乃存续存在之拘束力。"[①]另外,行政行为的先定力是行政行为作出前的一种法律效力,它发生于行政程序的启动,终止于行政行为的作出。在行政程序发动前,行政主体与相对人之间还没有发生行政法上的关系,先定力也并未发生。在行政行为作出之后,行政主体与相对人之间的实体权利义务关系已经形成,或者说行政意志对个人意志的支配关系已经得到确定,支配过程已经结束。可见,行政行为先定力的时间性直接体现为行政行为作出的过程性。因此,行政行为的效力时间只是指行政行为已经形成之后所具有的其他效力,即公定力、确定力、拘束力和执行力的生效时间与失效时间。

---

① 陈新民:《行政法学总论》,三民书局 2015 年版,第 321 页。

1. 生效时间

一般来说,行政行为一经作出,就具有公定力、确定力、拘束力和执行力。所以,行政行为的作出之时就是其生效之时。但是,行政行为作出并不意味着相对人立即知晓。也就是说,行政行为的作出与相对人的知晓之间存在着时间上的间隔。因此,行政行为的生效时间依相对人知晓的时间不同而有所不同,具体包括告知生效和附款生效两种情况。

(1)告知生效,指行政行为必须在告知相对人后才能生效。这里的"告知",是告诉并使相对人知悉、知道行政行为的内容,包含"受领"之意。比较简单的行为可用口头形式告知相对人,多数行政行为则要以书面形式告知相对人。对于抽象行政行为,一般采用发布或者公布等书面告知的方式;对于具体行政行为,一般采用送达等书面告知的方式,包括直接送达、留置送达、转交送达、邮寄送达、委托送达、公告送达等。此外,随着信息时代的到来,包括电报、电传、传真、电子数据交换和电子邮件等在内的电子政务方式,也将成为行政行为重要的告知方式。告知生效的行政行为,从相对人知道之时起生效;因行政主体没有告知或者告知错误的,从相对人实际知道之时起生效;如因不可抗力,则可能导致生效迟延。

(2)附款生效,指行政行为的生效附有某种法律事实,当该法律事实发生后,行政行为才能生效。这里的"附款",是指为了限制行政行为的效果而在意思表示的内容上附加从属性意思表示,包括条件、期限、负担和撤销权的保留。例如,行政法规和行政规章的生效,往往都附有一定的期限,在这一期限过后才能生效。也有些具体行政行为是附款行政行为,如因修建道路而禁止通行的行政行为,往往需要预告若干天后才能生效。

2. 失效时间

已发生法律效力的行政行为,因某种法律事实的发生,也会丧失法律效力,且因不同法律事实的发生,其失效时间也是不同的。

(1)自始失效。这是指已生效的行政行为,因某种法律事实的发生而自始不具有法律效力。它包括两种情况:一是无效,即因行政行为存在重大而明显的瑕疵,由有权机关依法确认或者宣告无效。经确认或者宣告无效的行政行为,自始不具有法律效力,而且是一种绝对无效。"一旦法院宣布某一行政行为在法律上无效,那就如同什么事也没有发生一样。"① 二是撤销,即因行政行为存在违法事由,由有权机关依法消灭其法律效力。被撤销的行政行为,也视为

---

① 〔英〕威廉·韦德:《行政法》,徐炳等译,中国大百科全书出版社1997年版,第45页。

自始不具有法律效力。

行政行为的撤销不同于行政行为的无效。第一，无效行政行为是一种绝对无效，而可撤销行政行为则只是在被撤销后才失去效力。尽管可撤销行政行为一旦失效，就追溯到行为作出之时，但是不一定必然会被撤销。当可撤销行政行为超过复议或诉讼期限，即不能被申请撤销，除非作出该行政行为的行政机关主动予以撤销，或有权机关通过其他法定程序予以撤销。[①] 但是，行政行为的撤销必须遵循信赖保护原则，即行政机关需在信赖利益和公共利益之间作出权衡取舍，如果信赖利益小于撤销行政行为所欲维护的公共利益，则可撤销，然须予以损失补偿；如果信赖利益明显大于公共利益，则不予撤销。第二，引起行政行为无效和撤销的法定违法事由也是有区别的。尽管两者都是因行政行为的违法或瑕疵而引起的，但是程度不同。一般而言，行政行为瑕疵可以区分为三个层级：重大瑕疵、中度瑕疵和轻微瑕疵。其中，属于轻微瑕疵的，即对相对人实体权益并不产生较大影响的形式和程序瑕疵，经过补正后并不影响行政行为的效力；属于中度瑕疵的，是介于轻微瑕疵与重大瑕疵之间的一般瑕疵，属于可撤销行政行为；属于重大瑕疵的，则是无效的行政行为。因此，关键是如何认定属于"重大瑕疵"的情形。《行政诉讼法》第75条规定："行政行为有实施主体不具有行政主体资格或者没有依据等重大且明显违法情形，原告申请确认行政行为无效的，人民法院判决确认无效。"这表明，重大瑕疵即"重大且明显违法"，具有重大性和明显性。其中，重大性是指行政行为影响相对人合法权益的程度，一般是指行政行为的实施将给公民、法人或者其他组织的合法权益带来重大影响；而明显性即比较容易识别行政行为违法，一般是指任何有理智的人通过常识就能够判断出行政行为的违法性。

关于"重大且明显违法"的具体情形，主要有以下几类：第一，不具有行政主体资格，即行政行为的实施主体不具有行政权能、无行政权限，或者超越授权范围、超越委托权限，或者未注明作出机关而无法确知其实施主体，或者具体实施行政行为的工作人员未向相对人表明身份或者有精神障碍等情形。第二，没有依据，即作出的行政行为完全没有任何事实依据或法律依据。根据最高人民法院《关于适用〈中华人民共和国行政诉讼法〉的解释》第99条的规定，这里的"没有依据"主要指"减损权利或者增加义务的行政行为没有法律规范依据"。第三，内容客观上不可能实施，即行政行为的内容对任何人均属于不能实现，或者行政行为的内容明显违反公序良俗，或者行政行为的实施将严重损害公共利益

[①] 参见应松年主编：《行政法与行政诉讼法学》，高等教育出版社2018年版，第99页。

或者他人合法权益。第四,严重违反法定程序。《行政处罚法》第 38 条第 2 款规定,"违反法定程序构成重大且明显违法的,行政处罚无效。"第五,其他重大且明显违法的情形。例如,行政行为的实施将导致犯罪,受欺诈或胁迫而实施的行政行为,相对人与公务员恶意串通而实施的行政行为等。

(2)往后失效。这是指已生效的行政行为,因某种法律事实的发生,往后失去法律效力。它也包括两种情况:一是废止,指已生效且合法成立的行政行为,因不适应新的情况而由有权机关依法消灭其法律效力。引起废止的原因一般是,作出行政行为后,情况发生了变化,已经没有必要让该行政行为继续发生法律效力。被废止的行政行为本身并无违法或者不当,该行为自废止之日起不再生效,而废止前的行为后果依然有效。废止应当以法律的明文规定为依据,而不能作相对人不可预见的废止。如果为了公共利益,非要作相对人不可预见的废止,则应当根据信赖保护原则的要求向相对人提供补偿。例如,《行政许可法》第 8 条第 2 款规定:"行政许可所依据的法律、法规、规章修改或者废止,或者准予行政许可所依据的客观情况发生重大变化的,为了公共利益的需要,行政机关可以依法变更或者撤回已经生效的行政许可。由此给公民、法人或者其他组织造成财产损失的,行政机关应当依法给予补偿。"这里的"撤回"不同于对违法行政行为的撤销,属于对合法行政行为的废止。二是终止,也称"自动失效",是指行政行为因某种客观情况的出现而自然失去其法律效力。终止的原因包括有期限的行政行为已经到期、行政行为已经执行完毕、行政行为执行的条件已经不复存在、与行政行为相关的对象已经死亡或者消失、相对人违法而被吊销或注销许可证等。行政行为因此而自然消灭的,自消灭之日起丧失法律效力。

第二节 抽象行政行为

抽象行政行为与具体行政行为是行政行为的两种基本类型,也是行政法学构建行政行为体系结构的基本思路。所谓抽象行政行为,是指行政主体针对不特定相对人制定具有普遍法律约束力的行为规则的行政行为。这种行为规则包括通过行政立法制定的行为规则,也包括在行政立法所立之法以外建立的其他具有普遍法律约束力的行为规则即行政规范。本节将分别对行政立法与行政规范进行具体研究。

一、行政立法

(一) 行政立法的概念

行政立法,是指行政主体根据法定权限并按法定程序制定和发布行政法规和行政规章的抽象行政行为。行政立法不同于"立行政法",后者即行政法的制定,是有权国家机关制定行政法规范的活动。正确理解行政立法的含义,必须从性质、内容、形式等方面将其与"立行政法"区别开来。

1. 行政立法的性质

按照严格的分权理论,立法权只能归属于国家立法机关。对行政法的制定即"立行政法",其主体只能是国家立法机关。也许正是受此观念影响,在我国,1982年《宪法》以前的三部宪法都没有赋予最高国家行政机关制定行政法规的权力。但是,在现代社会,社会的发展导致行政权力的扩张,扩大到制定规则的立法领域和裁判纠纷的司法领域,将立法、司法和行政集于一身。然而,这类行政立法和行政司法毕竟并非行政机关固有的职能,必须得到立法机关的授权。因此,在性质上,行政立法只能是一种授权立法或称"委任立法"。同时,相对于国家立法机关的立法而言,行政立法处于从属地位,是一种准立法活动,其目的仍然是执行立法的意志。

在我国,国家立法机关的立法即权力机关的立法,其主体是人大及其常委会,即公民选举产生的人民代表机关。行政立法不同于权力机关的立法,两者的主要区别在于:(1)在立法权的来源上,权力机关的立法权直接来源于人民的授权,是宪法规定权力机关享有的立法权,而行政立法权一部分来源于宪法典和组织法的规定,另一部分来自权力机关或上级行政机关的授权。(2)在立法的内容上,权力机关立法所涉及的内容通常是有关国家政治、经济、文化生活中的基本制度和重大问题,而行政立法的内容通常是有关国家政治、经济、文化事务的具体管理问题。(3)在效力等级上,权力机关所立之法的效力高于其执行机关所立之法的效力,即作为中央行政立法所立之法的行政法规和规章,其效力低于国家权力机关所立之法的法律,而作为地方行政立法所立之法的地方政府规章,其效力低于地方权力机关所立之法的地方性法规,前者不得与后者相抵触,否则即无效。(4)在立法程序上,权力机关立法的程序更正式、严格,更注重民主,而行政立法的程序相对比较简单、灵活,更注重效率。(5)在立法形式上,权力机关立法通常以"法典"(如刑法典、民法典)或"法"(如商标法、专利法)的形式公布,而行政立法通常以"条例""规定""办法"等形式发布。(6)在立法效果上,权力机关立法的稳定性比行政立法强,其时间效力一般长于行政立法,而行政立法比权力机关立法的灵敏度高,适应性强。

2. 行政立法的内容

尽管"立行政法"的主体既包括国家立法机关也包括国家行政机关,但是就其内容而言,仅限于行政管理方面的法律、法规、规章等,否则就是刑事立法或者民事立法。就行政立法而言,一般认为,虽然其内容主要涉及行政权利义务即行政法规范,但是往往也涉及民事权利义务即民法规范,还可能涉及刑法规范等。行政机关究竟有无制定民法规范和刑法规范的权力,是一个非常值得研究的问题。

民法规范是调整平等主体之间的财产关系和人身关系的一种法律规范。在现实生活中,行政机关制定民事规范是普遍存在的现象。例如,国务院制定的《城镇国有土地使用权出让和转让暂行条例》[1]《道路交通安全法实施条例》[2]《医疗事故处理条例》[3]《计算机软件保护条例》[4]等行政法规中,都有关于民事权利义务、民事责任划分的大量规定。这些民法规范不仅在全国有效,而且涉及社会生活的一些重要方面和公民众多的重大民事权益。还有一些地方规章也有类似的规定,如沈阳市人民政府于1999年8月30日发布的《沈阳市行人与机动车道路交通事故处理办法》[5]。该办法第8条到第13条关于因行人交通违章而与机动车发生的交通事故由行人负全部责任或主要责任的规定,也是关于民事责任划分的规定。从理论上讲,行政机关的性质是执行法律的机关,行政立法属于一种从属性立法,其根本目的是执行和实施权力机关制定的法律,实现行政管理职能。因此,行政立法的内容主要应当是行政管理事务以及与行政管理相关的事务,而不包括民法规范。在我国现行宪制框架下,应当明确将行政立法与民事立法分开,确立以法律为主、地方性法规和司法解释为辅的民事立法体系,而将行政立法排除在民事立法领域之外。

---

[1] 1990年5月19日国务院令第55号公布;2020年11月29日国务院令第732号修订,自2020年11月29日起施行。

[2] 2004年4月30日国务院令第405号公布;2017年10月7日国务院令第687号修订,自2017年10月7日起施行。

[3] 2002年4月4日国务院令第351号公布,自2002年9月1日起施行。

[4] 2001年12月20日国务院令第339号公布;2013年1月30日国务院令第632号第二次修订,自2013年1月30日起施行。

[5] 1999年8月30日沈阳市人民政府令第41号公布。该办法公布之后引起极大争议,已于2004年6月17日被沈阳市人民政府令第36号《沈阳市人民政府关于废止部分政府规章的决定》予以废止。

至于行政机关是否有权通过行政立法的方式规定刑法规范,更是一个值得认真对待的问题。刑法规范是规定有关犯罪与刑罚的法律规范。在日本,按照罪刑法定原则的要求,犯罪与刑罚必须由国民的代表机关即议会制定的法律规定,以防止国家权力的恣意行使。① 在我国,《立法法》第11条明确规定,"犯罪和刑罚"只能由全国人民代表大会及其常务委员会制定法律。即属于法律绝对保留的事项,全国人民代表大会及其常务委员会不得将其授权给行政机关。据此,只有经过国家立法机关制定的成文法律才能设立犯罪与刑罚规范。如果在法律之外的其他行政管理法规(包括行政法规、规章)中规定罪名及法定刑,则违反了罪刑法定与法律保留原则。但是,在刑法规范中还有一类空白刑法规范,这类刑法规范往往只规定了罪名或部分构成要件及法定刑,而将犯罪构成要件的一部分或全部委诸行政管理法规;被委托指明参照的行政管理法规由于对犯罪构成要件起补充说明作用,故被称为"补充规范"。例如,《刑法》第137条规定,建设单位、设计单位、施工单位、工程监理单位"违反国家规定,降低工程质量标准,造成重大安全事故的",对直接责任人员要追究刑事责任。这里的"违反国家规定",根据《刑法》第96条的规定,"是指违反全国人民代表大会及其常务委员会制定的法律和决定,国务院制定的行政法规、规定的行政措施、发布的决定和命令"。据此,国务院有权制定空白刑法的补充规范。这样的立法模式并不违背罪刑法定主义的法律专属性原则,相反是罪刑法定主义明确性原则之体现和运用。②

3. 行政立法的形式

"立行政法"即行政法的制定,其形式包括法律、法规和规章等所有行政法的渊源。但是,行政立法的形式即行政立法所立之法的表现形式,在我国只限于行政法规和行政规章两种。行政法规,是指国务院根据宪法和法律,依法定程序制定的具有普遍法律约束力的规范性文件。行政法规的制定主体只能是国务院,也只有国务院制定的规范性文件才能称"行政法规"。行政法规在性质上属于行政法规范的一种形式,具有"法"的效力,是人民法院审理行政案件的法律依据。行政规章,通常又简称为"规章",是指特定的行政机关根据法律和法规,依法定权限和程序制定的,具有普遍法律约束力的规范性文件的总称。行政规章与行政法规一样,都是具有普遍法律约束力的规范性文件,都属于法的范畴,且都是行政法的渊源。但是,在行政诉讼中,规章只具有"参照"的效

---

① 参见〔日〕野村稔:《刑法总论》,全理其、何力译,法律出版社2001年版,第44、47页。
② 参见刘艳红、周佑勇:《行政刑法的一般理论》(第2版),北京大学出版社2020年版,第61页以下。

力,即人民法院审理行政案件"参照"而非"依据"规章。

(二)行政立法的分类

根据不同的标准,可以对行政立法作不同的分类研究。

1. 职权立法和授权立法

严格来说,在性质上,行政立法只能是一种授权立法或称"委任立法"。但是,在行政立法体系内部,依据行政立法权的来源不同,可将行政立法进一步分为职权立法和授权立法。授权立法又可分为普通授权立法和特别授权立法两种。

(1)职权立法,即行政主体根据宪法和有关组织法规定的职权所进行的行政立法。它具有下列特点:

第一,职权立法的主体是国务院,国务院各部、委,以及省、自治区、直辖市人民政府和设区的市、自治州的人民政府。这些行政主体享有行政立法的固有职权,统称为"职权立法主体"。其他行政主体都不具有行政立法的固有职权,它们只有经授权才享有行政立法权,成为授权立法主体。

第二,职权立法的根据是宪法典和组织法规定的固有职权。这包含两层意思:一是职权立法的权力来源于宪法典和组织法的规定,是职权立法主体的固有职权。例如,我国《宪法》第89条规定,国务院可以"根据宪法和法律,规定行政措施,制定行政法规,发布决定和命令";第90条第2款规定,国务院各部委可以"根据法律和国务院的行政法规、决定、命令,在本部门的权限内,发布命令、指示和规章"。《地方组织法》第74条第1款规定:"省、自治区、直辖市的人民政府可以根据法律、行政法规和本省、自治区、直辖市的地方性法规,制定规章,报国务院和本级人民代表大会常务委员会备案。设区的市、自治州的人民政府可以根据法律、行政法规和本省、自治区的地方性法规,依照法律规定的权限制定规章,报国务院和省、自治区的人民代表大会常务委员会、人民政府以及本级人民代表大会常务委员会备案。"所以,职权立法主体是直接根据宪法典和组织法规定的固有职权进行行政立法的。二是在宪法典和组织法的有效期间内,这种行政立法权一直有效,并可经常、反复地运用。总之,职权立法与行政主体的职权并存,是根据宪法典和组织法规定的固有职权进行的立法。

第三,职权立法是在行政主体的法定权限内进行的立法。也就是说,职权立法是行政主体针对自己法定权限范围内的行政事项进行的立法,行政主体享有何种职权,就可以进行该职权范围内的立法。例如,《宪法》第89条规定国务院有18项职权,国务院即可以在这18项职权范围内进行立法。同时,行政主体只能在自己享有的法定权限内进行立法,而不能超越自己的职权范围进行立法。例如,国务院只能在《宪法》第89条规定的职权范围内制定行政法规,而不能就最高国家权力机关、国务院各部委和地方国家机关立法权限内的事务制定行政法规。这实际上涉及行政立法权限之间的划分问题。

第四,职权立法往往是自主性立法。即职权立法主体可以依职权进行独立自主的立法,针对法律或其他法律规范尚未规定的事项进行创制性的立法。

(2) 普通授权立法,即行政主体依据宪法典和组织法以外的法律、法规的授权所进行的行政立法。它具有下列特点:

第一,普通授权立法的主体可以是职权立法主体或其他有关行政主体。职权立法主体除依职权进行职权立法外,也可经法律、法规的授权,成为普通授权立法的主体。其他有关行政主体尽管没有行政立法的固有职权,不能成为职权立法的主体,但是经法律、法规的授权,可成为普通授权立法的主体。它们通常是国务院直属机关和部委管理的国家局,也包括其他地方人民政府。例如,1992年7月1日,全国人大常委会授权深圳市人民政府制定规章并在深圳经济特区组织实施;1994年3月22日,全国人大授权厦门市人民政府制定规章并在厦门经济特区组织实施,使深圳市和厦门市人民政府成为授权立法主体。①

第二,普通授权立法的依据是宪法典和组织法以外的法律、法规的授权。这也包含两层含义:一是普通授权立法的权力来源于法律、法规的授权,并非宪法典和组织法所规定的固有职权。授权的方式既可以是有权机关的专门授权(即通过专门决议的方式授权),如前述全国人民代表大会及其常务委员会分别对深圳市和厦门市人民政府的立法授权;也可以是单行法律、法规的附带授权。后者如《商标法》第3条第4款规定:"集体商标、证明商标注册和管理的特殊事项,由国务院工商行政管理部门规定。"据此,国家工商行政管理总局制定了《集体商标、证明商标注册和管理办法》②。《体育法》第19条第2款规定:"社会体育指导员管理办法由国务院体育行政部门规定。"据此,国家体育总局制定了《社会体育指导员管理办法》③。授权的依据既可以是法律的授权,如《商标法》

---

① 1992年7月1日,第七届全国人民代表大会常务委员会第二十六次会议通过《关于授权深圳市人民代表大会及其常务委员会和深圳市人民政府分别制定法规和规章在深圳市经济特区实施的决定》;1994年3月22日,第八届全国人民代表大会第二次会议通过《关于授权厦门市人民代表大会及其常务委员会和厦门市人民政府分别制定法规和规章在厦门经济特区实施的决定》。

② 2003年4月17日国家工商行政管理总局令第6号公布,自2003年6月1日起施行。该办法第1条规定:"根据《中华人民共和国商标法》(以下简称商标法)第三条的规定,制定本办法。"

③ 2011年10月9日国家体育总局令第16号公布,自2011年11月9日起施行。

和《体育法》；也可以是法规的授权，如国务院发布的《政府信息公开条例》①第55条第1款规定："教育、卫生健康、供水、供电、供气、供热、环境保护、公共交通等与人民群众利益密切相关的公共企事业单位，公开在提供社会公共服务过程中制作、获取的信息，依照相关法律、法规和国务院有关主管部门或者机构的规定执行。全国政府信息公开工作主管部门根据实际需要可以制定专门的规定。"二是普通授权立法不与立法主体原有职权并存，有关行政主体在依授权制定行政管理法规后，这项立法权即自然终止，一般不能反复运用。

第三，普通授权立法受授权法的严格制约。授权法即授权的法律、法规应明确规定这种立法的程序、范围和内容等；经授权的行政主体必须受这些规定的严格制约，如必须报授权方备案，立法范围仅限于授权范围等，违背或超越授权法的规定将被视为无效立法。

第四，普通授权立法属于执行性立法和补充性立法。也就是说，其立法的内容是为了执行或补充特定法律、法规或上级规范性文件，而不是为了履行职责所进行的自主性立法。

（3）特别授权立法，即国务院依据最高国家权力机关的特别授权所进行的立法。它具有下列特点：

第一，特别授权立法的主体只能是国务院。最高国家权力机关只能把这种行政立法权授予最高国家行政机关。《立法法》第72条第3款规定："应当由全国人民代表大会及其常务委员会制定法律的事项，国务院根据全国人民代表大会及其常务委员会的授权决定先制定的行政法规，经过实践检验，制定法律的条件成熟时，国务院应当及时提请全国人民代表大会及其常务委员会制定法律。"

第二，特别授权立法的依据是最高国家权力机关的特别授权。所谓特别授权，是指最高国家权力机关以"决定"等形式将本应由其制定或修改某一方面法律的权力授予最高国家行政机关行使。所以，其依据既不是宪法典和组织法的规定，也不是单行法律、法规的授权，而是最高国家权力机关的专门规定或决定。②

---

① 2007年4月5日国务院令第492号公布；2019年4月3日国务院令第711号修订，自2019年5月15日起施行。

② 在我国，特别授权立法主要有：1983年全国人民代表大会常务委员会通过的《关于授权国务院对职工退休退职办法进行部分修改和补充的规定》；1984年全国人民代表大会常务委员会通过的《关于授权国务院改革工商税制发布有关税收条例草案试行的决定》；1985年全国人民代表大会通过的《关于授权国务院在经济体制改革和对外开放方面可以制定暂行的规定或者条例的决定》；2021年全国人民代表大会常务委员会通过的《关于授权国务院在部分地区开展房地产税改革试点工作的决定》等。

第三，特别授权立法所制定的"条例""规定"等的效力，高于一般的行政法规，而与法律相同，即具有与法律相同的效力。

第四，特别授权立法属于一种试验性立法。所谓试验性立法，是指最高国家行政机关依最高国家权力机关的特别授权，对本该由最高国家权力机关立法的事项，因经验不足或社会关系尚未定型，暂不宜制定法律，先由行政机关制定法规，待条件成熟后再制定法律。所以，这种立法的内容：一是本属权力机关立法的事项；二是因为经验不足或社会关系尚未定型而暂不宜由法律调整的事项，正因如此，才称之为"试验性立法"。

第五，特别授权立法一般有较为严格的具体限制条件。例如，授权的内容和范围、时限、备案批准制度，以及授权立法不能与有关法律的基本原则相抵触等。同时，该项立法权只能行使一次，而不能反复行使。

2. 执行性立法、补充性立法和自主性立法

(1) 执行性立法，即行政主体为了执行特定法律、法规或上级规范性文件而进行的行政立法。它具有下列特点：

第一，目的是执行特定法律、法规或上级规范性文件，所制定的行政法规或规章往往称为"实施细则""实施条例""实施办法"等。例如，国务院制定《道路交通安全法实施条例》，就是为了执行《道路交通安全法》，以使该法更切合实际情况。

第二，内容是使其执行的法律、法规或上级规范性文件的原有规定具体化和明确化，因而不得在原有规定之外作新的规定，即并不创设新的法律规则。

第三，所立之法的效力随其所执行的法律、法规或上级规范性文件的效力终止或废止而终止或废止，不能独立存在。

(2) 补充性立法，即行政主体为了补充特定法律、法规或上级规范性文件的规定而进行的行政立法。它具有下列特点：

第一，目的是补充特定法律、法规或上级规范性文件的规定，以便切合实际情况，通常称作"补充规定"或"补充办法"。

第二，内容是对特定法律、法规或上级规范性文件没有规定或未尽规定的事项加以适当补充。它有可能根据原有规定的原则，创设某种新的法律规则或规范。所以，补充性立法必须得到特定法律、法规或上级规范性文件的明确授权。行政主体只能按授权法的规定并在授权有效期间内进行补充立法，否则即为无效。

第三，所立之法的效力并不因其所补充的法律、法规或上级规范性文件的效力终止或废止而终止或废止，只要不与新的行政管理法规相抵触，即可继续

存在。例如,为了补充《暂行海关法》第122条的规定,海关总署根据该法制定的《关于无代价抵偿进口货物的征免税规定》[①],在《暂行海关法》被废止后,因未与新的《海关法》和《进出口关税条例》[②]等相抵触而仍具有法律效力。

(3) 自主性立法,即行政主体为了履行其职责和实际需要而进行的独立自主的行政立法。它具有下列特点:

第一,目的是适应履行行政职责和进行行政管理的实际需要,而不是为了执行或补充特定法律、法规或上级规范性文件。

第二,内容是对原有法律规范尚未规定的事项加以规定,因此可以创设新的法律规则。但是,它并不是任意创设新的法律规则,而必须在宪法、组织法规定的职权范围内或根据最高国家权力机关的特别授权,以有关法律为依据或在授权范围内进行立法。

3. 中央行政立法和地方行政立法

(1) 中央行政立法,即中央行政主体依法进行的行政立法。它具有下列特点:

第一,主体是中央行政主体,包括国务院、国务院各部、委员会、中国人民银行、审计署和具有行政管理职能的直属机构以及法律规定的机构。

第二,形式是行政法规和行政规章。中央行政主体中的国务院可制定行政法规,其他中央行政主体可制定行政规章。

第三,效力及于全国。中央行政立法所立之法在全国范围内具有法律效力。

(2) 地方行政立法,即有关地方行政主体依法进行的行政立法。它具有下列特点:

第一,主体是有关地方行政主体,包括省、自治区、直辖市和设区的市、自治州的人民政府。

第二,形式只能是行政规章。

第三,效力仅限于本行政区域之内。

---

① 1984年10月25日海关总署税〔1984〕894号文发布,1995年5月23日海关总署税〔1995〕383号文修订。该办法第1条规定:"根据《中华人民共和国暂行海关法》第一百二十二条的规定,制定本规定。"该规定直到2007年11月2日被海关总署第167号令废止。

② 2003年11月23日国务院令第392号公布;2017年3月1日国务院令第676号第四次修订,自2007年3月1日起施行。

(三) 行政立法的原则

根据《立法法》《行政法规制定程序条例》[①]和《规章制定程序条例》[②]等的规定,行政主体在行政立法活动中必须遵循如下特定的基本法律准则:

1. 合法性原则

合法性原则是行政法定原则在行政立法领域的具体体现,要求行政立法必须由法定的行政主体依法定权限和法定程序进行。它具体包括四个方面的内容:一是立法主体的法定性。行政法规、规章的制定主体必须是宪法和法律所规定的或者是全国人大及其常委会明确授权的行政机关。就行政法规而言,其制定权依法只能属于中央行政机关——国务院。就行政规章而言,其制定权属于宪法、法律授权的特定的行政机关,包括国务院各部、委员会、中国人民银行、审计署和具有行政管理职能的直属机构及法律规定的机构,以及省、自治区、直辖市和设区的市、自治州的人民政府。二是立法权限的法定性。行政立法权必须遵循法律保留原则,对法律保留范围内的事项,行政立法不得僭越;凡属宪法、法律规定只能由法律规定的事项,只能由法律规定,或者必须在法律明确授权的情况下,行政机关才有权在其所制定的行政法规或规章中作出规定。三是立法内容的法定性。行政立法必须在法律优先原则的指导下,以上位法为根据,不得与之相抵触,否则无效。四是立法程序的法定性。行政立法必须遵循法定的立法过程、步骤、方式和时效。

2. 民主性原则

民主性原则是"一切权力属于人民"这一宪法原则在行政立法中的体现,具体包括立法内容的人民性和立法程序的正当性两个方面的内容。立法内容的人民性,要求行政立法的内容必须真正体现人民的意志,切实保障人民的权益。这主要是通过权力(权利)配置的合理化实现的。行政立法就其规范内容而言,实质上就是对行政相对人权利义务和行政主体职权职责的具体配置过程。权力(权利)配置的合理化,要求行政立法在对权力(权利)进行配置和调整时,必须做到:第一,符合精简、统一、效能的原则,相同或者相近的职能规定由一个行政机关承担,简化行政管理手续;第二,切实保障公民、法人和其他组织的合法权益,在规定其应当履行的义务的同时,应当规定其相应的权利和保障权利实

[①] 2001年11月16日国务院令第321号公布;2017年12月22日国务院令第694号修订,自2018年5月1日起施行。

[②] 2001年11月16日国务院令第322号公布;2017年12月22日国务院令第695号修订,自2018年5月1日起施行。

现的途径;第三,体现行政机关的职权与责任相统一的原则,在赋予有关行政机关必要的职权的同时,应当规定其行使职权的条件、程序和所应承担的责任。①

行政立法的民主化还有赖于民主的立法程序,符合程序正当性原则。立法程序的正当性主要体现在公众的立法参与和立法的公开性两个方面。公众的立法参与,要求行政主体在制定行政法规和行政规章时,必须充分尊重民众的自主判断能力,依照正当程序,尽可能地听取行政相对人,尤其是利害关系人的意见。只有这样,才能将行政立法主体的意志与民众的意志密切相连,忠实地按照人民的意志作出行为决定。根据《行政法规制定程序条例》和《规章制定程序条例》的规定,在行政法规和规章的起草和审查过程中,起草部门和审查机构应当广泛听取有关机关、组织和公民的意见。听取意见可以采取召开座谈会、论证会、听证会等多种形式。②

行政立法的公开性原则,是指行政立法主体在行政立法过程中,除非法律另有规定,必须将行政立法行为在事前、事中、事后公开于行政相对人和利害关系人。从各国立法实践来看,行政立法的公开原则主要体现为:一是立法性文档的公开,指有关规范性文件的各种草案、说明、为立法目的而搜集的背景资料、立法讨论中的会议记录、备忘录等的公开。③ 二是立法会议的公开,不仅限于会议现场的公开,更主要的是会议内容的公开,以寻求公众和社会舆论对行政立法进行事前监督的途径。三是立法文本的公开,这是行政立法公开最基本的内容。其意义在于,让人们知晓必须遵守和执行的行为规则,有利于行政立法文本的正确实施。因此,立法文本的公开也是其生效的必经程序和必要条件。凡是未经公布的行政立法文本,都不能认定其已发生效力。

我国已基本确立较为完备的行政立法文本公开制度。根据《立法法》等的规定,经审议或审批通过的行政法规和规章,应由行政首长签署命令予以正式公布。根据《行政法规制定程序条例》第13条第2款和《规章制定程序条例》第15条第2款的规定,我国已基本确立对立法草案及其说明等文档的公开制度。但是,完整意义上的公开原则,尤其是立法性文档的公开制度,在我国行政立法中还远未真正确立。立法性文档的公开在国外已形成较为完整的制度,主要包括:第一,通过政府的正式出版物定期发布规范性文件的草案及说明。美国政府的《联邦公告》就是这方面的一个典型。它是美国政府的正式出版物,除法定休息日外逐日出版,登载美国国会、政府的法律、规章的草案及说明。根据美国

---

① 参见《行政法规制定程序条例》第12条和《规章制定程序条例》第5—6条。
② 参见《行政法规制定程序条例》第13、20—22条和《规章制定程序条例》第15—16、21—23条。
③ 参见马怀德主编:《中国立法体制、程序与监督》,中国法制出版社1999年版,第195页。

法律的规定,依法需要在《联邦公告》上登载草案及说明而没有登载的规范性文件,将因不符合立法的程序要件而不能生效。第二,公开政府为立法活动进行的各种准备活动,其中会议资料包括搜集的立法背景资料、听证记录、会议纪要、利害关系人提供的证据等。这些资料不一定像立法文本一样在政府的公报上登载,但是可以在任何公民或组织提出要求时,很方便地取得或复制,政府不得对此种服务收取任何成本以外的费用。

3. 统一性原则

统一性原则是"国家维护社会主义法制的统一和尊严"这一宪法原则在行政立法中的具体体现,是指处于从属地位的行政立法规范作为整个法律体系中的一个子系统,应服从于法律体系的统一性和完整性。所谓法律体系的统一性,是指法律体系中的各个法律规范在法律位阶的梯形结构中,一方面必须服从上位阶法律的规定,另一方面应注重规范之间的协调性、和谐性,避免规范冲突。前者是法律规范在法律体系纵向结构中的反映,后者体现了法律体系横向结构的良性互动。作为一种主导性和确定性的行为模式,形式化法律体系必须避免自相矛盾。马克思指出:"在现代国家中,法不仅必须适应于总的经济状况,不仅必须是它的表现,而且还必须是不因内在矛盾而自相抵触的一种内部和谐一致的表现。"①因此,如果法律规范自相矛盾,无疑会损害法律的至上权威,破坏法律体系的统一性。

行政立法在纵向的法律体系结构中,应以其上位法为根据,并不得与之相抵触,否则无效。这也是合法性原则对行政立法的一种约束。在横向的法律体系结构中,关键应处理好行政规章之间、部门规章与地方性法规之间的冲突。这种冲突主要是部门利益和地方保护等利益冲突在行政立法规范中必然的现实反映。它具体包括:部门规章之间、部门规章与地方性法规之间、部门规章与地方政府规章之间以及地方政府规章之间的规范冲突。《立法法》对于行政立法规范冲突的解决做了不懈的努力。该法第99条至第106条对行政法规、规章的适用进行了界定。其一,明确了行政法规、规章的效力,规定行政法规的效力高于地方性法规、规章;地方性法规的效力高于本级和下级地方政府规章;省、自治区的人民政府制定的规章的效力高于本行政区域内设区的市、自治州的人民政府制定的规章;部门规章之间、部门规章与地方政府规章之间具有同等效力。其二,建立了冲突解决机制,即对地方性法规与部门规章之间的规范冲突,以及部门规章之间、部门规章与地方政府规章之间的规范冲突,确立了全

---

① 《马克思恩格斯选集》第4卷,人民出版社2012年版,第610页。

国人大常委会和国务院的裁决规则。另外,《立法法》还对行政立法新旧法律规范的冲突以及特别法与一般法的冲突作了明确规定。该法第 103 条规定,新的规定与旧的规定不一致的,适用新的规定;特别规定与一般规定不一致的,适用特别规定。第 105 条第 2 款和第 106 条也对这类冲突的适用建立了全国人大常委会和国务院的裁决制度。① 这对于维护我国法律体系的统一性和整体性无疑具有积极意义。《立法法》对"适用与备案审查"作出专章规定,其目的之一就是加强法制的统一性。

4. 科学性原则

科学性即合乎客观规律性,其核心在于尊重和体现客观规律。就立法而言,科学性主要是对行政立法技术的客观要求,行政立法技术是科学性的具体体现。所谓立法技术,即总结社会实践,认识社会运动规律,并在此基础上创制社会规则的科学方法。马克思指出:"立法者应该把自己看作一个自然科学家。他不是在创造法律,不是在发明法律,而仅仅是在表述法律,他用有意识的实在法把精神关系的内在规律表现出来。如果一个立法者用自己的臆想来代替事物的本质,那么人们就应该责备他极端任性。"②所以,立法应该建立在对事物本质科学认识的基础上,遵循事物发展的客观规律。行政立法的科学性亦是立法科学的具体化,它要求行政立法必须从实际出发,总结实践经验,把握事物的本质,遵循人类社会发展的客观规律,正确处理规律与意志、理性与经验、移植与自探之间的关系,并积极能动地反映现实,谋求行政立法规范构成和规范形式的科学化。前者要求对行政立法规范的逻辑构成予以充分的关注,对规范性构成与非规范性构成合理安排,对实体性构成与程序性构成同时并举;后者强调行政立法规范的语言文字、名称和章节条款的规范化、科学化,使其内容具有可操作性。

(四) 行政立法的技术

行政立法的技术,是指制定行政法规和规章所应遵循的操作技巧和方法的

---

① 《立法法》第 105 条第 2 款规定:"行政法规之间对同一事项的新的一般规定与旧的特别规定不一致,不能确定如何适用时,由国务院裁决。"第 106 条规定:"地方性法规、规章之间不一致时,由有关机关依照下列规定的权限作出裁决:(一) 同一机关制定的新的一般规定与旧的特别规定不一致时,由制定机关裁决;(二) 地方性法规与部门规章之间对同一事项的规定不一致,不能确定如何适用时,由国务院提出意见,国务院认为应当适用地方性法规的,应当决定在该地方适用地方性法规的规定;认为应当适用部门规章的,应当提请全国人民代表大会常务委员会裁决;(三) 部门规章之间、部门规章与地方政府规章之间对同一事项的规定不一致时,由国务院裁决。根据授权制定的法规与法律规定不一致,不能确定如何适用时,由全国人民代表大会常务委员会裁决。"

② 《马克思恩格斯全集》第 1 卷,人民出版社 1995 年版,第 347 页。

总称。它主要涉及行政法规和规章的结构、必要条款、语言文字和系统化等方面的技术。

1. 结构技术

行政法规和规章的结构,即行政法规和规章的各个组成部分及其组合搭配和排列方式。如何合理地配置行政法规和规章的各个组成部分,并把这些组成部分适当地排列组合起来,使之成为一个层次清楚、内在联系紧密的有机整体,是立法技术中的一个重要问题。这里,可从体系结构和规范结构两个方面进行分析。

(1) 体系结构,又称"外部结构",是指作为行政法规和规章外在表现形式的章、节、条、款、项、目等各个组成部分之间的构成。行政法规和规章一般采用章、节、条、款、项、目等外在构成形式。其中,条是基本表现形式,条文较少的可不分章、节;条文本身内容较多的可分款、项、目。章、节、条的序号用中文数字依次表述,款不编序号,项的序号用中文数字加括号依次表述,目的序号用阿拉伯数字依次表述。

合理地设置和安排法的外部结构即章、节、条、款、项、目等各个组成部分,就能较好地表述法的内部结构的内容。此外,章、节、条、款、项、目等各个组成部分的设置都有着其内在的要求。只有将它们予以合理的设置和安排,才能更好地表述内在结构的内容。

(2) 规范结构,又称"内部结构",是指作为行政法规和规章内在组成部分的法律规范的构成。在法理学上,法律规范即一个法所规定的具体行为规范,是一个法内在的基本构成要素、组成部分或"细胞"。一个法就是众多法律规范的总和。行政法规和规章也以法律规范为其基本的内在构成,此即行政法规和规章的规范结构,或称"内部结构"。

一般认为,法律规范应由适用条件、行为模式和法律后果三个部分构成,缺少其中任何一个部分都不成其为法律规范。适用条件,是指法律规范中规定适用该规范的条件,即在什么具体的时间、地点以及对什么人才能适用该规范的那一部分,又称"条件假设"或"假设"。在实际生活中,只有当该法律规范假设的条件出现时,才能适用该规范。行为模式,是指法律规范中规定人们行为规则,即可以怎样行为、应当怎样行为和不应当怎样行为的那一部分,又称"处理"或"行为准则",是法律规范的中心内容,用以指明人们行为的模式标准,包括授权式行为模式、命令式行为模式和禁止式行为模式。法律后果,是指法律规范中规定人们的行为符合或违反该规范时将会产生的后果的那一部分。它大体可分为两类:一类是肯定性后果,即法律规范肯定该行为的合法性和有效性,并加以保护、赞许或奖励;另一类是否定性后果,即法律规范否认该行为的合法性和有效性,并给予相应的法律制裁。以上三部分构成一项法律规范的完整内容,缺少其中任何一个部分都是不科学、不完整的。当然,一项法律规范可以规定在一个法律条文之中,也可以规定在几个法律条文之中。因此,法律规范与法律条文是不能相等同的,两者是内容和形式的关系,后者是前者的文字表现形式。

2. 必要条款

必要条款或称"必要条文",主要涉及的是行政法规和规章至少必须具备哪些内容的条文规定,以及这些条文的具体写作技巧和方法。根据有关规定,行政法规和规章应包括规定下列内容的必要条款:

(1)立法目的和立法根据。立法目的,是指立法者希望通过所立之法获得的结果。立法根据,是指立法者立某个法的法定依据和事实根据。立法目的和立法根据应置于全法第1条的位置,合为一条来写,先写立法目的,再写立法根据。立法目的和立法根据的规定必须明确、具体。就自主性立法而言,应明确表述为了实现什么样的行政目的,是根据宪法典和组织法规定的哪项职权制定的。就执行性立法和补充性立法而言,应明确、具体地规定是为了执行或补充哪个法律、法规或上级规范性文件的什么内容,是根据哪个法律、法规或上级规范性文件的第几条规定制定的。

(2)适用范围。这是指行政法规和规章的地域效力、时间效力以及对人的效力范围,即适用于何地、何时以及哪些人,或在何地、何时以及对哪些人发生法律效力的问题,一般应规定在立法目的和立法根据之后的第2条。

(3)主管部门和解释机构。即有权执行行政法规和规章的行政主体与有权解释该行政法规和规章的行政主体,一般前者应规定在总则部分,后者应规定在附则部分。

(4)具体规范。即规定具体的法律规范,或者是对行为人的权利和义务等行为规范的具体规定,是行政法规和规章的正文。

(5)奖惩条款。这是法律规范中有关法律后果部分的专门规定,包括奖励条款和惩戒条款,有的称"惩戒",也有的称"罚则"或"法律责任"。它作为法律规范的组成部分之一,也应予以明确规定。

(6)施行日期。即行政法规和规章的生效日期,一般规定在附则中。

(7)废止有关行政法规和规章的规定。即废止过去发布的同类行政法规和规章的规定,一般也规定在附则中。

3. 语言技术

语言是思维的外壳,是人们按一定的规则表达自己的意思和交流思想的工具。法律规范也要借助语言工具进行表达。用以表达法律规范的语言有着严格的要求,以确保法的严肃性和规范性。尤其是立法语言,必须能够准确无误地表达立法者的意志,并易于为人们所理解和遵行。行政法规、规章与其他法律的用语一样,也有着特别严格的要求,具体而言:

第一,要准确。这是指要用精确的词句来表达明晰的概念和语句,而不能含糊不清、模棱两可。这是立法语言最基本的要求,也是其灵魂和生命所在。

第二,要简明。这是指要用简练明确的词语来表达法的内容,即要用尽可能少的词语来表达尽可能多的内容,而不能冗长烦琐、重复啰唆。当然,这也要以准确为前提,并非愈少愈好。必要的词一个不能少,少了则不明确,言不尽意;不必要的词一个也不能多,多了则嫌啰唆。因此,一切繁杂重沓或任意苟简的做法,都是与立法语言的要求不相容的。

第三,要严谨。这是指语言的使用应严密周详,不得自相矛盾,乃至出现漏洞;否则,不仅在理解上容易出现歧义,而且使人们在执行时产生困惑,同时还会使一些人钻空子,作出规避法律的行为。

第四,要朴实。这是指语言的使用应朴实庄重、明白易懂,不能动情兴感,空发议论,追求形象生动,甚至使用华丽辞藻,采取抒情、夸张、描绘、比喻等含有感情色彩的文艺手法组织语言。当然,也不得使用方言或口语。

总之,立法语言的使用应做到:既准确无误,又简明扼要;既严谨一致,又朴实无华、明白易懂。

4. 整化技术

所谓整化技术,就是对已发布的行政法规和规章进行整理并使其系统化的技术,所以通常称为行政法规和规章的"系统化"。具体而言,它指的是行政主体对已经发布的行政法规和规章作进一步清理,并在此基础上进行汇编或编纂,使之成为一个有序的体系。整化技术之所以被归为立法技术,是因为行政法规和规章的整理过程实质上是其制定过程的延续。这个整理过程具体包括清理、汇编和编纂三个方面。清理,是指行政主体对现有的行政法规和规章从体系、内容上进行审查、分析和整理,以确认其是否继续适用以及是否需要加以修改、补充或废止的活动。汇编,是指行政主体将经清理被确认为继续有效的行政法规和规章,按一定的次序汇编成册,以便查找、应用和执行。汇编并不改变行政法规和规章的内容,不制定新的法律规范,因而不是国家立法活动,只是对行政法规和规章的一种外部加工,是立法或执法、司法的辅助性工作。编纂,是指行政主体依法对现行某一类分散的单行行政法规或规章进行一种系统化的加工整理,由此形成一部新的、统一的行政法规或规章,其实质是一种法典化的行政立法活动。

二、行政法规

(一) 行政法规的概念

1. 行政法规的含义与特征

行政法规是行政立法的表现形式之一。所谓行政法规,是指国务院根据宪法和法律,依法定程序制定的具有普遍法律约束力的规范性文件。行政法规具有如下特征:

第一,行政法规的制定主体是国务院。行政法规是专门针对国务院的行政立法而言的。除国务院以外的其他任何国家机关都不能制定行政法规,即使是它们制定的规范性文件也不能称为"行政法规"。因此,行政法规的制定主体具有唯一性和特定性。

第二,行政法规的制定依据是宪法和法律。国务院制定行政法规的依据有三种情况:一是直接根据宪法典和组织法规定的职权;二是根据法律的一般授权规定,如根据《渔业法》的授权,国务院批准发布了《渔业法实施细则》;三是根据最高国家权力机关的特别授权决定,如1985年全国人民代表大会通过的《关于授权国务院在经济体制改革和对外开放方面予以制定暂行的规定或者条例的决定》,就是关于国务院制定有关行政法规的一种特别授权决定。

第三,行政法规的制定程序是行政立法程序。这种程序既借鉴了立法程序,又结合了行政程序;既能保证行政法规的质量,又较灵活、简单和迅速。《行政法规制定程序条例》专门规定了行政法规的制定程序。凡是国务院依这一程序制定的规范性文件,都属于行政法规。未经这一程序发布的决定、命令等规范性文件,属于法规性行政规范,而不属于行政法规。

第四,行政法规在性质上属于行政法规范的一种形式,具有"法"的效力。行政法规是具有普遍法律约束力的规范性文件,具有普遍性、规范性、法律强制性等法的基本特征,是人民法院审理行政案件的法律依据。

2. 行政法规与相关概念的区别

(1) 行政法规与行政法的区别。行政法是调整行政关系的法律规范的总和,而行政法规只是行政法的具体表现形式之一。行政法所规定的内容是行政权利义务,所调整的对象是行政关系。行政法规所规定的主要是行政权利义务,同时也规定民事权利义务;所调整的对象也不仅限于行政关系,还包括民事关系。例如,《城镇国有土地使用权出让和转让暂行条例》是行政法规,它不仅规定了在城镇国有土地使用权出让和转让中的行政权利义务,还规定了民事权利义务;不仅调整了其中的行政关系,还调整了民事关系。行政法的立法主体很多,有国家权力机关和行政机关等;而行政法规的制定主体只能是国务院。

(2) 行政法规与行政管理法规的区别。行政法规特指国务院制定的各类法规,而行政管理法规则指有关行政管理的各种法律、法规和规章。因此,行政法规可被称为"行政管理法规",但是并非所有的行政管理法规都能被称为"行政法规"。例如,《土地管理法实施条例》是一个行政法规,也可称为"行政管理法规";《土地管理法》是行政管理法规,却不是行政法规,而是法律。

(3) 行政法规与行政法规范的区别。行政法规范即行政法律规范,属于法律规范之一种,是有关行政权利义务或人们行为规则的具体法律规定或条款。法律、行政法规、地方性法规和行政规章中都有行政法规范,也有刑法规范和民法规范。行政法规也是如此,其中既有行政法规范,也有刑法规范和民法规范,是由这些具体的法律规范构成的有机统一体。

3. 行政法规的名称

根据《行政法规制定程序条例》第 5 条的规定,行政法规的名称一般称"条例",也可以称"规定""办法"等。其中,"条例"一般是对某一方面的行政工作作比较全面、系统规定的行政法规名称,如《政府信息公开条例》《道路交通安全法实施条例》等;"规定"一般是对某一方面的行政工作作部分规定的行政法规名称,如《国务院关于职工工作时间的规定》《国有企业富余职工安置规定》《制止牟取暴利的暂行规定》等;"办法"一般是对某一项行政工作作比较具体规定的行政法规名称,如《放射性药品管理办法》《中国公民出国旅游管理办法》《危险废物经营许可证管理办法》《进口计量器具监督管理办法》《发票管理办法》等。

另外,《行政法规制定程序条例》第 5 条还规定,国务院根据全国人民代表大会及其常务委员会的授权决定制定的行政法规,称"暂行条例"或者"暂行规定"。国务院各部门和地方人民政府制定的规章不得称"条例"。

(二) 行政法规的制定权限

总的来讲,国务院制定行政法规的权限与国务院的职权范围相一致。但是,如上所述,国务院也可以根据法律的一般授权规定以及专门的授权决定制定行政法规。具体而言,根据《立法法》第 72 条第 2 款的规定,属于行政法规规定的事项包括:

第一,为执行法律的规定需要制定行政法规的事项。

第二,《宪法》第89条规定的国务院行政管理职权的事项,即国务院的职权立法事项。《宪法》第89条虽规定了18项职权,但只有以下几类事项可制定行政法规:(1)规定各部和各委员会的任务和职责,统一领导各部和各委员会的工作,并且领导不属于各部和各委员会的全国性的行政工作;(2)统一领导全国地方各级国家行政机关的工作,规定中央和省、自治区、直辖市的国家行政机关职权的具体划分;(3)编制和执行国民经济和社会发展计划和国家预算;(4)领导和管理经济工作和城乡建设、生态文明建设;(5)领导和管理教育、科学、文化、卫生、体育和计划生育工作;(6)领导和管理民政、公安、司法行政等工作;(7)管理对外事务,同外国缔结条约和协定;(8)领导和管理国防建设事业;(9)领导和管理民族事务,保障少数民族的平等权利和民族自治地方的自治权利;(10)保护华侨的正当的权利和利益,保护归侨和侨眷的合法的权利和利益;(11)改变或者撤销各部、各委员会发布的不适当的命令、指示和规章;(12)改变或者撤销地方各级国家行政机关的不适当的决定和命令;(13)批准省、自治区、直辖市的区域划分,批准自治州、县、自治县、市的建置和区域划分;(14)审定行政机构的编制,依照法律规定任免、培训、考核和奖惩行政人员;(15)全国人民代表大会和全国人民代表大会常务委员会授予的其他职权。

第三,对本应由法律规定的事项,依专门授权制定行政法规。《立法法》第72条第3款规定:"应当由全国人民代表大会及其常务委员会制定法律的事项,国务院根据全国人民代表大会及其常务委员会的授权决定先制定的行政法规,经过实践检验,制定法律的条件成熟时,国务院应当及时提请全国人民代表大会及其常务委员会制定法律。"

(三)行政法规的制定程序

根据《立法法》和《行政法规制定程序条例》的规定,行政法规的制定必须遵循下列程序:

1. 立项

立项,是指将国务院有关部门报请的行政法规项目列入国务院年度立法工作计划。国务院于每年年初编制本年度的立法工作计划。国务院有关部门认为需要制定行政法规的,应当于每年年初编制国务院年度立法工作计划前,向国务院报请立项。国务院有关部门报送的行政法规立项申请,应当说明立法项目所要解决的主要问题、依据的党的路线方针政策和决策部署,以及拟确立的主要制度。国务院法制机构应当向社会公开征集行政法规制定项目建议。国务院法制机构应当根据国家总体工作部署,对行政法规立项申请和公开征集的行政法规制定项目建议进行评估论证,突出重点,统筹兼顾,拟订国务院年度立法工作计划,报党中央、国务院批准后向社会公布。列入国务院年度立法工作计划的行政法规项目应当符合下列要求:第一,贯彻落实党的路线方针政策和决策部署,适应改革、发展、稳定的需要;第二,有关的改革实践经验基本成熟;第三,所要解决的问题属于国务院职权范围并需要国务院制定行政法规的事项。国务院法制机构应当及时跟踪了解国务院各部门落实立法计划的情况,加强组织协调和督促指导。国务院年度立法工作计划在执行中可以根据实际情况予以调整。

2. 起草

列入国务院年度立法工作计划,需要制定的行政法规,由国务院组织起草,并由国务院的一个部门或者几个部门具体负责起草工作,也可以确定由国务院法制机构起草或者组织起草。起草是一项重要的立法工作,为了保证行政法规的质量,《行政法规制定程序条例》第 12 条规定:"起草行政法规,应当符合本条例第三条、第四条的规定,并符合下列要求:(一)弘扬社会主义核心价值观;(二)体现全面深化改革精神,科学规范行政行为,促进政府职能向宏观调控、市场监管、社会管理、公共服务、环境保护等方面转变;(三)符合精简、统一、效能的原则,相同或者相近的职能规定由一个行政机关承担,简化行政管理手续;(四)切实保障公民、法人和其他组织的合法权益,在规定其应当履行的义务的同时,应当规定其相应的权利和保障权利实现的途径;(五)体现行政机关的职权与责任相统一的原则,在赋予有关行政机关必要的职权的同时,应当规定其行使职权的条件、程序和应承担的责任。"

在起草过程中,为体现民主性,起草部门应当深入调查研究,总结实践经验,广泛听取有关机关、组织和公民的意见。涉及社会公众普遍关注的热点难点问题和经济社会发展遇到的突出矛盾,减损公民、法人和其他组织权利或者增加其义务,对社会公众有重要影响等重大利益调整事项的,应当进行论证咨询。听取意见可以采取召开座谈会、论证会、听证会等多种形式。起草行政法规,起草部门应当将行政法规草案及其说明等向社会公布,征求意见,但是经国务院决定不公布的除外。向社会公布征求意见的期限一般不少于 30 日。起草专业性较强的行政法规,起草部门可以吸收相关领域的专家参与起草工作,或者委托有关专家、教学科研单位、社会组织起草。就涉及其他部门的职责或者与其他部门关系紧密的规定,起草部门还应当与有关部门协商一致;经过充分协商不能取得一致意见的,应当在上报行政法规草案送审稿(以下简称"行政法规送审稿")时说明情况和理由。起草部门向国务院报送的行政法规送审稿,应当由起草部门主要负责人签署;几个部门共同起草的行政法规送审稿,应当由该几个部门主要负责人共同签署。

3. 审查

行政法规起草工作完成后,起草单位应当将草案及其说明、各方面对草案主要问题的不同意见和其他有关资料送国务院法制机构进行审查。《行政法规制定程序条例》第18条第2款规定:"国务院法制机构主要从以下方面对行政法规送审稿进行审查:(一)是否严格贯彻落实党的路线方针政策和决策部署,是否符合宪法和法律的规定,是否遵循立法法确定的立法原则;(二)是否符合本条例第十二条的规定;(三)是否与有关行政法规协调、衔接;(四)是否正确处理有关机关、组织和公民对送审稿主要问题的意见;(五)其他需要审查的内容。"

在行政法规的审查过程中,必须充分贯彻立法民主性原则。据此,国务院法制机构在审查过程中应当做到:第一,广泛征求意见。应当将行政法规送审稿或者行政法规送审稿涉及的主要问题发送国务院有关部门、地方人民政府、有关组织和专家征求意见。重要的行政法规送审稿或者修改稿及其说明等,应当向社会公布,征求意见。还应当就行政法规送审稿涉及的主要问题,深入基层进行实地调查研究,听取基层有关机关、组织和公民的意见。行政法规送审稿涉及重大利益调整的,应当进行论证咨询,广泛听取有关方面的意见。论证咨询可以采取座谈会、论证会、听证会、委托研究等多种形式。行政法规送审稿涉及重大利益调整或者存在重大意见分歧,对公民、法人或者其他组织的权利义务有较大影响,人民群众普遍关注的,国务院法制机构可以举行听证会,听取有关机关、组织和公民的意见。第二,与有关部门协商一致。国务院有关部门对行政法规送审稿涉及的主要制度、方针政策、管理体制、权限分工等有不同意见的,国务院法制机构应当进行协调,力求达成一致意见;不能达成一致意见的,应当将争议的主要问题、有关部门的意见以及国务院法制机构的意见及时报国务院领导协调,或者报国务院决定。在与起草部门协商后,国务院法制机构应当对行政法规送审稿进行修改,形成行政法规草案和对草案的说明。

4. 决定与公布

行政法规草案由国务院常务会议审议,或者由国务院审批。根据国务院对行政法规草案的审议意见,国务院法制机构应当对行政法规草案进行修改,形成草案修改稿,报请总理签署国务院令公布施行。

行政法规签署公布后,及时在国务院公报和中国政府法制信息网以及在全国范围内发行的报纸上刊登。国务院法制机构应当及时汇编出版行政法规的国家正式版本。在国务院公报上刊登的行政法规文本为标准文本。行政法规应当自公布之日起 30 日后施行；但是，涉及国家安全、外汇汇率、货币政策的确定以及公布后不立即施行将有碍行政法规施行的，可以自公布之日起施行。行政法规在公布后的 30 日内由国务院办公厅报全国人民代表大会常务委员会备案。

三、行政规章

（一）行政规章的概念

1. 行政规章的含义与特点

行政规章，通常简称为"规章"，是行政立法的另一种表现形式。"规章"作为一个特定法律用语，最早出现于 1982 年《宪法》及有关组织法中。例如，《宪法》第 90 条第 2 款规定："各部、各委员会根据法律和国务院的行政法规、决定、命令，在本部门的权限内，发布命令、指示和规章。"《国务院组织法》第 14 条也有类似规定。《地方组织法》第 74 条第 1 款规定："省、自治区、直辖市的人民政府可以根据法律、行政法规和本省、自治区、直辖市的地方性法规，制定规章，报国务院和本级人民代表大会常务委员会备案。设区的市、自治州的人民政府可以根据法律、行政法规和本省、自治区的地方性法规，依照法律规定的权限制定规章，报国务院和省、自治区的人民代表大会常务委员会、人民政府以及本级人民代表大会常务委员会备案。"《立法法》第 91 条第 1 款规定："国务院各部、委员会、中国人民银行、审计署和具有行政管理职能的直属机构以及法律规定的机构，可以根据法律和国务院的行政法规、决定、命令，在本部门的权限范围内，制定规章。"第 93 条第 1 款规定："省、自治区、直辖市和设区的市、自治州的人民政府，可以根据法律、行政法规和本省、自治区、直辖市的地方性法规，制定规章。"据此，规章也是具有特定含义的：特定的行政机关根据法律和法规，依法定权限和程序制定的具有普遍法律约束力的规范性文件的总称。它具有如下特点：

第一，行政规章的制定主体是特定的行政机关。根据宪法、有关组织法和《立法法》的规定，有权制定行政规章的特定行政机关包括国务院各部、委员会、中国人民银行、审计署和具有行政管理职能的直属机构及法律规定的机构，以及省、自治区、直辖市和设区的市、自治州的人民政府。

第二，行政规章的制定依据是法律和法规。根据宪法和有关组织法的规定,规章可以依据法律和行政法规制定。一般来说,规章不能直接依据宪法的规定,因为宪法规定的内容原则上是由法律或部分由行政法规规定的。最高国家权力机关和国务院也可用决定、命令的形式,授权特定行政机关制定规章。省、自治区、直辖市和设区的市、自治州的人民政府还可依据地方性法规制定规章。

第三,行政规章的内容只限于一定范围。国务院各部委制定的行政规章,必须在本部门的权限内,对其主管的具体业务或其他行政事务作出规定。如果涉及其他部门的职权,必须与有关部门协商,取得一致意见,并与有关部门共同发布。有关地方人民政府制定行政规章,必须在本地区的权限内,就本辖区内的各项行政事务作出规定。

第四,行政规章应当按照法定程序制定。《规章制定程序条例》专门规定了规章的制定程序。行政规章的制定必须严格遵循这一程序。同时,凡依这一程序制定的规范性文件,都属于行政规章。未经这一程序发布的决定、命令等规范性文件,则属于规章性行政规范,而不属于行政规章。可以说,制定程序的不同是有关行政机关制定的行政规章与其发布的决定、命令等规范性文件的主要区别。

第五,行政规章具有法的属性。行政规章与行政法规一样,都是由有权的行政机关依法定权限和程序制定的具有普遍法律约束力的规范性文件,都属于法的范畴,且都是行政法的渊源。

2. 行政规章的名称

根据《规章制定程序条例》第7条的规定,规章的名称一般称"规定""办法",但不得称"条例"。其中,"规定"一般用于对行政工作作比较全面、系统的规定,如《广州市危险化学品安全管理规定》《海南省琼州海峡轮渡运输管理规定》《广东省民办社会福利机构管理规定》等;"办法"一般用于对某项行政工作作比较具体的规定,如《证券发行与承销管理办法》《校外培训行政处罚暂行办法》《西安市停车场管理办法》《武汉市实有人口登记管理办法》等。

此外,行政规章也有"实施细则""规则"之称等。"实施细则"主要用于对法律、法规作补充性或执行性规定,如《增值税暂行条例实施细则》《消费税暂行条例实施细则》《义务教育法实施细则》等;"规则"一般用于技术性、专业性较强的行政规章,如《甘肃省人民政府重大决策程序暂行规则》《执行世界贸易组织贸易救济争端裁决暂行规则》《对外贸易经济合作部关于反倾销产品范围调整程序的暂行规则》等。

这里值得注意的是,"规定""办法""实施细则"也是行政法规的名称,因此一般不能仅凭名称认定某个规范性文件是法规还是规章,还要看它的制定和发布机关及制定程序等。

(二) 行政规章的种类

行政规章依其制定主体不同,通常分为部门规章和地方政府规章两类。

1. 部门规章

部门规章,是指国务院组成部门根据法律和国务院的行政法规、决定、命令,在本部门权限内制定的行政规章。根据《宪法》和《立法法》的规定,有权制定部门规章的特定行政机关包括国务院各部、委员会、中国人民银行、审计署和具有行政管理职能的直属机构以及法律规定的机构。

2. 地方政府规章

地方政府规章,是指特定的地方人民政府根据法律和行政法规制定的,普遍适用于本地区行政管理工作的行政规章。根据《宪法》和《立法法》的规定,有权制定地方政府规章的特定行政机关包括省、自治区、直辖市和设区的市、自治州的人民政府。需要说明的是,最高国家权力机关可以专门授权某些特定的地方人民政府制定规章。

部门规章和地方政府规章的区别主要表现在以下几个方面:一是制定主体不同。部门规章是由国务院组成部门制定的,而地方政府规章是由有关地方人民政府制定的。二是适用范围不同。部门规章适用于全国各地,而地方政府规章适用于制定主体所在地域范围。三是制定根据不同。部门规章的制定根据除法律和行政法规外,还有国务院的决定和命令等;而地方政府规章的制定根据除法律和行政法规外,在实践中还有地方性法规和部门规章。此外,两者在名称上也有所不同。地方政府规章一律要冠以制定主体的名称,如《洛阳市房屋专项维修资金管理办法》;而部门规章有的冠以制定主体的名称,有的也可不冠,还有的冠以"中华人民共和国",如《中华人民共和国海关监管区管理暂行办法》[①]《中华人民共和国中外合作办学条例实施办法》[②]。

(三) 行政规章的制定权限

1. 部门规章的制定权限

部门规章的制定权限主要分为两部分:一部分是法律、行政法规的一般授权,即宪法和组织法以及国务院行政法规确定的各组成部门职权范围内的规章

[①] 2017年8月8日海关总署令第232号公布,自2017年11月1日起施行;2018年5月29日海关总署令第240号修正。

[②] 2004年6月2日教育部令第20号公布,自2004年7月1日起施行。

制定权；另一部分是法律、行政法规的特别授权,即专门授权各组成部门制定法律、行政法规的实施细则、实施办法。国务院组成部门依据特别授权规定的这类事项,本应是法律或行政法规规定的事项,并不在被授权各组成部门的职权范围之内。因此,被授权各组成部门制定的这类规章,通常只限于制定实施细则或实施办法。具体而言,部门规章主要就下列事项作出规定：(1) 法律或国务院行政法规、决定、命令规定由有关部门作出规定的事项；(2) 为执行法律或国务院的行政法规、决定、命令的规定需要制定规章的事项；(3) 属于各部委本系统自身建设的事项；(4) 有关各部委本系统的技术标准等事项。根据《立法法》第91条的规定,"没有法律或者国务院的行政法规、决定、命令的依据,部门规章不得设定减损公民、法人和其他组织权利或者增加其义务的规范,不得增加本部门的权力或者减少本部门的法定职责。"

2. 地方政府规章的制定权限

地方政府规章的制定权限也有两部分：一部分是宪法和地方组织法授予的一般制定权,另一部分是法律、行政法规、地方性法规授予的特别制定权。特别制定权是依照授权法的规定,制定实施细则或实施办法。具体而言,地方政府规章主要就下列事项作出规定：(1) 法律、行政法规、地方性法规规定由地方人民政府作出规定的事项；(2) 省级权力机关授权本级人民政府或下级人民政府制定规章的事项；(3) 为执行法律、行政法规、地方性法规的规定需要制定规章的事项；(4) 属于本级人民政府及下级行政机关自身建设的事项；(5) 属于本行政区域的具体行政管理事项等。此外,根据《立法法》第93条的规定,设区的市、自治州的人民政府制定地方政府规章,限于城乡建设与管理、生态文明建设、历史文化保护、基层治理等方面的事项。应当制定地方性法规但条件尚不成熟的,因行政管理迫切需要,可以先制定地方政府规章。规章实施满两年需要继续实施规章所规定的行政措施的,应当提请本级人民代表大会或者其常务委员会制定地方性法规。没有法律、行政法规、地方性法规的依据,地方政府规章不得设定减损公民、法人和其他组织权利或者增加其义务的规范。

(四) 行政规章的制定程序

根据《立法法》和《规章制定程序条例》的规定,行政规章的制定必须遵循下列程序：

1. 立项

立项,是指国务院部门根据其内设机构或者其他机构报请制定部门规章的立项申请,省、自治区、直辖市和设区的市、自治州人民政府根据其所属工作部门或者下级人民政府报请制定地方政府规章的立项申请,进行汇总研究,拟订本部门、本级人民政府年度规章制定工作计划,并报本部门、本级人民政府批准后向社会公布。报送制定规章的立项申请,应当对制定规章的必要性、所要解决的主要问题、拟确立的主要制度等作出说明。年度规章制定工作计划应当明确规章的名称、起草单位、完成时间等。年度规章制定工作计划在执行中,可以根据实际情况予以调整,对拟增加的规章项目应当进行补充论证。

2. 起草

部门规章由国务院部门组织起草,地方政府规章由省、自治区、直辖市和设区的市、自治州的人民政府组织起草。国务院部门可以确定规章由其一个或者几个内设机构或者其他机构具体负责起草工作,也可以确定由其法制机构起草或者组织起草。省、自治区、直辖市和设区的市、自治州人民政府可以确定规章由其一个部门或者几个部门具体负责起草工作,也可以确定由其法制机构起草或者组织起草。起草规章可以邀请有关专家、组织参加,也可以委托有关专家、组织起草。

为了保证规章的质量和体现民主性,规章的起草应当深入调查研究,总结实践经验,广泛听取有关机关、组织和公民的意见。听取意见可以采取书面征求意见、座谈会、论证会、听证会等多种形式。起草规章,涉及社会公众普遍关注的热点难点问题和经济社会发展遇到的突出矛盾,减损公民、法人和其他组织权利或者增加其义务,对社会公众有重大影响等重大利益调整事项的,起草单位应当进行论证咨询,广泛听取有关方面的意见。起草的规章涉及重大利益调整或者存在重大意见分歧,对公民、法人或者其他组织的权利义务有较大影响,人民群众普遍关注,需要进行听证的,起草单位应当举行听证会听取意见。听证会依照下列程序组织:(1)听证会公开举行,起草单位应当在举行听证会的 30 日前公布听证会的时间、地点和内容;(2)参加听证会的有关机关、组织和公民对起草的规章,有权提问和发表意见;(3)听证会应当制作笔录,如实记录发言人的主要观点和理由;(4)起草单位应当认真研究听证会反映的各种意见,起草的规章在报送审查时,应当说明对听证会意见的处理情况及其理由。

起草部门规章,涉及国务院其他部门的职责或者与国务院其他部门关系紧密的,起草单位应当充分征求国务院其他部门的意见。起草地方政府规章,涉及本级人民政府其他部门的职责或者与其他部门关系紧密的,起草单位应当充分征求其他部门的意见。起草单位与其他部门有不同意见的,应当充分协商;经过充分协商不能取得一致意见的,起草单位应当在上报规章草案送审稿时说明情况和理由。

3. 审查

规章起草工作完成后,起草单位应当将规章送审稿及其说明、对规章送审稿主要问题的不同意见和其他有关材料按规定报送审查。报送审查的规章送审稿,应当由起草单位主要负责人签署;几个起草单位共同起草的规章送审稿,应当由该几个起草单位主要负责人共同签署。规章送审稿的说明应当对制定规章的必要性、规定的主要措施、有关方面的意见及其协调处理情况等作出说明。有关材料主要包括所规范领域的实际情况和相关数据、实践中存在的主要问题、汇总的意见、听证会笔录、调研报告、国内外有关立法资料等。

规章送审稿由法制机构负责统一审查。法制机构主要从以下方面对送审稿进行审查:(1)是否符合规章制定的合法性、必要性和可行性;(2)是否符合社会主义核心价值观;(3)是否与有关规章协调、衔接;(4)是否正确处理有关机关、组织和公民对规章送审稿主要问题的意见;(5)是否符合立法技术要求;(6)需要审查的其他内容。

在规章的审查过程中,也必须充分贯彻立法民主性原则。据此,法制机构应当将规章送审稿或者规章送审稿涉及的主要问题发送有关机关、组织和专家征求意见;应当就规章送审稿涉及的主要问题,深入基层进行实地调查研究,听取基层有关机关、组织和公民的意见。规章送审稿涉及重大利益调整的,法制机构应当进行论证咨询,广泛听取有关方面的意见。论证咨询可以采取座谈会、论证会、听证会、委托研究等多种形式。规章送审稿涉及重大利益调整或者存在重大意见分歧,对公民、法人或者其他组织的权利义务有较大影响,人民群众普遍关注,起草单位在起草过程中未举行听证会的,法制机构经本部门或者本级人民政府批准,可以举行听证会。同时,有关机构或者部门对规章送审稿涉及的主要措施、管理体制、权限分工等问题有不同意见的,法制机构应当进行协调,力求达成一致意见;不能达成一致意见的,应当将主要问题、有关机构或者部门的意见和法制机构的意见及时报本部门或者本级人民政府领导协调,或者报本部门或者本级人民政府决定。

法制机构在与起草单位协商后,对规章送审稿进行修改,形成规章草案和对草案的说明,经由法制机构主要负责人签署,提出提请本部门或者本级人民政府有关会议审议的建议。

4. 决定与公布

对于法制机构提请的部门规章草案,经部务会议或者委员会会议决定;对于法制机构提请的地方政府规章草案,经政府常务会议或者全体会议决定。根据有关会议审议意见,法制机构对规章草案进行修改,形成草案修改稿,报请本部门首长或者省长、自治区主席、市长、自治州州长签署命令予以公布。公布规章的命令应当载明该规章的制定机关、序号、规章名称、通过日期、施行日期、部门首长或者省长、自治区主席、市长、自治州州长署名以及公布日期。部门联合规章由联合制定的部门首长共同署名公布,使用主办机关的命令序号。

部门规章签署公布后,及时在国务院公报或者部门公报和中国政府法制信息网、本部门网站以及在全国范围内发行的有关报纸上刊登。地方政府规章签署公布后,及时在本级人民政府公报和中国政府法制信息网、本级人民政府网站以及在本行政区域范围内发行的报纸上刊登。在国务院公报或者部门公报和地方人民政府公报上刊登的规章文本为标准文本。规章应当自公布之日起30日后施行;但是,涉及国家安全、外汇汇率、货币政策的确定以及公布后不立即施行将有碍规章施行的,可以自公布之日起施行。

四、行政规范

在现代社会,规范人们行为的规则不仅限于法,还包括大量由行政机关创制的各种规则。这些行政规则在性质上有两种:一种是通过行政立法制定的规则,即行政法规和行政规章;另一种是行政主体在行政立法所立之法以外建立的普遍性规则。目前,在我国行政法学上,后一种规则通常被称为"规范性文件",也称"行政规范性文件""其他规范性文件"等,名称很不统一,且界定各不相同。这既给理论研究带来了困难,也有碍于人们之间的沟通和交流。笔者认为,行政机关所制定的这类规范性文件最典型的法律特征是其"行政性"(由行政机关制定)、"规范性"(具有普遍约束力)和"过渡性"(是从法律、法规和规章过渡到行政行为的一个中间环节),同时考虑到名称的简洁性和方便性,应使用"行政规范"这一名称。这样,也可以使之成为与"行政法规""行政规章"相并列的、模式化的概念。[1]

根据现行立法,行政法规和行政规章都属于法的范畴,而行政规范并不具有行政立法的法定标准,不属于法的范畴。但是,行政规范所创制的规则是法的必要补充,为法所未穷尽的领域和层次提供了可遵循的规范或准则,对社会生活的有序化或社会的控制具有重要的作用。正因如此,行政法学有必要展开对行政规范的专门研究。

---

[1] 参见叶必丰、周佑勇:《行政规范研究》,法律出版社2002年版,第27页。

（一）行政规范的概念

1. 行政规范的含义

在提出"行政规范"这一名称或范畴之后，就必须对其含义作出科学的界定。根据《国务院办公厅关于加强行政规范性文件制定和监督管理工作的通知》[1]的规定，行政规范性文件是除国务院的行政法规、决定、命令以及部门规章和地方政府规章外，由行政机关或者经法律、法规授权的具有管理公共事务职能的组织依照法定权限、程序制定并公开发布，涉及公民、法人和其他组织权利义务，具有普遍约束力，在一定期限内反复适用的公文。该定义将国务院发布的"决定、命令"排除在行政规范之外，并将其内容限定为"涉及权利义务"，这显然过于狭窄，无法全面涵盖行政规范的范围。作为与行政法规和规章相对应的范畴，需对行政规范作出如下界定：所谓行政规范，是指行政主体实施法律和执行政策，在法定权限内制定的，除行政法规和行政规章以外的，具有普遍约束力和规范体式的决定、命令等公文的总称。据此，行政规范至少具有如下几层特定的含义：

第一，从主体上看，有权制定行政规范的只能是行政主体。只有行政主体制定的规范性文件才能称为"行政规范"，其他国家机关制定的规范性文件不属于行政规范。这里的行政主体既包括各级各类国家行政机关，也包括法律、法规、规章授权的组织。当然，在国家行政机关中，国务院可以制定行政规范，也有权制定行政法规；国务院各部、委员会、中国人民银行、审计署和具有管理职能的直属机构，以及省、自治区、直辖市和设区的市、自治州的人民政府可以制定行政规范，也有权制定行政规章。除此之外的其他国家行政机关只能制定行政规范。

第二，从性质上看，行政规范具有普遍约束力，但是不属于法的范畴。也就是说，它针对的对象是不特定相对人，且具有普遍约束力，而不同于具体行政行为。但是，它也有别于按行政立法程序制定的行政法规和行政规章，不具有行政立法的法定标准，因而不是法的具体表现形式。并且，行政规范一经制定和公布，就具有相应的法律效力，即具有约束和限制行政机关与不特定相对人行为的拘束力。例如，武汉市财政局、公安局发布的《关于暂住人口管理费收取、管理、使用有关问题的通知》[2]，对武汉市各财政、公安部门和各暂住人员都有约束力。因此，发布行政规范的行政机关及所属的下级行政机关在实施具体行

---

[1] 国办发〔2018〕37号。
[2] 武公户字〔1990〕30号。

政行为时必须遵循该行政规范的规定,在作出有关行政决定时必须适用相应的行政规范。行政机关在实施有关具体行政行为,作出有关行政决定时,如果违反相应行政规范的规定,或者不适用相应行政规范,或者适用错误,都可能导致相关行为的违法和不当。

第三,从目的上看,行政规范是为了实施法律规范和执行政策而制定的。系统规定行政规范处理程序的《党政机关公文处理工作条例》[①]第3条规定了行政规范的目的:"党政机关公文是党政机关实施领导、履行职能、处理公务的具有特定效力和规范体式的文书,是传达贯彻党和国家的方针政策,公布法规和规章,指导、布置和商洽工作,请示和答复问题,报告、通报和交流情况等的重要工具。"这表明,行政规范的内容具有执行性,是对法律、法规、规章及党和国家的方针政策的一种具体化,有着特殊而重要的作用和地位。因此,行政规范虽不属于法的范畴,但对于克服成文法之不足,弥补和完善现行法的缺陷,适应社会发展和行政执法工作的现实需要等,都具有重要意义。从某种程度上说,制定和发布行政规范是"准行政立法"活动。

第四,从形式上看,行政规范是有关决定、命令、指示、行政措施等的总称。根据宪法和组织法的有关规定,凡是具有普遍约束力的决定、命令、指示和行政措施,都是行政规范的表现形式,而非其中的某一种。这里值得注意的是,这些形式,尤其是行政措施这种形式,只是概括性的规定。具体而言,可以根据《党政机关公文处理工作条例》第8条的规定,采用如下15种名称:决议、决定、命令(令)、公报、公告、通告、意见、通知、通报、报告、请示、批复、议案、函、纪要。这其中的每一种行政规范都具有规范的体式。所谓体式,是指文本的样式。行政规范的文本从标题到签署,从正文到各种附加标记,从文面到用纸,都有特定的要求,必须予以规范。

2. 行政规范与抽象行政行为的关系

从性质上看,行政规范不属于法的范畴,也不同于具体行政行为,那么是否就是抽象行政行为?抽象行政行为作为行政主体制定普遍性行为规范的行为,其结果是产生一种普遍性行为规范,因此具备与行政规范基本相同的特征。但是,笔者认为,行政规范并不能完全等同于抽象行政行为,两者在性质和范围上存在很大的区别。

按目前我国行政法学之通说,抽象行政行为是相对于具体行政行为而言的

[①] 《中共中央办公厅、国务院办公厅关于印发〈党政机关公文处理工作条例〉的通知》(中办发〔2012〕14号)。

一种行政行为。因此,它必须符合行政行为的一般特征,具备行政行为的构成要件,包括行政权能的存在、行政权力的运用、法律效果的存在和表示行为的存在。行政规范是相对于行政法规和行政规章而言的一类规范性文件的总称,其范围十分广泛。如后文所述,行政规范可以分为创制性行政规范、解释性行政规范、指导性行政规范和裁量性行政规范四类。尽管行政规范作为一种行政权作用,也是具有行政权能的行政主体运用行政权并以书面形式作出的,但是并非所有行政规范都具有行政行为所要求的法律效果。所谓法律效果,是指行政主体通过意志为相对人设定、变更或消灭某种权利义务关系。在行政规范中,创制性行政规范设定了行政主体与不特定相对人之间的权利义务。这也是一种法律效果,所以创制性行政规范属于一种抽象行政行为。但是,其他行政规范即解释性行政规范和指导性行政规范却不具有行政行为所要求的法律效果,并不属于抽象行政行为。同时,创制性行政规范又只是抽象行政行为中的一种,而不是抽象行政行为的全部。除制定创制性行政规范的行为之外,抽象行政行为还包括行政立法行为,即制定行政法规和行政规章的行为。

可见,行政规范并不都是抽象行政行为,抽象行政行为也并不都是行政规范。两者之间应当是一种交叉关系,而非种属关系。当然,如果抽象行政行为不需要具备作为行政行为构成要件之一的法律效果要件,则所有行政规范都是抽象行政行为,抽象行政行为与行政规范的关系就是包含与被包含的关系。如果是这样,那么行政行为理论就需要作重要的修正。

(二) 行政规范的分类

根据不同的标准,可以对行政规范作不同的分类。概括起来,行政规范的分类标准主要有以下几种:

1. 以制定主体为分类标准

根据行政规范的制定主体不同,可将行政规范分为法规性行政规范、规章性行政规范和一般行政规范。国务院有权制定行政法规,其所制定的除行政法规以外的行政规范,称为"法规性行政规范"。有权制定规章的有关国家行政机关制定的除规章以外的行政规范,可称为"规章性行政规范"。无权制定行政法规和规章的有关行政机关制定的行政规范,属于一般行政规范或非法规、规章性行政规范。需要指出的是,行政机关内部机构制定的行政规范,应视为所在机关的行政规范。各行政机关之间具有严格的行政隶属关系,不同的行政机关制定的行政规范之间的效力等级是不同的。因此,行政规范的这一分类,有利于我们正确认识行政规范的效力等级关系。

2. 以制定目的为分类标准

以制定行政规范的目的为标准,可将行政规范分为执行性行政规范、补充性行政规范和自主性行政规范。

以执行法律、法规、规章或上级行政规范为目的而制定的行政规范,称为"执行性行政规范"。执行性行政规范可以对行政管理法规或上级行政规范的实施作出具体规定,以便适应实际需要。但是,执行性行政规范不能在行政管理法规或上级行政规范所规定的事项以外,任意地增加新的内容。如果增加了新的内容,则该增加部分不能归类于执行性行政规范,而应被认定为补充性行政规范或自主性行政规范。

补充性行政规范,是指以补充法律、法规和规章及上级行政规范为目的而制定的行政规范。制定补充性行政规范,应有行政管理法规或上级行政规范的授权。基于这种授权,补充性行政规范可以增加或变更所补充的行政管理法规或上级行政规范的内容。应当注意的是,某些行政规范从标题和形式上看是执行性行政规范,其中的某些内容却可能是补充性行政规范。例如,《国务院关于贯彻实施〈中华人民共和国行政处罚法〉的通知》[①],从标题、形式和大部分内容上看都是执行性行政规范,第二部分关于部门规章设定罚款的限额的规定却是一种补充性规范。这是国务院根据1996年《行政处罚法》第12条第2款关于部门规章"罚款的限额由国务院规定"的授权而制定的。

自主性行政规范,是指行政主体为了行政管理的实际需要而运用其职权所制定的行政规范。自主性行政规范既不是为了执行行政管理法规或上级行政规范,也不是为了补充行政管理法规或上级行政规范。一般来说,自主性行政规范的制定,只需具备宪法典和组织法上的职责权限依据,而无须其他法律依据。但是,自主性行政规范不得与有关法律、法规或规章的规定相抵触。

对行政规范的上述分类,有利于我们分析和认定行政规范的合法性。

3. 以调整对象为分类标准

行政规范本来是一种无法律效力的内部规范,其内容属于与公民的权利义务并无直接关系的内部行政事务,也不构成法院裁判的标准,因此无须法律授权,属于行政权的当然作用范围。但是,20世纪后半叶以来,行政规范的功能日益扩大,外部化的趋势日益明显,因而越来越多的行政规范直接或间接具有

---

① 国发〔1996〕13号。

外部法律效果。这在国外行政法学上已成为公论。①正是由于行政规范的不断外部化,我们才需要对它进行研究,分析行政规范对公民权利义务的影响。也正因为如此,我们以行政规范的调整对象为标准,将行政规范分为内部行政规范和外部行政规范。

内部行政规范,是指行政主体为加强内部管理而针对内部机构、公职人员制定的工作制度、管理办法等。例如,《国务院关于机构设置的通知》《中共中央办公厅国务院办公厅关于严禁党政机关及其工作人员在公务活动中接受和赠送礼金、有价证券的通知》②《国务院办公厅关于简化优化公共服务流程方便基层群众办事创业的通知》③等,都属于内部行政规范,也就是德国学者哈特穆特·毛雷尔所称的组织规则和业务规则。④

外部行政规范,是指行政主体为行使外部管理职能而针对一般公民、法人和其他组织制定的行政规范。例如,《国务院关于优化建设工程防雷许可的决定》⑤,湖北省财政厅《关于贯彻〈中华人民共和国行政处罚法〉的通知》⑥,文化和旅游部、公安部《关于进一步加强大型营业性演出活动规范管理促进演出市场健康有序发展的通知》⑦,教育部、国家语委《关于表彰国家通用语言文字推广普及先进集体和先进个人的决定》⑧等,都属于外部行政规范。

对行政规范的这一分类,有利于我们分析和认定行政规范对相对人权利义务的影响。从执行的法律后果看,内部行政规范一般不引起复议与诉讼的法律后果,而外部行政规范则可能引起复议与诉讼的法律后果。

4. 以法律效果为分类标准

我们之所以关注行政作用,是因为它影响着我们的社会生活。我们之所以要研究行政规范,或者说行政规范之所以成为行政法学的研究任务,是因为它可能对公民的权利义务发生现实的影响,即对外产生相应的法律效果。也就是说,行政规范是否能对外产生法律效果,以及怎样产生法律效果,是我们研究行

---

① 参见〔德〕哈特穆特·毛雷尔:《行政法学总论》,高家伟译,法律出版社2000年版,第593页;〔日〕盐野宏:《行政法》,杨建顺译,法律出版社1999年版,第72页;〔日〕室井力主编:《日本现代行政法》,吴微译,中国政法大学出版社1995年版,第69页;杨建顺:《日本行政法通论》,中国法制出版社1998年版,第344页。
② 中办发〔1993〕5号。
③ 国办发〔2015〕86号。
④ 参见〔德〕哈特穆特·毛雷尔:《行政法学总论》,高家伟译,法律出版社2000年版,第593页。
⑤ 国发〔2016〕39号。
⑥ 鄂财法发〔1996〕407号。
⑦ 文旅市场发〔2023〕96号。
⑧ 教语用〔2023〕1号。

政规范的出发点和归宿。因此,我们有必要以法律效果为标准,区分和归类行政规范。据此,行政规范可以分为创制性行政规范、解释性行政规范、指导性行政规范和裁量性行政规范四类。

(1) 创制性行政规范。创制性行政规范,是指行政主体未启动行政立法程序而为不特定相对人创设权利义务的行政规范。从根本上说,人们的行为规则应当由法来创制,而不能用行政规范等形式来创制。但是,由于各种各样的因素,法律往往授权行政机关创制某些规则;或者行政机关为了执行法律和实现行政目的,在没有行政法规范的情况下,不得不依职权创制某些行为规则,为不特定相对人设定权利义务。这些创制性行政规范是行政法规范的必要补充,它们对内对外都具有强制性和约束力。例如,1985年9月20日卫生部、财政部、国家工商行政管理局制定的《关于对制售假药、劣药案件经济处罚的通知》规定:"对生产、销售假药的,没收假药和非法所得,处以该批假药所冒充的药品的货值金额3—5倍的罚款,对制售假药单位的直接责任人员,处以2000元以下的罚款";"对生产、销售劣药的,没收劣药和非法所得,可以并处以该批劣药货值金额1—3倍的罚款,对制售劣药单位的直接责任人,处以1000元以下的罚款";"对于违反《中华人民共和国药品管理法》关于药品生产、经营管理的其他规定需罚款的,一般处以20—30000元的罚款。但对违反麻醉药品、精神药品管理规定的,须按情节加重处罚"。但是,根据《国务院办公厅关于加强行政规范性文件制定和监督管理工作的通知》的规定,行政规范不得增加法律、法规规定之外的行政权力事项或者减少法定职责;不得设定行政许可、行政处罚、行政强制等事项,增加办理行政许可事项的条件,规定出具循环证明、重复证明、无谓证明的内容;不得违法减损公民、法人和其他组织的合法权益或者增加其义务,侵犯公民人身权、财产权、人格权、劳动权、休息权等基本权利;不得超越职权规定应由市场调节、企业和社会自律、公民自我管理的事项;不得违法制定含有排除或者限制公平竞争内容的措施,违法干预或者影响市场主体正常生产经营活动,违法设置市场准入和退出条件等。

从创制性行政规范的根据来看,它可以分为两类,即依职权的创制性行政规范和依授权的创制性行政规范。某些创制性行政规范是行政主体为了行政管理的实际需要,根据宪法和有关组织法规定的固有职权而制定的,可称之为"依职权的创制性行政规范"。依授权的创制性行政规范,是指行政主体为了补充行政法规范或变通上级行政规范的规定,依据宪法和组织法以外的法律、法规或规章的专门授权而制定的,为不特定相对人设定权利义务的行政规范。

(2) 解释性行政规范。解释性行政规范,是指行政主体为了实施法律、法规和规章,或者为了统一各个行政主体及其公务员对法律、法规和规章的理解及执行活动,对法律、法规和规章进行解释而形成的行政规范。创制性行政规范独立地创设了不特定相对人的权利义务,依通说,符合行政行为的构成要件,属于抽象行政行为的表现形式之一。与之不同,解释性行政规范只是对法律规范内容的阐述和确定、对立法意图的说明和强调以及对行政主体及其公务员理解的统一和行动的协调,并没有独立地设定、变更或消灭相对人新的权利义务,并不具有独立的新的法律效果,因而并不能构成一个独立的行政行为。尽管如此,它指明了法律是什么,或者说表明了在行政主体的眼里法律是什么,规定了行政主体将如何适用相应的行政法规范,统一了各行政主体对行政法规范的实施标准或规则,因而对公民的权利义务具有重要的影响。

解释性行政规范可以分为法定解释性行政规范和自主解释性行政规范。其中,法定解释性行政规范,是指具有法定解释权的国务院和规章制定机关对法律、法规和规章具体应用问题进行解释而形成的行政规范。《行政法规制定程序条例》第31条规定:"行政法规有下列情形之一的,由国务院解释:(一)行政法规的规定需要进一步明确具体含义的;(二)行政法规制定后出现新的情况,需要明确适用行政法规依据的。""行政法规的解释与行政法规具有同等效力"。《规章制定程序条例》第33条规定:"规章解释权属于规章制定机关","规章有下列情形之一的,由制定机关解释:(一)规章的规定需要进一步明确具体含义的;(二)规章制定后出现新的情况,需要明确适用规章依据的。""规章的解释同规章具有同等效力"。这表明,法定解释性行政规范具有法的普遍性强制拘束力,属于法的渊源,而自主解释性行政规范则不具有法源地位。

(3)指导性行政规范。指导性行政规范,是指行政主体对不特定相对人事先实施书面行政指导时所形成的行政规范。所谓行政指导,是指行政主体依法运用职权引导特定或不特定相对人自愿作为或不作为,以实现行政目的非强制性行为。行政指导所针对的对象可以是特定的,也可以是不特定的;其形式可以是书面的,也可以是口头的。当行政指导以口头形式进行时,并没有形成一种行政规范。当行政指导针对特定相对人时,即使以书面形式进行,也没有形成行政规范。然而,当行政主体对不特定相对人,以书面形式进行行政指导并予以公布时,就形成行政规范。例如,《国务院关于进一步扩大和升级信息消费持续释放内需潜力的指导意见》《国务院办公厅转发国务院引进国外智力领导小组办公室、国家科委、农业部关于进一步积极推广水稻旱育苗稀植栽培技术报告的通知》,在内容上都属于行政指导而非创制权利义务或解释法律规范,所针对的是不特定相对人而非特定相对人,因而都属于指导性行政规范。指导性行政规范在内容上主要表现为一种倡导、号召、建议和设想等。它并不为不特定相对人创设权利义务,没有为特定相对人设定、变更或消灭某种权利义务关系,也不期望取得法律保护的行政意志。所以,它并不具有相应的法律效果。同时,指导性行政规范还有一个最显著的特征,即不具有强制性。行政主体和人民法院都不能强制执行或强制实施指导性行政规范,而只能依赖于相对人的接受或自觉遵守。指导性行政规范的制定,也不能超越行政指导的界限,必须坚持依法行政原则。

(4) 裁量性行政规范。裁量性行政规范,是指行政机关在法定授权范围内通过情节细化和效果格化的技术对行政裁量权的具体行使标准予以细化量化而制定的行政规范。这种行政规范,亦即"行政裁量基准",或者称"行政裁量权基准",是行政机关结合本地区本部门行政管理实际,按照裁量涉及的不同事实和情节,对法律、法规、规章中的原则性规定或者具有一定弹性的执法权限、裁量幅度等内容进行细化量化,以特定形式向社会公布并施行的具体执法尺度和标准。裁量基准在制定技术上不同于前面三类行政规范,其采取的是"情节细化"和"效果格化"的技术,即根据各种事实情节的综合考量来对法律效果进行细化量化,实际上是一种利益衡量的方法。① 在这里,裁量基准既没有创制新的权利义务,也没有采取纯粹的法律解释方法,所以既不能归为创制性规则,也不能等同于解释性规则;同时,裁量基准对相对人具有间接的法律效力,②也不是指导性规范。据此,裁量基准应当作为一种独立的行政规范,遵循不同于以上三类行政规范的管理规则。裁量基准源于我国基层社会治理实践,截至2022年7月,地方政府出台的各类裁量基准达到了5200多个,31个省(区、市)基本上都有规范裁量基准制定的文本,但存在诸多不规范、不统一的问题。为从国家层面统一规范裁量基准的制定和实施,2022年7月29日,国务院办公厅专门印发了《关于进一步规范行政裁量权基准制定和管理工作的意见》③,首次对裁量基准制定的总体要求、制定职责权限、基准内容、制定程序、管理和保障等问题进行了全面系统规定,为深入推进裁量基准的法治化建设提供了重要指引。

(三) 行政规范的制定

行政规范的制定必须尽可能做到规范化,其文种名称、文本格式和制定程

---

① 参见周佑勇:《行政裁量治理研究:一种功能主义的立场》(第2版),法律出版社2023年版,第60页。
② 参见周佑勇:《行政裁量基准研究》,中国人民大学出版社2015年版,第78页。
③ 国办发〔2022〕27号。

序等都应当严格符合《党政机关公文处理工作条例》等的规定。

1. 行政规范的文种名称

行政规范的文种名称,即不同种类的行政规范所使用的具体名称。任何一个文种名称,其所反映的性质、包含的内容、标明的作用、表达的行文方向和制文的目的等均不相同。这在《党政机关公文处理工作条例》等行政法规范中已经予以明确规定,从而使行政规范的文种名称成为一类具有规范化性质的名称。根据《党政机关公文处理工作条例》等行政法规范的规定,规范化的文种名称主要有:

(1) 决议,适用于会议讨论通过的重大决策事项。这是2012年《党政机关公文处理工作条例》中新增的正式公文文种,原来在党的机关公文中排在首位,是一种重要的下行文,今后行政机关也可使用。

(2) 决定,适用于对重要事项作出决策和部署、奖惩有关单位和人员、变更或者撤销下级机关不适当的决定事项。关于对重要事项作出决策和部署的决定,如《国务院关于取消非行政许可审批事项的决定》[1];关于奖惩有关单位和人员的决定,如《国务院关于授予巴金"人民作家"荣誉称号的决定》[2];关于变更或者撤销下级机关不适当的决定事项,也适用"决定",但是目前在我国很少使用。许多具体行政行为也采用决定的形式,如行政复议决定、行政处罚决定等。但是,其书面表达形式一般要使用"决定书"的名称。

(3) 命令(令),适用于公布行政法规和规章、宣布施行重大强制性行政措施、批准授予和晋升衔级、嘉奖有关单位和人员。它又可以分为:公布令,用于公布行政法规和规章,如2008年8月17日公安部令第104号用于公布《道路交通事故处理程序规定》;行政令,用于宣布施行重大强制性行政措施、批准授予和晋升衔级,如《内蒙古自治区人民政府关于加强动物疫病强制防疫工作的命令》[3];嘉奖令,用于嘉奖有关单位和人员。有时,行政主体对国家公职人员的任免也使用令,即任免令。例如,1996年12月16日国务院令第207号任命董建华为香港特别行政区第一任行政长官。在这些命令(令)中,公布令和行政令属于行政规范的名称。

(4) 公报,适用于公布重要决定或者重大事项。这是2012年《党政机关公文处理工作条例》中新增的公文文种,原属于党的机关公文,行政机关今后也可以使用。

---

[1] 国发〔2015〕27号。
[2] 国发〔2003〕27号。
[3] 内政发〔1999〕86号。

(5) 公告,适用于向国内外宣布重要事项或者法定事项。它主要用于行政规范的形式,如《财政部、税务总局、科技部、教育部关于继续实施科技企业孵化器、大学科技园和众创空间有关税收政策的公告》[1]《海关总署关于开展国际服务外包业务进口货物保税监管试点工作的公告》[2]。公告有时也用于具体行政行为的形式,如送达公告等。

(6) 通告,适用于在一定范围内公布应当遵守或者周知的事项。它主要用于行政规范的形式,如《国务院关于保障民用航空安全的通告》[3]《中国注册会计师协会关于按比例返还会计师事务所2009年度会费的通告》[4]。

(7) 意见,适用于对重要问题提出见解和处理办法。它一般为下行文,如《国务院关于进一步完善退耕还林还草政策措施的若干意见》[5]《教育部关于实施国家优秀中小学教师培养计划的意见》[6]。它作为上行文时,一般与"请示"结合起来使用;作为平行文时,一般与"函"结合起来使用。

(8) 通知,适用于行政主体发布、传达要求下级机关执行和有关单位周知或者执行的事项,批转、转发公文。通知的种类较多,有批转性通知,如《国务院批转教育部国家教育事业发展"十一五"规划纲要的通知》[7];有转发性通知,如《江苏省人民政府办公厅关于转发省财政厅江苏省文化企业国有资产监督管理办法的通知》[8];有指示性通知,如《教育部关于加强中小学网络道德教育抵制网络不良信息的通知》[9];还有告知性或布置性通知,如《江苏省人民政府关于进一步取消和停止征收部分行政事业性中介经营服务性收费项目的通知》[10];等等。通知有时也用于具体行政行为的形式,如《行政处罚法》第64条第2项规定,"行政机关应当在举行听证的七日前,通知当事人及有关人员听证的时间、地点"。不过,这里的"通知"应当使用"通知书"的形式。

(9) 通报,适用于表彰先进,批评错误,传达重要精神或者情况,多用于指导性行政规范。通报的种类也较多,有表彰性通报,如《广东省人民政府关于表

---

[1] 财政部、税务总局、科技部、教育部公告2023年第42号。
[2] 海关总署公告2009年第85号。
[3] 国发〔1982〕139号。
[4] 通告〔2010〕2号。
[5] 国发〔2002〕10号。
[6] 教师〔2023〕5号。
[7] 国发〔2007〕14号。
[8] 苏政办发〔2009〕114号。
[9] 教基一〔2010〕2号。
[10] 苏政发〔2009〕111号。

彰 2009 年度广东省政府质量奖获奖企业的通报》①；有批评性通报，如《国务院办公厅关于福建省人民政府违反规定征收基础设施建设附加费的通报》②；有指导性通报，用于传达重要精神，如《民政部关于实施惠民殡葬政策先行地区的通报》③；有情况性通报，用于传达重要情况，如《教育部办公厅关于近期几起中小学生溺水事故情况的紧急通报》④。

（10）报告，是下级行政主体在向上级行政主体汇报工作、反映情况以及答复上级行政主体的询问时所适用的文种名称，属于上行文文种。报告的种类有工作报告、情况报告和答复报告等，多属于呈报性报告，即直接报送上级机关而不要求批转的报告，如 1995 年 4 月 11 日国务院学位委员会办公室《关于设置法律专业硕士学位的报告》。

（11）请示，适用于向上级行政主体请求指示、批准。它和报告一样，也属于上行文文种，如《内蒙古自治区人民政府法制办公室关于行政复议期限有关问题的请示》⑤。在行为性质上，请示是需补充的行为，即只有在上级机关批准之后，才能成为批准行为的组成部分即附件，才能成为外部行为并对相对人发生法律效力。上级机关的批准多用"批复""通知""复函"等形式，往往是一种解释性行政规范。

（12）批复，适用于答复下级行政主体请示事项。它主要是针对下级机关请示事项所作的答复。例如，《江苏省人民政府关于太湖风景名胜区管理机构更名的批复》⑥，是针对江苏省住房城乡建设厅《关于进一步明确太湖风景名胜区管理机构及其职能的请示》（苏建园〔2010〕3 号）作出的。

（13）议案，适用于各级人民政府按照法律程序向同级人大或人大常委会提请审议事项。议案的行文方向只对人大及其常委会，但是向人大提出议案的主体除政府外，还有人大主席团、常委会、各专门委员会、人大代表十人以上及乡镇人大代表五人以上联名；向人大常委会提出议案的主体除政府外，还有人大常委会主任会议、各专门委员会、常委会组成人员五人以上及县级人大常委会组成人员三人以上联名。议案只适用于各级人民政府，政府的职能部门无权制发。例如，国务院 1985 年 1 月 11 日向全国人大提请的《关于提请审议建立

---

① 粤府〔2010〕30 号。
② 国办发〔2000〕73 号。
③ 民函〔2010〕45 号。
④ 教基一厅〔2009〕7 号。
⑤ 内政法发〔2002〕22 号。
⑥ 苏政复〔2010〕11 号。

"教师节"的议案》，武汉市人民政府 2006 年 12 月 12 日向武汉市人大常委会提请的《关于提请审议〈武汉市禁止燃放烟花爆竹规定修正案（草案）〉的议案》。

（14）函，适用于不相隶属的行政主体之间相互商洽工作、询问和答复问题，或向有关主管部门请求批准和答复审批事项。函的种类主要有商洽函、询问函、答复函和请批函等。行政主体针对请示或询问等往往都采用函的形式，如《国务院法制办公室关于对内蒙古自治区人民政府法制办公室〈关于行政复议期限有关问题的请示〉的复函》[①]。这种答复函往往是一种解释性行政规范文件。另外，函还可以用于委托有关机关代办某一事项，即委托函，如《国家发展改革委办公厅关于委托中国电力企业联合会开展电力行业信用体系建设有关工作的复函》[②]。

（15）纪要，适用于记载会议主要情况和议定事项。在内容性质上，纪要多为决议性会议纪要或通报性会议纪要，对外往往以"通知"的形式发布，如《国务院批转一九九〇年经济特区工作会议纪要的通知》[③]。它可以是一种解释性行政规范文件或指导性行政规范文件，也可以是一种创制性行政规范文件。

以上是《党政机关公文处理工作条例》统一规定的行政规范的 15 种规范化的名称。但是，在实践中，行政规范文种名称的具体运用存在着不规范的问题。

第一，行政规范名称与规章名称相混用问题。行政规章作为一种法的具体表现形式，一般应当使用"规定""办法""实施细则""规则"等名称，而不宜使用"决定""通知""公告""指示""报告"等行政规范的名称。同样，行政规范也不应当使用"规定""办法""规则"等行政规章的名称。但是，在实践中，行政规章的名称往往与行政规范的名称相混用，尤其是行政规范使用行政规章名称的现象比较普遍。例如，《建设部、公安部关于在住宅建筑设计中加强安全防范措施的暂行规定》[④]《湖北省公安厅、湖北省标准局关于加强我省安全防范设施建设的暂行规定》[⑤]都属于行政规范，却采用了行政规章的名称。这种现象的存在，既不符合《党政机关公文处理工作条例》的规定，也不利于人们从名称上辨认行政规章与行政规范的性质，还容易使立法陷于混乱，不利于行政规章与行政规范的协调发展。因此，行政主体在制定行政规范时，尤其要注意使用前述规范化的文种名称，而不应当使用行政规章的名称。

---

① 国法函〔2002〕258 号。
② 发改办运行〔2017〕1492 号。
③ 国发〔1990〕32 号。
④ 建设〔1991〕486 号。
⑤ 鄂公科〔1992〕15 号。

第二，行政规范名称与具体行政行为名称相混用问题。如前所述，"决定""通知"等既可以用作行政规范的名称，也可以用作具体行政行为的名称。至于在什么情况下用于行政规范或用于具体行政行为的形式，以及如何运用，应当有严格的界限和要求。由于立法上对此尚未作出明确的规定，以至于实践中使用混乱，造成以行政规范的形式作出具体行政行为的现象。另外，值得指出的是，由于"决定""通知"都可用于具体行政行为的形式，因而在使用时也易于相混淆。笔者认为，凡是只涉及相对人程序权利义务或仅为告知事项的应当使用"通知书"，而直接处置相对人实体权利义务的则应当使用"决定书"。目前，各高校在录取新生时普遍采用"录取通知书"的形式是不当的，因为其实质是赋予特定相对人高校入学资格这一实体权利，因而应当用"决定书"。

第三，行政规范名称被相对人滥用问题。行政规范的名称既然由《党政机关公文处理工作条例》作了统一规定，那么它们就理应像法律、法规、规章的名称一样，成为行政规范专有的法定名称，其他任何组织和个人都不宜使用。但是，目前社会上滥用行政规范的名称，尤其是"公告""通告"等专用公文名称的现象比较严重。例如，某商场开业，某学校招收新生，某自来水公司临时性停水，某供电站临时性停电，某开发公司诚聘人才，某剧院举办大型演唱会，某单位更换新名或迁移新址，某商店商品大减价等，都会使用这些名称。其实，这些非公务性的事项完全可以用"广告""启事"等形式来发布，否则不仅严重影响"公告""通告"作为重要的专用公文的庄重性和严肃性，也是对行政管理工作的一种干扰。

此外，由于行政规范的名称过多，其自身相互混用的现象也较为严重，尤其表现为"函"与"请示"或"批复"、"请示"与"报告"之间的相互混用。造成这种混乱的原因可能是使用者把握不准，同时行政规范的文种名称过多也是原因之一，因此应当对其予以精简或进一步界定其适用范围和性质。只有这样，才能使行政规范的文种名称变得更为完善，真正成为规范化的专用名称。

2. 行政规范的文本格式

行政规范的文本格式，是指行政规范的各个构造项目及其在文面上排列组合的规格样式，是行政规范的外部结构形态。它是保证行政规范完整、正确的重要手段，是行政规范合法性、有效性的标志，也是行政规范管理和使用的必要条件。因此，任何行政规范都必须具备规范化的文本格式，具体可以分为文头格式、正文格式、文尾格式和公文版式四个部分。

（1）文头格式。文头即"眉首"，包括份号、密级和保密期限、紧急程度、发文机关标志、发文字号、签发人等部分。份号，是公文印制份数的顺序号，涉密公文应当标注。密级和保密期限,即公文的秘密等级和保密的期限。涉密公文应当根据涉密程度,分别标注"绝密""机密""秘密"和保密期限。非属密级行政规范应当向社会公布,未经公开不具有法律效力。紧急程度,是公文送达和办理的时限要求。根据紧急程度,紧急公文应当分别标注"特急""加急",电报应当分别标注"特提""特急""加急""平急"。发文机关标志,即行政规范制作机关的标记,由发文机关全称或者规范化简称加"文件"二字组成,也可以使用发文机关全称或者规范化简称。例如,"国务院文件""湖北省人民政府文件""湖北省公安厅文件"等。联合行文时,发文机关标志可以并用联合发文机关名称,也可以单独用主办机关名称。发文字号,指发文机关对所制发的行政规范依次编排的顺序代码,其作用是便于查询、引用以及对行政规范进行统计和管理。发文字号由发文机关代字、年份、发文顺序号组成。例如,"国法函〔2002〕258号",代表国务院法制办公室"函"发2002年第258号文。如果几个机关联合发文,只使用主办机关的发文字号。签发人,指代表发文机关核准并签发文件的负责人。《党政机关公文处理工作条例》规定:"上行文应当注明签发人姓名。"签发人和签发者姓名平行排列于发文字号右侧,以表明发文的具体责任者。

(2) 正文格式。正文即"主体",包括标题、主送机关、正文、附件说明、发文机关署名、成文日期、印章、附注等部分。标题,是行政规范主题的概括性名称,应当准确简要地概括出行政规范的主要内容,一般应当标明发文机关名称,并准确标明文种名称。因此,完整的标题包括发文机关名称、事由和文种名称三项内容,通常称作公文标题的"三要素"。例如,《国务院关于加强档案工作的决定》,发文机关是"国务院",发文事由是"关于加强档案工作",文种名称为"决定"。主送机关,是指公文的主要受理机关,应当使用机关全称、规范化简称或者同类型机关统称。主送机关一般只有一个,即由一个机关主办和答复。普发性行政规范,如省政府发给"各市、县人民政府、各地区行署及省直各单位"的文件,主送机关则有多个,此时应当按其性质、级别或惯例依次列出。主送机关一般是必备事项,但是直接向社会公众发布的行政规范则不必写主送机关。正文,是行政规范的主体和中心部分,用以表达行政规范的内容。其书写方式是:每一段落的首行一律空两格,回行时顶格书写。正文不仅具有规范化、科学化的格式问题,更重要的是其内容安排问题。在内容安排上,行政规范不像立法那样分"章""节"或"总则""分则"和"附则"等,而是通常分"开头""中间"和"结尾"三个部分进行组合安排。开头部分,又称"引据部分",往往交代行政规范的制定目的和依据。当然,不同的行政规范,其开头的具体方式是不同的。中间部分,是行政规范的主体部分,主要是对所属行政主体及其公务员行为规则和相对人行为规则的具体规定。此外,这部分往往还要规定"主管部门和解释机构""奖惩办法""施行日期""废止有关行政规范的规定"等执行事宜。结尾部分,一般是根据发文机关的意见和要求,写一个简短结语。行政规范如有附件,应当在正文之下注明附件顺序和名称。成文日期,署会议通过或者发文机关负责人签发的日期。联合行文时,署最后签发机关负责人签发的日期。公文中有发文机关署名的,应当加盖发文机关印章,并与署名机关相符。有特定发文机关标志的普发性公文和电报可以不加盖印章。附注,即需要附加说明的其他事项,如需要加以解释的名词术语,需要予以说明的传达范围、使用方法等。

(3) 文尾格式。文尾即"版记",包括附件、抄送机关、印发机关和时间、页码等部分。附件,是公文正文的说明、补充或者参考资料。抄送机关,是指除主送机关外需要执行或者知晓公文内容的其他机关,应当使用机关全称、规范化简称或者同类型机关统称。印发机关和时间,又称"印制版记",是对公文承印单位、印发日期、印刷份数等情况的介绍,作用在于明确文件印刷质量、时限的责任归属,并便于受文者直接与印发单位取得联系。

(4) 公文版式。公文版式按照《党政机关公文格式》国家标准执行。[①] 公文使用的汉字、数字、外文字符、计量单位和标点符号等,按照有关国家标准和规定执行。民族自治地方的公文,可以并用汉字和当地通用的少数民族文字。公文用纸幅面采用国际标准 A4 型。特殊形式的公文用纸幅面,根据实际需要确定。

3. 行政规范的制定程序

根据《党政机关公文处理工作条例》《国务院办公厅关于加强行政规范性文件制定和监督管理工作的通知》等有关规定和实践,行政规范的制定应当遵循下列程序:

(1) 规划、立项和交办。制定行政规范是行政机关一项重要的法制工作,在正式起草行政规范之前,必须事先做好规划、立项和交办等准备工作。编制规划是对于准备制定行政规范的工作进行具有指导性的总体设想和具体部署。有关单位和公民均可以向有关行政机关提出制定行政规范的建议。行政机关的法制机构应当对制定行政规范的建议进行综合平衡,并且根据需要和可能,分别轻重缓急,提出年度或者一定时期的行政规范制订计划草案,报请行政机关领导审批后执行。当然,该规划是指导性的,只是对一定阶段制定行政规范

[①] 为提高党政机关公文的规范化、标准化水平,2012年6月29日,国家质量监督检验检疫总局、国家标准化管理委员会发布了《党政机关公文格式》国家标准(GB/T 9704-2012),自2012年7月1日起实施。该标准对公文通用纸张、排版和印制装订要求、公文格式各要素编排规则等作了具体规定。

工作的大体安排,在执行过程中,可根据实际情况和形势发展的需要对规划作适当调整。根据收文处理,需要制定行政规范的,如收到下级请示时需要制定对请示的批复,收到来函时需要制作对来函的回复等,应当由行政机关的文秘部门及时提出拟办意见送给领导人批示,进行立项,或者交有关部门办理。

(2) 起草、协商协调与征求意见。列入规划而需要制定行政规范的,必须组织专门的起草人员,或者组织起草人员组成一个专门的起草班子承担行政规范起草任务。这对于保证行政规范起草工作得以顺利、有效进行,保证行政规范质量合乎应有的标准是十分必要的。当然,起草班子的规模,可以视所要起草的行政规范的规模、重要程度、难易程度和复杂程度而定。起草班子的组成人员一般应包括既懂行政专门业务又熟悉法律和政策的专门人员,也可以吸收行政机关以外的专家、学者或者其他有关人员参加。《国务院办公厅关于加强行政规范性文件制定和监督管理工作的通知》强调,起草行政规范,还要对有关行政措施的预期效果和可能产生的影响进行评估,对该文件是否符合法律法规和国家政策、是否符合社会主义核心价值观、是否符合公平竞争审查要求等进行把关。对专业性、技术性较强的行政规范性文件,要组织相关领域专家进行论证。评估论证结论要在文件起草说明中写明,作为制发文件的重要依据。

协商协调是行政规范起草过程中一项重要的工作,对于贯彻行政规范制定中的统一原则和民主原则具有特殊而重要的价值。协商协调,是指将拟制的行政规范草稿与有关部门会商审定。其目的在于,保证行政规范的质量和可行性,尊重有关部门的职权,以便行政规范在制发后相互配合,共同做好有关工作。具体而言,在起草行政规范的过程中,对涉及其他部门职权范围内的事项,主办部门应当主动与有关部门协商,取得一致意见;如有分歧,主办部门的主要负责人应当出面协调,仍不能取得一致时,主办部门可以列明各方理据,提出建设性意见,并与有关部门会签后报请上级机关协调或裁定。

在行政规范起草过程中,还应当尽可能通过各种方式征求、听取和尊重各个方面的意见,这是现代行政民主原则的基本要求。除依法需要保密的外,对涉及群众切身利益或者对公民、法人和其他组织权利义务有重大影响的行政规范,要向社会公开征求意见。起草部门可以通过政府网站、新闻发布会以及报刊、广播、电视等便于群众知晓的方式,公布文件草案及其说明等材料,并明确提出意见的方式和期限。对涉及群众重大利益调整的,起草部门要深入调查研究,采取座谈会、论证会、实地走访等形式充分听取各方面意见,特别是利益相关方的意见。建立意见沟通协商反馈机制,对相对集中的意见建议不予采纳的,公布时要说明理由。

(3)合法性审核、集体审议决定与签发。在行政规范起草完毕之后,起草部门要及时将送审稿及有关材料报送制定机关的办公机构和负责合法性审核的部门,并保证材料的完备性和规范性。制定机关的办公机构要对起草部门是否严格依照规定的程序起草、是否进行评估论证、是否广泛征求意见等进行审核。制定机关负责合法性审核的部门要对文件的制定主体、程序、有关内容等是否符合法律、法规和规章的规定,及时进行合法性审核。

制定行政规范性文件要实行集体研究讨论制度,防止违法决策、专断决策、"拍脑袋"决策。地方各级人民政府制定的行政规范要经本级政府常务会议或者全体会议审议决定,政府部门制定的行政规范要经本部门办公会议审议决定。经审议决定的行政规范,由本机关负责人审批签发。重要公文和上行文由机关主要负责人签发。签发后的文稿即为行政规范文件的标准稿本,是行文的根据。政府的办公厅(室)根据政府授权制发的公文,由受权机关主要负责人签发或者按照有关规定签发。签发人签发公文,应当签署意见、姓名和完整日期;圈阅或者签名的,视为同意。联合发文由所有联署机关的负责人会签。

(4)公开发布。行政规范经审议通过或批准后,由制定机关统一登记、统一编号、统一印发,并及时通过政府公报、政府网站、政务新媒体、报刊、广播、电视、公示栏等公开向社会发布,未经公布的行政规范不得作为行政管理依据。对涉及群众切身利益、社会关注度高、可能影响政府形象的行政规范,起草部门要做好出台时机评估工作,充分利用政府网站、社交媒体等加强与公众的交流和互动。县级以上各级人民政府要逐步构建权威发布、信息共享、动态更新的行政规范信息平台,以大数据等技术手段实现对文件的标准化、精细化、动态化管理。

(5)备案监督。制定机关要及时按照规定程序和时限报送备案,主动接受监督。省级以下地方各级人民政府制定的行政规范要报上一级人民政府和本级人民代表大会常务委员会备案,地方人民政府部门制定的行政规范要报本级人民政府备案,地方人民政府两个或两个以上部门联合制定的行政规范由牵头部门负责报送备案。实行垂直管理的部门,下级部门制定的行政规范要报上一级主管部门备案,同时抄送文件制定机关所在地的本级人民政府。此外,还要加强党委、人大、政府等系统备案工作机构的协作配合,建立备案审查衔接联动机制。

(四)行政规范的效力

行政规范虽不属于法的范畴,但它作为由行政机关代表国家所制定的一种社会规范,一经制发就具有国家意志性,产生一种普遍的强制拘束力,即具有法定的效力。在效力等级和效力依据上,不同的行政规范存在着一定的差异。

1. 行政规范的效力等级

这包括两个方面的内容:一是行政规范之间的效力等级关系,这种情况需按制定机关之间的行政隶属关系来确定。也就是说,上级机关制定的行政规范的效力高于所属机关制定的行政规范,互不隶属的行政机关制定的行政规范之间不存在效力等级关系。另外,同一主体制定的法定解释性行政规范的效力高于其制定的其他行政规范,新的行政规范的效力高于旧的行政规范。二是行政规范与法律、法规和规章等法律规范之间的效力等级关系,这种情况比较复杂,具体如下:

(1) 法规性行政规范,即国务院制定的行政规范。根据《立法法》和《行政法规制定程序条例》的规定,可以从如下几个方面把握法规性行政规范与法律、法规和规章等法律规范之间的效力等级关系:第一,法规性行政规范的效力低于宪法典和法律,除国务院制定的法定解释性行政规范与行政法规具有同等效力外,[①]国务院制定的其他行政规范的效力也低于其制定的行政法规。第二,国务院的行政规范的效力高于部门规章,国务院的法定解释性行政规范的效力不仅高于部门规章,而且高于地方性法规和地方规章。第三,除法定解释性行政规范以外,对国务院的其他行政规范的效力与地方性法规和地方规章之间的关系,有关法律未作规定。但是,从《宪法》第89条和《地方组织法》第69条第2款等关于国务院领导全国行政工作的规定以及实际情况来看,国务院行政规范的效力应高于地方规章。同时,从《宪法》《立法法》和《地方组织法》不要求地方性法规以国务院行政规范为依据,不要求其与国务院行政规范保持一致,以及《行政诉讼法》第63条的规定来看,除法定解释性行政规范外,在本行政区域范围内,地方性法规的效力高于国务院的行政规范。

(2) 规章性行政规范,即有权制定规章的行政机关制定的行政规范。其效力低于法律、行政法规和地方性法规。除此类行政机关制定的法定解释性行政规范与其制定的规章具有同等效力之外,[②]其他行政规范的效力也低于其所制定的规章。这里,关键是规章性行政规范与其他行政机关制定的规章之间的效力关系问题。就国务院主管部门制定的行政规范而言,其所制定的除法定解释性行政规范之外的其他行政规范,在相应行政区域内的效力低于地方规章;就

---

① 参见《行政法规制定程序条例》第31条。
② 参见《规章制定程序条例》第33条。

省、自治区人民政府制定的行政规范而言，其所制定的法定解释性行政规范的效力高于辖区内有立法权的市人民政府制定的地方规章，除此之外的其他行政规范的效力则低于辖区内有立法权的市人民政府制定的地方规章。

此外，由于国务院主管部门制定的法定解释性行政规范与其制定的规章具有同等的法律效力，因而与地方规章之间的效力没有高低之分；地方人民政府制定的法定解释性行政规范与其制定的规章也具有同等的法律效力，因而与部门规章之间同样不存在效力的高低问题。

(3) 其他行政规范，即国务院和规章制定机关之外的其他行政机关和法律、法规、规章授权的组织制定的行政规范。这类行政规范的效力低于所有的法律、法规和规章。

2. 行政规范的效力依据

(1) 行政规范对行政行为的效力。行政规范是否可以作为行政行为的依据？对此，国内外行政法学者有不同的认识。德国和日本学者普遍认为，行政规则不是法的渊源，不能对公民的权利义务产生拘束力，当然也不能作为行政行为的依据。① 我国多数学者尽管基本上也不承认行政规范是法的渊源，但是认为行政规范可以作为行政行为的依据。例如，姜明安教授认为："发布规范性文件的行政机关及所属的下级行政执行机关，在实施具体行政行为时必须遵循相应文件的规定，在作出有关行政决定时必须适用相应文件的规定。行政机关在实施有关具体行政行为，作出有关行政决定时，如果违反相应行政规范性文件的规定，或者不适用相应规范性文件，或者适用错误，都可能导致相应行为、决定的违法和被撤销。"② 笔者认为，行政规范应当作为行政主体实施行政行为的依据，但是仅限于一定范围内，理由如下：

首先，从行政规范的本质属性来看，它与法律、法规、规章一样，具有国家意志性和国家强制性。行政规范是国家行政机关代表公共利益并以国家的名义制定的，当然具有国家意志的属性。同时，行政规范作为国家政权重要组成部分的国家行政权运行的具体表现形式之一，也是离不开国家强制力的保障和支持的。离开了国家强制力，行政规范所设定的权利义务，对法定权利义务所作的解释，就成了一纸空文。因此，行政规范所体现的国家意志和国家强制力，与法律、法规、规章具有一致性。这就使其具备法律规范的许多特征，成了一种法律上的规则和法的重要构成要素，从而也就具备作为行政行为依据的基础

---

① 参见〔日〕室井力主编：《日本现代行政法》，吴微译，中国政法大学出版社1995年版，第69页；〔德〕平特纳：《德国普通行政法》，朱林译，中国政法大学出版社1999年版，第12页。
② 姜明安：《行政法》(第5版)，北京大学出版社2022年版，第316页。

条件。

其次,从行政规范的法律效力来看,它不仅对行政主体本身具有确定力,而且对行政相对人具有拘束力,对行政行为也就具有适用力。行政规范一经发布,行政主体非经法定程序不得任意撤销、改变、废止。发布行政规范的行政主体及所属的下级行政执行主体在实施具体行政行为时,必须遵循相应行政规范的规定;在作出有关行政决定时,必须适用相应行政规范的规定。行政主体在实施有关具体行政行为,作出有关行政决定时,如果违反相应行政规范的规定,或者不适用相应行政规范,或者适用错误,都可能导致相关行为、决定的违法和被撤销。

再次,从行政规范的实际作用来看,它作为行政机关实施行政活动的重要手段,实际上是法律、法规、规章的具体化,起着补充和细化的作用。尤其是在目前我国行政法制并不完善的情况下,即使有一些行政法规和行政规章,但是现实中往往涌现出新的问题或仅为某地区、某部门所独有且并不十分重要的问题需要及时解决,或者虽有行政法规、行政规章的原则规定,却缺乏更详细的办法。此时,往往需要由相应的国家行政机关以行政规范的形式予以解决,以使行政法规、行政规章得到有效执行和落实,或者弥补行政管理中因缺乏法律、行政法规和行政规章而造成的立法"真空"。事实上,几乎所有尚未立法的领域,都由行政规范调整。行政机关的很大一部分具体行政行为也是依据行政规范而不是法律、法规、规章作出的。离开了行政规范,一些领域的行政执法工作将难以正常进行,甚至陷于瘫痪。

最后,行政规范作为行政行为的依据,也符合我国宪法和组织法等的有关规定。我国《宪法》第107条规定,县级以上地方各级人民政府有权发布决定和命令,乡、民族乡、镇的人民政府有权执行上级国家行政机关的决定和命令。《地方组织法》第73条第1项规定,县级以上的地方各级人民政府应执行上级国家行政机关的决定和命令;第76条第1项规定,乡、民族乡、镇的人民政府应执行上级国家行政机关的决定和命令。笔者认为,这里所称的"决定和命令",即以各种形式表现出来的行政规范;所称的执行"决定和命令",即以行政规范为依据实施行政行为。

可见,虽然行政规范(除法定解释性规范)并不具有如同法律规范一样的普遍性强制拘束力,尤其是不具有对法院的拘束力,但是它毕竟对所属行政机关及其工作人员和不特定相对人都具有强制性拘束力,因此应作为行政行为的依据。当然,行政规范作为行政行为的依据,不得与相关的法律、法规和规章相抵触,如与相关的法律、法规和规章的规定或其立法精神相悖,就失去了执行的基础，无疑应被摒弃于行政行为的法定依据之外。同时，行政规范作为行政行为的法定依据，又需区别不同情况，受到一定范围的限制。

第一，理由的依据。在结构上，行政行为往往可以分为"事实认定和法律适用"部分与"权利义务"部分。这其中，行政主体对相对人权利义务的设定、变更或消灭，可以看作行政行为的结论部分，应当以法律规范和法定解释性行政规范作为法定依据，除裁量基准之外，一般不以行政规范为依据。认定事实和适用法律部分，可以看作行政行为的理由部分。行政主体只有在认定事实和适用法律的基础上，才能设定、变更或消灭相对人的权利义务。行政主体对事实的认定和法律的适用，既可以法律规范为依据，也可以行政规范为依据。行政规范往往是法律规范的具体化，对具体事实的认定和特定法律的适用具有约束力。也就是说，对哪些事实、什么样的事实属于法律规范所规定的事实，对法律规范的含义应作怎样的理解或所包含的意义是什么，即对一个行政行为理由的阐述，法律规范难以有详尽的规定，也不能凭行政主体主观想象，而必须以行政规范的规定为准，或必须以行政规范的规定予以证明。

第二，被援用的依据。在行政管理领域，行政规范不仅是行政行为理由部分的依据，而且是被援用的依据。这是因为，有许多行政法规范属于准用性法律规范。所谓准用性法律规范，是指未规定行为规则的内容，只规定在适用此项法律规范时准予援用有关规定的法律规范。① 被援用的有关规定，可以是一条行政法规范或者其他部门法的法律规范，也可以是行政规范的规定，甚至还可以是其他社会规范的规定。这样，当行政规范被准用性法律规范援用时，也就成为行政行为的实施依据。例如，《治安管理处罚法》第 37 条第 1 项规定："未经批准，安装、使用电网的，或者安装、使用电网不符合安全规定的"，处 5 日以下拘留或者 500 元以下罚款。这里的"安装、使用电网不符合安全规定"就是一个准用性法律规范，即该规范并没有直接规定行为规则的内容，安装、使用电网是否符合安全规定尚需引用其他规定加以说明。能够说明这一问题的只有水利电力部和公安部发布的行政规范，即《关于严禁在农村安装电网的通告》②。这样，行政规范就成了被援用的规范，从而成为确认安装、使用电网行为是否合法的依据。当然，当行政规范作为准用性行政法规范的被援用规范时，只是行政行为的补充依据，而不是唯一依据或独立依据。也就是说，行政主

---

① 参见李龙主编：《法理学》，武汉大学出版社 1996 年版，第 74 页；孙笑侠主编：《法理学》，中国政法大学出版社 1996 年版，第 36 页。

② 1983 年 9 月 23 日水利电力部、公安部〔83〕水电农电字第 38 号发布，2016 年 1 月 1 日国家发展和改革委员会令第 31 号废止该文件。

体在适用行政法规范的同时,还应适用被援用的行政规范,而不能仅仅适用准用性行政法规范或者被援用的行政规范,否则即为适用法律、法规错误。同时,当作为被援用的规范时,行政规范既可以作为行政行为理由的依据,也可以作为行政行为结论的依据。

(2) 行政规范对行政审判的效力。在行政诉讼领域,行政规范能否成为人民法院审理行政案件的依据? 根据我国《行政诉讼法》第63条的规定,人民法院审理行政案件"依据法律、法规"并"参照规章",而对行政规范应如何适用则未作明文规定。但是,该法第64条规定:"人民法院在审理行政案件中,经审查认为本法第五十三条规定的规范性文件不合法的,不作为认定行政行为合法的依据,并向制定机关提出处理建议。"①这里只是明确排除了不合法的规范性文件作为司法审查的依据,实际上意味着该条文以间接的方式肯定了法院可以合法的规范性文件作为司法审查的依据。2018年最高人民法院《关于适用〈中华人民共和国行政诉讼法〉的解释》第100条第2款也规定:"人民法院审理行政案件,可以在裁判文书中引用合法有效的规章及其他规范性文件。"据此,笔者认为,行政规范可作为人民法院审理行政案件的根据,而《行政诉讼法》毕竟只是一种间接肯定。因此,在制度安排上,行政规范只能作为判决理由部分论证的"依据",而不是法定的"依据"。也就是说,人民法院在审理行政案件时,应以行政规范作为衡量和判断行政行为是否合法的标准和尺度,并在判决的理由部分予以直接引用。行政规范之所以可以作为行政审判的依据,是因为它具有法律规范的许多共同特征。对此,前文已作过分析,在此不再赘述。行政规范之所以只能作为判决理由的依据,是因为它毕竟不是法的渊源,不能等同于法律规范。同时,在有准用性法律规范的前提下,行政规范与法律规范可以一并作为裁判文书理由和结论部分的依据。这与被援用的行政规范可以作为行政行为结论部分的依据之理由相同。

行政规范在一定范围内可以作为人民法院审理行政案件的依据,但是在一般情况下仅仅是论证上的"依据"(说理依据),而非《行政诉讼法》所说的法定"依据"(裁判依据),并不对法院产生当然的拘束力。与法律规范不同,法院有权而且应当审查行政规范的合法性,而不是对行政规范作无条件的援引和适用。通过审查,如果认为行政规范是合法有效的,就以此作为衡量和判断行政行为是否合法的标准和尺度,并在判决书中予以引用;如果认为行政规范是不合法的,则不承认其效力,不予适用。即便法院认为行政规范是合法有效的,也

---

① 《行政诉讼法》第53条规定:"公民、法人或者其他组织认为行政机关所依据的国务院部门和地方人民政府及其部门制定的规范性文件不合法,在对行政行为提起诉讼时,可以一并请求对该规范性文件进行审查。前款规定的规范性文件不含规章。"

应当与相关法律规范"一并援引"而不能"单独援引"。人民法院在对行政规范司法审查的程度和标准上,应当坚持"合法性审查原则",具体包括几个方面的合法性审查标准:第一,行政规范的制定是否合法,包括行政规范是否为有权限的行政机关制定、有无超越法定权限,以及行政规范的制定程序是否合法等;第二,行政规范的内容是否符合法律、法规、规章和上级行政规范,有无与法律、法规、规章和上级行政规范相抵触等;第三,行政规范是否符合授权法的旨意和是否符合比例原则等法律原则。

当然,在面对大量的自主性行政规范时,法院亦应当保持一定的司法尊重。在美国,自1984年的"谢弗林诉自然资源保护委员会案"[1]以来,法院一直保持着对行政机关作出的各种行政规则的尊重,只不过司法尊重的程度不同而已。[2] 对行政机关给予司法尊重的理由,除了行政机关拥有专家、知识的技术优势和较之法院更强的民主化决策程度外,主要是由于行政机关的规则制定权本身就伴随着裁量权的授予。[3] 即在法律将某个方面的裁量权授予行政机关时,行政机关就有权依据立法授权作出相应的裁量性行政规范,而无须单独授权。因此,尽管法院应当严格坚守合法性的审查标准,但是在诸如行政规范是否必须公开、是否需要单独的立法授权等问题上,亦应当保持对行政规范自制属性的基本尊重。[4] 例如,在德、日行政法上,有关法规命令与行政规则最为本质的区别就是"是否需要得到立法授权"[5],后者无须专门的立法授权;在美国,非立法性规则其实也不是运用"委任性的法律制定权力"[6]。

第三节 具体行政行为(一)

具体行政行为与抽象行政行为相对应,是行政行为的另一种基本类型。与抽象行政行为相比,具体行政行为涉及的范围广、数量多,与人们的实际生活有

---

[1] Chevron U. S. A. , Inc. v. Natural Resources Defense Council.
[2] 参见〔美〕史蒂文·J.卡恩:《行政法:原理与案例》,张梦中等译,中山大学出版社2004年版,第357—359页。
[3] See Kenneth Culp Davis, *Discretionary Justice*, University of Illinois Press, 1971, p. 68.
[4] 参见周佑勇:《裁量基准的司法审查研究》,载《中国法学》2012年第6期。
[5] 黄舒芃:《行政命令》,三民书局2011年版,第46页。
[6] Michael Asimow, Nonlegislative Rulemaking and Regulatory Reform, *Duke Law Journal* 381, 1985, p. 126.

着最直接、最经常的联系,因而其种类也很多。本节重点研究行政许可、行政处罚和行政强制这三种典型且运用最广泛的模式化具体行政行为。同时,我国已经制定了《行政许可法》《行政处罚法》《行政强制法》三部重要法律,分别为统一规范这三种行政行为提供了明确法律依据。

一、行政许可

行政许可,也就是通常所说的"行政审批",既是一种重要的行政行为,也是现代国家管理经济和社会事务的一种重要的事前控制手段。在我国,行政许可已被日益广泛地运用于许多行政管理领域,对于保障、促进经济和社会发展发挥了重要作用。然而,长期以来,由于缺乏有效的立法规范,行政审批过多过滥的问题也越来越突出,成了行政管理中的一大弊端。为全面、有效地规范行政许可的设定和实施,2003年8月27日,第十届全国人民代表大会常务委员会第四次会议通过了《行政许可法》,自2004年7月1日起正式施行,之后于2019年4月23日进行了一次修正。这部法律的制定和施行,无疑是我国行政法治建设中具有里程碑意义的一件大事,它对于全面深化行政审批制度改革,推动政府职能的转变和政府管理方式的创新,促进社会主义市场经济的完善,系统深入地推进我国行政机关依法行政,建设法治政府,都有着极其深远而重大的影响和意义。[1]

(一) 行政许可的概念

1. 行政许可的含义

许可有"准许""容许"之义,在法律上指一方允许另一方从事某种活动,非经允许而为之,即属侵权违法的行为,需承担相应的法律责任。不同部门法中,许可的含义不同。民法上的许可,通常指土地所有权人允许他人通过或使用其土地的行为;知识产权法上的许可,则指专利、商标所有人允许他人使用其专利、商标的行为。由于民法上的许可被认为是充分发挥民事主体权利效能的最佳途径,因此逐渐被各国引用到公法领域之中。当行政主体作为许可人,旨在

---

[1] 我国行政审批制度改革始于2001年。2001年12月11日,我国正式加入世界贸易组织。为适应"入世"需要,严格履行WTO框架下的政府义务,进一步建立和完善社会主义市场经济体制,必须深入推进行政审批制度改革。自2001年国务院下发《国务院批转关于行政审批制度改革工作实施意见的通知》(国发〔2001〕33号),至2012年8月,国务院先后分六批共取消和调整了2497项行政审批项目,占原有总数的69.3%。党的十八大以来,我国继续深入推动行政审批制度改革,进一步作出了一系列取消和下放行政许可事项的决定。

管理公共事务时,就形成了行政许可,成为行政法意义上的许可。① 根据《行政许可法》第 2 条的规定,行政许可,是指行政机关根据公民、法人或者其他组织的申请,经依法审查,准予其从事特定活动的行为。它包括如下几个方面的具体含义:

(1) 从内容上看,行政许可是依法准予相对人从事特定活动的一种授益行政行为。也就是说,一经许可,相对人就获得从事某种特定活动的权利或资格。其中,使相对人获得从事某种活动的权利的许可被称为"行为许可",如开业、生产、经营许可等;而使相对人获得某种资格的许可则被称为"资格许可",如律师证、会计师证、建筑师证、行医证、驾驶证(或执照)等。行政许可作为一种授益行政行为,不同于行政处罚、行政强制、行政征收等负担行政行为,后者以要求相对人负担一定的义务或对其权利加以限制为内容。

(2) 从程序上看,行政许可是一种应申请的行政行为。也就是说,行政相对人认为自己符合法定的条件,可以获得从事某种特定活动的权利或资格,必须向有关的行政机关提出申请,请求行政机关的许可。同时,这是一种法定的申请,未经相对人的申请,行政主体不得主动为之。这里值得注意的是,在有些情况下,行政主体也可主动要求相对人取得许可。例如,市场监管部门发现某种商品的商标未经注册,可责令生产或经销该商品的单位到市场监管局注册。作出行政许可决定仍以相对人提出申请为前提,没有相对人的申请,行政主体不能主动给予。这就与行政处罚、行政征收等依职权的行政行为不同,对于后者,只要有法定的事实如违法事实发生,行政机关就应当根据其职权而无须相对人的申请主动实施。

(3) 从性质上看,行政许可是一种须经审查的行政行为。尽管行政许可必须以相对人的申请为前提条件,但是相对人的申请只是行政许可实施的前提条件,并不意味着相对人一经申请就必定得到行政机关的认可。对于相对人的申请,是否给予行政许可,行政机关还必须经依法审查,审查的内容是申请人是否具备从事某种特定活动的法定条件。具备条件的,就准予从事某种活动,即具有从事某种活动的权利;否则,就不得从事某种活动,即从事某种活动的权利受到限制。可见,行政许可的实质在于审查申请人是否具备从事某种特定活动的法定条件。② 这是因为,国家为了公共利益和社会秩序的需要,往往要对相对人从事某种活动的权利进行一定的限制,只有具备一定条件和资格,经行政主

---

① 参见马怀德:《行政许可》,中国政法大学出版社 1994 年版,第 2 页。
② 参见杨解君主编:《行政许可研究》,人民出版社 2001 年版,第 69 页。

体审查批准,方能准许相对人行使该项权利。例如,为了保证公共安全、维护交通秩序,国家要对公民驾驶机动车辆的行为附加一定的限制条件。据此,只有符合条件者才能获得驾驶执照,被准予驾驶机动车辆。从这个角度进一步而言,行政许可的实质是行政权力对私人权利进行的一种干预或限制。[①] 许可同时意味着对权利的限制,许可范围越大,限制领域越多,相对人自由活动的领域就越小;反之亦然。国家正是以此实现对社会、经济事务的宏观调控,这也正是行政许可作为一种重要的事前监管手段的依据之所在。这也说明,行政机关采用检验、检测等手段对市场产品进行的事后监管不是行政许可。

(4) 从形式上看,行政许可还必须采用书面许可证件或其他特定的形式,即为一种要式行政行为。这是行政许可产生法律效力应具备的特定形式要件。对此,《行政许可法》第 39 条作出明确的规定,其中许可证件的形式有:许可证、执照、资格证、资质证、行政机关的批准文件或者证明文件等。对于其他不能采取书面证件形式的行政许可,也要求具备其他特定形式。这主要是针对行政机关实施检验、检测、检疫的许可,可以在检验、检测、检疫合格的设备、设施、产品、物品上加贴标签或者加盖检验、检测、检疫印章。例如,在检验合格的电梯上加装标牌,在检疫合格的生猪上加盖印章。

(5) 从适用范围上看,行政许可并不包括内部行政审批行为,而是一种外部行政行为。通常,人们将行政许可又称作"行政审批",似乎两者可以相等同。但是,严格而言,两者是有区别的。就内涵而言,行政审批,是指"行政审批机关(包括有行政审批权的其他组织)根据自然人、法人或者其他组织依法提出的申请,经依法审查,准予其从事特定活动、认可其资格资质、确认特定民事关系或者特定民事权利能力和行为能力的行为"[②]。从外延来看,行政审批包括行政许可内的审批与行政许可外的审批。[③] 可见,审批比许可的范围更为广泛,它不仅在外部行政管理活动中运用,在内部管理活动中更是经常使用,如上级行政机关基于行政隶属关系对下级行政机关有关请示报告事项的审批等。也就是说,行政审批在表现形态上,既可以是外部行政行为,也可以是内部行政行为。行政许可则仅仅适用于外部行政管理活动,是一种外部行政行为。对此,《行政许可法》第 3 条第 2 款规定:"有关行政机关对其他机关或者对其直接管理的事业单位的人事、财务、外事等事项的审批,不适用本法。"这就从适用范围上将内部的行政审批行为排除在行政许可之外。

---

① 参见罗文燕:《行政许可制度研究》,中国人民公安大学出版社 2003 年版,第 37 页。
② 《关于贯彻行政审批制度改革的五项原则需要把握的几个问题》(国审改发〔2001〕1 号)。
③ 参见《关于保留部分非行政许可审批项目的通知》(国办发〔2004〕62 号)。

2. 行政许可与相关范畴的关系

(1) 行政许可与行政确认。行政确认是行政主体根据法律、法规的规定,依职权或应当事人的申请,对一定的法律事实、法律关系、权利、资格或法律地位等进行认定、甄别、证明并予以宣告的行政行为。它也是现实生活中广泛存在的一种行政行为。例如,在公安管理中,对交通事故的车辆、物品、尸体、路况以及当事人的生理、精神状况的检验和鉴定,对交通事故等级的确认,对公民身份、出生、死亡等事实的证明等;在民政管理中,对现役军人死亡性质、伤残性质的认定,对烈士纪念建筑物的等级、革命烈士的确认,对婚姻状况、收养关系等事实的证明等;在劳动管理中,对人员伤亡事故原因、责任的确认,对特别重大事故的技术鉴定等;在卫生管理中,对食品卫生质量的鉴定,对新药与进口药品的鉴定,对国境卫生的鉴定,对医疗事故等级的鉴定等;在经济管理中,对产品标准化的行政认证和计量器具核定、产品质量认证,对商标和专利权的审定,对著作权属的确认,对动植物检疫的确认,对自然资源的所有权和使用权的确认等。

行政许可与行政确认既有联系又有区别。两者的区别主要表现为:

第一,行为的内容不同。行政许可的内容是依法准予相对人从事特定活动,一经许可,相对人就获得从事某种特定活动的权利或资格。行政确认的内容只是行政主体认定相对人的权利义务或与之相关的法律事实是否存在,并未创设新的权利义务,也没有变更或消灭原有的权利义务。

第二,行为的效果不同。行政许可是允许被许可人今后可以从事某种特定活动,其法律效果具有后及性,未经许可而从事的行为将发生违法的后果,当事人将因此受到法律制裁。行政确认是对相对人既有的权利、资格或行为的法律认定,其法律效果具有前溯性,未被认可的行为或地位将发生无效的结果。

尽管行政许可与行政确认存在很多不同之处,但是它们之间又具有紧密联系。有的行政许可中也包括行政确认这一阶段,有时存在"重合""并存"或相互"转化"的情形。如发放驾驶执照,既是对申请人具有驾驶能力和条件的确认,又是对申请人可以驾驶机动车辆的许可。

(2) 行政许可与登记。登记,即行政主体应相对人申请,在政府有关登记簿册中记载相对人的某种情况或事实,并依法予以正式确认的行为。在实践中,"登记"被广泛地规定在法律、法规中,如婚姻登记、户口登记、社团登记、企业法人登记、房屋产权登记、土地使用权登记等。尽管"登记"被广泛使用,但是它并非与行政许可、行政确认、行政处罚等相独立、相并列的具体行政行为模式。其中,有些登记属于确认式登记,是行政机关仅为确认财产权及其他民事关系的登记,只是起到公示、证明、确认以及对抗第三人的作用,因而不属于行政许可的范围,如物权登记。这类登记不是为当事人创设一种公法上的权利,而是对当事人既有的民事法律关系予以确认。可以说,法律关系成立在先,登记在后。其目的在于,维护法的安定性,特别是保护善意第三人利益,一经登记,禁止行政机关自行撤销,必须经法院判决后登记机关才可撤销。有的登记则是许可式登记,属于行政许可这一具体行政行为。对确认法人或者其他组织民事主体资格的注册,如公司设立的注册登记、社会团体的注册等,则可归于行政许可,因为只有经行政机关登记后,该组织才能取得拟制的人格化的法律地位。在这一法律关系中,登记在前,市场主体资格确立在后。"我国行政许可法也是采取这一思路,将后一种登记纳入行政许可法的调整范围的。"[1]

(3) 行政许可与证明。证明是行政主体应相对人的申请,对有关法律事实予以证明,以确认其法律效力的一种准行政行为。例如,各种学历和学位证明、居民身份证明等。许可是赋予相对人从事某种事项的权利或资格的行为,而单纯的证明仅是对某种事实的确认,属于一种确认行为。当然,许可也包含证明的效力。例如,发放驾驶执照、律师执照,除了允许某人从事某种特定职业外,还有证明某人具有相应资格或能力的作用。

(二) 行政许可的种类

1. 学理上的分类

根据不同的标准,理论上常常将行政许可划分为如下不同的种类:

(1) 行为许可与资格许可。这是以许可的内容为标准的。行为许可,是指行政机关根据相对人的申请,允许其从事某种活动,采取某种行为的行政许可。其特点是不必经过严格的考试,主要目的是保护公共利益的需要,限制相对人在规定领域的行为自由,只允许符合条件的相对人从事某种活动。例如,卫生管理部门核发的卫生许可证、生态环境部门发放的排污许可证等都是行政机关对相对人从事某种行为的允许证明。资格许可,是指行政机关根据相对人的申请,通过考试考核的形式对合格者发放证明文书,允许持证人从事某一职业或者进行某种活动的行政许可。资格许可的目的是,通过制定最低限度的标准,限制某一行业的从业人员,以避免不适格人员从事某行业可能造成的损害。在我国,资格许可主要存在于专业性、技术性较强的行业和领域,其目的一是保障行为人,二是保护消费者的安全和利益。

---

[1] 张兴祥:《中国行政许可法的理论和实务》,北京大学出版社2003年版,第20页。

资格许可与行为许可相比,有以下特征:一是获得资格许可一般要经过专门训练和考核才能取得,并非所有人都能够获得此类许可;二是并非所有取得资格许可的人都有从事某种活动的行为自由,如果要从事某一行为,还必须在获得资格许可的基础上再次申领行为许可证。例如,获得律师职业资格的人要从事律师职业,还必须向司法行政机关申请律师执照。从我国目前的经济发展需要看,资格许可是提高各行从业人员素质,从而造就一批人才的重要途径之一。从国外情况看,这种资格许可大都由行业公会等社会中介组织负责和掌握。我国目前也开始授权或委托部分中介组织从事资格认证工作,但是范围较窄,而且尚未有法律作统一规定。①

(2) 权利性许可与附义务许可。这是以许可是否附加必须履行的义务为标准的。权利性许可,又称"可以放弃的行政许可"(或"无条件放弃的许可"),指被许可人在取得许可后并不承担作为义务,放弃所取得权利不必承担责任的许可。多数许可属于此类许可。附义务许可,又称"不可放弃"(或"有条件放弃的许可"),指行政许可证的持有人在获得许可的同时,便承担了在一定期限内从事该项活动的义务;如果在此期限内没有从事该项活动,便会因此承担一定的法律责任。例如,《土地管理法》第 38 条第 1 款规定:"禁止任何单位和个人闲置、荒芜耕地。已经办理审批手续的非农业建设占用耕地,一年内不用而又可以耕种并收获的,应当由原耕种该幅耕地的集体或者个人恢复耕种,也可以由用地单位组织耕种;一年以上未动工建设的,应当按照省、自治区、直辖市的规定缴纳闲置费;连续二年未使用的,经原批准机关批准,由县级以上人民政府无偿收回用地单位的土地使用权;该幅土地原为农民集体所有的,应当交由原农村集体经济组织恢复耕种。"

(3) 排他性许可与非排他性许可。这是以许可享有的程度为标准的。排他性许可,又称"独占许可",是指某个人或组织获得许可后,其他任何人不得再申请或获得,如专利许可、商标许可。非排他性许可,又称"共存许可",是指只要申请人提出申请并符合法定条件,许可机关均可给予的许可,如营业许可、驾驶执照。有的排他性许可还有数额限制,一旦满额,行政许可机关即不得准许申请人的申请。例如,开办电视台的许可就有数额的限制。非排他性许可则没有任何数额的限制。因此,也有人将其称为"有数额限制的许可"与"无数额限制的许可"。②

---

① 参见马怀德:《行政许可》,中国政法大学出版社 1994 年版,第 63—65 页。
② 同上书,第 72—73 页。

(4) 独立的许可与附文件的许可。这是以许可能否单独使用为标准的。独立的许可,指相对人所获得的是单独的许可证或书面文件,无须其他文件对此加以说明,许可证已就持有人活动的范围、方式、时间等作了足够的规定,如卫生许可证、持枪证、驾驶执照等。独立的许可不依附其他证照就可以独立存在、生效,是常见的许可形式。附文件的行政许可,指需要附文件加以说明的许可证或书面文件,这种许可证或书面文件本身不足以说明持有人得到许可的全部内容,而需要某些附加文件补充说明。例如,专利许可、商标许可、建设许可等都是附文件的行政许可。申领专利许可证须附专利附图、照片或专利说明;商标许可证书须附商标图样;建设工程规划许可证须附有建筑物建设位置、高度、密度、层数、环境协调等内容的设计图纸和文件。对于附文件的许可,若没有所附文件,则无法表明得到行政许可的具体而完整的内容。

除上述几种基本的分类方法外,还存在其他分类方法。例如,根据行政许可的目的,可将其分为:保障公共安全的许可,如公共娱乐场所营业许可、食品卫生许可;调控进出口贸易的许可,如中药材出口许可;发展国民经济的许可,如工业产品生产许可、电力供应许可;维护社会风尚的许可,如书刊发行许可、音像制品生产和经营许可;维护交通安全的许可,如驾驶许可、民用航空许可;保护重要资源和生态环境的许可,如森林采伐许可、采矿许可、取水许可、捕鱼狩猎许可、土地使用许可;调控进出口贸易的许可,如货物进出口许可、药品进出口许可;加强城市管理的许可,如城市建筑许可等;保护当事人合法权益的许可,如专利许可、商标许可等。此外,根据所适用的行政管理领域的不同,行政许可主要分为:治安许可;工商许可,包括经营许可、专利许可、广告许可、商标许可;环保和卫生许可;资源许可;交通运输许可;文化许可;城建许可;等等。

2. 法定的种类

尽管《行政许可法》没有明确规定行政许可的具体种类,但是在进行具体制度设计时,按照行政许可事项的不同性质,对行政许可进行了分门别类的列项表述。据此,可将行政许可分为:

(1) 普通许可。这是行政机关经过审查确认公民、法人或者其他组织是否具备从事特定活动的条件的活动。它是运用最为广泛的一种行政许可,适用于直接关系国家安全、经济安全、公共利益、人身健康、生命财产安全等的事项。例如,卫生行政许可、集会游行示威许可、商业银行设立许可等。普通许可的功能主要是防止危险、保障安全,行政许可机关实施普通许可一般没有行政裁量权,且没有数量控制。

(2) 特许。这是行政机关代表国家向被许可人授予某种特殊权利的活动,主要适用于有限自然资源的开发利用、有限公共资源的配置、直接关系公共利益的垄断性企业的市场准入等。海域使用许可、无线电频率许可是典型的特许。特许的功能主要是分配稀缺资源。行政许可机关实施特许时一般都有行政裁量权,且有数量控制。行政相对人取得特许一般应支付一定费用,所取得的许可也可以依法转让、继承。

(3) 认可。这是行政机关对申请人是否具备特定技能进行认定的活动,主要适用于为公众提供服务、直接关系公共利益并要求具备特殊信誉、特殊条件或者特殊技能的资格、资质等。认可的主要功能是提高从业水平或者证明某种技能、信誉,一般都要通过考试的方式并根据考试的结果决定是否认可,没有数量限制。资格、资质证具有人身专属性,与特定人的身份相联系,不能继承、转让。

(4) 核准。这是行政机关对某些事物是否达到特定技术标准、经济技术规范进行判断、确定的活动,主要适用于直接关系公共安全、人身健康、生命财产安全的重要设备设施的设计、建造、安装和使用,直接关系人身健康、生命财产安全的特定产品、物品的检验、检疫等。例如,消防产品验收、生猪屠宰检疫等。核准的功能也是防止危险、保障安全,一般根据实地验收、检测结果决定是否核准,没有数量控制。行政许可机关实施核准没有裁量权。

(5) 登记。这是行政机关确立个人、企业或者其他组织特定主体资格的活动。登记的功能主要是确立申请人的某种法律主体资格,没有数量控制。例如,企业注册登记、社团登记等。行政许可机关一般只对申请人的申请材料进行形式审查,通常可以当场决定是否准予登记。

(三) 行政许可的原则

行政许可的原则,是指行政许可的设定和实施所必须遵循的法定的基本准则。它贯穿于行政许可的全过程,对设定和实施行政许可提出了原则性的要求,具有普遍性的指导意义。对此,《行政许可法》在总则部分作了明确规定,具体可以概括为如下几项原则:

1. 许可法定原则

根据《行政许可法》第4条的规定,设定和实施行政许可,应当依照法定的权限、范围、条件和程序。这就是许可法定原则。其具体要求如下:第一,许可的设定必须法定。也就是说,不能任由什么人、什么机关设定行政许可事项,也不是任何事项都需要设立行政许可。行政许可是一项重要的行政权力,设定行政许可属于立法行为,应当符合《立法法》确定的立法体制和依法行政的要求,做到相对集中。《行政许可法》第二章对此作了明确具体的规定。第二,许可的实施必须法定。也就是说,行政许可必须由法定的行政主体在其法定权限范围内,按照法定的条件和程序实施。关于实施行政许可的机关、权限、范围、条件和程序,《行政许可法》及其他有关法律作了明确具体的规定,行政许可的实施必须严格依据这些法律的规定,而不得与之相违背。

2. 公开、公平、公正的原则

根据《行政许可法》第5条的规定,设定和实施行政许可,应当遵循公开、公平、公正的原则。这实际上包含三个原则:

(1) 许可公开原则。这是公开原则在行政许可领域的具体体现,它要求:第一,许可的依据公开。即有关行政许可的规定应当公布;未经公布的,不得作为实施行政许可的依据。第二,行政许可的实施和结果,除涉及国家秘密、商业秘密或者个人隐私的外,应当公开。许可的实施公开,即许可的整个实施过程应当公开,主要通过表明身份制度、告知制度、档案资料查询制度、听证制度等体现出来。许可的结果公开,即许可的决定必须公开。也就是说,无论准予许可还是不予许可的决定,都必须采取书面形式,即制作行政许可决定书送达当事人及利害关系人,否则不发生效力。公开时应当注意的是,未经申请人同意,行政机关及其工作人员、参与专家评审等的人员不得披露申请人提交的商业秘密、未披露信息或者保密商务信息,法律另有规定或者涉及国家安全、重大社会公共利益的除外;行政机关依法公开申请人前述信息的,允许申请人在合理期限内提出异议。

(2) 许可公平原则。这主要是对行政许可实体方面的要求,具体而言:第一,平等对待当事人,不歧视。即符合法定条件、标准的,申请人有依法取得行政许可的平等权利,行政机关应当一视同仁、前后一致,不得歧视任何人。第二,合理考虑相关因素,不专断。即行政机关实施行政许可行为,应当全面考虑行为所涉及或影响的因素,包括法律法规规定的条件、政策的要求、社会公正的准则、当事人的个人情况等,而不能仅凭自己的主观认识、推理、判断,任意地、武断地作出行政许可决定和实施行政行为。这样,才能使行政许可的决定做到公平、合理。

(3) 许可公正原则。这主要是对行政许可程序方面的要求,具体而言:第一,没有利害关系。这是指行政机关及其工作人员必须与其所作的行政许可没有个人利益上的联系,否则就应予以回避。第二,没有偏私。这是指行政机关在实施行政许可行为时,要为各方参与人提供平等参与的机会,排除各种可能造成偏见的因素。这就要求行政机关及其工作人员在实施行政许可行为时,不受外部压力的干扰,对所决定的事项没有成见;作出决定前未私自与一方当事人单独接触过,更未接受过当事人的礼品、某种好处或贿赂等。第三,听取意见。这是指行政机关在作出行政许可行为时,应充分了解相对人所具有的证据材料和相对人的意见、说明,必要的时候还应当举行听证。

3. 便民、效率的原则

《行政许可法》第6条规定:"实施行政许可,应当遵循便民的原则,提高办事效率,提供优质服务。"这是对便民、效率的原则作出的规定。

(1) 便民原则。这是指行政机关实施行政许可应当尽可能手续简化、方便快捷,从而确保许可申请人以最低的成本获得许可目的的实现。为了贯彻这一原则,《行政许可法》具体规定了一系列方便当事人申请许可的重要措施。例如,《行政许可法》第26条规定:"行政许可需要行政机关内设的多个机构办理的,该行政机关应当确定一个机构统一受理行政许可申请,统一送达行政许可决定。行政许可依法由地方人民政府两个以上部门分别实施的,本级人民政府可以确定一个部门受理行政许可申请并转告有关部门分别提出意见后统一办理,或者组织有关部门联合办理、集中办理。"也就是说,凡是依法需要几个部门几道许可的,可以由一个部门牵头征求其他有关部门意见后统一办理,或者实行联合办理、集中办理,尽量减少"多头审批"。第29条规定,除依法应当由申请人到行政机关办公场所提出行政许可申请的外,申请人可以委托代理人提出行政许可申请。行政许可申请可以通过信函、电报、电传、传真、电子数据交换和电子邮件等方式提出。

(2) 效率原则。这是指行政机关在履行职责时,应当以尽可能小的社会成本实现既定的行政管理目标,使社会效益最大化。贯彻这一原则,最重要的是,行政许可机关应当在法定的期限内及时办理行政许可事项,不得无故拖延。

4. 权利救济原则

行政许可是一种授益行政行为,这种授益主要是对被许可人而言的,对利害关系人则可能是一种负担,即利益的限制。同时,行政机关作出的"不予许可"决定,对申请人也可能是一种直接的侵害。因此,无论行政机关作出准予许可还是不予许可的决定,都可能对有关相对人的合法权益产生一定的不利影响。为了保障当事人在行政许可中的合法权益,《行政许可法》第7条规定:"公民、法人或者其他组织对行政机关实施行政许可,享有陈述权、申辩权;有权依法申请行政复议或者提起行政诉讼;其合法权益因行政机关违法实施行政许可受到损害的,有权依法要求赔偿。"其中,陈述和申辩可被认为是事前救济途径,复议和诉讼可被认为是事后补救途径。行政主体在实施行政许可时,不仅要为相对人提供陈述和申辩的机会,即听取相对人的意见,而且必须告知相对人享有复议和诉讼的权利,以确保相对人通过这些救济途径切实保障自己的合法权益。

5. 信赖保护原则

这是《行政许可法》从西方国家首次引入我国行政法律制度中的一项重要的基本原则,其目的在于努力打造一个诚信、高效、负责的政府。这无疑是我国立法上的一个重大的创举和进步,对于促进行政机关及其工作人员执政观念的转变,树立诚信意识,更加谨慎、理性地行使行政职权,必将产生重要和深远的影响。具体而言,所谓信赖保护,是指当被许可人对行政机关作出的行政许可行为形成值得保护的信赖时,行政机关不得随意改变该行为,否则必须合理补偿被许可人信赖该行为有效存续而获得的利益。其实质是,为了保护被许可人对行政许可行为的信赖利益,必须对该行为的改变予以限制。对此,《行政许可法》第8条第1款作了明确具体的规定:"公民、法人或者其他组织依法取得的行政许可受法律保护,行政机关不得擅自改变已经生效的行政许可。"除非是为了公共利益的需要,才可以依法变更或者撤回已经生效的行政许可。但是,这也仅限于两种情形:一是行政许可所依据的法律、法规、规章修改或者废止;二是准予行政许可所依据的客观情况发生重大变化。由此给公民、法人或者其他组织造成财产损失的,行政机关应当依法给予补偿。

此外,按照信赖保护原则的要求,即使是违法的许可,如果对相对人产生了值得保护的信赖利益,那么也不得一律撤销;否则,因撤销行政许可而给被许可人的合法权益造成损害的,行政机关应当依法给予赔偿。对此,《行政许可法》第69条第1款作了明确具体的规定:"有下列情形之一的,作出行政许可决定的行政机关或者其上级行政机关,根据利害关系人的请求或者依据职权,可以撤销行政许可:(一) 行政机关工作人员滥用职权、玩忽职守作出准予行政许可决定的;(二) 超越法定职权作出准予行政许可决定的;(三) 违反法定程序作出准予行政许可决定的;(四) 对不具备申请资格或者不符合法定条件的申请人准予行政许可的;(五) 依法可以撤销行政许可的其他情形。"但是,因撤销上述违法的行政许可而对被许可人的合法权益造成损害的,行政机关应当依法给予赔偿。行政机关在撤销这些违法的行政许可时必须进行利益衡量,在一些特殊情形下,不应当撤销:一是撤销行政许可可能对公共利益造成重大损害的;二是被许可人基于行政许可所取得的利益明显大于撤销行政许可所要维护的公共利益的。当然,被许可人以欺骗、贿赂等不正当手段取得行政许可的,其获得的利益不是基于对行政机关的信任,因而不受法律的保护。该行政许可不仅应当予以撤销,而且应当受到行政处罚。根据《行政许可法》第79条的规定,被许可人以这种手段取得的行政许可属于直接关系公共安全、人身健康、生命财产安全事项的,在3年内不得再申请该行政许可。

6. 许可不得转让原则

依法取得行政许可,必须符合法定条件、标准。因此,被许可人取得的行政许可一般不得转让。只有特定事项依法取得的行政许可可以转让,但是必须由法律、法规对这种转让作出明确规定。比如,通过出让许可方式取得的土地使用权,有关法律规定被许可人可以依照法定条件和程序转让。如果对行政许可转让不加严格限制,会给倒买倒卖许可证件等违法犯罪行为提供可乘之机,造成经济、社会秩序混乱。在社会上,有这样的现象,有的人或单位千方百计搞到行政"批文",却用来倒卖牟利。这在一定程度上扰乱了社会主义市场经济秩序,影响了行政许可的严肃性,也损害了国家利益。为了有效遏制这样的现象,《行政许可法》第9条规定:"依法取得的行政许可,除法律、法规规定依照法定条件和程序可以转让的外,不得转让。"同时,《行政许可法》第80条还规定,倒卖、出租、出借行政许可证件,或者以其他形式非法转让行政许可的,行政机关应当依法给予行政处罚;构成犯罪的,依法追究刑事责任。

根据行政许可的性质和功能,依法不得转让的行政许可主要有:通过考试赋予公民特定资格的行政许可,或者根据法定条件赋予法人和其他组织特定资格、资质的行政许可;按照技术标准和技术规范进行检验、检测、检疫,行政机关根据检验、检测、检疫的结果作出的行政许可决定;公民和社会组织通过登记取得的特定主体资格;被许可人按照法定条件申请取得的直接关系国家安全、公共安全、人身健康、生命财产安全的许可等。但是,某些由申请人支付一定的价款,以公开、公平竞争方式取得的行政许可,依照法律、法规规定的条件和程序,可以转让。例如,《城镇国有土地使用权出让和转让暂行条例》第4条规定:"依照本条例的规定取得土地使用权的土地使用者,其使用权在使用年限内可以转让、出租、抵押或者用于其他经济活动,合法权益受国家法律保护。"《矿产资源法》[①]第6条第1款规定:"除按下列规定可以转让外,探矿权、采矿权不得转让:(一)探矿权人有权在划定的勘查作业区内进行规定的勘查作业,有权优先取得勘查作业区内矿产资源的采矿权。探矿权人在完成规定的最低勘查投入后,经依法批准,可以将探矿权转让他人。(二)已取得采矿权的矿山企业,因

---

① 1986年3月19日第六届全国人民代表大会常务委员会第十五次会议通过,自1986年10月1日起施行;2009年8月27日第十一届全国人民代表大会常务委员会第十次会议第二次修正。

企业合并、分立，与他人合资、合作经营，或者因企业资产出售以及有其他变更企业资产产权的情形而需要变更采矿权主体的，经依法批准可以将采矿权转让他人采矿。"《海域使用管理法》第 27 条第 2、3 款规定："海域使用权可以依法转让。海域使用权转让的具体办法，由国务院规定。海域使用权可以依法继承。"上述许可的一个共同特点是，被许可人通过支付一定的价款取得许可，与许可直接联系的是相应的金钱，而不是被许可人的特定因素。因此，这种许可是可以依法转让的。允许这种许可依法转让，有利于优化自然资源和公共资源的配置。①

7. 许可与监督相结合原则

在行政许可活动中，行政许可机关既是行使许可职权的主体，也是对被许可人实施许可事项进行监督的主体；同时，其本身的职权活动也应当被置于有关国家机关和公众的监督之下，以防止腐败的滋生。因此，行政许可机关在实施行政许可过程中，应当做到许可与监督的统一，否则会降低行政许可应有的功效，起不到监管的作用。

然而，长期以来，行政机关重许可、轻监管或者只许可、不监管的现象比较普遍；同时，行政机关实施行政许可，往往只有权力，没有责任，缺乏公开、有效的监督制约机制。为了解决这个问题，《行政许可法》第 10 条规定："县级以上人民政府应当建立健全对行政机关实施行政许可的监督制度，加强对行政机关实施行政许可的监督检查。行政机关应当对公民、法人或者其他组织从事行政许可事项的活动实施有效监督。"这就是对行政许可的监督检查原则。为了使这一原则具体化，《行政许可法》第六章对此还进行了专门规定。这一原则对于规范行政许可的设定和实施，保护公民、法人或者其他组织的合法权益，保障和监督行政机关有效实施行政管理具有重要意义。

(四) 行政许可的设定

设定，从词义上看，具有"创设""第一次规定"的含义。因此，在立法理论上，设定也可以称为"创制""创设"，是一种制度从无到有的创制活动。行政许可的设定，是指国家机关在其制定的有关法律、法规或规章中，自行创设或第一次规定需要经过行政许可的事项。这可从两个方面进行理解：一方面，它是一种创设许可规则的立法行为，而非如何实施许可的问题，后者是将已创设的许可规则在现实生活中加以贯彻执行的执法行为；另一方面，它是一种创设性的

---

① 参见李飞主编：《中华人民共和国行政许可法释解》，群众出版社 2003 年版，第 52 页。

立法行为,即关于某项许可的创制,而不仅仅是对已有法律规范的一种具体化的规定。正因如此,设定行政许可应当受到严格的限制。但是,长期以来,行政许可的设定问题缺乏统一的法律规范,致使在现实生活中行政许可出现了几乎泛滥成灾的现象,从而丧失了其应有的作用。因此,《行政许可法》首先对行政许可的设定范围、设定权限与设定规则作出统一的规定。其目的就在于,合理地分配创设行政许可的立法权限,防止有关机关随意创设行政许可事项,从根源上解决行政许可过多过滥的问题。

1. 行政许可的设定范围

行政许可的设定范围,是指哪些事项可以设定行政许可,哪些事项不能被纳入行政许可的范围。这一问题直接涉及行政权力和私人权利之间的关系,意味着行政主体在多大程度上可以干预或限制相对人的权利。因此,合理界定行政许可的范围相当重要,它直接涉及政府该管哪些、不该管哪些事项,即政府的职能定位问题。对此,《行政许可法》既规定了可以设定行政许可的事项,也规定了可以不设行政许可的事项。

(1) 可以设定行政许可的事项。根据《行政许可法》第12条的规定,下列事项可以设定行政许可:

第一,安全类事项,即涉及与安全有关,需要一般批准的事项。这包括:涉及国家安全的事项,如外国航空器进入我国领空、外国组织或个人在我国的领海和管辖的其他海域进行测绘等;涉及公共安全的事项,如集会、游行、示威,易燃、易爆、有毒等危险品的生产、运输、销售等;涉及经济宏观调控的事项,如投资立项、产业布局、进出口管制等;涉及生态环境保护的事项,如环保工程设施运行、排放污染物等;直接关系人身健康、生命财产安全的事项,如药品的生产、经营等。这些事项都是需要按照法定条件予以批准的事项。

第二,资源类事项,即涉及稀缺资源分配,需要特许的事项。这包括:有限自然资源开发利用、公共资源配置以及直接关系公共利益的特定行业的市场准入等,这些都是稀缺资源分配,是需要赋予特定权利的事项。其中,有限自然资源如土地、矿藏、水流、森林、山岭、草原、荒地、滩涂等;公共资源包括各种市政建设、道路交通、航空航线、无线电频率等;直接关系公共利益的特定行业主要指自来水、天然气、电力、电信、邮政等公用事业服务行业。

第三,资格资质类事项,即涉及资格、资质的确定,需要认可的事项。这是指为公众提供服务,所从事的职业或行业直接关系公共利益,需要确定具备特殊信誉、特殊条件或者特殊技能等资格、资质的事项。目前,主要有律师执业证、教师资格证、执业医师资格证、注册会计师证、证券从业资格证、建筑施工企业资质证等。

第四,技术标准类事项,即涉及技术检验、检测、检疫,需要核准的事项。这是指直接关系公共安全、人身健康、生命财产安全的重要设备、设施、产品、物品,需要按照技术标准、技术规范,通过检验、检测、检疫等方式进行审定的事项。这通常被认为是对物的许可事项,主要包括两类:一是重要设备、设施(如锅炉、压力器、电梯、起重设备等)的设计、建造、安装和使用;二是特定产品、物品(如食品、药品、进出口产品等)的检验、检疫。这些事项的许可,主要是判断其是否达到特定技术标准、技术规范,以防止危险、保障安全。

第五,组织登记类事项,即涉及主体资格的确定,需要登记的事项。这主要有两类:一是企业法人登记,以确立其市场主体资格。例如,根据《公司法》[①]的规定,公司是企业法人,设立公司应当依法向公司登记机关申请设立登记,并由公司登记机关依法发给公司营业执照。二是社会组织登记,包括社会团体、事业单位、民办非企业单位登记等,以确立其从事社会活动的资格。这些登记实际上是为了取得行为能力、活动资格,因而属于行政许可。有的登记如房屋登记、抵押登记,则属于事后确认,不属于行政许可。

第六,法律、行政法规规定可以设定行政许可的其他事项。由于行政许可的范围非常广泛、复杂,因此除以上列举的事项之外,法律、行政法规可以设定其认为有必要设定行政许可的其他事项。这项规定不仅具有"兜底条款"的性质,也具有限制行政许可设定事项范围的作用。它一方面是指现行法律、行政法规对其他行政许可事项的规定仍然有效,并且法律、行政法规以后还可以根据实际情况在上述五类行政许可事项以外设定其他行政许可事项;另一方面也表明,除了法律、行政法规之外,其他法律形式,包括地方性法规、规章、国务院决定等,都不得对上述五类行政许可事项以外的事项设定行政许可。

(2)可以不设行政许可的事项。上述可以设定行政许可的事项,并不是一定要设定,否则许可的事项仍然过多。同时,随着社会经济的发展,原来需要设定行政许可的有些事项也会逐渐不需要设定行政许可。为此,《行政许可法》第13条规定,通过下列方式能够予以规范的,可以不设行政许可:

第一,公民、法人或者其他组织能够自主决定的。行政许可作为对公民权利和自由的一种限制,只有在该项权利的行使有可能发生权利的扩张,对他人的权利或者公共利益造成侵害时,才有设定许可的必要。但是,有些法定的公

---

① 1993年12月29日第八届全国人民代表大会常务委员会第五次会议通过;2023年12月29日第十四届全国人民代表大会常务委员会第七次会议第二次修订,自2024年7月1日起施行。

民权利和自由的行使,并不干涉或侵害他人的权利和公共利益,如人格权、人身自由权、通信秘密等;还有一些权利和自由,虽与社会生活发生关系,但通过正常的分析和判断,是可以自主决定的,国家不需要进行干预。对于这些事项,都应当由当事人自主决定,设定许可是政府过度干预的表现。

第二,市场竞争机制能够有效调节的。在市场经济条件下,对经济的调节有两种,一种是市场竞争调节,还有一种是政府调节。行政许可作为一种政府宏观调节的手段,是在市场调节失灵或滞后的情况下采取的一种行政干预。由市场调节可以解决的事情,政府就不要去干预,不要设定行政许可。例如,在市场经济条件下,商品一般应由经营者自主定价,只有极少数商品或因与国计民生关系重大,或因资源稀缺,才由政府限价、定价。

第三,行业组织或者中介机构能够自律管理的。行业组织、中介机构是联系市场主体和政府的桥梁,具有自律性、服务性、公正性,能充分反映市场主体的利益和要求。让一些行业组织和中介机构承担起一部分社会管理职能,既可以减少政府的行政管理压力,实现政府职能的转变;也可以调动这些组织和机构的积极性,培育和完善社会服务功能。因此,对于一些可以由行业组织自律、中介机构服务解决的事项,如某些物品的检测、检验,某些职业的资质、资格的认定,也可不设行政许可。

第四,行政机关采用事后监督等其他行政管理方式能够解决的。行政机关的管理手段是多种多样的,除行政许可这种事前监督的方式外,还有制定标准、处罚、订立行政合同等方式。采取哪种手段应当以管理成本高低和效果好坏作为标准。与其他管理手段相比,行政许可是一种事前的、具有较高管理成本的手段。因此,如果采用事后监督等其他行政管理方式,能够达到与行政许可相同的作用,甚至更好的效果,可以不设行政许可。例如,对于经营销售一般生活用品和工业用品,不需要用行政许可手段管理,可以通过市场监督或行政处罚方法管理,有些还可以采用制定标准的方式管理。而对于销售经营易燃、易爆、有毒等危险物品,就需要经过严格的审批,因为这类事项属于事后难以补救或者会造成重大损害的事项。

2. 行政许可的设定权限

《行政许可法》不仅要合理界定行政许可的设定范围,还必须科学配置行政许可的设定权限,即哪些国家机关有权在其制定的规范性文件中设定行政许可,以及设定什么样的行政许可。如果行政许可的设定权限不明确或者随意设定,同样会导致行政许可过多过滥的问题。因此,《行政许可法》针对法律、法规和规章等不同效力层次的规范性文件分别规定了许可设定权限。

第一,行政许可只能由法律、行政法规、国务院决定、地方性法规、省级地方政府规章设定,除此之外的任何文件一律不得设定行政许可。其中,法律是由最高国家权力机关即全国人民代表大会及其常务委员会制定的规范性文件,因此可以设定上述各种依法可以设定行政许可的事项。行政法规是最高国家行政机关即国务院制定的规范性文件,其效力次于法律。因此,对尚未制定法律的,行政法规可以设定行政许可。同时,为了解决行政管理中可能出现的紧急情况,国务院在必要时,可以采用发布决定的方式设定行政许可。但是,在实施行政许可后,除临时性行政许可事项外,国务院应当及时提请全国人民代表大会及其常务委员会制定法律,或者自行制定行政法规。地方性法规是地方权力机关制定的规范性文件,其效力低于法律、行政法规。因此,《行政许可法》规定,对尚未制定法律、行政法规的,地方性法规可以设定行政许可。省级地方政府规章只能设定临时性的行政许可,且这类许可实施后应当在一年内将其上升为法规或停止实施。这里的规章不包括设区的市的政府规章和部门规章。

第二,地方性法规和省级地方政府规章在设定行政许可的种类和内容上受到一定的限制。为了防止有些地方利用行政许可权进行地方封锁和地方保护,维护市场的公平竞争秩序,促进全国统一市场的形成,《行政许可法》对地方性法规和省级地方政府规章设定行政许可的权限进一步作出三个方面的限定:一是不得设定应当由国家统一确定的公民、法人或者其他组织的资格、资质的行政许可;二是不得设定企业或者其他组织的设立登记及其前置性行政许可;三是其设定的行政许可,不得限制其他地区的个人或者企业到本地区从事生产经营和提供服务,不得限制其他地区的商品进入本地区市场。

第三,法规、规章可以在上位法设定的许可范围内,对实施该行政许可作出具体规定,但是受到一定的限制。根据《行政许可法》第16条的规定,行政法规可以在法律设定的行政许可事项范围内,对实施该行政许可作出具体规定;地方性法规可以在法律、行政法规设定的行政许可事项范围内,对实施该行政许可作出具体规定;规章可以在上位法设定的行政许可事项范围内,对实施该行政许可作出具体规定。但是,法规、规章对实施上位法设定的行政许可作出的具体规定,不得增设行政许可;对行政许可条件作出的具体规定,不得增设违反上位法的其他条件。例如,根据《律师法》的规定,从事律师职业,需参加国家统一法律职业资格考试取得法律职业资格,并经司法行政部门审核,取得律师执业证书。司法部和中国证监会曾联合发文,规定律师从事证券业务,应当取得证券法律业务律师资格。① 这种情况就属于下位法增设了行政许可的种类。因此,该项许可已经被取消。②

3. 行政许可的设定规则

为了进一步完善行政许可的设定制度,《行政许可法》还规定了设定行政许可的一些具体规则,包括行政许可的设定内容、设定程序及评价等方面的具体要求。

(1) 行政许可的设定内容。《行政许可法》第18条规定:"设定行政许可,应当规定行政许可的实施机关、条件、程序、期限。"按照此条规定,设定行政许可,应当包括以下基本内容:第一,行政许可的实施机关;第二,行政许可的条件,即申请人获得行政许可所应当达到的标准和要求,包括实质性条件和程序性条件;第三,行政许可的程序和期限,即行政许可主体实施行政许可必须遵循的方式、步骤和时限。

(2) 行政许可的设定程序。《行政许可法》第19条规定:"起草法律草案、法规草案和省、自治区、直辖市人民政府规章草案,拟设定行政许可的,起草单位应当采取听证会、论证会等形式听取意见,并向制定机关说明设定该行政许可的必要性、对经济和社会可能产生的影响以及听取和采纳意见的情况。"此条是对相关立法涉及行政许可设定内容时作出的特别规定,意味着全国人民代表大会及其常务委员会、国务院、省级人民政府在立法过程中,凡是设定行政许可事项的,都应当遵循这一特别要求。

(3) 行政许可的评价。某一行政许可事项存在的合理性不是静止不动的,设定行政许可的必要性、范围的大小应当随经济社会环境的变化而变更。因此,立法要随之对所设立的行政许可进行调整。至于是否应当对已设立的行政许可进行及时修改或废止,需要有一定的制度对此加以判断。这一制度就是行政许可评价制度。根据《行政许可法》第20条的规定,行政许可的设定机关应当定期对其设定的行政许可进行评价;对已设定的行政许可,认为通过《行政许可法》第13条所列方式能够解决的,应当对设定该行政许可的规定及时予以修改或者废止。行政许可的实施机关可以对已设定的行政许可的实施情况及存在的必要性适时进行评价,并将意见报告该行政许可的设定机关。公民、法人

---

① 参见《司法部、中国证券监督管理委员会关于从事证券法律业务律师及律师事务所资格确认的暂行规定》(司发通〔1993〕008号)。

② 《国务院关于取消第一批行政审批项目的决定》(国发〔2002〕24号)明确取消了《司法部、中国证券监督管理委员会关于从事证券法律业务律师及律师事务所资格确认的暂行规定》规定的"从事证券法律业务律师资格确认"这一审批事项。

或者其他组织可以向行政许可的设定机关和实施机关就行政许可的设定和实施提出意见和建议。

(五)行政许可的实施

1. 行政许可的实施机关

行政许可的实施机关,是指有权实施行政许可的机关或组织。根据《行政许可法》的规定,有权实施行政许可的机关或组织包括以下四类:

(1)具有法定许可权的行政机关。行政机关是最主要的行政许可实施机关。但是,并非所有的行政机关在任何领域都具有行政许可的实施权。行政许可权是一项特定的行政职权,行政机关享有这种权力必须有法律、法规的明确授权;未经法律、法规的明确授权,行政机关不得实施行政许可。一旦法律、法规授予某个行政机关一定的行政许可权,该行政机关就成为具有法定行政许可权的行政机关,可以在其法定职权范围内实施该项行政许可。例如,根据《渔业法》[①]的规定,国务院和县级以上地方人民政府的渔业管理部门是捕捞许可证的颁发机关;根据《市场主体登记管理条例》[②]的规定,国务院和县级以上地方人民政府市场监督管理部门是市场主体登记的主管机关。

(2)法律、法规授权的组织。除行政机关之外,其他具有管理公共事务职能的组织,在得到法律、法规的专门授权的情况下,也可以成为行政许可的实施机关,以自己的名义实施行政许可。例如,根据《注册会计师法》的规定,注册会计师协会是由注册会计师组成的社会团体,有权受理注册会计师的注册、撤销并收回注册会计师证书,以及对注册会计师的任职资格和执业情况进行年度检查。根据《行政许可法》的规定,法律、法规授权的组织作为行政许可的实施机关必须符合一定的条件:一是必须是依法成立的具有管理公共事务职能的组织;二是得到了法律、法规的专门授权,即法律、法规已明确授予该组织行使有关的许可权;三是必须在法定的授权范围内实施行政许可,而不能超越授权范围,越权许可。

(3)受委托而实施许可的行政机关。具有法定许可权的行政机关除了可以自行实施行政许可外,还可以在其法定职权范围内,依照法律、法规、规章的规定,委托其他行政机关实施行政许可。由此,受委托的行政机关也成为行政许可的实施机关。例如,《烟草专卖法》第16条规定,"经营烟草制品零售业务

---

① 1986年1月20日第六届全国人民代表大会常务委员会第十四次会议通过,自1986年7月1日起施行;2013年12月28日第十二届全国人民代表大会常务委员会第六次会议第四次修正。
② 2021年7月27日国务院令第746号公布,自2022年3月1日起施行。

的企业或者个人,由县级人民政府工商行政管理部门根据上一级烟草专卖行政主管部门的委托,审查批准发给烟草专卖零售许可证。"与授权不同,在行政许可的委托中,委托的对象只能是其他行政机关,而不能是非行政机关的其他组织。同时,在委托许可中,委托机关与受委托机关之间是一种代理关系。因此,受委托机关只能在委托范围内,以委托机关的名义而不能以自己的名义实施行政许可;委托机关则应当对受委托机关实施行政许可的行为负责监督,并对该行为的后果承担法律责任。受委托机关不得再委托其他组织或者个人实施行政许可。

(4) 经特别决定而获得许可权的行政机关。《行政许可法》第25条规定:"经国务院批准,省、自治区、直辖市人民政府根据精简、统一、效能的原则,可以决定一个行政机关行使有关行政机关的行政许可权。"这个经特别决定而获得许可权的行政机关,常被称为"综合执法机关",可以相对集中地行使有关行政机关的行政许可权。这类行政机关的设立主要是基于精简、统一、效能原则的要求,并适应了行政执法实践的需要而发展起来的。1996年颁布施行的《行政处罚法》第16条作了类似的规定。多年的实践证明该项制度是行之有效的,有利于促进行政管理体制的改革。所以,《行政许可法》参照《行政处罚法》的做法,作了类似的规定。

根据行政许可法的相关规定,行政许可实施机关的权限包括:第一,受理并审查公民、法人或其他组织提出的行政许可申请,核实其是否具备实施被许可行为的形式与实质要件,作出许可决定;第二,检查被许可主体从事许可事项的各种活动,保障许可目的的实现;第三,运用法律手段,及时作出撤销、撤回、变更、延续行政许可的决定。为了防止行政许可实施权被滥用,《行政许可法》第27条规定,行政机关实施行政许可,不得向申请人提出购买指定商品、接受有偿服务等不正当要求。行政机关工作人员办理行政许可,不得索取或者收受申请人的财物,不得谋取其他利益。

2. 行政许可的实施程序

行政许可的实施程序,是指行政许可的实施机关实施行政许可行为必须遵循的具体方式、步骤、时限和顺序。它是规范行政许可行为、防止滥用权力、保证正确行使权力的重要环节。因此,《行政许可法》对行政许可的实施程序作了较为明确具体的规定。

按照行政许可程序适用的对象不同,行政许可的实施程序可分为两种,即行政许可实施的一般程序和特殊程序。行政许可实施的一般程序,是指实施一般性的行政许可所必须遵循的程序,具体包括行政许可的申请与受理、审查与决定、听证以及变更与延续程序。行政许可实施的特殊程序,是指实施特殊种类的行政许可所必须遵循的程序。行政许可实施的一般程序与特殊程序之间是一般与特殊的关系。根据《行政许可法》第51条的规定,在实施行政许可时,特殊程序有规定的,适用特殊程序的规定;特殊程序没有规定的,适用一般程序的规定。

(1)申请与受理。行政许可是一种应申请的行政行为,必须以相对人的申请为前提。对于符合法定条件的申请,行政主体应当予以受理。申请与受理的结合,标志着行政许可实施程序的开始。

根据《行政许可法》的规定,申请人提出许可申请,可以采用两种方式:一是传统的书面申请书的方式,二是现代电子政务的通信手段。对此,《行政许可法》第29条第3款规定:"行政许可申请可以通过信函、电报、电传、传真、电子数据交换和电子邮件等方式提出。"这一规定的目的在于鼓励行政机关与申请人利用现代科技,提高行政效能,同时也体现了行政许可的便民原则。另外,《行政许可法》第29条第2款还规定,申请人可以委托代理人提出行政许可申请。例如,企业登记可以委托律师、中介机构人员等代为申请。但是,依法应当由申请人到行政机关办公场所提出行政许可申请的,不得委托申请,否则申请无效。

为了全面贯彻行政许可的公开和便民原则,《行政许可法》第30条规定:"行政机关应当将法律、法规、规章规定的有关行政许可的事项、依据、条件、数量、程序、期限以及需要提交的全部材料的目录和申请书示范文本等在办公场所公示。申请人要求行政机关对公示内容予以说明、解释的,行政机关应当说明、解释,提供准确、可靠的信息。"为了保证申请材料的真实性和行政许可决定的有效性,《行政许可法》第31条规定,"申请人申请行政许可,应当如实向行政机关提交有关材料和反映真实情况,并对其申请材料实质内容的真实性负责。"据此,如果申请人提供了虚假的材料,就要承担相应的法律责任。同时,为了规范行政机关,保护申请人的合法权益,《行政许可法》第31条还规定,"行政机关不得要求申请人提交与其申请的行政许可事项无关的技术资料和其他材料。行政机关及其工作人员不得以转让技术作为取得行政许可的条件;不得在实施行政许可的过程中,直接或者间接地要求转让技术。"

行政主体在接到申请后,必须对申请人提出的申请及附加材料进行程序性审查,经审查,根据不同情况分别作出处理:一是告知不予受理。即申请事项依法不需要取得行政许可的,应当即时告知申请人不受理。二是决定不予受理。即申请事项依法不属于本行政机关职权范围的,应当即时作出不予受理的决定,并告知申请人向有关行政机关申请。三是当场更正错误。即申请材料存在可以当场更正的错误的,应当允许申请人当场更正。四是告知补充材料。即申请材料不齐全或者不符合法定形式的,应当当场或者在5日内一次告知申请人需要补正的全部内容,逾期不告知的,自收到申请材料之日起即为受理。五是受理申请。即申请事项属于本行政机关职权范围,申请材料齐全、符合法定形式,或者申请人按照本行政机关的要求提交全部补正申请材料的,应当受理行政许可申请,并出具加盖本行政机关专用印章和注明日期的书面凭证。

(2)审查与决定。行政许可机关受理申请后,行政程序进入审查与决定阶段。根据《行政许可法》第34条的规定,行政机关对申请材料的审查有两种方式:第一种是形式审查,即行政机关仅对申请材料是否符合法定形式进行审查,经审查认为申请人提交的申请材料齐全、符合法定形式,能够当场作出决定的,应当当场作出书面的行政许可决定。第二种是实质审查,即行政机关不仅要对申请材料是否符合法定形式进行审查,还要对申请材料的实质内容进行核实。对此,行政机关应当指派两名以上工作人员进行核查。《行政许可法》第35条规定:"依法应当先经下级行政机关审查后报上级行政机关决定的行政许可,下级行政机关应当在法定期限内将初步审查意见和全部申请材料直接报送上级行政机关。上级行政机关不得要求申请人重复提供申请材料。"第36条规定:"行政机关对行政许可申请进行审查时,发现行政许可事项直接关系他人重大利益的,应当告知该利害关系人。申请人、利害关系人有权进行陈述和申辩。行政机关应当听取申请人、利害关系人的意见。"

行政机关对行政许可申请进行审查后,除当场作出行政许可决定的外,应当在法定期限内按照规定程序作出行政许可决定,包括"准予行政许可"的决定和"不予行政许可"的决定两种。申请人的申请符合法定条件、标准的,行政机关应当依法作出准予行政许可的书面决定;反之,作出不予行政许可的书面决定。行政机关依法作出不予行政许可的书面决定的,应当说明理由,并告知申请人享有依法申请行政复议或者提起行政诉讼的权利。行政机关作出准予行政许可的决定,要以书面证件或者其他特定的形式表现出来,并将其颁发给申请人;同时,还应当予以公开,公众有权查阅。

此外,《行政许可法》还对行政许可程序中的下列期限作出明确规定:一是行政许可决定的期限。《行政许可法》第42条规定:"除可以当场作出行政许可决定的外,行政机关应当自受理行政许可申请之日起二十日内作出行政许可决定。二十日内不能作出决定的,经本行政机关负责人批准,可以延长十日,并应当将延长期限的理由告知申请人。但是,法律、法规另有规定的,依照其规定。

依照本法第二十六条的规定,行政许可采取统一办理或者联合办理、集中办理的,办理的时间不得超过四十五日;四十五日内不能办结的,经本级人民政府负责人批准,可以延长十五日,并应当将延长期限的理由告知申请人。"二是逐级审查中初审的期限。第43条规定:"依法应当先经下级行政机关审查后报上级行政机关决定的行政许可,下级行政机关应当自其受理行政许可申请之日起二十日内审查完毕。但是,法律、法规另有规定的,依照其规定。"三是颁发、送达行政许可证件的期限。第44条规定:"行政机关作出准予行政许可的决定,应当自作出决定之日起十日内向申请人颁发、送达行政许可证件,或者加贴标签、加盖检验、检测、检疫印章。"四是期限的扣除。第45条规定:"行政机关作出行政许可决定,依法需要听证、招标、拍卖、检验、检测、检疫、鉴定和专家评审的,所需时间不计算在本节规定的期限内。行政机关应当将所需时间书面告知申请人。"

(3)听证。听证,简言之,就是听取当事人的意见。一般地听取当事人的意见只能称为"非正式的听证",而这里的"听证"则是一种正式的听证,即以举行专门听证会的形式听取当事人的意见。具体而言,所谓听证,特指行政机关在作出行政决定之前,以举行专门听证会的形式听取当事人的陈述、申辩和质证的程序。听证制度是现代行政程序法的核心。西方发达国家的行政程序法中大多规定了听证制度,被认为是保障公民权益、防止行政专横、减少行政争议的有效途径,是相对于复议、诉讼而言的一种事前救济手段。在我国,《行政处罚法》第一次设置了听证程序,《行政许可法》将听证的适用范围扩展到行政许可领域。根据《行政许可法》的规定,行政许可的听证有两种:一是行政机关依职权主动进行的听证,二是应申请进行的听证。

根据《行政许可法》第46条的规定,行政主体依职权举行听证有两种情况:一是法律、法规、规章规定实施行政许可应当听证的,行政主体必须举行听证;二是行政主体认为行政许可事项涉及重大公共利益,但是法律、法规、规章没有规定的,行政主体可以自己决定举行听证。除行政主体依职权主动实施的听证外,还有另外一种听证方式,即行政主体应申请举行的听证。但是,这种听证的适用范围是有限的,并非所有的许可申请事项都需要组织听证。根据《行政许可法》第47条的规定,只有"直接涉及申请人与他人之间重大利益关系的"许可事项才需要给予当事人申请听证的权利。一般而言,当行政许可涉及他人基本权利和自由的实现,或涉及他人的公平竞争权,或一旦将许可证核发给申请人就可能给他人的合法权益带来重大损失的,都应当认定存在申请人与他人之间的"重大利益关系"。① 行政主体认为行政许可事项依法属于应申请听证的适用范围的,在作出决定前,应告知申请人、利害关系人享有要求听证的权利;申请人、利害关系人在被告知听证权利之日起 5 日内提出听证申请的,行政机关应当在 20 日内组织听证。

根据《行政许可法》第 48 条的规定,行政许可听证程序的进行必须遵循以下规则:第一,听证前的告知。行政主体应当于举行听证的 7 日前将举行听证的时间、地点通知申请人、利害关系人,必要时予以公告。第二,听证的公开举行。听证应当公开举行,即听证过程应当对社会公众开放,允许公众旁听和新闻界报道,但是涉及国家秘密、商业秘密、个人隐私的除外。第三,回避。行政主体应当指定审查该行政许可申请的工作人员以外的人员为听证主持人,申请人、利害关系人认为主持人与该行政许可事项有直接利害关系的,有权申请回避。第四,举证与质证。举行听证时,审查该行政许可申请的工作人员应当提供审查意见的证据、理由,申请人、利害关系人可以提出证据,并进行申辩和质证。第五,听证笔录。听证应当制作笔录,听证笔录应当交听证参加人确认无误后签字或者盖章。行政机关应当根据听证笔录,作出行政许可决定,即行政主体必须遵循案卷排他性原则。

(4) 变更与延续。这是行政主体在行政许可决定后作出的与原行政许可决定具有密切联系的两种行政行为,是行政许可实施程序中保持行政许可的连贯性所必不可少的一个重要组成部分。

行政许可的变更,是指根据被许可人的请求,行政机关对许可事项的具体内容在许可决定之后加以改变的行为。《行政许可法》第 49 条规定:"被许可人要求变更行政许可事项的,应当向作出行政许可决定的行政机关提出申请;符合法定条件、标准的,行政机关应当依法办理变更手续。"

行政许可的延续,是指对具有期限限制的行政许可,经行政机关依照法定程序准予延长其期限的行为。《行政许可法》第 50 条规定:"被许可人需要延续依法取得的行政许可的有效期的,应当在该行政许可有效期届满三十日前向作出行政许可决定的行政机关提出申请。但是,法律、法规、规章另有规定的,依照其规定。行政机关应当根据被许可人的申请,在该行政许可有效期届满前作出是否准予延续的决定;逾期未作决定的,视为准予延续。"

(5) 特别规定。以上是关于行政许可程序的一般规定。《行政许可法》根

---

① 参见应松年、杨解君主编:《行政许可法的理论与制度解读》,北京大学出版社 2004 年版,第 244 页。

据几种特殊类型的行政许可的特点,对这几种特殊行政许可程序作了特别规定。按照特别规定优于一般规定的法律适用规则,这些特别规定的程序具有优先适用的效力。这些特别规定主要是针对以下几类行政许可事项的审查决定程序:

第一,特许的程序。根据《行政许可法》第53条的规定,对于涉及稀缺资源分配的事项,即有限自然资源开发利用、公共资源配置以及直接关系公共利益的特定行业的市场准入等需要赋予特定权利的事项,行政机关应当通过招标、拍卖等公平竞争的方式作出决定。但是,法律、行政法规另有规定的,依照其规定。招标,是指行政主体在一定范围内公开取得特许权的条件和要求,邀请众多投标人参加投标,并按照规定程序从投标人中选择合适的对象,赋予其特许权的行为。拍卖,是指行政主体以公开竞价的形式,将特许权赋予最高应价者的行为。行政机关按照招标、拍卖程序确定中标人、买受人后,应当作出准予行政许可的决定,并依法向中标人、买受人颁发行政许可证件。当然,招标、拍卖并非公平竞争的唯一方式,行政主体还可以适用其他的公平竞争方式作出特许决定,如采用专家委员会评审等。

第二,认可的程序。根据《行政许可法》第54条的规定,对于涉及资格、资质的确定,需要认可的事项,行政机关依法应当通过考试、考核的方式作出决定。其中,对于赋予公民特定资格,依法应当举行国家考试的,行政机关根据考试成绩和其他法定条件作出行政许可决定;对于赋予法人或者其他组织特定的资格、资质的,行政机关根据申请人的专业人员构成、技术条件、经营业绩和管理水平等的考核结果作出行政许可决定。但是,法律、行政法规另有规定的,依照其规定。同时,公民特定资格的考试依法由行政机关或者行业组织实施,公开举行。行政机关或者行业组织应当事先公布资格考试的报名条件、报考办法、考试科目以及考试大纲。但是,不得组织强制性的资格考试的考前培训,不得指定教材或者其他助考材料。

第三,核准的程序。根据《行政许可法》第55条的规定,对于涉及技术检验、检测、检疫,需要核准的事项,应当按照技术标准、技术规范依法进行检验、检测、检疫,行政机关根据检验、检测、检疫的结果作出行政许可决定。行政机关实施检验、检测、检疫,应当自受理申请之日起5日内指派两名以上工作人员按照技术标准、技术规范进行检验、检测、检疫。不需要对检验、检测、检疫结果作进一步技术分析即可认定设备、设施、产品、物品是否符合技术标准、技术规范的,行政机关应当当场作出行政许可决定。行政机关根据检验、检测、检疫结果,作出不予行政许可决定的,应当书面说明不予行政许可所依据的技术标准、技术规范。

第四,登记的程序。根据《行政许可法》第56条的规定,对于涉及主体资格的确定,需要登记的事项,申请人提交的申请材料齐全、符合法定形式的,行政机关应当当场予以登记。需要对申请材料的实质内容进行核实的,行政机关应当指派两名以上工作人员进行核查。根据《公司法》第41条第1款的规定,公司登记机关应当优化公司登记办理流程,提高公司登记效率,加强信息化建设,推行网上办理等便捷方式,提升公司登记便利化水平。

第五,有数量限制的行政许可的实施程序。有数量限制的行政许可,是指由于客观条件的限制,在一定的地域范围和时期内,行政主体对某类许可事项只能发放一定数量的行政许可证。《行政许可法》第57条规定:"有数量限制的行政许可,两个或者两个以上申请人的申请均符合法定条件、标准的,行政机关应当根据受理行政许可申请的先后顺序作出准予行政许可的决定。但是,法律、行政法规另有规定的,依照其规定。"据此,对于实施有数量限制的行政许可,应当适用"受理在先"原则作出行政许可决定。受理的时间从行政主体正式受理申请人的申请之日起计算。

值得注意的是,在实施有数量限制的行政许可时,适用"受理在先"原则只是一般性原则,法律、行政法规另有规定的,依照其规定。例如,根据《行政许可法》第53条的规定,有限自然资源的开发利用、公共资源的配置以及直接关系公共利益的特定行业的市场准入等事项的行政许可,应当通过招标、拍卖等公平竞争的方式作出决定。除此以外,法律、行政法规还可以规定行政主体适用其他方式作出行政许可决定,如采取照顾原则、择优原则、抓阄方式等。

二、行政处罚

行政处罚是一种重要且应用广泛的具体行政行为,其范围几乎涉及行政管理的各个领域,成为国家管理各项行政事务的一种重要法律手段。为了规范行政处罚的设定和实施,保障和监督行政机关有效实施行政管理,维护公共利益和社会秩序,保障公民、法人或者其他组织的合法权益,1996年3月17日第八届全国人民代表大会第四次会议通过了《行政处罚法》,自1996年10月1日起正式施行。该法从立法上为规范行政处罚的设定和实施提供了基本法律依据,标志着我国行政处罚制度乃至整个行政法治发展到了一个新的水平,在我国行政法治史上具有里程碑式的重大意义。《行政处罚法》在历经2009年和2017

年两次修正后,①2021年1月22日第十三届全国人民代表大会常务委员会第二十五次会议作出全面修订,自2021年7月15日起施行。修订后的《行政处罚法》在总结二十多年来行政处罚实践经验的基础上,进一步系统完善、优化了行政处罚制度,极大地推动了我国行政法制度体系的发展。

(一) 行政处罚的概念

1. 行政处罚的含义

根据《行政处罚法》第2条的规定,行政处罚是指行政机关依法对违反行政管理秩序的公民、法人或者其他组织,以减损权益或者增加义务的方式予以惩戒的行为。这一规定明确了行政处罚的主体、对象和内容,确立了行政处罚的性质,较为全面地反映了行政处罚的内涵和外延,从而将行政处罚与其他行政行为区别开来。

(1) 行政处罚的主体是具有法定权限的行政主体。首先,行政处罚作为一种行政行为,是行政主体运用行政权所实施的一种行为,因而其主体只能是行政主体,包括行政机关和法律、法规授权的组织。也就是说,行政处罚只能由行政主体实施,非行政主体的其他任何机关、团体、组织和个人均无权实施行政处罚。

其次,实施行政处罚的行政主体必须是具有法定处罚权的行政主体。我们说行政处罚的主体是行政主体,并不意味着所有行政主体都享有行政处罚权。因为行政处罚权是根据行政管理的需要配置的,有些行政主体虽能进行一定的行政管理活动,却不具有行政处罚权。这就是说,行政处罚主体只能是具有法定处罚权的行政主体。

最后,行政处罚主体还必须是具有法定处罚权限或管辖权的行政主体。有处罚权的行政主体并非在任何方面、任何区域都可以实施行政处罚。例如,市场监管行政管理机关不能在有关税收方面行使处罚权,税务机关不能在有关物价管理方面行使处罚权等。因此,行政主体只能在其法定处罚管辖权(权限)范围内实施行政处罚,超越法定权限的处罚无效。

(2) 行政处罚的对象是违反行政管理秩序的公民、法人或者其他组织。这又包含两层意思:

第一,行政处罚的对象只能是作为外部相对人的公民、法人或者其他组织,而不能是内部相对人。内部相对人即行政主体内部的公务员违反行政法规范

---

① 该法于2009年8月27日第十一届全国人民代表大会常务委员会第十次会议第一次修正,2017年9月1日第十二届全国人民代表大会常务委员会第二十九次会议第二次修正。

时,应受行政处分,而不受行政处罚。当然,公务员在以公民身份实施个人行为,即成为外部相对人时,也可以成为行政处罚的对象。例如,某公安人员进行赌博,其所在的公安机关可依据《治安管理处罚法》的有关规定,对其予以处罚。

第二,行政处罚的对象只能是违反行政管理秩序的公民、法人或者其他组织。也就是说,只有公民、法人或者其他组织实施了违反行政管理秩序的行为,构成行政违法时,才能给予行政处罚。这也是实施行政处罚的前提。行政管理秩序是行政法规范规定的行政主体在实施行政管理过程中与行政相对人之间的权利义务关系,相对人违反行政管理秩序也就是违反行政法规范规定的义务,必须承担行政处罚的法律责任。如果公民、法人或者其他组织没有违反行政法规范,或仅仅违反本单位的内部纪律,就只能给予纪律处分;若违反的是刑事或民事法律规范,则给予刑事处罚或民事制裁,都不能给予行政处罚。

(3) 行政处罚的性质是一种惩戒性的行政制裁。首先,它是一种制裁行为,属于法律制裁的范畴,具有惩戒性,其内容是承担一种不利负担即"减损权益或者增加义务"。因此,它不同于行政奖励、行政许可等授益性或赋权性的行政行为。其次,它属于法律制裁中的一种,即行政制裁,在程度和方式等方面也不同于刑事或民事制裁。最后,它又属于行政制裁中的一种,且不同于同属于行政制裁的行政处分。

2. 行政处罚与行政处分、刑罚处罚的区别

为了进一步理解行政处罚的含义和性质,我们还需比较、区分行政处罚与行政处分、刑罚处罚这两种法律制裁之间的差异。

(1) 行政处罚与行政处分。行政处分是行政主体对其系统内部违反行政法规范的公职人员实施的一种惩戒措施。值得注意的是,我国监察体制改革后,根据《监察法》和《公职人员政务处分法》的规定,监察机关可以对所有违法的公职人员依法作出惩戒,称为"政务处分"。但是对公职人员的同一个违法行为,不得重复给予政务处分和行政处分。根据《公职人员政务处分法》的规定,监察机关发现公职人员任免机关、单位应当给予处分而未给予,或者给予的处分违法、不当的,应当及时提出监察建议。

行政处罚与行政处分同属行政制裁,但有较大区别:

第一,主体不同。行政处罚是由享有法定处罚权的外部行政主体实施的,其处罚权已为法律、法规明确规定。行政处分则是由受处分的公务人员所在的机关或上级机关作出的。也就是说,一般的行政机关都享有对其工作人员的行政处分权。

第二,对象不同。行政处罚的对象是违反行政法规范的公民、法人或者其

他组织,而行政处分的对象仅限于行政主体系统内部的公务人员。同时,行政处罚既可以适用于个人,也可以对组织适用;行政处分则只能适用于作为个人的公务人员。

第三,性质不同。行政处罚属于外部行政行为,以行政管辖关系为基础,以维护社会秩序为目的;行政处分则属于内部行政行为,以行政隶属关系为基础,以维护系统内部秩序为目的。

第四,种类不同。行政处罚的种类很多,有警告、罚款、没收、吊扣证照、责令停产停业、行政拘留等,其性质大都与被处罚人的人身权、财产权等基本权利有关;行政处分的种类则只有警告、记过、记大过、降级、撤职和开除,其性质与被处分人的职务权利有关,且一般来说,其程度要比行政处罚轻。

第五,救济途径不同。受处罚人对行政处罚不服的,可申请行政复议和提起行政诉讼,通过行政复议和行政诉讼获得救济;受处分人对行政处分不服的,则只能向作出处分的机关或上级机关申诉。

(2) 行政处罚与刑罚处罚。刑罚处罚,又称"刑事处罚",简称"刑罚",是人民法院依法对犯罪分子所实施的一种最严厉的制裁手段。行政处罚与刑罚处罚都是具有强制力的制裁方式,且都属于公法制裁的范畴,但是两者有显著的区别:

第一,行为的权力归属不同。行政处罚权属于行政权的一部分,而刑罚处罚权归属于审判权的范畴,属于司法权的一部分。

第二,主体不同。行政处罚是由具有外部管理权限的行政机关或法律、法规授权的组织实施的,而刑罚处罚的实施主体是国家司法机关——人民法院。

第三,对象不同。行政处罚的对象是违反行政法规范的公民、法人或者其他组织,在公民、法人或者其他组织既违反行政法规范又违反刑事法规范的情况下,也可能对其实施两种处罚;刑罚处罚则只能对违反刑事法规范的犯罪分子实施,而不能对只违反行政法规范且尚未构成犯罪的人实施。

第四,种类不同。行政处罚的种类很多,既有《行政处罚法》的统一规定,又有各单行法律、法规的分散规定。刑罚处罚的种类则统一由刑法规定,包括主刑和附加刑两大类。主刑又包括管制、拘役、有期徒刑、无期徒刑、死刑五种;附加刑又包括罚金、剥夺政治权利、没收财产三种,还有适用于外国人的驱逐出境,适用于军人的剥夺奖章、勋章和荣誉称号。

第五,程序不同。行政处罚是根据《行政处罚法》所规定的行政程序作出的,而刑罚处罚必须根据《刑事诉讼法》规定的普通司法程序作出。

(二) 行政处罚的原则

行政处罚的原则,是指行政处罚的设定和实施所必须遵循的法定的基本准则。它贯穿于行政处罚的全过程,对设定和实施行政处罚提出了原则性的要求,具有普遍性的指导意义。《行政处罚法》在总则部分明确规定了我国行政处罚的基本原则,它们是:

1. 处罚法定原则

这是行政法的基本原则——行政法定原则在行政处罚领域中的具体体现,它要求行政处罚必须依法进行,即具有法定的依据,严格符合法定的要求。这具体包括:(1) 处罚的主体必须是法定的行政主体,且有法定的处罚权限;(2) 处罚的对象必须是法定的行政相对人,即违反行政管理秩序的公民、法人或者其他组织;(3) 处罚的依据是法定的,法无明文规定不得处罚;(4) 处罚的程序合法,即遵守法定程序等。《行政处罚法》第 4 条明确规定:"公民、法人或者其他组织违反行政管理秩序的行为,应当给予行政处罚的,依照本法由法律、法规、规章规定,并由行政机关依照本法规定的程序实施。"实践中,不属于"应当给予行政处罚"的典型情形有两种:一种是轻微违反行政管理秩序的行为;另一种是严重违反行政管理秩序以至于构成犯罪,需要根据刑法予以处罚的行为。此外,根据《行政处罚法》第 38 条的规定,行政处罚没有依据、实施主体不具有行政主体资格、行政处罚违反法定程序构成重大且明显违法的,行政处罚无效。

2. 公正、公开原则

这是行政法的另两个基本原则——行政均衡与行政正当原则在行政处罚领域中的具体体现。它要求行政处罚必须做到客观、公平、合理。

(1) 公正。所谓公正,就是公平正直,没有偏私。处罚要做到公正,就必须做到:第一,以事实为根据,即客观。要在充分确凿的事实依据的基础上实施处罚,切忌主观臆断,先处罚,后审查违法的证据和事实。第二,过罚相当,即违法与处罚相一致。或者说,处罚与违法行为相适应,做到处罚的种类、幅度与违法行为的事实、性质、情节及社会危害程度相一致,而不能偏轻偏重,更不能畸轻畸重。第三,不得滥用行政裁量权。行政主体在行政处罚活动中还享有很大的行政裁量权。坚持公正原则,最重要、最关键的是,行政主体在行使行政裁量权时要公正、平等、没有偏差。即行政主体进行处罚时,要合乎法的宗旨,基于正当动机,考虑相关的因素,对受处罚者公正对待,一视同仁,不能厚此薄彼,更不能以感情代替法律,反复无常。

（2）公开。所谓公开，就是公之于众，让他人知晓和明白。处罚要做到公开，就必须做到：第一，处罚的依据要公开，不能依据未公布的规定或内部文件实施处罚；第二，处罚的程序要公开，如获取证据的渠道公开、检查公开、处罚决定公开等。更重要的是，在行政处罚的实施过程中，要有相对人的参与和了解，以提高公民对行政主体及其实施的处罚的信任度；同时，监督行政主体及其公务人员要依法、公正地行使职权，保障相对人的合法权益。《行政处罚法》规定了一系列保证处罚公开的制度，如处罚信息公示制度（第39条）、电子技术监控设备设置公开（第41条）、告知制度（第44条）、听取意见制度（第45条）、处罚决定公开制度（第48条）、表明身份制度（第52条）、听证制度（第63、64条）等。

3. 处罚与教育相结合原则

这一原则是指行政主体在实施行政处罚时，不能单纯以处罚为目的，为了处罚而处罚，一罚了之，而应同时加强对受罚人的法治教育，使其知道自己行为的违法性，及时纠正违法行为，并保证今后自觉守法。这样，才能达到处罚的真正目的，最为有效地保障法律的实施。

当然，处罚与教育相结合并不是让行政主体以教代罚，毕竟两者具有不同的功能，对违法行为只教育不处罚将完全失去处罚应有的惩戒功能，也不能够有效保障法律的实施。因此，在实施处罚时，既不能"不教而诛"，也不能"教而不罚"，而应将处罚与教育结合起来，两者都不可偏废。

4. 处罚救济原则

这一原则是为了保障当事人在行政处罚中的合法权益而设立的，主要是指当事人对行政主体给予的行政处罚，享有陈述权、申辩权；对行政处罚不服的，有权依法申请行政复议或提起行政诉讼；因行政处罚受到损害的，有权依法提出赔偿要求。即相对人在处罚中享有陈述、申辩、复议、诉讼以及请求国家赔偿的权利。陈述和申辩可被认为是事前救济途径，复议和诉讼可被认为是事后补救途径。行政主体在实施行政处罚时，不仅要为相对人提供陈述和申辩的机会，即听取相对人的意见，而且必须告知相对人享有复议和诉讼的权利，以确保相对人通过这些救济途径切实保障自己的合法权益。

5. 处罚不相替代原则

这一原则是指行政处罚不能与民事法律责任和刑事法律责任相互替代。行政处罚、民事责任和刑事责任虽都属于法律责任，但它们有不同的性质和范围，不能相互替代。行政处罚，是指行为人违反了行政法规范，侵害了行政管理秩序而应承担的一种法律责任；民事责任，是指行为人违反了民事法律规范，侵害了他人的民事权利并造成了损害而应承担的一种法律责任；刑事责任，是指行为人触犯了国家刑律，构成了犯罪而应承担的一种法律责任。行为人的行为违反了哪一种法律规范，侵害了哪一种客体，就应承担哪一种相应的法律责任。当行为人的行为同时违反了几种法律规范，侵害了几种客体时，就应同时承担几种相应的责任，而不能以罚代赔，以罚代刑。例如，司机开车违反交通规则，撞死了人，其行为同时侵害了三种客体，应同时承担三种法律责任：第一，侵害了交通管理秩序，应吊销驾驶执照；第二，侵害了他人的生命权并造成损害，应予民事赔偿；第三，情节严重，构成了犯罪，还应受到刑罚处罚。总之，行政主体在实施行政处罚时，对于违法行为造成他人损害的，应责令违法行为人承担相应的民事责任，或由人民法院根据受害人的起诉而追究违法行为人的民事责任；对于违法行为构成犯罪的，应及时将违法行为人移送司法机关，由人民法院依法追究其刑事责任，不能因行政处罚而免除民事责任，也不能以行政处罚代替刑事处罚。

(三) 行政处罚的种类

行政处罚的种类，是行政处罚外在的具体表现形式。划分行政处罚的种类，是设定和实施行政处罚的前提条件。因此，《行政处罚法》在规定行政处罚的设定和实施之前，首先就行政处罚的种类作了规定。据统计，我国各种法律、法规、规章所规定的行政处罚有一百二十余种，学理上一般将其概括为申诫罚、财产罚、资格罚、行为罚和人身罚五大类。《行政处罚法》第9条对行政处罚种类的规定，就按照这种"五分法"的逻辑明确列举了这五类处罚的主要表现形式，同时规定了作为兜底条款的"法律、行政法规规定的其他行政处罚"。

1. 申诫罚

申诫罚，亦称"精神罚"或"声誉罚"，是指行政主体通过对违法者的名誉、荣誉、信誉等施加影响，使其在精神上产生一定的压力，以示警诫，不致重犯的行政处罚，具体包括警告、通报批评等。警告和通报批评，都是行政主体对违法者实施的一种书面形式的谴责和告诫，需由处罚机关作出书面裁决，并向本人宣布和送达，而不是简单、随便地口头批评。两者的主要区别在于，警告通常是"点对点"，只对违法者本人作出，使之知晓；通报批评则通常是"点对面"，需要通知违法者所在单位或者在一定范围内进一步公示。

2. 财产罚

财产罚，是指行政主体强迫违法者交纳一定数额的金钱或一定数量的物品，即剥夺其财产权的行政处罚，具体包括罚款、没收等。罚款，是行政主体强迫违法者缴纳一定数额金钱的处罚形式，其作用是对违法者予以经济制裁。罚款是目前我国立法频率最高、运用最广泛的一种处罚形式,同时也是存在问题最多、运用最乱的一种。因此,《行政处罚法》对这种处罚形式作了许多限制性规定,如罚款的执行应实行罚缴分离、出具统一罚款收据、罚款款项必须全部上缴国库等。没收,包括没收违法所得和没收非法财物。违法所得,是指实施违法行为所取得的款项,即金钱收入,如违法经营所获得的利润等。非法财物,指与违法行为有关的财物,如实施违法行为的工具、违禁物品等。根据《行政处罚法》第28条第2款的规定,当事人有违法所得,除依法应当退赔的外,应当予以没收。

3. 资格罚

资格罚,是指限制或剥夺违法者各种许可资格的行政处罚,具体包括暂扣许可证件、降低资质等级、吊销许可证件等。暂扣许可证件是行政主体对持有许可证件,能从事某类活动的相对人,因其违法行为而在一定期限内暂行扣押其证照,使之暂时失去从事某类活动资格的处罚。降低资质等级属于一种信用惩戒,是指对行为人所取得的许可资质由较高等级降为较低等级,限制其从事某类活动资格的处罚。吊销许可证件是对持有许可证件,能从事某类活动的相对人,永久性地取消其许可证件,使其不再具有从事某类活动资格的处罚。

4. 行为罚

行为罚,是指行政主体限制或剥夺违法者从事某种行为的行政处罚,具体包括限制开展生产经营活动、责令停产停业、责令关闭、限制从业等。限制开展生产经营活动是指控制或缩减生产经营范围或规模,但生产经营活动并不停止,而"责令停产停业"则意味着生产经营活动处于全面暂停的状态。责令关闭是对违法者生产经营活动予以全面停止,广泛存在于环境保护及安全生产等领域。限制从业是限制违法者从事一定职业,多发生在对于行业准入有特定要求的专业领域内。

5. 人身罚

人身罚,又称"自由罚",是指行政主体限制违法者人身自由的行政处罚,属于行政处罚中最严厉的处罚种类,主要形式是行政拘留。行政拘留,特指公安机关或法律规定的其他机关对违法行为人在短期内限制其人身自由的处罚。拘留只能由公安机关或法律规定的机关实施,目前有规定的其他机关是国家安全机关。

6. 法律、行政法规规定的其他行政处罚

这实际上是一个"兜底条款",以容纳尚未列举全面和将来可能会有所发展的行政处罚种类,但是这些种类只能限于法律、行政法规的规定。

(四) 行政处罚的设定

所谓行政处罚的设定,是指国家机关依职权和实际需要,在有关法律、法规或规章中,自行创设和规定行政处罚的权力。行政处罚的设定所要解决的是谁有权创设和规定行政处罚或者说行政处罚设定权的分配问题,属于立法性行为。行政处罚的实施则是如何具体贯彻落实业已创设的行政处罚规范,属于执法性行为。两者都是行政处罚法所要规范和解决的问题,构成了行政处罚法的两大主要内容。从内容上看,行政处罚法就是规定行政处罚设定和实施的法。因此,行政处罚的设定是行政处罚法规定的首要问题,也是其必须首先解决的问题。它的目的在于,通过合理地分配行政处罚的设定的权限,以防止处罚设定主体上的混乱,从根源上解决处罚乱的问题,从而保证行政处罚的严肃性和统一性,保证行政处罚在现实生活中得以统一、有效、正确地实施。

我国《行政处罚法》针对法律、法规和规章等不同效力层次的规范性文件,分别规定了它们的处罚设定权限。

1. 法律的设定权

法律是由最高国家权力机关即全国人民代表大会及其常务委员会制定的,它可以设定任何种类和形式的行政处罚。同时,对限制人身自由的行政处罚,只能由法律设定,法规、规章都无权设定。由于限制人身自由是影响公民人身自由的一种最严重的处罚,因而《行政处罚法》对此种处罚作了严格的限定,使之不被滥用。

2. 行政法规的设定权

行政法规是由最高国家行政机关即国务院制定的,除了不能设定限制人身自由的处罚之外,它可以设定其他各种处罚。《行政处罚法》还对行政法规的规定权和补充设定权作了规定。关于规定权,即法律对违法行为已经作出行政处罚规定,行政法规需要作出具体规定的,必须在法律规定的给予行政处罚的行为、种类和幅度的范围内规定。关于补充设定权,即法律对违法行为未作出行政处罚规定,行政法规为实施法律,可以补充设定行政处罚。拟补充设定行政处罚的,应当通过听证会、论证会等形式广泛听取意见,并向制定机关作出书面说明。行政法规报送备案时,应当说明补充设定行政处罚的情况。

3. 地方性法规的设定权

地方性法规是地方权力机关制定的,它可以设定除限制人身自由、吊销营业执照之外的其他各种行政处罚。《行政处罚法》还对地方性法规的规定权和补充设定权作了规定。关于规定权,即地方性法规可以在法律、行政法规规定的范围内作出具体规定,但是不能超出法律、行政法规已规定的限度。关于补充设定权,即法律、行政法规对违法行为未作出行政处罚规定,地方性法规为实施法律、行政法规,可以补充设定行政处罚。拟补充设定行政处罚的,应当通过听证会、论证会等形式广泛听取意见,并向制定机关作出书面说明。地方性法规报送备案时,应当说明补充设定行政处罚的情况。

4. 行政规章的设定权

行政规章是国务院部委和有关的地方人民政府制定的规范性文件。规章的种类多、数量大,法律效力的层次也相对较低。为了防范规章对处罚设定过多过滥,《行政处罚法》规定,在法律、法规对处罚已作规定的情况下,规章只应在法律、法规规定的范围内作出具体规定;法律、法规未作规定的,规章可以设定警告、通报批评或一定数额的罚款。同时,国务院部门和省、自治区、直辖市人民政府及其有关部门应当定期组织评估行政处罚的实施情况和必要性,对不适当的行政处罚事项及种类、罚款数额等,应当提出修改或者废止的建议。

除以上四种规范性文件外,其他规范性文件不得设定行政处罚。当然,在法律、法规和规章对行政处罚已作规定的情况下,其他规范性文件可以在法律、法规和规章规定的范围内作出具体规定,但不能超出法律、法规和规章已规定的限度。

(五) 行政处罚的实施

行政处罚的实施,是指特定行政主体对违反行政法规范的行为人依法给予相应行政处罚的具体行政行为。它是行政处罚法规定的,与行政处罚的设定相对应的另一基本问题或主要内容。这一问题涉及行政处罚的实施机关、管辖和适用,以及实施的程序等具体问题。

1. 行政处罚的实施机关

行政处罚的实施机关就是有权实施行政处罚的机关,它不同于行政处罚的主体,后者只限于具有法定权限的行政机关和法律、法规授权的组织,具有行政主体资格。实施机关还包括受委托的组织。根据《行政处罚法》的规定,行政处罚的实施机关包括三类:

(1) 行政机关。这是最主要的行政处罚实施机关。但是,并非所有的行政机关在任何领域都具有行政处罚的实施权。只有下列两类行政机关才是行政处罚的实施机关:

第一,具有法定处罚权的国家行政机关。例如,《治安管理处罚法》将治安管理的处罚权明确授予公安机关,公安机关就属于具有治安管理处罚方面法定权的行政机关。

第二，经特别决定而获得处罚权的行政机关。在一定的条件下，一个行政机关可以行使有关行政机关的行政处罚权，这就是"相对集中行政处罚权"制度。《行政处罚法》第18条规定："国家在城市管理、市场监管、生态环境、文化市场、交通运输、应急管理、农业等领域推行建立综合行政执法制度，相对集中行政处罚权。国务院或者省、自治区、直辖市人民政府可以决定一个行政机关行使有关行政机关的行政处罚权。限制人身自由的行政处罚权只能由公安机关和法律规定的其他机关行使。"这个经国务院或者省、自治区、直辖市人民政府特别决定而集中行使有关行政机关的行政处罚权的机关，通常称为"综合执法机关"。在行政执法过程中，几个相关的行政机关为了节省人力，精简机构，提高效率，减少职权纠纷，往往联合设立一个综合执法组织，由该组织集中行使这几个相关行政机关的部分职权。目前，在城市管理、市场监管、生态环境、文化市场、交通运输、应急管理、农业等领域已经推行建立综合行政执法制度。根据《行政处罚法》的上述规定，综合执法机关要获得行政处罚权，成为行政处罚的实施机关，必须得到国务院或省、自治区、直辖市人民政府的特别决定，并且不得行使限制人身自由的处罚权。

（2）法律、法规授权的组织。除行政机关之外，其他具有管理公共事务职能的组织，在得到法律、法规的专门授权的情况下，也可以成为行政处罚的实施机关。但是，这些组织必须符合一定条件：一是必须是依法成立的具有管理公共事务职能的组织；二是得到了法律、法规的专门授权；三是必须在授权范围内实施行政处罚，而不能超越授权范围，越权处罚；四是应当以自己的名义实施行政处罚，并承担相应的法律责任。

（3）受行政机关委托的组织。非行政机关的组织除了在得到法律、法规授权的情况下，可以实施行政处罚外，还可以经行政机关的委托实施行政处罚，成为行政处罚的实施机关。即行政机关依法将自己所具有的处罚权委托给某一组织行使，由此使受委托的组织成为行政处罚的实施机关。当然，被授权的组织与受委托的组织是不同的，前者具有独立的主体资格，后者则不具有主体资格。受委托的组织虽具有处罚的实施权，但只是以委托行政机关的名义代替其实施处罚，处罚的法律后果应由委托行政机关承担。我国《行政处罚法》第20条和第21条对委托的条件和规则作了明确的规定。

就委托的条件而言，行政机关进行委托必须具备如下条件：第一，必须有法律、法规或规章的明文规定，否则行政机关不得自行委托。第二，必须在法定权限内进行委托，即行政机关在委托时必须拥有实施某项处罚的权力，否则构成越权委托而无效。第三,必须以书面委托的方式,且载明委托的具体事项、权限、期限等内容。委托行政机关和受委托组织应当将委托书向社会公布。第四,必须委托给符合法定条件的组织,即受委托的组织必须符合法定条件。法定条件具体包括:必须是依法成立的管理公共事务的事业组织;必须具有熟悉有关法律、法规、规章和业务并取得行政执法资格的工作人员;对违法行为需要进行技术检查或技术鉴定的,应有条件组织进行相应的技术检查或技术鉴定。总之,行政机关必须依照法律、法规或规章的明确规定,在其法定权限内委托给符合法定条件的组织,该委托才是合法有效的。

就委托的规则而言,委托成立后,委托机关和受委托的组织还应遵守如下规则:第一,委托机关对受委托的组织实施处罚的行为应负责监督,并对该行为的后果承担法律责任。第二,受委托的组织必须在委托范围内,以委托机关的名义实施处罚,并不得再委托。也就是说,首先,要在委托范围内实施处罚,不得超越委托权限;如果超越委托权限,则该行为在法律上是无效的行为,其行为后果由委托机关承担。其次,要以委托机关的名义实施处罚,若以自己的名义实施处罚,则是无效的,其行为后果由自己承担。最后,不得再委托,即不得把处罚权再转让给他人行使。不同于民事代理,允许再代理或复代理,行政处罚权属于一种重要的公共权力,法律不允许再委托。

2. 行政处罚的管辖

行政处罚的管辖,即行政处罚案件的管辖,是指行政处罚的实施机关之间对行政违法案件实施行政处罚时的权限分工。也就是说,一旦发生违反行政法规范的案件,应由哪个具体的机关进行查处。这是实施行政处罚必须解决的首要问题,目的在于防止相互推诿或彼此相争而难以及时、有效、准确地实施行政处罚。行政处罚的管辖包括事务管辖、地域管辖、级别管辖和指定管辖等几种情况。

(1) 事务管辖。又称"职能管辖",是指具有不同管理职能的行政主体之间在实施行政处罚上的权限分工。如前所述,只有具有处罚权的行政主体才能实施行政处罚,而具有处罚权的行政主体并非在任何领域都享有处罚权,职能不同的机关享有的处罚权是不同的。对此,各种行业性的行政法规范作了具体规定。例如,市场监管行政法规范规定市场监管机关对市场监管违法案件有权实施处罚,税务行政法规范规定税务行政机关对税收违法案件有权实施处罚等。总之,只有对某项违法案件具有处罚权的行政机关才能对该项违法案件实施处罚。《行政处罚法》第23条明确规定,行政处罚由"具有行政处罚权的行政机关管辖",从原则上明确了行政处罚的职能管辖问题。

(2) 地域管辖。这是指不同地区的行政主体之间在实施行政处罚上的权限分工。《行政处罚法》第 22 条明确规定，行政处罚"由违法行为发生地"的行政机关管辖。即对违法案件，由违法行为发生地的行政机关实施行政处罚，违法行为发生于何地，就由当地有处罚权的行政机关管辖，以便于行政机关及时查处案件。也就是说，行政处罚的地域管辖以违法行为发生地为标准加以确定，而不以当事人所在地或标的物所在地等为标准加以确定。当然，这只是一个原则性规定，第 22 条同时规定，"法律、行政法规、部门规章另有规定的，从其规定"。例如，《公安机关办理行政案件程序规定》第 10 条第 1 款规定："行政案件由违法行为地的公安机关管辖。由违法行为人居住地公安机关管辖更为适宜的，可以由违法行为人居住地公安机关管辖，但是涉及卖淫、嫖娼、赌博、毒品的案件除外。"

(3) 级别管辖。这是指不同级别（或上下级）行政机关之间在实施行政处罚上的权限分工。《行政处罚法》第 23 条明确规定，对违法行为，由"县级以上地方人民政府"实施行政处罚。这就明确了行政处罚在级别上只能由具有处罚权的县级以上地方人民政府及其职能部门实施，县级以下的行政机关无权实施处罚。当然，这只是一个原则性规定，第 23 条同时规定，"法律、行政法规另有规定的，从其规定"。例如，《治安管理处罚法》第 91 条规定："治安管理处罚由县级以上人民政府公安机关决定；其中警告、五百元以下的罚款可以由公安派出所决定。"《税收征收管理法》第 74 条规定："本法规定的行政处罚，罚款额在二千元以下的，可以由税务所决定。"对于县级以上行政机关之间的处罚权限分工问题，《行政处罚法》未作规定，必须由单行法律、法规或规章加以明确。

作为级别管辖的例外，《行政处罚法》还规定了行政处罚管辖权的下移，明确省、自治区、直辖市可以决定将县级人民政府部门的行政处罚权交由乡镇人民政府、街道办事处行使，以更好地满足基层执法需求，推进行政执法权限和力量向基层延伸和下沉，从而加强基层政权建设，完善基层政府职能。根据《行政处罚法》第 24 条的规定，下移行政处罚权应当符合下列条件和要求：一是下移的行政处罚权应当是基层管理迫切需要的县级人民政府部门的行政处罚权。这主要集中在市容环境、市场监管、社会治安和民生保障等领域。二是承接行政处罚权的乡镇人民政府、街道办事处应当具备有效承接的能力，切实加强执法能力建设，按照规定范围、依照法定程序实施行政处罚。三是下移行政处罚权的决定应当公布，并定期组织评估。有关地方人民政府及其部门还应当加强组织协调、业务指导、执法监督，建立健全行政处罚协调配合机制，完善评议、考核制度。

（4）指定管辖。这是指上一级行政机关以决定的方式指定下一级行政机关对某一行政处罚行使管辖权。通常，由于两个以上的行政机关对处罚管辖发生争议或因特殊情况无法行使管辖权时，才由上一级行政机关指定由谁来管辖。根据《行政处罚法》第25条的规定，两个以上行政机关都有管辖权的，由最先立案的行政机关管辖。对管辖发生争议的，应当协商解决，协商不成的，报请共同的上一级行政机关指定管辖；也可以直接由共同的上一级行政机关指定管辖。

此外，《行政处罚法》第26条还对职务协助作了明确规定，即行政机关因实施行政处罚的需要，可以向有关机关提出协助请求。协助事项属于被请求机关职权范围内的，应当依法予以协助。第27条对行政处罚与刑事司法之间的"行刑衔接"作了规定，即违法行为涉嫌犯罪的，行政机关应当及时将案件移送司法机关，依法追究刑事责任。对依法不需要追究刑事责任或者免予刑事处罚，但应当给予行政处罚的，司法机关应当及时将案件移送有关行政机关。行政处罚实施机关与司法机关之间应当加强协调配合，建立健全案件移送制度，加强证据材料移交、接收衔接，完善案件处理信息通报机制。

3. 行政处罚的适用

行政处罚的适用，是指行政处罚的实施机关对行政法规范规定的行政处罚加以具体运用，从而依法决定对违法行为是否给予处罚、如何予以处罚的活动。《行政处罚法》就行政处罚适用中的下列问题作了明确规定：

（1）适用的原则。根据《行政处罚法》的规定，行政机关在行政处罚的适用活动中应遵循下列原则：

第一，处罚与责令改正相结合原则（纠正违法原则）。这是行政处罚的处罚与教育相结合原则在其适用阶段的具体反映。根据《行政处罚法》第28条第1款的规定，实施行政处罚时，应当责令当事人改正或者限期改正违法行为。其目的在于，切实纠正违法行为，教育当事人自觉守法，实现行政处罚的最终目的。

需要注意的是，责令改正与行政处罚本身是有区别的。行政处罚是一种法律制裁，是对当事人的一种惩戒。尤其是责令改正不同于责令停产停业，后者本质上是对相对人生产经营能力的一种限制和剥夺，具有惩罚性；而责令改正本身并不是制裁，它只是要求违法行为人履行法定义务，纠正违法行为，消除不良后果，恢复原状，因而本质上是一种恢复性行为，具有教育性，而不是一种惩罚性行为。行政处罚法并没有将责令改正规定为一种处罚形式，而是在处罚的适用中作为一种责令行为予以规定。以前，人们将责令改正作为行政处罚的一种形式,实质上是对两者性质上的区别认识不够。

另需明确,这里的"责令改正"应是一个包容性很强的概念,其范围包括诸如责令提供纳税担保、限期缴纳税款、责令停发广告、限期清除、责令停止破坏、限期完善设施,责令拆除违章建筑、限期治理,责令赔偿、限期补种毁坏的树木等所有关于责令相对人作为的行为。譬如,《生态环境行政处罚办法》[①]第9条第1款规定:"生态环境主管部门实施行政处罚时,应当责令当事人改正或者限期改正违法行为。"此处是具体形式,不仅包括第8条第4、5项,还包括第7项的兜底规定。根据最高人民法院关于行政行为种类和规范行政案件案由的规定,行政命令不属行政处罚,不适用行政处罚程序的规定。

第二,"一事不得再罚"原则。这是"过罚相当"原则在处罚适用阶段的具体体现。根据《行政处罚法》第29条的规定,对当事人的同一个违法行为,不得给予两次以上罚款的行政处罚。同一个违法行为违反多个法律规范应当给予罚款处罚的,按照罚款数额高的规定处罚。

适用这一原则的前提是存在"同一个违法行为"。所谓"同一个违法行为",是指当事人基于同一事实和理由实施的一次性违反行政法规范的行为。也就是说,它必须是当事人的一次性违法行为,而不是数次或数个违法行为。如果当事人实施了数个违法行为,每个违法行为都要受一次处罚,而不适用"一事不得再罚"原则。同时,它还必须是同一性质的违法行为,而并非不同性质的。如果一个违法行为同时违反了行政法规范和刑法规范,也不适用这一规则。当然,这里的"违法"可以是只违反了一种行政法规范,也可以是同时违反了几种行政法规范的行为。例如,未经许可私自生产、加工、销售食品的行为,既违反了《行政许可法》,又违反了《食品安全法》。这属于行政法规范的竞合问题,其解决适用这样一个规则,即一个行政机关按这种法规的规定予以罚款,其他机关不得依据其他法律规范的规定再次予以罚款。

同时,对于同一个违法行为不得再次给予处罚的形式只限于罚款。如果需要给予其他处罚,如没收、吊扣证照、责令停产停业等,则仍可给予其他处罚。因此,这不同于纯粹的"一事不得再罚"原则,后者指对同一个违法行为不得给予多次处罚,不仅不得再次罚款,也不得给予其他形式的处罚。《行政处罚法》并没有确立这一原则,而是将其限定在罚款这一形式上,只针对罚款的适用采用这一原则。这是因为,各个行政机关的职权是不同的,如果由一个行政机关处罚后另一个行政机关不再处罚,就会侵犯另一个行政机关的职权。前例中对

---

① 2023年5月8日生态环境部令第30号公布,自2023年7月1日起施行。

于未经许可私自生产、加工、销售食品的行为,如果市场监管机关按《行政处罚法》处罚后,食品安全监管机关不得再处罚,就会侵害食品安全监管机关的职权。同时,市场监管机关按《行政处罚法》第 9 条的规定,除罚款之外,可给予违法行为人没收、责令停止等形式的处罚;如果应没收、责令停止等而不予以没收、责令停止等,就会使违法行为人的行为得不到应有的处罚,所以可再次处罚。

尽管可给予其他形式的处罚,但是不得再给予罚款,目的是防止重复罚款、多头罚款的现象,保护当事人合法权益。例如,某个体小商贩在副食品市场上使用小秤出售副食品被发现后,市场监管、物价、计量三机关先后三次对其作出罚款处罚,处罚的程度大大超过了这一具体违法行为对社会的危害程度。这种多头重复处罚既不利于维护有序的行政管理秩序,也不利于保护相对人的合法权益。

第三,罚刑合并原则。这是处罚不能取代其他法律责任原则在处罚适用阶段的具体体现。所谓罚刑合并,是指违法行为构成犯罪,应合并适用行政处罚与刑事处罚,而不能以罚代刑,也不得以刑代罚。

适用这一原则的前提是,违法行为构成犯罪即"行政犯罪行为"。即同一个违法行为不仅违反行政法规范,而且触犯刑事法规范的规定而构成犯罪。这种犯罪即为行政犯罪行为,它实际上是行政违法行为与犯罪行为的竞合。在实践中,这种情况大量存在,如偷税漏税等是行政违法行为,达到一定严重程度时,又是犯罪行为,只有对这种行政犯罪行为才同时适用罚刑双重责任。这是因为,一方面,这种行政犯罪行为在性质上不仅是行政违法行为,而且构成犯罪。这种行为的双重违法性,决定了其责任和处罚的双重性,只有这样才能全面追究犯罪分子的法律责任,有效打击和预防犯罪。另一方面,行政处罚和刑事处罚在种类及功能上的差异,决定了同时适用这两种处罚可起到相互弥补的作用,以消除犯罪的全部危害后果。例如,对偷税漏税的犯罪人仅给予刑事处罚并不能挽回犯罪人给国家造成的损失及其应履行的法定义务,行政机关还得责令其补缴税款,吊销营业执照;对制造、销售假药的犯罪人,如果仅给予刑事处罚而不吊销其生产经营执照,则他们还会制造、销售假药,继续危害社会;对交通肇事的犯罪人,仅予以刑罚处罚并不能足以惩戒犯罪人,还必须由公安机关交通管理部门吊销其驾照。

根据《行政处罚法》第 27 条第 1 款的规定,违法行为涉嫌犯罪的,行政机关应当及时将案件移送司法机关,依法追究刑事责任。对依法不需要追究刑事责任或者免予刑事处罚,但应当给予行政处罚的,司法机关应当及时将案件移送有关行政机关。这表明,在罚刑合并适用的程序上,需遵循"司法优先"原则,采取先刑后罚的衔接适用方法。但是,由于实际情况复杂,有时也会出现先罚后刑的情况,还会出现某些不能合并或者无须合并适用的情况,因此在具体合并适用时应视不同情况采用不同的方法予以衔接。对此,需按适用程序的先后顺序区分为先刑后罚和先罚后刑两种情况。①

关于先刑后罚,即对于人民法院已经适用了刑罚处罚或免予刑罚处罚的,行政机关在适用行政处罚时应采用如下具体方法:一是,类似罚则不得再处罚,即人民法院已处罚金后,行政机关不能再处罚款;人民法院已经适用了拘役或者有期徒刑后,行政机关也不得再适用目的和内容相同的行政拘留等限制人身自由的行政处罚。二是,不同罚则可予再处罚,即人民法院已经适用了管制、拘役、有期徒刑或罚金后,行政机关认为需要可依法处以吊销许可证,人民法院没有适用罚金的,公安机关认为需要还可依法予以罚款;法人或其他组织有违法犯罪行为的,如果人民法院只依法追究直接责任人员的刑事责任,行政机关还可对该法人或其他组织依法适用行政处罚,包括财产罚和能力罚。三是免刑后应予再处罚。我国《刑法》第37条规定:"对于犯罪情节轻微不需要判处刑罚的,可以免予刑事处罚,但是可以根据案件的不同情况,予以训诫或者责令具结悔过、赔礼道歉、赔偿损失,或者由主管部门予以行政处罚或者行政处分。"据此,某些犯罪情节轻微,法律规定可以免予刑事处分,人民法院免刑后,行政机关应依法给予犯罪者以相应的行政处罚。当然,并非对所有被免刑的犯罪人都要给予行政处罚,是否给予相应的行政处罚,应依法根据各种犯罪案件的具体客观情况以及被告人的主观过错程度确定。

关于先罚后刑,即在有的情况下,违法行为构成犯罪,行政机关已经适用了行政处罚,人民法院在适用刑罚处罚时则应采用如下具体方法:一是类似罚则相折抵,即以拘留折抵相应刑期,以罚款折抵罚金。对此,《行政处罚法》第35条规定:"违法行为构成犯罪,人民法院判处拘役或者有期徒刑时,行政机关已经给予当事人行政拘留的,应当依法折抵相应刑期。违法行为构成犯罪,人民法院判处罚金时,行政机关已经给予当事人罚款的,应当折抵相应罚金……"二是,不同罚则各自适用。比如,行政机关对违法行为给予的仅是罚款,而人民法院仅判的是徒刑未予罚金,或行政机关对违法行为给予的仅是拘留,而人民法院仅判罚金而未判拘役或徒刑,则两者各自都应适用,既不能相互折抵,也不能

---

① 参见周佑勇、刘艳红:《论行政处罚与刑罚处罚的适用衔接》,载《法律科学》1997年第2期;刘艳红、周佑勇:《行政刑法的一般理论》(第2版),北京大学出版社2020年版,第285页以下。

相互代替。

（2）量罚情节。这是指行政机关对违法行为据以裁量决定是否给予处罚、给予何种处罚以及处罚轻重应考虑的各种情况，包括应予处罚、不予处罚或免予处罚的情节，从轻或减轻处罚的情节，从重或加重处罚的情节等。《行政处罚法》第30条至第33条仅就不予处罚、从轻或减轻处罚的情节作了规定。

第一，不予处罚的情节。不予处罚是因有法定情形存在，行政机关对某些形式上客观违法但实质上不应承担责任的行为人不适用行政处罚。《行政处罚法》规定，有下列情形之一的，不予处罚：一是不满14周岁的未成年人，这是从责任年龄方面予以考虑的；二是精神病人、智力残疾人在不能辨认或者不能控制自己行为时有违法行为的，这是从责任能力方面予以考虑的；三是违法行为轻微并及时纠正，没有造成危害后果的；四是当事人有证据足以证明没有主观过错的。其中第四种情况，法律、行政法规另有规定的，从其规定。此外，《行政处罚法》还对"首违不罚"的情形作了规定，即"初次违法且危害后果轻微并及时改正的，可以不予行政处罚"。

第二，从轻或减轻处罚的情节。从轻处罚，是指在法定的处罚幅度内就轻或就低予以处罚，但不能低于法定处罚幅度的最低限度。减轻处罚，是指在法定处罚幅度的最低限度以下给予处罚。《行政处罚法》规定，有下列情形之一的，应当从轻或减轻处罚：一是已满14周岁不满18周岁的未成年人有违法行为的；二是主动消除或者减轻违法行为危害后果的；三是受他人胁迫或者诱骗实施违法行为的；四是主动供述行政机关尚未掌握的违法行为的；五是配合行政机关查处违法行为有立功表现的；六是法律、法规、规章规定其他应当从轻或者减轻行政处罚的。此外《行政处罚法》规定，尚未完全丧失辨认或者控制自己行为能力的精神病人、智力残疾人有违法行为的，可以从轻或者减轻行政处罚。

（3）裁量基准。以上关于不予处罚或从轻、减轻处罚的各种裁量情节的规定，均旨在严格规范行政处罚裁量权。为进一步规范行使行政处罚裁量权，《行政处罚法》第34条明确规定，行政机关可以依法制定行政处罚裁量基准并向社会公布。所谓裁量基准，是指行政机关通过对法定授权范围内的裁量权予以情节的细化和效果的格化而设定的一种规则化的裁量权具体行使标准。作为行政机关依法制定的一项裁量性行政规则，裁量基准旨在实现对裁量权的自我规制，确保裁量权行使的统一性、公正性和适当性。我国在经历了十余年的实践探索和积累之后，2021年修订的《行政处罚法》第34条首次将行政处罚裁量基准纳入法治轨道，以国家立法形式对裁量基准的设定义务和公开义务作出明确规定,为裁量基准在行政处罚领域的统一和规范适用提供了明确的法律依据。①

(4) 追罚时效。即行政处罚的时效制度,又称"追责时效",是指对违法行为追究行政处罚责任的有效期限。如果超过这个期限,就不能再实施行政处罚。因此,在行政处罚的适用过程中,不应超过追罚时效,否则处罚无效。《行政处罚法》规定追罚时效的目的在于,促使行政机关积极行使职权、履行职责,以避免因时过境迁而增加案件查处的难度;同时,提高行政执法效率,避免拖拉、不负责等官僚主义作风。

《行政处罚法》第36条第1款规定:"违法行为在二年内未被发现的,不再给予行政处罚;涉及公民生命健康安全、金融安全且有危害后果的,上述期限延长至五年,法律另有规定的除外。"这就是追罚时效的规定。值得注意的是,这里的期限是"未被发现的",而不是已经发现而未被处理。该条第2款具体规定了期限的计算方法,即一般情况下,从违法行为发生之日起计算;违法行为有连续或继续状态的,则要从行为终了之日起计算。例如,某化工厂排污超标,因拒绝治理又超标,一年后治理好,不再超标,那么就从超标行为终了之日起计算。又如,某人无照营运出租车,连续多次开车载客,应从最后一次载客之日起计算。

(六) 行政处罚的程序

行政处罚的程序,是指行政处罚的实施机关实施行政处罚所应遵循的具体方式、步骤和次序。《行政处罚法》对行政处罚的程序作了统一、明确的规定,既为行政机关实施行政处罚提供了一套明确具体的操作手续,便于行政机关正确、及时、有效地实施行政处罚,也为行政机关实施行政处罚规定了一种程序规则。行政机关实施行政处罚,必须严格遵守这种法定程序,否则,处罚违法或者无效。根据《行政处罚法》的规定,行政处罚的程序包括决定程序和执行程序。其中,决定程序又包括简易程序、普通程序和听证程序。

1. 简易程序

为了提高处罚效率,节约成本,及时有效地维护正常的社会秩序,《行政处罚法》首先规定了一套简便易行的程序,即简易程序。它是行政机关当场实施处罚的一种简便程序,又称"当场处罚程序"。《行政处罚法》就适用这种程序的条件和具体步骤作了规定。

---

① 参见周佑勇:《行政处罚裁量基准的法治化及其限度——评新修订的〈行政处罚法〉第34条》,载《法律科学》2021年第5期。

(1) 适用条件。并不是所有的案件都适用简易程序。根据《行政处罚法》第 51 条的规定,适用当场处罚程序必须同时具备以下两个条件:

第一,违法事实确凿并有法定依据。违法事实确凿,主要是指违法事实简单、明了、清楚,证据确凿充分,无须进一步调查取证,就足以证明违法行为的存在。法定依据,是指对此类违法行为实施处罚已有明确的法律依据。

第二,处罚程度上,对公民处以 200 元以下、对法人或者其他组织处以 3000 元以下罚款或者警告的行政处罚的,可以当场作出行政处罚决定。法律另有规定的,从其规定。

(2) 具体步骤。当场处罚的具体步骤或程序是:

第一,表明身份。即执法人员当场处罚,首先要向当事人出示执法身份证件,以表明自己具有处罚的权力和资格,防止假冒、诈骗和执法人员超越权力,此所谓"亮证"处罚。这里的"证件"既可以是工作证,也可以是特定的执法证,有时两者皆需出示,有时还要求附带出示执勤证章等其他标志。

第二,告知并听取意见。在表明身份之后,作出处罚决定之前,应告知当事人拟作出的行政处罚内容及事实、理由、依据,并给予当事人陈述和申辩的机会,听取当事人的意见。

第三,填写处罚决定书。执法人员当场作出处罚决定,应填写预定格式、编有号码的处罚决定书。行政处罚决定书应当载明当事人的违法行为,行政处罚的种类和依据、罚款数额、时间、地点,申请行政复议、提起行政诉讼的途径和期限以及行政机关名称,并由执法人员签名或者盖章。

第四,交付处罚决定书。处罚决定书填写完毕后,应当场交付当事人。

第五,事后备案。填写的处罚决定书应一式两份,一份交当事人,另一份报所在机关备案,以便于所属机关进行监督检查。

2. 普通程序

普通程序是指对除当场处罚以外的其他违法案件实施处罚所普遍适用的基本程序。相对于简易程序而言,这种程序严格、复杂一些,适用也广泛得多。它具体包括:

(1) 立案。即案件的确立,是指处罚实施机关对涉嫌违法需要给予处罚的行为,将其登记并确立为应受调查处理的案件的活动。立案的案件来源有多种情况,如现场发现违法行为的,有关单位、个人报告或举报的,上级机关交办的等。《行政处罚法》第 54 条第 2 款规定,"符合立案标准的,行政机关应当及时立案。"这里的"立案标准"主要指发现存在依法应当给予行政处罚的违法行为,且具有管辖权。立案应填写专门格式的立案报告表,并指派专门的承办人员负责案件的调查工作。

(2) 调查取证。这是指承办案件的执法人员即办案人员对案件事实调查核实、收集证据材料的活动。立案后,办案人员必须对案件进行全面、客观、公正的调查,收集证据。调查取证的手段包括:询问当事人和证人,提取物证、书证,进行现场勘验、检查和鉴定等。《行政处罚法》第55条规定:"执法人员在调查或者进行检查时,应当主动向当事人或者有关人员出示执法证件。当事人或者有关人员有权要求执法人员出示执法证件。执法人员不出示执法证件的,当事人或者有关人员有权拒绝接受调查或者检查。当事人或者有关人员应当如实回答询问,并协助调查或者检查,不得拒绝或者阻挠。询问或者检查应当制作笔录。"另外,根据《行政处罚法》第56条的规定,行政机关在收集证据时,可以采取抽样取证的方法;在证据可能灭失或者以后难以取得的情况下,可对有关证据采取先行登记保存的措施。

行政机关查处违法案件必须做到事实清楚、证据确凿,违法事实不清、证据不足的,不得给予处罚,所以调查取证程序至关重要。所谓证据,是指认定案件事实的依据。根据《行政处罚法》第46条的规定,行政处罚的证据包括:书证、物证、视听资料、电子数据、证人证言、当事人的陈述、鉴定意见、勘验笔录和现场笔录。证据必须经查证属实,方可作为认定案件事实的根据。以非法手段取得的证据,不得作为认定案件事实的根据。第41条还对电子证据的收集作出了专门规定,即行政机关依照法律、行政法规规定利用电子技术监控设备收集、固定违法事实的,应当经过法制和技术审核,确保电子技术监控设备符合标准、设置合理、标志明显,设置地点应当向社会公布。电子技术监控设备记录违法事实应当真实、清晰、完整、准确。行政机关应当审核记录内容是否符合要求;未经审核或者经审核不符合要求的,不得作为行政处罚的证据。行政机关应当及时告知当事人违法事实,并采取信息化手段或者其他措施,为当事人查询、陈述和申辩提供便利。不得限制或者变相限制当事人享有的陈述权、申辩权。

(3) 审查决定。案件调查终结以后,办案人员要准确适用法律,提出有关事实结论和处理结论的书面意见,报机关负责人予以审查。对情节复杂或者重大违法行为给予行政处罚,行政机关负责人应当集体讨论决定。经审查后,根据不同情况,分别作出相应的处理决定:

第一,处罚决定。经审查,认为确有应受行政处罚的违法行为的,根据情节轻重及具体情况,作出处罚决定。

第二,不予处罚决定。违法行为轻微,依法可以不予行政处罚的,作出不予行政处罚决定。但是,如果需要给予处分的,应给予处分。

第三，撤案决定。违法事实不能成立的，也不予行政处罚，应作出撤销案件的决定。

第四，移送决定。违法行为涉嫌犯罪的，应作出移送司法机关先行处理的决定；需要由其他机关处罚或处分的，也应作出相应的移送决定。

(4) 告知并听取意见。根据《行政处罚法》第 44 条的规定，在作出处罚决定之前，行政机关应当告知当事人拟作出的行政处罚内容及事实、理由、依据，并告知当事人依法享有的陈述、申辩、要求听证等权利。第 45 条规定，当事人有权进行陈述和申辩。行政机关必须充分听取当事人的意见，对当事人提出的事实、理由和证据，应当进行复核；当事人提出的事实、理由或者证据成立的，行政机关应当采纳。行政机关不得因当事人陈述、申辩而给予更重的处罚。第 62 条还规定，行政机关及其执法人员在作出行政处罚决定之前，未依法向当事人告知拟作出的行政处罚内容及事实、理由、依据，或者拒绝听取当事人的陈述、申辩，不得作出行政处罚决定；当事人明确放弃陈述或者申辩权利的除外。

(5) 制送处罚决定书。在作出行政处罚决定之后，行政机关必须制作书面形式并符合法定格式的行政处罚决定书。行政处罚决定书应载明下列事项：当事人的姓名或者名称、地址；违反法律、法规、规章的事实和证据；行政处罚的种类和依据；行政处罚的履行方式和期限；申请行政复议、提起行政诉讼的途径和期限；作出行政处罚决定的行政机关名称和作出决定的日期。行政处罚决定书必须加盖作出行政处罚决定机关的印章。根据《行政处罚法》第 60 条的规定，行政机关应当自行政处罚案件立案之日起 90 日内作出行政处罚决定，法律、法规、规章另有规定的，从其规定。

行政处罚决定书制作好后，应当对当事人宣告并当场交付当事人。如果当事人不在场，应在 7 日内依照《民事诉讼法》的有关规定，根据情况以直接送达、留置送达、转交送达、委托送达、邮寄送达、公告送达等方式送达当事人。当事人同意并签订确认书的，行政机关可以采用传真、电子邮件等方式，将行政处罚决定书等送达当事人。

3. 听证程序

听证程序并非独立于前两种程序之外的一种程序，而只是一般程序中的一个特别程序，相当于前述"听取意见"程序。广义上的"听证"就是听取意见，只不过针对一般案件在处罚决定作出之前进行的"听取意见"仅是一般的听取意见，可以说是一种非正式的听证。这里的"听证"则是一种正式的听证，即通过举行专门听证会的形式听取当事人的意见。设置听证程序应该是我国《行政处罚法》的一项创举，是加快行政程序法现代化步伐的重大举措。但是，考虑到我国实施听证制度还没有经验,对各种处罚都实行听证程序还不具备条件。根据我国的实际情况,《行政处罚法》没有将听证程序作为一般程序中的必经程序,而是专列一节,将其作为一种特殊情况予以规定,只是对几种较重大的处罚适用这种程序。所以,适用听证程序需具备一定条件。

(1) 适用条件。根据《行政处罚法》第63条的规定,同时具备下列条件的,行政机关要组织听证:

第一,作出较重的处罚,包括较大数额罚款、没收较大数额违法所得、没收较大价值非法财物、降低资质等级、吊销许可证件、责令停产停业、责令关闭、限制从业和其他较重的行政处罚,以及法律、法规、规章规定的其他情形。

第二,当事人有要求。听证是当事人的一种申辩权利,对权利不予主张,视为放弃权利。因此,当事人不要求听证的,行政机关可不组织听证。行政机关在作出上述几种处罚决定前,应告知当事人有要求举行听证的权利。

(2) 具体过程。听证程序具体包括以下三个阶段:

第一,准备阶段。在听证会举行之前,要做好如下一系列准备工作:一是告知听证权利。对于需要举行听证的处罚,应告知当事人有要求举行听证的权利;当事人要求听证的,应在行政机关告知后5日内提出。当事人可以亲自参加听证,也可以委托一至二人代理;当事人及其代理人无正当理由拒不出席听证或者未经许可中途退出听证的,视为放弃听证权利,行政机关终止听证。二是通知听证的时间和地点。即应在举行听证的7日前,通知当事人及有关人员听证的时间和地点。三是决定是否公开进行。除涉及国家秘密、商业秘密或者个人隐私依法予以保密外,听证公开举行。四是指定听证主持人。为了正常有效地进行听证活动,行政机关应确定主持听证的专门工作人员,一般应指定法制工作机构的工作人员主持;未设法制工作机构的,可指定其他熟悉业务的工作人员主持。但是,本案的调查人员不能担任听证主持人。本案的调查人员应作为与违法嫌疑人相对应的控告人参与听证。

第二,举行阶段。听证会大致可按如下步骤举行:首先,由听证主持人宣布听证会开始,包括宣布听证事项、查明当事人身份、告知当事人有申请回避的权利等。其次,由案件调查人员宣读指控书,提出当事人违法的事实、证据和处罚建议。再次,由听证主持人询问当事人、证人和其他有关人员并出示有关证据材料,以查清这些证据的真实性。复次,由当事人针对所指控的事实和相关问题进行申辩和质证。最后,由调查人员和当事人就本案有关的事实和法律问题进行相互辩论。辩论结束后,当事人还有最后陈述的权利。整个听证会的举行,应有专门的书记员制作听证笔录,这也是用作定案的重要证据之一。笔录应当交当事人或者其代理人核对无误后签字或者盖章。当事人或者其代理人拒绝签字或者盖章的,由听证主持人在笔录中注明。

第三,处理阶段。听证结束后,由处罚机关应当根据听证笔录,依照不同情况作出相应的处理决定,包括处罚决定、不予处罚决定、撤案决定和移送决定等。

除以上关于行政处罚的简易程序、普通程序和听证程序之外,2021年修订的《行政处罚法》还将近年来我国行政执法领域的"三项制度"改革成果纳入行政处罚决定程序的一般规定。一是执法公示公开制度。《行政处罚法》第39条规定,行政处罚的实施机关、立案依据、实施程序和救济渠道等信息应当公示。第48条规定,具有一定社会影响的行政处罚决定应当依法公开。公开的行政处罚决定被依法变更、撤销、确认违法或者确认无效的,行政机关应当在3日内撤回行政处罚决定信息并公开说明理由。二是执法全过程记录制度。《行政处罚法》第47条规定,行政机关应当依法以文字、音像等形式,对行政处罚的启动、调查取证、审核、决定、送达、执行等进行全过程记录,归档保存。三是重大执法决定法制审核制度。《行政处罚法》第58条规定,有下列情形之一,在行政机关负责人作出行政处罚的决定之前,应当由从事行政处罚决定法制审核的人员进行法制审核;未经法制审核或者审核未通过的,不得作出决定:涉及重大公共利益的;直接关系当事人或者第三人重大权益,经过听证程序的;案件情况疑难复杂、涉及多个法律关系的;法律、法规规定应当进行法制审核的其他情形。行政机关中初次从事行政处罚决定法制审核的人员,应当通过国家统一法律职业资格考试取得法律职业资格。此外,《行政处罚法》第49条还增加了疫情防控有关行政处罚特别程序,规定发生重大传染病疫情等突发事件,为了控制、减轻和消除突发事件引起的社会危害,行政机关对违反突发事件应对措施的行为,依法快速、从重处罚。

4. 执行程序

行政处罚的执行,是指执行主体实现行政处罚决定书所确定的内容而进行的活动。简而言之,就是处罚决定的实现。没有处罚的执行,处罚决定也就失去存在的意义,只有确保处罚决定的内容得到实现,才能发挥其维护社会秩序的应有作用。《行政处罚法》主要就执行程序中的下列问题作了规定:

(1)执行的方式。根据《行政处罚法》的规定,行政处罚的执行方式包括两种:

第一,自觉履行,即当事人在处罚决定书载明的期限内按要求自动履行处罚决定书规定的义务内容。行政处罚决定一经作出即发生法律效力,从而对当事人产生约束力、确定力和执行力。当事人应按处罚决定书的规定,自动履行处罚决定书所确定的义务;如果当事人在规定的期限内拒不履行处罚决定,作出处罚决定的行政机关可以依法强制执行或者申请人民法院强制执行。

第二,强制执行,即依法采取强制措施,强迫当事人履行行政处罚决定。根据《行政处罚法》第 72 条的规定,当事人逾期不履行行政处罚决定的,作出处罚决定的行政机关可以采取下列强制执行措施:一是加处罚款,即当事人到期不缴纳罚款的,处罚机关可以每日按罚款数额的 3% 加处罚款,加处罚款的数额不得超出罚款的数额;二是强制拍卖和强行划拨,即根据法律规定,将查封、扣押的财物拍卖、依法处理或将冻结的存款、汇款划拨抵缴罚款;三是根据法律规定,采取其他行政强制执行方式;四是申请人民法院强制执行。前三项措施可由行政机关自行依法强制执行,对于需要采取其他强制措施的,可以申请人民法院强制执行,再由人民法院依法采取有关强制执行措施,强制相对人履行处罚决定。

(2) 罚款的执行,即罚款的收缴。罚款是处罚中运用最广也是最乱的一种形式,实践中存在很多弊端,如乱罚款、将罚款收入与经费划拨和本单位奖金及福利挂钩、坐支、留成甚至挥霍和滥用罚款款项等。为了力克这些弊端,《行政处罚法》对罚款的执行专门作了详细的规定。

第一,罚缴分离原则。《行政处罚法》第 67 条明确规定,罚款执行应遵循的基本原则是罚缴分离原则。罚缴分离原则又称"裁执分离原则",即罚款决定与罚款收缴相分离。其具体含义或内容是,作出处罚决定的行政机关及其执法人员不得自行收缴罚款;当事人应自收到处罚决定书之日起 15 日内,到指定的银行或者通过电子支付系统缴纳罚款,再由银行将收受的罚款直接上缴国家。

这一原则将罚款的决定权和收缴权(或执行权)分开,分别由两个不同的机构行使,实际上设定了一种监督制约机制。这对于防止行政机关及其执法人员在处罚过程中因兼有处罚的决定权和执行权可能产生的腐败现象,以从根本上解决滥施罚款的问题具有重要意义。

第二,当场收缴罚款。罚缴分离只是一个原则,并不意味着所有罚款的执行都要遵循。作为这一原则的例外,行政机关在一定情况下,依法定程序也可当场自行收缴罚款。对于当场收缴罚款的适用范围和程序,《行政处罚法》作了严格的限定。根据该法第 68 条的规定,依法当场作出行政处罚决定,有下列情形之一的,执法人员可以当场收缴罚款:一是依法给予 100 元以下的罚款的;二是不当场收缴事后难以执行的。第 69 条还规定,在边远、水上、交通不便地区,行政机关及其执法人员依法作出罚款决定后,当事人到指定的银行或者通过电子支付系统缴纳罚款确有困难,经当事人提出,行政机关及其执法人员可以当场收缴罚款。

根据《行政处罚法》第70条和第71条的规定,行政机关及其执法人员当场收缴罚款,必须使用和出具统一制发的罚款收据,否则当事人有权拒绝缴纳罚款;同时,应当在法定期限内及时上缴。执法人员当场收缴的罚款,应自收缴之日起2日内,交至行政机关;在水上当场收缴的罚款,应自抵岸之日起2日内交至行政机关;行政机关应在2日内将罚款缴付指定的银行。

三、行政强制

行政强制与行政许可、行政处罚一样,也是行政执法实践中广泛存在的一种重要行政行为。它作为有效维护行政管理秩序、实现公共利益的一种重要保障手段,在行政执法实践中起到了十分重要的作用。但是,长期以来,行政强制实践中普遍存在着较为严重的"乱"和"软"的问题。[①] 为统一规范行政强制的设定和实施,2011年6月30日第十一届全国人民代表大会常务委员会第二十一次会议通过了《行政强制法》,自2012年1月1日起施行。该法的出台,一方面是治"乱",通过对行政强制进行规范,避免和防止权力的滥用,以保护公民、法人和其他组织的合法权益;另一方面是治"软",通过赋予行政机关必要的强制手段,以保障行政机关依法履行职责,维护公共利益和社会秩序。《行政强制法》作为我国行政法领域的一部重要法律,与《行政处罚法》《行政许可法》并称为我国行政行为领域的"立法三部曲",共同组成了我国行政法体系的三部支架性法律,标志着我国行政法体系更加完善,对于保障和监督行政机关严格依法行政,进一步推进法治政府建设,乃至整个国家民主与法治建设,都具有重大而深远的里程碑式的意义。

(一) 行政强制的概念

行政强制,是指行政机关依法对相对人的人身或财产予以强行处置的行为。行政强制最本质的特征是直接处置性。行政强制行为不只是停留在行政

---

① 一方面是"乱",也就是"混乱""无序","乱"设强制、"滥"用强制的现象十分严重,不仅设定主体过多,除法律、法规之外,规章及其他规范性文件也都可以随意设定行政强制;同时,所设定的行政强制名称繁多、形式多样,很不规范。据统计,各类行政强制的名称多达260余种,而且同样的强制措施名称多样,例如,与"扣押"相近的就有"强制扣押""暂时扣押""暂扣""扣留""暂时扣留""暂予扣留"等。此外,行政强制的实施也很不规范,实施主体不统一,具体程序五花八门。这导致现实中行政机关"滥"用强制权的现象十分严重。另一方面是"软",即"手软""疲软",主要表现为行政机关的强制手段不足、执法不力,对有些违法行为不能有效制止,有些行政决定不能得到及时执行。

机关的意思表示上,而是直接作用于相对人的人身或财产,其目的在于保障其他行政行为的顺利进行或保障其他行政行为的内容得以实现。这正是行政强制与其他行政行为的最主要区别,也体现了两者的关系。根据《行政强制法》第2条的规定,我国的行政强制包括行政强制措施和行政强制执行。

1. 行政强制措施

行政强制措施,是指行政机关在行政管理过程中,为制止违法行为、防止证据损毁、避免危害发生、控制危险扩大等情形,依法对公民的人身自由实施暂时性限制,或者对公民、法人或者其他组织的财物实施暂时性控制的行为。据此,行政强制措施具有如下三个方面的特征:

第一,行政强制措施的目的在于预防或制止危害社会行为的发生,包括制止违法行为、防止证据损毁、避免危害发生、控制危险扩大等情形。行政强制措施分为预防性强制措施和制止性强制措施,前者是为了预防危害社会行为的可能发生,后者是为了制止正在发生的危害社会行为。不同于行政处罚是对已经作出违法行为的相对人实施的一种惩戒性的制裁,行政强制措施不具有惩戒性。

第二,行政强制措施针对的对象是人身或财物。行政强制措施分为对人身的强制措施和对财物的强制措施,前者如对人身的强制约束、盘问、留置、扣留、传唤、人身检查、强制检测、强制隔离等,后者如查封、扣押和冻结等。

第三,行政强制措施的根本特征是"暂时性"。行政强制措施的目的是预防或制止危害社会行为的发生。当实施行政强制措施的目的已经达到或者条件已经消失时,行政机关必须立即解除行政强制措施。因此,行政强制措施只是对相对人人身或财物进行暂时性的限制或控制,而并不是终局性的不利处理。这正是它与行政处罚、行政强制执行等行为的最大区别。

2. 行政强制执行

行政强制执行,是指行政机关或者行政机关申请人民法院,对不履行行政决定的公民、法人或者其他组织,依法强制履行义务的行为。据此,行政强制执行具有如下三个方面的特征:

第一,行政强制执行的主体是行政机关或者人民法院。行政强制执行权作为一种最严厉的行政权力,只能由法律设定并由法律明确规定享有行政强制权的行政机关实施。法律没有授权规定的,行政机关不享有自行强制执行权,只能申请人民法院强制执行。因此,从执行主体上看,行政强制执行包括行政机关自行强制执行和申请人民法院强制执行两种模式。

第二,行政强制执行的前提是相对人不履行行政决定。行政强制执行是对行政决定的执行,目的在于保障行政决定内容的实现。其一,必须存在一个作为执行依据的基础性行政决定。如果仅有法定义务而没有基础性行政决定所设定的义务,不能采取强制执行行为。其二,必须存在相对人不履行行政决定所设定的义务。如果相对人已经依法履行行政决定,则无须强制执行。

第三,行政强制执行的根本特征是其"执行性"。行政强制执行的目的是实现已有行政决定的内容,并非创设新的义务。因此,它只具有执行性,而不具有制裁性。尽管行政强制执行也会设定新的"二次性"义务,但是其目的也是强制相对人履行基础性行政决定先前已经设定的义务。

从上可见,尽管行政强制措施与行政强制执行都属于行政强制,都具有强制性,但是两者在实施强制的主体、前提、目的等方面存在很大的区别。因此,《行政强制法》将它们作为两种独立的法律制度,分别规定了不同的种类、设定权限、实施程序等。

(二) 行政强制的基本原则

行政强制作为一项重要的行政权力,其设定和实施必须遵循一定的法律原则。对此,《行政强制法》第 4 条至第 8 条规定了五项原则,即法定原则、适当原则、教育与强制相结合原则、不得谋利原则和权利保障原则。

1. 法定原则

《行政强制法》第 4 条规定:"行政强制的设定和实施,应当依照法定的权限、范围、条件和程序。"根据这一规定,行政强制必须遵循法定原则。无论设定行政强制还是实施行政强制,都必须具有法定的依据,严格符合法定的要求。这里的"法定",除了《行政强制法》的规定外,还包括其他法律、行政法规以及地方性法规的规定。只要其内容涉及行政强制的设定和实施,都是行政强制的法定依据。但是,《行政强制法》作为基本法,应当优先适用,除非该法明确规定可以适用其他法律、法规的特殊规定。

2. 适当原则

《行政强制法》第 5 条规定:"行政强制的设定和实施,应当适当。采用非强制手段可以达到行政管理目的的,不得设定和实施行政强制。"该条规定了行政强制适当原则。该原则是行政法上的比例原则在行政强制领域中的运用,它强调要以达到行政管理目的为限度,在非强制手段与强制以及多种强制手段之间进行利益权衡和选择判断,以选择一种最适当的手段。在非强制手段与强制手段之间,行政强制作为行政执法最严厉的手段,应当作为不得已而采用的最后手段。即在其他任何非强制手段都不能达到行政目的的情况下,才能采取行政强制手段。在多种强制手段之间,行政机关应当选择对当事人利益损害最小的手段。例如,在间接强制执行与直接强制执行之间,应当首先使用间接强制执行的手段,只有在其无法实现行政目的的情况时,才适用直接强制执行。此外,《行政强制法》第 43 条规定:"行政机关不得在夜间或者法定节假日实施行政强制执行。……行政机关不得对居民生活采取停止供水、供电、供热、供燃气等方式迫使当事人履行相关行政决定。"这些针对行政机关的禁止性规定的目的也在于确保行政强制的实施对相对人的损害减至最小,或实现行政管理的目标不以影响当事人的基本生活为代价,也是行政强制适当原则的具体体现。

3. 教育与强制相结合原则

《行政强制法》第 6 条规定:"实施行政强制,应当坚持教育与强制相结合。"该条确立了教育与强制相结合原则。它要求行政机关寓教育于强制之中,尽量通过说服教育的方式,促使相对人自觉守法、自觉履行法定义务。经说服教育当事人仍不自觉履行义务的,方可实施行政强制。教育的方式多种多样,可以是催告等法定形式,也可以是说理、劝导等非法定方式。坚持教育与强制相结合原则,既不能片面强调行政强制,也不能以教育替代行政强制。在经说服教育仍然达不到行政执法目的的情况下,应当依法及时实施行政强制,或者在紧急情况下,需要即时强制时,也可以不经过教育、告诫等程序。

4. 不得谋利原则

《行政强制法》第 7 条规定:"行政机关及其工作人员不得利用行政强制权为单位或者个人谋取利益。"该条规定确立了行政强制不得谋利原则。它强调的是行政机关实施行政强制的目的应当适当,广义上也属于"适当原则"或"比例原则"。行政强制作为一种公权力,其存在和行使的目的只能是维护公共利益,而不能为单位或者个人谋取私利。这就要求行政机关在行使行政强制权的过程中,不得掺杂部门目的或个人目的,不得与单位或个人利益挂钩,将行政强制权作为谋私、"寻租"的工具。实践中,这种现象很严重,典型的如"天价拖车费"案件,交警人员滥用行政强制权,强行指定汽车救援单位清理事故车辆,并收取高价拖车费用。《行政强制法》第 63 条和第 64 条[①]对利用行政强制权谋

---

① 《行政强制法》第 63 条规定:"行政机关将查封、扣押的财物或者划拨的存款、汇款以及拍卖和依法处理所得的款项,截留、私分或者变相私分的,由财政部门或者有关部门予以追缴;对直接负责的主管人员和其他直接责任人员依法给予记大过、降级、撤职或者开除的处分。行政机关工作人员利用职务上的便利,将查封、扣押的场所、设施或者财物据为己有的,由上级行政机关或者有关部门责令改正,依法给予记大过、降级、撤职或者开除的处分。"第 64 条规定:"行政机关及其工作人员利用行政强制权为单位或者个人谋取利益的,由上级行政机关或者有关部门责令改正,对直接负责的主管人员和其他直接责任人员依法给予处分。"

取私利的法律责任作了明确规定。

5. 权利保障原则

这是从被强制人的角度设置的一项基本原则,目的在于保障被强制人的合法权益免受违法或不当行政强制的侵害。对此,根据《行政强制法》第8条的规定,在行政强制过程中,作为被强制人的相对人不仅享有陈述、申辩等基本的程序权利,还享有依法申请行政复议或者提起行政诉讼以及请求国家赔偿的权利。因此,行政机关在实施行政强制过程中,不仅要为相对人提供陈述和申辩的机会,即听取相对人的意见,还必须告知相对人享有复议和诉讼的权利,以确保相对人通过这些救济途径切实保障自己的合法权益。我国《行政复议法》和《行政诉讼法》均已将行政强制措施和行政机关作出的强制执行明确纳入其受案范围。此外,根据《行政强制法》的规定,相对人不仅对于行政机关违法实施行政强制受到损害的,有权依法要求行政赔偿,而且对于因人民法院在强制执行中有违法行为或者扩大强制执行范围受到损害的,也有权依法请求司法赔偿。

(三) 行政强制的种类与设定

行政强制的种类,是指行政强制措施与行政强制执行的具体表现形式。行政强制的设定,是指谁有权创设不同种类的行政强制规范。为了统一规范行政强制的种类,从根本上解决实践中"乱"设行政强制的问题,《行政强制法》以专章对行政强制措施与行政强制执行的种类分别作了列举性规定,并明确了法律、法规等具有不同效力的法律规范的设定权限。

1. 行政强制措施的种类

根据《行政强制法》第9条的规定,行政强制措施的种类具体包括:(1)限制公民人身自由;(2)查封场所、设施或者财物;(3)扣押财物;(4)冻结存款、汇款;(5)其他行政强制措施。其中,"限制公民人身自由"的行政强制措施,即对人身的强制措施,具体包括对人身的强制约束、盘问、留置、扣留、传唤、人身检查、强制检测、强制隔离等。"查封、扣押和冻结"则属于三种最典型的对财物的强制措施。

"其他行政强制措施"属于"兜底条款",以容纳尚未列举全面和将来可能会有所发展的行政强制措施,如强行进入一定场所、交通管制、冻结价格等。但是,这必须符合《行政强制法》关于行政强制措施设定的规定,只有有权创设行政强制措施的法律、法规才能设定"其他行政强制措施"的种类。例如,《电力法》[①]第58条第1款规定:"电力监督检查人员进行监督检查时,有权向电力企业或者用户了解有关执行电力法律、行政法规的情况,查阅有关资料,并有权进入现场进行检查。"《电力监管条例》[②]第24条规定:"电力监管机构依法履行职责,可以采取下列措施,进行现场检查:(一)进入电力企业、电力调度交易机构进行检查;(二)询问电力企业、电力调度交易机构的工作人员,要求其对有关检查事项作出说明;(三)查阅、复制与检查事项有关的文件、资料,对可能被转移、隐匿、损毁的文件、资料予以封存;(四)对检查中发现的违法行为,有权当场予以纠正或者要求限期改正。"《道路交通安全法》第39条规定:"公安机关交通管理部门根据道路和交通流量的具体情况,可以对机动车、非机动车、行人采取疏导、限制通行、禁止通行等措施。遇有大型群众性活动、大范围施工等情况,需要采取限制交通的措施,或者作出与公众的道路交通活动直接有关的决定,应当提前向社会公告。"第40条规定:"遇有自然灾害、恶劣气象条件或者重大交通事故等严重影响交通安全的情形,采取其他措施难以保证交通安全时,公安机关交通管理部门可以实行交通管制。"《价格法》[③]第31条规定:"当市场价格总水平出现剧烈波动等异常状态时,国务院可以在全国范围内或者部分区域内采取临时集中定价权限、部分或者全面冻结价格的紧急措施。"

2. 行政强制措施的设定

根据《行政强制法》第10条和第11条的规定,行政强制措施的设定要严格遵循法律保留原则,原则上应当由法律设定。行政法规、地方性法规在符合条件时可以设定部分行政强制措施,法律、法规以外的其他规范性文件不得设定任何行政强制措施。具体而言,行政强制措施的设定包括以下三个方面:

(1) 法律的设定权。法律是全国人民代表大会及其常务委员会制定的规范性文件,它可以设定各种形式的行政强制措施。同时,"限制公民人身自由""冻结存款、汇款"这两项强制措施属于法律绝对保留的事项,只能由法律设定。

(2) 行政法规的设定权。行政法规是国务院制定的规范性文件,其效力仅次于宪法和法律。因此,《行政强制法》第10条规定,尚未制定法律,且属于国务院行政管理职权事项的,行政法规可以设定除"限制公民人身自由""冻结存

[①] 1995年12月28日第八届全国人民代表大会常务委员会第十七次会议通过,自1996年4月1日起施行;2018年12月29日第十三届全国人民代表大会常务委员会第七次会议第三次修正。
[②] 2005年2月15日国务院令第432号公布,自2005年5月1日起施行。
[③] 1997年12月29日第八届全国人民代表大会常务委员会第二十九次会议通过,自1998年5月1日起施行。

款、汇款"和应当由法律规定的行政强制措施以外的其他行政强制措施。

(3) 地方性法规的设定权。地方性法规是有立法权的地方人民代表大会及其常务委员会制定的规范性文件。根据《行政强制法》第10条的规定，地方性法规只能设定"查封场所、设施或者财物""扣押财物"这两项行政强制措施，而且只能是针对尚未制定法律、行政法规，且属于地方性事务的事项。这里的"地方性事务"，一般是指属于地方特有的，需要针对当地实际情况作出规定而不需要中央统一立法的事务，如城市养犬问题、燃放烟花爆竹问题等。这里实际上涉及一个中央立法与地方立法的分权问题。地方性法规属于地方立法，其所设定行政强制措施的权限只能针对地方性事务；凡是涉及跨行政区域或全国性的事务，应当由中央立法，即由法律和行政法规作出规定。法律、行政法规未设定行政强制措施的，地方性法规不得设定行政强制措施。

除以上法律、行政法规和地方性法规之外，其他规范性文件不得设定任何行政强制措施。此外，根据《行政强制法》第11条的规定，法律对行政强制措施的对象、条件、种类作了规定的，行政法规、地方性法规可以作出进一步具体化的规定，但是不得作出扩大规定或者增设新的行政强制措施。除非是在法律授权的情况下，虽然法律未设定行政强制措施，但是法律规定特定事项由行政法规规定具体管理措施的，行政法规可以设定除"限制公民人身自由""冻结存款、汇款"和应当由法律规定的行政强制措施以外的其他行政强制措施。

3. 行政强制执行的方式

根据《行政强制法》第12条的规定，行政强制执行包括间接强制执行和直接强制执行两类。其中，间接强制执行又包括代履行和执行罚两种。

(1) 代履行，通常又称"代执行"，是指行政机关自行或委托第三人代替拒不履行义务的相对人履行义务，并强制义务人缴纳劳务费用的一种间接强制执行方式。例如，拆除违章建筑，相对人拒不拆除的，可由行政机关请人代为拆除，再由不履行拆除义务的法定义务人承担劳务费用。

(2) 执行罚，即加处罚款或者滞纳金，是指行政机关对拒不履行义务的相对人处一定数额的、持续不断的金钱给付义务，以促使其履行义务的一种间接强制执行方式。例如，根据《行政处罚法》第72条的规定，当事人到期不缴纳罚款的，每日按罚款数额的3%加处罚款，以促使其缴纳原罚款。根据《税收征收管理法》第32条的规定，纳税人到期不缴纳税款的，每日加收滞纳税款万分之五的滞纳金，以促使其纳税。

(3) 直接强制执行，是指在无法采用间接强制执行或采用间接强制执行未能达到目的时，行政机关直接对相对人的人身和财产予以实力强制，以使其履行义务的方法。根据《行政强制法》第 12 条的规定,直接强制执行的方式包括:划拨存款、汇款;拍卖或者依法处理查封、扣押的场所、设施或者财物;排除妨碍、恢复原状;其他强制执行方式。这里的"排除妨碍、恢复原状",主要是针对行政机关作出责令相对人限期改正,履行排除妨碍、恢复原状等义务的行政决定而当事人逾期不履行的,行政机关直接强制排除妨碍、恢复原状。[①] 当然,对于这种情况,根据《行政强制法》第 50 条的规定,行政机关也可以采取代履行的方式。"其他强制执行方式"属于"兜底条款",既包括其他法律已经设定而《行政强制法》尚未列举全面的强制执行方式,如强制服兵役[②]、强制检定[③]、强制许可[④]等,也包括将来法律设定的新的强制执行方式。

4. 行政强制执行的设定

行政强制执行是直接诉诸强制力的活动。《行政强制法》对行政强制执行的设定采取更加严格的法律保留原则,即只有法律才能设定行政强制执行。也就是说,除法律之外,行政法规、地方性法规及其他规范性文件都不能设定任何行政强制执行。同时,法律没有规定行政机关强制执行的,作出行政决定的行政机关应当申请人民法院强制执行。当然,这里的"法律"也包括《行政强制法》本身。根据《行政强制法》第 45 条的规定,行政机关依法作出金钱给付义务的行政决定时,可以依法采取加处罚款或者滞纳金的强制执行方式。这里的"依法"包括法律,也包括法规,只要是法律、法规规定可以作出金钱给付义务决定的行政机关,都可以采取加处罚款或者滞纳金的强制执行方式。根据《行政强制法》第 50 条的规定,行政机关依法作出要求当事人履行排除妨碍、恢复原状

[①] 例如,《电力法》第 61 条规定:"违反本法第十一条第二款的规定,非法占用变电设施用地、输电线路走廊或者电缆通道的,由县级以上地方人民政府责令限期改正;逾期不改正的,强制清除障碍。"《电力设施保护条例》(1987 年 9 月 15 日国务院发布,2011 年 1 月 8 日国务院令第 588 号修订,自 2011 年 1 月 8 日起施行)第 26 条规定:"违反本条例规定,未经批准或未采取安全措施,在电力设施周围或在依法划定的电力设施保护区内进行爆破或其他作业,危及电力设施安全的,由电力管理部门责令停止作业、恢复原状并赔偿损失。"第 28 条规定:"违反本条例规定,在依法划定的电力设施保护区内进行烧窑、烧荒、抛锚、拖锚、炸鱼、挖沙作业,危及电力设施安全的,由电力管理部门责令停止作业、恢复原状并赔偿损失。"第 29 条规定:"违反本条例规定,危害电力设施建设的,由电力管理部门责令改正、恢复原状并赔偿损失。"

[②] 例如,《兵役法》第 57 条第 1 款规定:"有服兵役义务的公民有下列行为之一的,由县级人民政府责令限期改正;逾期不改正的,由县级人民政府强制其履行兵役义务,并处以罚款:(一) 拒绝、逃避兵役登记的;(二) 应征公民拒绝、逃避征集服现役的;(三) 预备役人员拒绝、逃避参加军事训练、担负战备勤务、执行非战争军事行动任务和征召的。"

[③] 例如,《计量法》第 9 条规定,"县级以上人民政府计量行政部门对社会公用计量标准器具,部门和企业、事业单位使用的最高计量标准器具,以及用于贸易结算、安全防护、医疗卫生、环境监测方面的列入强制检定目录的工作计量器具,实行强制检定。"

[④] 例如,《专利法》第 53 至 61 条对专利实施的强制许可即强制转让权作了详细规定。

等义务的行政决定时,可以采取代履行的强制执行方式。这实际上是一种普遍授权,即只要符合该条规定的行政机关,都可以采取这一强制执行方式。除加处罚款或者滞纳金和代履行这两种间接强制执行方式之外,凡是采取直接强制执行方式,必须得到法律的明确授权。① 例如,对于"划拨存款",在我国只有税务、海关、社会保险等少数几个领域的行政机关得到了法律的授权,可以自行采取这一强制执行方式,其他行政机关只能申请人民法院强制执行。根据《税收征收管理法》第 38 条和第 40 条的规定,纳税人逾期未缴纳税款的,税务机关可以书面通知纳税人开户银行或者其他金融机构从其存款中扣缴税款。根据《海关法》第 60 条的规定,进出口货物的纳税义务人超过 3 个月仍未缴纳税款的,海关可以书面通知其开户银行或者其他金融机构从其存款中扣缴税款。根据《社会保险法》②第 63 条的规定,用人单位未按时足额缴纳社会保险费的,由社会保险费征收机构责令其限期缴纳或者补足。用人单位逾期仍未缴纳或者补足社会保险费的,社会保险费征收机构可以向银行和其他金融机构查询其存款账户;并可以申请县级以上有关行政部门作出划拨社会保险费的决定,书面通知其开户银行或者其他金融机构划拨社会保险费。

(四) 行政强制措施的实施

行政强制措施的实施,是指行政机关在履行行政管理职责过程中,依照法律、法规的规定,具体采取行政强制措施的执法行为。行政强制措施的设定是创设规范的立法行为,而其实施则是将已经设定的强制规范加以贯彻落实的执法行为,两者共同构成行政强制法规范的基本内容。这一问题主要涉及行政强制措施的实施主体与各种实施程序。

1. 行政强制措施的实施主体

根据《行政强制法》的规定,有权实施行政强制措施的主体包括:

第一,法律、法规规定的行政机关。行政机关是行政强制措施最主要的实施主体。但是,行政机关实施行政强制措施必须得到法律、法规的明确授权,且必须严格遵循法定职权范围,不得超越其职权范围实施行政强制措施,也不得委托。同时,还必须由行政机关中具备资格的行政执法人员实施,其他人员不得实施。

第二,法律、行政法规授权的组织。《行政强制法》第 70 条规定:"法律、行

---

① 《行政强制法》第 46 条授权规定除外。
② 2010 年 10 月 28 日第十一届全国人民代表大会常务委员会第十七次会议通过,自 2011 年 7 月 1 日起施行;2018 年 12 月 29 日第十三届全国人民代表大会常务委员会第七次会议修正。

政法规授权的具有管理公共事务职能的组织在法定授权范围内,以自己的名义实施行政强制,适用本法有关行政机关的规定。"这里需要注意的是,必须是"具有管理公共事务职能的组织",且必须得到"法律、行政法规"的授权。比如,《公路法》第8条第4款规定:"县级以上地方人民政府交通主管部门可以决定由公路管理机构依照本法规定行使公路行政管理职责。"公路管理机构作为交通主管部门设立的管理公路的事业单位,根据该法的授权,可以自己名义实施相关强制措施,如该法第70条规定的检查、制止等。值得注意的是,由于行政强制是一种严重涉及相对人权益的"高权"行为,因此这里的"授权"只能限于"法律、行政法规","地方性法规、规章"无权作出类似的授权。

第三,行使相对集中行政处罚权的行政机关。《行政强制法》还参考借鉴了实践中比较成熟的相对集中行政处罚权制度和相对集中行政许可权制度,明确规定了相对集中强制权制度,即"依据《中华人民共和国行政处罚法》的规定行使相对集中行政处罚权的行政机关,可以实施法律、法规规定的与行政处罚权有关的行政强制措施"。这项规定赋予享有相对集中行政处罚权的行政机关相对集中行政强制权,有利于促进行政执法权的衔接与统一,提高行政执法效率,更好地维护公共利益和社会秩序。

2. 行政强制措施的实施程序

采取程序控权模式,以严密的程序约束行政强制执法工作,是《行政强制法》的重要目的。对此,《行政强制法》分别规定了实施行政强制措施的一般程序和特殊程序。

(1) 一般程序

根据《行政强制法》第18条的规定,实施行政强制措施的一般程序主要包括以下几项内容:

第一,内部批准。行政执法人员在实施行政强制措施前,必须首先遵循一个内部批准程序,即向行政机关负责人报告并经批准,而不得随意作出。

第二,表明身份。行政执法人员在具体采取行政强制措施时,应当先向当事人出示执法身份证件,表明其执法身份。

第三,告知。行政执法人员必须通知当事人到场,并当场告知当事人采取行政强制措施的理由、依据以及当事人依法享有的权利、救济途径。这也是对当事人知情权和参与权的重要程序保障。

第四,听取当事人的陈述和申辩。这也是当事人的一项重要的程序权利。行政执法人员在告知当事人采取行政强制措施的有关情况后,有义务听取当事人的陈述和申辩,否则构成程序违法。

第五,制作现场笔录。行政执法人员还必须对实施行政强制措施的现场情况予以书面记录。现场笔录应当载明实施行政强制措施的事由、时间、地点、人员及实施程序等基本内容,并由当事人和行政执法人员签名或者盖章,当事人拒绝的,在笔录中予以注明;当事人不到场的,邀请见证人到场,由见证人和行政执法人员在现场笔录上签名或者盖章。

第六,法律、法规规定的其他程序。

(2) 即时强制的程序

即时强制,是指情况紧急,需要当场实施的行政强制措施。对此,根据《行政强制法》第19条的规定,行政执法人员可以不必经过事先的报批程序而直接采取强制措施,但是在紧急采取强制措施之后,应当在24小时内向行政机关负责人报告,并补办批准手续。行政机关负责人认为不应当采取行政强制措施的,应当立即解除。

(3) 限制人身自由的程序

根据《行政强制法》第20条的规定,依照法律规定实施限制公民人身自由的行政强制措施,除应当履行一般程序外,还应当遵守以下程序要求:第一,当场告知或者实施行政强制措施后立即通知当事人家属实施行政强制措施的行政机关、地点和期限;第二,在紧急情况下当场实施行政强制措施的,在返回行政机关后,立即向行政机关负责人报告并补办批准手续;第三,实施限制人身自由的行政强制措施不得超过法定期限;第四,实施行政强制措施的目的已经达到或者条件已经消失,应当立即解除;第五,法律规定的其他程序。

3. 查封、扣押的实施

"查封、扣押和冻结"是三种最典型的"对财物的强制措施"。《行政强制法》对查封、扣押和冻结的实施专门规定了一系列的特别程序要求。具体而言,查封、扣押的实施必须遵循以下程序要求:

(1) 查封、扣押的实施主体。查封、扣押应当由法律、法规规定的行政机关实施,其他任何行政机关或者组织不得实施。

(2) 查封、扣押的对象。查封、扣押限于涉案的场所、设施或者财物,不得查封、扣押与违法行为无关的场所、设施或者财物;不得查封、扣押公民个人及其所扶养家属的生活必需品。当事人的场所、设施或者财物已被其他国家机关依法查封的,不得重复查封。

(3) 查封、扣押的实施程序。除应当履行实施行政强制措施的一般程序外,还必须制作并当场交付查封、扣押决定书和清单。《行政强制法》第24条第2款规定:"查封、扣押决定书应当载明下列事项:(一) 当事人的姓名或者名称、地址;(二)查封、扣押的理由、依据和期限;(三)查封、扣押场所、设施或者财物的名称、数量等;(四)申请行政复议或者提起行政诉讼的途径和期限;(五)行政机关的名称、印章和日期。"查封、扣押清单一式二份,由当事人和行政机关分别保存。

(4)查封、扣押的期限。一般情况下,不得超过30日;情况复杂的,经行政机关负责人批准,可以延长,但是延长期限不得超过30日。法律、行政法规另有规定的除外。对物品需要进行检测、检验、检疫或者技术鉴定的,查封、扣押的期间不包括检测、检验、检疫或者技术鉴定的期间。但是,检测、检验、检疫或者技术鉴定的期间应当明确,并书面告知当事人;检测、检验、检疫或者技术鉴定的费用由行政机关承担。

(5)查封、扣押后的财物保管。一是由行政机关保管。对查封、扣押的场所、设施或者财物,行政机关应当妥善保管,不得使用或者损毁;造成损失的,应当承担赔偿责任。二是委托第三人保管。对查封的场所、设施或者财物,行政机关可以委托第三人保管,第三人不得损毁或者擅自转移、处置。因第三人的原因造成的损失,行政机关先行赔付后,有权向第三人追偿。因查封、扣押发生的保管费用由行政机关承担。

(6)查封、扣押后的财物处理。行政机关采取查封、扣押措施后,应当及时查清事实,在法定期限内作出处理决定。处理结果主要有三种:一是没收,即对违法事实清楚,依法应当没收的非法财物予以没收。二是销毁,即法律、行政法规规定应当销毁的,依法销毁。三是解除,即有下列情形之一的,行政机关应当及时作出解除查封、扣押决定:当事人没有违法行为;查封、扣押的场所、设施或者财物与违法行为无关;行政机关对违法行为已经作出处理决定,不再需要查封、扣押;查封、扣押期限已经届满;其他不再需要采取查封、扣押措施的情形。解除查封、扣押应当立即退还财物;已将鲜活物品或者其他不易保管的财物拍卖或者变卖的,退还拍卖或者变卖所得款项。变卖价格明显低于市场价格,给当事人造成损失的,应当给予补偿。

4. 冻结的实施

根据《行政强制法》的规定,冻结的实施必须遵循以下特别程序要求:

(1)冻结的实施主体。根据《行政强制法》第29条的规定,冻结存款、汇款应当由法律规定的行政机关实施,不得委托给其他行政机关或者组织;其他任何行政机关或者组织不得冻结存款、汇款。

(2)冻结金额的范围。冻结存款、汇款的数额应当与违法行为涉及的金额相当;已被其他国家机关依法冻结的,不得重复冻结。

(3) 冻结的实施程序。除一般程序的相关要求外,冻结存款、汇款的实施,应当向金融机构交付冻结通知书。金融机构接到行政机关依法作出的冻结通知书后,应当立即予以冻结,不得拖延,不得在冻结前向当事人泄露信息。同时,作出决定的行政机关应当在3日内向当事人交付冻结决定书。根据《行政强制法》第31条的规定,冻结决定书应当载明下列事项:当事人的姓名或者名称、地址;冻结的理由、依据和期限;冻结的账号和数额;申请行政复议或者提起行政诉讼的途径和期限;行政机关的名称、印章和日期。

(4) 冻结的期限。自冻结存款、汇款之日起30日内,行政机关应当作出处理决定或者作出解除冻结决定;情况复杂的,经行政机关负责人批准,可以延长,但是延长期限不得超过30日。法律另有规定的除外。

(5) 冻结的解除。根据《行政强制法》第33条第1款的规定,有下列情形之一的,行政机关应当及时作出解除冻结决定:当事人没有违法行为;冻结的存款、汇款与违法行为无关;行政机关对违法行为已经作出处理决定,不再需要冻结;冻结期限已经届满;其他不再需要采取冻结措施的情形。行政机关作出解除冻结决定的,应当及时通知金融机构和当事人。金融机构接到通知后,应当立即解除冻结。行政机关逾期未作出处理决定或者解除冻结决定的,金融机构应当自冻结期满之日起解除冻结。

(五) 行政强制执行的程序

行政强制执行包括行政机关自行强制执行和申请人民法院强制执行两种模式。有权自行强制执行的行政机关必须是法律明确规定具有行政强制执行权的行政机关。根据《行政强制法》第13条第2款的规定,法律没有规定行政机关强制执行的,作出行政决定的行政机关应当申请人民法院强制执行。此外,根据《行政强制法》第70条的规定,这里的行政机关包括法律、行政法规授权的具有管理公共事务职能的组织,但是除了根据《行政强制法》的相关规定可以依法自行强制执行之外,也必须有其他法律的明确规定。如根据《黄河保护法》的规定,国务院水行政主管部门黄河流域管理机构(即黄河水利委员会)及其所属管理机构具有相关行政强制执行权。[1]

---

[1] 《黄河保护法》第118条规定:"违反本法规定,有下列行为之一的,由县级以上地方人民政府水行政主管部门或者黄河流域管理机构及其所属管理机构责令停止违法行为,限期拆除违法建筑物、构筑物或者恢复原状,处五万元以上五十万元以下罚款;逾期不拆除或者不恢复原状的,强制拆除或者代为恢复原状,所需费用由违法者承担;……"

1. 行政机关强制执行的一般程序

根据《行政强制法》的规定,行政机关强制执行应当遵循以下一般程序:

(1)催告程序。行政机关作出强制执行决定前,应当事先催告当事人自动履行义务。经催告,当事人自动履行行政决定的,就没有必要采取强制执行措施。因此,催告作为强制执行的前置程序,其目的在于督促当事人自觉履行行政决定。催告应当以书面形式作出,并载明下列事项:履行义务的期限;履行义务的方式;涉及金钱给付的,应当标注明确的给付金额和给付方式;当事人依法享有的陈述权和申辩权。

(2)听证程序,即听取当事人的陈述和申辩。当事人收到催告书后有权进行陈述和申辩。行政机关应当充分听取当事人的意见,对当事人提出的事实、理由和证据,应当进行记录、复核。当事人提出的事实、理由和证据成立的,行政机关应当采纳。在催告期间,对有证据证明有转移或者隐匿财物迹象的,行政机关可以作出立即强制执行决定。

(3)决定程序,即作出强制执行决定。经过催告程序,当事人逾期仍不履行行政决定,且无正当理由的,行政机关可以作出强制执行决定。强制执行决定应当以书面形式作出,并载明下列事项:当事人的姓名或者名称、地址;强制执行的理由和依据;强制执行的方式和时间;申请行政复议或者提起行政诉讼的途径和期限;行政机关的名称、印章和日期。

(4)送达程序。催告书、行政强制执行决定书应当直接送达当事人。当事人拒绝接收或者无法直接送达当事人的,应当依照《民事诉讼法》的有关规定送达。

2. 行政机关强制执行中的特殊情况处理

在行政机关强制执行过程中,如果出现某些特殊情况,需要采取一些特殊处理的方式。对此,《行政强制法》分别规定了中止执行、终结执行、执行回转、执行和解等制度,还专门对执行时间及方式以及强制拆除作出限制性规定。

(1)中止执行。即在行政强制执行过程中,由于出现了致使强制执行无法继续进行下去的特殊情况而暂时停止强制执行的程序,待该情况消失后,继续执行。根据《行政强制法》的规定,有下列情形之一的,应当中止强制执行:当事人履行行政决定确有困难或者暂无履行能力的;第三人对执行标的主张权利,确有理由的;执行可能造成难以弥补的损失,且中止执行不损害公共利益的;行政机关认为需要中止执行的其他情形。中止执行的情形消失后,行政机关应当恢复执行。但是,对没有明显社会危害,当事人确无能力履行,中止执行满3年未恢复执行的,行政机关不再执行。

（2）终结执行。即在行政强制执行过程中，由于发生某种特殊情况，执行程序没有必要或不可能继续进行，从而结束执行程序。根据《行政强制法》的规定，有下列情形之一的，终结执行：公民死亡，无遗产可供执行，又无义务承受人的；法人或者其他组织终止，无财产可供执行，又无义务承受人的；执行标的灭失的；据以执行的行政决定被撤销的；行政机关认为需要终结执行的其他情形。

（3）执行回转。这是一项重要的执行补救制度，是指在行政强制执行中或者执行完毕后，据以执行的行政决定被撤销、变更，或者执行错误的，行政机关将已经被执行的财物重新恢复到执行程序开始前的状态。根据《行政强制法》的规定，执行回转的标的只能是财物，对于人身的强制执行是无法回转的；执行回转的方式是恢复原状或者退还财物；不能恢复原状或者退还财物的，依法给予赔偿。

（4）执行和解。这是我国《行政强制法》的一种重要的制度创新，是指在行政强制执行中，行政机关可以就执行的内容和方式，与当事人自愿协商并达成协议，以保证行政决定的执行。根据《行政强制法》第42条的规定，行政强制执行的和解必须符合以下条件：一是不损害公共利益和他人合法权益。二是与当事人达成执行协议。执行协议可以约定分阶段履行；当事人采取补救措施的，可以减免加处的罚款或者滞纳金。三是执行协议应当履行。当事人不履行执行协议的，行政机关应当恢复强制执行。

（5）执行时间及方式的限制。根据《行政强制法》第43条的规定，行政机关不得在夜间或者法定节假日实施行政强制执行，但是情况紧急的除外。这是对执行时间的限制性规定。在执行方式上，行政机关不得对居民生活采取停止供水、供电、供热、供燃气等方式迫使当事人履行相关行政决定。①

（6）强制拆除的特殊规定。对违法建筑物、构筑物、设施等的强制拆除是实践中比较常见也比较容易出现问题的一种强制执行方式，近年来在我国备受争议、屡发事端。如《城乡规划法》②第68条规定："城乡规划主管部门作出责令停止建设或者限期拆除的决定后，当事人不停止建设或者逾期不拆除的，建

---

① 《电力供应与使用条例》（1996年4月17日国务院令第196号公布，2019年3月2日国务院令第709号第二次修订，自2019年3月2日起施行）第39条规定："违反本条例第二十七条规定，逾期未交付电费的，供电企业可以从逾期之日起，每日按照电费总额的1‰至3‰加收违约金，具体比例由供用电双方在供用电合同中约定；自逾期之日起计算超过30日，经催交仍未交付电费的，供电企业可以按照国家规定的程序停止供电。"第40条规定："违反本条例第三十条规定，违章用电的，供电企业可以根据违章事实和造成的后果追缴电费，并按照国务院电力管理部门的规定加收电费和国家规定的其他费用；情节严重的，可以按照国家规定的程序停止供电。"

② 2007年10月28日第十届全国人民代表大会常务委员会第三十次会议通过，自2008年1月1日起施行；2019年4月23日第十三届全国人民代表大会常务委员会第十次会议第二次修正。

设工程所在地县级以上地方人民政府可以责成有关部门采取查封施工现场、强制拆除等措施。"为了保障强制拆除的依法实施,《行政强制法》第44条作了专门的限制性规定:一是对违法的建筑物、构筑物、设施等需要强制拆除的,应当由行政机关予以公告,限期当事人自行拆除;二是当事人在法定期限内不申请行政复议或者提起行政诉讼,又不拆除的,行政机关可以依法强制拆除。另外,根据《土地管理法》第83条①和《土地管理法实施条例》第52条②的规定,对土地上建筑物和其他设施的强制拆除只能申请人民法院执行。

3. 金钱给付义务的执行

这是相对于行为义务的执行而言的,也是根据行政决定所确定的义务不同而对行政强制执行进行的一种分类,是针对义务人逾期不履行行政决定所确定的金钱给付义务(如税收、收费、罚款等)而采取的强制执行。行为义务的执行则是针对义务人逾期不履行行政决定,为其确定的实施某一行为或不实施某一行为的义务而采取的强制执行。金钱给付义务的执行既包括执行罚即加处罚款或者滞纳金这种间接执行的方式,也包括划拨存款、汇款和拍卖财物等直接执行的方式。行为义务最典型的执行方式是代履行这种间接执行的方式。据此,《行政强制法》对金钱给付义务的执行与代履行所应当遵循的特殊程序分别作了专门的规定。

(1)执行罚。即加处罚款或者滞纳金,属于间接强制执行方式,是金钱给付义务的执行首先应当适用的执行方式。根据《行政强制法》第45条的规定,加处罚款或者滞纳金的适用应当遵循如下条件:第一,前提条件是当事人逾期不履行金钱给付义务的行政决定。金钱给付义务包括税收、行政事业性收费、罚款等以给付金钱为内容的义务。第二,告知程序。行政机关应当将加处罚款或者滞纳金的标准告知当事人。第三,数额限制。加处罚款或者滞纳金的数额不得超出金钱给付义务的数额。加处罚款或者滞纳金不得超过本金,是比例原则的要求,也是针对实践中存在的"天价滞纳金"现象的一种立法回应。根据

---

① 《土地管理法》第83条规定:"依照本法规定,责令限期拆除在非法占用的土地上新建的建筑物和其他设施的,建设单位或者个人必须立即停止施工,自行拆除;对继续施工的,作出处罚决定的机关有权制止。建设单位或者个人对责令限期拆除的行政处罚决定不服的,可以在接到责令限期拆除决定之日起十五日内,向人民法院起诉;期满不起诉又不自行拆除的,由作出处罚决定的机关依法申请人民法院强制执行,费用由违法者承担。"

② 《土地管理法实施条例》(1998年12月27日国务院令第256号公布;2021年7月2日国务院令第743号第三次修订,自2021年9月1日起施行)第52条规定:"违反《土地管理法》第五十七条的规定,在临时使用的土地上修建永久性建筑物的,由县级以上人民政府自然资源主管部门责令限期拆除,按占用面积处土地复垦费5倍以上10倍以下的罚款;逾期不拆除的,由作出行政决定的机关依法申请人民法院强制执行。"

《行政强制法》的规定,加处罚款的数额不得超过基础决定的数额,如罚款 1 万元,执行罚的数额不得超过 1 万元,即罚款总数不得超过 2 万元。根据《税收征收管理法》第 32 条的规定,纳税人到期不缴纳税款的,每日加收滞纳税款万分之五的滞纳金。按照这一比例,基础决定的税款将在 2000 天翻一番。

(2) 金钱给付义务的直接强制执行。加处罚款或者滞纳金只能督促当事人履行义务。如果当事人仍不履行,则说明这种间接强制对当事人起不到应有的作用。在这种情况下,就必须采取直接强制执行方式,包括强制划拨、强制拍卖等。根据《行政强制法》第 46 条的规定,直接强制执行必须符合以下条件:第一,前提条件是行政机关依法实施加处罚款或者滞纳金已经超过 30 日,当事人仍不履行。第二,催告程序。经催告当事人仍不履行义务的,才能直接强制执行。第三,直接强制执行的行政机关必须是法律规定具有行政强制执行权的行政机关。没有行政强制执行权的行政机关应当申请人民法院强制执行。但是,当事人在法定期限内不申请行政复议或者提起行政诉讼,经催告仍不履行的,在实施行政管理过程中已经采取查封、扣押措施的行政机关,可以将查封、扣押的财物依法拍卖抵缴罚款。

强制划拨,即划拨存款、汇款。根据《行政强制法》第 47 条的规定,划拨存款、汇款应当由法律规定的行政机关决定,并书面通知金融机构。金融机构接到行政机关依法作出划拨存款、汇款的决定后,应当立即划拨。法律规定以外的行政机关或者组织要求划拨当事人存款、汇款的,金融机构应当拒绝。

强制拍卖,即将查封、扣押的财物依法拍卖以抵缴罚款或税款。《行政处罚法》第 72 条、《税收征收管理法》第 40 条对此有相关规定。根据《行政强制法》第 48 条和第 49 条的规定,依法拍卖财物,由行政机关委托拍卖机构依照《拍卖法》的规定办理。划拨的存款、汇款以及拍卖和依法处理所得的款项应当上缴国库或者划入财政专户。任何行政机关或者个人不得以任何形式截留、私分或者变相私分。

4. 代履行

根据《行政强制法》的规定,代履行的适用应当遵循以下特殊规定:

(1) 代履行的适用条件。根据《行政强制法》第 50 条的规定,代履行的适用应当遵循如下条件:第一,前提条件是行政机关依法作出要求当事人履行排除妨碍、恢复原状等义务的行政决定,当事人逾期不履行。其中,排除妨碍、恢复原状等义务属于可以请人代为履行的作为义务。第二,催告程序。经行政机关催告,当事人仍不履行。第三,当事人不履行行政决定的后果已经或者将危害交通安全、造成环境污染或者破坏自然资源。第四,代履行的实施主体必须是行政机关,或者委托没有利害关系的第三人。

(2) 代履行的实施程序。根据《行政强制法》第 51 条的规定,代履行的实施应当遵循如下程序:第一,送达。代履行前送达决定书,代履行决定书应当载明当事人的姓名或者名称、地址,代履行的理由和依据、方式和时间、标的、费用预算以及代履行人。第二,催告。代履行 3 日前,催告当事人履行,当事人履行的,停止代履行。第三,代履行。代履行时,作出决定的行政机关应当派员到场监督,不得采用暴力、胁迫以及其他非法方式。代履行完毕,行政机关到场监督的工作人员、代履行人和当事人或者见证人应当在执行文书上签名或者盖章。第四,征收代履行的费用。代履行的费用按照成本合理确定,由当事人承担。但是,法律另有规定的除外。

(3) 立即实施代履行。根据《行政强制法》第 52 条的规定,需要立即清除道路、河道、航道或者公共场所的遗洒物、障碍物或者污染物,当事人不能清除的,行政机关可以决定立即实施代履行;当事人不在场的,行政机关应当在事后立即通知当事人,并依法作出处理。

(六) 申请人民法院强制执行

除行政机关自行强制执行外,在我国,行政强制执行还包括申请人民法院强制执行的模式。《行政强制法》对申请人民法院强制执行的条件、程序等作了专门规定。

1. 申请人民法院强制执行的条件

根据《行政强制法》的规定,申请人民法院强制执行必须具备以下实体和程序两个方面的条件:

(1) 实体条件。第一,当事人在法定期限内不申请行政复议或者提起行政诉讼,又不履行行政决定。第二,申请机关必须是没有行政强制执行权的行政机关。至于具有行政强制执行权的行政机关是否可以申请人民法院强制执行,这里并没有普遍授权,所以必须根据特别法的授权。例如,《税收征收管理法》第 88 条第 3 款规定,作出处罚决定的税务机关可以依法自行强制执行,或者申请人民法院强制执行。

(2) 程序条件。第一,法定期限。申请法院强制执行的期限为 3 个月,即必须自法定的复议或诉讼期限届满之日起 3 个月内提出申请。第二,催告程序。行政机关申请人民法院强制执行前,应当催告当事人履行义务。催告书送达 10 日后当事人仍未履行义务的,方可申请人民法院强制执行。第三,执行管辖。一般情况下,应当向行政机关所在地有管辖权的人民法院申请强制执行;

执行对象是不动产的,向不动产所在地有管辖权的人民法院申请强制执行。

2. 申请人民法院强制执行的程序

根据《行政强制法》的规定,申请人民法院强制执行的程序包括申请、立案受理、审查、裁定执行等一般程序,以及紧急情况下所采取的特别程序。

(1) 申请。根据《行政强制法》第55条的规定,行政机关向人民法院申请强制执行,应当提供下列材料:第一,强制执行申请书;第二,行政决定书及作出决定的事实、理由和依据;第三,当事人的意见及行政机关催告情况;第四,申请强制执行标的情况;第五,法律、行政法规规定的其他材料。强制执行申请书应当由行政机关负责人签名,加盖行政机关的印章,并注明日期。

(2) 立案受理。人民法院接到行政机关强制执行的申请,应当在5日内受理。行政机关对人民法院不予受理的裁定有异议的,可以在15日内向上一级人民法院申请复议,上一级人民法院应当自收到复议申请之日起15日内作出是否受理的裁定。

(3) 审查。人民法院对行政机关强制执行的申请进行书面审查。审查的内容包括:行政机关是否提供了齐备的申请材料;行政决定是否具备法定执行效力;行政决定是否明显违法,即是否存在明显缺乏事实根据,明显缺乏法律、法规依据,或者其他明显违法并损害被执行人合法权益的情形。

(4) 裁定执行。经审查,人民法院认为行政机关提供的申请材料齐备,行政决定具备法定执行效力且不存在明显违法情形的,应当自受理之日起7日内作出执行裁定。人民法院发现行政决定存在明显违法情形的,在作出裁定前可以听取被执行人和行政机关的意见,并可以延长审查期限至自受理之日起30日内作出是否执行的裁定。

裁定不予执行的,应当说明理由,并在5日内将不予执行的裁定送达行政机关。行政机关对人民法院不予执行的裁定有异议的,可以自收到裁定之日起15日内向上一级人民法院申请复议,上一级人民法院应当自收到复议申请之日起30日内作出是否执行的裁定。

(5) 特别程序。即紧急情况下,申请人民法院立即强制执行所采取的特别程序。根据《行政强制法》第59条的规定,紧急程序的启动必须符合以下两个条件:一是情况紧急,二是为保障公共安全。经审查,人民法院认为行政机关的申请符合紧急程序的启动条件的,经人民法院院长批准,应当自作出执行裁定之日起5日内执行。

(6) 执行费用与执行款项的处理。根据《行政强制法》第60条的规定,行政机关申请人民法院强制执行,不缴纳申请费。强制执行的费用由被执行人承担。人民法院以划拨、拍卖方式强制执行的,可以在划拨、拍卖后将强制执行的费用扣除。依法拍卖财物,由人民法院委托拍卖机构依照《拍卖法》的规定办理。执行款项包括划拨的存款、汇款以及拍卖和依法处理所得的款项,不是支付给当事人,而应当上缴国库或者划入财政专户,不得以任何形式截留、私分或者变相私分。

第四节 具体行政行为(二)

具体行政行为的种类很多,除行政许可、行政处罚和行政强制这三种重要且已统一立法的模式化类型外,还有行政征收、行政奖励、行政给付、行政裁决、行政协议等常见类型。后者都分散在各个法律、法规、规章的规定之中,而尚未统一立法。本节拟对这些具体行政行为作些扼要阐述。

一、行政征收

(一)行政征收的概念和种类

所谓行政征收,是指行政主体为了公共利益的需要,依法强制取得相对人财产所有权的行为。行政征收主要包括以下三类:

1. 税收征收

税收征收,即征税,是指国家税务机关及海关依照法律和全国人大及其常委会授权国务院制定的行政法规,向纳税人作出的税收开征、停征以及减税、免税、退税、补税行为。为了统一规范税收征收和缴纳行为,我国专门制定了《税收征收管理法》,该法第3条第1款规定:"税收的开征、停征以及减税、免税、退税、补税,依照法律的规定执行;法律授权国务院规定的,依照国务院制定的行政法规的规定执行。"据此,税收征收必须以法律和全国人大及其常委会授权国务院制定的行政法规作为依据,严格遵循税收法定主义。

2. 费用征收

即行政收费,是指行政主体以满足社会需要为目的,凭借行政权力,通过向公共商品或劳务的特定使用者或享受者按照特定标准收取相应费用的行为,它一般是政府收入的补充形式。① 行政收费种类很多,散见于各种单行法律法规的规定之中,必须严格依据法律法规的授权规定。如《行政许可法》第59条规定:"行政机关实施行政许可,依照法律、行政法规收取费用的,应当按照公布的法定项目和标准收费;所收取的费用必须全部上缴国库,任何机关或者个人不得以任何形式截留、挪用、私分或者变相私分。财政部门不得以任何形式向行政机关返还或者变相返还实施行政许可所收取的费用。"根据国家发展改革委、财政部印发的《行政事业性收费标准管理办法》②的规定,行政事业性收费是指国家机关、事业单位、代行政府职能的社会团体及其他组织根据法律法规等有关规定,依照国务院规定程序批准,在实施社会公共管理,以及在向公民、法人和其他组织提供特定公共服务过程中,向特定对象收取的费用。就其种类而言,具体包括:(1) 行政管理类收费,即根据法律法规规定,在行使国家管理职能时,向被管理对象收取的费用;(2) 资源补偿类收费,即根据法律法规规定向开采、利用自然和社会公共资源者收取的费用;(3) 鉴定类收费,即根据法律法规规定,行使或者代行政府职能强制实施检验、检测、检定、认证、检疫等收取的费用;(4) 考试类收费,即根据法律法规、国务院或者省级政府文件规定组织考试收取的费用,以及组织经人力资源和社会保障部批准的专业技术资格、执业资格和职业资格考试收取的费用;(5) 培训类收费,即根据法律法规或者国务院规定开展强制性培训收取的费用;(6) 其他类别的收费。

3. 财物征收

财物征收,又称"公益征收",是指行政主体依据法律的规定,基于公共利益的需要,有偿取得相对人财产所有权的行为,如对公民土地及其他财产的征收。狭义上的行政征收,仅限于此类财产征收。因为,有征收必有补偿,但依法进行的征税和收费则属于无偿征收,只有行政主体对财物的征收才给予相应的补偿。根据《宪法》第13条的规定,国家为了公共利益的需要,可以依照法律规定对公民的私有财产实行征收或者征用并给予补偿。《民法典》第243条第1—3款规定:"为了公共利益的需要,依照法律规定的权限和程序可以征收集体所有的土地和组织、个人的房屋及其他不动产。征收集体所有的土地,应当依法足额支付土地补偿费、安置补助费以及农村村民住宅、其他地上附着物和青苗等的补偿费用,并安排被征地农民的社会保障费用,保障被征地农民的生活,维护被征地农民的合法权益。征收组织、个人的房屋及其他不动产,应当依法给予

---

① 参见沈开举:《行政征收研究》,人民出版社2001年版,第4页。
② 《发展改革委、财政部关于印发〈行政事业性收费标准管理办法〉的通知》(发改价格规〔2018〕988号)。

征收补偿,维护被征收人的合法权益;征收个人住宅的,还应当保障被征收人的居住条件。"据此,财物征收也必须严格依据法律的规定,遵循征收法定主义。我国《立法法》第11条第7项亦明确规定,"对非国有财产的征收、征用"属于法律保留事项,只有全国人大及其常委会制定的"法律"才能设定。

(二) 行政征收相关范畴

在实践中,存在与行政征收相类似的行政征用、行政征购、行政征调等相关范畴,必须将它们区别开来。

行政征用,是指行政主体为了公共利益的需要,依法强制取得相对人财产使用权并给予一定补偿的行为。它既包括对作为有限性资源的不动产的征用,如国家因建设的需要对集体所有土地的征用、城市建设中的房屋征用等;也包括紧急情况下对动产使用权的临时征用,如临时性征用私人的交通工具等。无论是对不动产还是动产的征用,其目的都是满足公共利益的需要,对于相对人因此而遭受的损失应当予以适当的补偿。如《民法典》第245条规定:"因抢险救灾、疫情防控等紧急需要,依照法律规定的权限和程序可以征用组织、个人的不动产或者动产。被征用的不动产或者动产使用后,应当返还被征用人。组织、个人的不动产或者动产被征用或者征用后毁损、灭失的,应当给予补偿。"行政征收与征用都是国家为了公共利益的需要,依法强制取得相对人财产的行为,两者关键的区别在于引起财产转移的法律效果不同:征收发生财产所有权的永久性转移,征用则只是财产使用权的临时性转移。此外,两者的补偿也不同:在征用的情况下,由于财产所有权没有转移,如果标的物没有毁损灭失,就应当返还原物;而在征收的情况下,不存在返还的问题。同时,由于征收是财产所有权的转移,对被征收人造成的损失更大,因此除无偿的征税和收费外,其补偿的标准应当比征用更高一些。

行政征购,是指行政主体以合同方式取得相对人财产所有权的一种行政行为,如粮油征购等。行政征购行为属于一种行政合同行为,明显不同于行政征收,后者是一种强制性的单方行政行为。行政征购关系是一种特殊的买卖关系,行政主体在取得相对人财产的同时,必须依法承担对价的金钱给付义务,这也明显不同于行政征收的补偿性(不一定对价)。

行政征调,是指行政主体为了公共利益的需要,依法征集、调用一定劳力的单方行政行为。例如,为满足国防军事的需要而征集兵役;为满足修建铁路、兴建水利或防洪的需要而征调农村劳动力、生产物资等。行政征调的对象主要是劳务,同时行政主体应当给予相应的报酬或行政补偿。

二、行政奖励

(一) 行政奖励的概念

行政奖励,是指行政主体为了实现行政目的,对严格遵守行政法规范并作出一定成绩的相对人,依法赋予其一定物质或精神等权益的行政行为。

行政奖励与行政惩戒(或制裁)相对应,是以国家或政府的名义对相对人行为作出的肯定性评价,对于强化行为人的行为动机,激励人们的社会责任感和荣誉感,引导奋发向上的社会风气,都具有无可取代的地位和作用。这种制度在我国历史上早已存在,如奖励耕织、奖励屯田等。目前在劳动人事管理、自然科学研究、体育事业等领域仍广泛存在,并发挥着重大的作用,如发明奖励、优质产品奖励、科技进步奖励等。如《科学技术进步法》[①]第18条第2款规定:"国家建立和完善科学技术奖励制度,设立国家最高科学技术奖等奖项,对在科学技术进步活动中做出重要贡献的组织和个人给予奖励。具体办法由国务院规定。"

(二) 行政奖励的形式

根据有关行政法规范的规定,行政奖励的形式可分为三种:

1. **精神性奖励**

精神性奖励又称"荣誉性奖励",主要有通报表扬、通令嘉奖、记功(有不同的等级,一般分为特等功、一等功、二等功、三等功、四等功)、授予荣誉称号。如《广东省见义勇为人员奖励和保障条例》[②]第16条规定:"县级以上人民政府对确认的见义勇为人员可以给予下列表彰或者奖励:(一)通报嘉奖;(二)颁发奖金;(三)授予见义勇为荣誉称号。"再如《国家勋章和国家荣誉称号法》[③]第2条第1款规定:"国家勋章和国家荣誉称号为国家最高荣誉。"其中,国家荣誉号的名称一般冠以"人民",如"人民英雄""人民卫士""人民科学家""人民艺术家""人民教育家"等。根据该法的规定,国家勋章和国家荣誉称号由全国人大常委会决定授予;国家主席根据全国人大常委会的决定,向国家勋章和国家荣誉称号获得者授予奖章并签发证书。因此严格讲,这种奖励属于国家奖励,而

[①] 1993年7月2日第八届全国人民代表大会常务委员会第二次会议通过;2021年12月24日第十三届全国人民代表大会常务委员会第三十二次会议第二次修订,自2022年1月1日起施行。

[②] 2012年11月29日广东省第十一届人民代表大会常务委员会第三十八次会议通过,自2013年1月1日起施行;2020年9月29日广东省第十三届人民代表大会常务委员会第二十五次会议修正。

[③] 2015年12月27日第十二届全国人民代表大会常务委员会第十八次会议通过,自2016年1月1日起施行。

不属于行政奖励。

2. 物质性奖励

物质性奖励主要是颁发奖金和奖品,往往与精神性奖励同时适用。如《国家科学技术奖励条例》①第 22 条规定:"国家最高科学技术奖报请国家主席签署并颁发奖章、证书和奖金。国家自然科学奖、国家技术发明奖、国家科学技术进步奖颁发证书和奖金。中华人民共和国国际科学技术合作奖颁发奖章和证书。"《教学成果奖励条例》②第 6 条规定:"国家级教学成果奖分为特等奖、一等奖、二等奖三个等级,授予相应的证书、奖章和奖金。"

3. 优惠性奖励

优惠性奖励主要有给予单位一定的便利条件、对个人予以晋级或晋职等。如《体育法》第 46 条规定:"国家对优秀运动员在就业和升学方面给予优待。"《人口与计划生育法》第 25 条规定:"符合法律、法规规定生育子女的夫妻,可以获得延长生育假的奖励或者其他福利待遇。国家支持有条件的地方设立父母育儿假。"

(三)行政奖励的分类

以行政相对人获得行政奖励的条件为标准,可将行政奖励分为优胜奖和参与奖。

1. 优胜奖

优胜奖是给予那些在工作、学习和社会生活中作出显著成绩的行政相对人的奖励,如国家科学技术奖、教学成果奖等。根据《国家科学技术奖励条例》的规定,国家科学技术奖的获得必须符合明确的法定条件,并经过严格的提名、评审和授予程序。《教学成果奖励条例》对国家级教学成果奖的申请条件及其评审、批准和授予程序,也作出了明确要求。

2. 参与奖

参与奖是给予那些积极作出国家所提倡的行为的行政相对人的奖励。如《黄河保护法》第 19 条规定:"国家鼓励、支持单位和个人参与黄河流域生态保护和高质量发展相关活动。对在黄河流域生态保护和高质量发展工作中做出突出贡献的单位和个人,按照国家有关规定予以表彰和奖励。"《人口与计划生

---

① 1999 年 5 月 23 日国务院令第 265 号公布;2024 年 5 月 26 日国务院令第 782 号第四次修订,自 2024 年 5 月 26 日起施行。

② 1994 年 3 月 14 日国务院令第 151 号公布;2024 年 3 月 10 日国务院令第 777 号修订,自 2024 年 5 月 1 日起施行。

育法》第 23 条规定:"国家对实行计划生育的夫妻,按照规定给予奖励。"行政相对人对公务的协助,也是一种行政参与。对于那些积极协助行政机关执行公务的相对人依法可以给予此类奖励。如《人民警察法》第 34 条第 1 款规定:"人民警察依法执行职务,公民和组织应当给予支持和协助。公民和组织协助人民警察依法执行职务的行为受法律保护。对协助人民警察执行职务有显著成绩的,给予表彰和奖励。"此外,任何单位和个人,都有权利也有义务检举和揭发涉嫌违法犯罪活动,并向有关行政机关予以举报,有关行政机关经过查证属实的亦应当依法给予此类奖励。如《税收征收管理法》第 13 条规定:"任何单位和个人都有权检举违反税收法律、行政法规的行为。收到检举的机关和负责查处的机关应当为检举人保密。税务机关应当按照规定对检举人给予奖励。"据此,国家税务总局、财政部还专门制定了《检举纳税人税收违法行为奖励暂行办法》[①]。

把行政奖励分为优胜奖和参与奖的意义在于,可以进一步认识行政奖励作为一种给付行政与行政法定原则或法律保留之间的关系。行政法定原则要求行政行为必须有法律、法规或规章作为依据。但是,当宪法、法律、法规未授权又未禁止时,仅赋予行政相对人权益的行政活动,只要合乎行政秩序、效益,合乎公正、正义,也应被视为依法行政。行政奖励是一种单纯授予行政相对人权益的行政活动,物质性奖励来源于国家的资金,精神性奖励、优惠性奖励同样是行政主体对公共利益的一种分配,是为了实现经济、政治、文化等发展的目标,同时要兼顾行政相对人的个人利益。因此,对于竞争型的优胜奖,不能在没有法律依据时给予。

但是,对于参与奖而言,有行政法规范的规定时,应依照行政法规范;当行政法规范缺位时,行政规范也应有创设权,而且在不违反法的一般原则的前提下,应容许行政主体根据行政活动的需要,自主给予参与奖。[②] 因为,参与和协助执行公务,既是国家鼓励、倡导和支持的行为,也是相对人的一种权利和义务。通过给予一定的行政奖励,可以支持和引导相对人积极履行这种义务,推动社会共治。例如,市场监管总局、财政部印发《市场监管领域重大违法行为举报奖励暂行办法》[③],该行政规范旨在通过依法支持和引导举报行为,鼓励公众参与,加大执法力度,增强监管合力。

[①] 2007 年 1 月 13 日国家税务总局、财政部令第 18 号公布,自 2007 年 3 月 1 日起施行。
[②] 参见胡芬:《行政奖励研究》,载《珞珈法学论坛》(第 4 卷),武汉大学出版社 2005 年版。
[③] 国市监稽规〔2021〕4 号。

三、行政给付

（一）行政给付的概念

行政给付,是指行政主体依照有关法律、法规的规定,向符合条件的申请人提供一定物质利益或者相关权益的行政行为。其目的在于给予有特殊困难或特定情况下的相对人一定的物质帮助或人身保护,属于服务行政的范畴,与国家的社会保障制度紧密相连。国家对公民负有生存照顾的义务,保障公民的生存权是政府不可推卸的责任。我国《宪法》第 45 条第 1 款规定,公民在年老、疾病或者丧失劳动能力的情况下,有从国家和社会获得物质帮助的权利。《城市生活无着的流浪乞讨人员救助管理办法》①就是为了对在城市生活无着的流浪、乞讨人员实行救助,保障其基本生活权益,完善社会救助制度而制定的。《城市居民最低生活保障条例》②第 2 条第 1 款规定:"持有非农业户口的城市居民,凡共同生活的家庭成员人均收入低于当地城市居民最低生活保障标准的,均有从当地人民政府获得基本生活物质帮助的权利。"

行政给付是特定行政主体的法定职责,如果不履行或拖延履行该职责,即构成违法的行政不作为,必须承担相应法律责任。如《残疾人保障法》第 61 条第 2 款规定:"国家工作人员未依法履行职责,对侵害残疾人权益的行为未及时制止或者未给予受害残疾人必要帮助,造成严重后果的,由其所在单位或者上级机关依法对直接负责的主管人员和其他直接责任人员给予处分。"此外,对于行政机关不依法给付的行为,相对人也可以通过行政复议、行政诉讼的途径保护自己的合法权益。如《城市居民最低生活保障条例》第 15 条规定:"城市居民对县级人民政府民政部门作出的不批准享受城市居民最低生活保障待遇或者减发、停发城市居民最低生活保障款物的决定或者给予的行政处罚不服的,可以依法申请行政复议;对复议决定仍不服的,可以依法提起行政诉讼。"

（二）行政给付的内容和形式

行政给付的内容主要是赋予相对人一定的物质权益,表现为给付相对人一定数量的金钱或实物,或者与物质有关的权益,如让相对人免费入学受教育、享受公费医疗待遇等,因而它又称为"行政救助""行政物质帮助""行政发放""行政扶持"等。实际上,行政救助的内容还包括赋予相对人其他方面的权益或权

---

① 2003 年 6 月 20 日国务院令第 381 号公布,自 2003 年 8 月 1 日起施行。
② 1000 年 9 月 28 日国务院令第 271 号公布,自 1999 年 10 月 1 日起施行。

益保护，它是一个涵盖面极广的概念。

行政给付的形式散见于法律、法规、规章、政策之中，主要有安置、抚恤、收留、优待等。一是安置，即从工作、生活、居住上给予安排，通常指对复员、转业、退伍军人的安排，还包括对无家可归者的安排。二是抚恤，即对特定人员给予的物质帮助，如牺牲和病故人员抚恤金、残疾抚恤金、军人伤残抚恤金等。三是收留，即将生活困难或有特殊要求的人员接收下来，并给予其生活安排或治疗的救助形式，如对孤儿的收容等。四是优待，即给予被救助人与物质有关的权益，如免费乘公交车、免除被救助人负有的某种义务等。

随着"秩序行政"模式向"服务行政"模式转变，行政给付的表现形式也发生了重大变化。目前，在我国，行政救助的表现形式还包括如下方面：(1)救济性扶贫，即针对生活困难，不能维持基本生活的农户，有计划地在物资款项、政策上给予照顾，使其通过发展生产增加收入，提高生活水平，在一定期间内摆脱贫困。(2)最低生活保障，即对家庭人均收入低于当地最低生活保障标准的贫困人口，以货币的形式，按月发放一定的差额补助，必要时也可以给付实物。(3)法律援助，是国家在司法制度运行的各个环节、层次上，对因经济困难及其他因素导致的难以通过一般法律手段保障自身基本权利的社会弱势群体，通过减免收费、提供法律帮助的方式，实现其法律权利的一项保障制度。这是实现社会正义和司法公正的重要制度。(4)紧急状态下的救助，是在发生水灾、旱灾、火灾、地震等灾害和突发性的紧急事件时，由政府通过对灾民发放救灾款和救灾物资、提供医疗服务以及安置、转移灾民等方式，给予抢救和援助，以维持其最低生活水平，使其尽快摆脱困境。(5)医疗救助、住房救助、教育救助等其他社会经济权利救助。医疗救助，是指政府对贫困人口中因病而无经济能力进行治疗的人实施专项帮助和支持的行为。住房救助，是指政府向最低收入家庭和其他需要保障的特殊家庭提供租金补贴，或者以低廉租金配租的具有社会保障性质的制度。教育补贴，是指国家为保障适龄人口享有接受教育的权利，从物质方面对贫困学生在不同阶段提供援助的制度。其特点是，通过减免学杂费、资助等方式，帮助贫困学生完成学业，提高文化水平，并最终解决他们的生计问题。

四、行政裁决

(一)行政裁决的概念和特征

"裁决"即作出决定。在我国现行法律、法规中，以"裁决"字样出现的行为很多,如行政处罚决定、行政复议决定等都可以称为"裁决"。在这里,"行政裁决"作为一种具体行政行为类型,特指行政主体运用其职权依法处理特定民事纠纷的行为。具体而言,行政裁决是行政机关根据当事人申请,根据法律法规授权,居中对与行政管理活动密切相关的民事纠纷进行裁处的行为。也就是说,行政裁决所处理的事务是特定的纠纷,而不是一般意义上的行政事务,所以不同于行政许可、行政处罚、行政征收、行政奖励和行政救助等行政行为。同时,行政裁决所处理的纠纷是一种民事纠纷,即纠纷的双方当事人是处于平等地位的民事主体,而不是相对人与行政主体之间的行政纠纷,因而也不同于解决行政纠纷的行政复议。

民事纠纷在传统上应当由法院审理、裁判。20世纪以后,随着政府行政职能的扩张、社会经济的发展,行政机关的活动范围冲破了这一传统,也获得了对特定民事纠纷的裁决权。因为,行政机关在解决特定民事争议方面具有效率高、成本低、专业性强、程序简便等制度优势,有利于促成矛盾纠纷的快速解决,发挥化解民事纠纷的"分流阀"作用。特别是一些纠纷与行政管理密切相关,需要熟悉行政管理且有专门技术、知识的人员才能解决,如果直接诉诸法院不利于及时有效地解决这些争议。因此,行政裁决以其独特的优势和纠纷解决方式,成为司法诉讼外一项独具特色的争议解决机制。[1]

与化解民事纠纷的民事诉讼、仲裁等方式相比较,行政裁决具有如下特点:其一,实施主体的行政性。行政裁决的主体是行政主体,而不同于作出民事仲裁的民间仲裁机构和受理民事诉讼案件的法院。同时,根据中共中央办公厅、国务院办公厅印发的《关于健全行政裁决制度加强行政裁决工作的意见》[2](以下简称《行政裁决意见》)的要求,只有法律法规授权行政机关可以进行行政裁决的,行政机关才有行政裁决的职权。其二,裁决纠纷的特定性。行政机关对民事纠纷的裁决,并非涉及所有民事领域,只能是与行政管理活动密切相关的民事纠纷,且是法律、法规明文规定由行政主体裁决的民事纠纷,否则行政主体不能作出裁决。这类纠纷主要有侵权纠纷、补偿纠纷、权属纠纷、政府采购纠纷以及法律法规规定适用行政裁决的其他民事纠纷,而涉及民事合同纠纷等一般民事争议不属于行政裁决的受理范围。其三,裁决结果的非终局性。当事人对行政裁决不服的,可依法向法院提起诉讼,而法院对民事纠纷具有完全管辖权和最终裁断权。

---

[1] 参见周佑勇、尹建国:《我国行政裁决制度的改革和完善》,载《法治论丛》2006年第5期。
[2] 《中共中央办公厅、国务院办公厅印发〈关于健全行政裁决制度加强行政裁决工作的意见〉的通知》(中办发〔2018〕75号)。

(二) 行政裁决的种类

在我国,行政裁决已被日益广泛地被运用到许多行政管理领域,但是由于我国法律没有对行政裁决作出统一规范,相关规定散见于各种单行法律法规中。根据《行政裁决意见》和有关法律法规的规定,目前行政裁决主要集中于自然资源权属民事纠纷、知识产权侵权纠纷和补偿争议、政府采购活动争议等三类纠纷的裁决。

1. 自然资源权属纠纷裁决

这是行政主体对公民、法人或者其他组织之间有关土地、矿藏、水流、森林、山岭、草原、荒地、滩涂、海域等自然资源的所有权或使用权纠纷进行的裁决。我国《土地管理法》《森林法》《草原法》《矿产资源法》等法律规定了这类裁决。例如,《土地管理法》第 14 条第 1、2 款规定:"土地所有权和使用权争议,由当事人协商解决;协商不成的,由人民政府处理。单位之间的争议,由县级以上人民政府处理;个人之间、个人与单位之间的争议,由乡级人民政府或者县级以上人民政府处理。"《森林法》[①]第 22 条第 1、2 款规定:"单位之间发生的林木、林地所有权和使用权争议,由县级以上人民政府依法处理。个人之间、个人与单位之间发生的林木所有权和林地使用权争议,由乡镇人民政府或者县级以上人民政府依法处理。"《草原法》[②]第 16 条第 1、2 款规定:"草原所有权、使用权的争议,由当事人协商解决;协商不成的,由有关人民政府处理。单位之间的争议,由县级以上人民政府处理;个人之间、个人与单位之间的争议,由乡(镇)人民政府或者县级以上人民政府处理。"《矿产资源法》第 49 条规定:"矿山企业之间的矿区范围的争议,由当事人协商解决,协商不成的,由有关县级以上地方人民政府根据依法核定的矿区范围处理;跨省、自治区、直辖市的矿区范围的争议,由有关省、自治区、直辖市人民政府协商解决,协商不成的,由国务院处理。"此外,权属争议或纠纷可能产生于房产等非自然资源方面,也可由有关行政机关予以裁决。

2. 知识产权侵权纠纷和补偿争议裁决

这是行政主体对一方当事人的知识产权受到他方的侵犯而产生的纠纷及相关补偿争议进行的裁决。目前我国多部法律、行政法规规定了这种裁决。譬

---

① 1984 年 9 月 20 日第六届全国人民代表大会常务委员会第七次会议通过;2019 年 12 月 28 日第十三届全国人民代表大会常务委员会第十五次会议修订,自 2020 年 7 月 1 日起施行。

② 1985 年 6 月 18 日第六届全国人民代表大会常务委员会第十一次会议通过;2002 年 12 月 28 日第九届全国人民代表大会常务委员会第三十一次会议修订,自 2003 年 3 月 1 日起施行;2021 年 4 月 29 日第十三届全国人民代表大会常务委员会第二十八次会议第三次修正。

如,《商标法》第 60 条规定,"有本法第五十七条所列侵犯注册商标专用权行为之一,引起纠纷的,由当事人协商解决;不愿协商或者协商不成的,商标注册人或者利害关系人可以向人民法院起诉,也可以请求工商行政管理部门处理。工商行政管理部门处理时,认定侵权行为成立的,责令立即停止侵权行为"。《专利法》①第 65 条规定,"未经专利权人许可,实施其专利,即侵犯其专利权,引起纠纷的,由当事人协商解决;不愿协商或者协商不成的,专利权人或者利害关系人可以向人民法院起诉,也可以请求管理专利工作的部门处理。"《植物新品种保护条例》②第 32 条第 1、2 款规定:"审批机关设立植物新品种复审委员会。对审批机关驳回品种权申请的决定不服的,申请人可以自收到通知之日起 3 个月内,向植物新品种复审委员会请求复审。植物新品种复审委员会应当自收到复审请求书之日起 6 个月内作出决定,并通知申请人。"《中药品种保护条例》③第 19 条规定:"对临床用药紧缺的中药保护品种的仿制,须经国务院药品监督管理部门批准并发给批准文号。仿制企业应当付给持有《中药保护品种证书》并转让该中药品种的处方组成、工艺制法的企业合理的使用费,其数额由双方商定;双方不能达成协议的,由国务院药品监督管理部门裁决。"《集成电路布图设计保护条例》④第 28 条规定:"取得使用布图设计非自愿许可的自然人、法人或者其他组织应当向布图设计权利人支付合理的报酬,其数额由双方协商;双方不能达成协议的,由国务院知识产权行政部门裁决。"

3. 政府采购活动争议裁决

这是政府采购监督管理部门(财政部门)依据《政府采购法》的授权,根据政府采购供应商申请,居中对政府采购活动中的争议进行的裁决。具体而言,根据《政府采购法》⑤第六章"质疑与投诉"的规定,政府采购供应商在参与采购活动中认为采购文件、采购过程和中标、成交结果存在损害其权益的情形即可向采购人提出质疑,对质疑答复不满意或者未作答复的,可向财政部门提起投诉,财政部门应当依法对投诉事项作出处理决定。这里的"作出处理决定"即行政裁决。为了进一步规范政府采购质疑和投诉行为,2017 年财政部发布了《政府

---

① 1984 年 3 月 12 日第六届全国人民代表大会常务委员会第四次会议通过,自 1985 年 4 月 1 日起施行;2020 年 10 月 17 日第十三届全国人民代表大会常务委员会第二十二次会议第四次修正。

② 1997 年 3 月 20 日国务院令第 213 号公布;2014 年 7 月 29 日国务院令第 653 号第二次修订,自 2014 年 7 月 29 日起施行。

③ 1992 年 10 月 14 日国务院令第 106 号公布;2018 年 9 月 18 日国务院令第 703 号修订,自 2018 年 9 月 18 日起施行。

④ 2001 年 4 月 2 日国务院令第 300 号公布,自 2001 年 10 月 1 日起施行。

⑤ 2002 年 6 月 29 日第九届全国人民代表大会常务委员会第二十八次会议通过,自 2003 年 1 月 1 日起施行;2014 年 8 月 31 日第十二届全国人民代表大会常务委员会第十次会议修正。

采购质疑和投诉办法》①，对政府采购质疑的提出和答复、投诉的提起和处理作出了详细规定。

(三) 行政裁决的程序与救济

行政裁决作为一种重要的化解纠纷机制，必须具备正当、完善的裁决程序及其与诉讼、调解等其他矛盾纠纷化解方式的衔接协调机制。目前在我国，行政裁决适用的程序散见于各单行法律、法规之中。根据《行政裁决意见》的要求，要适时推进行政裁决统一立法，着力细化程序规定，健全行政裁决救济程序的衔接机制。为了贯彻落实该意见的精神，进一步发挥行政裁决在化解社会矛盾纠纷中的重要作用，我国已有地方制定了统一规范行政裁决程序的行政规范性文件或规章，如 2019 年《浙江省人民政府办公厅关于健全行政裁决制度加强行政裁决工作的实施意见》②、2022 年《天津市行政裁决程序规定》③等。

1. 行政裁决的程序制度

行政裁决作为一种具有"准司法性"的纠纷解决机制，其程序性规定不仅应当包括行政裁决的申请、受理、回避、证据、调解、审理、执行、期间和送达等方面的内容，还必须引入听证、职能分离制等现代正当程序的基本制度。公平、全面听取双方当事人的意见，是行政裁决的应有之义。在行政裁决程序中原则上必须采取正式听证，只有在法律法规未作出强制性听证规定，当事人经告知后也均未提出听证申请时，方可免除听证程序，直接采取简易裁决程序或书面裁决程序。如《政府采购质疑和投诉办法》第 23 条第 1 款规定："财政部门处理投诉事项原则上采用书面审查的方式。财政部门认为有必要时，可以进行调查取证或者组织质证。"

就职能分离制来讲，在行政程序中可能由于职能的集合，即两种以上的职权由同一个行政主体行使而造成利益和偏私的情况。因为行政机关和法院不一样，它并不只是一个裁决机构，往往同时具有调查权、追诉权、听证权和裁决权，因此它在行政过程中，既是裁决者，又可能是当事人一方。当调查与裁决权集中于一人之手时，就会使当事人很难相信裁决的公正性，因此在行政裁决程序中必须贯彻职能分离原则，即由不同的专门人员分别履行调查与裁决职能。

此外，在行政裁决程序中，还应当贯彻调解原则。对此，《行政裁决意见》明

---

① 2017 年 12 月 26 日财政部令第 94 号公布，自 2018 年 3 月 1 日起施行。
② 浙政办发〔2019〕61 号。
③ 天津市人民政府令 2022 年第 34 号。

确要求:"行政机关裁决民事纠纷应当先行调解,当事人经调解达成协议的,由行政机关制作调解协议书;调解不能达成协议的,行政机关应当及时作出裁决。"

2. 行政裁决的救济机制

行政裁决在性质上是行政主体运用职权作出的一种具体行政行为或处理决定,具有法律效力,一经作出便对当事人具有法定的约束力和强制力。相对人对行政裁决不服的,可依法申请行政复议,提起行政诉讼。相对人在法定期限内对行政裁决不申请复议,不提起诉讼,又不执行的,行政主体可依法予以强制执行。譬如,《政府采购法》第58条规定:"投诉人对政府采购监督管理部门的投诉处理决定不服或者政府采购监督管理部门逾期未作处理的,可以依法申请行政复议或者向人民法院提起行政诉讼。"《专利法》第65条规定,"管理专利工作的部门处理时,认定侵权行为成立的,可以责令侵权人立即停止侵权行为,当事人不服的,可以自收到处理通知之日起十五日内依照《中华人民共和国行政诉讼法》向人民法院起诉;侵权人期满不起诉又不停止侵权行为的,管理专利工作的部门可以申请人民法院强制执行。"

然而,根据《行政裁决意见》的规定,"当事人不服行政机关对民事纠纷作出的行政裁决的,在法定期限内,既可以以民事争议的对方当事人为被告提起民事诉讼,也可以对行政裁决行为提起行政诉讼,并申请法院一并解决相关民事争议。法律另有规定的,依照其规定。"这表明,对行政裁决后的救济机制,除行政诉讼外,还可以通过民事诉讼的方式。但是,如果按民事诉讼处理,仅就民事纠纷作出司法裁决,而对错误的行政裁决不予撤销,必然会出现行政裁决和司法裁决两个都具有法律效力的裁决并存的局面,造成法律效力的冲突和双方当事人各执一词的情况,有可能使纠纷更加激化,导致循环诉讼,久拖不决。因此,人民法院在作出民事裁判后应当及时通知行政机关,行政机关在收到人民法院民事裁判生效的通知后应当撤销先前作出的行政裁决。同时应当明确,针对行政裁决提起行政诉讼的,应当以"当事人没有提起民事诉讼"为受理条件。

五、行政协议

(一) 行政协议的概念

行政协议,又称"行政契约""行政合同""公法契约""政府合同"等。在我国,2014年《行政诉讼法》明确使用了"协议"一词,[①]2019年最高人民法院《关于审理行政协议案件若干问题的规定》[②](以下简称《行政协议司法解释》)则进一步将"行政协议"这一名称固定化、模式化,使其成为一个正式的法律概念。根据该规定,所谓行政协议,是指行政主体为了实现行政管理或者公共服务目的,与公民、法人和其他组织之间协商订立的具有行政法上权利义务内容的协议。

首先,它是一种法律行为,具有行政法上权利义务内容,即以设立、变更或者终止某种权利义务关系为内容,能够产生法律效果。由于行政法上的权利义务是不能放弃或免除的,也不能随意转移给他人,尤其是对于行政主体而言,权利与义务具有同一性,因此行政法上的权利义务关系与民法上的权利义务关系迥然不同。[③] 行政协议或行政合同区别于民事合同的最核心要素,正是作为合同内容的"权利义务"涉及的法律属性不同。

其次,它是一种行政行为,协议的双方当事人中必有一方是行政主体,是行政主体运用职权执行公务的一种方式,且其目的是满足行政管理或者公共服务的需要。这也是它与民事合同的重要区别。

最后,它是一种双方行政行为,订立行政协议需经协商、双方意思表示一致才能成立,而不是仅由行政主体单方面决定即可成立,因而与行政处罚、行政强制、行政征收等单方行政行为也不相同,而是具有合同的一般特征。

正因如此,采用协议或合同这种富有弹性的行政管理方式,较一般的单方面决定行为更具有可接受性,能充分发挥相对人的积极性和创造性,因而逐渐被现代行政管理广泛运用于各个领域。当然,为确保行政协议预期目标的实现,往往要赋予行政主体一定的优益权,使其能引导行政协议的订立与履行。这种优益权主要体现为作为合同一方当事人的行政主体基于公共利益的需要可以单方面变更、解除或终止合同,以及依法定职权对另一方当事人履行合同的情况实施监督,采取必要的保障措施。但是,这种优益权的运用必须严格符合法律的规定。譬如,我国《政府采购法》对政府采购合同的管理、履行、变更等作了明确规定。

---

① 《行政诉讼法》第12条第1款规定:"人民法院受理公民、法人或者其他组织提起的下列诉讼……(十一)认为行政机关不依法履行、未按照约定履行或者违法变更、解除政府特许经营协议、土地房屋征收补偿协议等协议的……"

② 2019年11月12日最高人民法院审判委员会第1781次会议通过,法释〔2019〕17号公布,自2020年1月1日起施行。

③ 参见余凌云:《行政契约论》(第3版),清华大学出版社2022年版,第34页。

(二) 行政协议的类型

根据《行政协议司法解释》及有关法律法规的规定,行政协议主要有:

1. 政府特许经营协议

这是指行政机关根据《行政许可法》第12条和第53条的规定,针对涉及稀缺资源分配的事项,即有限自然资源开发利用、公共资源配置以及直接关系公共利益的特定行业的市场准入等需要特许的事项,通过招标、拍卖等公平竞争的方式与特定经营者之间签订的协议。

2. 征收征用补偿协议

这是指行政机关依据《土地管理法》《国有土地上房屋征收与补偿条例》等的规定,就依法征收或征用集体所有的土地或者国有、集体土地上的房屋等所给予的补偿,与被征收人或被征用人之间签订的协议。除土地、房屋等不动产外,征收或征用的对象还包括动产、知识产权等。

3. 国有自然资源使用权出让协议

这是指行政机关依据《矿产资源法》《城镇国有土地使用权出让和转让暂行条例》等的规定,将矿业权、城镇国有土地等国有自然资源使用权出让给相对人,相对人支付出让金并按规定用途使用,而与相对人之间签订的协议。

4. 保障性住房的租赁、买卖等协议

这是指政府为了推行和实现住房福利政策,就政府投资的保障性住房的租赁、买卖等与相对人之间签订的协议。建设部等公布的《廉租住房保障办法》[①]规定了此类协议。

5. 政府与社会资本合作协议

这类协议又称"PPP协议""公私合作协议",是指政府为了特定的社会公益目的,通过引入社会资本共同投资建设而与相对人之间签订的合作协议。根据《国务院办公厅转发国家发展改革委、财政部〈关于规范实施政府和社会资本合作新机制的指导意见〉的通知》[②],政府和社会资本合作应全部采取特许经营模式实施,根据项目实际情况,合理采用建设—运营—移交(BOT)、转让—运营—移交(TOT)、改建—运营—移交(ROT)、建设—拥有—运营—移交(BOOT)、设计—建设—融资—运营—移交(DBFOT)等具体实施方式。

除上述行政协议类型外,比较典型的其他行政协议还有:行政和解协议,行

---

① 2007年11月8日建设部等令第162号公布,自2007年12月1日起施行。
② 国办函〔2023〕115号。

政担保合同,①国有资产承包、出售或者租赁合同,公共建设工程合同,公务委托合同,公益捐赠合同,政策信贷合同,教学科研合同、委托培养等教育行政协议,治安处罚担保协议,粮食订购协议,水土流失治理协议,节约资源削减污染物排放量协议,招商引资协议,环境保护责任状,治安管理责任状,劳动就业责任状,安全生产责任状,等等。

此外,从广义上讲,行政协议还包括行政机关之间、行政机关与其内部机构及其工作人员之间协商签订的协议。这类协议主要有:(1)政府合作协议,是指区域政府之间或者其他行政机关之间因开展合作而订立的协议;②(2)公务协助协议,是指行政机关之间因公务协助而订立的协议;(3)劳动人事协议,是指行政机关与其工作人员之间因内部劳动人事关系而订立的协议。但是,最高人民法院《关于审理行政协议案件若干问题的规定》第3条明确规定,行政机关订立的这几类协议都不属于行政诉讼的受案范围。③

(三)行政协议与行政合规改革

近年来在我国,随着行政合规改革的不断探索,在行政执法实践中出现大量"企业合规协议"这类新型的行政协议。所谓企业合规协议或称"行政合规协议",是指行政机关与企业之间经过协商签订的,通过建立企业内部合规管理机制实现行政管理目的的协议,其本质上是作为"行政和解协议"在行政法领域的引入。和解,本为民法上的概念,是作为以合意的方式预防纷争、解决争议的制度。和解在行政过程中的运用,是指行政机关以事实为根据,以法律为准绳,运用裁量权选择通过与相对人协商合意的方式实施行政行为。④ 行政主体在行政执法过程中通过与当事人之间签订和解协议,可以消除合理判断中的事实或法律问题的不确定状态,更加有效地实现行政管理目的或者解决行政争议。目前,我国《行政强制法》第42条规定的"执行协议"、《行政复议法》第74条规定的"复议和解"等,就属于此类行政协议。

事实上,早在2004年修订的《反倾销条例》⑤中就专节设立价格承诺制度,

---

① 行政担保是指行政主体为了实现行政目的而依法允许相对人以一定方式保证其履行义务的一种双方或多方行政行为,如《治安管理处罚法》规定的治安拘留担保、《海关法》规定的海关事务担保、《税收征收管理法》规定的纳税担保等。参见叶必丰、周佑勇:《论行政担保》,载《政法论丛》1997年第4期。

② 参见叶必丰:《区域合作法论》,法律出版社2022年版,第295页。

③ 参见梁凤云:《行政诉讼讲义》(下),人民法院出版社2022年版,第745页。

④ 参见周佑勇:《行政裁量治理研究:一种功能主义的立场》(第2版),法律出版社2023年,第191页。

⑤ 2001年11月26日国务院令第328号公布;2004年3月31日国务院令第401号修订,自2004年6月1日起施行。

规定经营者在反倾销调查期间,可以向商务部作出改变价格或者停止以倾销价格出口的价格承诺,商务部据此可以决定中止或者终止反倾销调查,不采取临时反倾销措施或者征收反倾销税。这种"价格承诺",就是一种行政和解,之后在 2007 年《反垄断法》中正式确立了反垄断领域的行政执法承诺制度。① 2015 年 2 月 17 日,中国证监会发布《行政和解试点实施办法》,首次在证券期货违法案件中试点行政和解制度。在此基础上,2019 年修订的《证券法》进一步确立了行政执法当事人承诺制度,即证监会对涉嫌证券期货违法的单位或者个人进行调查期间,被调查的当事人承诺纠正涉嫌违法行为、赔偿有关投资者损失、消除损害或者不良影响并经证监会认可,当事人履行承诺后证监会将终止案件调查。② 近年来,我国还在建筑企业资质许可、工程施工许可等多个行政审批事项中试行告知承诺制度改革。③ 这种告知承诺,实质上也是与行政机关之间签订的行政协议,告知承诺的内容即是企业合规的具体要求。此外,多地在行政处罚领域则直接引入了企业合规管理体系建设,开展基于第三方评估的合规免罚制度改革。④

可见,企业合规协议是在作为行政和解条件的基础上发展起来的,但与行政和解协议并非完全一样。在一般意义上,行政和解主要从执法效率、避免纠纷争端与保护第三人或公共利益等角度进行考量,行政机关以相对人是否履行和解协议作为案件中止或终止调查的条件。因此,行政和解的效果多是补救性的。但这种补救性措施有时很难解决行政相对人自身所存在的根源性问题,出现和解效果不佳、和解后重复违法等情形。而企业合规协议的优势则在于,行政机关通过合规协议给予企业提前许可、放松监管、减轻或免予处罚等一定"优惠"条件,正向激发企业积极进行自我制约或自行整改,并通过对企业履行合规协议的情况实施全过程监督,更加有效地实现行政管理目的。⑤ 因此,相比于

---

① 参见《反垄断法》第 53 条。
② 参见《证券法》第 171 条。根据该法的授权,2021 年 9 月 8 日国务院制定了《证券期货行政执法当事人承诺制度实施办法》,2021 年 12 月 22 日中国证券监督管理委员会制定了《证券期货行政执法当事人承诺制度实施规定》。
③ 参见《住房和城乡建设部办公厅关于进一步做好建设工程企业资质告知承诺制审批有关工作的通知》(建办市〔2020〕59 号)、《海南省住房和城乡建设厅关于试行建筑工程施工许可告知承诺制审批的通知》(琼建管〔2019〕155 号)、《贵阳市人民政府办公厅关于印发贵阳市工程建设项目告知承诺制改革试点工作实施方案的通知》(筑府办发〔2018〕48 号)等。
④ 比如,2021 年南通市出台《南通市服务保障法治化营商环境开展涉行政处罚企业合规治理试点方案》,2022 年山东省威海市文登区市场监管局制定《关于建立市场监管领域市场主体合规审查机制暨第三方监督评估机制的实施意见(试行)》等。
⑤ 参见周佑勇:《契约行政理念下的企业合规协议制度构建——以工程建设领域为视角》,载《法学论坛》2021 年第 3 期。

一般的和解协议而言，企业合规协议除了具备主体的双方性、过程的协商性之外，还具有动因的激励性与管理的全过程性等特征，其实质是在行政监管中引入合规激励制约机制，推动企业建立内部合规管理体系，从源头上杜绝违法现象的发生。

第五节　行政相关行为

除行政行为之外，行政主体基于其承担的其他行政职能，还进行大量其他与行政行为相关的活动，如行政监督、行政规划、行政指导等，统称"行政相关行为"。这类行为虽由于欠缺行政行为的成立要件而不是行政行为，但它们都是基于某种行政职能，以实现行政管理为目的，发生在行政领域中的一种法律现象或者准法律现象，与行政行为具有密不可分的关系，所以有必要将其纳入行政法学研究的范畴。当然，行政机关实施的纯粹的行政私法行为不属于此处所称的"行政相关行为"。

一、行政监督

（一）行政监督的概念

1. 行政监督的含义与特征

行政监督，又称"行政监督检查"或"行政检查"，是指行政主体基于行政职权，依法对行政相对人是否遵守行政法规范和执行行政决定等情况作出的事实行为。它具有如下特征：

（1）行政监督的主体是行政主体。具体而言，行政监督的主体必须是享有某项行政监督权的行政主体，包括国家行政机关和行政法规范授权的组织，前者如实施税务监督检查的国家税务机关，后者如实施公共卫生监督检查的卫生防疫站。除此之外，其他任何组织或个人都不具有行政监督的主体资格，无权行使行政监督权。当然，有些单位依法对本单位的工作负有检查的责任。例如,《保守国家秘密法》①第 8 条规定:"机关、单位应当实行保密工作责任制,依法设置保密工作机构或者指定专人负责保密工作,健全保密管理制度,完善保密防护措施,开展保密宣传教育,加强保密监督检查。"但是,这里所说的"检查"只是一种法定义务的设定,而非行政监督检查权的赋予,因此只属于一般意义上的检查,而不属于行政监督检查。还有些作为非行政主体的国家机关进行的监督检查,如国家权力机关进行的调查或视察工作、人民检察院对监所执法情况的检查等,也都不属于行政监督检查。当然,在实践中,由于行政监督检查的需要,行政主体常常将某方面或某项行政检查事项委托给不具备行政主体资格的组织实施,如公安机关将某些检查事项委托给治安联防组织实施,审计机关将某些审计检查事项委托给社会审计事务所实施等。在这种情况下,委托者依然是法律上的行政监督主体,它对受委托者负有监督的职责,受委托者实施的行政检查行为所引起的法律责任及后果由委托者承担。

(2) 行政监督的对象是行政相对人。行政相对人是与行政主体相对应的另一方当事人,包括有关的公民、法人和其他社会组织。行政监督是对作为相对人的公民、法人和其他社会组织是否遵守行政法规范和执行行政决定等情况的一种监督检查。即行政监督以作为相对人的公民、法人和其他社会组织为对象,以相对人是否遵守行政法规范和执行行政决定等情况为内容。不以此为对象和内容的监督或检查行为就不是行政监督。行政监督的这一特征,使其不同于行政法制监督。行政法制监督,是指有权的国家机关及其他组织和个人对行政主体及其公务员是否依法实施行政行为所进行的监督。它以与相对人相对应的行政主体及其公务员为对象,以行政主体及其公务员是否依法实施行政行为为内容。因此,行政监督与行政法制监督之间具有严格的区别,不能相混同。

(3) 行政监督属于一种事实行为。行政监督作为行政主体的一种职权行为,与行政行为相同,具有强制性,相对人具有忍受义务。例如,在行政监督检查过程中,相对人必须接受检查、询问,如实提供有关事实材料,暂停正常的工作或活动等。但是,行政监督并不直接改变相对人的实体权利义务,并不直接创设、变更或消灭相对人的权利义务。相对人的忍受义务也是一种法律上的义务,却不是行政监督设定的义务。因此,它是一种行政事实行为,而不是法律行为。行政监督的这一特征,使其不同于行政许可、行政处罚、行政强制等能够直接创设、变更或消灭相对人实体权利义务的行政行为。

---

① 1988 年 9 月 5 日第七届全国人民代表大会常务委员会第三次会议通过;2024 年 2 月 27 日第十四届全国人民代表大会常务委员会第八次会议第二次修订,自 2024 年 5 月 1 日起施行。

当然,行政监督虽是一种事实行为,但违法侵犯相对人合法权益的,属于行政赔偿的范围。同时,某些检查方法也是行政行为。例如,对公共工程的验收,属于行政核准;扣押、搜查等,属于行政强制措施。对此,相对人不服的,可依法申请行政复议或提起行政诉讼。

2. 行政监督的作用

行政监督是一种重要的行政执法方式,它贯穿于整个行政执法过程,对保障行政法规范的有效实施、正确作出和执行行政处理决定等其他行政行为,具有不可忽视的重要作用。

(1) 行政监督是行政法规范有效实施的重要保证。行政法规范制定以后,能否得到有效实施,相对人是否遵守,是否执行行政主体的决定、命令等,都需要通过行政监督检查予以了解、查证。如果缺少这一环节,不严格进行监督检查,实际上会使行政法规范处于无人过问的放任状态,行政法规范就不可能得以有效实施,建立正常有序的行政秩序也无从谈起。

(2) 行政监督是行政执法的重要环节。行政主体无论是作出行政处理决定还是采取其他行政执法措施,一般都要以行政监督检查为前提和基础。经过行政监督检查,行政主体可以了解行政相对人的守法情况,据此对模范守法者给予行政奖励,对违法者给予行政制裁,即作出相应的行政处理决定。如果行政主体不进行监督检查或不严格进行监督检查,就无法了解相对人的守法情况,也就无法对之予以奖励或制裁,所谓的"严格执法"同样无从谈起。同时,经过监督检查之后作出的处理决定仍然存在着执行的情况,如果不执行,该处理决定也就毫无意义。那么,要保证已经作出的处理决定得以贯彻落实和执行,行政主体往往还要对行政处理决定的履行情况进行监督检查。经过监督检查,如果发现行政相对人在能够履行的情况下逾期拒不履行行政处理决定,行政主体可依法作出强制执行的决定。可见,行政监督检查无论对于作出行政处理决定,还是执行这一行政处理决定,都是不可缺少的重要环节。

因此,行政主体必须重视行政执法中的监督检查工作,这是实现依法行政、改善行政执法的重要方面。从我国大的法治环境来看,随着改革的深入,为了适应社会主义市场经济的需要以及政府职能的转变,对相对人守法情况的行政监督检查的比重必将明显加大,行政监督检查的组织机构必将不断健全和充实,行政监督检查的措施和力度也必将逐步强化,以使其在保证守法、改善执法以及服务于社会主义现代化建设上发挥更大的作用。

(二) 行政监督的分类

行政监督依不同的标准可以作各种分类。不同种类行政监督的特征、作用及法律要求存在着一定的差异性，这正是我们对其进行分类研究的原因所在。

1. 一般监督与特定监督

这是以行政监督的对象为标准进行的分类。

(1) 一般监督，是指行政主体针对不确定的一般相对人的守法情况实施的监督。这种行政监督具有巡查、普查的性质，凡是属于行政监督范围内的行政相对人，都要接受行政主体的监督检查。例如，交通警察对过往机动车辆进行的安全监督检查，物价检查人员在市场上进行的物价监督检查，市场监管人员对市场经营者的经营范围等实施的监督检查等。

(2) 特定监督，是指行政主体针对某个具体、特定的行政相对人实施的监督检查。例如，统计机关要求某家企业报送统计材料，生态环境管理部门要求某家排污单位申报排污情况，医药管理部门要求某家医院提交购进药品的质检报告，劳动保障行政部门要求用人单位提供其内部劳动保障制度等文件资料等。

一般监督与特定监督可以分别从宏观与微观两个方面实现行政管理的目标。因此，对于行政主体来说，这两种行政监督往往交互适用，并不截然分开。

2. 守法监督与执行监督

这是以行政监督的内容为标准进行的分类。

(1) 守法监督，是指行政主体对相对人是否遵守行政法规范实施的监督检查。这种行政监督以相对人是否遵守行政法规范为内容，其目的在于保证行政法规范得到普遍遵守，其后果往往是引起行政处理决定的作出。例如，根据《森林法》第66条和第76条的规定，林业主管部门对森林资源的保护、修复、利用和更新等进行监督检查，发现相对人有盗伐林木的行为，经查证属实后，可以依法责令其限期补种树木或对其处以罚款。

(2) 执行监督，是指行政主体对相对人是否执行有关行政处理决定或履行特定义务等情况实施的监督检查。这种行政监督所适用的相对人比较个别并具有特定性，其目的是检查和落实已经作出的行政处理决定的执行和相对人对自己特定义务的履行情况，其后果往往是引起强制执行行为的发生，也可以是给予行政处罚。例如，根据《环境保护法》[①]第63条的规定，环境保护主管部门在对企业事业单位和其他生产经营者作出责令停止建设、责令停止排污等行政处理决定后，经过监督检查发现其拒不执行的，有权依法予以行政处罚。

---

① 1989年12月26日第七届全国人民代表大会常务委员会第十一次会议通过；2014年4月24日第十二届全国人民代表大会常务委员会第八次会议修订，自2015年1月1日起施行。

守法监督与执行监督可以分别保证行政处理决定的正确作出与有效执行，从而有效地保障行政管理的连续性与统一性。

3. 专门监督与业务监督

这是以行政监督主体的职能范围为标准进行的分类。

（1）专门监督，是指由专门从事监督检查而无其他管理职能的行政主体实施的行政监督。例如，国家审计机关对企事业单位、社会团体等的财务收支和经济活动进行的审计监督检查，国家商检部门对进出口商品的检验监督等。

（2）业务监督，是指由担负一般管理职能和监督检查职能双重任务的行政主体实施的行政监督。例如，市场监管、税务、计量、环境保护、物价、卫生、劳动保障等多数行政机关实施的监督检查。在这种情况下，管理与监督检查紧密地结合在一起，有时甚至可以把监督检查看作管理工作的一部分。

一般来说，专门监督由相应的专门法律、法规予以规定，监督检查的内容、权限、方式、程序等都规定得较为全面、系统、详尽，如《审计法》《进出口商品检验法》等；而业务监督相应地规定在某方面的行政管理法律、法规中，如《税收征收管理法》第四章规定的"税务检查"、《价格法》第五章规定的"价格监督检查"等。但是，也有专门规定业务监督的法律、法规，如《劳动保障监察条例》对劳动保障部门的监察职责、范围、实施的方式、程序作了系统规定。

4. 事前监督与事后监督

这是以行政监督的时间顺序为标准进行的分类。

（1）事前监督，是指行政主体在相对人将要从事某一活动之前对其进行的行政监督。例如，市场监管机关在某一饭店开业前对其经营资格、条件进行审查。事前监督的作用在于防患于未然，防止违法行为的发生，也可为行政决策或决定提供情报和资料依据。

（2）事后监督，是指行政主体在相对人的某一活动完成后对其进行的行政监督。例如，市政机关对某一市政工程进行验收。事后监督多发生在无法或难以进行事前监督的情况下，其作用在于对已发生的问题及时进行补救，制止违法行为的继续侵害。

当然，事前监督与事后监督往往是相对而言的，因为一个行为常由几个环节构成，可以分为若干阶段，在不同阶段进行的监督既有事前监督也有事后监督。

除上述几种分类外，还存在着其他分类。例如，根据行政管理部门的性质不同，可将行政监督分为：公安行政监督、市场行政监督、物价行政监督、海关行政监督、财政税务行政监督、环境保护行政监督、资源行政监督、卫生行政监督、交通运输安全监督、劳动技术安全监督、产品质量监督、计量行政监督、劳动保障监督等。每一行政部门的行政监督具体又包括许多不同的内容,如公安行政监督具体包括户籍管理监督、消防安全监督、道路交通安全监督、出入境管理监督、特种行业管理监督等;市场行政监督具体包括工商企业与个体工商户登记监督、市场经营活动监督、商标监督、广告监督等。

(三)行政监督的方法

行政监督的方法,是指行政主体实施行政监督时采取的具体形式、手段或措施。行政监督并无固定不变的方法,应根据监督内容及其他各种客观因素加以确定,在不同情况下采取灵活多样的监督方法。

1. 行政监督的一般方法

在一般情况下,行政监督常用的方法有实地检查与书面审查。

(1)实地检查。这是指行政主体直接深入现场进行的监督检查。实地检查具有直观、鲜明、真实的特点,因此是一种常用的监督方法,适用范围比较广泛。例如,税务、物价、市场、公安、卫生等检查均可适用,而且既可以定期检查也可以临时检查,既可以全面检查也可以专题检查,还可以适用抽样检查。定期检查,是指行政主体相隔一定时间对行政相对人进行一次行政检查,如季度检查、年度检查等;临时检查,是指行政主体对行政相对人存在的某些问题临时决定进行的检查,或不提前通知进行的突然性检查。全面检查又称"综合检查",是指行政主体对行政相对人各方面守法情况进行的检查,如行业行政主体对所属企业的生产、卫生、安全、福利等方面进行的检查;专题检查,是指行政主体就某一专门领域进行的检查,如财务检查、卫生检查、产品质量检查等;抽样检查,是指行政主体对部分行政相对人或一部分检查对象进行检查,从而了解整体情况。

实地检查作为一种常规监督方法,除了按照法律的一般规定应具备的条件,如出示证件或佩戴执行公务标志之外,不需要其他特别条件要求。实地检查的具体形式有:第一,巡视,如公安机关在公共场所的巡检、市场监管部门在市场上的巡查、市容管理部门在街头的巡逻等。第二,核查,如市场监管机关对个体营业执照经营范围的审核等。第三,查验,如《居民身份证法》[①]第15条第1款规定:"人民警察依法执行职务,遇有下列情形之一的,经出示执法证件,可以查验居民身份证:(一)对有违法犯罪嫌疑的人员,需要查明身份的;

[①] 2003年6月28日第十届全国人民代表大会常务委员会第三次会议通过,自2004年1月1日起施行;2011年10月29日第十一届全国人民代表大会常务委员会第二十三次会议修正。

（二）依法实施现场管制时，需要查明有关人员身份的；（三）发生严重危害社会治安突发事件时，需要查明现场有关人员身份的；（四）在火车站、长途汽车站、港口、码头、机场或者在重大活动期间设区的市级人民政府规定的场所，需要查明有关人员身份的；（五）法律规定需要查明身份的其他情形。"第四，验收，如《城乡规划法》第45条规定："县级以上地方人民政府城乡规划主管部门按照国务院规定对建设工程是否符合规划条件予以核实。未经核实或者经核实不符合规划条件的，建设单位不得组织竣工验收。建设单位应当在竣工验收后六个月内向城乡规划主管部门报送有关竣工验收资料。"

（2）书面审查。这是指行政主体要求相对人提交书面材料，通过对书面材料的查阅进行的监督检查。书面审查也是一种常用的行政监督方法，适用范围较广。例如，税务检查、财务审计检查、市场检查等均予以适用。书面审查最突出的特点就是对相对人有关书面文件材料的审查，包括账簿、凭证、报表、书面证明等。作为一般监督方法，书面审查也不受特别条件要求的限制，只要具备一般法定职务条件即可。

书面审查的具体形式有：第一，调阅审查，如税务机关调阅纳税人的账簿、记账凭证、报表和有关材料进行审查。第二，查阅，即行政机关对相对人有关证件、文件材料内容的审查，如海关有权查阅与进出境运输工具、货物、物品有关的合同、发票、账册、单据、记录、文件、业务函电、录音录像制品和其他资料。第三，统计，即通过数据了解相对人的情况，如人口统计、农林统计、物价统计、金融和保险统计等。凡负有统计义务的相对人，必须如实按期上报有关统计资料。第四，登记，即行政主体要求相对人就特定事项向其申报、说明，并记录在册，以备检查。例如，行政主体通过出生登记、户口登记，对居民实施监督；通过对城市私有房屋所有权的登记，对私有房屋的出租、出让或转让等活动实施监督管理。不过，这里所讲的"登记"主要是行政主体就相对人的有关情况进行记录、存档，而不改变相对人的权利义务的行为。

2. 行政监督的特殊方法

行政监督的特殊方法，是指行政主体采取特别手段对特殊内容实施的监督方式。这种监督方法的"特殊性"表现为：一是监督对象和监督内容的特殊性，主要是指涉及公民、组织的某些重大权益的检查，如人身、住宅、信件检查等。二是监督手段的特殊性，主要是指直接采用强制性手段实施的检查，如行政搜查、讯问等。三是适用的范围和条件受到特殊限制。在适用的范围上，它仅在公安、海关等部门的行政监督中适用。在适用的条件上，作为一种特殊监督方法，它的实施不仅应具备一般行政监督所需要的法定条件，如出示证件、佩戴公务标志,而且还应具备某些特殊法定条件,如进行搜查应有搜查证。因此,被授权行使此类监督检查权的特定行政主体必须严格按照法律、法规明确规定的监督检查对象、内容及行使程序实施监督检查。非经授权的行政主体擅自行使该项权力,或被授权的行政主体不严格依法办事,都将构成违法。

行政监督的特殊方法主要有行政搜查与行政查问。

(1) 行政搜查。这是指对可能隐匿违法物品的人身或场所进行检查,并扣留所查获的有关物品的行为。例如,《海关法》第6条第1项规定,海关有权"检查进出境运输工具,查验进出境货物、物品;对违反本法或者其他有关法律、行政法规的,可以扣留"。第4项规定,海关有权"在海关监管区和海关附近沿海沿边规定地区,检查有走私嫌疑的运输工具和有藏匿走私货物、物品的场所,检查走私嫌疑人的身体;对有走私嫌疑的运输工具、货物、物品和走私犯罪嫌疑人,经直属海关关长或者其授权的隶属海关关长批准,可以扣留;对走私犯罪嫌疑人,扣留时间不超过二十四小时,在特殊情况下可以延长至四十八小时。在海关监管区和海关附近沿海沿边规定地区以外,海关在调查走私案件时,对有走私嫌疑的运输工具和除公民住处以外的有藏匿走私货物、物品嫌疑的场所,经直属海关关长或者其授权的隶属海关关长批准,可以进行检查,有关当事人应当到场;当事人未到场的,在有见证人在场的情况下,可以径行检查;对其中有证据证明有走私嫌疑的运输工具、货物、物品,可以扣留。"第6项规定:"进出境运输工具或者个人违抗海关监管逃逸的,海关可以连续追至海关监管区和海关附近沿海沿边规定地区以外,将其带回处理。"

(2) 行政查问。这是指对某些特定行政违法嫌疑人的传唤、盘查与讯问,或对公民、组织的信函、银行存款进行直接检查,或向与检查对象有知情关系的人员或单位侧面询问了解检查对象遵守法律的情况。例如,《海关法》第6条第2项规定,海关有权"查阅进出境人员的证件;查问违反本法或者其他有关法律、行政法规的嫌疑人,调查其违法行为"。《反不正当竞争法》[①]第13条第1款第2、3、5项规定,监督检查部门调查涉嫌不正当竞争行为时,有权"询问被调查的经营者、利害关系人及其他有关单位、个人,要求其说明有关情况或者提供与被调查行为有关的其他资料","查询、复制与涉嫌不正当竞争行为有关的协议、账簿、单据、文件、记录、业务函电和其他资料","查询涉嫌不正当竞争行为的经营者的银行账户"。《税收征收管理法》第54条第6项规定:"经县以上税

---

① 1993年9月2日第八届全国人民代表大会常务委员会第三次会议通过;2017年11月4日第十二届全国人民代表大会常务委员会第三十次会议修订,自2018年1月1日起施行;2019年4月23日第十三届全国人民代表大会常务委员会第十次会议修正。

务局(分局)局长批准,凭全国统一格式的检查存款账户许可证明,查询从事生产、经营的纳税人、扣缴义务人在银行或者其他金融机构的存款账户。税务机关在调查税收违法案件时,经设区的市、自治州以上税务局(分局)局长批准,可以查询案件涉嫌人员的储蓄存款。税务机关查询所获得的资料,不得用于税收以外的用途。"《慈善法》①第104条第4项规定,县级以上人民政府民政部门对涉嫌违反该法规定的慈善组织,"经本级人民政府批准,可以查询慈善组织的金融账户"。

(四)行政监督的程序

行政监督的程序,是指行政主体实施行政监督所应当遵循的步骤和方式。一般而言,行政监督的程序包括:确立监督事项、制订监督方案、组织实施监督、作出相应处理。

1. 确立监督事项

确立监督事项,简称"立项",是指对需要监督的事项予以确立。需要监督的事项,从总体上说,就是相对人遵守行政法规范、履行义务以及执行行政决定等的情况。但是,针对不同的对象,在不同的情况下,监督事项的内容和重点又是不同的。因此,在实施监督之前,要对监督的具体事项予以立项,以做到有计划、有目的地实施监督检查。

监督事项的确立,通常必须根据其重要性由不同的行政主体进行。例如,《统计法》②第12条规定:"国家统计调查项目由国家统计局制定,或者由国家统计局和国务院有关部门共同制定,报国务院备案;重大的国家统计调查项目报国务院审批。部门统计调查项目由国务院有关部门制定。统计调查对象属于本部门管辖系统的,报国家统计局备案;统计调查对象超出本部门管辖系统的,报国家统计局审批。地方统计调查项目由县级以上地方人民政府统计机构和有关部门分别制定或者共同制定。其中,由省级人民政府统计机构单独制定或者和有关部门共同制定的,报国家统计局审批;由省级以下人民政府统计机构单独制定或者和有关部门共同制定的,报省级人民政府统计机构审批;由县级以上地方人民政府有关部门制定的,报本级人民政府统计机构审批。"

---

① 2016年3月16日第十二届全国人民代表大会第四次会议通过,自2016年9月1日起施行;2023年12月29日第十四届全国人民代表大会常务委员会第七次会议修正。
② 1983年12月8日第六届全国人民代表大会常务委员会第三次会议通过;2009年6月27日第十一届全国人民代表大会常务委员会第九次会议修订,自2010年1月1日起施行。

2. 制订监督方案

在确立监督事项之后,组织实施监督之前,负责实施监督的行政主体还要认真研究制订较为详尽的监督方案,用以指导具体的监督工作。例如,《审计法》第 42 条第 1 款规定:"审计机关根据经批准的审计项目计划确定的审计事项组成审计组,并应当在实施审计三日前,向被审计单位送达审计通知书;遇有特殊情况,经县级以上人民政府审计机关负责人批准,可以直接持审计通知书实施审计。"

监督事项不同,具体制订的监督方案也应当有所差异。一般来说,监督方案主要包括监督人员的组成,监督的事项、目的、要求,监督的步骤、方法和措施等内容。

3. 组织实施监督

在组织实施监督过程中,除了应严格执行监督方案之外,还应遵循以下法定的程序规则:

(1) 表明身份。行政主体的执法人员实施行政监督,首先应当履行表明身份的义务,向相对人出示相关的证件,表明自己是有权实施行政监督的主体,否则相对人有权拒绝。目前,在我国有关法律、法规中,都明确规定行政监督主体实施监督时应明示公务身份。例如,《居民身份证法》第 15 条第 1 款规定:"人民警察依法执行职务,遇有下列情形之一的,经出示执法证件,可以查验居民身份证……"《审计法》第 43 条第 2 款规定:"向有关单位和个人进行调查时,审计人员应当不少于二人,并出示审计人员的工作证件和审计通知书副本。"《草原法》第 59 条第 2 款规定:"草原监督检查人员在履行监督检查职责时,应当向被检查单位和个人出示执法证件。"《安全生产法》第 67 条第 2 款规定:"安全生产监督检查人员执行监督检查任务时,必须出示有效的行政执法证件;对涉及被检查单位的技术秘密和业务秘密,应当为其保密。"《税收征收管理法》第 59 条规定:"税务机关派出的人员进行税务检查时,应当出示税务检查证和税务检查通知书,并有责任为被检查人保守秘密;未出示税务检查证和税务检查通知书的,被检查人有权拒绝检查。"《劳动保障监察条例》第 16 条第 1 款规定:"劳动保障监察员进行调查、检查,不得少于 2 人,并应当佩戴劳动保障监察标志、出示劳动保障监察证件。"

(2) 说明理由。行政执法人员在表明身份的同时,还应当向被监督者说明监督的原因和根据。说明理由,一方面是为了防止执法人员滥用此种权力,另一方面可以此获得被监督者的理解、支持和协助。如果行政执法人员未说明理由或者说明的理由不充分,相对人可以拒绝。说明理由可以用口头形式,而比较慎重的做法是用书面形式。当然,说明理由必须防止泄露国家秘密。

(3) 公开制度。除法律、行政法规另有规定外,对有关实物、场所实施监督时,应当通知当事人到场,同时邀请有关人员在场作证。当事人无正当理由拒不到场的,不影响行政监督的进行。但是,行政监督人员有为相对人保守技术秘密和商业秘密的义务。如果行政主体违反规定,必须对因泄密而给相对人造成的损失承担赔偿责任。例如,《邮政法实施细则》第48条第2款规定,"海关依法查验国际邮包时,在设关地应当与用户当面查验。收、寄件人不能到场的,由海关开拆查验,邮政工作人员在场配合。"

(4) 时间制度。行政监督虽然不直接造成相对一方实体权益的得失,但是对实体权益的行使有很大的影响。如果对行政监督没有任何时间限制,则会导致破坏正常运营或正常生活的后果。因此,行政监督必须按照法定时间或正常时间及时进行,不得拖延而超过正常检查所需时间,应坚决杜绝变相拘禁或扣押,否则应承担相应的法律责任。

4. 作出相应处理

在实施行政监督之后,行政主体应当根据监督结果的不同,分别作出相应的处理,包括作出结论(分为"符合要求""基本符合要求""不符合要求"三种结论)、向被监督者提出改进意见、向上级写出报告等。例如,《审计法》第44条规定:"审计组对审计事项实施审计后,应当向审计机关提出审计组的审计报告。审计组的审计报告报送审计机关前,应当征求被审计单位的意见。被审计单位应当自接到审计组的审计报告之日起十日内,将其书面意见送交审计组。审计组应当将被审计单位的书面意见一并报送审计机关。"

此外,根据行政监督的不同情况,行政主体还应分别提出不同处理决定的书面意见。例如,《审计法》第45条规定:"审计机关按照审计署规定的程序对审计组的审计报告进行审议,并对被审计单位对审计组的审计报告提出的意见一并研究后,出具审计机关的审计报告。对违反国家规定的财政收支、财务收支行为,依法应当给予处理、处罚的,审计机关在法定职权范围内作出审计决定;需要移送有关主管机关、单位处理、处罚的,审计机关应当依法移送。审计机关应当将审计机关的审计报告和审计决定送达被审计单位和有关主管机关、单位,并报上一级审计机关。审计决定自送达之日起生效。"

二、行政规划

(一) 行政规划的概念

在现代社会,由于国家活动范围的扩张、可供使用的资源和资金的短缺以及多元社会中不同利益的发展,客观上要求行政主体采取措施以统一步调、有的放矢。行政规划正是这样一种重要的行政手段,它不仅可以确定各行政主体的共同目标,使行政资源得到最有效的利用,而且可以在其拟订过程中广纳各方意见,集思广益,从而有利于现有问题的解决。因此,行政规划已日益成为现代国家实现政府职能的一种重要手段。

对于何谓"行政规划",理论上存在不同的界定,主要有如下几种观点:第一种观点将行政规划与行政计划相等同,认为"行政规划,也称行政计划,是指行政主体在实施公共事业及其他活动之前,首先综合地提出有关行政目标,事先制定出规划蓝图,以作为具体的行政目标,并进一步制定为实现该综合性目标所必需的各种政策性大纲的活动"①。第二种观点强调行政规划的目的,认为行政规划"系指行政机关为将来一定期限内达成特定之目的或实现一定之构想,事前就达成该目的或实现该构想有关之方法、步骤或措施等所为之设计与规划"②。第三种观点在考察行政规划过程的基础上,认为"行政规划行为"是指"为了以最好的方式实现根据现有条件确定的目标而进行系统准备和理性设计的过程,是为了实现特定的制度设计而协调各种不同的,甚至相互冲突的利益的过程"③。

以上几种界说虽然都有其合理成分,有助于人们认识行政规划的一些特征,但是由于它们并没有明确地揭示行政规划的本质属性及其相关界限,因而存在着明显的缺陷。笔者认为,在界定行政规划时,需要遵循科学界定的一般规律,应当考虑如下几个方面的客观因素:

第一,"规划"作为日常用语的含义。就日常用语而言,"计划"与"规划"是近义词,人们甚至常常在同等意义上使用它们。计划,是指"人们为了达到一定目的,对未来时期的活动所作的部署和安排。可分为各种类别,如经济计划、军事计划、社会发展计划等。"④规划,"亦作'规画'。谋划;筹划。《宋史·张洎传》:'洎捷给善持论,多为準(寇準)规画,準心伏,乃兄事之,极口淡洎于上。'后亦指较全面或长远的计划。如:科研规划、十年发展规划。"⑤可见,"规划"与"计划"相比,更强调部署与安排的全面性和长期性。我们在法律表述中应用这两个概念,不能脱离它们的基本含义。

---

① 姜明安主编:《行政法与行政诉讼法》(第7版),北京大学出版社、高等教育出版社2019年版,第251页。
② 翁岳生编:《行政法》(上册),中国法制出版社2009年版,第768页。
③ 〔德〕汉斯·J.沃尔夫等:《行政法》(第1卷),高家伟译,商务印书馆2002年版,第180页。
④ 夏征农主编:《辞海》(1999年版缩印本),上海辞书出版社2000年版,第464页。
⑤ 同上书,第1743页。

第二，专业术语与日常用语之间的区别。作为法律术语的"行政规划"与日常用语意义上的"计划"或"规划"也可以有所不同，没有必要将日常用语意义上的全部"计划"或"规划"都纳入"行政规划"的范畴，而可以只选择其中需要法律予以控制的那一部分作为"行政规划"的组成部分。也就是说，"行政规划"的范围可以有其特指的部分，小于日常用语中的"计划"。因此，笔者认为，"行政规划"不应包括那些没有必要通过法律予以规范的"计划"或"规划"。

第三，"行政规划"作为一种规范的法律术语，还应该与其他一些相关的法律术语区分开来。例如，在实践中，有些指导性的计划，其目的在于起指导作用，仅仅是规定人们努力的一种方向。虽然在日常用语上是"计划"或"规划"，实质上却是"行政指导"。因此，我们界定"行政规划"时，有必要将这类"指导性的规划"排除在行政规划的内涵之外，否则容易导致"行政规划"与"行政指导"这两个概念的部分重合。此外，许多抽象行政行为也是关于"对未来时期的活动所作的部署和安排"。例如，某城市为了保证城市的良性发展，规定新建的楼房不得高于18层等。我们在界定行政规划时，也没有必要将以抽象行政行为方式制定的规划纳入其中，以免引起概念的混淆。

基于以上分析，笔者认为，所谓行政规划是指行政主体为了实现特定的行政目标而作出的，对行政主体具有约束力，必须采取具体措施在未来一定期限内予以实现的，关于某一地区或某一行业之事务的部署与安排。按照这个定义，行政规划具有如下几层含义：第一，行政规划的主体是行政主体。立法机关以立法的形式通过的关于某一领域事务的"计划"或"规划"不是行政规划。第二，行政规划的目的是实现特定的行政目标。例如，加快城市的公共设施建设，促进当地经济的发展，使城市的布局更加合理等。第三，行政规划对行政主体具有约束力。任何行政规划一经确定，就对行政主体具有约束力，非因法定理由，非经法定程序，不得违反和变更。第四，行政规划的对象具有执行性和总体性。行政规划作为一种部署与安排，不同于一般的计划与安排，它不仅必须采取具体措施在未来一定期限内予以实现即具有执行性，而且还是关于某一地区或某一行业之事务的总体规划。①

（二）行政规划的类型

在日常生活中，行政主体可以作出很多种类的规划，但是这些规划并非都有通过法律予以规制的必要。从性质上，行政规划可以区分为两种类型：一种

---

① 参见周佑勇、王青斌：《论行政规划》，载《中南民族大学学报（人文社会科学版）》2005年第1期。

是具有外部约束力的行政规划。此类行政规划对行政相对人的利益产生直接的影响,具有要求行政相对人必须遵守的效力,且往往是行政主体采取其他行为的依据和前提条件,如根据城区改造规划而作出对某居民小区予以拆迁的决定等。此类行政规划,从性质上分析,一般并不直接针对行政相对人,而是针对规划对象作出一种部署与安排,因此应属于"对物行政行为"的范畴。另一种是不具有外部约束力的行政规划。这种类型的行政规划主要是各种关于公共设施建设、公有投资的行政规划,如关于三峡工程的行政规划、某市投资开发旅游区的行政规划等。此类行政规划并不直接对行政相对人的利益产生影响,对行政相对人也没有直接的约束力。但是,它对行政主体仍具有拘束力,一经确定,就要求行政主体采取积极的措施予以实施。由于此类行政规划不具有外部约束力,而是通过行政主体自己实施,对行政相对人产生事实上的影响,因此应属于行政事实行为。

无论是对外具有约束力的行政规划还是对外不具有约束力的行政规划,事实上都会对行政相对人的利益产生影响,如果运用不当,则势必对行政相对人的权益造成侵害。因此,行政规划作为现代行政的一种重要手段,既可以成为造福人民的工具,也可以成为侵害人民权利的"利器"。为了保障人民的权利不受非法、不合理的行政规划的侵害,有必要对其予以法律控制,使其在法治的轨道上运行。同时,行政规划必然涉及公共资源的利用,合理、科学的行政规划有利于最大限度地发挥公共资源的效用,而不合理的行政规划则会造成公共资源的不合理利用。因此,通过对行政规划予以法律控制,可以在一定程度上避免不科学、不合理的行政规划的出现,从而达到合理利用公共资源的目的。

对于行政规划的法律控制,可以有实体控制和程序控制两种方式。但是,由于行政规划是根据具体情况架构和作为行政目标发展蓝图的,要想事前用法律条文对规划内容加以实体法上的制约,也只不过是提示抽象的方向性或判断要素等,对行政提示裁量准则而已,所以对规划制定权加以实体法的制约有一定的限度。[1]基于实体法控制的局限性,各国一般主要通过法律、法规制定行政规划所必经的程序,对行政规划予以法律控制。例如,德国、韩国都在行政程序法中就行政规划应该遵守的程序作了详细的规定。行政程序在控制权力的滥用、增强规划的科学性方面有着实体控制无可比拟的优势,因此对行政规划予以程序控制更具有可行性。

---

[1] 参见杨建顺:《日本行政法通论》,中国法制出版社1998年版,第564页。

（三）行政规划的程序

对行政规划的程序控制主要是通过制定一系列行政规划在实施前必经的程序规则进行的，即要求行政规划必须严格遵守其拟定程序和确定程序。

1. 行政规划的拟定

行政规划的拟定程序具体包括如下内容：

（1）行政规划目标的确定。行政规划是为了实现一定的行政目标而作的一种部署与安排，无目标即无规划。因此，确定目标是行政规划的第一个步骤，也是比较关键的一步。在确定行政规划的具体目标时，必须根据实事求是的精神，结合本地区或本部门的实际情况，确定一个合理的目标。行政规划的目标最终需要由行政主体确定，而行政目标的提出却可以有多种途径。在我国，行政目标既可以由人大代表提出，也可以由行政主体的内部人员提出，还可以由社会公众提出。

（2）行政规划方案的草拟。在明确了行政规划的目标以后，即进入行政规划方案的草拟阶段。草拟方案质量的好坏，直接决定了行政规划最后是否成功。为了保证行政规划方案的质量，必须对行政规划方案草拟者的素质提出严格的要求。这除了可以通过提高行政主体内部规划拟定机构的人员素质实现外，还有一个途径就是实现行政事务的社会化，通过"课题委托"的方式，由非行政机构拟定行政规划方案。虽然我国行政机构的人员素质在逐步提高，但是很难在短时间内达到相当的高度，很难保证行政规划方案的质量，更遑论使其拟定的方案成为最好的方案。在这种情况下，为了保证行政规划方案的质量，笔者建议，可以通过招标的方式，由具备条件的非行政机构拟定行政规划方案。对于许多非官方的研究机构以及大专院校而言，与行政主体内部的规划拟定机构相比，其人才储备充足、素质较高，并在不同程度上具备拟定科学、合理的行政规划方案的能力。因此，行政主体通过招标、竞标的方式，将拟定行政规划方案的任务交给这些机构，可以充分发挥它们在人力资源方面的优势，只要明确各自的权责利关系，完全可以制定出理想的行政规划方案。此外，与行政主体内部的规划拟定机构拟定行政规划方案相比，由非行政机构拟定行政规划方案所需的成本更低，可以减少行政人员的编制，节约更多的财政资金。因此，这种做法是值得借鉴与提倡的。上海、深圳等地都在不同程度上采用了这种做法，并收到了较好的效果。

（3）行政规划方案的论证。行政规划是一项重大、复杂的行政事务，为了使其更科学、更合理，有必要在保留我国现行的"个人负责制"的基础上，更多地引入集团决策思想。充分考虑、吸收各方面的意见,是应用集团决策思想、增强行政规划的科学性与民主性的重要手段。行政规划的论证可分为两种:一是行政规划方案的非正式论证。作为社会参与管理行政事务的一种方式,各种非正式论证在我国得到了广泛应用。这些种类的论证在集思广益、综合考虑各方面的利益关系、赢得公众的支持等方面都有着非同寻常的作用。因此,作为我国的一种优良传统,应该通过程序法的规定,将其作为一种法律制度保留下来,以充分地发挥其作用。其中,各民主党派的民主协商和各方面专家的论证是非正式论证的两种最主要的方式。二是行政规划方案的正式论证,即由独立的机构进行可行性评估。拟定行政规划方案的目的是实施该方案,因此可行性应是行政主体在选择行政规划方案时一个十分重要的标准。保证行政规划方案可行性的有效途径之一就是对其进行可行性评估。一些经济发达的国家总结多年管理的经验,充分认识到可行性问题的重要性,制定了比较完善的法律制度和措施。[1] 为了保证行政规划方案的可行性,笔者认为,应在我国建立由独立的第三方机构进行可行性评估的制度,评估的内容应包括行政规划方案是否具备政治上、经济上、技术上、行政上、法律上的可行性等。

2. 行政规划的确定

行政规划的确定程序是当代各国行政程序法的一个重要组成部分,其作用在于"藉程序之参与及进行,使计划能集思广益,考虑更为周详,而使最终确定之计划内容合理妥善,俾于具体实施计划内容时顺利进行,而达预定之目标"[2]。德国行政程序法规定了行政规划的确定程序。我国未来的行政程序法也应当将这一内容纳入其中,并在借鉴西方各国经验的基础上,结合我国国情,构建我国行政规划的确定程序。笔者认为,我国行政规划的确定程序应由以下几个部分组成:

(1) 行政规划确定的申请。行政规划方案拟定后,需由方案的拟定主体交给其直接的上级机关,从而启动行政规划的确定程序。为了保证程序的公正性和所确定的行政规划的合理性,行政规划的确定不应由规划的拟定主体自己进行,而应由其上级机关作出确定裁决。若行政规划的拟定涉及其他行政主体的职权,则拟定方案应交由其共同上级机关作出确定裁决。

(2) 行政规划的公告。公布行政规划方案,是为了让公众在听证会举行前对行政规划方案有足够的了解,是保证行政相对人参与权的需要。因此,应该

---

[1] 参见许文惠等:《行政决策学》,中国人民大学出版社1997年版,第174页。
[2] 翁岳生编:《行政法》(上册),中国法制出版社2009年版,第773页。

在听证会举行前一定的时间内,将行政规划的初步方案登载于政府公报或其他的媒介上,并允许公众查询,从而保证公众能够通过正常的途径获悉行政规划方案的具体内容。例如,德国 1997 年《联邦行政程序法》第 73 条第 2 款规定:"听证机关可以决定将规划展示于预计受规划影响的乡镇一个月,以供人查阅。如当事人的范围明确,且在一适当期限内已将规划供其查阅的,可拒绝展示规划。"[1]同时,还应公布以下内容:第一,需要展示行政规划方案的,告知展示行政规划方案的时间和地点。第二,告知利益受影响的行政相对人在一定的时间内提出书面异议,并提交给听证机关。此措施是为了便于行政听证机关掌握争议的焦点,从而使行政听证能够有的放矢,节约时间与金钱。第三,告知愿意参加行政规划听证的公众应在一定的时间内到听证部门进行登记。行政听证机关也可依职权主动通知行政相对人参加听证会。

(3)行政规划的听证。行政听证是现代行政程序法的核心制度,是行政相对人参与行政程序的重要形式。通过向行政机关陈述意见,并将之体现在行政决定中,行政相对人能动参与行政程序,进而参与影响自己权利义务的决定的作出,体现了行政的公正和民主。行政规划确定前的听证对于保证行政规划的合理性、公正性,避免其侵害行政相对人的权利具有十分重要的作用。从各国的规定来看,行政主持人的选任主要有两种做法,一种是美国的行政法官制,另一种是由行政机关的首长或指定的人员担任,其中采用后一种做法的国家和地区占绝大多数。[2] 结合实际情况,笔者认为我国也应采用后一种做法。但是,为了使行政相对人在听证会中的意见能被行政规划的确定主体真正地听取,应对听证主持人的资格作出一定的限制:第一,主持人必须能够参与行政规划方案的最终确定,最好是由行政规划确定机关的首长担任。这样,可以使行政相对人的意见被充分听取,直接传递给行政规划方案的最终确定者,也更能调动行政相对人参与行政规划听证的积极性。第二,主持人没有参与行政规划方案的拟定。这项限制主要是为了避免听证主持人"先入为主",不能充分听取行政相对人的意见,从而使行政听证流于形式。

此外,为了扩大公民对行政程序的参与,行政规划的听证应允许尽可能多的利害关系人参加,即凡在行政规划影响范围内的个人和组织,均应有资格参加行政规划的听证。当然,由于行政规划涉及的范围较广,符合听证条件的参与人一般较多,所以对听证参与人的数目有必要予以合理的控制。笔者认为,

---

[1] 应松年主编:《外国行政程序法汇编》,中国法制出版社 1999 年版,第 192 页。
[2] 参见王万华:《行政程序法研究》,中国法制出版社 2000 年版,第 217 页。

在人数众多的情况下,对于利益受到行政规划直接影响的人,应尽可能地优先安排其参加听证。在因条件所限,确实不能使利益直接受到行政规划影响的所有行政相对人参加听证,需要由他人代表时,听证主持人应合理安排代表各种不同利益、不同意见的代表。

(4) 行政规划的确定裁决。这是行政规划的确定机关在进行听证后针对行政规划方案进行的裁决。行政规划的确定裁决是行政规划产生法律效果的前提条件,没有经过确定裁决程序的行政规划不具有法律效果,不能被实施,否则构成违法。为使行政规划的确定裁决在听证的基础上作出,应规定行政规划的确定裁决必须遵守案卷排他性原则。[①] 行政规划方案合法、合理,且其拟定主体对行政相对人提出的异议进行了合理的解释或采取了相应的措施的,行政规划的确定机关应裁决该行政规划方案合法、有效,否则应裁决不予通过该行政规划方案。

行政规划除必须按以上的程序进行外,其变更、废止等也必须按照相应的程序进行,以最大限度地从程序上保证行政规划的合法、合理。

(四) 行政规划的救济

通过程序限制行政规划权的滥用无疑是有效的,但是仅仅依靠程序控制是不够的,还必须建立有效的法律救济机制。由于行政规划在法律性质上并不能单纯地被归入某一类传统的行政领域,因此必须根据行政规划的自身特点,建立相应的法律救济机制。笔者认为,对行政规划的法律救济应通过以下方式进行:

1. 针对行政规划的确定裁决的诉讼救济

行政规划在确定裁决前尚不具有法律效力,并不会对行政相对人的利益产生影响。因此,在行政规划的确定裁决作出前,不能对其进行法律救济。在行政规划的确定裁决作出后,方可对行政规划的确定裁决提起诉讼。这是因为,行政相对人与行政主体的法律关系因该确定裁决而确定,且行政规划的确定裁决一般被认为是由裁决机关作出的具体行政行为。"确定计划裁决在法律性质上为行政机关就特定具体事件(即具体行政计划)所为之单方行政行为(即核准之决定),其行政相对人为特定人或可得特定之多数人,且对外直接发生法律之效果,因此,属于一种具有设定法律关系为内容的形成性质之行政处分。"[②] 对行政规划的确定裁决能够提起诉讼也是许多国家和地区的通行做法。因此,我

---

① 参见马怀德:《论行政听证程序的基本原则》,载《政法论坛》1998年第2期。
② 翁岳生编:《行政法》(下册),中国法制出版社2009年版,第777页。

国也应该规定对行政规划的确定裁决可以提起行政诉讼。

2. 针对行政规划的变更或中止而提起的信赖保护救济

行政规划是对未来的预期行为,应当尽量避免变更或中止。但是,随着社会政治、经济形势的变化,在某些情况下变更甚至中止某些行政规划是不可避免的。行政主体变更或者终止行政规划时,应当保护民营经济实体等行政相对人的合法信赖利益。"行政计划既经公布后,即表示行政机关将依此计划之内容从事相关之行政行为,人民亦将由于此计划之公布而信赖行政机关日后之作为。因此,若行政机关欲变更或终止其计划时,即不得忽略人民信赖保护之问题。"[①]"另一方面,对于根据相应计划所提出的内容而行动的私人来说,有时会由于该变更、中止造成其到目前为止的投资等都是徒劳的,导致对私人不利的现状。因此,这便产生了若承认计划变更本身,就不能对因此给私人带来的危险置之不理的问题。"[②]根据信赖保护原则,行政主体中止、变更行政规划的行为导致行政相对人信赖利益损失的,应当承担补偿责任;如果行政主体没有作出相应的补偿,那么行政相对人可以针对该不予补偿的行为申请法律救济。

三、行政指导

(一) 行政指导的概念

相对于传统的行政命令而言,行政指导是一种非以行政强制为特征的新型行政手段或方式。它随着现代行政的发展而产生,并随着社会经济的日益发展而不断拓宽其适用领域和实现手段。然而,对于何谓"行政指导",学说上存在着不同的概括和认识。

在日本,有的学者认为:"行政指导是指行政主体为了实现一定的公共行政之目的,期待行政客体的一定行为(作为、不作为)而实施的,其本身没有法拘束力,但可对行政客体直接起作用的行政的一种行为形式。"[③]有的学者则认为:"行政指导是这样一种作用,即不管有无法令根据,行政机关对特定的个人,公法、私法上的法人和团体,要求对手一方的同意和协作,采用非权力的、任意的手段进行工作,以实现行政机关的意图。"[④]也有的学者认为:"行政指导一般是

[①] 洪家殷:《信赖保护及诚信原则》,载台湾行政法学会主编:《行政法争议问题研究》,五南图书出版公司 2000 年版,第 131 页。
[②] 〔日〕盐野宏:《行政法》,杨建顺译,法律出版社 1999 年版,第 156 页。
[③] 同上书,第 142 页。
[④] 〔日〕和田英夫:《现代行政法》,倪健民、潘世圣译,中国广播电视出版社 1993 年版,第 218 页。

第三章 行政行为论

行政机关为谋求相对人的合作并对其做工作,以此实现行政机关意图的行为。"①还有的学者认为,行政指导"即行政机关要求相对人主动配合而不具法拘束力之作用"②。

在我国,关于行政指导的具体定义,也有许多不同的认识。台湾地区有学者认为:"行政指导,谓行政机关就其所掌之事务,对于特定之个人、公私法人或团体,以非强制力之手段,取得相对人之同意与协力,以达到行政目的之行为。"③还有的学者认为:"行政指导,亦称行政辅导,通常指作为政府的行政机关,在其职权责任范围内,或结合其承担的具体任务,采用提出希望、建议、劝告、告诫、敦促等方式,谋求行政相对方的响应乃至主动配合,以最终实现其所期望的行政目的或状态之行为"④。大陆地区比较有代表性的观点主要有以下几种:第一,"行政指导是行政机关非以公共权力为依据而作出的,以相对人自愿行动为前提而达到行政目的的行为。"⑤第二,"行政指导是指行政机关为实现所期望的行政状态,谋求相对人响应而依照法律政策所采取的非权力行政执法活动。"⑥第三,"行政指导是行政主体基于国家的法律、政策的规定而作出的,旨在引导行政相对人自愿采取一定的作为或者不作为,以实现行政管理目的的一种非职权行为。"⑦第四,"行政指导是指国家行政机关在其所管辖事务的范围内,对于特定的行政相对人运用非强制性手段,获得相对人的同意或协助,指导行政相对人采取或不采取某种行为,以实现一定行政目的的行为。"⑧第五,"行政指导就是行政机关在其所管辖事务的范围内,对于特定的组织或个人,用非强制性的手段,取得相对人的同意或协助,以实现一定行政目的的行为。"⑨第六,"行政指导,是指行政机关在其职责范围内为实现一定行政目的而采取的符合法律精神、原则、规则或政策的指导、劝告、建议等不具有国家强制力的行为。"⑩第七,"行政指导是行政机关通过制定诱导性法规、政策、计划、纲

---

① 〔日〕根岸哲:《日本的产业政策与行政指导》,鲍荣振译,载《环球法律评论》1992年第1期。
② 〔日〕宇贺克也:《日本行政程序法》,简玉聪译,载《东亚行政法研究会第三届年会暨行政程序法国际研讨会论文集》(上海,1998年)。
③ 林纪东:《行政法》,三民书局1988年版,第434页。
④ 林江山:《行政法新编》,五南图书出版公司1973年版,第407页。
⑤ 罗豪才主编:《行政法论》,光明日报出版社1988年版,第161页。
⑥ 应松年主编:《行政行为法:中国行政法制建设的理论与实践》,人民出版社1993年版,第187页。
⑦ 姜明安主编:《行政法与行政诉讼法》(第7版),北京大学出版社、高等教育出版社2019年版,第299页。
⑧ 胡建淼:《行政法学》,法律出版社1998年版,第412页。
⑨ 王克稳:《经济行政法论》,苏州大学出版社1995年版,第232页。
⑩ 莫于川等:《柔性行政方式类型化与法治化研究》,法律出版社2020年版,第13页。

要等规范性文件以及采用具体的示范、建议、劝告、鼓励、提倡、限制等非强制性方式并付之利益诱导促使相对人自愿作出或不作出某种行为以实现行政目标的一类权力性行政行为。"① 第八,"行政指导是指行政主体在其法定职权范围内,为实现特定行政目的,遵循法律位阶原则,制定诱导性法律原则、政策;或者依据法律原则、法律规则与政策,针对特定相对方采用具体的示范、建议、劝告、警告、鼓励、指示等非强制性方式,并施以利益诱导,促使相对人为或不为某种行为之非强制性行政行为。"②

上述诸种定义表明,行政法学界对于行政指导的内涵和性质已经在较多方面达成共识,如都认为行政指导在主体和目的上具有"行政性",在方式或手段上具有"非强制性"等;同时,也存在不少认识上的差异,如行政指导针对的对象是否为特定相对人,在性质上是否为一种行政行为等。笔者认为,在特定的行政程序中所作的行政指导,肯定是对特定相对人的指导。例如,某公安派出所根据某市公安局关于某市城镇暂住人口管理的相关规定,建议前来办理某市暂住证的建筑业民工李某集体申报的行为,就是一个针对特定相对人的行政指导。李某可以接受该建议,也可以不接受该建议而坚持个人申报。日本1993年《行政程序法》所规定的行政指导的相对人主要也是特定相对人。但是,从各国行政指导的实际情况看,制定诱导性产业政策、投资导向性政策、指导性计划、行政纲要等"抽象行政指导"或称"宏观行政指导"③,并非针对"特定"的企业或个人,而是面向全局,针对"不特定"多数相对人的。也就是说,行政指导所针对的对象不仅限于特定相对人,还包括不特定相对人。例如,在我国,《国务院关于下达〈国家中长期科学技术发展纲领〉的通知》④就是针对不特定相对人的行政指导。该发展纲领所确定的社会发展科学技术的重点是人口科学、气象地震研究、污染控制技术和医药卫生科学技术等。相对人可以同意或不同意所确定的重点;可以响应号召而确定自己的研究计划,也可以不响应号召而自行确定研究计划。行政主体对不特定相对人事先实施书面行政指导时形成的这种行政规范,即指导性行政规范。⑤ 其实,日本1993年《行政程序法》第36条也规定了"以多数人为对象之行政指导",即"为实现同一行政目的而对符合一定条件之多数人为行政指导时,行政机关应事先依事件性质订定该等行政指导

---

① 包万超:《转型发展中的中国行政指导研究》,载罗豪才主编:《行政法论丛》(第1卷),法律出版社1998年版,第288页。
② 郭润生、宋功德:《论行政指导》,中国政法大学出版社1999年版,第59页。
③ 罗豪才主编:《行政法学》(新编本),北京大学出版社1996年版,第277页。
④ 国发〔1992〕18号。
⑤ 参见叶必丰、周佑勇:《行政规范研究》,法律出版社2002年版,第114页。

共同之内容事项且除行政上有特别困难外,应予公布"。

根据上述分析,笔者认为,所谓行政指导是指行政主体依法运用职权引导特定或不特定相对人自愿作为或不作为,以实现行政目的的非强制性行为。

(二)行政指导的特征

行政指导是行政主体运用行政权所作的一种行为,与其他行政作用具有许多共同特征。但是,它又具有某些与其他行政作用不同的特征:

第一,行政指导不具有相应的法律效果。它并不为不特定相对人创设权利义务,也没有为特定相对人设定、变更或消灭某种权利义务关系以及期望取得法律保护的行政意志。它在内容上主要表现为一种倡导、号召、建议和设想等。例如,《国务院批转国家计委关于全国第三产业发展规划基本思路的通知》[1]仅仅阐明了国家在今后发展第三产业的态度和设想以及要达到的目标,而并未设定进入第三产业的自然人或法人的权利义务,其目的在于获得相对人的积极参与和主动配合。这样,在相对人对行政指导未予合作时,行政主体不得对相对人作出行政处罚或其他不利行政行为。这在国外立法上也有体现。例如,日本1993年《行政程序法》第32条第2款规定:"为行政指导者,不得以相对人不依从其行政指导为理由,而为不利益之处置。"韩国1996年《行政程序法》第48条也规定:"行政指导应采取为达成其目的所必要且最少限度之方法为之。但不得违反受指导者之意思,不当地强为要求。行政机关不得以受指导者不执行行政指导为由,采取不利益之措施。"我国虽然还没有作出统一、明确的立法规定,但是在行政法学说中已形成共识。[2] 尽管相对人自愿接受行政指导之后也会产生一定的法律后果,从而导致相对人行政法上权利义务的取得、变更或丧失,但是这种法律后果的产生并不依赖于作出行政指导的行政主体,而依赖于相对人的自觉协助以及相关法律规范的规定。例如,广大农民积极响应《国务院关于发展高产优质高效农业的决定》[3],开展农田水利基本建设,兴修旱涝保收的基本农田,在资金上将得到优先贷款。但是,该决定并没有直接规定农民可获得无偿使用的资金等,贷款也将按有关法律规范的规定取得。也就是说,该决定没有任何关于权利义务及其可期望的法律保护方面的规定。因此,行政指导在法律效果上有别于行政行为。

---

[1] 国发〔1993〕20号。
[2] 参见姜明安主编:《行政法与行政诉讼法》(第7版),北京大学出版社、高等教育出版社2019年版,第300页。
[3] 国发〔1992〕56号。根据《国务院关于宣布失效一批国务院文件的决定》(国发〔2016〕38号),此文件已失效。

第二，行政指导不具有强制性。这是行政指导最显著的特征之一。行政主体或人民法院都不能强制执行或强制实施行政指导，而只能依赖于相对人的自愿接受或自觉遵守。对行政指导的这种非强制性特征，日本1993年《行政程序法》第32条第1款作了明确规定："行政指导时，为行政指导者应注意不得超越该行政机关之职务或所掌事务之范围，且行政指导之内容仅得依相对人任意之协力以达成之。"行政指导的这一特征是由它的内容决定的。行政指导既然没有设定、变更或消灭相应的权利义务，也就无法予以强制执行或实施。如果要强制推行相应的政策或计划，就应制定相应的法律规范。当然，尽管行政指导不具有法律上的强制力，但是往往具有某种事实上的强制力。[①]行政主体往往以利益诱导的方式，引导相对人进行相关行为的正确选择，从而在事实上达到强迫相对人接受或遵守的行政目的。例如，在《国务院批转农业部关于促进乡镇企业持续健康发展报告的通知》[②]中，专门提出了扶持政策。这种扶持政策仅仅是适用法律规范时的指导思想，而并不是具体的权利义务。至于具体的权利义务，仍需要按有关法律规范予以确定。因此，如果要把这种扶持政策看作强制性的，最多也只是一种事实上的强制性，而不是法律上的强制性。日本公正、透明之行政程序委员会作出的《日本行政程序法纲要案暨说明》中也指出，行政机关"对不依从行政指导之人，以法律规定发布命令或采取公开之处置"[③]，不属于强制性的不当处理。这就说明，相对于传统、单一且多以强权作后盾的"命令—服从"模式的行政手段而言，行政指导体现了现代行政的"服务与合作"这一民主精神和对相对人的尊重。这不仅不会降低行政的功效，反而"可以使相对人主动参与实现行政目的，或自觉服从行政机关的意志"[④]，从而更加有效地实现行政的目的。无疑，行政指导是对传统依法行政如机械法治主义和干预行政的重要修正，使现代依法行政走向机动法治主义和福利行政，体现了现代行政管理权力手段淡化的新特点。[⑤]

第三，行政指导是行政主体依职权所实施的行政作用，可由行政主体依职权实施。行政指导没有相应的法律效果，也没有相应的强制性，因此可由行

---

① 参见包万超：《转型发展中的中国行政指导研究》，载罗豪才主编：《行政法论丛》（第1卷），法律出版社1998年版，第286页；郭润生、宋功德：《论行政指导》，中国政法大学出版社1999年版，第55页。
② 国发〔1992〕19号。
③ 应松年主编：《外国行政程序法汇编》，中国法制出版社1999年版，第430页。
④ 罗豪才主编：《现代行政法的平衡理论》，北京大学出版社1997年版，第21页。
⑤ 参见袁曙宏、赵永伟：《西方国家依法行政比较研究——兼论对我国依法行政的启示》，载《中国法学》2000年第5期。

主体依宪法和有关组织法赋予的职权作出,并不需要取得法律规范的授权。例如,《国务院关于下达〈国家中长期科学技术发展纲领〉的通知》①《国务院关于发展高产优质高效农业的决定》②《国务院批转农业部关于促进乡镇企业持续健康发展报告的通知》③和《国务院批转国家计委关于全国第三产业发展规划基本思路的通知》④等,都是国务院依职权制定的。有时,行政指导具有相应的法律依据。例如,《农业法》⑤第 28 条第 1 款规定:"国家鼓励和支持发展多种形式的农产品流通活动。支持农民和农民专业合作经济组织按照国家有关规定从事农产品收购、批发、贮藏、运输、零售和中介活动。鼓励供销合作社和其他从事农产品购销的农业生产经营组织提供市场信息,开拓农产品流通渠道,为农产品销售服务。"《科学技术进步法》第 41 条第 1、2 款规定:"国家鼓励企业加强原始创新,开展技术合作与交流,增加研究开发和技术创新的投入,自主确立研究开发课题,开展技术创新活动。国家鼓励企业对引进技术进行消化、吸收和再创新。"这些内容本身并不是行政指导行为,而是行政主体作出相关行政指导的法律依据。但是,这并不是对有关行政主体作出相应行政指导行为的一种授权,法律规范也不需要作这样的授权。当然,尽管行政指导并不需要法律规范的授权,也不需要以相应的法律规范为依据,但是并不意味着它不受法的任何拘束。行政指导的实施,不能超越法定的界限,必须坚持依法行政原则,尤其要遵循行政正当、平等对待、禁止过度、信赖保护等行政法的基本原则。

(三) 行政指导的作用

行政指导作为一种灵活有效的行政方式,在当今世界许多国家的行政管理中得到越来越广泛的应用,发挥着越来越重要的作用。二战以来,"运用行政指导方式管理国家经济活动,最成功的当数日本"⑥。行政指导富有成效的推行,正是日本创造经济奇迹的重要因素之一。在当代,日本的行政指导不仅适用于产业政策等经济管理领域,而且几乎覆盖整个行政领域。日本 1993 年《行政程序法》对行政指导的定义、原则、方式等内容作了明确的规定,从而使日本的行政指导在科学化、规范化和制度化的进程中迈上了一个新台阶。德国和美国也

---

① 国发〔1992〕18 号。
② 国发〔1992〕56 号。
③ 国发〔1992〕19 号。
④ 国发〔1993〕20 号。
⑤ 1993 年 7 月 2 日第八届全国人民代表大会常务委员会第二次会议通过;2002 年 12 月 28 日第九届全国人民代表大会常务委员会第三十一次会议修订,自 2003 年 3 月 1 日起施行;2012 年 12 月 28 日第十一届全国人民代表大会常务委员会第三十次会议第二次修正。
⑥ 杨建顺:《日本行政法通论》,中国法制出版社 1998 年版,第 535 页。

已充分认识到行政指导的作用。

在我国,自实行改革开放,特别是确立发展社会主义市场经济的方针以来,也越来越重视对行政指导的立法规定,行政主体越来越重视行政指导的作用。尤其是,近年来我国出现了大量"促进类立法",比如《中小企业促进法》(2002年制定、2017年修订)、《清洁生产促进法》(2002年制定、2012年修正)、《民办教育促进法》(2002年制定、2018年第三次修正)、《农业机械化促进法》(2004年制定、2018年修正)、《就业促进法》(2007年制定、2015年修正)、《循环经济促进法》(2008年制定、2018年修正)、《电影产业促进法》(2016年制定)、《基本医疗卫生与健康促进法》(2019年制定)、《乡村振兴促进法》(2021年制定)和《家庭教育促进法》(2021年制定)等。同时,在一些立法中对促进、支持和保障等方面的政府指导措施作出专章规定,比如《慈善法》第十章"促进措施"、《无障碍环境建设法》第五章"保障措施"和《爱国主义教育法》①第四章"支持保障"等。这些立法将行政指导这种非强制性行政方式广泛适用于经济建设、产业振兴、教育科技文化及社会建设等各个管理领域,推动我国行政管理体制和行政管理方式改革不断深化,使其在改进、改善公共治理,促进经济社会发展中发挥着日益重要的作用。

具体而言,行政指导具有四种作用,即抑制作用、协助作用、调整作用和引导作用。②

1. 抑制作用

所谓抑制性作用是指在某种意义上,对相对人的行为事实上具有抑制效果。例如,《国家中长期科学技术发展纲领》③确定了国家中长期科学技术发展重点。这一内容本身虽没有法律上的抑制作用,但却有事实上的抑制作用,即相对人在申请科研经费时,如所研究课题不属于该纲领所确定的研究重点,将难以得到批准。也就是说,行政指导不仅引导相对人的行为,而且指导行政主体在适用法律规范和行政规范时的价值选择,从而对不响应行政指导的相对人行为起到事实上的抑制作用。

2. 协助作用

这是指保护相对人并予以协助的作用。例如,如果科研单位和研究人员所确定的研究计划属于《国家中长期科学技术发展纲领》确定的国家中长期科学

---

① 2023年10月24日第十四届全国人民代表大会常务委员会第六次会议通过,自2024年1月1日起施行。
② 参见〔日〕室井力主编:《日本现代行政法》,吴微译,中国政法大学出版社1995年版,第151页。
③ 国发〔1992〕18号。

技术发展重点,那么在申请科研经费时将优先得到政府的支持。又如,《慈善法》第95条第1款规定:"各级人民政府及其有关部门可以依法通过购买服务等方式,支持符合条件的慈善组织向社会提供服务,并依照有关政府采购的法律法规向社会公开相关情况。"第98条规定:"国家鼓励企业事业单位和其他组织为开展慈善活动提供场所和其他便利条件。"这表明,政府对所提倡的慈善事业将给予支持、保护和协助。类似的规定还有很多,如《民办教育促进法》①第49条规定:"国家鼓励金融机构运用信贷手段,支持民办教育事业的发展。"

3. 调整作用

这是指行政指导对相对人相互之间的利害冲突所起的平息作用。例如,居民生活必需品价格的稳定与否,关系到消费者与生产经营者的切身利益,也关系到社会的稳定和公共利益的实现。当居民生活必需品价格波动过大,引起消费者普遍不满时,物价行政主管部门就应当根据《价格法》第18条和第25条等的规定,制定政府指导价,促进消费者和生产经营者之间的互让和合作,从而稳定社会关系。根据《粮食安全保障法》②第40条的规定,粮食供求关系和价格显著变化或者有可能显著变化时,县级以上人民政府及其有关部门可以按照权限采取发布粮食市场信息、实行政策性粮食收储和销售等措施来调控粮食市场。

4. 引导作用

这是行政指导的主要作用,是指为实施和实现一定的政策或计划,并依据该政策和计划引导相对人行动的作用。"从法治主义观点看,可以认为它是作为抑制指导之一的统制指导或协助作用。"③例如,《慈善法》第92条规定:"国家对开展扶贫济困、参与重大突发事件应对、参与重大国家战略的慈善活动,实行特殊的优惠政策。"第93条规定:"国家为慈善事业提供金融政策支持,鼓励金融机构为慈善组织、慈善信托提供融资和结算等金融服务。"这些规定就是旨在通过实行特殊的优惠政策、提供金融政策支持,引导相对人开展扶贫济困的慈善活动,发展慈善事业。又如,《家庭教育促进法》④第24条规定:"国务院应当组织有关部门制定、修订并及时颁布全国家庭教育指导大纲。省级人民政府

---

① 2002年12月28日第九届全国人民代表大会常务委员会第三十一次会议通过,自2003年9月1日起施行;2018年12月29日第十三届全国人民代表大会常务委员会第七次会议第三次修正。

② 2023年12月29日第十四届全国人民代表大会常务委员会第七次会议通过,自2024年6月1日起施行。

③ 〔日〕室井力主编:《日本现代行政法》,吴微译,中国政法大学出版社1995年版,第152页。

④ 2021年10月23日第十三届全国人民代表大会常务委员会第三十一次会议通过,自2022年1月1日起施行。

或者有条件的设区的市级人民政府应当组织有关部门编写或者采用适合当地实际的家庭教育指导读本,制定相应的家庭教育指导服务工作规范和评估规范。"这表明,政府通过制定家庭教育指导大纲及相关的读本,来引导家庭教育事业发展。

(四)行政指导的实施

行政指导的实施需要采取一定的方式,并遵循相应的程序,在造成不利后果时,还应当进行相应的法律补救。

1. 行政指导的方式

行政指导可以采取以下方式实施:(1)业务技术指导和帮助、解答咨询、作出说明;(2)协调、调和、斡旋;(3)劝告、劝诫、劝阻、说服;(4)建议、提示、提醒、参考性意见;(5)赞同、倡导、宣传、示范、鼓励、激励;(6)指导性规划、指导性计划;(7)行政纲要、政策指南;(8)发布信息、公布实情;(9)其他指导意见。

2. 行政指导的程序

行政指导的程序主要包括以下内容:

(1)启动程序。行政主体可以主动实施行政指导,也可以依当事人申请实施行政指导。行政主体主动实施行政指导的,不以相对人同意为条件,不能借助任何行政强制力迫使相对人接受行政指导。

(2)调查程序。行政主体应当听取当事人和利害关系人的意见,必要时征询专家和专业机构的意见,在调查的基础上实施行政指导。在实施行政指导的过程中,当事人有权陈述理由、提出意见,行政主体对此应当记录并予以答复。

(3)公开程序。行政指导的目的、内容、理由、依据、实施者以及背景资料等事项,应当对当事人或公众公开,但是涉及国家秘密、商业秘密或个人隐私的除外。实施行政指导,可以采用书面形式,并载明指导对象、时间和地点;也可以采用口头或其他形式。当事人要求采用书面形式的,行政机关不得拒绝。

3. 行政指导的救济

行政指导不是行政行为,不产生相应的法律效果,也不具有相应的强制性。但是,它毕竟是行政主体运用行政权所实施的一种行政作用,在引导相对人依其指导作出某种行为或不行为时,能够对相对人权益间接产生一定的影响,包括不利的影响,[1]因而具有一定的侵权可能性。行政主体在实施行政指导的过程中,出现下列情形的,应当予以赔偿或补偿:第一,行政主体采取或变相采取

---

[1] 参见姜明安:《比较行政法》,法律出版社2023年版,第10页。

强制措施,迫使当事人听从、配合行政指导,致使当事人或利害关系人的合法权益受到损害的;第二,当事人接受、听从、配合行政指导后,行政主体改变或否认该行政指导行为,致使当事人或利害关系人的合法利益受到损害的;第三,行政主体由于故意或重大过失而作出错误的行政指导,致使当事人或利害关系人的合法利益受到损害的;第四,行政主体以利益诱导推行行政指导,当事人实现行政指导目标后,行政主体不履行利益给付承诺的。

行政主体对当事人或利害关系人的赔偿或补偿请求不予支持或不予答复时,该当事人或利害关系人可以申请行政复议,也可以直接提起行政诉讼。

第四章 行政救济论

"有权利(力),必有救济""有侵害,必有保护",这是现代法治的基本原则。"行政救济"作为行政法上的救济机制,其实质就是根据现代行政法治的要求,将行政行为纳入法律救济渠道,通过对行政行为所造成的权利侵害或不利后果予以法律上的补救,实现对公共利益与相对人合法权益的有效保护。行政救济构成行政法学研究的第三大基本内容,主要涉及行政救济的界定、途径及方式等基本理论问题,以及行政复议、行政诉讼和行政赔偿等具体的救济机制问题。

第一节 行政救济之一般原理

一、行政救济的界定

(一)行政救济界说

关于"行政救济"这一概念,目前行政法学界并无统一的界说,主要存在以下四种观点:

1. 行政机关救济说

该说从救济的主体出发,认为行政救济即行政机关实施的救济。也就是说,只有行政机关对行政行为造成相对人合法权益的损害所实施的救济,才被称为"行政救济"。例如,有学者将行政救济与诉讼救济相对应,认为它"是当事人对于违法和不当的行政行为,向行政机关请求矫正的一种救济手段"[1]。又如,有学者认为,行政救济"是指行政管理相对人在其合法权益受到行政机关的违法失职行为侵犯后依法提出申诉,由有监督权的行政机关按法定程序对其予以救济的一种法律制度。这种救济是由行政机关来进行的,因而简称行政救济"[2]。

---

[1] 王名扬:《法国行政法》,中国政法大学出版社1988年版,第535页。
[2] 韩德培总主编:《人权的理论与实践》,武汉大学出版社1995年版,第699页。

2. 受损权益补救说

该说从救济的对象出发，认为行政救济即对受到行政行为损害的相对人的合法权益所实施的补救。也就是说，只要是对行政行为造成相对人合法权益的缺损所实施的补救，无论其救济的主体是行政机关还是其他国家机关，都被称为"行政救济"。例如，有学者认为："行政救济是公民、法人或者其他组织认为行政机关的行政行为造成自己合法权益的损害，请求有关国家机关给予补救的法律制度的总称。"[①]我国台湾地区学者多数持此观点，认为："行政救济，乃人民因行政机关违法或不当行为，致权益受损害，请求国家予以补救之制度。"[②]在日本，亦广泛采用此说，认为行政救济是从现代法治国家的"依法行政原理"中产生的，其根本目的在于保障相对人的合法权益获得有效的法律救济。如，日本学者藤田宙靖认为，行政救济就是在违法或不当的行政活动侵害私人的权益时，赋予私人要求恢复受害权益的手段。[③]

3. 瑕疵行为矫正说

该说从救济的方式出发，认为行政救济是有关国家机关对违法或不当的行政行为予以消灭或变更的一种法律矫正机制。[④] 它强调的是对违法或不当行政行为即有瑕疵行政行为本身的矫正，而并非对行政行为所造成的损害后果的救济。当然，这里既包括基于相对人的请求，也包括有关国家机关依职权主动对有瑕疵行政行为的矫正。通过这种矫正机制，其目的既是为了恢复和补救相对人的合法权益，也是为了监督依法行政。

4. 行政争议解决说

该说从救济的内容出发，认为行政争议或行政纠纷是引起行政救济的前提和基础，行政救济以解决行政争议或行政纠纷为对象和内容。行政争议或行政纠纷的产生，是因为行政主体在行使行政职权的过程中作出违法或不当的行政行为，以致造成相对人合法权益的损害而引起的。行政救济正是通过对行政争议的解决，纠正、制止和矫正违法或不当的行政行为，从而使行政相对人的合法权益获得补救。[⑤]

---

① 林莉红：《中国行政救济理论与实务》，武汉大学出版社 2000 年版，第 7 页。
② 张载宇：《行政法要论》，汉林出版社 1977 年版，第 427 页。
③ 参见〔日〕藤田宙靖：《行政法总论》（下卷），王贵松译，中国政法大学出版社 2023 年版，第 341 页。
④ 参见叶必丰：《行政法学》，武汉大学出版社 1996 年版，第 222 页。
⑤ 参见刘恒：《行政救济制度研究》，法律出版社 1998 年版，第 7 页；张树义、张力：《行政法与行政诉讼法学》（第 3 版），高等教育出版社 2015 年版，第 149 页。

(二) 行政救济的概念

笔者认为,上述第一种学说将行政救济限定为行政机关实施的救济或行政内救济,虽不违背法理与现行法,但过于狭窄,不便于将对行政行为的救济作为一个系统加以研究,因此意义不大,也为学界多数人所不取。第二、三种学说分别从救济对象和救济方式的角度来界定行政救济,大大扩展了行政救济的外延,从而避免了第一种学说的缺陷,但是它们各自也存在着过于片面之不足。就第二种学说而言,将行政行为所造成的损害后果局限于对相对人的损害,而不包括对公共利益的损害,也就是将对受到行政行为损害的公共利益所实施的救济排除在行政救济的范畴之外;而按照第三种学说,虽能涵盖这种情况,但由于仅仅强调是对违法或不当行政行为的矫正,又将对合法行为造成的损失所作的弥补排除在行政救济的范围之外。第四种学说既将作为救济对象的损害后果局限于对相对人合法权益的损害,又将作为救济对象的行政行为局限于违法或不当的行政行为,从而进一步缩小了行政救济的范围,显然过于狭小。

综上,笔者认为,应结合作为救济客体的行政行为及其损害后果这两个方面,从"有权利(力)必有救济"的实质主义法治要求来对行政救济作出全面、科学的界定。具体而言,所谓行政救济,是指有关国家机关依法对有瑕疵的行政行为予以矫正,以及对行政行为造成的不利后果予以消除而实施的一种法律补救机制。它具有如下特征:

1. 行政救济的主体是有关国家机关

有权实施行政救济的主体既包括国家行政机关,也包括其他国家机关即国家权力机关和司法机关。但是,非国家机关的其他社会组织或者个人都无权实施行政救济,而只能请求有关国家机关提供行政救济。这是因为,行政行为是行政主体代表国家实施的,具有法律效力,对这种行为效力的消灭或变更,同样只能由代表国家行使权力、维护公共利益的国家机关决定。同时,有关国家机关既可以主动实施行政救济,也可以依相对人的申请实施行政救济;既可以直接实施行政救济,也可以通过对行政行为的不予适用、不予执行而间接地矫正行政行为。目前,多数人将行政救济看作仅限于依申请而直接实施的救济,这是不全面的。

2. 行政救济的客体是有瑕疵的行政行为或者行政行为造成的不利后果

第一,行政救济的客体是行政主体的行为,而不是相对人的行为,也不是有关国家机关的立法行为、司法行为、军事行为;是行政主体的行政行为,而不是行政主体的其他行为。第二,作为行政救济客体的行政行为包括两个方面:一是有瑕疵的行政行为(违法或不当的行政行为),对该行政行为的矫正属于行政救济的范围;二是行政行为造成的不利后果,对该不利后果的消除也属于行政救济的范围。同时,造成不利后果的行政行为既可能是违法或不当的行政行为,也可能是合法的行政行为,只要造成不利后果(损害或损失),都应予以法律上的补救。此外,无论是对个人利益还是公共利益造成不利后果,都应予以补救。所有这些救济都应被纳入行政救济的研究范畴之内。

3. 行政救济的性质是一种法律补救机制

第一,它是一种法律补救,而不是法律制裁。法律制裁即对违法行为人人身权或财产权的剥夺和限制,通常只适用于公民、法人或其他组织的违法行为,并不适用于国家的公法行为。这是因为,"公法是国家法,统治者的法;因此人们就不能想出反对国家行使的一种公法的直接制裁的方式";同时,"国家是握有强制的主人,不能直接对自己行使强制"①。因此,对国家的公法行为,通常只适用法律补救,而不适用法律制裁。法律补救的实质在于,矫正违法的行为或消除其不利的法律后果,使受到损害的权益恢复原状。相应的,行政救济的实质在于,矫正违法的行政行为或消除其造成的不利后果,使受到侵害的公共利益或相对人的合法权益恢复原状,对由此造成的损害或损失予以赔偿或补偿,而不是对行政主体的一种惩戒。第二,行政救济是一种法律上的救济,而不是一般意义上的救济。一般意义上的救济只是一种事实上的物质帮助,如在人们生活困难或遭受自然灾害时所给予的一种物质上的接济和帮助,其实质是社会给弱者的物质救助行为。行政救济作为一种法律制度,是一种法律意义上的损害补救,而不是一种纯粹物质上的帮助。另外,行政救济在性质上也不同于政党救济(政党机构实施的救济)、行政救助、民事救济等。

二、行政救济的途径

如果将行政救济看作一个系统,则行政救济的途径应包括行政内救济和行政外救济两大类。

(一)行政内救济

行政内救济,是指行政主体系统内部实施的救济。这类救济主要是行政主体基于其领导权而对所属行政主体所作的行政行为实施的救济。如果行政主体对其他行政主体没有领导权,则不能对其所作的行政行为予以救济。但是,

---

① 〔法〕莱翁·狄骥:《宪法论》(第1卷),钱克新译,商务印书馆1962年版,第504页。

如果行政主体之间具有指导与被指导的关系,则仍能通过行政复议予以救济。这类救济由于是行政系统内部自身的救济,因此其客体可以是任何行政行为,既可以是抽象行政行为又可以是具体行政行为,既可以是外部行政行为又可以是内部行政行为;其内容既可以是对行政行为作合法性审查,又可以是对行政行为作合理性审查;其救济的方式也较多,不仅可以采用撤销和变更的方式,还可以采用宣告无效、责令补正等多种方式。目前,在我国,行政内救济机制主要包括:

1. 行政复议

行政复议,是指特定的行政主体对公民、法人或者其他组织认为侵犯其合法权益的具体行政行为,基于申请而予以受理、审查并作出相应决定的活动。它是行政主体最主要的经常性救济机制,具有严格的程序和时效限制。对此,后文将作专门论述。

2. 行政申诉

申诉,一般是指公民或其他组织成员依宪法、法律及其他规定享有的权利受到侵害时,按照一定的程序向有关机关或组织说明情况,要求其予以解决的行为。行政申诉是申诉的一种,也称"公务员申诉",是指有关行政主体根据公务员的申请,对涉及该公务员本人权益的人事处理决定,按照一定程序予以审核并重新作出处理的活动。根据《公务员法》的规定,行政申诉的范围包括:处分,辞退或者取消录用,降职,定期考核定为不称职,免职,申请辞职、提前退休未予批准,未按规定确定或者扣减工资、福利、保险待遇,以及法律、法规规定可以申诉的其他情形。公务员对人事处理不服的,可以自知道该人事处理之日起30日内向原处理机关申请复核;对复核结果不服的,可以自接到复核决定之日起15日内,按照规定向同级公务员主管部门或者作出该人事处理的机关的上一级机关提出申诉;也可以不经复核,自知道该人事处理之日起30日内直接提出申诉。对省级以下机关作出的申诉处理决定不服的,可以向作出处理决定的上一级机关提出再申诉。原处理机关应当自接到复核申请书后的30日内作出复核决定。受理公务员申诉的机关应当自受理之日起60日内作出处理决定;案情复杂的,可以适当延长,但是延长时间不得超过30日。公务员申诉的受理机关审查认定人事处理有错误的,原处理机关应当及时予以纠正。

另外,根据《公职人员政务处分法》[①]第55条的规定,公职人员对监察机关

---

① 2020年6月20日第十三届全国人民代表大会常务委员会第十九次会议通过,自2020年7月1日起施行。

作出的涉及本人的政务处分决定不服的,可以依法向作出决定的监察机关申请复审;公职人员对复审决定仍不服的,可以向上一级监察机关申请复核。监察机关发现本机关或者下级监察机关作出的政务处分决定确有错误的,应当及时予以纠正或者责令下级监察机关及时予以纠正。

3. 人事仲裁

仲裁,是指由独立于争议双方当事人以外的第三者居间对争议作出裁决的法律制度。从广义上讲,仲裁既包括民商事仲裁也包括行政仲裁,如我国人事部门的人事仲裁、劳动仲裁等。其中,人事仲裁,也称"人事争议仲裁",是指由依法成立的人事仲裁机构对法定范围内的人事争议进行调解和仲裁的活动。《公务员法》明确规定,省级以上公务员主管部门根据需要设立人事争议仲裁委员会,受理仲裁申请。人事争议仲裁应当根据合法、公正、及时处理的原则,依法维护争议双方的合法权益。可见,人事仲裁具有行政救济的功能。

在我国,《人事争议处理规定》[①]对人事仲裁的范围及其程序作了详细规定。根据该规定,人事仲裁的受理范围主要包括五个方面:一是实施《公务员法》的机关与聘任制公务员之间、参照《公务员法》管理的机关(单位)与聘任工作人员之间因履行聘任合同发生的争议;二是事业单位与工作人员之间因解除人事关系、履行聘用合同发生的争议;三是社团组织与工作人员之间因解除人事关系、履行聘用合同发生的争议;四是军队聘用单位与文职人员之间因履行聘用合同发生的争议;五是依照法律、法规规定可以仲裁的其他人事争议。

根据《人事争议处理规定》,人事争议发生后,当事人可以协商解决;不愿协商或者协商不成的,可以向主管部门申请调解;不愿调解或者调解不成的,可以向人事争议仲裁委员会申请仲裁。当事人也可以直接向人事争议仲裁委员会申请仲裁。当事人对仲裁裁决不服的,可以向人民法院提起诉讼。省(自治区、直辖市)、副省级市、地(市、州、盟)、县(市、区、旗)设立人事争议仲裁委员会。各人事争议仲裁委员会独立办案,相互之间无隶属关系。人事争议仲裁委员会由公务员主管部门代表、聘任(用)单位代表、工会组织代表、受聘人员代表以及人事、法律专家组成,负责处理管辖范围内的人事争议。

《人事争议处理规定》还规定了有关仲裁管辖、申请和受理、调查取证、质证和辩论以及时效等一系列准司法性制度,以提升人事仲裁的合法性和公正性。在人事仲裁活动过程中,仲裁庭应注重调解。自受理案件到作出裁决前,仲裁

---

① 2007年8月9日国人部发〔2007〕109号公布,自2007年10月1日起施行;2011年8月15日人社部发〔2011〕88号修正。

庭都要积极促使当事人双方自愿达成调解协议。当事人经调解自愿达成书面协议的,仲裁庭应当根据调解协议的内容制作仲裁调解书。协议内容不得违反法律法规,不得侵犯社会公共利益和他人的合法权益。当庭调解未达成协议或者仲裁调解书送达前当事人反悔的,仲裁庭应当及时进行仲裁裁决。当事人对仲裁裁决不服的,可以按照《公务员法》《中国人民解放军文职人员条例》以及最高人民法院相关司法解释的规定,自收到裁决书之日起15日内向人民法院提起诉讼;逾期不起诉的,裁决书即发生法律效力。对发生法律效力的调解书或者裁决书,当事人必须履行。一方当事人逾期不履行的,另一方当事人可以依照国家有关法律、法规和最高人民法院相关司法解释的规定申请人民法院执行。

4. 行政信访

信访,在我国是一个范围十分广泛的概念,从广义上讲,包括人大信访、行政信访、法院与检察院的司法信访以及社会团体、企业事业单位的信访等。2005年国务院颁布的《信访条例》所称"信访"特指"行政信访",是指公民、法人或者其他组织采用书信、电子邮件、传真、电话、走访等形式,向各级人民政府、县级以上人民政府工作部门反映情况,提出建议、意见或者投诉请求,依法由有关行政机关处理的活动。而2022年中共中央、国务院印发的《信访工作条例》①第2条则规定:"本条例适用于各级党的机关、人大机关、行政机关、政协机关、监察机关、审判机关、检察机关以及群团组织、国有企事业单位等开展信访工作。"公民、法人或者其他组织通过信访渠道,向上述各级机关、单位反映情况,提出建议、意见或者投诉请求等,都应当符合该条例规定的要求。在国务院《信访条例》废止后,行政信访需适用《信访工作条例》的有关规定。根据该条例规定,各级党委和政府信访部门是开展信访工作的专门机构,承担受理、转送、交办信访事项,协调解决重要信访问题,督促检查重要信访事项的处理和落实等工作职责。各级党委和政府信访部门以外的其他机关、单位应当根据信访工作形势任务,明确负责信访工作的机构或者人员,参照党委和政府信访部门职责,明确相应的职责。《信访工作条例》对信访事项的提出、受理与处理程序作出了系统规定。

第一,信访事项的提出与受理。信访人可以采用信息网络、书信、电话、传真、走访等形式,向各级机关、单位反映情况,提出建议、意见或者投诉请求。信

---

① 2022年1月24日中共中央政治局会议审议批准,2022年2月25日中共中央、国务院发布,自2022年5月1日起施行。2022年3月29日《国务院关于修改和废止部分行政法规的决定》(国务院令第752号)决定废止《信访条例》,自2022年5月1日起施行。

访人提出信访事项需符合以下要求:一是信访人一般应当采用书面形式提出信访事项,提出信访事项应当客观真实,对信访事项已经受理或者正在办理的,信访人在规定期限内不得又提出同一信访事项。二是信访人采用走访形式提出信访事项的,应当到有权处理的本级或者上一级机关、单位设立或者指定的接待场所提出;多人走访提出共同的信访事项,应当推选不超过5人的代表。走访提出涉及诉讼权利救济的信访事项,应当按照法律法规规定的程序向有关政法部门提出。同时各级机关、单位也应当落实属地责任,认真接待处理群众来访,把问题解决在当地,引导信访人就地反映问题。三是信访人在信访过程中应当遵守相关法律、法规,不得损害国家、社会、集体的利益和其他公民的合法权利,自觉维护社会公共秩序和信访秩序,不得有在机关、单位办公场所周围、公共场所非法聚集等行为。各级党委和政府信访部门收到信访事项,应当予以登记,并区分情况,在15日内分别按照下列方式作出处理:一是对依照职责属于本级机关、单位或者其工作部门处理决定的,应当转送有权处理的机关、单位;情况重大、紧急的,应当及时提出建议,报请本级党委和政府决定。二是涉及下级机关、单位或者其工作人员的,按照"属地管理、分级负责,谁主管、谁负责"的原则,转送有权处理的机关、单位。三是对转送信访事项中的重要情况需要反馈办理结果的,可以交由有权处理的机关、单位办理,要求其在指定办理期限内反馈结果,提交办结报告。

第二,对信访事项的办理。根据信访事项性质的不同,需区分不同类别事项分别采取不同的办理程序。针对建议意见类信访事项,有权处理的机关、单位应当认真研究论证,对科学合理、具有现实可行性的,应当采纳或者部分采纳,并予以回复。针对检举控告类信访事项,纪检监察机关或者有权处理的机关、单位应当依规依纪依法接收、受理、办理和反馈,党委和政府信访部门应当按照干部管理权限向有关部门和负责同志通报、报送反映干部问题的信访情况。针对申诉求决类事项,需进一步细分为不同情形进行办理,包括办理涉法涉诉事项的司法程序,办理仲裁事项的仲裁程序,办理党员申诉事项的党内程序,办理行政复议、行政裁决、行政确认、行政许可、行政处罚等事项的行政程序,以及办理依法履行查处违法行为职责等事项的履行程序。对于不属于以上情形的事项,需听取信访人陈述事实和理由,并调查核实,出具信访处理意见书。对重大、复杂、疑难的信访事项,可以举行听证。信访人对信访处理意见不服的,可以申请复查复核。但是,信访人对复核意见不服,仍然以同一事实和理由提出投诉请求的,各级党委和政府信访部门和其他机关、单位不再受理。

（二）行政外救济

行政外救济，是指来自行政系统之外的立法机关和司法机关对行政行为的救济。它又包括立法救济和司法救济。

1. 立法救济

立法救济既包括通过立法的直接规定，也包括通过一定的立法审查行为进行的救济。前者是一种事前的、静态的救济。例如，《集会游行示威法》第9条第1款明确规定："主管机关接到集会、游行、示威申请书后，应当在申请举行日期的二日前，将许可或者不许可的决定书通知其负责人。不许可的，应当说明理由。逾期不通知的，视为许可。"在这里，"视为许可"就是对"逾期不通知"这种拖延许可的不作为违法行为的立法救济。[①] 后者即通过立法审查的救济，是一种事后的、动态的救济。这是主要的立法救济途径，是国家权力机关，即全国人大及其常委会和地方各级人大及其常委会基于宪法和组织法规定的对同级人民政府的监督权，对其行政行为实施的法律救济。救济的客体一般是本级人民政府及其派出机关的抽象行政行为。也就是说，权力机关一般只对本级人民政府及其派出机关所作的行政行为予以救济，对本级人民政府的工作部门、上下级人民政府及授权行政主体所作的行政行为不予以救济；一般只对抽象行政行为予以救济，而不对具体行政行为予以救济。

立法审查救济的方式以撤销为主，一般不采用变更等救济方式，目前主要有三类：一是《宪法》第67条第7项规定，全国人大常委会有权撤销国务院制定的同宪法、法律相抵触的行政法规、决定和命令；二是《地方组织法》第11条第11项和第50条第1款第12项规定，县级以上地方人大及其常委会有权撤销本级人民政府的不适当的决定和命令；三是《地方组织法》第12条第1款第10项规定，乡、民族乡、镇的人大有权撤销乡、民族乡、镇的人民政府的不适当的决定和命令。

当然，国家权力机关的救济并不是一种经常性法律救济机制，专业性也不强，同时在具体操作上尚缺乏完备的机制。为了加强宪法法律实施和监督，增强国家权力机关监督和救济的实效性，2018年《宪法修正案》[②]明确将《宪法》第70条第1款关于全国人民代表大会专门委员会中规定的"法律委员会"修改为"宪法和法律委员会"，由宪法和法律委员会专门负责推进合宪性审查工作。

---

① 参见周佑勇：《论行政不作为》，载罗豪才主编：《行政法论丛》（第2卷），法律出版社1999年版，第254页。

② 2018年3月11日第十三届全国人民代表大会第一次会议通过，自2018年3月11日起施行。

2021年修正的《全国人民代表大会组织法》①第39条第1款进一步规定："宪法和法律委员会承担推动宪法实施、开展宪法解释、推进合宪性审查、加强宪法监督、配合宪法宣传等工作职责。"2023年修正的《立法法》也将该法规定的"法律委员会"修改为"宪法和法律委员会",进一步完善了规范性文件的备案审查制度。此外,2023年12月29日,全国人民代表大会常务委员会专门出台《关于完善和加强备案审查制度的决定》,对全国人大常委会依法开展备案审查的范围、审查机制、审查内容以及依法作出纠正和撤销决定等具体内容作出了细化规定,同时还要求县级以上地方各级人大常委会应当加强备案审查制度和能力建设,依法开展备案审查工作,由此极大推进了备案审查工作的制度化、规范化,也从制度上加强和完善了权力机关对抽象行政行为的救济机制,保证其救济的可行性。

2. 司法救济

司法救济,是指司法机关对行政行为予以审查而实施的一种法律补救机制。目前,在我国,这种救济主要限于人民法院通过行政诉讼对行政行为的司法审查而进行的救济。在行政诉讼中,人民法院通过对被诉行政行为的审查和裁判活动,可以对违法的被诉行政行为判决予以撤销,对不履行法定职责的被告判决其在一定期限内履行,还可以对显失公正的行政行为予以变更,从而使有瑕疵的行政行为获得最为直接的救济。除此之外,人民法院在行政诉讼中还可以通过如下方式使行政行为获得间接救济:②

第一,通过对行政机关部分抽象行政行为的判断,对不合法的规章及其他规范性文件不予适用,从而使其事实上失去效力。根据《行政诉讼法》第63条第3款的规定,人民法院审理行政案件,参照行政规章。在"参照规章"时,认为规章与法律、法规相抵触的,人民法院不予适用。不予适用的规章事实上失去了效力。根据该法第64条的规定,人民法院在审理行政案件中,经审查认为行政规范性文件不合法的,不作为认定行政行为合法的依据,并向制定机关提出处理建议。同时,最高人民法院《关于适用〈中华人民共和国行政诉讼法〉的解释》第100条第2款规定:"人民法院审理行政案件,可以在裁判文书中引用合法有效的规章及其他规范性文件。"据此,法院有权而且应当审查行政规范的合法性,而不是对行政规范作无条件的援引和适用。人民法院通过审查,如果认

---

① 1982年12月10日第五届全国人民代表大会第五次会议通过,自1982年12月10日起施行;2021年3月11日第十三届全国人民代表大会第四次会议修正。
② 参见方世荣、周佑勇:《试析我国人民法院对行政活动司法监督的内容》,载《法学评论》1993年第3期。

为行政规范是合法有效的,就以此作为衡量和判断行政行为是否合法的标准和尺度,并在判决书中予以引用;如果认为行政规范是不合法的,则不承认其效力,不予适用。

第二,通过对行政机关行政强制执行决定的审查,对认为违法而被申请强制执行的具体行政行为不予强制执行,从而使该行政行为实质上处于不能发生法律效力的状态。根据《行政诉讼法》第 97 条的规定,公民、法人或者其他组织对行政行为在法定期限内不提起诉讼又不履行的,行政机关可以申请人民法院强制执行,或者依法强制执行。最高人民法院《关于适用〈中华人民共和国行政诉讼法〉的解释》第 161 条第 1 款规定:"被申请执行的行政行为有下列情形之一的,人民法院应当裁定不准予执行:(一)实施主体不具有行政主体资格的;(二)明显缺乏事实根据的;(三)明显缺乏法律、法规依据的;(四)其他明显违法并损害被执行人合法权益的情形。"据此,人民法院对被申请强制执行的行政行为也要进行司法审查,对具有上述情形的行政行为裁定不予执行,从而也可以达到司法救济的效果。

三、行政救济的方式

对行政行为进行救济,应当采取相应的救济方式,主要是根据行政行为侵犯公民权利的性质和程度确定的。依据救济对象的不同划分,有两种类型的行政救济方式:一是行为救济的方式,又称为"程序上的救济",即对行政行为本身给予的救济,其方式主要有补正、撤销、宣布无效、转换、变更、履行等;二是后果救济的方式,又称为"实体上的救济",即对行政行为造成的不利后果所实施的救济,其方式主要有赔偿和补偿,此外还有恢复原状、赔礼道歉等方式。

(一)行为救济的方式

1. 补正

所谓补正,是指对实质上合法但程序和形式上有一定瑕疵的行政行为予以补充和改正,使其修正成完全合法的行政行为。也有学者称之为"瑕疵的治愈"。① 一般而言,补正的范围应当仅限于行政行为程序上或形式上的轻微瑕疵,不属于实质上的违法,且未对相对人的权利产生实际影响,经过补正后并不影响其法律效力,否则不得适用补正。例如,行政行为文字表述错误,行政行为已载明行政主体但未盖章或已盖章但未载明行政主体,处理决定未载明日期,

---

① 参见〔日〕室井力主编:《日本现代行政法》,吴微译,中国政法大学出版社 1995 年版,第 126 页;〔日〕盐野宏:《行政法》,杨建顺译,法律出版社 1999 年版,第 116 页。

遗漏了某些程序但对相对人权益没有不利影响等,都可以采取补正的救济方式。

依据补正主体的不同,可将补正分为两种:一是自行补正,是指行政主体自己发现所作出的行政行为存在程序或形式瑕疵而自行予以补正,或应相对人的申请予以补正。二是责令补正,是指在行政法制监督或行政救济中经审查后发现存在程序或形式瑕疵,由有权国家机关责令行政主体补正。例如,根据《公务员法》第106条的规定,对于不按规定程序进行公务员录用、调任、转任、聘任、晋升以及考核、奖惩的,可以由县级以上领导机关或者公务员主管部门按照管理权限,区别不同情况,分别予以责令纠正或者宣布无效。根据《行政许可法》第72条的规定,行政机关在实施行政许可的过程中,如果违反了公示义务、告知义务、说明义务、举行听证等程序性义务,其上级行政机关或者监察机关有权责令其改正。这里的"纠正""改正"都是针对程序瑕疵进行的补救,可以看作责令补正。

目前,我国《行政复议法》和《行政诉讼法》尚未明文确立独立的"补正"方式。不过,《行政诉讼法》第76条规定,人民法院判决确认违法或者无效的,可以同时判决责令被告采取补救措施。这里的"补救措施"应当包含"补正"在内。但是,一般应当根据该法第74条的规定,对属于"行政行为程序轻微违法,但对原告权利不产生实际影响的",经过确认违法后才能采取作为从判决的"补正"措施,而不应当适用无效行政行为。《行政复议法》第72条也规定了"确认行政行为违法的,还可以同时责令被申请人采取补救措施"。

补正的目的在于,维持行政行为之效力,补救有轻微瑕疵的行政行为,使之成为合法行政行为。因此,经补正的行政行为应当具有溯及力,溯及被补正行政行为作出之日。但是,在补正前,基于行政行为的公定力,只能被推定为合法有效。

2. 撤销

撤销,是指依法消灭具有法定违法事由的行政行为的效力。行政行为一经撤销,就视为自始不具有法律效力。撤销是目前我国最为重要的一种救济方式,凡是构成实质性违法且不能用宣告无效予以补救的违法行政行为,都可以适用这一救济方式。对此,我国《宪法》《行政复议法》《行政诉讼法》以及相关组织法等法律都作了规定。

具体而言,有下列行为之一的,应适用撤销方式:第一,不符合客观情况的行政行为,即主要事实不明或主要证据不足的行政行为。第二,有法律错误的行政行为,包括适用法律规范错误的具体行政行为、与法律规范相抵触的抽象行政行为。第三,滥用职权的行政行为,如不作相关的考虑、不合法定目的、反复无常、独断专行等。第四,严重违反法定程序的行政行为。这里的"严重",是指可能影响相对人实体权利义务,导致实体上违法无法适用补正的情况,如不审而决、违反次序、程序混用等。

行政行为被撤销后,相对人已享受权利、履行义务,但依法确应享受权利、履行义务的,应用"责令重新作出行政行为"予以进一步补救;相对人已享受权利,但依法不应享受该权利的,应按不当得利予以返还或追缴;相对人已履行义务,但依法不应履行该义务的,应予以行政赔偿。

3. 宣告无效

宣告无效,是指宣告特定行政行为违法并使之自始不具有法律效力的补救方式。这种方式目前只有少数法律、法规作了规定,如《商标法》第44条第1款规定:"已经注册的商标,违反本法第四条、第十条、第十一条、第十二条、第十九条第四款规定的,或者是以欺骗手段或者其他不正当手段取得注册的,由商标局宣告该注册商标无效;其他单位或者个人可以请求商标评审委员会宣告该注册商标无效。"第47条第1款规定:"依照本法第四十四条、第四十五条的规定宣告无效的注册商标,由商标局予以公告,该注册商标专用权视为自始即不存在。"《专利法》第45条规定:"自国务院专利行政部门公告授予专利权之日起,任何单位或者个人认为该专利权的授予不符合本法有关规定的,可以请求国务院专利行政部门宣告该专利权无效。"第47条第1款规定:"宣告无效的专利权视为自始即不存在。"此外,《行政处罚法》第38条规定:"行政处罚没有依据或者实施主体不具有行政主体资格的,行政处罚无效。违反法定程序构成重大且明显违法的,行政处罚无效。"《行政复议法》第67条规定:"行政行为有实施主体不具有行政主体资格或者没有依据等重大且明显违法情形,申请人申请确认行政行为无效的,行政复议机关确认该行政行为无效。"《行政诉讼法》第75条规定:"行政行为有实施主体不具有行政主体资格或者没有依据等重大且明显违法情形,原告申请确认行政行为无效的,人民法院判决确认无效。"行政行为被宣告无效后,对其已发生的法律效果应作出相应的处理。《行政诉讼法》第76条规定:"人民法院判决确认违法或者无效的,可以同时判决责令被告采取补救措施;给原告造成损失的,依法判决被告承担赔偿责任。"

4. 转换

转换又称"替换""代替",来源于民法上的无效民事行为转换制度。在行政法上,根据依法行政原则的要求,对实质上违法的行政行为,应当依法予以撤销或宣告无效。但是,根据信赖保护原则的要求,违法行政行为的撤销不得损害相对人的信赖利益,否则不得予以撤销。在这种情况下,如果行政主体依法确应实施与该违法行政行为目的相同的行政行为,则可将该违法行政行为转换为一种合法行政行为。所谓行政行为的转换,是指行政主体为了确保原行政目的的实现,维持原行政行为的效力,保障行政相对人的信赖利益,将违法行政行为转变为合法行政行为。德国、葡萄牙和我国澳门地区的行政程序法都规定了违法行政行为的转换制度。目前,我国内地行政法尚未确立这一制度,但是《行政复议法》和《行政诉讼法》规定了行政行为的重作制度。例如,根据《行政诉讼法》第70条的规定,人民法院可以判决被告重新作出行政行为。不过,要重作行政行为,必须先撤销违法行政行为,因此并不能完全达到"转换"之功效。

一般来说,转换的适用对象主要包括违反级别管辖权的行政行为、部分适用法律错误的行政行为、部分事实认定错误的行政行为。转换的适用必须具备下列条件:第一,原行政行为与拟转换的行政行为具有相同的目的;第二,拟转换而新作出的行政行为可由行政机关以相同的程序和方式实施;第三,拟转换而新作出的行政行为不得与原行政行为的事实、理由或内容完全相同,且不得加重相对人的负担。

5. 变更

变更,是指将不当的行政行为改变成为适当、合理的行政行为。它适用于不当的行政行为,即合法但内容上显失公正的行政行为。因此,发生变更的只是内容,即权利义务的扩大或缩小,而非行政行为所基于的事实基础和所适用的法律依据的改变,后者属于行政行为的转换。对主要事实不清、适用行政法规范错误或与行政法规范相抵触、超越或滥用职权的行政行为,即使其所设定的权利义务显失公正,也只能适用撤销、宣告无效或转换的方式,而不能适用变更的方式予以补救。在我国,有权采用变更这一救济方式的机关可以是行政主体,也可以是其他有权国家机关。根据《行政诉讼法》第77条第1款的规定,人民法院对行政处罚明显不当或者其他行政行为涉及对数额的确定、认定确有错误的,可以判决变更。

6. 履行

履行,是指对行政主体不履行或拖延履行法定职责的行政行为,由有权国家机关责令行政主体在一定期限内履行职责。《行政复议法》第66条规定了这一方式:"被申请人不履行法定职责的,行政复议机关决定被申请人在一定期限内履行。"《行政诉讼法》第72条也规定:"人民法院经过审理,查明被告不履行法定职责的,判决被告在一定期限内履行。"适用履行这一方式必须符合以下条件:第一,行政主体不履行或拖延履行法定职责,即存在不作为。第二,有履之可能和必要。如果再履行已成为不可能或不必要,则不适用这一方式;仍需救济的,可采用宣告无效、赔偿等其他方式。

(二) 后果救济的方式

1. 赔偿

即行政赔偿,是指对违法行政行为侵犯相对人合法权益所造成的损害予以赔偿的一种救济方式。它可与履行、撤销、宣告无效等救济方式同时适用。我国专门制定了《国家赔偿法》,对这种方式作了系统的规定。

2. 补偿

即行政补偿,是指对合法行政行为造成相对人合法权益的损失予以一定弥补的一种补救方式。它与赔偿一样,也是对行政行为造成的不利后果的一种救济方式。但是,引起这种不利后果的原因是合法行政行为,而非违法行政行为。譬如,根据《行政许可法》第8条第2款的规定,行政机关为了公共利益的需要,可以依法变更或者撤回已经生效的行政许可,由此给公民、法人或者其他组织造成财产损失的,应当依法给予补偿。

这种救济方式在现实中大量存在,如征收征用补偿、生态保护补偿、耕地保护补偿、应急处置损失补偿等。我国《宪法》第10条第3款规定:"国家为了公共利益的需要,可以依照法律规定对土地实行征收或者征用并给予补偿。"第13条第3款规定:"国家为了公共利益的需要,可以依照法律规定对公民的私有财产实行征收或者征用并给予补偿。"这是确立行政补偿的宪法依据。据此,《民法典》第243条规定,国家为了公共利益的需要,依照法律规定的权限和程序可以征收集体所有的土地和组织、个人的房屋及其他不动产,并依法给予补偿。2011年国务院发布的《国有土地上房屋征收与补偿条例》[①]是一部专门规范国有土地上房屋征收与补偿活动的行政法规。根据《环境保护法》第31条的规定,国家建立、健全生态保护补偿制度,有关地方人民政府应当落实生态保护补偿资金,确保其用于生态保护补偿。根据《粮食安全保障法》第10条第3款和第50条第4款的规定,国家建立耕地保护补偿制度,调动耕地保护责任主体保护耕地的积极性,因执行粮食应急处置措施给他人造成损失的,县级以上人民政府应当按照有关规定予以公平、合理补偿。除此之外,还有很多其他方面的补偿问题分散规定于各种单行行政管理法规中,尚有待于理论的深入研究和立法的统一规定。

[①] 2011年1月21日国务院令第590号公布,自2011年1月21日起施行。

第二节 行政复议救济

行政复议是目前世界各国普遍存在的一种重要的行政救济机制。在我国，国务院于1990年10月9日专门就行政复议制定了《行政复议条例》，这标志着行政复议在我国作为一项自成体系、独立完备的行政法律制度正式得以建立。1999年4月29日，第九届全国人民代表大会常务委员会第九次会议通过了《行政复议法》，自1999年10月1日起正式实施。相对于《行政复议条例》，《行政复议法》从整个体系结构到各个具体内容都有了较大的改进和提高，进一步健全和完善了行政复议制度，标志着我国行政复议工作进入一个新的发展阶段，在我国民主法治史上具有里程碑式的重大意义。2007年5月23日，国务院制定了《行政复议法实施条例》，对《行政复议法》作了进一步细化。《行政复议法》历经2009年和2017年两次修正后，[①]2023年9月1日第十四届全国人民代表大会常务委员会第五次会议作出全面修订，自2024年1月1日起施行。此次修订，极大完善、优化了行政复议制度，是《行政复议法》施行二十多年来的首次"大修"，旨在进一步深入推进行政复议体制机制改革创新，充分发挥行政复议公正高效、便民为民的制度优势和化解行政争议的主渠道作用。[②]

一、行政复议的概念

行政复议作为政府系统内部自行解决行政争议的一项重要法律制度，在当今世界各国广泛存在，只是名称及具体内容各有不同：在法国，被称为"行政救济"；在英国，被称为"行政裁判"；在美国，被称为"行政上诉"；在日本，被称为"行政审查"；在韩国，被称为"行政诉愿"。[③]

---

① 2009年8月27日第十一届全国人民代表大会常务委员会第十次会议第一次修正，2017年9月1日第十二届全国人民代表大会常务委员会第二十九次会议第二次修正。这两次修正仅作了个别条款的修改。

② 参见周佑勇主编：《中华人民共和国行政复议法理解和适用》，中国法制出版社2023年版，导言第3页以下。

③ 参见应松年、刘莘主编：《中华人民共和国行政复议法讲话》，中国方正出版社1999年版，第1页。

在我国，"行政复议"一词是伴随着 20 世纪 80 年代行政法和行政法学的兴起而发展起来的。此前，行政复议的称谓各式各样，如"复议""复核""复查""复审""复验""再审查""再异议""申诉"等。后来，行政法学者将行政机关审查和裁决行政争议这种法律制度统称为"行政复议"。"复"即重新或再次，"议"即审议并决定，前面冠以"行政"表明由行政机关对行政争议进行复核、审查。此称谓通俗易懂而又概括、凝练，很快为行政实践所接受，并为立法所确立。

根据我国《行政复议法》的规定，所谓行政复议，是指行政复议机关对公民、法人或者其他组织认为侵犯其合法权益的行政行为，基于申请而予以受理、审理并作出相应决定的活动。简而言之，就是行政复议机关适用准司法程序处理特定行政争议的活动。行政复议具有如下四个特点：

第一，行政复议的内容是解决行政争议。所谓行政争议，是指行政主体在实施行政行为的过程中，与行政相对人之间发生的争议，或者说，行政相对人认为行政主体及其工作人员的行政行为侵犯其合法权益而引起的争议。在行政执法活动中，由于多种原因，行政主体与行政相对人之间，对于行政行为的合法性问题常常会产生认识上的分歧，并由此产生行政争议。这类争议本身既涉及行政行为的有效性，又关系到行政相对人的合法权益，因此必须寻求适当、有效的方式及时予以解决。行政复议正是解决这类争议的一条重要途径，这类争议的存在也正是建立行政复议的客观基础。2023 年修订的《行政复议法》明确将"发挥行政复议化解行政争议的主渠道作用"写入立法目的条款，新增为行政复议的重要功能。这表明，解决行政争议应主要通过行政复议而非行政诉讼或信访的渠道，原则上只要能够通过行政复议解决的行政争议都应纳入这一渠道。与行政诉讼、信访制度相比较，行政复议既具有"公正高效""便民为民"的制度优势，又具有"权利救济"的制度价值，将行政复议作为化解行政争议的主渠道，能够有效改变我国现存"大信访、中诉讼、小复议"的争议化解困局。①

第二，行政复议的主体是法定的行政复议机关，即依法享有法定复议权的国家行政机关。其一，它必须是国家行政机关，具有独立的行政主体资格。其他任何机关都不能称作"复议机关"，且没有独立主体资格的行政机构也不能成为"复议机关"。其二，作为复议机关的行政机关必须享有法定复议权。这种复议权主要是指《行政复议法》所规定的相应的管辖权。不具有法定管辖权的行政机关不能受理相应的复议案件。

第三，行政复议的程序是准司法程序。所谓准司法，就是具有类似于普通

---

① 参见周佑勇：《行政复议的主渠道作用及其制度选择》，载《法学》2021 年第 6 期。

司法的性质,又不完全等同于普通司法,我们称之为"行政司法行为"。行政复议不同于一般的具体行政行为,而是一种行政司法行为,其程序属于准司法性质。这是因为,行政复议的内容是解决争议;作为其主体的复议机关实质上是争议双方的中间裁决人;其程序的启动必须依相对人的申请,否则复议机关不能主动实施复议行为,也就是说,它采用了类似于普通司法程序中的"不告不理"原则。所有这些都表明,行政复议不同于一般行政执法,而类似于普通司法。因此,行政复议需采用比一般行政执法更加严格的程序,如申请、受理、审理和裁决等。但是,行政复议毕竟是一种行政行为,不可能完全等同于司法程序,所以其程序称为"准司法程序"。

第四,行政复议的性质是一种行政救济机制。也就是说,它通过纠正违法或不当的行政行为,监督行政机关依法行使职权,有效化解行政争议,从而为相对人提供一种维护和保障其合法权益的救济机制。作为一种行政救济机制,保护权益是行政复议的根本目的与核心功能。在行政复议功能体系中,无论是化解行政争议还是实现行政监督,其终极目标均是为了落实其保护权益的行政救济功能。① 这其中,化解行政争议是行政复议的基础性功能,实现行政监督是行政复议的原生性功能,而救济权益则是行政复议的价值性功能,也是其终极目标。原《行政复议法》将"保障和监督行政机关依法行使职权"确定为行政复议法的重要立法目的,而修订后的《行政复议法》则将其中的"保障和监督"修改为"监督和保障"。这看似只是词序的变化,其实是行政复议理念发生了重大变化,旨在进一步强化行政复议对行政行为的监督功能,更好体现行政复议救济权益的核心功能。同时,实质性化解争议也需要以救济权益为前提和根本目的,并不是为了解决争议而解决争议,否则就有本末倒置之嫌。②

二、行政复议的原则

行政复议的原则,是指贯穿于行政复议的全过程,对行政复议活动具有普遍性的指导意义,参加行政复议的各方都必须遵循的法定的基本准则。《行政复议法》第3条第2款明确规定,行政复议机关履行行政复议职责,应当遵循合法、公正、公开、高效、便民、为民的原则,坚持有错必纠,保障法律、法规的正确实施。

---

① 参见曹鎏:《中国特色行政复议制度的嬗变与演进》,法律出版社2020年版,第137页。
② 参见干青斌:《行政复议原理》,法律出版社2023年版,第33页。

（一）合法原则

合法原则，是指承担复议职责的复议机关必须在法定职责范围内活动，一切行为均须符合法律的要求。合法原则主要包括以下内容：第一，承担复议职责的主体合法，即必须是依法成立并享有法定复议权的行政机关，且受理的案件必须是依法属于复议机关管辖的行政案件。第二，复议机关审理复议案件的依据合法。第三，审理复议案件的程序合法，复议机关应当按照《行政复议法》和《行政复议法实施条例》规定的复议程序进行行政复议活动。

（二）公正原则

复议机关的复议活动不仅应当是合法的，而且应当是公正的，即应当在合法性的前提下尽可能做到合理、充分、无偏私。具体而言，公正原则主要包括以下内容：第一，平等对待，即复议机关在行使复议权时应当平等地对待复议双方当事人，不能有所偏袒。尤其是在处理与下级行政机关的关系时，复议机关要把握合理的分寸，不能有意无意地偏袒下级行政机关，避免"官官相护"之嫌。第二，从实际出发，即复议机关在审理复议案件时，应当全面、准确查明事实。比如，为实质性化解争议，不能仅仅局限于争议事实的查明，而应当查明所有与案件有关的事实，并作出准确的定性。第三，合理裁量，即复议机关在作出复议决定时，应当正当、合理地行使复议裁量权。

（三）公开原则

公开原则，是指复议机关在案件审理的各个环节，乃至行政复议的各个阶段都应当对涉及国家秘密、个人隐私和商业秘密外的有关信息予以公开。这是确保复议权合法、公正行使的基本条件，也是防止滥用复议权的最好手段。这一原则的主要要求是：第一，行政复议过程公开。这要求复议机关尽可能听取申请人、被申请人和第三人的意见，让他们更多地介入行政复议过程。为此，《行政复议法》确定了普通程序听取意见原则，规定除当事人原因不能听取意见外，行政复议机构应当通过多种方式听取当事人意见。审理重大、疑难、复杂案件，行政复议机构应当组织听证。第二，行政复议信息公开。这要求复议机关在申请人、第三人的请求下，公开与复议案件有关的一切材料，以确保他们有效地参与行政复议程序。对此，《行政复议法》第47条规定："行政复议期间，申请人、第三人及其委托代理人可以按照规定查阅、复制被申请人提出的书面答复、作出行政行为的证据、依据和其他有关材料，除涉及国家秘密、商业秘密、个人隐私或者可能危及国家安全、公共安全、社会稳定的情形外，行政复议机构应当同意。"此外,根据《行政复议法》第79条第1款的规定,"行政复议机关根据被申请行政复议的行政行为的公开情况,按照国家有关规定将行政复议决定书向社会公开。"可见,对于行政复议决定的公开性应当参考被申请行政复议的行政行为的公开情况,还要依据《政府信息公开条例》等国家有关规定公开。

（四）高效原则

高效原则是行政复议相比行政诉讼在化解行政争议层面所具有的独特优势。由于行政机关更为专业、距离案件事实更为接近,行政程序注重效率、便捷、低成本,作为来自行政系统的救济机制,行政复议相比行政诉讼更具有高效化解行政争议的可能。在内涵上,高效原则是指行政复议机关及其工作人员应当积极履行法定职责,严格遵守法定时限,减少行政成本、提高行政效能。具体而言,高效原则主要体现为两方面:第一,提高效率。如在审理程序方面,可以采取更为灵活和简化的方式;又如在期限上,强调行政复议期限要设置较行政诉讼更短的期限要求。第二,增大效益,即强调行政复议要最大限度降低争议化解的成本,以较小的行政资源投入来实现解决行政争议的目的,达到资源配置的最优状态。比如,不仅要求复议机关合理裁量,还要求其充分裁量,即在合法的基础上,可以基于行政机关独有的科层组织优势和资源配置优势,对当事人诉请争议之外的实质诉求和诉请争议的关联争议等"一揽子、一次性"化解,以促进行政争议的实质性化解,实现行政复议的治理意义。

（五）便民、为民原则

便民原则,是指行政复议机关应尽可能地为行政复议参加人提供必要的便利条件。行政机关是为公民提供公共服务的机关,为公民提供公共服务是其职责。因此,公共服务的过程应尽可能方便人民。为民原则,是指行政复议作为一项化解行政争议的具体制度,其核心宗旨应当是保护人民群众的合法权益,必须始终坚持复议为了人民、依靠人民,让人民群众在每一件复议案件中都能够感受到公平正义。便民、为民原则贯穿在2023年修订的《行政复议法》的各个方面,成为行政复议的重要制度优势。如在复议体制方面,相对集中行政复议管辖权,将分散的救济渠道整合,便利公民寻求救济。在行政复议申请、受理和审理方面,扩大受案范围、提供简化审理程序,为相对人寻求救济提供便利。《行政复议法》第8条还规定:"行政复议机关应当加强信息化建设,运用现代信息技术,方便公民、法人或者其他组织申请、参加行政复议,提高工作质量和效率。"

（六）监督原则

监督原则是争议化解和维护相对人合法权益外，行政复议的另一重要功能，是指复议机关应当通过行政复议实现对原行政行为的监督，督促下级机关自我纠错，保障法律、法规的正确实施。之所以如此规定，是因为立法者认为行政复议作为一项行政权力，应当充分体现行政权的特点，即通过内部的层级监督，更为直接和高效地督促行政机关自我纠错并合法、合理履行职责。监督原则主要通过行政复议的审理和决定得以贯彻。如《行政复议法》第四章第五节规定了行政复议附带审查的制度框架，为行政规范性文件的内部监督确立制度框架。在第五章行政复议决定中，复议机关可以通过撤销、变更决定，在实体上直接处分原行政行为，实现自我纠错，保障法律、法规的正确实施。

三、行政复议的范围

行政复议的核心是审查行政行为，解决行政纠纷。然而，行政行为是一个极其宽泛的概念，表现形式复杂多样。因此，是不是所有的行政行为都有可能或者有必要进入复议程序，就成为一个极其现实的问题。于是，也就有了行政复议范围的问题。这一问题的界定，在行政复议制度中具有极其重要的意义，它决定着哪些行政行为可以成为复议审查的对象，关系到行政复议的价值评判与功能定位。同时，它意味着相对人对哪些行政行为可以提起行政复议。相对人可以通过行政复议这一种制度化的监督和救济机制，主张并维护自己的合法权益。对于行政机关来说，复议范围实际表示的是复议权的广度和深度。《行政复议法》从如下三个方面对行政复议的范围作了规定：

（一）可予复议的行政行为

根据《行政复议法》第11条的规定，可予复议的行政行为包括：

1. 行政处罚

行政处罚是指行政机关依法对违反行政管理秩序的公民、法人或者其他组织，以减损权益或者增加义务的方式予以惩戒的行为。根据《行政处罚法》的规定，处罚的种类包括：警告、通报批评，罚款、没收违法所得、没收非法财物，暂扣许可证件、降低资质等级、吊销许可证件，限制开展生产经营活动、责令停产停业、责令关闭、限制从业，行政拘留，以及法律、行政法规规定的其他行政处罚。相对人对所有这些行政处罚不服的，均可申请行政复议。

2. 行政强制

行政强制包括行政强制措施和行政强制执行。行政强制措施，是指行政机关在行政管理过程中，为制止违法行为、防止证据损毁、避免危害发生、控制危险扩大等情形，依法对公民的人身自由实施暂时性限制，或者对公民、法人或者其他组织的财物实施暂时性控制的行为。行政强制执行，是指行政机关或者行政机关申请人民法院，对不履行行政决定的公民、法人或者其他组织，依法强制履行义务的行为。相对人对所有行政强制措施不服的，均可申请行政复议。考虑到行政强制执行是一个独立的行政行为，有独立的程序要求，执行中可能影响到行政相对人的财产权，2023年修订的《行政复议法》把行政强制执行一并纳入行政复议范围。但需要注意，这里仅指行政机关的强制执行，不包括法院的非诉强制执行。

3. 行政许可

行政许可是指根据公民、法人或者其他组织的申请，经依法审查，准予其从事特定活动的行为。其表现形式有许可证、执照、资格证、资质证、行政机关的批准文件或者证明文件等。有关行政许可的决定包括准许许可决定、拒绝许可决定、变更许可决定、中止许可决定、撤销许可决定等。相对人申请行政许可，行政机关拒绝或者在法定期限内不予答复的，或者相对人对行政机关作出的有关行政许可的其他决定不服的，均可以申请行政复议。

4. 行政确权行为

行政确权是指行政机关对当事人之间就自然资源所有权或使用权的归属发生的争议予以确认裁决的行为，属于行政裁决的范畴。这类行为在性质上也是行政主体运用职权作出的一种具体行政行为或处理决定，一经作出便对相对人具有法定的约束力和强制力，直接影响到相对人的合法权益。因此，相对人对这类行为不服的，可申请行政复议。

5. 行政机关作出的征收征用决定及其补偿决定

征收是指行政机关为了公共利益，依法将公民、法人或其他组织的财物收归国有的行政行为。征用是指行政机关为了公共利益，依法强制使用公民、法人或其他组织财物或劳务的行政行为。根据《民法典》第117条的规定，为了公共利益的需要，依照法律规定的权限和程序征收、征用不动产或者动产的，应当给予公平、合理的补偿。公民、法人或其他组织对征收征用决定不服，或者对补偿决定不服，都可以申请行政复议。

6. 行政机关作出的赔偿决定或者不予赔偿决定

具体包括赔偿义务机关在规定期限内未作出是否赔偿的决定，对赔偿的方式、项目、数额有异议,以及对赔偿义务机关作出的不予赔偿决定不服这三种情形。根据《国家赔偿法》的规定,行政机关及其工作人员在行使行政职权时侵犯人身权、财产权的,受害人有取得赔偿的权利;赔偿义务机关应当自收到申请之日起两个月内,作出是否赔偿的决定。"赔偿义务机关在规定期限内未作出是否赔偿的决定""赔偿义务机关作出不予赔偿决定"均构成赔偿不作为,侵犯了相对人的财产权等合法权益。"对赔偿的方式、项目、数额有异议"说明相对人对赔偿义务机关所作赔偿决定的内容不服,有权通过复议获得救济。

7. 行政机关作出的不予受理工伤认定申请的决定或者工伤认定结论

工伤认定关系着劳动者及其家人的切身利益和社会公共利益,社会公众关注度高。近年来,因工伤认定引发的纠纷越来越多,内容主要涉及是否受理工伤认定申请、是否认定工伤等。行政机关作出的不予受理工伤认定申请的决定以及工伤认定结论直接关系到相对人能否享受社会保险待遇,属于行政复议的受案范围,这有助于进一步保护相对人的合法权益。

8. 侵犯经营自主权或者农村土地承包经营权、农村土地经营权的行为

经营自主权是企业、个体经营者等依法享有的调配使用自己的人力、物力、财力,自主组织生产经营活动的权利。我国《乡镇企业法》等法律法规赋予了企业等单位一系列经营自主权,由企业独立自主行使,不受包括行政机关在内的任何人或组织的非法干涉。行政机关非法干涉企业经营活动、侵犯企业经营自主权的,企业可申请行政复议。农村土地承包经营权是农村集体经济组织的成员或其他承包经营人依法对其承包的土地享有的自主经营、流转、收益的权利。农村土地承包经营者一般采取承包合同的方式约定双方的权利义务,行政机关不得侵犯。行政机关未经农民同意,随意变更或废止原承包经营合同,侵犯农民依合同享有的合法权益的,农民有权申请行政复议。《行政复议法》将此纳入复议范围,目的是更加明确地维护农业承包合同的长期性、稳定性,保护承包方的合法权益。农村土地经营权是从农村土地承包经营权中分离出的一项权能,指承包农户将承包土地流转出去,由其他组织或个人经营,其他组织或个人取得土地经营权。

9. 行政机关滥用行政权力排除或者限制竞争的行为

公平竞争权是市场主体依法享有的在公平环境中竞争,以实现其经济利益的权利。《反垄断法》[①]第 10 条规定:"行政机关和法律、法规授权的具有管理

---

① 2007 年 8 月 30 日第十届全国人民代表大会常务委员会第二十九次会议通过,自 2008 年 8 月 1 日起施行;2022 年 6 月 24 日第十三届全国人民代表大会常务委员会第三十五次会议修正。

公共事务职能的组织不得滥用行政权力,排除、限制竞争。"第五章专章规定了"滥用行政权力排除、限制竞争"的行为,主要包括强制交易行为,设置地方贸易壁垒,限制跨地区招投标活动和投资活动,强制经营者从事违法的不正当竞争行为或垄断行为,以及行政机关通过行使行政权对平等主体间的竞争关系进行非法干预或给予不平等对待的其他情形。此外,行政机关不履行法定监管义务,致使守法的经营者处于不利竞争地位的,也可能构成对行政权的滥用。行政机关滥用行政权力排除或者限制竞争的行为往往导致某一生产、流通或消费领域的竞争受到实质性的限制,不仅破坏公平竞争环境,也构成对公民、法人或其他组织公平竞争权的侵犯,公民、法人或其他组织可申请行政复议。

10. 违法集资、摊派费用或者违法要求履行其他义务的行为

行政机关往往通过设定义务的形式来实现对社会的管理,但行政机关设定义务必须符合依法行政原则,没有法律依据或违反法律规定设定义务,即属于违法要求履行义务。违法集资、摊派费用是典型的行政机关违法要求履行义务的表现:违法集资是指行政机关违反法律、法规的规定或不依照法定程序,向社会公众筹集资金的行为;摊派费用是指行政机关以法律、法规规定以外的任何方式要求公民、法人或其他组织提供财产的行为。这两种行为都是行政机关对公民合法财产的违法侵占,侵犯了公民、法人或其他组织的财产权。此外,行政机关违法要求相对人履行某种不作为义务,如要求企业不得销售某种产品,或超出法律规定的种类、幅度和方式要求相对人履行其他义务,如超法定标准收费等,都属于行政机关"违法要求履行义务"的行为,相对人有权申请行政复议。

11. 行政机关不履行法定职责的行为

行政机关作为执行国家法律的重要组织力量,担负着保护公民、法人或其他组织的人身权利、财产权利、受教育权利等合法权益的法定职责。公民、法人或其他组织认为其合法权益受到威胁时,有权向有关行政机关申请保护。行政机关无正当理由拒绝或不予答复的,构成不履行法定职责。由此,这类案件的形成需要满足以下三个条件:第一,公民、法人或其他组织向行政机关提出了保护申请,或者行政机关应当主动履行法定职责;第二,接到申请的行政机关负有保护公民、法人或其他组织的人身权利、财产权利、受教育权利等合法权益的法定职责,即公民、法人或其他组织所申请保护的内容必须在被申请的行政机关的职责范围之内;第三,行政机关对公民、法人或其他组织的申请拒绝、不依法履行或不予答复。

12. 行政机关不依法给付的行为

这里的给付对象是指"抚恤金、社会保险待遇或者最低生活保障等社会保

障"。其中,抚恤金是指公民因公、因病致残或死亡后,由民政部门发给其本人或亲属的生活费用,包括因公死亡人员遗属的死亡抚恤金和因公致伤、致残者本人的伤残抚恤金。社会保险待遇是公民在年老、疾病、工伤、失业、生育等情况下,国家和社会提供的物质帮助。根据《社会保险法》的规定,社会保险包括基本养老保险、基本医疗保险、工伤保险、失业保险、生育保险。最低生活保障是指政府向城镇居民发放的维持其基本生活需要的社会救济金,按照家庭成员人均收入低于当地最低生活保障标准的差额按月发放。根据《城市居民最低生活保障条例》的规定,持有非农业户口的城市居民,凡共同生活的家庭成员人均收入低于当地城市居民最低生活保障标准的,均有从当地人民政府获得基本生活物质帮助的权利。抚恤金、社会保险待遇或者最低生活保障等社会保障的发放属于行政给付行为,依法给付抚恤金、社会保险待遇或者最低生活保障等社会保障是行政机关的法定职责。公民、法人或其他组织申请行政机关依法给付抚恤金、社会保险待遇或者最低生活保障等社会保障,行政机关没有依法给付的,公民、法人或其他组织有权申请行政复议。

13. 行政协议行为

行政协议是指行政机关为了实现行政管理或者公共服务目标,与公民、法人或者其他组织协商订立的具有行政法上权利义务内容的协议。常见的行政协议包括政府特许经营协议,土地、房屋等征收征用补偿协议,矿业权等国有自然资源使用权出让协议,政府投资的保障性住房的租赁、买卖等协议,政府与社会资本合作协议等。行政机关不依法订立、不依法履行、未按照约定履行或者违法变更、解除行政协议的,侵犯了相对人一方的合法权益,应当允许相对人一方申请行政复议,寻求救济。

14. 政府信息公开行为

政府信息是指行政机关在履行行政管理职能过程中制作或者获取的,以一定形式记录、保存的信息。为了保障公民、法人和其他组织依法获取政府信息,提高政府工作的透明度,建设法治政府,充分发挥政府信息对人民群众生产、生活和经济社会活动的服务作用,行政机关负有主动公开相关政府信息或依申请公开相关政府信息的义务。行政机关在政府信息公开工作中侵犯相对人合法权益的,应当允许相对人通过复议、诉讼等途径寻求救济。

15. 其他行政行为

本项属于"兜底条款",凡认为行政机关的行政行为侵犯其合法权益的行政案件,即便法条未予列举,均属于行政复议的范围。

（二）可予附带申请复议的规范性文件

规范性文件是指行政主体制定和发布的具有普遍约束力的决定、命令，不包括行政法规和规章。实践中，有些地方人民政府和部门存在乱发文件的现象，不仅侵犯单个公民、法人或其他组织的合法权益，而且在一定范围内侵犯广大相对人的合法权益。允许申请人在对行政行为申请行政复议的同时要求审查规范性文件，实际上建立了一种由申请人启动对违法规范性文件的监督审查机制，不仅有利于保障相对人的合法权益，而且有利于扩大人民群众对政府的监督范围，促进依法行政。

根据《行政复议法》第13条的规定，公民、法人或者其他组织认为行政机关的行政行为所依据的下列规范性文件不合法，在对行政行为申请行政复议时，可以一并向行政复议机关提出对该规范性文件的附带审查申请：国务院部门的规范性文件；县级以上地方各级人民政府及其工作部门的规范性文件；乡、镇人民政府的规范性文件；法律、法规、规章授权的组织的规范性文件。但是，其中不包括行政法规、国务院部委规章和地方政府规章，也不包括国务院的规定。同时，针对该条规定的审查要求，《行政复议法》第四章第五节专门规定了相应的处理程序。①

《行政复议法》将上述规范性文件纳入行政复议的审查范围，其最重要的意义是赋予行政相对人对行政行为所依据的规范性文件提请复议审查的程序启动权，从而进一步扩大了行政相对人可以参与监督的行政领域，更加强化了行政复议对行政权的监督功能，对于加强和完善我国行政复议救济制度具有重要而深远的意义。然而，我们也应当看到，《行政复议法》在将规范性文件纳入行政复议的审查范围的同时，又作了许多限制性的规定，从而使得这一复议审查制度还只是一种间接的附带审查制度。第一，对规范性文件的复议审查只是一种附带审查，即公民、法人或其他组织不能单独就规范性文件申请审查，只能在对行政行为申请行政复议时"一并"申请行政复议机关对该行政行为所依据的规范性文件进行"附带"审查。第二，对规范性文件的复议审查只是一种间接审查，即行政复议机关不能根据复议程序直接对规范性文件进行审查，而只能根据《行政复议法》第四章第五节的规定采用"处理"程序。这种处理程序包括依法自行处理和依转送程序处理两种。其中，依转送程序处理的，在经转送后开

---

① 《行政复议法》第56条规定："申请人依照本法第十三条的规定提出对有关规范性文件的附带审查申请，行政复议机关有权处理的，应当在三十日内依法处理；无权处理的，应当在七日内转送有权处理的行政机关依法处理。"

始对规范性文件的处理,其处理权限和程序自然是与复议机关的复议审查权限和程序相分离的。在依法自行处理程序中,处理权限和复议审查权限的主体是同一的,但是对规范性文件的处理程序却不直接适用《行政复议法》所规定的程序。

可见,目前我国对规范性文件的复议审查制度还只能是一种间接的附带审查制度,这种制度实际上并没有真正将规范性文件纳入行政复议的范围。为了有效地克服现行制度的局限性,笔者认为,在宪法诉讼建立起来以前,除了保留现行的附带审查制度之外,还应当增加一种独立的审查制度。也就是说,行政相对人既可以在就行政行为申请复议时,一并对该行政行为所依据的规范性文件的合法性提出复议审查的申请,也可以单独就规范性文件的合法性申请复议审查。同时,取消现行的间接审查制度,变复议程序的间接性为直接性,建立一种直接的复议审查制度。即无论对于行政相对人附带还是单独就规范性文件申请进行的复议审查,行政复议机关都应当直接适用《行政复议法》所规定的受理、审理和决定程序。

另外,复议审查制度还应该当然地包括一种主动的职权审查制度。根据《行政复议法》第57条的规定,行政复议机关在对被申请人作出的行政行为进行审查时,认为其依据不合法,本机关有权处理的,应当依法处理;无权处理的,应当转送有权处理的国家机关依法处理。这里的"依据"包括法律、法规、规章和规范性文件。这表明,行政复议机关在行政复议审理中,应当对于被申请复议的行政行为所依据的规范性文件进行主动审查,如果发现该规范性文件不合法,即使申请人没有对该规范性文件提出申请,也应当依职权主动地予以处理,或者提请有权的行政主体依法予以处理,而不能以当事人没有提出申请为由,拒绝对该规范性文件进行审查、处理。总之,对规范性文件进行复议审查的完整、理性的制度设计应当包括三个方面:直接的附带审查制度、直接的独立审查制度和主动的职权审查制度。只有这样,才能更全面、更有效地发挥行政复议对规范性文件的监督和救济功能。①

(三) 不能申请复议的事项

《行政复议法》除了明确规定复议机关应当受理的各种行政复议案件外,在第12条还专门规定了不属于行政复议范围的事项,即行政复议的排除范围。对于这些事项,申请人不得提出复议申请。这一规定划清了申请复议和不能申

---

① 参见周佑勇:《完善对行政规范的复议审查制度》,载《法学研究》2004年第2期。

请复议的界限,便于复议申请人和复议机关掌握。

根据《行政复议法》第12条的规定,对以下四类事项不能申请行政复议:

1. 国防、外交等国家行为

国家行为是指国务院、中央军事委员会、国防部、外交部等根据宪法和法律的授权,以国家的名义实施的有关国防和外交事务的行为,以及经宪法和法律授权的国家机关宣布紧急状态等行为。这其中,国防行为是指国家为了防备和抵抗侵略,制止武装颠覆,保卫国家的主权、领土完整和安全所进行的军事活动,如宣战、发布动员令、戒严令、军事演习、设立军事禁区等。外交行为是指国家之间或国家与国际组织之间的交往行为如对外国国家和政府的承认、建交、断交,缔结条约、公约和协定等。除了国防、外交以外,还有一些涉及国家重大利益的行为也属于国家行为,如《宪法》第89条第16项规定,国务院有权依照法律规定决定省、自治区、直辖市的范围内部分地区进入紧急状态。对于这些国家行为,之所以不可申请复议,主要是因为国家行为具有很强的政策性,不宜由行政复议机关监督,通常由国家权力机关依据宪法追究政府的政治责任。

2. 抽象行政行为

这里的抽象行政行为,是指行政法规、规章或者行政机关制定、发布的具有普遍约束力的决定、命令等规范性文件。根据《行政复议法》第13条的规定,规章以下的规范性文件可以附带申请行政复议,但不能够单独申请行政复议。依照宪法和有关组织法,确认抽象行政行为是否合法、是否予以撤销、改变的权力属于国家权力机关和上级机关,可以通过备案审查、法规清理等方式进行监督。具体而言,国务院各部委和地方各级人民政府制定的规章要向国务院备案,国务院通过备案审查可以发现规章存在的不当或违法问题,从而加以纠正。有些省、自治区、直辖市人民政府也要求所属工作部门和下级人民政府将其规范性文件上报备案,国务院在组织清理规范性文件的过程中也可以发现规范性文件存在的问题并予以解决。

3. 内部行政行为

这里的内部行政行为,即行政机关对行政机关工作人员的奖惩、任免等决定。"奖"是指奖励,"惩"是指行政处分,是行政机关对其内部具有隶属关系的工作人员违反纪律的行为或尚未构成犯罪的违法行为所给予的纪律制裁,包括警告、记过、记大过、降级、撤职、开除六种类型。任免即对行政机关工作人员职务的委任、聘任和撤免等人事处理行为。根据《公务员法》和《监察法》等的规定,对于这类行政系统内部的行为不服的,可以由行政系统内部的上级行政机关、人事管理机关或监察机关通过申诉途径解决,而不能申请复议。

4. 行政机关对民事纠纷作出的调解

调解对双方当事人的约束力取决于其自愿接受,一方当事人如不服行政机关对民事纠纷作出的调解,可以向法院提起民事诉讼或申请仲裁解决其争议,不必申请复议。如果允许其提起行政复议,则难以达到解决民事纠纷的目的。

四、行政复议管辖与参加人

(一) 行政复议管辖

行政复议管辖是复议机关受理复议申请的权限分工。根据《行政复议法》的规定,行政复议管辖可分为如下两大类:

1. 一般管辖

即通常情况下,复议申请人不服行政机关行政行为而申请复议的管辖问题。2023年修订前的《行政复议法》规定的管辖体制基本是"条块结合"的模式,极为错综复杂,既不方便群众找准行政复议机关,也导致行政复议案件和工作力量过于分散、办案标准不统一等问题。对此,2023年修订的《行政复议法》对复议管辖模式作出重大改革,将"条条管辖为主"调整为"块块管辖为主",全面实行复议职能的集中行使。具体而言,取消地方人民政府工作部门的行政复议职责,由县级以上地方人民政府统一行使,同时保留海关、金融、外汇管理等实行垂直领导的行政机关、税务和国家安全机关由上一级机关管辖,省、自治区、直辖市人民政府以及国务院部门自我管辖的规定。

第一,县级以上各级地方人民政府统一管辖。具体包括以下四类行政复议案件:(1)对本级人民政府工作部门作出的行政行为不服的;(2)对下一级人民政府作出的行政行为不服的;(3)对本级人民政府依法设立的派出机关作出的行政行为不服的;(4)对本级人民政府或者其工作部门管理的法律、法规、规章授权的组织作出的行政行为不服的。此外,省、自治区人民政府依法设立的派出机关参照设区的市级人民政府的职责权限管辖相关行政复议案件。

第二,上一级主管部门的垂直管辖。具体包括以下三类垂直管辖的行政复议案件:(1)对海关、金融、外汇管理等实行垂直领导的行政机关的行政行为不服的;(2)对税务机关的行政行为不服的;(3)对国家安全机关的行政行为不服的。针对这三类案件申请行政复议,申请人不能像一般政府工作部门作为被申请人的行政复议案件那样向本级人民政府申请复议,而是必须向上一级主管部门申请行政复议。

第三,省、自治区、直辖市人民政府以及国务院部门自我管辖。一是省、自治区、直辖市人民政府同时管辖对本机关作出的行政行为不服的行政复议案件。二是国务院部门管辖下列行政复议案件:(1)对本部门作出的行政行为不服的;(2)对本部门依法设立的派出机构依照法律、行政法规、部门规章规定,以派出机构的名义作出的行政行为不服的;(3)对本部门管理的法律、行政法规、部门规章授权的组织作出的行政行为不服的。对于以上省、自治区、直辖市人民政府以及国务院部门作出的行政复议决定不服的,可以向人民法院提起行政诉讼,也可以向国务院申请裁决,国务院依照《行政复议法》的规定作出最终裁决。

2. 特殊管辖

即除一般管辖之外的特殊情况下的复议管辖问题。《行政复议法》对派出机构、司法行政部门的案件管辖及提级审理作出特殊规定。

第一,鉴于实践中政府工作部门派出机构的情况比较复杂,对其行政行为不服的行政复议案件,《行政复议法》作出了相对灵活的制度安排。即规定对县级以上地方各级人民政府工作部门依法设立的派出机构依照法律、法规、规章规定,以派出机构的名义作出的行政行为不服的行政复议案件,由本级人民政府管辖;其中,对直辖市、设区的市人民政府工作部门按照行政区划设立的派出机构作出的行政行为不服的,也可以由其所在地的人民政府管辖。

第二,在行政复议权相对集中的前提下,为保证复议制度的公正性和权威性,《行政复议法》对司法行政部门的复议案件作出特殊规定。即规定对履行行政复议机构职责的地方人民政府司法行政部门的行政行为不服的,可以向本级人民政府申请行政复议,也可以向上一级司法行政部门申请行政复议。

第三,为进一步完善行政复议管辖制度和审理程序的上下互通渠道,《行政复议法》还建立了专门的提级审理制度。即规定上级行政复议机关根据需要,可以审理下级行政复议机关管辖的行政复议案件。下级行政复议机关对其管辖的行政复议案件,认为需要由上级行政复议机关审理的,可以报请上级行政复议机关决定。

(二)行政复议参加人

行政复议参加人,是指与所争议的行政行为有利害关系而参加到行政复议活动中的当事人,或者具有与当事人相似地位的人,包括申请人、第三人及其委托代理人和被申请人。在行政复议活动中协助行政复议工作的证人、鉴定人、翻译人员等不是行政复议参加人。

1. 申请人

申请人,是指认为行政主体所作出的行政行为侵犯其合法权益,以自己的名义向复议机关提出复议审查的公民、法人或者其他组织。申请人应当是与该行政行为有法律上的利害关系的人,即行政行为的相对人或者行政第三人。有权申请行政复议的公民死亡的,其近亲属可以申请行政复议。有权申请行政复议的法人或者其他组织终止的,其权利义务承受人可以申请行政复议。有权申请行政复议的公民为无民事行为能力人或者限制民事行为能力人的,其法定代理人可以代为申请行政复议。

同一行政复议案件申请人人数众多的,可以由申请人推选代表人参加行政复议。代表人参加行政复议的行为对其所代表的申请人发生效力,但是代表人变更行政复议请求、撤回行政复议申请、承认第三人请求的,应当经被代表的申请人同意。之所以要设立行政复议代表人制度,主要原因是为了适应行政复议实践的需要。在实践中,行政机关的某些行政行为所针对的往往不只是一两个人,而是一定范围内的公众,他们人数众多,从而形成具有某种共同利益、息息相关的群体。当同一行政行为或同样的行政行为被申请行政复议,并且人数众多达到一定程度时,会出现根本无法审理的情形。在此情况下适用行政复议代表人制度,将行政复议代表人参加行政复议的行为视为全体申请人的行为,便于保护申请人的合法权益。行政复议中适用代表人制度,有助于大大简化行政复议程序,节省大量的人力、物力、财力,促进行政复议机关依法全面彻底解决行政纠纷,有效保护当事人的合法权益,从而达到复议高效便民的目的。

2. 第三人

行政复议第三人,是指申请人以外的同被申请行政复议的行政行为或者行政复议案件处理结果有利害关系,自己申请或者应复议机构的通知而参加到行政复议活动中的公民、法人或者其他组织。但是,第三人不参加行政复议的,不影响行政复议案件的审理。行政复议第三人的认定,需把握以下标准:第一,与被复议的行政行为或者行政复议案件处理结果有利害关系。这是第三人参加行政复议的根本原因。第三人的权利义务应当与被复议的行政行为有关,或者对被复议行政行为的处理可能影响到第三人在法律上的权利义务。这里的"利害关系"是指独立的利害关系,既不能依附于申请人也不能依附于被申请人,第三人有相对独立的复议请求,如要求撤销、变更或维持被复议的行政行为。对复议决定不服的,第三人有权提起行政诉讼。第二,为了自己的权益参加复议。第三人之所以参加行政复议,是为了维护自己的合法权益,这一点区别于证人、鉴定人、代理人等。尽管第三人提出的复议主张、证据等可能有利于申请人或被申请人,但最终目的是维护自己的合法权益,与其他当事人具有不同的利害关系。第三,第三人参加行政复议的方式包括自己申请参加行政复议和行政复议机构依职权主动通知其参加复议。对于前者,行政复议机构必然进行审查,以决定是否同意申请人以外的公民、法人或其他组织参加行政复议。

3. 代理人

为更好地维护申请人和第三人的合法权益,根据《行政复议法》的规定,申请人、第三人可以委托一至二名律师、基层法律服务工作者或者其他代理人代为参加行政复议。第一,申请人与第三人均享有委托代理人的权利,体现了行政复议平等保护复议当事人合法权益的原则,对申请人和第三人的合法权益给予平等的保护,而不偏袒任何一方。第二,委托的对象不受限制但人数有要求,包括一至二名律师、基层法律服务工作者或者其他代理人。第三,申请人、第三人委托代理人的,应当向行政复议机构提交授权委托书、委托人及被委托人的身份证明文件。授权委托书应当载明委托事项、权限和期限。申请人、第三人变更或者解除代理人权限的,应当书面告知行政复议机构。此外,根据《行政复议法》的规定,符合法律援助条件的行政复议申请人申请法律援助的,法律援助机构应当依法为其提供法律援助。

4. 被申请人

被申请人,是指应行政复议机关的通知而参加到行政复议活动中,作出被公民、法人或者其他组织提起复议审查的行政行为的行政主体。被申请人主要有以下几种情形:第一,公民、法人或者其他组织对行政行为不服申请行政复议的,作出行政行为的行政机关或者法律、法规、规章授权的组织是被申请人;第二,两个以上行政机关以共同的名义作出同一行政行为的,共同作出行政行为的行政机关是被申请人;第三,行政机关委托的组织作出行政行为的,委托的行政机关是被申请人;第四,作出行政行为的行政机关被撤销或者职权变更的,继续行使其职权的行政机关是被申请人。

五、行政复议的程序

程序是法律的生命形式,也是其内部生命力的表现。任何法律制度,如果没有良好的实施程序,其所蕴含的法律精神也就难以实现。因此,程序和内容对于一项法律制度来讲,具有同等重要的意义,行政复议制度也不例外。对此,《行政复议法》将行政复议的程序分为申请、受理、审理和决定四种,并分别作了具体规定。

（一）行政复议的申请

行政复议是一种依申请作出的行政行为，没有申请人的申请，行政复议就不能发生。因此，申请是行政复议程序中的第一个阶段。

1. 申请期限

提起行政复议，必须遵守法定的时间限制。这种时间限制，如同诉讼时效一样，也可理解为复议申请的时效。没有法定理由超过了时效，申请人将丧失申请权。

第一，一般期限。根据《行政复议法》的规定，公民、法人或者其他组织认为行政行为侵犯其合法权益的，可以自知道或者应当知道该行政行为之日起60日内提出行政复议申请，但是法律规定的申请期限超过60日的除外。这是关于复议申请的一般期限的规定。对于因不可抗力或者其他正当理由耽误法定申请期限的，申请期限自障碍消除之日起继续计算。

第二，未告知时的申请期限。行政机关作出的行政行为对公民、法人或者其他组织的权利、义务可能产生不利影响的，有义务告知其申请行政复议的权利、行政复议机关和行政复议申请期限。行政机关作出行政行为时，未告知公民、法人或者其他组织申请行政复议的权利、行政复议机关和申请期限的，不应适用一般期限的规定，其申请期限自公民、法人或者其他组织知道或者应当知道申请行政复议的权利、行政复议机关和申请期限之日起计算，但是自知道或者应当知道行政行为内容之日起最长不得超过一年。

第三，最长申请期限。这是指公民、法人或其他组织不知道行政机关作出行政行为内容时的申请期限。正常情况下，行政机关作出行政行为，应当告知相对人行政行为的内容，以期得到相对人的配合或者履行，实现行政行为的目的。但实践中也有不少案件，由于行政机关作出行政行为时没有告知相对人、利害关系人以及其他方面的原因，导致相对人、利害关系人迟迟不知道行政机关已作出行政行为。在此情况下，如果因为当事人无法"知道或应当知道"而无法开始计算复议申请期限，就会导致行政法律关系无限期处于不稳定状态。为了解决这一问题，有必要确定一个最长保护期限，即作出的行政行为到某一时间节点后，不论当事人是否知道或应当知道，都不能再申请行政复议。根据《行政复议法》的规定，因不动产提出的行政复议申请自行政行为作出之日起超过20年，其他行政复议申请自行政行为作出之日起超过5年的，行政复议机关不予受理。

2. 申请方式

行政复议的申请方式，是指公民、法人或其他组织提出复议要求和表达复议意愿的具体表现形式。申请人申请行政复议，可以书面申请，书面申请有困难的，也可以口头申请。

第一，书面申请。书面申请是申请人通过向行政复议机关递交行政复议申请书来表达其申请复议的意愿和要求的活动，以书面形式申请行政复议，能够全面、准确、详尽地表达申请人的行政复议请求、申请行政复议的主要事实、理由等，也有利于行政复议机关准确地了解有关情况，把握案件的关键所在，及时进行审查和判断。书面申请的方式，可以通过邮寄或者行政复议机关指定的互联网渠道等方式提交行政复议申请书，也可以当面提交行政复议申请书。行政机关通过互联网渠道送达行政行为决定书的，应当同时提供提交行政复议申请书的互联网渠道。这是一种新型的书面申请方式，高效、快捷且成本较低。不仅是为了提升相对人在行政复议中权利救济的科技支撑，而且是为了充分发挥行政复议便民为民的制度优势。行政复议申请书应当载明下列事项：一是申请人的基本情况，包括：公民的姓名、性别、年龄、身份证号码、工作单位、住所、邮政编码，法人或者其他组织的名称、住所、邮政编码和法定代表人或者主要负责人的姓名、职务；二是被申请人的名称；三是行政复议请求、申请行政复议的主要事实和理由；四是申请人的签名或者盖章；五是申请行政复议的日期。

第二，口头申请。口头申请是申请人以口头语言的形式向行政复议机关提出申请来表达其申请复议的意愿和要求的活动，口头申请以"书面申请有困难"为前提，即鼓励书面申请，只有在书面申请有困难的情形下才允准口头申请。口头申请的，行政复议机关应当当场记录申请人的基本情况、行政复议请求、申请行政复议的主要事实、理由和时间。

此外，根据《行政复议法》的规定，申请人对两个以上行政行为不服的，应当分别申请行政复议。该规定确立了"一事一议"原则，即一个行政复议案件只得处理一个行政行为。

3. 复议前置

行政复议前置，是指公民、法人或其他组织对于特定行政行为不服的，必须先向行政复议机关申请行政复议，对行政复议决定不服的，才能向人民法院提起行政诉讼，不允许不经行政复议直接提起行政诉讼。行政复议前置旨在让行政复议机关挡在法院前面，有助于行政复议化解行政争议主渠道作用的实现。根据《行政复议法》第23条的规定，有下列情形之一的，申请人应当先向行政复议机关申请行政复议，对行政复议决定不服的，可以再依法向人民法院提起行政诉讼:(1) 对当场作出的行政处罚决定不服;(2) 对行政机关作出的侵犯其已经依法取得的自然资源的所有权或者使用权的决定不服;(3) 认为行政机关存在未履行法定职责情形;(4) 申请政府信息公开,行政机关不予公开;(5) 法律、行政法规规定应当先向行政复议机关申请行政复议的其他情形。对以上情形,行政机关在作出行政行为时应当告知公民、法人或者其他组织先向行政复议机关申请行政复议。

(二) 行政复议的受理

行政复议机关在收到行政复议申请后,应当予以及时、严格的审查,并在一定期限内决定是否予以受理。只有申请人的申请行为与复议机关的受理行为相结合,才标志着复议申请的成立和复议程序的开始。因此,这一过程在行政复议活动中也是具有重要意义的。

1. 行政复议的受理条件

行政复议机关收到行政复议申请后,应当在 5 日内进行审查,对不符合受理条件的行政复议申请,决定不予受理并说明理由;对符合受理条件,但是不属于本机关管辖的,应当在不予受理决定中告知申请人有管辖权的行政复议机关。行政复议申请的审查期限届满,行政复议机关未作出不予受理决定的,审查期限届满之日起视为受理。

根据《行政复议法》第 30 条的规定,行政复议申请符合下列条件的,行政复议机关应当予以受理:(1) 有明确的申请人和符合本法规定的被申请人;(2) 申请人与被申请行政复议的行政行为有利害关系;(3) 有具体的行政复议请求和理由;(4) 在法定申请期限内提出;(5) 属于《行政复议法》规定的行政复议范围;(6) 属于本机关的管辖范围;(7) 行政复议机关未受理过该申请人就同一行政行为提出的行政复议申请,并且人民法院未受理过该申请人就同一行政行为提起的行政诉讼。

《行政复议法》第 31 条进一步规定,行政复议申请材料不齐全或者表述不清楚,无法判断行政复议申请是否符合上述受理条件的,行政复议机关应当自收到申请之日起 5 日内书面通知申请人补正。补正通知应当一次性载明需要补正的事项。申请人应当自收到补正通知之日起 10 日内提交补正材料。有正当理由不能按期补正的,行政复议机关可以延长合理的补正期限。无正当理由逾期不补正的,视为申请人放弃行政复议申请,并记录在案。

此外,根据《行政复议法》第 32 条的规定,对当场作出或者依据电子技术监控设备记录的违法事实作出的行政处罚决定不服申请行政复议的,可以通过作出行政处罚决定的行政机关提交行政复议申请。行政机关收到行政复议申请后,应当及时处理;认为需要维持行政处罚决定的,应当自收到行政复议申请之日起 5 日内转送行政复议机关。

2. 驳回复议申请

由于行政复议机关受理部门在初步审查时属于形式审核而非实质审核,不可避免地会使得部分本不符合受理条件的申请进入到后续的实质审核中,因此当在后续审理过程中发现该申请实质上不符合受理条件的,应当予以驳回处理。根据《行政复议法》第 33 条的规定,行政复议机关受理行政复议申请后,发现该行政复议申请不符合本法规定的受理条件的,应当决定驳回申请并说明理由。

3. 对复议不受理的救济和监督

根据《行政复议法》第 34 条和第 35 条的规定,法律、行政法规规定应当先向行政复议机关申请行政复议,对行政复议决定不服再向人民法院提起行政诉讼的,行政复议机关决定不予受理、驳回申请或者受理后超过行政复议期限不作答复的,公民、法人或者其他组织可以自收到决定书之日起或者行政复议期限届满之日起 15 日内,依法向人民法院提起行政诉讼。公民、法人或者其他组织依法提出行政复议申请,行政复议机关无正当理由不予受理、驳回申请或者受理后超过行政复议期限不作答复的,申请人也有权向上级行政机关反映,上级行政机关应当责令其纠正;必要时,上级行政复议机关可以直接受理。

(三) 行政复议的审理

行政复议机关受理行政复议申请后,适用普通程序或者简易程序进行审理。行政复议机构应当指定行政复议人员负责办理行政复议案件。

1. 行政复议的审理依据

根据《行政复议法》第 37 条的规定,行政复议机关依照法律、法规、规章审理行政复议案件。行政复议机关审理民族自治地方的行政复议案件,同时依照该民族自治地方的自治条例和单行条例。这里值得注意的是,行政复议机关审理行政复议案件时,法律、法规、规章具有直接适用效力,即行政复议机关无须审查法律、法规、规章合法有效与否便可直接以规章作为审理依据。但是,行政复议机关审理行政复议案件时,不得直接以规范性文件作为审理依据,而是对规范性文件拥有审查权,只有规范性文件合法有效,行政复议机关才可能参照规范性文件审理行政复议案件。

2. 行政复议的中止和终止

行政复议期间有下列情形之一，影响行政复议案件审理的，行政复议中止：第一，作为申请人的公民死亡，其近亲属尚未确定是否参加行政复议；第二，作为申请人的公民丧失参加行政复议的行为能力，尚未确定法定代理人参加行政复议；第三，作为申请人的公民下落不明；第四，作为申请人的法人或者其他组织终止，尚未确定权利义务承受人；第五，申请人、被申请人因不可抗力或者其他正当理由，不能参加行政复议；第六，依照《行政复议法》的规定进行调解、和解，申请人和被申请人同意中止；第七，行政复议案件涉及的法律适用问题需要有权机关作出解释或者确认；第八，行政复议案件审理需要以其他案件的审理结果为依据，而其他案件尚未审结；第九，申请人在申请行政复议时一并提出对有关规范性文件的审查或者行政复议机关在对被申请人作出的行政行为进行审查时认为其依据不合法，行政复议机关需要自行处理或者转送处理；第十，其他需要中止行政复议的情形。行政复议中止的原因消除后，应当及时恢复行政复议案件的审理。行政复议机关中止、恢复行政复议案件的审理，应当告知有关当事人。行政复议期间，行政复议机关无正当理由中止行政复议的，上级行政机关应当责令其恢复审理。

行政复议期间有下列情形之一的，行政复议终止：第一，申请人撤回行政复议申请，行政复议机构准予撤回；第二，作为申请人的公民死亡，没有近亲属或者其近亲属放弃行政复议权利；第三，作为申请人的法人或者其他组织终止，没有权利义务承受人或者其权利义务的承受人放弃行政复议权利；第四，申请人对行政拘留或者限制人身自由的行政强制措施不服申请行政复议后，因同一违法行为涉嫌犯罪，被采取刑事强制措施；第五，作为申请人的公民死亡，其近亲属尚未确定是否参加行政复议的，或者作为申请人的公民丧失参加行政复议的能力，尚未确定法定代理人参加行政复议的，或者作为申请人的法人或者其他组织终止，尚未确定权利义务承受人的，中止行政复议，满60日行政复议中止的原因仍未消除。

此外，根据《行政复议法》第42条的规定，行政复议期间行政行为不停止执行；但是有下列情形之一的，应当停止执行：被申请人认为需要停止执行；行政复议机关认为需要停止执行；申请人、第三人申请停止执行，行政复议机关认为其要求合理，决定停止执行；法律、法规、规章规定停止执行的其他情形。

3. 行政复议证据

证据是行政复议机关认定案件事实的根据，也是行政复议机关正确审理案件的基础。证据问题是有效化解行政纠纷的一个核心问题，行政复议机关审理案件应当坚持"证据裁判"原则,复议的过程就是运用证据查明案件事实的过程,没有证据就没有复议的公正。行政复议证据包括:书证;物证;视听资料;电子数据;证人证言;当事人的陈述;鉴定意见;勘验笔录、现场笔录。以上证据经行政复议机构审查属实,才能作为认定行政复议案件事实的根据。

被申请人对其作出的行政行为的合法性、适当性负有举证责任。有下列情形之一的,申请人应当提供证据:(1)认为被申请人不履行法定职责的,提供曾经要求被申请人履行法定职责的证据,但是被申请人应当依职权主动履行法定职责或者申请人因正当理由不能提供的除外;(2)提出行政赔偿请求的,提供受行政行为侵害而造成损害的证据,但是因被申请人原因导致申请人无法举证的,由被申请人承担举证责任;(3)法律、法规规定需要申请人提供证据的其他情形。

行政复议案件的审理必须"以事实为依据,以法律为准绳",重证据、重事实、重依据、重当事人的参与,因此行政复议机关有权向有关单位和个人调查取证,查阅、复制、调取有关文件和资料,向有关人员进行询问。调查取证时,行政复议人员不得少于两人,并应当出示行政复议工作证件。被调查取证的单位和个人应当积极配合行政复议人员的工作,不得拒绝或者阻挠。

为了监督行政机关依法行政,行政机关作出某种行政行为之前必须掌握基本事实,并具有充分的证据,不允许行政机关"先行为,后取证",即在主要事实不清、证据缺失的情况下先作出行政行为,然后再去调查取证。据此,《行政复议法》规定,行政复议期间,被申请人不得自行向申请人和其他有关单位或者个人收集证据;自行收集的证据不作为认定行政行为合法性、适当性的依据。但是,在行政复议期间,申请人或者第三人提出被申请行政复议的行政行为作出时没有提出的理由或者证据的,经行政复议机构同意,被申请人可以补充证据。此外,在行政复议期间,申请人、第三人及其委托代理人可以按照规定查阅、复制被申请人提出的书面答复、作出行政行为的证据、依据和其他有关材料,除涉及国家秘密、商业秘密、个人隐私或者可能危及国家安全、公共安全、社会稳定的情形外,行政复议机构应当同意。

4. 普通程序

根据《行政复议法》的规定,行政复议审理程序分为普通程序和简易程序。但是在一般情况下应当适用普通程序,简易程序只能作为补充,仅在特定范围内适用。

(1)审理前的准备。行政复议机构应当自行政复议申请受理之日起7日内,将行政复议申请书副本或者行政复议申请笔录复印件发送被申请人,以方便被申请人进行答辩和举证。面对申请人提起的行政复议申请,被申请人必须承担答辩和举证义务,方能推进行政争议的实质性解决。因此,被申请人应当自收到行政复议申请书副本或者行政复议申请笔录复印件之日起10日内,提出书面答复,并提交作出行政行为的证据、依据和其他有关材料。

(2)审查方式。行政复议机构适用普通程序审理行政复议案件以听取意见为原则,以书面审理为例外。所谓书面审理,是指行政复议过程中,行政复议机关以双方提供的书面材料为依据,不进行面对面证据交换,也不开展言辞辩论。除了因当事人原因不能听取意见的案件可以采取书面审理的方式之外,行政复议机构应当当面或者通过互联网、电话等方式听取当事人的意见,并将听取的意见记录在案。

听取意见还包括一种正式的听证方式,即组织案件当事人,当场听取各方当事人的陈述、相互质证和辩论的程序。根据《行政复议法》的规定,审理重大、疑难、复杂的行政复议案件,行政复议机构应当组织听证。行政复议机构认为有必要听证,或者申请人请求听证的,行政复议机构可以组织听证。听证由一名行政复议人员任主持人,两名以上行政复议人员任听证员,一名记录员制作听证笔录。在听证程序上,行政复议机构组织听证的,应当于举行听证的5日前将听证的时间、地点和拟听证事项书面通知当事人。申请人无正当理由拒不参加听证的,视为放弃听证权利。被申请人的负责人应当参加听证。不能参加的,应当说明理由并委托相应的工作人员参加听证。根据《行政复议法》第61条第2款的规定,"经过听证的行政复议案件,行政复议机关应当根据听证笔录、审查认定的事实和证据,依照本法作出行政复议决定。"

(3)行政复议委员会制度。为充分发挥专家学者等社会力量的作用,完善行政复议案件审理机制,提高行政复议案件办理质量,增强行政复议制度的社会公信力,国务院法制办公室在2008年9月下发了《关于在部分省、直辖市开展行政复议委员会试点工作的通知》①,正式启动建立行政复议委员会试点改革。2020年2月,中央全面依法治国委员会第三次会议审议通过了《行政复议体制改革方案》②,明确提出"探索建立政府主导,相关政府部门、专家学者参与的行政复议咨询委员会,为重大、疑难、复杂的案件提供咨询意见"。2021年8月,《法治政府建设实施纲要(2021—2025年)》进一步提出,县级以上各级政府建立行政复议委员会,为重大、疑难、复杂的案件提供咨询意见。为此,2023年

---

① 国发〔2008〕71号。
② 《中央全面依法治国委员会关于印发〈行政复议体制改革方案〉的通知》(中法委发〔2020〕5号)。

修订的《行政复议法》明确写入行政复议委员会制度,规定县级以上各级人民政府应当建立相关政府部门、专家、学者等参与的行政复议委员会,为办理行政复议案件提供咨询意见,并就行政复议工作中的重大事项和共性问题研究提出意见。审理行政复议案件涉及下列情形之一的,行政复议机构应当提请行政复议委员会提出咨询意见:案情重大、疑难、复杂;专业性、技术性较强;对省、自治区、直辖市人民政府作出的行政行为不服的行政复议案件;行政复议机构认为有必要。行政复议机构应当记录行政复议委员会的咨询意见。根据《行政复议法》第61条第3款的规定,"提请行政复议委员会提出咨询意见的行政复议案件,行政复议机关应当将咨询意见作为作出行政复议决定的重要参考依据。"

5. 简易程序

简易程序是指行政复议机关在审理事实清楚、权利义务关系明确、争议不大的行政案件时适用的一种简便易行的复议程序。相对于普通程序而言,简易程序具有办案手续简单、审理方式灵活、不受普通程序有关规定约束的特点,有利于及时审结案件,降低复议成本,促进案件"繁简分流",提升办案效率和办案质量。

(1)适用范围。行政复议机关审理下列行政复议案件,认为事实清楚、权利义务关系明确、争议不大的,可以适用简易程序:一是被申请行政复议的行政行为是当场作出;二是被申请行政复议的行政行为是警告或者通报批评;三是案件涉及款额3 000元以下;四是属于政府信息公开案件。除此以外的行政复议案件,当事人各方同意适用简易程序的,可以适用简易程序。

(2)程序要求。适用简易程序审理的行政复议案件,行政复议机构应当自受理行政复议申请之日起3日内,将行政复议申请书副本或者行政复议申请笔录复印件发送被申请人。被申请人应当自收到行政复议申请书副本或者行政复议申请笔录复印件之日起5日内,提出书面答复,并提交作出行政行为的证据、依据和其他有关材料。另外,适用简易程序审理的行政复议案件,可以书面审理,也可以听取当事人的意见,而非必须听取意见。

(3)简易程序转普通程序。适用简易程序审理的行政复议案件,行政复议机构认为不宜适用简易程序的,经行政复议机构的负责人批准,可以转为普通程序审理。在实践中,这里"认为不宜适用简易程序"的主要情形包括:一是当事人就适用简易程序提出异议,行政复议机构认为异议成立的;二是当事人改变或增加复议请求,导致案情复杂化的;三是案件虽较为简单,事实清楚、权利义务关系明确、争议不大,但代表一类案件,可能影响大量或类似案件审理的;四是虽然案件较为简单,事实清楚、权利义务关系明确、争议不大,但关系到申请人基本的生产生活,可能引发群体性事件的。

(四) 行政复议的决定

复议机关经过对复议案件的审理,要依据事实和法律,就行政复议作出结论性裁决,这就是决定程序。根据《行政复议法》的规定,适用普通程序审理的行政复议案件,行政复议机关应当自受理申请之日起 60 日内作出行政复议决定;但是法律规定的行政复议期限少于 60 日的除外。情况复杂,不能在规定期限内作出行政复议决定的,经行政复议机构的负责人批准,可以适当延长,并书面告知当事人;但是延长期限最多不得超过 30 日。适用简易程序审理的行政复议案件,行政复议机关应当自受理申请之日起 30 日内作出行政复议决定。

1. 复议决定的种类

行政复议机构对被申请人作出的行政行为进行审查,提出意见,经行政复议机关的负责人同意或者集体讨论通过后,根据案件的不同情况,以行政复议机关的名义分别作出以下行政复议决定:

(1) 变更决定。行政行为有下列情形之一的,行政复议机关决定变更该行政行为:事实清楚,证据确凿,适用依据正确,程序合法,但是内容不适当;事实清楚,证据确凿,程序合法,但是未正确适用依据;事实不清、证据不足,经行政复议机关查清事实和证据。行政复议机关不得作出对申请人更为不利的变更决定,但是第三人提出相反请求的除外。

(2) 撤销决定。行政行为有下列情形之一的,行政复议机关决定撤销或者部分撤销该行政行为,并可以责令被申请人在一定期限内重新作出行政行为:主要事实不清、证据不足;违反法定程序;适用的依据不合法;超越职权或者滥用职权。行政复议机关责令被申请人重新作出行政行为的,被申请人不得以同一事实和理由作出与被申请行政复议的行政行为相同或者基本相同的行政行为,但是行政复议机关以违反法定程序为由决定撤销或者部分撤销的除外。

(3) 确认违法决定。行政行为有下列情形之一的,行政复议机关不撤销该行政行为,但是确认该行政行为违法:依法应予撤销,但是撤销会给国家利益、社会公共利益造成重大损害;程序轻微违法,但是对申请人权利不产生实际影响。行政行为有下列情形之一,不需要撤销或者责令履行的,行政复议机关确认该行政行为违法:行政行为违法,但是不具有可撤销内容;被申请人改变原违法行政行为,申请人仍要求撤销或者确认该行政行为违法;被申请人不履行或者拖延履行法定职责,责令履行没有意义。

(4) 履行决定。被申请人不履行法定职责的,行政复议机关应当决定其在一定期限内履行法定职责。在实践中,被申请人不履行法定职责主要有拒绝履行、迟延履行和实际未履行。在这里,履职决定仍然属于一种程序性裁判,没有要求复议机关在复议决定中直接明确被申请人需要履行职责的具体内容,也就是说,具体如何履行,仍由被申请人经由行政程序自行确定。

(5) 确认无效决定。行政行为有实施主体不具有行政主体资格或者没有依据等重大且明显违法情形,申请人申请确认行政行为无效的,行政复议机关确认该行政行为无效。这里的"重大且明显"违法的情形,除了实施主体不具有行政主体资格和没有依据之外,还包括减损权利或者增加义务的行政行为没有法律规范依据、行政行为的内容客观上不可能实施、行政行为的实施会导致犯罪、行政行为的内容明显违法公序良俗等。

(6) 维持决定。具体行政行为认定事实清楚,证据确凿,适用依据正确,程序合法,内容适当的,行政复议机关决定维持该行政行为。

(7) 驳回申请决定。行政复议机关受理申请人认为被申请人不履行法定职责的行政复议申请后,发现被申请人没有相应法定职责或者在受理前已经履行法定职责的,决定驳回申请人的行政复议请求。

(8) 行政协议的复议决定。被申请人不依法订立、不依法履行、未按照约定履行或者违法变更、解除行政协议的,行政复议机关决定被申请人承担依法订立、继续履行、采取补救措施或者赔偿损失等责任。被申请人变更、解除行政协议合法,但是未依法给予补偿或者补偿不合理的,行政复议机关决定被申请人依法给予合理补偿。

(9) 赔偿决定。申请人在申请行政复议时一并提出行政赔偿请求,行政复议机关对依照《国家赔偿法》的有关规定应当不予赔偿的,在作出行政复议决定时,应当同时决定驳回行政赔偿请求;对符合《国家赔偿法》的有关规定应当给予赔偿的,在决定撤销或者部分撤销、变更行政行为或者确认行政行为违法、无效时,应当同时决定被申请人依法给予赔偿;确认行政行为违法的,还可以同时责令被申请人采取补救措施。申请人在申请行政复议时没有提出行政赔偿请求的,行政复议机关在依法决定撤销或者部分撤销、变更罚款,撤销或者部分撤销违法集资、没收财物、征收征用、摊派费用以及对财产的查封、扣押、冻结等行政行为时,应当同时责令被申请人返还财产,解除对财产的查封、扣押、冻结措施,或者赔偿相应的价款。

2. 复议调解

行政复议调解是指在行政复议过程中,行政复议机关以中立的第三方的身份介入调解,对于双方当事人之间的行政争议,展开说服劝导、协调化解,有效促进当事人进行沟通协商,消除误解达成合意,化解行政争议的活动。2023年修订的《行政复议法》第5条第1款明确规定"行政机关办理行政复议案件,可以进行调解",从而将调解确立为行政复议机关化解行政纠纷的重要手段。行政复议调解在适用过程中应当遵循合法、自愿的原则,且不得损害国家利益、社会公共利益和他人合法权益,不得违反法律、法规的强制性规定。

当事人经调解达成协议的,行政复议机关应当制作行政复议调解书,经各方当事人签字或者签章,并加盖行政复议机关印章,即具有法律效力。调解未达成协议或者调解书生效前一方反悔的,行政复议机关应当依法审查或者及时作出行政复议决定。

3. 复议和解

行政复议和解,是在行政复议审查过程中、行政复议决定作出之前,申请人和被申请人通过协商,充分表达自己的要求和理由,达成和解协议,然后将和解协议提交行政复议机关审查,行政复议机关允许后,终止行政复议程序。复议是为了解决行政争议,和解就是不可或缺的手段。通过行政复议和解,可以缓和行政主体与相对人之间的矛盾,最大限度地减少行政争议的负面效应,定分止争。同时,申请人和被申请人可以直接根据和解协议确定的内容和履行期限履行各自的义务,无须再经过行政复议机关作出行政复议决定、被申请人重新作出具体行政行为这些烦琐的过程,既能使行政相对人的合法权益及时得到保护,又能有效节约行政成本,提高行政执法效率。

《行政复议法》第74条规定:"当事人在行政复议决定作出前可以自愿达成和解,和解内容不得损害国家利益、社会公共利益和他人合法权益,不得违反法律、法规的强制性规定。当事人达成和解后,由申请人向行政复议机构撤回行政复议申请。行政复议机构准予撤回行政复议申请、行政复议机关决定终止行政复议的,申请人不得再以同一事实和理由提出行政复议申请。但是,申请人能够证明撤回行政复议申请违背其真实意愿的除外。"据此,和解的适用条件为:

第一,和解适用的情形主要在于法律、法规规定的行政裁量权,在裁量权范围内,行政机关拥有一定的处分权限,且行政相对人对于自己的实体权利有权处分,这为行政复议的和解提供了法律空间。对于羁束行政行为,行政主体无裁量权,只能按照法律的规定作出行政决定,无法与相对人和解。

第二,和解内容不得损害国家利益、社会公共利益和他人合法权益,不得违反法律、法规的强制性规定。行政权的存在和行使本身的目的就在于维护和增进国家利益、公共利益,行政机关裁量权的行使也就不得损害国家利益和社会公共利益。有时,行政复议审查的行政行为不仅对相对人产生法律效果,而且对行政第三人产生法律效果,因此和解协议的内容不得损害行政第三人的合法权益。如果申请人与被申请人达成的和解协议不利于行政第三人,则行政复议机关不得准许该和解协议,行政复议不得终止。同时,和解的内容还不得违反法律、法规的强制性规定。

第三,和解协议应以"自愿"为原则,且在行政复议决定作出前达成。无论当事人之间,还是行政复议机关以及其他主体和个人均不能强迫达成和解。申请人和被申请人双方在和解协商的基础上,就和解的具体内容达成一致意见的,应当将有关内容形成书面的和解协议书,并由双方签字或者盖章确认,作为双方依法达成的和解协议的书面凭证。和解协议书中一般应当载明以下内容:申请人的基本情况;被申请人的名称、地址和法定代表人的姓名;申请人申请行政复议的请求、事实和理由;被申请人与申请人达成和解协议的主要理由;被申请人与申请人达成和解的结果;履行和解协议的具体方式和期限;协议签署日期。对于当事人达成和解后,是否准予撤回行政复议申请,行政复议机构需要进行审查。一旦行政复议申请被准予撤回并终止,基于诚信原则和节约行政复议资源的原因,申请人不得再以同一事实和理由提出行政复议申请。如果当事人达成和解后,申请人不向行政复议机构撤回行政复议申请,则按照行政复议程序进行行政复议。

4. 复议决定的效力

行政复议机关作出行政复议决定,应当制作行政复议决定书,并加盖行政复议机关印章。行政复议决定书一经送达,即发生法律效力。根据《行政复议法》第10条的规定,公民、法人或者其他组织对行政复议决定不服的,可以依照《行政诉讼法》的规定向人民法院提起行政诉讼,但是法律规定行政复议决定为最终裁决的除外。这表明从是否发生终局法律效力来看,行政复议决定分为两种情形:一是终局裁决的行政复议决定,二是非终局的行政复议决定。

终局裁决的行政复议决定包括以下两种情形:其一,对国务院部门或者省、自治区、直辖市人民政府的具体行政行为不服的,向国务院申请裁决,国务院依照《行政复议法》的规定作出的裁决为最终裁决;其二,其他单行法律规定行政复议决定为终局裁决的情形。这里的"法律"仅指全国人大及其常委会制定、通过的法律。

终局裁决的行政复议决定书一经送达,即发生法律效力,与行政复议决定有利害关系的人不得再提起行政诉讼。对非终局的行政复议决定,与行政复议决定有利害关系的人不服时,可依法提起行政诉讼;如果逾期未提起行政诉讼,则行政复议决定发生法律效力,当事人必须履行该行政复议决定。

第一,被申请人应当履行行政复议决定书、调解书、意见书。被申请人不履行或者无正当理由拖延履行行政复议决定书、调解书、意见书的,行政复议机关或者有关上级行政机关应当责令其限期履行,并可以约谈被申请人的有关负责人或者予以通报批评。同时根据《行政复议法》第83条的规定,被申请人不履行或者无正当理由拖延履行行政复议决定书、调解书、意见书的,对负有责任的领导人员和直接责任人员依法给予警告、记过、记大过的处分;经责令履行仍拒不履行的,依法给予降级、撤职、开除的处分。

第二,申请人、第三人逾期不起诉又不履行行政复议决定书、调解书的,或者不履行最终裁决的行政复议决定的,按照下列规定分别处理:一是维持行政行为的行政复议决定书,由作出行政行为的行政机关依法强制执行,或者申请人民法院强制执行;二是变更行政行为的行政复议决定书,由行政复议机关依法强制执行,或者申请人民法院强制执行;三是行政复议调解书,由行政复议机关依法强制执行,或者申请人民法院强制执行。

第三节　行政诉讼救济

行政诉讼是现代国家解决行政争议、保护行政相对人合法权益、推行行政法治的重要法律制度,也是对行政行为实施法律救济的主要机制。1989年4月4日第七届全国人民代表大会第二次会议通过,自1990年10月1日起正式实施的《行政诉讼法》,标志着我国行政诉讼制度的全面创建,这是一项崭新的"民告官"制度,可以说是我国民主法治建设史上的里程碑。《行政诉讼法》先后经历2014年和2017年两次修正,对行政诉讼制度作出重大改革和完善。① 根

---

① 2014年11月1日第十二届全国人民代表大会常务委员会第十一次会议第一次修正,在立法目的、受案范围、管辖制度、当事人制度、审理判决制度和执行制度等方面作出了重大修改;2017年6月27日第十二届全国人民代表大会常务委员会第二十八次会议第二次修正,此次修正的内容是,第25条增加一款,作为第4款:"人民检察院在履行职责中发现生态环境和资源保护、食品药品安全、国有财产保护、国有土地使用权出让等领域负有监督管理职责的行政机关违法行使职权或者不作为,致使国家利益或者社会公共利益受到侵害的,应当向行政机关提出检察建议,督促其依法履行职责。行政机关不依法履行职责的,人民检察院依法向人民法院提起诉讼。"

据修改后的《行政诉讼法》的规定,结合行政审判工作实际,2018年最高人民法院发布《关于适用〈中华人民共和国行政诉讼法〉的解释》(以下简称《行政诉讼法解释》)①,对行政诉讼作出了进一步创新发展。

一、行政诉讼的概念

行政诉讼,是指作为行政相对人的公民、法人或者其他组织认为有关行政机关和行政机关工作人员的行政行为侵犯其合法权益,依法向人民法院起诉,由人民法院审理并作出裁判的活动。简而言之,就是人民法院按照司法程序解决特定行政争议的活动。从这一概念可见,行政诉讼和行政复议存在着许多相同之处:

首先,行政诉讼和行政复议的内容都是解决行政争议,即作为行政相对人的公民、法人或者其他组织认为行政机关和行政机关工作人员的行政行为侵犯其合法权益而引起的争议。行政诉讼和行政复议是目前我国解决行政争议的两条主要途径,只不过一条是行政系统之外的途径,一条是行政系统之内的途径。

其次,行政诉讼和行政复议双方当事人都具有恒定性,即一方当事人为行政相对人,另一方当事人为行政机关。它们的称谓有所不同,行政复议的双方当事人分别被称为"申请人"和"被申请人",而行政诉讼的双方当事人则分别被称为"原告"和"被告"。作为行政诉讼双方当事人的原告和被告的地位也是具有恒定性的,即作为行政相对人的公民、法人或者其他组织有权依法起诉而充当原告,被指控侵犯相对人合法权益的行政机关只能充当被告;行政相对人不能成为被告,实施行政行为的行政机关也不能起诉而成为原告。

再次,行政诉讼和行政复议的客体都是行政相对人认为侵犯其合法权益而引起争议的行政行为。《行政复议法》虽规定对部分抽象行政行为可予复议,但相对人是不能直接对其提起行政复议的,而只能在对行政行为提出复议申请的同时一并提出对抽象行政行为的审查申请。《行政诉讼法》也允许对部分抽象行政行为提起诉讼。

最后,行政诉讼和行政复议在性质上都是行政救济机制。其中,行政诉讼属于一种外部行政救济机制,行政复议则是一种内部行政救济机制。

---

① 2017年11月13日最高人民法院审判委员会第1726次会议通过,法释〔2018〕1号公布,自2018年2月8日起施行。该解释施行后,最高人民法院《关于执行〈中华人民共和国行政诉讼法〉若干问题的解释》(法释〔2000〕8号)、《关于适用〈中华人民共和国行政诉讼法〉若干问题的解释》(法释〔2015〕9号)同时废止。

行政诉讼和行政复议虽存在着如上相同之处,但它们毕竟是两种不同的行政法律制度。两者的区别主要表现为:

第一,裁决机关不同。行政诉讼是人民法院运用审判权的司法活动,而行政复议则是行政机关运用行政权的行政行为。

第二,审查范围不同。行政诉讼原则上主要审查行政行为的合法性,而行政复议则对行政行为是否合法与适当进行全面审查。

第三,适用程序不同。行政诉讼按照《行政诉讼法》的规定,适用严格的普通司法程序,具有严格、全面的特点;而行政复议则按照《行政复议法》的规定,适用准司法程序,虽具有一定的司法性质,但同时又具有行政性,从总体上说仍是一种行政程序,要体现行政特有的迅速、简便等特点。

第四,法律效力不同。除有法律明文规定之外,行政复议决定不具有最终的法律效力,即复议申请人不服复议决定的,可依法向人民法院提起行政诉讼;而行政诉讼的终审判决则具有最终的法律效力,即司法最终裁决原则。

关于行政复议与行政诉讼之间的衔接关系问题,根据我国法律的规定,目前主要有以下四种类型:

第一种类型是自由选择。当事人可在复议与诉讼中自由选择其一,以解决行政争议,且若选择了复议,对复议不服的还可提起诉讼。

第二种类型是单一选择。当事人可在复议与诉讼中自由选择其一,以解决行政争议,但是若选择了复议,复议即为终局而不能再提起诉讼。

第三种类型是复议终局。当事人只能提起行政复议,复议即为终局而不能提起诉讼。

第四种类型是复议前置。复议是诉讼的前置阶段,只能先经复议再提起诉讼。

其中,第二和第三两种类型属于终局复议,复议决定具有终局效力;第一和第四两种类型属于非终局复议,复议决定不具有终局效力,即对复议不服可起诉。

从目前的规定来看,以自由选择为原则,以复议前置为辅,以终局复议为例外。终局复议只能由法律加以规定,复议前置只能由法律、行政法规加以规定。为了贯彻落实行政复议作为化解行政争议主渠道的制度定位,在复议与诉讼的机制衔接上,2023年修订的《行政复议法》改革"自由选择"的制度设计,大大扩充了复议前置的适用范围,在一定程度上确立了"复议前置为原则"的新模式。①

二、行政诉讼的立法宗旨与原则

(一) 行政诉讼的立法宗旨

如何确定行政诉讼的立法宗旨或立法目的,是行政诉讼制度面临的首要问题。这既是一个立法政策问题,更是一部法律所追求的基本目标和价值功能在法律层面的集中体现;既关系到行政诉讼制度的设计,更影响到这部法律的实施效果。因此,立法宗旨是一部法律统领性的"灵魂条款"。

根据 1989 年《行政诉讼法》第 1 条的规定,行政诉讼有三项目的或功能:(1)保证人民法院正确、及时审理行政案件;(2)保护公民、法人和其他组织的合法权益;(3)维护和监督行政机关依法行使行政职权。长期以来,学术界对于这一规定争议不断,争论焦点在于行政诉讼究竟要不要"维护"行政权。从表面上看,行政诉讼通过对合法行政行为作出维持判决、对违法行政行为作出撤销判决,从而兼有维护行政权和保护公民权的双重功能。但是,实际上,两者很难兼容,加上在当前司法体制不够通畅的形势下,实践中往往过分强调法院要维护行政权,从而为行政机关干预司法审判留下制度漏洞。尤其是当"维护行政权"和"保护公民权"这两种价值出现冲突时,司法实践中往往会选择前者而不是后者,负面效应极为明显。对此,2014 年《行政诉讼法》第 1 条将其修改为:"为保证人民法院公正、及时审理行政案件,解决行政争议,保护公民、法人和其他组织的合法权益,监督行政机关依法行使职权,根据宪法,制定本法。"修正后的《行政诉讼法》有三个重要变化:

第一,将法院"正确"审理行政案件中的"正确"修改为"公正"。公正是评判司法工作的基本价值标准与核心要求,既包括实体公正也包括程序公正,用"正确"或者"错误"来衡量并不恰当、适切。

第二,增加"解决行政争议"作为立法目的。这旨在突出强调行政诉讼解决争议的功能,使行政诉讼的定位回归诉讼制度本身。诉讼的基本功能是解决争议,继而保护公民权利。以前的司法实践中,过分强调行政诉讼对行政行为的合法性审查,对于原告的诉讼请求没有充分重视,导致许多案件出现"案结事未了"的情况,背离了行政诉讼的基本职能。增加"解决行政争议",主要是更加强

---

① 参见周佑勇主编:《中华人民共和国行政复议法理解和适用》,中国法制出版社 2023 年版,导言第 6 页。

调行政诉讼有效化解争议的目的,避免程序空转,实现定分止争、"案结事了"。

第三,删除"维护"行政机关行使职权。这旨在进一步强化行政诉讼对行政行为的监督功能。事实上,行政机关作出的行政行为本身就具有公定力和执行力,无须法院通过司法程序加以维护。行政诉讼的主要功能应当是通过司法权监督行政机关依法行政,维护公民、法人和其他组织的合法权益,而不应当将"维护"行政机关行使职权作为目标之一,因此予以删除。相应的,《行政诉讼法》也删除了"维持判决"。

可见,2014年《行政诉讼法》通过调整立法宗旨,重新将行政诉讼的立法目或功能确立为四项:(1)保证公正司法;(2)解决行政争议;(3)保护公民权益;(4)监督依法行政。通过保证公正司法、解决行政争议、监督行政权力,确保这三项功能的有效发挥,最终实现保护公民权益的根本目的。

(二)行政诉讼的基本原则

行政诉讼的基本原则是在行政诉讼的整个过程中起主导、支配作用的基本行为准则,它体现着行政诉讼法的精神实质和价值取向。对此,《行政诉讼法》第3条至第11条作了明确规定,其中人民法院依法独立行使审判权原则,"以事实为根据,以法律为准绳"原则,合议、回避、公开审判和两审终审原则,当事人法律地位平等原则,使用本民族语言文字进行诉讼原则,辩论原则等,是行政诉讼与其他诉讼共有的基本原则。除此之外,行政诉讼还应当遵循以下特有的基本原则:

1. 诉权之保障原则

公民、法人和其他组织的起诉权利是其合法权益得到司法救济的前提和保障。为畅通诉讼渠道,排除一些行政机关及其工作人员对司法的不当干预,着力解决"立案难"的问题,《行政诉讼法》第3条明确规定:"人民法院应当保障公民、法人和其他组织的起诉权利,对应当受理的行政案件依法受理。行政机关及其工作人员不得干预、阻碍人民法院受理行政案件。被诉行政机关负责人应当出庭应诉。不能出庭的,应当委托行政机关相应的工作人员出庭。"该条的意义在于,实际上是把"法院依法立案"规定为法律原则,要求法院切实保障起诉权利;同时,还规定了行政机关的法定保障义务,包括不得干预、阻碍立案,行政机关负责人应当出庭应诉。

尤其值得指出的是,将行政机关负责人出庭应诉规定为一项基本法律制度,明确地为行政机关负责人设定了"出庭应诉"的义务,对于实质性化解行政争议、切实保障相对人诉权的实现具有重要意义。既然是义务,就不能不履行,确因客观原因不能出庭的,也只能"委托行政机关相应的工作人员出庭",而不能只是委托律师、法律顾问或其他一般工作人员出庭应诉。此外,根据《行政诉讼法》第 66 条第 2 款的规定,人民法院对被告行政机关经传票传唤无正当理由拒不到庭,或者未经法庭许可中途退庭的,可以将情况予以公告,还可以向其上一级行政机关或者监察机关提出处分主要负责人或者直接责任人员的司法建议。

2. 合法性审查原则

《行政诉讼法》第 6 条规定:"人民法院审理行政案件,对行政行为是否合法进行审查。"这就是行政诉讼的合法性审查原则。行政诉讼作为对行政权的一种司法审查或司法介入,必然涉及司法权介入行政权的边际和司法审查的程度问题。《行政诉讼法》确立的合法性审查原则即以法律为界。应当说,这合理地划定了司法审查的基本界限。

当然,我们并不能因此推导出法院不能介入合理性问题。因为合理性存在程度上的差异,明显不合理而逾越了合理性的限度,已属于违法。为了加强对行政裁量权的监督,《行政诉讼法》在坚持合法性审查原则的前提下,第 70 条还明确将"明显不当"纳入合法性审查的范围之内,作为认定行政行为违法的标准,并可以判决撤销或部分撤销,从而大大拓展了合法性审查的范围。所谓"明显不当",即明显不合理的行政行为,由于其不合理的程度已经达到相当的标准,不符合正常人的判断标准,因此对其进行的司法审查也可以看作一种特殊的合法性审查。与此相对应,《行政诉讼法》第 75 条在可撤销的行政行为之外明确了"无效行政行为"的概念。对于重大且明显违法的行政行为,人民法院应当判决确认无效。

3. 人民检察院实行法律监督原则

检察机关是我国的法律监督机关,有权对人民法院的审判活动实施法律监督。由于行政诉讼涉及对行政权的司法审查,因此需要特别强调人民检察院的法律监督。根据《行政诉讼法》的规定,人民检察院有权对行政诉讼实行法律监督。其中,实行法律监督的重点和核心是人民法院的行政审判活动,而且主要是抗诉监督。根据《行政诉讼法》第 93 条的规定,最高人民检察院对各级人民法院已经发生法律效力的判决、裁定,上级人民检察院对下级人民法院已经发生法律效力的判决、裁定,发现确有错误或者违法的,或者发现调解书损害国家利益、社会公共利益的,应当提出抗诉。地方各级人民检察院对同级人民法院已经发生法律效力的判决、裁定,发现确有错误或者违法的,或者发现调解书损害国家利益、社会公共利益的,可以向同级人民法院提出检察建议,并报上级人民检察院备案;也可以提请上级人民检察院向同级人民法院提出抗诉。各级人民检察院对审判监督程序以外的其他审判程序中审判人员的违法行为,有权向同级人民法院提出检察建议。

此外,根据《行政诉讼法解释》第 117 条的规定,有下列情形之一的,当事人可以向人民检察院申请抗诉或者检察建议:(1) 人民法院驳回再审申请的;(2) 人民法院逾期未对再审申请作出裁定的;(3) 再审判决、裁定有明显错误的。人民法院基于抗诉或者检察建议作出再审判决、裁定后,当事人申请再审的,人民法院不予立案。

三、行政诉讼的范围与管辖

(一) 行政诉讼的范围

行政诉讼的范围(或称"受案范围"),是指人民法院受理行政争议案件的范围,或者作为原告的行政相对人可以提起行政诉讼的行政行为的范围。《行政诉讼法》从如下两个方面规定了行政诉讼的受案范围:

1. 可诉行政行为的范围

根据《行政诉讼法》第 12 条的规定,人民法院受理公民、法人或者其他组织提起的下列诉讼:第一,对行政拘留、暂扣或者吊销许可证和执照、责令停产停业、没收违法所得、没收非法财物、罚款、警告等行政处罚不服的;第二,对限制人身自由或者对财产的查封、扣押、冻结等行政强制措施和行政强制执行不服的;第三,申请行政许可,行政机关拒绝或者在法定期限内不予答复,或者对行政机关作出的有关行政许可的其他决定不服的;第四,对行政机关作出的关于确认土地、矿藏、水流、森林、山岭、草原、荒地、滩涂、海域等自然资源的所有权或者使用权的决定不服的;第五,对征收、征用决定及其补偿决定不服的;第六,申请行政机关履行保护人身权、财产权等合法权益的法定职责,行政机关拒绝履行或者不予答复的;第七,认为行政机关侵犯其经营自主权或者农村土地承包经营权、农村土地经营权的;第八,认为行政机关滥用行政权力排除或者限制竞争的;第九,认为行政机关违法集资、摊派费用或者违法要求履行义务的;第十,认为行政机关没有依法支付抚恤金、最低生活保障待遇或者社会保险待遇的;第十一,认为行政机关不依法履行、未按照约定履行或者违法变更、解除政府特许经营协议、土地房屋征收补偿协议等协议的;第十二,认为行政机关侵犯其他人身权、财产权等合法权益的;第十三,法律、法规规定可以提起诉讼的其他行政案件。

2. 法院不予受案的范围

根据《行政诉讼法》第 13 条的规定,人民法院不受理公民、法人或者其他组织对下列事项提起的诉讼:第一,国防、外交等国家行为;第二,行政法规、规章或者行政机关制定、发布的具有普遍约束力的决定、命令;第三,行政机关对行政机关工作人员的奖惩、任免等决定;第四,法律规定由行政机关最终裁决的行政行为。

根据《行政诉讼法解释》第 2 条的规定,这里的"国家行为",是指国务院、中央军事委员会、国防部、外交部等根据宪法和法律的授权,以国家的名义实施的有关国防和外交事务的行为,以及经宪法和法律授权的国家机关宣布紧急状态等行为。"具有普遍约束力的决定、命令",是指行政机关针对不特定对象发布的能反复适用的行政规范性文件。"对行政机关工作人员的奖惩、任免等决定",是指行政机关作出的涉及行政机关工作人员公务员权利义务的决定。"法律规定由行政机关最终裁决的行政行为"中的"法律",是指全国人民代表大会及其常务委员会制定、通过的规范性文件。

《行政诉讼法解释》第 1 条还列举了下列行为不属于行政诉讼的受案范围:(1) 公安、国家安全等机关依照《刑事诉讼法》的明确授权实施的行为;(2) 调解行为以及法律规定的仲裁行为;(3) 行政指导行为;(4) 驳回当事人对行政行为提起申诉的重复处理行为;(5) 行政机关作出的不产生外部法律效力的行为;(6) 行政机关为作出行政行为而实施的准备、论证、研究、层报、咨询等过程性行为;(7) 行政机关根据人民法院的生效裁判、协助执行通知书作出的执行行为,但行政机关扩大执行范围或者采取违法方式实施的除外;(8) 上级行政机关基于内部层级监督关系对下级行政机关作出的听取报告、执法检查、督促履责等行为;(9) 行政机关针对信访事项作出的登记、受理、交办、转送、复查、复核意见等行为;(10) 对公民、法人或者其他组织权利义务不产生实际影响的行为。

(二) 行政诉讼的管辖

管辖所要解决的问题是人民法院之间受理一审行政争议案件的权限分工。根据《行政诉讼法》的规定,行政诉讼的管辖主要包括级别管辖和地域管辖两类。此外,该法还规定了移送管辖、指定管辖和管辖权的转移等裁定管辖。

1. 级别管辖

级别管辖,是指上下级人民法院之间受理一审行政案件的权限分工。我国法院设置分为四级,即基层人民法院、中级人民法院、高级人民法院和最高人民法院。其中，基层人民法院管辖一般的一审行政案件；中级人民法院管辖海关处理案件，对国务院各部门或者县级以上地方人民政府所作的行政行为提起诉讼的案件，本辖区内重大、复杂的一审行政案件以及其他法律规定由中级人民法院管辖的案件；高级人民法院管辖本辖区内重大、复杂的一审行政案件；最高人民法院管辖全国范围内重大、复杂的一审行政案件。

此外，根据《行政诉讼法解释》第3条的规定，各级人民法院行政审判庭审理行政案件和审查行政机关申请执行其行政行为的案件。专门人民法院、人民法庭不审理行政案件，也不审查和执行行政机关申请执行其行政行为的案件。铁路运输法院等专门人民法院审理行政案件，应当执行《行政诉讼法》第18条第2款规定的跨行政区域管辖。

2. 地域管辖

地域管辖，是指同级但不同地区的人民法院之间受理一审行政案件的权限分工，包括一般地域管辖和特殊地域管辖。

（1）一般地域管辖，是指除法律特别列举的以外，其他所有行政案件都属于其管辖的地域管辖制度。根据《行政诉讼法》第18条的规定，一般地域管辖制度包括：第一，最初作出行政行为的行政机关所在地人民法院管辖。第二，复议机关所在地人民法院管辖，即经复议的案件，也可以由复议机关所在地人民法院管辖。也就是说，对于原行政行为，采用"原告就被告"的原则；对经复议机关复议的，为了便于当事人诉讼，采用由当事人选择管辖法院的原则。第三，跨行政区域管辖，即经最高人民法院批准，高级人民法院可以根据审判工作的实际情况，确定若干人民法院跨行政区域管辖行政案件。

（2）特殊地域管辖，是指法律针对特别案件所列举的确定管辖法院的管辖方式。《行政诉讼法》规定了两种特殊地域管辖：一是对限制人身自由的行政强制措施不服提起的诉讼，由被告所在地或者原告所在地人民法院管辖。二是因不动产提起的行政诉讼，由不动产所在地人民法院管辖。

根据《行政诉讼法解释》第8条的规定，这里的"原告所在地"，包括原告的户籍所在地、经常居住地和被限制人身自由地。对行政机关基于同一事实，既采取限制人身自由的行政强制措施，又采取其他行政强制措施或者行政处罚不服的，由被告所在地或者原告所在地的人民法院管辖。

此外，《行政诉讼法》第21条规定："两个以上人民法院都有管辖权的案件，原告可以选择其中一个人民法院提起诉讼。原告向两个以上有管辖权的人民法院提起诉讼，由最先立案的人民法院管辖。"《行政诉讼法解释》第10条第1、2款规定："人民法院受理案件后，被告提出管辖异议的，应当在收到起诉状副本之日起十五日内提出。对当事人提出的管辖异议,人民法院应当进行审查。异议成立的,裁定将案件移送有管辖权的人民法院;异议不成立的,裁定驳回。"根据《行政诉讼法解释》第134条的规定,作出原行政行为的行政机关和复议机关为共同被告的,以作出原行政行为的行政机关确定案件的级别管辖。

3. 裁定管辖

裁定管辖,是指由人民法院作出一个裁定或者决定以确定案件管辖法院的方式。《行政诉讼法》规定了三种裁定管辖:移送管辖、指定管辖和管辖权的转移。

(1) 移送管辖,是指人民法院受理行政案件以后,发现所受理的行政案件不属于自己管辖而应由其他人民法院管辖时,将案件移送有管辖权的人民法院受理的一种管辖形式。依照《行政诉讼法》的规定,移送管辖必须同时具备三个条件:一是,人民法院已经受理案件;二是,移送的人民法院对此案件无管辖权;三是,接受移送的人民法院对此案件有管辖权。

(2) 指定管辖,是指上级人民法院以裁定的方式,指定某一个下级人民法院对某一案件进行管辖。我国《行政诉讼法》规定了需要进行指定管辖的两种情况:第一,有管辖权的人民法院由于特殊原因不能行使管辖权的,由上级人民法院指定其他人民法院管辖。例如,由于自然灾害、战争、意外事故或者法律规定等其他原因致使有管辖权的人民法院不能行使管辖权时,由上级人民法院指定管辖。第二,人民法院对管辖权发生争议,由争议双方协商解决;协商不成的,报它们的共同上级人民法院,由该上级人民法院以指定形式解决管辖冲突或争议。

(3) 管辖权的转移,是指基于上级人民法院的同意或决定,将下级人民法院有管辖权的行政案件转交上级人民法院审理,或者由上级人民法院指定管辖。管辖权转移的条件有:一是,对该行政案件的管辖权没有争议;二是,转移的人民法院和接受的人民法院之间有上下隶属关系。根据《行政诉讼法》第24条的规定,管辖权的转移分为两种情形:第一,上级人民法院有权审理下级人民法院管辖的第一审行政案件;第二,下级人民法院对其管辖的第一审行政案件,认为需要由上级人民法院审理或者指定管辖的,可以报请上级人民法院决定。需要说明的是,2014年《行政诉讼法》删除了1989年《行政诉讼法》中上级人民法院"可以把自己管辖的第一审行政案件移交下级人民法院审判"的规定,其主要目的在于防止地方保护主义对案件公正审理的干涉,以及保护当事人的上诉权。

四、行政诉讼参加人

行政诉讼参加人,是指起诉、应诉,或与具体行政行为有利害关系,在整个或部分诉讼中参加行政诉讼活动的人。《行政诉讼法》第四章专章规定了行政诉讼参加人,包括行政诉讼的原告、被告、共同诉讼人、诉讼中的第三人和诉讼代理人。其中,原告、被告、共同诉讼人、诉讼中的第三人统称"行政诉讼的当事人"。当然,依照《行政诉讼法》的规定,行政诉讼的当事人在一审程序中称"原告""被告""第三人";在二审程序、审判监督程序和执行程序中的称谓,《行政诉讼法》没有规定,参照《民事诉讼法》的规定,在二审程序中称"上诉人""被上诉人",在审判监督程序中称"原审原告""原审被告"或"原上诉人""原被上诉人",在执行程序中称"申请执行人"和"被申请执行人"。

(一)行政诉讼中的原告

根据《行政诉讼法》第25条的规定,行政行为的相对人以及其他与行政行为有利害关系的公民、法人或者其他组织是原告。有权提起诉讼的公民死亡,其近亲属可以提起诉讼。有权提起诉讼的法人或者其他组织终止,承受其权利的法人或者其他组织可以提起诉讼。根据《行政诉讼法解释》第12条的规定,"与行政行为有利害关系"的情形包括:(1)被诉的行政行为涉及其相邻权或者公平竞争权的;(2)在行政复议等行政程序中被追加为第三人的;(3)要求行政机关依法追究加害人法律责任的;(4)撤销或者变更行政行为涉及其合法权益的;(5)为维护自身合法权益向行政机关投诉,具有处理投诉职责的行政机关作出或者未作出处理的;(6)其他与行政行为有利害关系的情形。

在原告资格的确立上,《行政诉讼法解释》还就下列问题作了明确规定:第一,合伙企业向人民法院提起诉讼的,应当以核准登记的字号为原告。未依法登记领取营业执照的个人合伙的全体合伙人为共同原告。第二,个体工商户向人民法院提起诉讼的,以营业执照登记的经营者为原告。第三,股份制企业的股东大会、股东会、董事会等认为行政机关作出的行政行为侵犯企业经营自主权的,可以企业名义提起诉讼。第四,联营企业、中外合资或者合作企业的联营、合资、合作各方,认为联营、合资、合作企业权益或者自己一方合法权益受行政行为侵害的,可以自己的名义提起诉讼。第五,非国有企业被行政机关注销、撤销、合并、强令兼并、出售、分立或者改变企业隶属关系的,该企业或者其法定代表人可以提起诉讼。

(二)行政诉讼中的被告

行政诉讼中的被告,是指被原告指控其行政行为侵犯原告行政法上的合法权益,由人民法院通知应诉的行政主体。由于实践中行政管理的面很广,牵涉到的行政执法部门十分复杂,因此被告的确定是一个复杂的问题。《行政诉讼法》和《行政诉讼法解释》对如何确定被告作了如下具体规定:

第一,原告直接向人民法院提起诉讼的,即在没有经复议的情况下,作出行政行为的行政主体是被告。当事人不服经上级行政机关批准的行政行为,向人民法院提起诉讼的,以在对外发生法律效力的文书上署名的机关为被告。

第二,经复议的案件,复议机关决定维持原行政行为的,作出原行政行为的行政机关和复议机关是共同被告;复议机关改变原具体行政行为的,复议机关是被告。复议机关在法定期限内未作出复议决定,当事人对原行政行为不服提起诉讼的,应当以作出原行政行为的行政机关为被告;当事人对复议机关不作为不服提起诉讼的,应当以复议机关为被告。

第三,两个以上行政主体作出同一行政行为的,共同作出行政行为的行政主体是共同被告。原告对行政主体与非行政主体共同署名作出的处理决定不服,向人民法院起诉的,应当以作出决定的行政主体为被告,非行政主体不能作被告。

第四,由法律、法规、规章授权的组织所作的行政行为,该组织是被告。由行政机关委托的组织所作的行政行为,委托的行政机关是被告。

行政机关组建并赋予行政管理职能但不具有独立承担法律责任能力的机构,以自己的名义作出行政行为,当事人不服提起诉讼的,应当以组建该机构的行政机关为被告。

法律、法规或者规章授权行使行政职权的行政机关内设机构、派出机构或者其他组织,超出法定授权范围实施行政行为,当事人不服提起诉讼的,应当以实施该行为的机构或者组织为被告。

没有法律、法规或者规章规定,行政机关授权其内设机构、派出机构或者其他组织行使行政职权的,属于《行政诉讼法》第26条规定的委托。当事人不服提起诉讼的,应当以该行政机关为被告。

第五,行政主体被撤销或者职权变更的,继续行使其职权的行政主体是被告。继续行使其职权的行政主体,是指新的或合并其职能的其他行政主体。在作出行政行为的行政主体被撤销或者职权变更的情况下,由继续行使其职权的行政主体作被告;如果没有继续行使其职权的行政主体,则应当以其所属的人民政府或垂直领导的上一级行政机关为被告。

(三) 行政诉讼中的第三人

所谓第三人,是指因为与被提起诉讼的行政行为有利害关系,通过自己申请或法院通知的形式,参加到诉讼中的其他公民、法人或者其他组织。《行政诉讼法》第 29 条第 1 款规定:"公民、法人或者其他组织同被诉行政行为有利害关系但没有提起诉讼,或者同案件处理结果有利害关系的,可以作为第三人申请参加诉讼,或者由人民法院通知参加诉讼。"根据《行政诉讼法解释》的规定,第三人参加诉讼的方式有两种:一是,应当追加被告而原告不同意追加的,人民法院应当通知其以第三人的身份参加诉讼,但行政复议机关作共同被告的除外。二是,行政机关的同一行政行为涉及两个以上利害关系人,其中一部分利害关系人对行政行为不服提起诉讼,人民法院应当通知没有起诉的其他利害关系人作为第三人参加诉讼。第三人有权提出与本案有关的诉讼主张,对人民法院的一审判决不服的,有权提起上诉或者申请再审。

从行政法的实践来看,第三人参加诉讼主要有以下几种情形:

第一,行政处罚案件中的受侵害人或受处罚人。由于受侵害人或受处罚人对行政处罚行为不服的,都可以提起行政诉讼,因此当有一方提起诉讼时,相对的另一方就可以作为第三人参加诉讼。

第二,行政处罚案件中的共同被处罚人。当行政处罚行为中的被处罚人有两个以上时,一部分人向人民法院提起诉讼,而另一部分人没有起诉的,可以作为第三人参加诉讼。

第三,行政确权案件中主张权利的人。在行政主体对民事纠纷的所有权或使用权问题作出确权裁决的行政案件中,不服裁决的一方当事人起诉的,另一方当事人可以作为第三人参加诉讼。

第四,行政居间裁决案件中不服一方提起诉讼时的另一方当事人。行政居间裁决案件中,决定一方当事人负赔偿责任,在这一方当事人不服而提起诉讼的情况下,没有提起诉讼的另一方当事人可以作为第三人参加诉讼。

第五,与行政主体共同作出具体行政行为的非行政主体。当行政主体与非行政主体共同作出具体行政行为时,非行政主体虽不能作为被告参加诉讼,但由于与该诉讼有利害关系,因此可以作为第三人参加诉讼。

(四) 共同诉讼人

共同诉讼,是指当事人一方或者双方为两人以上的诉讼,即原告或者被告至少有一方为两个以上的共同诉讼当事人。根据《行政诉讼法》第 27 条的规定,行政诉讼中的共同诉讼可以分为必要共同诉讼和普通共同诉讼。

必要共同诉讼,是指当事人一方或者双方为两人以上,因同一个行政行为而发生的行政案件,人民法院必须合并审理的诉讼。必要共同诉讼中的案件实质上是一个案件,只有一个诉讼标的,是因同一个行政行为而引起的,只不过当事人一方或者双方是多数而已。例如,两个以上的人共同违反行政管理法规,行政机关在同一处罚决定中分别予以处罚,受罚的人均提起诉讼的,就是必要共同诉讼。

普通共同诉讼,是指当事人一方或者双方为两人以上,因同类的行政行为而发生的行政案件,人民法院决定合并审理并经当事人同意的诉讼。普通共同诉讼实质上是将几个不同的案件合并审理,合并审理的原因是几个案件的起因都是对行政机关同类的行政行为不服。例如,人民法院辖区内的几个公民因对行政机关要求他们拆除违章建筑的处理不服而提起的诉讼,就是普通共同诉讼。

需要注意的是,为了提高司法效率,2014年修正的《行政诉讼法》参照《民事诉讼法》的相关规定,增加了"诉讼代表人"的概念。《行政诉讼法》第28条规定:"当事人一方人数众多的共同诉讼,可以由当事人推选代表人进行诉讼。代表人的诉讼行为对其所代表的当事人发生效力,但代表人变更、放弃诉讼请求或者承认对方当事人的诉讼请求,应当经被代表人的当事人同意。"根据《行政诉讼法解释》第29条的规定,这里的"人数众多",一般指十人以上;"代表人",为二至五人。

(五) 诉讼代理人

行政诉讼代理人,是指根据法律规定、法院指定或者当事人委托的权限,代理一方当事人,并以被代理人的名义进行诉讼行为的人。行政诉讼代理是代理的一种。行政诉讼代理人的任务是,在诉讼中维护被代理人的合法权益,保证诉讼的顺利进行。行政诉讼中的代理人可以分为原告的诉讼代理人和被告的诉讼代理人。原告的代理人根据产生的方式不同,可以分为法定代理人、指定代理人和委托代理人;而被告的代理人只能根据委托产生。

根据《行政诉讼法》第30条和第31条的规定,没有诉讼行为能力的公民,由其法定代理人代为诉讼。法定代理人互相推诿代理责任的,由人民法院指定其中一人代为诉讼。当事人、法定代理人,可以委托一至二人代为诉讼。可以被委托为诉讼代理人的人员包括:律师、基层法律服务工作者;当事人的近亲属或者工作人员;当事人所在社区、单位以及有关社会团体推荐的公民。根据《行政诉讼法解释》第31条的规定,当事人委托诉讼代理人,应当向人民法院提交由委托人签名或者盖章的授权委托书。委托书应当载明委托事项和具体权限。公民在特殊情况下无法书面委托的,也可以由他人代书,并由自己捺印等方式确认,人民法院应当核实并记录在卷;被诉行政机关或者其他有义务协助的机关拒绝人民法院向被限制人身自由的公民核实的,视为委托成立。当事人解除或者变更委托的,应当书面报告人民法院。

此外,根据《行政诉讼法》第32条的规定,代理诉讼的律师,可以按照规定查阅、复制本案有关材料,可以向有关组织和公民调查,收集证据。对涉及国家秘密、商业秘密和个人隐私的材料,应当依照法律规定保密。经人民法院许可,当事人和其他诉讼代理人可以查阅、复制本案庭审材料,但是涉及国家秘密、商业秘密和个人隐私的内容除外。

五、行政诉讼的程序

根据《行政诉讼法》的规定,我国行政诉讼的程序包括一审程序、二审程序、再审程序和执行程序。一审程序又包括起诉、受理、审理、判决四个相互衔接、依次转移的阶段。

(一)起诉和受理

起诉,是指相对人认为行政行为侵犯了自己的合法权益,依法向人民法院提出诉讼请求,要求人民法院行使国家审判权予以保护和救济的诉讼行为。受理,是指人民法院接到诉讼请求后,经审查认为符合法定起诉条件,决定予以立案审理的行为。起诉和受理的结合,是行政诉讼程序开始的标志。

1. 起诉的条件

相对人依法享有起诉权,不允许任何人非法限制和剥夺。但是,起诉权不能任意使用。根据《行政诉讼法》第25条和第49条的规定,起诉的法定条件是:第一,原告是认为行政行为侵犯其合法权益的公民、法人或者其他组织;第二,有明确的被告,即明确指出作出侵犯其合法权益的行政行为的行政机关;第三,有具体的诉讼请求和事实根据;第四,属于人民法院受案范围和受诉人民法院管辖。

这里的"有具体的诉讼请求",根据《行政诉讼法解释》第68条的规定,包括:(1)请求判决撤销或者变更行政行为;(2)请求判决行政机关履行法定职责或者给付义务;(3)请求判决确认行政行为违法;(4)请求判决确认行政行为无效;(5)请求判决行政机关予以赔偿或者补偿;(6)请求解决行政协议争议;(7)请求一并审查规章以下规范性文件;(8)请求一并解决相关民事争议;(9)其他诉讼请求。当事人未能正确表达诉讼请求的,人民法院应当要求其明确诉讼请求。

2. 起诉的形式

根据《行政诉讼法》第50条的规定,起诉应当向人民法院递交起诉状,即以书面形式提起诉讼,并按照被告人数提出副本。书写起诉状确有困难的,也可采取口头形式,即原告口头起诉,由法院记入笔录,出具注明日期的书面凭证,并告知对方当事人。

3. 起诉的期限

起诉还要受到时间的限制,即起诉期限。行政诉讼起诉期限有四种情形:第一,《行政诉讼法》第45条规定:"公民、法人或者其他组织不服复议决定的,可以在收到复议决定书之日起十五日内向人民法院提起诉讼。复议机关逾期不作决定的,申请人可以在复议期满之日起十五日内向人民法院提起诉讼。法律另有规定的除外。"第二,《行政诉讼法》第46条规定:"公民、法人或者其他组织直接向人民法院提起诉讼的,应当自知道或者应当知道作出行政行为之日起六个月内提出。法律另有规定的除外。因不动产提起诉讼的案件自行政行为作出之日起超过二十年,其他案件自行政行为作出之日起超过五年提起诉讼的,人民法院不予受理。"第三,《行政诉讼法》第47条规定:"公民、法人或者其他组织申请行政机关履行保护其人身权、财产权等合法权益的法定职责,行政机关在接到申请之日起两个月内不履行的,公民、法人或者其他组织可以向人民法院提起诉讼。法律、法规对行政机关履行职责的期限另有规定的,从其规定。公民、法人或者其他组织在紧急情况下请求行政机关履行保护其人身权、财产权等合法权益的法定职责,行政机关不履行的,提起诉讼不受前款规定期限的限制。"第四,《行政诉讼法》第48条规定:"公民、法人或者其他组织因不可抗力或者其他不属于自身的原因耽误起诉期限的,被耽误的时间不计算在起诉期限内。公民、法人或者其他组织因前款规定以外的其他特殊情况耽误起诉期限的,在障碍消除后十日内,可以申请延长期限,是否准许由人民法院决定。"

4. 起诉的受理

《行政诉讼法》第51条对起诉的受理作了明确规定:"人民法院在接到起诉状时对符合本法规定的起诉条件的,应当登记立案。对当场不能判定是否符合本法规定的起诉条件的,应当接收起诉状,出具注明收到日期的书面凭证,并在七日内决定是否立案。不符合起诉条件的,作出不予立案的裁定。裁定书应当载明不予立案的理由。原告对裁定不服的,可以提起上诉。起诉状内容欠缺或者有其他错误的,应当给予指导和释明,并一次性告知当事人需要补正的内容。不得未经指导和释明即以起诉不符合条件为由不接收起诉状。对于不接收起诉状、接收起诉状后不出具书面凭证,以及不一次性告知当事人需要补正的起诉状内容的,当事人可以向上级人民法院投诉,上级人民法院应当责令改正,并对直接负责的主管人员和其他直接责任人员依法给予处分。"

同时,《行政诉讼法解释》第53条规定:"人民法院对符合起诉条件的案件应当立案,依法保障当事人行使诉讼权利。对当事人依法提起的诉讼,人民法院应当根据行政诉讼法第五十一条的规定接收起诉状。能够判断符合起诉条件的,应当当场登记立案;当场不能判断是否符合起诉条件的,应当在接收起诉状后七日内决定是否立案;七日内仍不能作出判断的,应当先予立案。"第55条第2款规定:"起诉状内容或者材料欠缺的,人民法院应当给予指导和释明,并一次性全面告知当事人需要补正的内容、补充的材料及期限。在指定期限内补正并符合起诉条件的,应当登记立案。当事人拒绝补正或者经补正仍不符合起诉条件的,退回诉状并记录在册;坚持起诉的,裁定不予立案,并载明不予立案的理由。"

(二) 审理和判决

1. 审理前的准备

在审理之前,应做好相应的准备工作,包括依法组成合议庭、阅卷、查证以及通知被告应诉等。其中,通知被告应诉是一项重要的准备工作。根据《行政诉讼法》第67条的规定,人民法院应当在立案之日起5日内,将起诉状副本发送被告;被告应当在收到起诉状副本之日起15日内向人民法院提交作出行政行为的有关材料,并提出答辩状。所谓被告应诉,主要是指作为被告的行政机关在法定期限内向人民法院提出作出行政行为的有关材料,包括有关证据材料和所依据的规范性文件,并提出答辩状(当然也包括出庭应诉)。认真做好应诉工作既是作为被告的行政机关应尽的诉讼义务,也是决定其能否胜诉的必要条件,因而是行政机关的一项重要工作,可以认为是行政执法工作的延伸和继续。

2. 审理的原则

对行政案件的审理,不仅要做好前述准备工作,在审理时还应遵循下列原则:

(1) 起诉不停止执行的原则。一般情况下,诉讼期间,行政行为不停止执行,除非有特殊情况。《行政诉讼法》第56条规定:"诉讼期间,不停止行政行为的执行。但有下列情形之一的,裁定停止执行:(一)被告认为需要停止执行的;(二)原告或者利害关系人申请停止执行,人民法院认为该行政行为的执行会造成难以弥补的损失,并且停止执行不损害国家利益、社会公共利益的;(三)人民法院认为该行政行为的执行会给国家利益、社会公共利益造成重大损害的;(四)法律、法规规定停止执行的。当事人对停止执行或者不停止执行的裁定不服的,可以申请复议一次。"

(2) 不适用调解原则。《行政诉讼法》第60条规定:"人民法院审理行政案件,不适用调解。但是,行政赔偿、补偿以及行政机关行使法律、法规规定的自由裁量权的案件可以调解。调解应当遵循自愿、合法原则,不得损害国家利益、社会公共利益和他人合法权益。"

(3) 被告负举证责任的原则。人民法院审理行政案件,应当由作为被告的行政机关对其所作出的行政行为负举证责任,即提供证据证明被诉行政行为的合法性;如果不能提供,该行政机关就要承担败诉的后果。因此,认真做好举证工作,做到举证确凿、有力,在很大程度上影响着审判结果,也是作为被告的行政机关的一项重要工作。

怎样才能做到举证确凿、有力?具体来讲,就是提出的证据必须具备相关性、客观性、合法性等基本特征。相关性,是指提出的证据必须与诉讼指向的行政行为具有内在联系,是与案件的内容密切相关的信息资料;客观性,是指证据必须是真实的,符合事物本来面目的,而不是虚构的或歪曲的;合法性,是指证据必须是经法定程序收集和认定的,并且必须以法定程序提出,符合法定形式。在形式上,《行政诉讼法》第33条规定的证据存在形式有书证、物证、视听资料、电子数据、证人证言、当事人的陈述、鉴定意见、勘验笔录和现场笔录。在程序上,《行政诉讼法》第35条规定:"在诉讼过程中,被告及其诉讼代理人不得自行向原告、第三人和证人收集证据。"据此,被告举出的证据应是在作出行政行为时收集和调查的证据,诉讼开始后,未经人民法院许可,不得再向对方当事人及证人调查取证,否则就是不合法的。另外,根据《行政诉讼法》第34条的规定,作为被告的行政机关除了应提供作出行政行为的证据之外,还应当提供作出该行为所依据的规范性文件即法律依据,以便于人民法院确认该行为的合法性。

3. 审理的方式

根据《行政诉讼法》的规定,人民法院审理一审行政案件应采用开庭审理的方式,即在人民法院审判人员的主持下,在诉讼参加人和其他参与人的参加下,依法定程序对被诉的行政行为进行审查并作出裁判。开庭审理又可细分为审理开始、法庭调查、法庭辩论、合议庭评议和判决裁定等阶段。

根据《行政诉讼法》第82条的规定,人民法院审理下列第一审行政案件,认为事实清楚、权利义务关系明确、争议不大的,可以适用简易程序:(1) 被诉行政行为是依法当场作出的;(2) 案件涉及款额 2 000 元以下的;(3) 属于政府信息公开案件的;(4) 当事人各方同意适用简易程序的。该法第 83 条和第 84 条还规定,适用简易程序审理的行政案件,由审判员一人独任审理,并应当在立案之日起 45 日内审结。人民法院在审理过程中,发现案件不宜适用简易程序的,裁定转为普通程序。

4. 审理的依据

《行政诉讼法》第 63 条规定:"人民法院审理行政案件,以法律和行政法规、地方性法规为依据。地方性法规适用于本行政区域内发生的行政案件。人民法院审理民族自治地方的行政案件,并以该民族自治地方的自治条例和单行条例为依据。人民法院审理行政案件,参照规章。"可见,规章在行政诉讼中只具有"参照"的地位,即人民法院在决定是否适用规章作为依据之前要对其进行审查,只有在确认其具有合法性和有效性时才可予以适用,否则不予适用。

此外,在行政诉讼中,行政规范性文件可以作为法院评价被诉行政行为合法性的参考。但是法院在援用行政规范性文件之前,要对其合法性进行审查。根据《行政诉讼法》第 64 条的规定,人民法院经审查认为该行政规范性文件不合法的,不作为认定行政行为合法的依据,并向制定机关提出处理建议。根据《行政诉讼法解释》第 100 条第 2 款的规定,人民法院审理行政案件,可以在裁判文书中引用合法有效的规章及其他规范性文件。

5. 民事争议的一并审理

根据《行政诉讼法》第 61 条的规定,在涉及行政许可、登记、征收、征用和行政机关对民事争议所作的裁决的行政诉讼中,当事人申请一并解决相关民事争议的,人民法院可以一并审理。在行政诉讼中,人民法院认为行政案件的审理需以民事诉讼的裁判为依据的,可以裁定中止行政诉讼。

根据《行政诉讼法解释》第 137 条和第 139 条的规定,公民、法人或者其他组织请求一并审理相关民事争议,应当在第一审开庭审理前提出;有正当理由的,也可以在法庭调查中提出。有下列情形之一的,人民法院应当作出不予准许一并审理民事争议的决定,并告知当事人可以依法通过其他渠道主张权利:(1) 法律规定应当由行政机关先行处理的;(2) 违反民事诉讼法专属管辖规定或者协议管辖约定的;(3) 约定仲裁或者已经提起民事诉讼的;(4) 其他不宜一并审理民事争议的情形。对不予准许的决定可以申请复议一次。第 141 条规定:"人民法院一并审理相关民事争议,适用民事法律规范的相关规定,法律另有规定的除外。当事人在调解中对民事权益的处分,不能作为审查被诉行政行为合法性的根据。"第142条规定:"对行政争议和民事争议应当分别裁判。当事人仅对行政裁判或者民事裁判提出上诉的,未上诉的裁判在上诉期满后即发生法律效力。第一审人民法院应当将全部案卷一并移送第二审人民法院,由行政审判庭审理。第二审人民法院发现未上诉的生效裁判确有错误的,应当按照审判监督程序再审。"

6. 规范性文件的一并审查

根据《行政诉讼法》第53条的规定,公民、法人或者其他组织认为行政行为所依据的规章以下的规范性文件不合法,可以在对行政行为提起诉讼时,一并请求对该规范性文件进行审查。这意味着公民、法人或者其他组织不能直接起诉规范性文件,而只能附带对其提出审查要求。人民法院可以对规范性文件的合法性作出审查和认定,但是不能对规范性文件作出无效或者撤销的判决。

此外,《行政诉讼法解释》第146条规定:"公民、法人或者其他组织请求人民法院一并审查行政诉讼法第五十三条规定的规范性文件,应当在第一审开庭审理前提出;有正当理由的,也可以在法庭调查中提出。"第148条规定,"人民法院对规范性文件进行一并审查时,可以从规范性文件制定机关是否超越权限或者违反法定程序、作出行政行为所依据的条款以及相关条款等方面进行",并规定属于"规范性文件不合法"的情形有:(1)超越制定机关的法定职权或者超越法律、法规、规章的授权范围的;(2)与法律、法规、规章等上位法的规定相抵触的;(3)没有法律、法规、规章依据,违法增加公民、法人和其他组织义务或者减损公民、法人和其他组织合法权益的;(4)未履行法定批准程序、公开发布程序,严重违反制定程序的;(5)其他违反法律、法规以及规章规定的情形。第149条第1款规定:"人民法院经审查认为行政行为所依据的规范性文件合法的,应当作为认定行政行为合法的依据;经审查认为规范性文件不合法的,不作为人民法院认定行政行为合法的依据,并在裁判理由中予以阐明。作出生效裁判的人民法院应当向规范性文件的制定机关提出处理建议,并可以抄送制定机关的同级人民政府、上一级行政机关、监察机关以及规范性文件的备案机关。"

7. 一审判决

人民法院对一审案件经审理后,根据不同情况,分别作出如下判决:

(1)驳回诉讼请求。《行政诉讼法》第69条规定:"行政行为证据确凿,适用法律、法规正确,符合法定程序的,或者原告申请被告履行法定职责或者给付义务理由不成立的,人民法院判决驳回原告的诉讼请求。"

(2)撤销判决。《行政诉讼法》第70条规定:"行政行为有下列情形之一的,人民法院判决撤销或者部分撤销,并可以判决被告重新作出行政行为:

(一)主要证据不足的;(二)适用法律、法规错误的;(三)违反法定程序的;(四)超越职权的;(五)滥用职权的;(六)明显不当的。"

(3)履行判决。即被告不履行或者拖延履行法定职责的,判决其在一定期限内履行。《行政诉讼法》第72条规定:"人民法院经过审理,查明被告不履行法定职责的,判决被告在一定期限内履行。"《行政诉讼法解释》第91条还规定,原告请求被告履行法定职责的理由成立,被告违法拒绝履行或者无正当理由逾期不予答复的,人民法院可以判决被告在一定期限内依法履行原告请求的法定职责;尚需被告调查或者裁量的,应当判决被告针对原告的请求重新作出处理。

(4)变更判决。《行政诉讼法》第77条规定:"行政处罚明显不当,或者其他行政行为涉及对款额的确定、认定确有错误的,人民法院可以判决变更。人民法院判决变更,不得加重原告的义务或者减损原告的权益。但利害关系人同为原告,且诉讼请求相反的除外。"

(5)确认判决。即法院对行政行为的合法性和法律效力的有无作出确认的判决,主要包括确认违法判决和确认无效判决。《行政诉讼法》第74条规定:"行政行为有下列情形之一的,人民法院判决确认违法,但不撤销行政行为:(一)行政行为依法应当撤销,但撤销会给国家利益、社会公共利益造成重大损害的;(二)行政行为程序轻微违法,但对原告权利不产生实际影响的。行政行为有下列情形之一,不需要撤销或者判决履行的,人民法院判决确认违法:(一)行政行为违法,但不具有可撤销内容的;(二)被告改变原违法行为,原告仍要求确认原行政行为违法的;(三)被告不履行或者拖延履行法定职责,判决履行没有意义的。"第75条规定:"行政行为有实施主体不具有行政主体资格或者没有依据等重大且明显违法情形,原告申请确认行政行为无效的,人民法院判决确认无效。"

(6)给付判决。《行政诉讼法》第73条规定:"人民法院经过审理,查明被告依法负有给付义务的,判决被告履行给付义务。"《行政诉讼法解释》第92条还规定,原告申请被告依法履行支付抚恤金、最低生活保障待遇或者社会保险待遇等给付义务的理由成立,被告依法负有给付义务而拒绝或者拖延履行义务的,人民法院可以判决被告在一定期限内履行相应的给付义务。

(三)二审和再审

二审即行政诉讼的第二审程序,又称"上诉审程序""终审程序",是指上级人民法院对下级人民法院的第一审判决、裁定,在其发生法律效力之前,基于当事人的上诉,对案件进行重新审理的程序。根据《行政诉讼法》的规定,一审中的原告、被告不服人民法院第一审判决的,有权在判决书送达之日起15日内向上一级人民法院提起上诉。当事人不服人民法院第一审裁定的,有权在裁定书送达之日起10日内向上一级人民法院提起上诉。逾期不提起上诉的,人民法院的第一审判决或者裁定即发生法律效力。上一级人民法院受理上诉后,即进入第二审程序。人民法院对上诉案件,应当组成合议庭,开庭审理;认为事实清楚的,也可实行书面审理。《行政诉讼法》第89条规定:"人民法院审理上诉案件,按照下列情形,分别处理:(一)原判决、裁定认定事实清楚,适用法律、法规正确的,判决或者裁定驳回上诉,维持原判决、裁定;(二)原判决、裁定认定事实错误或者适用法律、法规错误的,依法改判、撤销或者变更;(三)原判决认定基本事实不清、证据不足的,发回原审人民法院重审,或者查清事实后改判;(四)原判决遗漏当事人或者违法缺席判决等严重违反法定程序的,裁定撤销原判决,发回原审人民法院重审。原审人民法院对发回重审的案件作出判决后,当事人提起上诉的,第二审人民法院不得再次发回重审。人民法院审理上诉案件,需要改变原审判决的,应当同时对被诉行政行为作出判决。"

再审,即行政诉讼的再审程序,又称"审判监督程序",是指人民法院对已发生法律效力的判决、裁定,发现违反法律、法规的规定,依法进行重新审判的程序。根据《行政诉讼法》第90条的规定,当事人对已经发生法律效力的判决、裁定,应予执行;认为该判决、裁定确有错误的,可以向上一级人民法院申请再审。《行政诉讼法》第91条规定:"当事人的申请符合下列情形之一的,人民法院应当再审:(一)不予立案或者驳回起诉确有错误的;(二)有新的证据,足以推翻原判决、裁定的;(三)原判决、裁定认定事实的主要证据不足、未经质证或者系伪造的;(四)原判决、裁定适用法律、法规确有错误的;(五)违反法律规定的诉讼程序,可能影响公正审判的;(六)原判决、裁定遗漏诉讼请求的;(七)据以作出原判决、裁定的法律文书被撤销或者变更的;(八)审判人员在审理该案件时有贪污受贿、徇私舞弊、枉法裁判行为的。"根据《行政诉讼法》第92条的规定,各级人民法院院长对本院已经发生法律效力的判决、裁定或者调解书,发现违反法律、法规,认为需要再审的,应当提交审判委员会讨论决定是否再审。最高人民法院对地方各级人民法院已经发生法律效力的判决、裁定或者调解书,上级人民法院对下级人民法院已经发生法律效力的判决、裁定或者调解书,发现违反法律、法规规定的,有权提审或者指令下级人民法院再审。人民检察院对人民法院已经发生法律效力的判决、裁定,发现违反法律、法规规定的,有权按再审程序提出抗诉。

此外,《行政诉讼法解释》第110条还规定:"当事人向上一级人民法院申请再审,应当在判决、裁定或者调解书发生法律效力后六个月内提出。有下列情形之一的,自知道或者应当知道之日起六个月内提出:(一)有新的证据,足以推翻原判决、裁定的;(二)原判决、裁定认定事实的主要证据是伪造的;(三)据以作出原判决、裁定的法律文书被撤销或者变更的;(四)审判人员审理该案件时有贪污受贿、徇私舞弊、枉法裁判行为的。"

(四)执行程序

执行程序,是指人民法院作出的裁定、判决、调解书发生法律效力后,一方当事人拒不履行,而由人民法院根据另一方当事人的申请实行强制执行的活动。根据《行政诉讼法》第94—96条的规定,当事人必须履行人民法院发生法律效力的判决、裁定、调解书。公民、法人或者其他组织拒绝履行判决、裁定、调解书的,行政机关或者第三人可以向第一审人民法院申请强制执行,或者由行政机关依法强制执行。行政机关拒绝履行判决、裁定、调解书的,第一审人民法院可以采取下列措施:(1)对应当归还的罚款或者应当给付的数额,通知银行从该行政机关的账户内划拨。(2)在规定期限内不履行的,从期满之日起,对该行政机关负责人按日处50元至100元的罚款。(3)将行政机关拒绝履行的情况予以公告。(4)向监察机关或者该行政机关的上一级行政机关提出司法建议。接受司法建议的机关,根据有关规定进行处理,并将处理情况告知人民法院。(5)拒不履行判决、裁定、调解书,社会影响恶劣的,可以对该行政机关直接负责的主管人员和其他直接责任人员予以拘留;情节严重,构成犯罪的,依法追究刑事责任。

《行政诉讼法》还规定了对行政行为的执行。根据《行政诉讼法》第97条的规定,公民、法人或者其他组织对行政行为在法定期间不提起诉讼又不履行的,行政机关可以申请人民法院强制执行,或者依法强制执行。《行政诉讼法解释》第155条规定,行政机关据此申请执行其行政行为,应当具备以下条件:(1)行政行为依法可以由人民法院执行;(2)行政行为已经生效并具有可执行内容;(3)申请人是作出该行政行为的行政机关或者法律、法规、规章授权的组织;(4)被申请人是该行政行为所确定的义务人;(5)被申请人在行政行为确定的期限内或者行政机关催告期限内未履行义务;(6)申请人在法定期限内提出申请;(7)被申请执行的行政案件属于受理执行申请的人民法院管辖。人民法院对符合条件的申请,应当在5日内立案受理,并通知申请人;对不符合条件的申请,应当裁定不予受理。第156条规定:"没有强制执行权的行政机关申请人民法院强制执行其行政行为,应当自被执行人的法定起诉期限届满之日起三个月内提出。逾期申请的,除有正当理由外,人民法院不予受理。"第 160 条规定:"人民法院受理行政机关申请执行其行政行为的案件后,应当在七日内由行政审判庭对行政行为的合法性进行审查,并作出是否准予执行裁定。……需要采取强制执行措施的,由本院负责强制执行非诉行政行为的机构执行。"第 161 条第 1 款规定:"被申请执行的行政行为有下列情形之一的,人民法院应当裁定不准予执行:(一) 实施主体不具有行政主体资格的;(二) 明显缺乏事实根据的;(三) 明显缺乏法律、法规依据的;(四) 其他明显违法并损害被执行人合法权益的情形。"

第四节 行政赔偿救济

行政赔偿是我国重要的行政救济制度之一。1989 年《行政诉讼法》明确规定,"公民、法人或者其他组织的合法权益受到行政机关或者行政机关工作人员作出的具体行政行为侵犯造成损害的,有权请求赔偿",并规定了相应的赔偿请求程序。这标志着行政赔偿制度在我国得以正式建立。1994 年 5 月 12 日,第八届全国人民代表大会常务委员会第七次会议通过《国家赔偿法》。该法的出台,使我国行政赔偿制度跃上了一个新的台阶,得以进一步完善和全面发展,在我国民主法治史上具有里程碑式的重大意义。《国家赔偿法》已经历 2010 年、2012 年两次修正,同时最高人民法院先后发布了多个相关司法解释文件,如《关于审理行政赔偿案件若干问题的规定》[1](以下简称《行政赔偿司法解释》)、《关于审理国家赔偿案件确定精神损害赔偿责任适用法律若干问题的解释》[2](以下简称《精神损害赔偿司法解释》)等。

---

[1] 2021 年 12 月 6 日最高人民法院审判委员会第 1855 次会议通过,法释〔2022〕10 号公布,自 2022 年 5 月 1 日起施行。最高人民法院《关于审理行政赔偿案件若干问题的规定》(法发〔1997〕10 号)同时废止。

[2] 2021 年 12 月 7 日最高人民法院审判委员会第 1831 次会议通过,法释〔2021〕3 号公布,自 2021 年 4 月 1 日起施行。

一、行政赔偿概述

(一) 国家赔偿与行政赔偿

在当今世界,许多国家都制定了国家赔偿法,并在不同范围内开展了国家赔偿实践。但是,由于不同国家的具体国情和对国家赔偿的实际需要不同,各国对国家赔偿含义的理解并不完全一致。从最广义上讲,所谓国家赔偿,是指以国家为赔偿主体的侵权损害赔偿。或者说,凡是以国库收入或国家财产进行的赔偿均被称为"国家赔偿"。这种意义上的国家赔偿既包括国内法上的国家赔偿,也包括国际法上的国家赔偿。后者又称"国际赔偿",即国家或国际组织违反其国际义务造成他国损害时所应当承担的赔偿责任,如战败国对战胜国所作的战争赔偿就是典型的例子。国内法上的国家赔偿又包括三类:一是宪法上的国家赔偿,即当公民宪法上的基本权利受到国家公职行为的侵害时,受害人直接依据宪法提起宪法诉讼而请求国家承担的赔偿;二是民法上的国家赔偿,即国家在民事活动中作为特殊的民事主体,对公民、法人或其他组织所进行的赔偿;三是国家赔偿法上的国家赔偿,即由专门的国家赔偿法所规定的国家赔偿,通常是指国家公权力的运用所引起的损害赔偿。[①]

国家赔偿法上的国家赔偿又有广义和狭义之分:凡是国家公权力的运用,无论是合法运用还是违法运用,其所引起的损害赔偿都属于广义的国家赔偿;狭义的国家赔偿则仅指国家公权力的违法运用所引起的损害赔偿,而不包括国家公权力的合法运用所引起的损害赔偿,后者被称为"国家补偿"。国家公权力又分为国家立法权、行政权和司法权,因此狭义的国家赔偿又可进一步分为立法赔偿、行政赔偿和司法赔偿三种类型。

在我国,国家赔偿法上所规定的国家赔偿属于狭义的国家赔偿,即仅指国家公权力的违法运用所引起的损害赔偿。具体而言,即国家机关及其工作人员违法行使职权,侵犯了公民、法人或者其他组织并造成损害时,由国家承担的一种赔偿责任。根据《国家赔偿法》的规定,我国国家赔偿的范围仅限于行政赔偿和司法赔偿两种类型,而不包括立法赔偿。其中,司法赔偿主要是刑事赔偿,只包括部分民事诉讼、行政诉讼赔偿。也就是说,我国国家赔偿的核心是行政赔偿和刑事赔偿。所谓行政赔偿,是指行政主体违法行使职权,侵犯了公民、法人或者其他组织合法权益造成损害时,由国家承担的一种赔偿责任。所谓刑事赔偿,是指行使刑事侦查、检察、审判和监狱管理职权的国家机关及其工作人员违

[①] 参见皮纯协、何寿生编著:《比较国家赔偿法》,中国法制出版社1998年版,第5页。

法行使职权,侵犯了公民、法人或者其他组织并造成损害时,由国家承担的一种赔偿责任。

除行政赔偿和刑事赔偿之外,我国国家赔偿还包括部分民事诉讼和行政诉讼损害赔偿,或称为"民事和行政司法赔偿"。这仅指人民法院在民事诉讼、行政诉讼过程中违法采取妨害诉讼的强制措施、保全措施或对判决、裁定及其他生效法律文书执行错误造成的损害所给予的赔偿;而对于民事、行政审判判决错误造成的损害,受害人不能向国家或审判人员个人主张赔偿权利。

(二) 行政赔偿的构成

行政赔偿的构成,即行政赔偿的构成要件或成立要件,是指行政赔偿责任的构成或成立所必须具备的法定条件。它是衡量行政赔偿责任是否成立的基本标准,也是行政赔偿中的核心问题。根据上述行政赔偿的概念,行政赔偿的构成应具备如下条件:

1. 行政侵权

这是引起行政赔偿责任的原因,也是构成行政赔偿责任的前提条件。所谓行政侵权行为,是指行政主体违法行使职权,侵犯了公民、法人或者其他组织合法权益的行为。

(1) 侵权主体。任何侵权行为都是由人实施的。但是,国家就其财力和政策而言,不可能对所有人的侵权行为造成的损害承担赔偿责任。只有法定的侵权主体的侵权行为造成的损害,国家才予以赔偿。行政侵权的行为主体必须是行政主体,包括行政机关和法律、法规、规章授权的组织。当然,行政主体是由公务员组成的,行政行为是经国家公务员作出的。因此,行政主体往往具体化为公务员。不是行政主体的其他机关、组织和个人实施的行为,不属于行政侵权行为,不构成行政赔偿。

(2) 职务行为。行政主体的侵权行为必须发生在行政主体行使职权、执行职务过程中,属于执行职务的行为,即行政职务行为或行政职权行为。职务或职权之外,或与之无关的行为,即使违法,也只能引起民事、刑事等其他责任,而不构成行政赔偿。因此,应将行政主体的职务行为与非职务行为、公务人员的公务行为与个人行为区分开来,这样才能正确认定赔偿责任的构成。职务行为的范围包括:第一,职务本身的行为,如滥施行政处罚、违法实施行政强制措施等。这些行为的特点是,其本身就是行政主体实施的职务行为。第二,与职务相关的行为,如在实施行政行为过程中殴打相对人、非法拘禁相对人等。这类行为的特点是,其本身不是职务行为,而是事实行为,却与职务密切相关。

(3) 违法行为。行政主体行使职权的行为包括合法行使职权的行为和违法行使职权的行为两种。只有违法行使职权的行为才能构成行政赔偿,而合法行使职权的行为即使造成相对人的损失,国家也不负赔偿责任,只在特定情形下予以适当补偿,如土地征用补偿、财产国有化补偿等,在行政法学上称为"行政补偿"。可见,行为的违法性是行政赔偿区别于行政补偿的重要标志。违法原则也是我国行政赔偿的归责原则。但是,关于违法应如何认定,学者们的意见并不一致。一种观点认为,从我国 1989 年《行政诉讼法》第 54 条的精神来看,违法是指违反严格意义上的法律,具体包括宪法、法律、行政法规、地方性法规和经审查合法的规章。违法的内容包括:适用法律、法规错误,违反法定程序,超越职权,不履行或者拖延履行法定职责等。违法的形式包括作为和以法定作为义务为前提的不作为。① 另一种观点则认为,应对"违法"作广义上的扩大解释。即"违法"应包含以下几方面的内容:违反明确的法律规范,干涉他人权益;违反诚信原则、尊重人权原则以及公序良俗原则,干涉他人权益;滥用或超越行使行政裁量权,提供错误信息、错误的指导及许可或批准,造成他人权益损害;没有履行对特定人的法律义务或尽到合理注意。② 笔者认为,从广义上解释"违法"是适当的,有利于尽可能更大范围地保护相对人的合法权益,符合我国国家赔偿法的立法精神与法制现状。

(4) 侵权行为。行政主体违法行使职权的行为还必须侵犯了相对人的合法权益,才构成行政侵权行为,引起行政赔偿。如果没有侵犯相对人的合法权益,如有利于相对人的违法减免税,就不能构成行政赔偿;如果剥夺的是相对人的非法利益,如对销售劣质食品的没收行为可能有某方面的违法,行政主体要承担一定的违法后果,但是不承担对劣质食品的赔偿责任,所以也不构成行政赔偿。另外,我国《国家赔偿法》所规定的行政赔偿只限于外部行政赔偿,只有侵犯了作为外部相对人的公民、法人或其他组织的合法权益,才引起国家赔偿;侵犯内部公务人员合法权益引起的赔偿尚不在《国家赔偿法》规范的范围之内。

2. 损害事实

行政赔偿的另一构成要件,就是行政侵权行为造成了一定的损害事实。如果仅有行政侵权行为,固然要承担其他法律责任,但是不足以导致行政赔偿。行政赔偿的构成还必须存在损害事实,有损害才会有赔偿。所谓损害事实,就是当事人的合法权益受到了特定的客观损害。

---

① 参见皮纯协、何寿生编著:《比较国家赔偿法》,中国法制出版社 1998 年版,第 89 页;张正钊主编:《国家赔偿制度研究》,中国人民大学出版社 1996 年版,第 35 页。
② 参见应松年主编:《国家赔偿法研究》,法律出版社 1995 年版,第 84 页。

(1) 客观损害。即损害必须是已经发生的、确实存在的实际损害。这既包括对既得利益的直接损失，如违法扣押某种食品而造成食品腐烂，不能出售和食用的损失；也包括对将来一定要发生的可得利益造成的间接损失，如非法拘留造成应得劳动收入的损失。但是，某种将来可能发生也可能不发生的不确定状态的损害，不属于必然损害，不予赔偿。例如，在龚某诉某省司法厅案[①]中，原告因被告的不作为，没能进行年度律师执照注册而受到的损害，在陈某诉某市公安局出入境管理处案[②]中，原告因未获得出境卡而暂时无法出国所造成的损害等，都是对可得利益的一种间接损失。这些损害并非既定的客观损害，不是必然的损害，不具有现实性和确定性，因此不予赔偿。假如某公民是去国外继承遗产，必须在法定期限内办好继承手续，有关部门故意拖延，不为其办理出国护照，导致其丧失继承权。这种财产的损失是一种对将来一定要发生的可得利益造成的间接损失，应在行政赔偿范围之内。

(2) 特定损害。即损害必须是对特定人造成的损害，或者说，该损害是为一个人或少数人所特有，而不是一般人普遍共有的损害。共有的损害，是指没有人比其他人受的损害更多，则"根据公共负担平等原则，不发生损害赔偿问题"[③]。例如，战争、紧急状态造成的损害不具有特定性。共有的损害实质上是对公共利益的损害。例如，在王某诉某市地税局案[④]中，被告某市地税局不依法对被举报单位的偷税行为予以税务稽查而构成行政不作为，该不作为并未损害被举报单位的个人利益，而是有利于该单位的，它所损害的是公共利益（即国家税收的减少）。

(3) 具体损害。相对人受损害的权益必须是具体的，而不是抽象的。如果损害对相对人不是具体的负担，即不以相对人的特定利益而存在，也不引起赔偿责任。例如，公民对道路的利用仅属于抽象的权益，因而不得以政府对某计划开通的道路未开通为由请求国家赔偿。

(4) 精神损害。精神损害的受害人只适用于自然人，不适用于法人或者其他组织。精神损害只存在于对受害人人身权的侵害之中。根据《国家赔偿法》第 35 条的规定，行政机关及其工作人员行使职权时有该法第 3 条规定的侵犯人身权的情形，致人精神损害的，应当在侵权行为影响的范围内，为受害人消除

---

① 参见最高人民法院中国应用法学研究所编：《人民法院案例选（行政卷）》，人民法院出版社 1997 年版，第 523 页以下。
② 参见蒋勇主编：《典型行政案例评析》，法律出版社 1999 年版，第 1 页以下。
③ 王名扬：《法国行政法》，中国政法大学出版社 1988 年版，第 717 页。
④ 参见陈止云、孙明编著：《公民行政问题法律向导》，法律出版社 1999 年版，第 162 页以下。

影响,恢复名誉,赔礼道歉;造成严重后果的,应当支付相应的精神损害抚慰金。

此外,根据《国家赔偿法》的规定,只有人身权、财产权方面的权益受到损害,才能给予赔偿,且人身权只限于人身自由权和生命健康权。至于其他方面的人身权如人格权、名誉权、荣誉权等,以及人身权、财产权以外的权益如政治权利和自由、受教育权等受到损害,则不在国家赔偿范围之内。因此,在郭某诉某区公安分局案[1]中,被告对原告予以行政警告违法而使其声誉权受到的损害,在刘宇宸诉济南市历下区教委案[2]中,原告的受教育权因被告不作为而受到的损害等,都不受国家赔偿。

3. 因果关系

侵权行为与损害事实之间是否存在因果关系,是构成行政赔偿责任的决定性条件。如果侵权行为与损害事实之间无因果关系,即损害事实不是侵权行为造成的,而是受害人自己或第三人的过错或是不可抗力导致的外部事件等造成的,则不产生行政赔偿责任。

因果关系的认定,有时是一个比较复杂的问题。国内外对于因果关系的认定存在多种认识,莫衷一是。从我国的实践考虑,确定因果关系一般应注意如下四个方面:

(1) 客观性。侵权行为与损害事实之间必须存在着内在的、必然的联系。这主要是从哲学的角度加以认定的,也是我们认定因果关系的基础。某个结果的发生可能是多种现象结合所引起的,其中有的是原因,有的是条件,只有原因才与结果之间具有内在的、必然的客观联系。

(2) 相对性。损害结果的发生也可能包含多种原因,构成复杂的原因链条。但是,各个原因并不具有同等的地位,其中只有与损害结果有直接联系的原因才是因果关系中的原因。这对于一果多因关系的确定尤为重要。例如,美国有一个判例,一杀人犯由于某种原因被监狱释放了。结果,该杀人犯第二天又杀了人,被害者家属提起赔偿诉讼。地区法院、上诉法院都判定由监狱负责赔偿,但是最终被联邦最高法院否决了,理由是:监狱释放犯人的决定虽有不妥之处,但释放行为不是该犯人再次杀人的直接原因,因此缺乏赔偿的构成要件。[3]

(3) 顺序性。因果关系具有严格的顺序性,即总是原因在先,结果在后。

---

[1] 参见姜明安主编:《行政诉讼案例评析》,中国民主法制出版社1993年版,第43页以下。
[2] 参见王延卫:《刘宇宸诉济南市历下区教委不作为行政诉讼案》,载《判例与研究》1999年第1期。
[3] 参见马怀德:《国家赔偿法的理论与实务》,中国法制出版社1994年版,第108页。

但是,应避免将事物发生的先后顺序机械地当作因果关系,有时并非如此。例如,甲驾驶摩托车外出时,被交警截住,交警以其车速太快为由扣留了摩托车。甲在步行回家途中被他人驾驶的卡车撞死。此案中,即使扣车违法,与甲被撞也不存在必然联系。

(4) 法律性。侵权行为与损害事实之间的因果关系还是一种法律上的因果关系,必须以法律规范的规定为依据进行认定。有些在哲学上属于条件与结果之间的关系,却被法律规范规定为因果关系,也会产生相应的法律后果。这主要表现在怠于执行职务的不作为案件中。

实际上,在行政不作为赔偿责任中,行政不作为对损害结果来说是一种必要条件。即行政不作为虽不一定导致损害的发生,但如果没有行政不作为(即行政主体已经作为),该特定损害必定不会发生。① 尤其是在纯粹不作为中,致使相对人损害发生的直接原因是来自自然界或社会上之危险以及第三者所生之危险,而非行政活动本身直接加害行为,不作为只是损害得以扩大的外部条件。例如,在李某诉某市公安局案②中,原告李某长期遭当地一"疯子"追杀,他多次向被告某市公安局所属的某公安派出所求救,该派出所却置若罔闻,结果导致原告为逃避追杀而跳楼致残。该案中,公安机关的不作为只是损害扩大的外部条件,并不是造成损害的直接原因。但是,法律却将该损害事实与该公安机关的不作为行为联系在一起,原告可以要求该公安机关予以赔偿。也就是说,法律把本属于外部条件的该公安机关的不作为行为视为造成原告合法权益损害的原因,由该公安机关赔偿损失。

正是因为在行政不作为赔偿责任中,行政不作为侵权往往与其他行为(如刑事民事侵权损害)混杂在一起,且它并不是致害的直接原因而只是其外部条件,所以许多国家不承认或者从严认定不作为赔偿责任。这里,之所以认定不作为与损害有因果关系,由国家承担赔偿责任,主要是从保护个人合法权益角度出发。但是,也不能因此而牺牲公共利益,否则将有失社会公平。因此,笔者认为,行政不作为赔偿应当遵循"赔偿穷尽性原则",即在没有其他救济途径的情况下,才由国家承担赔偿责任。也就是说,这种赔偿责任要以受害人不能通过其他方法受偿为前提。据此,受害人应当先向直接侵害人请求赔偿,在从直接侵害人那里得不到赔偿或完全赔偿时,才可请求国家赔偿。同时,在行政不作为中,受害人的损害往往能够通过其他救济方式如责令履行获得弥补,此时

---

① 参见周佑勇:《论行政不作为的救济和责任》,载《法商研究》1997 年第 4 期。
② 参见《派出所十警见死不救惹大祸 公安局"不作为"成被告》,载《武汉晚报》2000 年 6 月 2 日。

也应当采取其他救济方式,而不能直接请求国家赔偿。①

二、行政赔偿的范围

根据《国家赔偿法》的规定,行政赔偿的范围,是指能够产生行政赔偿的事项的范围,即行政机关的哪些侵权行为可能引起行政赔偿的问题,而不是指可赔偿的损失程度。从这一层面理解行政赔偿的范围,更多的是出于一种立法技术的考虑,即根据我国现阶段的国情,包括人们的民主思想或观念、国家的财力因素、行政机关的执法水平等因素的考虑,而不是出于一种理论上的推演。"有损害就有赔偿",凡是行政机关违法行使职权侵犯公民、法人或者其他组织合法权益的,在理论上就应当负赔偿责任。如此,当然也就不存在行政赔偿范围的问题。但是,由于上述诸多因素的制约,世界各国的普遍做法是对行政赔偿的范围作一定的限制,只不过范围的宽窄存在一定程度的差异。我国《国家赔偿法》第2条第1款规定:"国家机关和国家机关工作人员行使职权,有本法规定的侵犯公民、法人和其他组织合法权益的情形,造成损害的,受害人有依照本法取得国家赔偿的权利。"这一规定为我国的行政赔偿划定了一个总范围,即它必须在行政机关违法行使职权导致侵权的情况下才能发生。在《国家赔偿法》第2条所确定的行政赔偿总范围之内,该法第3—5条对行政赔偿的范围又以列举的方式作了明确具体的规定,其中包括国家应予赔偿和不予赔偿的范围。

(一) 国家应予赔偿的范围

根据《国家赔偿法》第3条和第4条的规定,应予赔偿的范围包括侵犯人身权的行为和侵犯财产权的行为两类。

1. 侵犯人身权的行为

《国家赔偿法》第3条只列举了对人身自由权和生命健康权侵害两类,没有列举对其他人身权侵害的情形,也就是说,将侵害其他人身权的情形排除在国家赔偿之外。在侵犯人身自由权的同时,还给受害人的人格权、名誉权造成损害的,应承担其侵权责任,即消除影响、恢复名誉、赔礼道歉。但是,这些并不属于国家赔偿的方式。

(1) 侵犯人身自由权的行为。这具体包括两种:一是违法拘留或者违法采取限制公民人身自由的行政强制措施的行为;二是非法拘禁或者以其他方法非法剥夺公民人身自由的行为。这两种类型的行为都是限制或剥夺公民人身自

---

① 参见周佑勇:《行政不作为判解》,武汉大学出版社2000年版,第170页以下。

由的行为。但是,前者是"违法",后者是"非法",表述不同,含义也是不同的。在作为赔偿裁决的依据时,两者亦不能相混淆。前者的行为主体是具有拘留处罚和采取限制人身自由行政强制措施法定职责的行政主体,其违法实施限制人身自由的行为时,属于该项之列,否则应按后项认定。后者的行为主体则是不具有拘留处罚法定职责的行政主体,其实施限制或剥夺人身自由的行为时,才按该项认定。例如,税务人员对拒不缴税的人采取禁闭措施,应按第二项认定赔偿,而不能按第一项认定。这里的"其他方法",指使用捆绑、药物麻醉等强制手法,非法剥夺他人人身自由的情况。

(2)侵犯生命健康权的行为。其中,侵犯生命权的行为即致人死亡,侵犯健康权的行为即致人伤残。这类行为具体包括三种:一是以殴打、虐待等暴力行为或者唆使他人以殴打、虐待等暴力行为造成公民身体伤害或死亡的行为;二是违法使用武器、警械造成公民身体伤害或死亡的行为;三是造成公民身体伤害或死亡的其他违法行为。

2.侵犯财产权的行为

这类侵权行为具体包括下列四项:

(1)违法实施财产性行政处罚行为,即违法实施罚款、吊销许可证和执照、责令停产停业、没收财产等行政处罚行为。

(2)违法采取财产性行政强制措施,即违法对财产采取查封、扣押、冻结等行政强制措施。

(3)违反国家规定征收、征用财产的行为。

(4)造成财产损害的其他违法行为。据此,对侵犯相对人财产权造成损害的任何违法行为,行政主体都应承担赔偿责任。

此外,根据《行政赔偿司法解释》第1条的规定,上述"其他违法行为"包括以下情形:不履行法定职责行为;行政机关及其工作人员在履行行政职责过程中作出的不产生法律效果,但事实上损害公民、法人或者其他组织人身权、财产权等合法权益的行为。

(二)国家不予赔偿的范围

根据《国家赔偿法》第5条的规定,有下列情形的行为,国家不承担赔偿责任:

1.个人行为

即行政机关工作人员与行使职权无关的个人行为。由于行政机关的工作人员具有双重身份,既是公务员(行政机关的代表),又是普通的公民(行政相对人),以前一种身份实施的行为是行政机关的行为,即职务行为,其一切法律后果均应由国家负责,由此造成的损害、直接导致的行政赔偿责任自然也由国家承担;以后一种身份实施的行为是普通公民的行为,即个人行为,由此造成损害而引起的赔偿责任是民事责任,这一责任归属于公务员自身,而不应归属于国家。

2. 行政相对人或者第三人的过错行为

这是指因公民、法人和其他组织自己或者第三人的行为致使损害发生的情况。即损害的发生是由于行政相对人或者第三人的过错所致,而非行政侵权行为造成的,两者无因果关系。所以,尽管行政行为可能违法,但是国家对此无须承担赔偿责任。例如,相对人冒名顶替接受行政处罚,受害人作伪证导致行政决定错误等。这一规定的实质含义是,行政相对人或者第三人的过错可以免除或者部分免除国家的赔偿责任。根据《行政赔偿司法解释》第24条的规定,由于第三人行为造成公民、法人或者其他组织损害的,应当由第三人依法承担侵权赔偿责任;第三人赔偿不足、无力承担赔偿责任或者下落不明,行政机关又未尽保护、监管、救助等法定义务的,人民法院应当根据行政机关未尽法定义务在损害发生和结果中的作用大小,确定其承担相应的行政赔偿责任。

3. 法律规定的其他情形

这是一个概括式的规定。据此,凡是法律已经作排除规定或将来作排除规定的,国家都不予赔偿。这里的"法律",专指全国人民代表大会及其常务委员会根据立法程序制定的规范性文件,不包括法规和规章。"法律规定的其他情形"包括《国家赔偿法》本身的一些规定,如第40条的规定,也有其他相关法律的排除性规定。此外,因不可抗力、意外事件造成的损害,国家不应承担赔偿责任;行政机关及其工作人员为了公共利益、他人利益和自身的合法权益行使正当防卫权的行为,以及紧急避险行为造成的损害,国家亦不应承担赔偿责任。但是,根据《行政赔偿司法解释》第25条的规定,由于不可抗力等客观原因造成公民、法人或者其他组织损害,行政机关不依法履行、拖延履行法定义务导致未能及时止损或者损害扩大的,人民法院应当根据行政机关不依法履行、拖延履行法定义务行为在损害发生和结果中的作用大小,确定其承担相应的行政赔偿责任。

三、行政赔偿的方式

行政赔偿的方式,是指对侵权行为造成的损害采取何种形式予以赔偿。国家设立行政赔偿制度是为了使公民或组织因违法行政行为而遭受的损失能够得到及时、合理的补救,在行政赔偿方式的创设上同样应体现这一宗旨。例如,在行政赔偿方式种类的创设上,应尽可能多样化,以使受侵害人所遭受的损失能够得到全方位的救济。如果行政赔偿方式的种类过于单一,则有可能使受侵害人的受损权益因找不到合适的救济方式而得不到及时的补救。在这方面,我国的《国家赔偿法》规定得较为完备。

(一)赔偿方式的种类

根据《国家赔偿法》的规定,我国行政赔偿的方式可分为如下几种:

1. 金钱赔偿

金钱赔偿是以货币形式支付赔偿金的赔偿方式。这种赔偿方式省时省力,可以使受害人的赔偿请求迅速得到满足,也便于行政主体正常开展工作。因此,它的适用范围较广。无论人身损害还是财产损害,都有可能通过这种方式予以赔偿。所以,《国家赔偿法》规定,国家赔偿的方式以金钱赔偿为主。

当然,对于财产损害,在能够适用返还财产、恢复原状的方式时,应采用这两种赔偿方式。如果适用其他方式赔偿更为便捷、适当,则应采用其他方式。实践中,以支付赔偿金作为财产损害时的赔偿方式的情形有:国家机关违法查封、扣押、冻结财产造成财产损坏、灭失,已不可能恢复原状的;应当返还的财产损坏且不能恢复原状或财产灭失的;财产已经被国家机关拍卖的;吊销许可证和执照、责令停产停业致使财产权益受损失的;造成财产权的其他损害的。

2. 返还财产

返还财产是将违法取得的财产返还给受害人的赔偿方式。它又包括返还金钱和返还财物两种具体形态。返还金钱包括:返还对受害人科处的罚款;返还国家机关非法收取的保证金、担保金;返还被国家机关追缴的作为赃物的货币;返还向公民、法人或者其他组织非法征收或摊派的费用等。返还金钱虽也表现为一定的货币支付形式,但它不同于支付赔偿金,因为返还的金钱原本就属于赔偿申请人所有。至于返还金钱时是否要加付利息,我国法律对此未作明确规定。返还财物包括:返还查封、扣押、冻结的财物;返还没收的财物以及违反国家规定征收的财物等。

返还财产这种赔偿方式的适用必须具备以下几个前提条件:一是原物必须存在并保持完好无损。如果原物灭失或遭损坏,则应采取支付赔偿金的方式赔偿。二是返还财产对公共活动不会产生不良影响。如果原物已经用于公务活动,返还原物会影响公务,则应以其他方式赔偿。三是返还财产应比支付赔偿金更为便捷,如果原财产已经被处理而无法寻找或无法追回,则可以采用支付赔偿金的方式赔偿。

3. 恢复原状

恢复原状是将受到损害的财产恢复到被侵害以前的状态。例如,对扣留的汽车保管不善,致使车身锈蚀、部件损毁等,适用恢复原状。适用这种赔偿方式,也要以能够恢复原状为前提;如果物之功能已完全丧失,根本无法恢复,就不能适用该赔偿方式。

(二) 赔偿计算的标准

关于国家赔偿(包括行政赔偿)的计算标准,世界各国立法的设定并不相同。概括起来,行政赔偿的标准主要包括三种:一是惩罚性标准。即支付的赔偿金超出受害人实际所受损失,带有惩罚性质。例如,在美国的亚拉巴马州,对死亡损害规定了惩罚性赔偿。按照该标准确定的赔偿数额不仅要能弥补受害人所遭受的损失,而且应能对侵权行为起到一定的惩罚作用,具体应包括当事人所受之实际损失与惩罚性金额之和。惩罚性标准相对较高,对保护公民、法人和其他组织的合法权益极为有利,而对国家来说则是一项相对较重的负担。二是补偿性标准。即支付的赔偿金刚好能够完全弥补受害人所遭受的实际损失,使其合法权益恢复到受害前的状态。按照该标准,国家支付的赔偿额与受害人的损失额相当,无须对赔偿义务主体进行另外的惩罚。例如,美国联邦行政赔偿采用的是补偿性标准。三是抚慰性标准。即支付的赔偿金不以补足受害人的实际损失为目标,只是在一定范围内对受害人予以适当的、象征性的赔偿。按照该标准,国家支付的赔偿金主要是起到一种精神上的抚慰作用,而其数额往往少于受害人实际所受损失。[①] 我国《国家赔偿法》对包括行政赔偿在内的国家赔偿数额的计算标准作了具体明确的规定。

1. 侵犯人身自由的计算标准

根据《国家赔偿法》第33条的规定,侵犯公民人身自由的,每日赔偿金按照国家上年度职工日平均工资计算。这里的"上年度",是指赔偿义务机关、复议机关或者人民法院赔偿委员会作出赔偿决定时的上年度;复议机关或者人民法院赔偿委员会决定维持原赔偿决定的,按作出原赔偿决定时的上年度执行。这里的"职工日平均工资",应以职工年平均工资除以全年法定工作日数的方法计算。年平均工资以国家统计局公布的数字为准。

[①] 参见姜明安主编:《行政法与行政诉讼法》(第7版),北京大学出版社、高等教育出版社2019年版,第601—602页。

2. 侵犯生命健康权的计算标准

根据《国家赔偿法》第34条的规定,侵犯公民生命健康权的,赔偿金按照下列规定计算:

(1)身体伤害赔偿。造成身体伤害的,应当支付医疗费、护理费,以及赔偿因误工减少的收入。减少的收入每日的赔偿金按照国家上年度职工日平均工资计算,最高额为国家上年度职工年平均工资的5倍。

(2)残疾伤害赔偿。造成部分或者全部丧失劳动能力的,应当支付医疗费、护理费、残疾生活辅助具费、康复费等因残疾而增加的必要支出和继续治疗所必需的费用,以及残疾赔偿金。残疾赔偿金根据丧失劳动能力的程度,按照国家规定的伤残等级确定,最高不超过国家上年度职工年平均工资的20倍。造成全部丧失劳动能力的,对其扶养的无劳动能力的人,还应当支付生活费。

(3)死亡损害赔偿。造成死亡的,应当支付死亡赔偿金、丧葬费,总额为国家上年度职工平均工资的20倍。对死者生前扶养的无劳动能力的人,还应当支付生活费。

上述残疾伤害赔偿和死亡损害赔偿中规定的生活费的发放标准,参照当地最低生活保障标准执行。被扶养的人是未成年人的,生活费给付至18周岁止;其他无劳动能力的人,生活费给付至死亡时止。

3. 侵犯财产权的计算标准

根据《国家赔偿法》第36条的规定,侵犯公民、法人和其他组织的财产权造成损害的,按照下列规定处理:

(1)处罚款、罚金、追缴、没收财产或者违法征收、征用财产的,返还财产。

(2)查封、扣押、冻结财产的,解除对财产的查封、扣押、冻结,造成财产的损坏或灭失的,能够恢复原状的恢复原状,不能恢复原状的,按照损害程度给付相应的赔偿金;财产灭失的,给付相应的赔偿金。

(3)应当返还的财产损坏的,能够恢复原状的恢复原状,不能恢复原状的,按照损害程度给付相应的赔偿金。

(4)应当返还的财产灭失的,给付相应的赔偿金。根据《行政赔偿司法解释》第27条的规定,违法行政行为造成公民、法人或者其他组织财产损害,不能返还财产或者恢复原状的,按照损害发生时该财产的市场价格计算损失。市场价格无法确定,或者该价格不足以弥补公民、法人或者其他组织损失的,可以采用其他合理方式计算。违法征收征用土地、房屋,人民法院判决给予被征收人的行政赔偿,不得少于被征收人依法应当获得的安置补偿权益。

(5)财产已经拍卖或者变卖的,给付拍卖或者变卖所得的价款;变卖的价款明显低于财产价值的,应当支付相应的赔偿金。

(6) 吊销许可证和执照、责令停产停业的,赔偿停产停业期间必要的经常性费用开支。根据《行政赔偿司法解释》第 28 条的规定,这里的"停产停业期间必要的经常性费用开支"包括:必要留守职工的工资;必须缴纳的税款、社会保险费;应当缴纳的水电费、保管费、仓储费、承包费;合理的房屋场地租金、设备租金、设备折旧费;维系停产停业期间运营所需的其他基本开支。

(7) 返还执行的罚款或者罚金、追缴或者没收的金钱,解除冻结的存款或者汇款的,应当支付银行同期存款利息。

(8) 对财产权造成其他损害的,按照直接损失给予赔偿。根据《行政赔偿司法解释》第 29 条的规定,这里的"直接损失"包括:存款利息、贷款利息、现金利息;机动车停运期间的营运损失;通过行政补偿程序依法应当获得的奖励、补贴等;对财产造成的其他实际损失。

4. 精神损害赔偿的计算标准

根据《国家赔偿法》第 35 条的规定,侵犯公民的人身权,致人精神损害的,应当在侵权行为影响的范围内,为受害人消除影响,恢复名誉,赔礼道歉;造成严重后果的,应当支付相应的精神损害抚慰金。根据《行政赔偿司法解释》第 26 条的规定,这里的"造成严重后果",包括:(1) 受害人被非法限制人身自由超过 6 个月;(2) 受害人经鉴定为轻伤以上或者残疾;(3) 受害人经诊断、鉴定为精神障碍或者精神残疾,且与违法行政行为存在关联;(4) 受害人名誉、荣誉、家庭、职业、教育等方面遭受严重损害,且与违法行政行为存在关联。此外,有下列情形之一的,可以认定为后果特别严重:(1) 受害人被限制人身自由 10 年以上;(2) 受害人死亡;(3) 受害人经鉴定为重伤或者残疾一至四级,且生活不能自理;(4) 受害人经诊断、鉴定为严重精神障碍或者精神残疾一至二级,生活不能自理,且与违法行政行为存在关联。

根据《精神损害赔偿司法解释》的规定,公民以人身权受到侵犯为由提出国家赔偿申请,依照《国家赔偿法》第 35 条的规定请求精神损害赔偿,法人或者非法人组织请求精神损害赔偿的,人民法院不予受理。侵权行为致人精神损害,应当为受害人消除影响、恢复名誉或者赔礼道歉;侵权行为致人精神损害并造成严重后果,应当在支付精神损害抚慰金的同时,视案件具体情形,为受害人消除影响、恢复名誉或者赔礼道歉。消除影响、恢复名誉与赔礼道歉,可以单独适用,也可以合并适用,并应当与侵权行为的具体方式和造成的影响范围相当。

此外,《精神损害赔偿司法解释》还规定,致人精神损害,造成严重后果的,精神损害抚慰金一般应当在《国家赔偿法》第 33 条、第 34 条规定的人身自由赔偿金、生命健康赔偿金总额的50%以下(包括本数)酌定;后果特别严重,或者确有证据证明前述标准不足以抚慰的,可以在50%以上酌定。精神损害抚慰金的具体数额,应当在兼顾社会发展整体水平的同时,参考下列因素合理确定:(1)精神受到损害以及造成严重后果的情况;(2)侵权行为的目的、手段、方式等具体情节;(3)侵权机关及其工作人员的违法、过错程度、原因力比例;(4)原错判罪名、刑罚轻重、羁押时间;(5)受害人的职业、影响范围;(6)纠错的事由以及过程;(7)其他应当考虑的因素。受害人对损害事实和后果的发生或者扩大有过错的,可以根据其过错程度减少或者不予支付精神损害抚慰金。

四、行政赔偿当事人

行政赔偿当事人即行政赔偿请求人和行政赔偿义务机关。明确赔偿案件的双方当事人,不仅有利于受害人行使赔偿请求权,也便于义务机关履行赔偿义务。

(一)行政赔偿请求人

行政赔偿请求人,是指其合法权益在行政活动中受到行政违法行为的侵害,向行政赔偿义务机关或者人民法院请求行政赔偿的人,即依法有权向国家请求行政赔偿的人。行政赔偿请求人在行政复议程序中,是行政复议的申请人;在行政赔偿诉讼程序中,是行政诉讼的原告。

依照《国家赔偿法》的有关规定,行政赔偿请求人应当具备以下几方面的条件:

第一,行政赔偿请求人必须是自己的合法权益受到侵犯并造成实际损害的人。

第二,行政赔偿请求人必须是其所受损害与行政活动中违法行为存在因果关系的人,即损害由行政职权违法行为引起。这里的"因果关系",只要求受害人指出行政机关及其工作人员的行政侵权行为导致该损害即可,至于是否真正存在因果关系,有待于行政赔偿义务机关和人民法院的确认。

第三,行政赔偿请求人的请求事项必须符合《国家赔偿法》的相关规定。根据《国家赔偿法》的规定,我国的行政赔偿只限于对人身权和财产权的损害赔偿。

《国家赔偿法》第6条对行政赔偿请求人的范围作了明确规定。一般情况下,受害的公民、法人或者其他组织有权要求赔偿。特殊情况下,即在有权要求赔偿的公民死亡或者受害的法人及其他组织终止时,行政赔偿请求人的资格发生转移。具体而言,受害的公民死亡,其继承人和其他有扶养关系的亲属以及死者生前扶养的无劳动能力的人有权要求赔偿;受害的法人或者其他组织终止,承受其权利的法人或者其他组织有权要求赔偿;企业法人或者其他组织被行政机关撤销、变更、兼并、注销,认为经营自主权受到侵害,依法提起行政赔偿请求的,原企业法人或者其他组织、对其享有权利的法人或者其他组织均具有行政赔偿请求人的资格。

(二) 行政赔偿义务机关

行政赔偿义务机关,是指代表国家接受行政赔偿请求、支付赔偿费用、参与赔偿复议和参加赔偿诉讼的机关,即具体履行行政赔偿义务的机关。行政赔偿义务机关在行政复议程序中是被申请人,在行政诉讼程序中是被告。行政赔偿义务机关不同于行政赔偿责任主体。行政赔偿责任主体,是指行政赔偿责任的最终负担者。行政赔偿作为一种国家赔偿,是由国家承担的一种赔偿责任,其责任主体只能是国家。但是,国家是一个抽象的政治实体,不可能参与具体的赔偿事务,履行赔偿义务,而只能由有关机关代替履行。行政赔偿义务机关实际上是代替国家履行赔偿义务的机关。设定行政赔偿义务机关的目的,就是使赔偿责任主体从抽象的实体转变为具体的对象,使受害人易于找到索赔对象。

从世界各国行政赔偿立法的规定来看,行政赔偿义务机关的设定有两种模式:第一种是确立单一的国家赔偿义务机关。其中,有的以政府的财政部门作为行政赔偿义务机关。例如,瑞士法律规定,向联邦请求的赔偿,须向财政部申请,只有在该部驳回其请求或逾期不作决定时,才能够向联邦法院提起赔偿诉讼。有的则以专职的保险机构为行政赔偿义务机关,即以国家投保的方式,以保险公司作为行政赔偿义务机关。还有的则以特别设立的专门机构作为行政赔偿义务机关。例如,韩国在法务部设立国家赔偿审议会及地区审议会,在国防部设立特殊国家赔偿审议会及地区审议会,作为专门设置的国家赔偿义务机关。第二种是实行多元制赔偿义务机关制度。即由实施侵害的行政机关或实施侵害的公务员所属的行政机关为赔偿义务机关。大多数国家都采取这种立法模式,如英、美、德、法、日等国。

我国在设定行政赔偿义务机关时,以行政机关作为赔偿义务机关。根据《国家赔偿法》第 7 条和第 8 条的规定,我国的行政赔偿义务机关主要有:

1. 一般情况下的行政赔偿义务机关

《国家赔偿法》第 7 条第 1 款规定:"行政机关及其工作人员行使行政职权侵犯公民、法人和其他组织的合法权益造成损害的,该行政机关为赔偿义务机关。"这一规定表明,在通常情况下,谁实施致害行为,谁就有赔偿义务。这包括两种情况:一是行政机关实施致害行为,违法行使行政职权侵犯行政相对人合法权益造成损害的,该行政机关为行政赔偿义务机关。二是行政机关的工作人员实施致害行为,违法行使行政职权侵犯行政相对人合法权益造成损害的,该工作人员所在的行政机关为行政赔偿义务机关。这里的"工作人员所在的行政机关",是指工作人员实施致害行为时,其职权所属的行政机关,不一定是该工作人员所属的行政机关。

2. 特殊情况下的行政赔偿义务机关

(1) 共同侵权时的赔偿义务机关。《国家赔偿法》第 7 条第 2 款规定:"两个以上行政机关共同行使行政职权时侵犯公民、法人和其他组织的合法权益造成损害的,共同行使行政职权的行政机关为共同赔偿义务机关。"依此规定,共同赔偿义务机关共同承担赔偿义务,它们之间承担连带责任。受害人可以向共同赔偿义务机关中的任何一个机关要求赔偿,该赔偿义务机关应当先予赔偿,然后要求其他有责任的机关承担部分赔偿费用。需要说明的是,这里所说的"两个以上行政机关",是指两个以上具有独立主体资格的行政机关,不包括同一行政机关内部的两个职能部门,也不包括同一机关内部具有从属关系的两个以上行政机构和组织。根据《行政赔偿司法解释》第 21 条和第 22 条的规定,两个以上行政机关共同实施违法行政行为,或者行政机关及其工作人员与第三人恶意串通作出的违法行政行为,造成公民、法人或者其他组织人身权、财产权等合法权益实际损害的,应当承担连带赔偿责任。一方承担连带赔偿责任后,对于超出其应当承担部分,可以向其他连带责任人追偿。两个以上行政机关分别实施违法行政行为造成同一损害,每个行政机关的违法行为都足以造成全部损害的,各个行政机关承担连带赔偿责任。两个以上行政机关分别实施违法行政行为造成同一损害的,人民法院应当根据其违法行政行为在损害发生和结果中的作用大小,确定各自承担相应的行政赔偿责任;难以确定责任大小的,平均承担责任。

(2) 授权行政侵权时的赔偿义务机关。《国家赔偿法》第 7 条第 3 款规定:"法律、法规授权的组织在行使授予的行政权力时侵犯公民、法人和其他组织的合法权益造成损害的,被授权的组织为赔偿义务机关。"行政授权在我国普遍存在,由于行政机关编制有限以及管理的需要,国家常常通过法律、法规授权行政机关以外的组织行使某项行政权,如县级以上的卫生防疫站等。这些被授权组织具有行政主体资格,即可以自己的名义行使职权,并独立承担其行为的法律后果。因此,发生赔偿问题时,这些被授权组织就是赔偿义务机关。

(3) 委托行政侵权时的赔偿义务机关。《国家赔偿法》第7条第4款规定："受行政机关委托的组织或者个人在行使受委托的行政权力时侵犯公民、法人和其他组织的合法权益造成损害的,委托的行政机关为赔偿义务机关。"行政委托在现实生活中较为普遍,可以分为法律规定的委托和自行委托。在委托行政中,受委托的组织及其工作人员以委托行政机关的名义对外活动,其行为的法律后果由委托的行政机关承担。因此,当发生行政赔偿问题时,由委托的行政机关作为赔偿义务机关。在赔偿损失后,赔偿义务机关有权责令有故意或者重大过失的受委托的组织或者个人承担部分或者全部赔偿费用。应当注意的是,如果受委托的组织或者个人所实施的侵权行为与委托的职权无关,则国家不能对该致害行为承担赔偿责任,受害人只能诉求受委托的组织或者个人的民事侵权责任。

(4) 致害机关撤销时的赔偿义务机关。《国家赔偿法》第7条第5款规定："赔偿义务机关被撤销的,继续行使其职权的行政机关为赔偿义务机关;没有继续行使其职权的行政机关的,撤销该赔偿义务机关的行政机关为赔偿义务机关。"这里分别规定了两种不同情形:第一种情形是赔偿义务机关被撤销后有继续行使其职权的行政机关。在这种情形下,赔偿义务机关就是继续行使其职权的行政机关。第二种情形是赔偿义务机关被撤销后没有继续行使其职权的行政机关。在这种情形下,撤销该赔偿义务机关的行政机关为赔偿义务机关。

(5) 经复议的具体行政行为造成侵权的赔偿义务机关。《国家赔偿法》第8条规定："经复议机关复议的,最初造成侵权行为的行政机关为赔偿义务机关,但复议机关的复议决定加重损害的,复议机关对加重的部分履行赔偿义务。"这里规定了两种情形:一种是经过行政复议的,不论复议机关作出何种复议决定,只要复议机关的决定不加重当事人的损害,赔偿义务机关都是最初造成侵权行为的行政机关。另一种是经过行政复议的,只要复议决定加重了当事人的损害,复议机关就要对加重部分负责履行赔偿义务。在第二种情形下,复议机关与原处理机关为共同赔偿义务机关。

五、行政赔偿的程序

行政赔偿的程序,是指行政赔偿请求人提起赔偿请求,有关国家机关处理赔偿事务所应遵循的步骤、方式和次序。相应的,行政赔偿的程序包括行政赔偿的请求程序与有关国家机关的处理程序,后者又包括行政先行处理程序、行政赔偿复议程序和行政赔偿诉讼程序。从广义上讲,行政赔偿的程序还包括行政赔偿义务机关对有故意或重大过失的国家行政机关工作人员行使追偿权的程序。

（一）行政赔偿的请求程序

行政赔偿的程序通常要以赔偿请求的提出为前提，赔偿请求的提出是这一程序的开始。

1. 行政赔偿请求的方式

根据《行政诉讼法》《国家赔偿法》《行政复议法》的规定，行政赔偿请求人提出赔偿请求的方式有两种：一种是单独式，另一种是附带式。

（1）单独式，即单独就赔偿问题向赔偿义务机关提出请求。采取单独式提出赔偿请求，主要包括两种情况：一种是行政行为的合法性已经得到确认，行政赔偿义务机关在接受这类请求时无须确认行政行为的合法性；另一种是行政行为存在着明显的违法情形，不需要确认。

（2）附带式，或称"一并式"，即在申请行政复议或提起行政诉讼时一并提出赔偿请求。这种方式的特点为，将确认行政违法与要求赔偿两项请求一并提出，要求并案审理。行政复议机关或人民法院通常先确认行政行为的合法性，然后再对行政赔偿作出处理。

2. 行政赔偿请求的条件

（1）请求人必须具有行政赔偿请求权。行政赔偿请求权，是指因合法权益受到行政机关及其工作人员的违法行使职权行为侵犯，并造成损害的公民、法人或者其他组织依法享有请求赔偿义务机关予以赔偿的权利。只有具有行政赔偿请求权的公民、法人或者其他组织才是适格的赔偿请求人，才能主张或者要求行政赔偿。根据《国家赔偿法》第6条的规定，享有行政赔偿请求权的人就是其合法权益遭到违法行使行政职权行为侵犯并造成损害的公民、法人或其他组织。有行政赔偿请求权的公民死亡的，该请求权转移给其继承人和其他有扶养关系的亲属；受害的法人或者其他组织终止的，其权利承受人有权要求赔偿。

（2）赔偿请求必须属于法定的赔偿范围。我国的国家赔偿立法中专门规定了行政赔偿的范围，其他一些相关的立法中也涉及有关赔偿事项的规定。因此，赔偿请求人的赔偿请求必须符合这些立法规定，如果超出法定的赔偿范围，则该请求亦不能依法成立。当然，根据《国家赔偿法》第11条的规定，在法定的赔偿范围内，赔偿请求人根据受到的不同损害，可以同时提出数项赔偿请求。例如，行政机关违法行使职权，造成公民身体伤害的，可以要求赔偿医疗费，因误工减少的收入;造成公民身体残疾并全部丧失劳动能力的,受害人还可以申请残疾赔偿金及由其扶养的人的生活费等。

(3) 赔偿请求必须在法定期限内提出。法律对公民、法人和其他组织的行政赔偿请求权并非无期限地永久保护,而是有一定期限限制的;若超过法定期限,该行政赔偿请求权即自然失去,受害人再提出赔偿请求就是无法律效力的,不能获得国家赔偿。世界上许多国家的立法都明确规定了国家赔偿的请求期限,并且具体的请求期限和起算时间各不相同。有的国家从损害发生时起算,如美国为两年、德国为30年;还有的国家从受害人知悉损害时起算。我国《国家赔偿法》第39条规定,赔偿请求人请求国家赔偿的时效为两年,自其知道或者应当知道国家机关及其工作人员行使职权时的行为侵犯其人身权、财产权之日起计算,但被羁押期间不计算在内。赔偿请求人在赔偿请求时效的最后6个月内,因不可抗力或者其他障碍不能行使请求权的,时效中止。从中止时效的原因消除之日起,赔偿请求时效期间继续计算。以附带的方式提起赔偿请求,一般按申请复议或者提起诉讼的法定期限确定附带请求赔偿的期限。

(二) 行政先行处理程序

从世界范围来看,在赔偿请求人请求赔偿的情况下,由行政赔偿义务机关先行处理是各国通行的做法。根据我国《行政诉讼法》和《国家赔偿法》的相关规定,赔偿请求人单独要求行政赔偿,应当先向赔偿义务机关提出,由赔偿义务机关按行政程序先行处理,即与请求人协商解决赔偿问题。赔偿请求人对赔偿义务机关处理不服或者赔偿义务机关逾期不予赔偿的,才可以申请复议或者提起诉讼。这种先行程序称为"前置程序",也称"协商程序"。赔偿请求人未经先行程序处理而单独提起赔偿请求的,复议机关或者法院不予受理。行政赔偿义务机关的行政先行处理程序包括:

1. 赔偿请求的提出

赔偿请求人向赔偿义务机关提出赔偿请求,应当以书面形式进行,即递交要求行政赔偿的申请书。赔偿请求人书写申请书确有困难的,可以委托他人代书,最后由本人签名或盖章,以示申请书的有关内容是本人的真实意思表示。如果赔偿请求人委托他人代书亦有不便,也可以口头申请,由赔偿义务机关将其口头申请记入笔录,赔偿请求人经确认无误后签字或盖章。该笔录与正式申请书的法律效力相同。

赔偿请求人向赔偿义务机关递交的申请书必须能反映受害人的基本情况和要求行政赔偿的案由。因此,申请书应当载明下列事项:(1) 受害人的姓名、性别、年龄、工作单位和住所。赔偿请求人不是受害人本人的,应当说明与受害人的关系,并提供相应证明。受害人的法定继承人或与其有扶养关系的亲属或法定代理人行使或代为行使请求权时,还应当载明其姓名、性别、年龄、工作单位、住所以及与受害人的关系等事项。赔偿请求人为法人或其他组织时,申请书应当载明其名称、住所、法定代表人或主要负责人的姓名、职务。(2)具体的行政赔偿要求。例如,要求金钱赔偿及赔偿数额,或要求恢复原状、返回财产等。赔偿请求人可以根据所受到的不同损害,同时提出数项赔偿请求。申请书中要把每一项请求写清楚。(3)要求行政赔偿的理由和事实根据。申请书中必须简明扼要地叙述损害行为发生的时间、地点及事实经过,若有其他证明材料,必须一同附上。例如,人身伤害程度、性质的证明,医疗费收据及因此而受到其他损失的证明;对财产损害的,应提交修复费用的收据、购置同类财物的发票等;因死亡而要求赔偿的,应提交受害人死亡证明书或其他载明死亡原因、时间、地点等情况的证明书,有关死亡人生前的职业、工资收入状况,生前扶养人的姓名、年龄等情况的证明,因死亡而开支的丧葬费收据,等等。有了这些证据,赔偿义务机关才能顺利地进行审查。(4)明确的赔偿义务机关。申请书必不可少的内容之一是赔偿义务机关的名称,以明示该赔偿申请是针对哪个行政机关提出的,以便于行政赔偿案件的处理。(5)申请的年、月、日。写明提交申请的时间极为重要,这关系到赔偿义务机关进行处理的时限,也关系到赔偿请求人权利的行使。

2. 赔偿请求的受理

赔偿义务机关接到请求赔偿的申请后,应指定相应的机构及人员对赔偿申请进行审查,以最终决定是否给予赔偿。审查的内容包括:申请书的形式是否完备,是否属于行政赔偿的范围,提出申请的时间是否在法定时限内,申请人是否具有申请资格等。如经审查,所有这些要求均已达到,则应决定立案处理,并通知赔偿请求人。对于赔偿义务人受理赔偿请求,应有特殊的义务性规定。《国家赔偿法》第12条第4款规定:"赔偿请求人当面递交申请书的,赔偿义务机关应当当场出具加盖本行政机关专用印章并注明收讫日期的书面凭证。申请材料不齐全的,赔偿义务机关应当当场或者在5日内一次性告知赔偿请求人需要补正的全部内容。"

如果发现以下情况,则应另行处理:(1)申请书的内容、形式有缺漏,应当当场或者在5日内一次性告知申请人予以补充;(2)如果申请人不具有行政赔偿请求人资格,应当告知由具有行政赔偿请求人资格的人申请;(3)行使赔偿请求权已超过法定期限的,该请求权依法灭失,应当告知赔偿请求人不予受理的原因。

3. 赔偿处理决定的作出

《国家赔偿法》第13条规定："赔偿义务机关应当自收到申请之日起两个月内，作出是否赔偿的决定。赔偿义务机关作出赔偿决定，应当充分听取赔偿请求人的意见，并可以与赔偿请求人就赔偿方式、赔偿项目和赔偿数额依照本法第四章的规定进行协商。赔偿义务机关决定赔偿的，应当制作赔偿决定书，并自作出决定之日起十日内送达赔偿请求人。赔偿义务机关决定不予赔偿的，应当自作出决定之日起十日内书面通知赔偿请求人，并说明不予赔偿的理由。"行政赔偿决定书中应当载明如下内容：（1）赔偿请求人及其赔偿请求；（2）所认定的事实、理由和依据；（3）是否给予赔偿的结论；（4）不服该决定的诉权；（5）赔偿义务机关名称以及赔偿决定书的制作时间。

(三) 行政赔偿复议程序

根据《国家赔偿法》和《行政复议法》的规定，通过行政复议的方式解决行政赔偿争议包括如下两种情况：

1. 一并请求复议

《国家赔偿法》第9条第2款规定："赔偿请求人要求赔偿，应当先向赔偿义务机关提出，也可以在申请行政复议或者提起行政诉讼时一并提出。"对此，《行政复议法》第72条第1款规定："申请人在申请行政复议时一并提出行政赔偿请求，行政复议机关对依照《中华人民共和国国家赔偿法》的有关规定应当不予赔偿的，在作出行政复议决定时，应当同时决定驳回行政赔偿请求；对符合《中华人民共和国国家赔偿法》的有关规定应当给予赔偿的，在决定撤销或者部分撤销、变更行政行为或者确认行政行为违法、无效时，应当同时决定被申请人依法给予赔偿；确认行政行为违法的，还可以同时责令被申请人采取补救措施。"行政复议机关据此作出赔偿决定的程序就是一并请求行政复议的处理程序。由行政复议机关在对原行政行为进行合法性、适当性审查时一并对行政赔偿请求作出处理，有助于提高行政效率，也有利于上级行政机关对下级行政机关的行政行为进行监督。复议机关应当在收到复议申请书之日起60日内作出复议决定，申请人对复议机关作出赔偿处理的复议决定不服的，可以在收到决定书之日起15日内，向人民法院提起行政诉讼。行政机关逾期不复议的，申请人也可以向人民法院提起诉讼。

2. 推定请求复议

《行政复议法》第72条第2款规定："申请人在申请行政复议时没有提出行

政赔偿请求的,行政复议机关在依法决定撤销或者部分撤销、变更罚款,撤销或者部分撤销违法集资、没收财物、征收征用、摊派费用以及对财产的查封、扣押、冻结等行政行为时,应当同时责令被申请人返还财产,解除对财产的查封、扣押、冻结等措施,或者赔偿相应的价款。"这就是说,在直接针对财产的行政行为被行政复议机关依法确认为违法而需予以撤销或变更后,该行政行为当然不应该再继续存在下去。所以,行政复议机关应同时责令被申请人排除其对财产的侵害行为,而无须行政复议申请人主动提出行政赔偿的请求。这实际上是一种"请求推定",即法律推定未在复议申请中提出的赔偿请求包含在已提出的撤销或变更请求中。① 之所以作这种法律推定,一是因为没有提出的赔偿请求与已提出的撤销或变更请求之间具有内在的逻辑联系,即撤销或变更请求是赔偿请求的前提,赔偿请求是撤销或变更请求的延续;二是因为这种法律推定是有利于申请人的推定,不仅可以有效保护申请人的合法权益,而且可以避免申请人在复议终结后再发动赔偿程序之累,大大节约申请人的申请成本。当然,是否提出赔偿请求是申请人的一种权利,申请人可以放弃或变更请求。因此,在"请求推定"中,行政复议机关应当征求申请人的意见,为其提供指导,由申请人决定追加、放弃或变更赔偿的请求。

(四)行政赔偿诉讼程序

根据《行政诉讼法》和《国家赔偿法》的规定,赔偿请求人既可以在直接提起行政诉讼时一并提出赔偿请求,也可以在对行政复议不服提起行政诉讼时一并提出赔偿请求,还可以在协商不成即义务机关逾期不予赔偿或对赔偿数额有异议时向人民法院提出赔偿请求,由人民法院依法作出判决,这就是行政赔偿诉讼程序。行政赔偿诉讼,是指人民法院根据赔偿请求人的诉讼请求,依照行政诉讼程序和国家赔偿的基本原则裁判赔偿争议的活动。这是一种特殊的独立诉讼形式,在受案范围、起诉条件、审理形式、证据规则以及适用程序诸方面都有自己的特点。

1. 行政赔偿诉讼的受案范围

除《国家赔偿法》第 3 条和第 4 条规定的范围外,根据《行政赔偿司法解释》的规定,公民、法人或者其他组织认为行政机关及其工作人员违法行使行政职权对其劳动权、相邻权等合法权益造成人身、财产损害的,可以依法提起行政赔偿诉讼。赔偿请求人不服赔偿义务机关下列行为的,可以依法提起行政赔偿诉

---

① 参见叶必丰:《应申请行政行为判解》,武汉大学出版社 2000 年版,第 88 页。

讼:(1)确定赔偿方式、项目、数额的行政赔偿决定;(2)不予赔偿决定;(3)逾期不作出赔偿决定;(4)其他有关行政赔偿的行为。此外,法律规定由行政机关最终裁决的行政行为被确认违法后,赔偿请求人可以单独提起行政赔偿诉讼。但是,公民、法人或者其他组织认为国防、外交等国家行为或者行政机关制定发布行政法规、规章或者具有普遍约束力的决定、命令侵犯其合法权益造成损害,向人民法院提起行政赔偿诉讼的,不属于人民法院行政赔偿诉讼的受案范围。

2. 行政赔偿诉讼的起诉条件

根据《行政诉讼法》第49条、《国家赔偿法》第9条和第14条及《行政赔偿司法解释》的规定,行政赔偿请求人提起行政赔偿诉讼应当具备如下条件:(1)原告一般是行政侵权行为的受害人。受害的公民死亡,其继承人和其他有扶养关系的亲属可以依法提起行政赔偿诉讼;受害的法人或者其他组织分立、合并、终止,承受其权利的法人或者其他组织可以依法提起行政赔偿诉讼。(2)有明确的被告。行政赔偿诉讼的被告是行使行政职权违法侵犯公民、法人或者其他组织的合法权益,并造成损害的行政机关及法律、法规授权的组织。两个以上行政机关共同实施侵权行政行为造成损害的,共同侵权行政机关为共同被告。赔偿请求人坚持对其中一个或者几个侵权机关提起行政赔偿诉讼,以被起诉的机关为被告,未被起诉的机关追加为第三人。原行政行为造成赔偿请求人损害,复议决定加重损害的,复议机关与原行政行为机关为共同被告。赔偿请求人坚持对作出原行政行为机关或者复议机关提起行政赔偿诉讼,以被起诉的机关为被告,未被起诉的机关追加为第三人。行政机关依据行政诉讼法的规定申请人民法院强制执行其行政行为,因据以强制执行的行政行为违法而发生行政赔偿诉讼的,申请强制执行的行政机关为被告。(3)有具体的诉讼请求和相应的事实依据。原告提起行政赔偿诉讼,必须有明确的诉讼请求并提供有关的证据材料。(4)行政赔偿诉讼属于人民法院的受案范围以及由人民法院管辖。(5)行政赔偿请求人单独提起行政赔偿诉讼的,必须经过赔偿义务机关的先行处理。

此外,提出行政赔偿诉讼还必须符合法律规定的时效。根据《国家赔偿法》第14条的规定,赔偿义务机关在规定期限内未作出是否赔偿的决定,赔偿请求人可以自期限届满之日起3个月内,向人民法院提起诉讼。赔偿请求人对赔偿的方式、项目、数额有异议的,或者赔偿义务机关作出不予赔偿决定的,赔偿请求人可以自赔偿义务机关作出赔偿或者不予赔偿决定之日起3个月内,向人民法院提起诉讼。根据《行政赔偿司法解释》第15—17条的规定,公民、法人或者其他组织应当自知道或者应当知道行政行为侵犯其合法权益之日起两年内,向赔偿义务机关申请行政赔偿。赔偿义务机关在收到赔偿申请之日起两个月内未作出赔偿决定的,公民、法人或者其他组织可以依照行政诉讼法有关规定提起行政赔偿诉讼。公民、法人或者其他组织提起行政诉讼时一并请求行政赔偿的,适用行政诉讼法有关起诉期限的规定。公民、法人或者其他组织仅对行政复议决定中的行政赔偿部分有异议,自复议决定书送达之日起15日内提起行政赔偿诉讼的,人民法院应当依法受理。行政机关作出有赔偿内容的行政复议决定时,未告知公民、法人或者其他组织起诉期限的,起诉期限从公民、法人或者其他组织知道或者应当知道起诉期限之日起计算,但从知道或者应当知道行政复议决定内容之日起最长不得超过一年。

3. 行政赔偿诉讼的审理形式

《行政诉讼法》第60条第1款规定:"人民法院审理行政案件,不适用调解。但是,行政赔偿、补偿以及行政机关行使法律、法规规定的自由裁量权的案件可以调解。"这是行政赔偿诉讼与行政诉讼在审理方式上的区别。行政赔偿诉讼可以调解,即人民法院可以在双方当事人之间做协调、调和的工作,促使双方相互谅解,以便达成赔偿协议。行政赔偿诉讼之所以能够调解,是因为在单纯的行政赔偿诉讼案件中,相对人有处分自己权利的可能性,如果受害人愿意承担这种损害,法律是无权干涉的。同时,受害人放弃赔偿请求权,有利于公共利益。另外,在法律规定的范围内,对于如何赔偿、赔多赔少等纯粹经济利益问题,赔偿义务机关也有一定的自由处分权利。这样,双方也就具备调解的基础。应当指出的是,人民法院在对行政赔偿案件进行调解时,必须注意以下几点:(1)权利的放弃必须是行政相对人的真实意愿,人民法院或者赔偿义务机关不能强迫或者变相强迫相对人放弃赔偿请求。(2)调解的范围仅限于赔偿数额,而不能涉及造成损害的具体行政行为的合法性问题。(3)人民法院主持调解,达成协议的,应当制作调解书。调解书应当写明赔偿请求、案件事实和调解结果,由审判人员、书记员署名,加盖人民法院的公章,送达双方当事人。调解书经双方签收后,即发生法律效力,并可以作为执行的依据。

4. 行政赔偿诉讼的证据规则

行政诉讼在证据规则上的突出特征是举证责任倒置,即作为被告的行政机关负举证责任。但是,行政赔偿诉讼不完全采取"被告负举证责任"的原则,原告对自己的主张承担举证责任,应当提供证据,并证明自己的合法权益遭受行政机关及其工作人员行使职权行为侵害的事实。因此,《行政诉讼法》第34条关于举证责任的规定不适用于行政赔偿诉讼。《国家赔偿法》第15条第1款规定:"人民法院审理行政赔偿案件,赔偿请求人和赔偿义务机关对自己提出的主张,应当提供证据。"另外,根据《行政赔偿司法解释》第11条和第12条的规定,行政赔偿诉讼中,原告应当对行政行为造成的损害提供证据;因被告的原因导致原告无法举证的,由被告承担举证责任。人民法院对于原告主张的生产和生活所必需物品的合理损失,应当予以支持;对于原告提出的超出生产和生活所必需的其他贵重物品、现金损失,可以结合案件相关证据予以认定。原告主张其被限制人身自由期间受到身体伤害,被告否认相关损害事实或者损害与违法行政行为存在因果关系的,被告应当提供相应的证据证明。需要注意的是,根据《国家赔偿法》第15条第2款的规定,以下情形依然遵循《行政诉讼法》确定的证据规则:"赔偿义务机关采取行政拘留或者限制人身自由的强制措施期间,被限制人身自由的人死亡或者丧失行为能力的,赔偿义务机关的行为与被限制人身自由的人的死亡或者丧失行为能力是否存在因果关系,赔偿义务机关应当提供证据。"

5. 行政赔偿诉讼的先予执行

先予执行是《民事诉讼法》规定的一种临时措施,是指在特定的给付案件中,人民法院在作出判决之前,因原告生活困难,裁定义务人先行给付一定的款项或特定物,并立即交付执行的措施。在行政赔偿案件中,有可能出现因行政机关违法侵权造成损害,致使受害人无法维持生活的情况。此时适用民事诉讼中先予执行的各项规定,能够充分地保障行政相对人的合法权益。

6. 行政赔偿诉讼案件的执行

根据《行政诉讼法解释》第152条和第153条的规定,对发生法律效力的行政判决书、行政裁定书、行政赔偿判决书和行政调解书,负有义务的一方当事人拒绝履行的,对方当事人可以依法申请人民法院强制执行。人民法院判决行政机关履行行政赔偿、行政补偿或者其他行政给付义务,行政机关拒不履行的,对方当事人可以依法向法院申请强制执行。申请执行的期限为二年。逾期申请的,除有正当理由外,人民法院不予受理。裁判的执行是维护法律尊严的需要,世界各国都注重行政诉讼裁判的执行。如果行政赔偿义务机关拒绝履行自己所作的赔偿决定或者与赔偿请求人达成的赔偿协议,笔者认为,赔偿申请人需通过以下两种途径解决:(1)向赔偿义务机关的上一级行政机关或者人民政府反映,或向有监督权的人大、监察、纪检等部门反映,以促使赔偿义务机关履行其义务;(2)就此向赔偿义务机关提出申请,要求其履行自己作出的合法的、发生法律效力的赔偿决定或协议。赔偿义务机关还是拒不履行的,法院根据法律的相关规定,可以采取划拨、罚款、司法建议等执行措施。

（五）行政追偿程序

广义的行政赔偿程序还包括行政赔偿后的追偿程序，即赔偿义务机关在支付赔偿费用之后，依法责令有故意或重大过失的工作人员或者受委托的组织或个人承担部分或全部赔偿费用的程序。

行政赔偿作为一种国家赔偿，其责任主体只能是国家，赔偿费用从各级财政列支，即只能先由国家通过赔偿义务机关向受害人支付。在支付后，应责令有故意或重大过失的工作人员承担该笔费用，这就是内部追偿制度。设立行政追偿制度的作用在于，既能使公务人员执行公务的正当风险不必由公务人员个人承担，而是由国家直接承担，从而保护公务人员履行职务的积极性，又能对公务人员在履行职务时有故意或重大过失的违法行为采取一定的惩戒措施，以免放纵其违法侵权行为的不断出现。

1. 行政追偿的条件

由于作为国家赔偿责任之一的行政赔偿具有不同于其他赔偿责任承担形式的特点，所以国家行政机关行使行政追偿权必须符合特别的限制性条件，主要包括：

第一，赔偿义务机关已经对受害人的损失履行了赔偿义务。这是赔偿义务机关行使追偿权的首要前提。只有在赔偿义务机关已经代表国家向受害人履行了赔偿义务，从而使受害人的赔偿请求权归于消灭而自身遭受损失的前提下，才能向公务人员追偿。在赔偿义务机关履行赔偿义务之前，追偿权只是一种抽象的权利，国家不能实际行使。国家只有在赔偿受害人损失后才能行使追偿权。

第二，直接行使行政职权的公务人员在执行职务时对造成受害人的损失主观上存在故意或重大过失。国家公务人员在履行公务时往往存在固有的、正当的风险，不可能一一避免。因此，不可能对公务人员在执行职务中所有造成他人损失的行为均要求其承担责任，而只能要求其承担由于其不必要的过错造成他人损害的全部或部分责任。除此之外，其他损失应当由国家承担责任。因此，公务人员在执行职务过程中存在故意或重大过失是行政追偿权存在的必不可少的条件之一。所谓故意，是指公务人员执行职务时，明知自己的行为会给相对人造成损害，却仍然希望或放任这种结果发生的主观态度。所谓重大过失，是相对于一般过失而言的，是指公务人员执行职务时，欠缺一般人通常应有的注意义务而造成他人的损害，即违反了法律对一个普通公民的起码要求，而不仅仅是欠缺其职务要求的注意义务。

2. 行政追偿的金额

关于行政追偿的金额，我国《国家赔偿法》未作明确的规定。从理论上而言，追偿金额的确定应当遵循如下几项原则：

（1）追偿金额应与赔偿金额相适应。追偿金额必须是赔偿义务机关已赔偿金额的一部分或全部，即最高不得超过赔偿义务机关已赔偿金额的总和。

（2）追偿金额应与公务人员的过错程度相适应。一般而言，在故意心理状态下所造成损失的追偿金额应大于在过失心理状态下所造成损失的追偿金额。只有轻微过失的，不应追偿。

（3）追偿金额应与公务人员的承受能力大体相当。追偿制度的设立目的是抑制公务人员主观上的故意或重大过失导致的不必要的侵权行为，因此追偿金额的大小只要足以对公务人员主观过错心理状态有一定的威慑作用即可，应考虑公务人员的实际承受能力。

另外，行政追偿是国家基于行政主体与工作人员之间的特别权力关系而对公务人员实施的制裁形式。这并不妨碍对有故意或重大过失的公务人员追究其他法律责任。根据《国家赔偿法》第16条第2款的规定，对有故意或者重大过失的责任人员，有关机关应当依法给予处分；构成犯罪的，应当依法追究刑事责任。行政追偿责任与行政纪律责任、刑事责任不能相互代替。

主要参考文献

一、中文著作

1. 陈端洪:《中国行政法》,法律出版社 1998 年版。
2. 陈敏:《行政法总论》,三民书局 1999 年版。
3. 陈清秀:《行政诉讼法》,翰芦图书出版有限公司 2002 年版。
4. 陈新民:《德国公法学基础理论》(增订新版·上、下卷),法律出版社 2010 年版。
5. 陈新民:《行政法学总论》,三民书局 2015 年版。
6. 陈新民:《中国行政法学原理》,中国政法大学出版社 2002 年版。
7. 城仲模:《行政法之基础理论》(第 2 版),三民书局 1994 年版。
8. 城仲模主编:《行政法之一般法律原则》(一),三民书局 1994 年版。
9. 城仲模主编:《行政法之一般法律原则》(二),三民书局 1997 年版。
10. 方世荣:《论具体行政行为》,武汉大学出版社 1996 年版。
11. 方世荣:《论行政相对人》,中国政法大学出版社 2000 年版。
12. 龚祥瑞:《比较宪法与行政法》,法律出版社 1985 年版。
13. 管欧:《中国行政法总论》,蓝星打字排版有限公司 1981 年版。
14. 郭润生、宋功德:《论行政指导》,中国政法大学出版社 1999 年版。
15. 何海波:《实质法治:寻求行政判决的合法性》(第 2 版),法律出版社 2020 年版。
16. 何海波:《行政诉讼法》(第 3 版),法律出版社 2022 年版。
17. 胡建淼:《行政法学》(第 5 版),法律出版社 2023 年版。
18. 季卫东:《法治秩序的建构》,中国政法大学出版社 1999 年版。
19. 江必新:《行政诉讼问题研究》,中国人民公安大学出版社 1989 年版。
20. 姜明安:《比较行政法》,法律出版社 2023 年版。
21. 姜明安:《行政法》(第 5 版),北京大学出版社 2022 年版。
22. 姜明安主编:《外国行政法教程》,法律出版社 1993 年版。
23. 姜明安主编:《行政法与行政诉讼法》(第 7 版),北京大学出版社、高等教育出版社 2019 年版。
24. 李洪雷:《行政法释义学:行政法学理的更新》,中国人民大学出版社 2014 年版。
25. 梁凤云:《行政诉讼讲义》(上、下),人民法院出版社 2022 年版。
26. 林纪东:《行政法》,三民书局 1988 年版。
27. 林莉红:《行政诉讼法学》(第 5 版),武汉大学出版社 2020 年版。

28. 林莉红:《中国行政救济理论与实务》,武汉大学出版社2000年版。
29. 林腾鹞:《行政法总论》,三民书局1999年版。
30. 刘恒:《行政救济制度研究》,法律出版社1998年版。
31. 刘权:《比例原则》,清华大学出版社2022年版。
32. 刘鑫桢:《论裁量处分与不确定法律概念》,五南图书出版公司2005年版。
33. 刘艳红、周佑勇:《行政刑法的一般理论》(第2版),北京大学出版社2020年版。
34. 罗传贤:《行政程序法基础理论》,五南图书出版公司1993年版。
35. 罗豪才主编:《现代行政法的平衡理论》,北京大学出版社1997年版。
36. 罗豪才主编:《行政法学》(修订本),中国政法大学出版社1996年版。
37. 罗豪才主编:《中国司法审查制度》,北京大学出版社1993年版。
38. 马怀德:《国家赔偿法的理论与实务》,中国法制出版社1994年版。
39. 马怀德主编:《行政法前沿问题研究》,中国政法大学出版社2018年版。
40. 马怀德主编:《行政法与行政诉讼法》(第5版),中国法制出版社2015年版。
41. 马生安:《行政行为效力理论重构》,法律出版社2023年版。
42. 莫于川等:《柔性行政方式类型化与法治化研究》,法律出版社2020年版。
43. 皮纯协、何寿生编著:《比较国家赔偿法》,中国法制出版社1998年版。
44. 沈开举:《行政征收研究》,人民出版社2001年版。
45. 沈岿:《行政法理论基础:传统与革新》,清华大学出版社2022年版。
46. 沈宗灵主编:《法理学》(第2版),高等教育出版社2004年版。
47. 宋功德:《党规之治:党内法规一般原理》,法律出版社2021年版。
48. 宋世明:《中国公务员法立法之路》,国家行政学院出版社2004年版。
49. 苏嘉宏、洪荣彬:《行政法概要》,永然文化出版有限公司1999年版。
50. 孙国华、朱景文主编:《法理学》(第5版),中国人民大学出版社2021年版。
51. 孙笑侠:《法律对行政的控制——现代行政法的法理解释》,山东人民出版社1999年版。
52. 王克稳:《经济行政法论》,苏州大学出版社1995年版。
53. 王连昌主编:《行政法学》(修订版),中国政法大学出版社1997年版。
54. 王珉灿主编:《行政法概要》,法律出版社1983年版。
55. 王名扬:《法国行政法》,中国政法大学出版社1988年版。
56. 王名扬:《美国行政法》(上、下),中国法制出版社1995年版。
57. 王名扬:《英国行政法》,中国政法大学出版社1987年版。
58. 王青斌:《行政复议原理》,法律出版社2023年版。
59. 王万华:《行政程序法研究》,中国法制出版社2000年版。
60. 翁岳生编:《行政法》(上、下),中国法制出版社2009年版。
61. 翁岳生:《行政法与现代法治国家》,三民书局2015年版。
62. 吴庚:《行政法之理论与实用》,三民书局2006年版。

63. 徐国栋:《民法基本原则解释——成文法局限性之克服》(增订本),中国政法大学出版社 2001 年版。

64. 许崇德、皮纯协主编:《新中国行政法学研究综述(1949—1990)》,法律出版社 1991 年版。

65. 许崇德主编:《中国宪法》(修订本),中国人民大学出版社 1996 年版。

66. 许宗力:《法与国家权力》,月旦出版社 1993 年版。

67. 薛刚凌等:《改革开放 40 年法律制度变迁:行政法卷》,厦门大学出版社 2019 年版。

68. 严存生:《论法与正义》,陕西人民出版社 1997 年版。

69. 杨登峰:《行政法基本原则及其适用研究》,北京大学出版社 2022 年版。

70. 杨海坤主编:《跨入 21 世纪的中国行政法学》,中国人事出版社 2000 年版。

71. 杨建顺:《日本行政法通论》,中国法制出版社 1998 年版。

72. 杨解君主编:《行政许可研究》,人民出版社 2001 年版。

73. 叶必丰:《区域合作法论》,法律出版社 2022 年版。

74. 叶必丰:《行政法的人文精神》,北京大学出版社 2005 年版。

75. 叶必丰:《行政法与行政诉讼法学》(第 3 版),高等教育出版社 2015 年版。

76. 叶必丰:《行政行为的效力研究》,中国人民大学出版社 2002 年版。

77. 叶必丰:《行政行为原理》,商务印书馆 2019 年版。

78. 叶必丰、周佑勇:《行政规范研究》,法律出版社 2002 年版。

79. 应松年主编:《当代中国行政法》(全八卷),人民出版社 2017 年版。

80. 应松年主编:《外国行政程序法汇编》,中国法制出版社 1999 年版。

81. 应松年主编:《行政法与行政诉讼法学》,法律出版社 2005 年版。

82. 应松年主编:《行政法与行政诉讼法学》,高等教育出版社 2018 年版。

83. 应松年主编:《行政行为法:中国行政法制建设的理论与实践》,人民出版社 1993 年版。

84. 于安编著:《德国行政法》,清华大学出版社 1999 年版。

85. 余凌云:《行政法讲义》(第 3 版),清华大学出版社 2019 年版。

86. 余凌云:《行政契约论》(第 3 版),清华大学出版社 2022 年版。

87. 袁曙宏、方世荣、黎军:《行政法律关系研究》,中国法制出版社 1999 年版。

88. 张家洋:《行政法》,三民书局 2002 年版。

89. 张剑寒等:《现代行政法基本论》,汉林出版社 1985 年版。

90. 张尚鷟主编:《走出低谷的中国行政法学——中国行政法学综述与评价》,中国政法大学出版社 1991 年版。

91. 张树义、张力:《行政法与行政诉讼法》(第 3 版),高等教育出版社 2015 年版。

92. 张文显:《二十世纪西方法哲学思潮研究》,法律出版社 2006 年版。

93. 张文显:《法学基本范畴研究》,中国政法大学出版社 1993 年版。

94. 张文显主编:《法理学》(第 5 版),高等教育出版社 2018 年版。

95. 张永明:《行政法》,三民书局 2001 年版。

96. 张载宇：《行政法要论》，汉林出版社 1977 年版。

97. 张正钊、韩大元主编：《比较行政法》，中国人民大学出版社 1998 年版。

98. 张正钊主编：《国家赔偿制度研究》，中国人民大学出版社 1996 年版。

99. 章剑生：《现代行政法基本理论》（第 2 版·上、下），法律出版社 2014 年版。

100. 章志远：《行政法总论》（第 2 版），北京大学出版社 2022 年版。

101. 章志远：《行政行为效力论》，中国人事出版社 2003 年版。

102. 支馥生主编：《行政诉讼法教程》，武汉大学出版社 1993 年版。

103. 周汉华：《现实主义法律运动与中国法制变革》，山东人民出版社 2002 年版。

104. 周佑勇：《行政不作为判解》，武汉大学出版社 2000 年版。

105. 周佑勇：《行政裁量基准研究》，中国人民大学出版社 2015 年版。

106. 周佑勇：《行政裁量治理研究：一种功能主义的立场》（第 2 版），法律出版社 2023 年版。

107. 周佑勇：《行政法基本原则研究》（第 2 版），法律出版社 2019 年版。

108. 周佑勇主编：《行政法专论》，中国人民大学出版社 2010 年版。

109. 朱维究、王成栋主编：《一般行政法原理》，高等教育出版社 2005 年版。

110. 朱新力、唐明良等：《行政法基础理论改革的基本图谱："合法性"与"最佳性"二维结构的展开路径》，法律出版社 2013 年。

二、中文译著

1. 〔古希腊〕亚里士多德：《政治学》，吴寿彭译，商务印书馆 1965 年版。

2. 〔苏联〕B.M.马诺辛等：《苏维埃行政法》，黄道秀译，群众出版社 1983 年版。

3. 〔苏联〕彼·斯·罗马什金等主编：《国家和法的理论》，中国科学院法学研究所译，法律出版社 1963 年版。

4. 〔印度〕M.P.赛夫：《德国行政法——普通法的分析》，周伟译，五南图书出版公司 1991 年版。

5. 〔德〕奥托·迈耶：《德国行政法》，刘飞译，商务印书馆 2021 年版。

6. 〔德〕哈特穆特·毛雷尔：《行政法学总论》，高家伟译，法律出版社 2000 年版。

7. 〔德〕汉斯·J.沃尔夫等：《行政法》（第 1 卷），高家伟译，商务印书馆 2002 年版。

8. 〔德〕汉斯·J.沃尔夫等：《行政法》（第 2 卷），高家伟译，商务印书馆 2002 年版。

9. 〔德〕汉斯·J.沃尔夫等：《行政法》（第 3 卷），高家伟译，商务印书馆 2007 年版。

10. 〔德〕卡尔·拉伦茨：《法学方法论》，陈爱娥译，商务印书馆 2003 年版。

11. 〔德〕平特纳：《德国普通行政法》，朱林译，中国政法大学出版社 1999 年版。

12. 〔法〕古斯塔夫·佩泽尔：《法国行政法》，廖坤明、周洁译，国家行政学院出版社 2002 年版。

13. 〔法〕莱翁·狄骥：《宪法论》（第 1 卷），钱克新译，商务印书馆 1962 年版。

14. 〔法〕勒内·达维:《英国法和法国法:一种实质性比较》,潘华仿等译,清华大学出版社 2002 年版。

15. 〔法〕孟德斯鸠:《论法的精神》(上、下),张雁深译,商务印书馆 1963 年版。

16. 〔法〕莫里斯·奥里乌:《行政法与公法精要》(上、下),龚觅等译,辽海出版社、春风文艺出版社 1999 年版。

17. 〔法〕让·里韦罗、让·瓦利纳:《法国行政法》,鲁仁译,商务印书馆 2008 年版。

18. 〔美〕E. 博登海默:《法理学:法律哲学与法律方法》,邓正来译,中国政法大学出版社 2017 年版。

19. 〔美〕弗兰克.J.古德诺:《政治与行政》,王元、杨百朋译,华夏出版社 1987 年版。

20. 〔美〕伯纳德·施瓦茨:《美国法律史》,王军等译,法律出版社 2018 年版。

21. 〔美〕伯纳德·施瓦茨:《行政法》,徐炳译,群众出版社 1986 年版。

22. 〔美〕古德诺:《比较行政法》,白作霖译,中国政法大学出版社 2006 年版。

23. 〔美〕肯尼斯·卡尔普·戴维斯:《裁量正义》,毕洪海译,商务印书馆 2009 年版。

24. 〔美〕理查德·B.斯图尔特:《美国行政法的重构》,沈岿译,商务印书馆 2021 年版。

25. 〔美〕理查德·J.皮尔斯:《行政法》(第 5 版·全三卷),苏苗罕译,中国人民大学出版社 2016 年版。

26. 〔美〕约翰·罗尔斯:《正义论》,何怀宏等译,中国社会科学出版社 1988 年版。

27. 〔美〕德沃金:《法律帝国》,李常青译,中国大百科全书出版社 1996 年版。

28. 〔美〕欧内斯特·盖尔霍恩、罗纳德·M.利文:《行政法和行政程序法概要》,黄列译,中国社会科学出版社 1996 年版。

29. 〔美〕史蒂文·J.卡恩:《行政法:原理与案例》,张梦中等译,中山大学出版社 2004 年版。

30. 〔英〕L.赖维乐·布朗、约翰·S.贝尔:《法国行政法》(第 5 版),高秦伟、王锴译,中国人民大学出版社 2006 年版。

31. 〔英〕彼得·莱兰、戈登·安东尼:《英国行政法教科书》,杨伟东译,北京大学出版社 2007 年版。

32. 〔英〕洛克:《政府论》,瞿菊农、叶启芳译,商务印书馆 2022 年版。

33. 〔英〕威廉·韦德:《行政法》,徐炳等译,中国大百科全书出版社 1997 年版。

34. 〔日〕和田英夫:《现代行政法》,倪健民、潘世圣译,中国广播电视出版社 1993 年版。

35. 〔日〕南博方:《日本行政法》,杨建顺、周作彩译,中国人民大学出版社 1988 年版。

36. 〔日〕藤田宙靖:《行政法总论》(上、下),王贵松译,中国政法大学出版社 2023 年版。

37. 〔日〕市桥克哉等:《日本现行行政法》,田林等译,法律出版社 2017 年版。

38. 〔日〕室井力主编:《日本现代行政法》,吴微译,中国政法大学出版社 1995 年版。

39. 〔日〕盐野宏:《行政法》,杨建顺译,法律出版社 1999 年版。

40. 〔日〕盐野宏:《行政法总论》,杨建顺译,北京大学出版社 2008 年版。

41. 〔日〕盐野宏:《行政救济法》,杨建顺译,北京大学出版社 2008 年版。

42. 〔日〕盐野宏:《行政组织法》,杨建顺译,北京大学出版社 2008 年版。